HANDBUCH DER RENAISSANCE

DEUTSCHLAND, NIEDERLANDE, BELGIEN, ÖSTERREICH

Herausgegeben von Anne Schunicht-Rawe und Vera Lüpkes

DUMONT

INHALT

»NE IUPITER QUIDEM OMNIBUS PLACET«

(lat., Selbst Jupiter kann es nicht allen recht machen)
aus der *Adagia* des Erasmus von Rotterdam

VORWORT

Das Weserrenaissance-Museum Schloß Brake in Lemgo beschäftigt sich seit über zehn Jahren mit der Renaissance in Nord- und Westdeutschland. Forschungsschwerpunkte lagen bisher auf der Architektur der Zeit, der höfischen Kultur sowie der Wirtschaftsgeschichte. Fragen nach den Wegen des europaweiten Austauschs von Formen- und Gedankengut während der Frühen Neuzeit blieben dabei nahezu unbeachtet. Dank einer finanziellen Förderung durch das Ministerium für Städtebau und Wohnen, Kultur und Sport des Landes Nordrhein-Westfalen konnte das Weserrenaissance-Museum nun auch diesen Fragen nachgehen und das vorliegende *Handbuch der Renaissance (Deutschland, Niederlande, Belgien, Österreich)* erstellen.

Das Buch gibt einen kunsthistorischen Einblick in die Entwicklung der bildenden Künste zur Frühen Neuzeit in Mitteleuropa: Aus einer kaum überschaubaren Vielzahl von Orten mit herausragenden Bauwerken, Kunstwerken oder Gärten der Renaissance wurden 47 Orte ausgewählt, die in dieser Zeit bedeutende kulturelle Zentren waren und an denen heute noch Kunst und Kultur der Renaissance sowie ihre Vermittlungswege erlebbar sind. Darüber hinaus werden konkrete Personen vorgestellt, die den neuen Ideen aus Italien nördlich der Alpen zum Durchbruch verhalfen: Neben den vom Humanismus geprägten Herrschern, wie Kaiser Maximilian I. oder Kurfürst Friedrich der

Weise, die das geistesgeschichtliche Umfeld schufen, waren es vor allem Künstlerpersönlichkeiten, wie der niederländische Maler Jan Gossaert, der 1508 als einer der ersten Künstler zusammen mit Philipp von Burgund nach Italien reiste, um dort Skizzen antik-römischer Architektur oder italienischer Renaissancegebäude anzufertigen. Berücksichtigt sind auch ausländische Künstler und Baumeister, die an die Fürstenhöfe geholt wurden, so etwa der aus Norditalien stammende Architekt und Festungsbaumeister Alessandro Pasqualini 1549 nach Jülich oder der Tessiner Giovanni Maria Nosseni 1575 nach Dresden. Zudem wird dem Leser aufgezeigt, in welch hohem Maße die Kunstwerke von den damals weit verbreiteten Vorlagenbüchern beeinflusst waren.

Das *Handbuch der Renaissance* umfasst neben den nach Ländern und alphabetisch geordneten Ortseinträgen drei einführende Aufsätze, Kurzbiografien von Künstlern, themenbezogene Exkurse, eine Zeittafel und ein Glossar. Durch Adressen und Öffnungszeiten von Museen und Bauwerken sowie durch Tipps für Ausflüge zu den renaissancezeitlichen Sehenswürdigkeiten in der Umgebung wird es zugleich zu einem informativen Reisebegleiter.

Mein Dank gilt allen, die am Zustandekommen dieses Buchs beteiligt waren: den Autorinnen und Autoren sowie namentlich Frau Dr. Anne Schunicht-Rawe, Leiterin des Gesamtprojekts, Karl Hermann Haack und Ulrich Faßhauer, Initiatoren des kulturhistorischen und touristischen Ansatzes dieses Handbuchs, und Kirsten Rachowiak, der Lektorin des Verlags.

Dr. Vera Lüpkes
Direktorin des Weserrenaissance-Museums Schloß Brake

Ferner sei folgenden Personen und Institutionen für Anregungen, Hinweise und hilfreiche Unterstützung gedankt: Andrea Beblo, Helga Bergers, Robert Bigler, Günther Binding, Daniel Burger, Bernhard Dautzenberg, Henri L.M. Defoer, Krista De Jonge, Dorothea und Peter Diemer, Conrad Doose, Ronnie Dusoir, Klaus Endemann, Thomas Fusenig, Paolo Galuzzi, Hubertus Günther, Tarq Hoeckstra, Institut Européen des Itinéraires Culturels, Hans-Joachim Krause, Familie Kufstein, Annemieke Kylstra-Wielinga, Ben Olde Meierink, Gerhard Menk, Holger Mertens, Theo van Mierlo, Gabriele Naumann, Marion Niemeyer-Tewes, Norbert Nußbaum, Konrad Ottenheym, Denise Rietsch, Rijksdienst voor de Monumentenzorg (Zeist), Felizitas Romeiß-Stracke, Veronika Sandbichler, Bernhard Scheller, Reinhard Schmitt, Barbara Schock-Werner, Reinhard Schunicht, Wilfried Seipel, Stadtgeschichtliches Museum Jülich, Horst Stierhof, Peter F. Tschudin, Wissenschaftlicher Beirat des Weserrenaissance-Museums Schloß Brake, Götz Tewes.

Mit finanzieller Unterstützung von:

Ministerium für **Städtebau** und **Wohnen, Kultur** und **Sport** des Landes Nordrhein-Westfalen

»Förderkreis Kultur«
Abfallbeseitigungs-GmbH Lippe
BSS Metallbau-Schiffsausbau GmbH & Co. KG, Lemgo
Lippische Landes-Brandversicherungsanstalt, Detmold
RWE Gas AG, Dortmund
Sparkasse Lemgo
Sparkasse Detmold

ZUM RENAISSANCEBEGRIFF

Hans Vredeman de Vries, *Perspective*, 1604, Bl. 30

Das *Handbuch der Renaissance* ist ein Gemeinschaftswerk von Kunsthistorikern, Historikern und Musikwissenschaftlern und stellt das Ergebnis zahlreicher Arbeitsgespräche über Begriff und Inhalt der Renaissance in den Ländern nördlich der Alpen dar. Während die italienische Renaissance spätestens seit Jakob Burckhardt um die Mitte des 19. Jh. zum elementaren Forschungsgebiet der Kunstgeschichte und nachfolgend zum Erfolgsschlager der Wissenschaftsvermittlung wurde, sind viele neue Erkenntnisse zur Renaissance in Mitteleuropa bis heute auf Fachkreise beschränkt. Ein auch für eine breite Leserschaft sinnvoller Konsens musste daher erst erarbeitet werden.

Dies schien vor allem insofern erforderlich, als viele Kunstwerke und Ideen der beginnenden Neuzeit dem unbefangenen Betrachter heute auf den ersten Blick eher »gotisch« anmuten und keineswegs typisch für die Renaissance erscheinen – eine Epoche, von der gemeinhin angenommen wird, dass sie die Antike zum Maßstab erhebt. Doch schon die Übersetzung des Begriffs »Renaissance« als »Wiedergeburt (der Antike)« besitzt nur begrenzte Aussagekraft, denn sie gibt keinen Aufschluss darüber, auf welche Vorstellung von Antike Bezug genommen wird. Und auch im wissenschaftlichen Diskurs ist die viel benutzte Metapher von der Renaissance durchaus mehrdeutig.

In der Kunstwissenschaft wurde der Renaissancebegriff bereits früh auf zwei Bereiche bezogen: Für Jakob Burckhardt, profilierter Vertreter einer Kunstgeschichtsschreibung, die programmatisch das geschichtliche Umfeld in die Betrachtung der Kunst einbezog, stand »Renaissance« sowohl als Bezeichnung für eine das Mittelalter ablösende europäische Epoche als auch für bestimmte formale Charakteristika der damit verbundenen Kunst. Ende des 19. Jh. schrieb August Schmarsow: »Uns ist die Renaissance in historischem Sinne nur *eine* bestimmte Periode, die das Mittelalter ablöst und [...] bis in die Neuzeit reicht; in ästhetischem Sinn verstehen wir darunter einen Stil, der sich wieder in drei Entwicklungsphasen: Früh-, Hoch- und Spätrenaissance gliedert, und zu dem Barock wie Rokoko jedenfalls auch in bestimmter Beziehung stehen müssen.«

Je mehr sich die Kunstwissenschaft um 1900 mithilfe einer verfeinerten Stilanalyse von der Geschichtswissenschaft emanzipierte, desto stärker konzentrierte sich die Betrachtung auf den Stilbegriff. Die Entwicklung der italienischen Kunst des 15. und 16. Jh. wurde zum Maßstab des Renaissance-Stilbegriffs, da in ihr formale Neuerungen am deutlichsten zu beobachten waren und zudem zahlreiche zeitgenössische Äußerungen der Kunsttheorie zur Verfügung standen. Hierbei schien es nahe liegend, unter »Renaissance« ausschließlich die Wiederentdeckung antiker Kunst, ihre Aneignung und Weiterentwicklung zu verstehen.

Als auch die Kunst des 15. und 16. Jh. außerhalb Italiens allmählich in den Fokus kunsthistorischen Interesses rückte, entstand das Problem, dass sich viele der dortigen Entwicklungen und Neuerungen nur schwer mit der an Italien erarbeiteten Begrifflichkeit in Einklang bringen ließen. Die Bedeutungsvariante von Renaissance als »Neue Kunst einer neuen Zeit« ging für diesen Bereich verloren. Der Begriff wurde stattdessen in einem verengten Sinn fast ausschließlich für die Ausbreitung italienischer

Stilmerkmale verwendet. So konnte ein Künstler wie Albrecht Dürer, der zweimal nach Italien gereist war, unschwer als Vertreter der Renaissance aufgefasst werden, während der fast zeitgleich arbeitende Jörg Syrlin d. Ä. scheinbar kaum Anknüpfungspunkte bot.

Wenn der kunsthistorische Renaissancebegriff weiter gefasst werden sollte, so wurde seine Anwendung eher auf ältere Phänomene der Antikenrezeption ausgedehnt als auf innovative Kunstströmungen der beginnenden Neuzeit, die nicht mit der italienischen Kunstentwicklung kompatibel schienen. So hat z. B. Erwin Panofsky verschiedene frühere Phasen von »Renaissancen« – gemeint war ein Interesse an der Antike – in der europäischen Kunst beschrieben.

Heute zeigt sich die Kunstwissenschaft zunehmend daran interessiert, ihre Stilanalyse enger an die jeweilige historische Situation zu binden. Nicht die autonome, im Idealfall als Gesetz zu formulierende Kunstentwicklung steht nun im Vordergrund, sondern ihr Bezug zu philosophischen Strömungen, politischen Strategien, sozialen und geschlechtsspezifischen Interessen, funktionalen Anforderungen und anderen »außerkünstlerischen« Phänomenen.

In diesem Umfeld musste die Sensibilität für die oben erwähnte historische Bedeutung des Renaissancebegriffs wachsen. Warum sollten sich nicht miteinander vergleichbare neue Ideen, Interessen sozialer Gruppen usw. in formal unterschiedlichen Kunsterzeugnissen manifestiert haben? Wenn die um 1900 geborene, in Analogie zu dem älteren philosophischen Modell von Hegels »Zeitgeist« gebildete Vorstellung von *einer* stringenten Entwicklung des »Kunstwollens« an Einfluss verlor, so musste auch die Vorstellung von einem Gesetz der neuzeitlichen Stilgenese problematisch werden. Der alte kunsthistorische Renaissancebegriff war in seinem universalen Anspruch nur beizubehalten, indem man ihn wieder mit seiner ursprünglichen Bedeutung als eine das Mittelalter ablösende Epoche verband. Renaissance wird so zu einem »Stil des Neuen«; die »Wiedergeburt der Antike« ist darin eine wichtige, jedoch nicht die einzige Neuerung.

Zwar waren bahnbrechende Neuentwicklungen, wie die der niederländischen Malerei des 15. Jh., stets anerkannt worden, doch hatte man sich meist davor gescheut, sie explizit mit Renaissance in Verbindung zu bringen. Es war deshalb durchaus provokant gemeint, als Heinrich Klotz 1997 in einem Überblick der innovativen Tendenzen in der Bildenden Kunst nördlich der Alpen im 15. Jh. die Werke der Brüder van Eyck oder Rogier van der Weydens unter dem Begriff der »europäischen Renaissance« in direkten Bezug zu den gleichzeitigen Phänomenen in Italien setzte. In detaillierten Studien haben in den letzten Jahren z. B. Christopher S. Wood, Michael Rohlmann und Edgar Bierende nachgewiesen, auf welche Weise bestimmte – heute »gotisch« anmutende – Werke der Malerei sowohl nördlich als auch südlich der Alpen von humanistisch gebildeten Zeitgenossen durchaus als Wiedergeburt antiker Kunst aufgefasst werden konnten.

Nur die Architektur nördlich der Alpen schien auffällig lange von dem Geist des Neuen unberührt. Mit zahlreichen Kolloquien am Forschungszentrum zur Renaissance in Tours hat jedoch Jean Guillaume das Bewusstsein dafür geschärft, dass die europäische Architektur der Renaissance ohne ihre Wurzeln in der »Spätgotik« nicht angemessen zu verstehen ist. Erst kürzlich konnte Hubertus Günther darüber hinausgehend aufzeigen, auf welche Weise sich auch nördlich der Alpen in der Architektur des

15. Jh. ein neues Leitbild des rationalen architektonischen Entwurfs entwickelte, das in vielen Punkten genau jenen Idealen entspricht, die damals die italienischen Kunsttheoretiker anhand antiker Bauformen thematisierten. Im Herbst 2001 sind diese und andere neue Thesen unter dem Motto »Wege zur Renaissance« auf einem Kolloquium in Köln, an dessen Ausrichtung auch mehrere Autoren dieses Handbuchs beteiligt waren, mit großer Resonanz diskutiert worden (Kolloquium »Wege zur Renaissance«, 27.–28. Sept. 2001 an der Universität zu Köln). All dies sind nur einzelne Beispiele für ein sich zurzeit wandelndes Verständnis auch des kunsthistorischen Renaissancebegriffs. Peter Burke und Thomas DaCosta Kaufmann haben in ihren jüngsten Überblickswerken den neuen methodischen Anspruch bereits überaus fruchtbar und lesenswert umgesetzt und gezeigt, dass die »europäische Renaissance« sich immer mehr als Netzwerk wechselseitiger Rezeptionsprozesse verstehen lässt.

Vor dem Hintergrund dieser Neuorientierung in der Wissenschaft musste in dem vorliegenden Überblick ein Weg der angemessenen Vermittlung gefunden werden, die ein über Fachkreise hinausgehendes Publikum erreicht. Der hier behandelte Zeitraum der Renaissance nördlich der Alpen beginnt trotz des Wissens um viele zukunftsweisende Entwicklungen des 15. Jh. erst kurz vor dessen Ende und schließt nicht unumstritten mit der Zäsur des Dreißigjährigen Kriegs. So wird einerseits der verbreiteten Erwartung Rechnung getragen, die Renaissance nördlich der Alpen mit der Kunst des 16. Jh. gleichzusetzen, zum anderen kann aber auch ein Schlaglicht auf das Potenzial der Neuerung im Gewand älterer, das heißt »gotischer«, Formensprache geworfen werden. Frühe Beispiele dafür sind etwa das Ulmer Chorgestühl aus der Zeit zwischen 1468 und 1474 oder das Schloss der sächsischen Kurfürsten über Meißen ab 1470. Indienstnahme und Förderung vielfältiger neuer Kunstströmungen für bestimmte politische und soziale Interessen werden in dem einführenden Text von Stephan Hoppe veranschaulicht, der das Netzwerk wechselseitiger Rezeptionsprozesse an den Fürstenhöfen zum Thema hat.

Der geografische Schwerpunkt des vorliegenden Handbuchs liegt auf Mitteleuropa im engeren Sinn; es umfasst Deutschland, die Niederlande, Belgien und Österreich. Das jeweilige Territorium stellt dabei keinen in sich vollkommen schlüssig abgrenzbaren oder historisch und kunstgeografisch homogenen Raum dar. Zentrales Auswahlkriterium der aufgenommenen Orte war deren historische Bedeutung in Verbindung mit der Aussagekraft der dort heute vorhandenen Kulturdenkmäler.

Architektur ist in der Regel am authentischen Ort und damit in ihrem historisch gewachsenen Umfeld erfahrbar. Zeugnisse der Malerei, Bildhauerkunst, Goldschmiedearbeiten, Kleinplastik und Musik sowie ausgewählte Beispiele der Technik- und Wissenschaftsgeschichte werden dagegen an ihrem heutigen Standort vorgestellt, in vielen Fällen als moderne Arrangements in Museen. Auf Grund der Fülle des Materials konnte weder bei der Zusammenstellung der Orte noch innerhalb der Einträge Vollständigkeit im Sinne eines Inventarwerks erreicht werden. Daher wurden besonders aussagekräftige Orte und Objekte ausgewählt, die über ihre Sachdarstellung hinaus einen exemplarischen Eindruck von den Wegen der Renaissance vermitteln.

Guido von Büren, Claudia Euskirchen, Stephan Hoppe, Anne Schunicht-Rawe, Ute Verstegen

DAS HEILIGE RÖMISCHE REICH VON 1450 BIS 1630

Die Machtverhältnisse innerhalb Europas um 1450

In der Mitte des 15. Jh. kam es in Europa zu einer Phase politischer Konsolidierung: 1440 wurde der habsburgische Herzog Friedrich von Steiermark zum römisch-deutschen König (reg. 1440–1493) gewählt und 1452 als Friedrich III. in Rom von Papst Nikolaus V. zum Kaiser gekrönt. Damit begann im Heiligen Römischen Reich die Ära der Kaiser aus dem Hause Habsburg, die bis 1806 andauerte. Mit der Auflösung des seit 1431 tagenden, zunehmend antipäpstlich agierenden Basler Konzils im Jahre 1448 wurde der Papst wieder unangefochtenes Oberhaupt der katholischen Christen. 1453 kam es zwischen England und Frankreich zu einem epochalen Friedensschluss, der den Hundertjährigen Krieg zwischen diesen beiden Staaten beendete. Noch im selben Jahr versetzte jedoch die Nachricht, dass Konstantinopel, die Hauptstadt des Byzantinischen Reichs, von den Türken erobert worden war, ganz Europa in Angst und Schrecken. 1454 wurde auf der italienischen Halbinsel, die von andauernden Streitigkeiten der zahlreichen Klein- bzw. Stadtstaaten geprägt war, zwischen dem Herzogtum Mailand und der angrenzenden Republik Venedig der Friedensvertrag von Lodi geschlossen, dem bis 1455 auch Florenz, der Kirchenstaat und das Königreich Neapel beitraten. In Spanien leitete 1496 die Heirat Ferdinands von Aragón (1452–1516) mit Isabella von Kastilien (1451–1504) eine neue Epoche ein, das glänzende Zeitalter der »Katholischen Könige«.

Nach Beendigung zahlreicher Kriege und nach Abklingen der schwersten Pestepidemie der Geschichte, die Europa in den Jahren 1348–1352 heimgesucht hatte, wuchs die Bevölkerung in der zweiten Hälfte des 15. Jh. allmählich wieder und es kam zu einem wirtschaftlichen Aufschwung.

Das Heilige Römische Reich um 1500

Das Heilige Römische Reich, das im 10. Jh. aus dem ostfränkischen Reich hervorgegangene *Sacrum Romanum Imperium,* umfasste um 1500 neben dem Deutschen Reich das *Regnum Italiae* und Teile des alten Königreichs Burgund. Der römisch-deutsche König, dem de facto auch das Kaisertum zugestanden wurde, erhob mit seiner Wahl Anspruch auf diesen Herrschaftsraum, der im Süden über die Toskana (aber nicht Venedig) bis an die Nordgrenze des Kirchenstaats und über Genua und Mailand bis an die Westgrenze des Herzogtums Savoyen reichte. Im Westen erstreckte sich das Heilige Römische Reich von der Schweizerischen Eidgenossenschaft und der Freigrafschaft Burgund über das Herzogtum Lothringen bis zu den Reichslehen der burgundischen Niederlande im östlichen Flandern. Im Norden gehörte Holstein zum Reich, Schleswig aber schon zum Königreich Dänemark. Im Nordosten war die Zugehörigkeit der preußischen

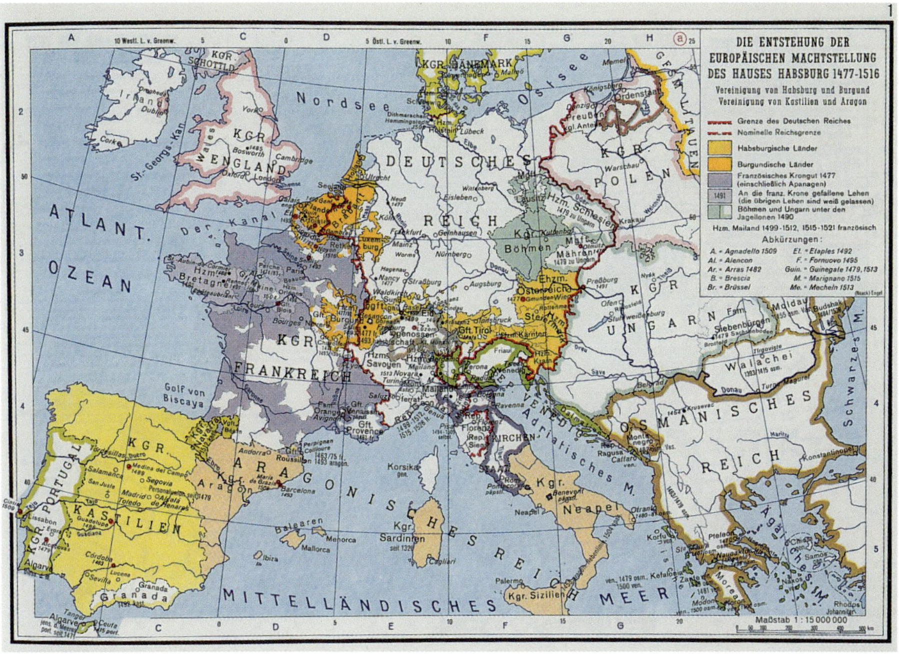

Die Entstehung der europäischen Vormachtstellung des Hauses Habsburg zwischen 1477 und 1519

Teile des Deutschordensstaats zum Reich umstritten, doch wird man die baltischen Herrschaften des Ordens sowie die livländischen Bistümer und die Stadt Riga dazuzählen dürfen. Pommern und das Königreich Böhmen mit seinen Nebenländern Mähren und Schlesien bildeten den Grenzraum zum Königreich Polen. Im äußersten Südosten rundete das bis an die Adria und die Republik Venedig reichende Herzogtum Krain die Reichsgrenzen ab.

Im Folgenden beschränken sich die Ausführungen allerdings weitgehend auf den deutschsprachigen Raum des *Regnum Teutonicum*, den man üblicherweise als »Deutschland« bezeichnet. Dieses Reich bildete jedoch keinen einheitlichen Staat im heutigen Sinne, sondern war in zahlreiche geistliche und weltliche Territorien (u. a. Bistümer, Herzogtümer, Grafschaften und freie Reichsstädte) zersplittert, die den deutschen König bzw. den vom Papst gekrönten Kaiser in sehr unterschiedlicher Weise als Reichsoberhaupt anerkannten. Für die neuzeitliche politische Struktur Deutschlands war bestimmend, dass sich schon im 15. Jh. aus den unzähligen kleinen und großen Landesherrschaften einige maßgebliche Territorialmächte herausbilden konnten. Zu den wichtigsten gehörten Österreich, Bayern, Württemberg, Pfalz, Hessen, Kursachsen, Brandenburg und Böhmen.

An der Spitze des Heiligen Römischen Reichs stand der König, der von den sieben

Kurfürsten - den Erzbischöfen von Mainz, Köln und Trier, dem König von Böhmen, dem Pfalzgrafen bei Rhein, dem Herzog von Sachsen und dem Markgraf von Brandenburg - gewählt wurde. Der Einfluss des Königs blieb jedoch machtpolitisch in der Regel auf jene Territorien beschränkt, die zu seiner jeweiligen Dynastie gehörten. In einem eher zwiespältigen Verhältnis standen ihm die Landesherren der übrigen Territorien und die reichsfreien Städte gegenüber. Sie wurden seit dem 15. Jh. zunehmend vom König zu Reichsversammlungen, den Reichstagen, eingeladen, womit neben dem königlichen Hof ein zweites Zentrum politischen Handelns und politischer Begegnungen entstand.

Konstitutiv für die europäische Geschichte wurde das allmähliche Ausscheiden der Schweizer Eidgenossenschaft aus dem deutschen Reichsverband. Kaiser Maximilian I. hatte zunächst versucht, mit militärischen Mitteln den Bund aus dreizehn Orten zu sprengen und ehemals habsburgischen Besitz zurückzuerobern, musste aber schließlich 1499 den Sonderstatus der Eidgenossenschaft bestätigen, die formell erst 1648 im Westfälischen Frieden anerkannt wurde.

Die Entwicklung des »Habsburgischen Weltreichs«

Zwischen Frankreich und Deutschland entwickelte sich seit der zweiten Hälfte des 14. Jh. das Herzogtum Burgund, das an Größe und Bedeutung zunahm. Durch wohl kalkulierte Heiratsverbindungen konnten die burgundischen Herzöge ihr Herrschaftsgebiet über die französischen Stammlande hinaus entscheidend erweitern. 1384 erhielt Herzog Philipp der Kühne (reg. 1363-1404) auf diese Weise die Grafschaft Artois, die im nordwestlichen Teil ins Deutsche Reich übergreifende Grafschaft Flandern sowie die ganz auf Reichsboden liegende Freigrafschaft Burgund. In der ersten Hälfte des 15. Jh. fielen, zum Teil durch Eheschließungen und Erbschaften, zum Teil durch militärische Erfolge, die Grafschaften Holland, Seeland, Friesland, Hennegau und die Herzogtümer Brabant, Limburg und Luxemburg an Burgund. Als Herzog Karl der Kühne (reg. 1467-1477) zudem die Herzogtümer Lothringen, Bar, Geldern und das wichtige Bistum Lüttich eroberte, wurde klar, dass der Burgunder eine eigenständige Monarchie anstrebte, die gleichsam eine Erneuerung des karolingischen Königreichs Lothringen bedeutete. Damit machte er sich sowohl den französischen als auch den deutschen König zum Gegner. Karls Tod 1477 vor Nancy beendete die burgundische Bedrohung, führte nun aber zwischen den Habsburgern und Frankreich zum Streit um das burgundische Erbe. Dank der noch im selben Jahr geschlossenen Ehe zwischen der burgundischen Erbin Maria (1457-1482), Karls Tochter, und dem habsburgischen Erzherzog Maximilian (1459-1519), Sohn Friedrichs III., gingen die Niederlande, Flandern mit Artois, Luxemburg und die Freigrafschaft Burgund an das Haus Habsburg. Doch in Burgund bzw. den nun habsburgischen Niederlanden lag der Zündstoff für den epochalen, die europäische Politik dominierenden habsburgisch-französischen Konflikt. Aus der Ehe zwischen Maximilian und Maria von Burgund ging der Sohn Philipp hervor, der 1496 mit der spanischen Infantin Johanna verheiratet wurde. Deren ältester Sohn Karl (1500-1558), der spätere Kaiser Karl V., wurde nach dem Tod Ferdinands von Aragón 1516 König von Kastilien und Aragón.

Maximilian I., der 1493 bis 1519 die Herrschaft über das Reich ausübte, wurde erst 1508

Bernhard Strigel,
Familie Kaiser Maximilians I.,
nach 1515 (Wien, KHM)

zum Kaiser erwählt, ohne jedoch vom Papst gekrönt zu werden. In den letzten Jahren seiner Herrschaft kam es zu einer weiteren Verschärfung des Konflikts, als Maximilian noch zu Lebzeiten seinen Enkel Karl von den Kurfürsten zum deutschen König und Kaiser wählen lassen wollte. Als Konkurrent im Kampf um die Krone trat nun der französische König Franz I. (reg. 1515–1547) auf, unterstützt von Papst Leo X. Beide fürchteten eine Umklammerung ihrer Territorien, da Karl als Kaiser das Deutsche Reich, Spanien und das von Spanien regierte Süditalien beherrschen würde. Nicht zuletzt mit dem Geld des Augsburger Bankhauses der Fugger konnten die Kurfürsten 1519 nach dem Tod Maximilians für den Habsburger gewonnen werden, so dass Karl V. 1530 in Bologna als letzter Kaiser vom Papst gekrönt wurde. Kaiser Karl V. herrschte über ein Reich, das es in dieser Größe und Macht noch nie zuvor gegeben hatte, ein Reich, in welchem, nach Karls eigenen Worten, »die Sonne nie unterging«. Zu seinem Herrschaftsgebiet zählten auch die seit der Entdeckung Amerikas 1492 durch Kolumbus spanisch regierten Gebiete des neuen Kontinents.

Tizian, Karl V. bei Mühlberg, 1548 (Madrid, Museo Nacional del Prado)

Die Reformation

Gleich zu Beginn seiner Regierung hatte sich Karl V. im Deutschen Reich mit einer religiösen Bewegung auseinander zu setzen, die Europa erschüttern, konfessionell trennen und bis heute prägen sollte: der von Martin Luther (1483-1546) eingeleiteten Reformation. Luther ging es im Wesentlichen um eine Konzentration auf die Bibel, um Reformen bei der vielfach kritisierten Verweltlichung der Geistlichkeit, um die Beseitigung der Missstände beim Ablasshandel und schließlich um das Amtsverständnis des römischen Papsttums. Nachdem Luther 1519 in der Leipziger Disputation gegen den Theologen Johannes Eck (1486-1543) nicht nur den Papst, sondern auch Konzile für fehlbar erklärt hatte, dann 1520 drei seiner reformatorischen Hauptschriften veröffentlicht sowie die gegen ihn erlassene päpstliche Bannandrohungsbulle verbrannt hatte, wurde er 1521 zum Reichstag von Worms vor Kaiser und Reich geladen. Da er den geforderten Widerruf seiner Lehre ablehnte, wurde die Reichsacht gegen ihn verhängt. Der protestantische Kurfürst Friedrich der Weise von Sachsen (reg. 1486-1525) ließ ihn daraufhin auf die Wartburg in Sicherheit bringen, wo Luther die Zeit der Verbannung dazu nutzte, das Neue Testament ins Deutsche zu übersetzen. Trotz der gegen ihn verhängten Acht, verbunden mit dem Befehl zur Verbrennung seiner Schriften, verbreitete sich die Reformation in vielen Teilen Deutschlands (z. B. in Sachsen und Hessen). Auf dem Reichstag von Augsburg 1530 wurde der konfessionelle Gegensatz manifest: Die Protestanten verabschiedeten das von Philipp Melanchthon (1497-1560) verfasste Augsburger Bekenntnis *Confessio Augustana,* die Katholiken setzten die von Johannes Eck und Johannes Cochläus (1479-1552) erarbeitete *Confutatio* dagegen. Daraufhin schlossen sich die protestantischen Reichsstände 1531 im Schmalkaldischen Bund zusammen. Der Versuch, den Konflikt in mehreren Religionsgesprächen zu lösen, scheiterte und es kam 1546/47 mit dem Schmalkaldischen Krieg zur ersten großen Konfrontation zwischen dem Kaiser und den protestantischen Reichsständen.

Lucas Cranach d. Ä., Bildnis Martin Luthers im 50. Lebensjahr, 1533 (Nürnberg, GNM)

Einen weit reichenden Erfolg erzielten die Protestanten 1555 auf dem Reichstag zu Augsburg mit dem sog. Augsburger Religionsfrieden, der den Landesherren und freien Städten erlaubte, die Konfession ihres Territoriums zu bestimmen (cuius regio, eius religio). Die Anhänger der *Confessio Augustana* wurden somit den Katholiken gleichgestellt, während andere protestantische Richtungen, wie der

Calvinismus, unberücksichtigt blieben. Mit der von Johannes Calvin in Genf um 1540 erarbeiteten Lehre hatte sich vor allem in der Frage der Prädestination (Auffassung von einer Erwählung oder Vorbestimmung des Menschen) eine vom Luthertum unterschiedene Strömung entwickelt, die in Frankreich (bei den Hugenotten), England, Schottland und den Niederlanden eine starke Anhängerschaft fand.

Die Teilung des Habsburgerreichs und ihre Folgen

1556 erfolgte die endgültige und folgenreiche Teilung des habsburgischen Weltreichs: Kaiser Karl V. dankte politisch geschwächt ab, als sein Plan der sog. Spanischen Sukzession, nach dem sein Sohn Philipp das spanische Erbe und die Kaiserkrone übernehmen und das Universalreich weiterführen sollte, am Widerstand der Reichsfürsten scheiterte. Da eine Lösung für den familiären Zwist über die Nachfolge gefunden werden musste, fiel das Königreich Spanien an Philipp II. (reg. 1556–1598), der schon seit 1555 die Herrschaft über die Niederlande innehatte. Die Regierung des Deutschen Reichs hatte Karl bereits 1531 seinem Bruder Ferdinand übertragen, der dann von 1556 bis 1564 als Kaiser Ferdinand I. herrschte.

In den nördlichen Provinzen der Niederlande konnte die habsburgische Herrschaft nicht lange gehalten werden. Gegen die 1565 erlassenen Religionsbestimmungen Philipps II. bildete sich eine Opposition unter Führung des Grafen Willem van Oranje (1533–1584), der sog. Geusenbund der niederländischen Calvinisten, dem wiederum Philipp das Gewaltregiment des spanischen Herzogs von Alba (1507–1582) entgegensetzte. Von 1568 bis 1648 dauerte der Freiheitskampf der Niederlande gegen die spanische Herrschaft, der sog. Achtzigjährige Krieg. An seinem Ende stand das Staatsgebilde der Vereinigten Niederlande im Norden und daran südlich anschließend das Territorium der Spanischen Niederlande, die im Wesentlichen das heutige Staatsgebiet Belgiens und Luxemburgs umfassten.

Die auf Kaiser Ferdinand I. folgenden Herrscher, Kaiser Maximilian II. (reg. 1564–1576), Kaiser Rudolf II. (reg. 1576–1612) und Kaiser Matthias (reg. 1612–1619), waren vor dem Hintergrund des in der habsburgischen Dynastie fest verwurzelten Katholizismus hauptsächlich damit beschäftigt, praktische Regelungen für den Augsburger Religionsfrieden von 1555 zu finden. Während Maximilian II. bei persönlichen Sympathien für den Protestantismus die von Ferdinand begonnene Politik des Ausgleichs weiterführte und die katholischen Reformen in den habsburgischen Erblanden mit Konzessionen an die österreichischen Protestanten verband, begann mit dem in Spanien erzogenen Rudolf II. der Wechsel zu einer kompromissloseren gegenreformatorischen Politik, die auch im Reich zu einer Verschärfung der konfessionellen Konflikte führte und vor allem von Bayern mitgetragen wurde. In der Endphase der Regierung Rudolfs kam es seit 1604 zu einem erbitterten Zwist zwischen dem Kaiser und seinem Bruder Matthias, der zu einem Machtverlust der habsburgischen Dynastie und einem Machtzuwachs des zumeist protestantischen Adels führte. Die Wiederherstellung der habsburgisch-katholischen Autorität in den Jahren von 1615 bis 1618 wurde von den Ständen als gegenreformatorischer Angriff gesehen. Als am 23. Mai 1618 die Gesandten des in Prag versammelten böhmischen Protestantentags die beiden kaiserlichen Statthalter aus dem Fenster in den Burggraben des Hradschin warfen, begann mit der folgenden lokalen böh-

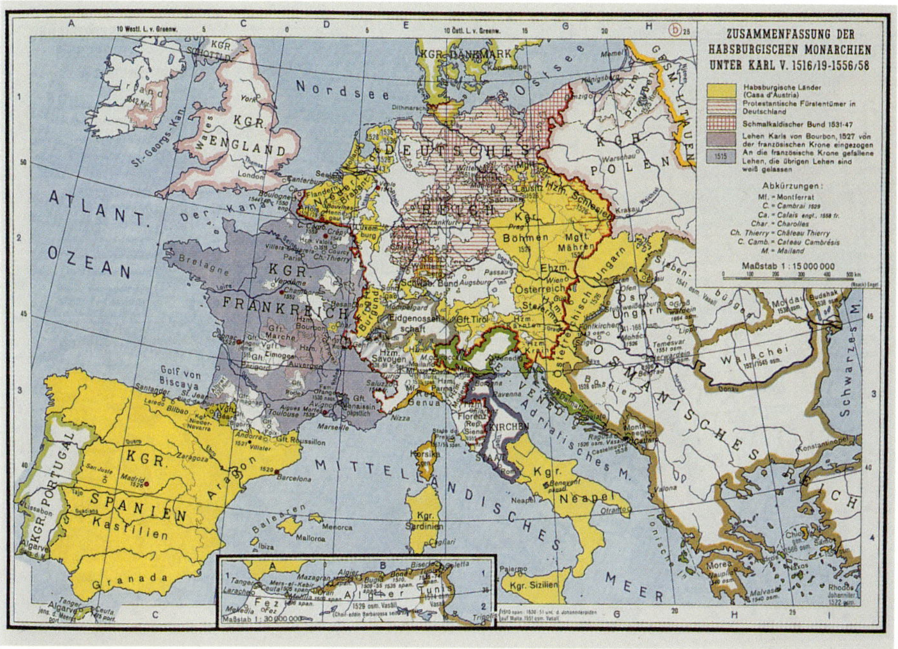

Zusammenfassung der Habsburger Monarchien unter Karl V. zwischen 1519 und 1558

mischen Revolte der Dreißigjährige Krieg. Die in ganz Deutschland verschärften konfessionellen Gegensätze führten zum Krieg zwischen den in der Liga verbundenen Katholiken unter Führung der kaiserlichen Feldherren Johann Tserclaes Graf von Tilly (1559–1632) und Albrecht von Wallenstein (1583–1634) und den in der Union vereinten Protestanten. Der Dreißigjährige Krieg war aber nicht nur von Konfessionsgegensätzen, sondern auch von Konflikten zwischen Kaiser und Reichsfürsten und von Machtbestrebungen der europäischen Herrscher geprägt. Zum einen trugen die Habsburger mit Frankreich ihre seit dem 15. Jh. bestehende Rivalität aus, zum anderen wollte die neue Großmacht Schweden ihre Ansprüche auf die Vorherrschaft im Ostseeraum durchsetzen. 1648 wurde in Münster und Osnabrück der Westfälische Frieden geschlossen. Schweden konnte sich in Vorpommern und in weiten Teilen Norddeutschlands großen Landgewinn sichern, während Frankreich sich mit dem Erwerb der habsburgischen Besitztitel im Elsass, der Besitzbestätigung der lothringischen Bistümer Metz, Toul und Verdun und dem Gewinn von Breisach entscheidend nach Osten ausweitete. Mit dem endgültigen Ausscheiden der nun souveränen Schweizer Eidgenossenschaft und der Vereinigten (nördlichen) Niederlande aus dem Reichsverband verlor das Deutsche Reich einen erheblichen Teil seiner früheren Größe.

HUMANISMUS IN EUROPA

Mit dem erst seit dem 19. Jh. geläufigen Begriff Humanismus verbindet sich das bedeutendste geistesgeschichtliche Weltbild der frühen europäischen Neuzeit. Da die Anfänge der *studia humanitatis* - wie die Zeitgenossen den Humanismus nannten - im Italien des 14. Jh. liegen, muss man zu ihrem Verständnis auf die Gedankenwelt der zu dieser Zeit noch in Blüte stehenden höfischen Minne eingehen. Ihre Anhänger glaubten an die Liebe zwischen den Geschlechtern als einer kulturbildenden Kraft. Der adelige Hofmann sollte sich der Hofdame unterordnen, damit er durch die aus Liebe unternommenen Anstrengungen zu höherer Kultur gelange. Dies war ein antikes Kulturmodell, und man berief sich auf die *ars amatoria* (lat., Liebeskunst) des Römers Ovid (43 v. Chr. - 18 n. Chr.). Francesco Petrarca (1304-1374) war der Erste, der sich um 1350 gegen die Minnekultur wandte, obgleich seine gefeierten *Sonette an Madonna Laura* zum Inbegriff der Minnedichtung wurden. Beim Studium antiker Schriftquellen in der Dombibliothek zu Verona stieß er 1345 auf Schriften des Römers Marcus Tullius Cicero (106-43 v. Chr.), die ihm eine neue Welt vor Augen führten. Cicero vertrat als Stoiker die Ansicht, dass die Liebe zwischen den Geschlechtern nicht zum sozialen Glück, sondern zum Unglück führe. Er stellte das Gemeinwesen über den Einzelnen und sah daher in der *res publica,* der öffentlichen Sache, das höchste menschliche Glück. In einem Briefwechsel mit seinem Freund Pomponius Atticus (109-32 v. Chr.) hatte Cicero über den Gegensatz von privatem und öffentlichem Leben disputiert. Als Anhänger der im spätrepublikanischen Rom verbreiteten Philosophie des Griechen Epikur (341-271 v. Chr.) verteidigte Atticus das Privatleben *(otium).* Die sinnliche Liebe, ein zurückgezogenes Dasein in der Villa auf dem Lande und die persönliche Freundschaft bildeten den epikuräischen Römern zufolge ein Modell für das Glück, gegen das Cicero auftrat, indem er die Beteiligung des Einzelnen an der öffentlichen Sache forderte *(negotium).* Petrarca fand Gefallen an den *Atticusbriefen* und anderen Schriften Ciceros. Eine solche Anschauung kam der Zeit des ausgehenden 14. Jh. entgegen: Die Kirche war moralisch zerrüttet. Ihre Häupter vergaben Pfründe und waren der Minne nicht selten ebenso eifrig zugetan wie ihre Zeitgenossen an den Höfen. Sich nicht von Gefühlen, sondern von der Vernunft leiten zu lassen, galt den Stoikern als elementarer Grundsatz.

Petrarca fand Aufmerksamkeit in Padua und Venedig. Die Venezianer schenkten ihm ein Haus, weil er vermeintlich nachgewiesen hatte, sie seien die wahren Erben des antiken römischen Weltreichs. Petrarcas Bemühungen um die Wiederbelebung der Antike wurden zwanzig Jahre nach seinem Tod von einer republikanischen Bewegung aufgegriffen, die sich um 1395 in Florenz formierte. Der Stadt-

Petrarca in der Studierstube – Zeichnung im Petrarca-Kodex *De viribus illustribus*

kanzler Coluccio Salutati (1331–1406) war ihr gewichtiges Haupt. Unter seiner Führung wurde der Stoizismus zum Leitbild der Republik Florenz. Man war der Ansicht, dass die antiken Schriften eine höher stehende Moral enthielten. Unter dem Protest von Theologen gründete Salutati in Florenz eine Schule, die sich der Erforschung antiker Schriften widmete. Ihre bekanntesten Mitglieder waren Poggio Bracciolini (1380–1459) und Leonardo Aretino Bruni (um 1370–1444). Letzterer schuf in Anlehnung an Cicero die Formel *studia humanitatis* (lat., Studien der Menschlichkeit). Sie bedeutete, durch Aneignung des Wissens der Menschheit zum Menschen zu werden und damit die tierische Natur im Menschen zu überwinden. Man kann sich vorstellen, welche Tragweite dieser Anspruch hatte. Bildung war in der Renaissance ein modernes und höchst erstrebenswertes Ziel. Bei all ihrer Verbreitung war die *studia humanitatis* keine Erfindung der Renaissance. Der Gedanke, dass der Mensch durch Lernen zum Menschen werde, war zuerst in der griechischen Antike aufgekommen. Und auch Cicero hatte die meisten seiner Gedanken in Anlehnung an griechische Vorbilder entwickelt.

Petrarca und die frühen Humanisten wollten durch die antiken Schriftquellen zu einer höheren Moral vordringen, die man durch das Mittelalter verloren zu haben glaubte. Es war ein neues, positives Menschenbild, welches dem des christlichen Mittelalters entgegentrat. Man widersprach dem Pessimismus der mittelalterlichen und später protestantischen Erbsündenlehre, wie ihn etwa Kardinal Lothar Conti (Papst Innozenz III. von 1198 bis 1216) in *De miseria humanae conditionis* vertreten hatte, indem er den Menschen als das »erbärmlichste und verächtlichste aller Geschöpfe« darstellte. Petrarca hatte in Anlehnung an Cicero von der Würde des Menschen gesprochen und damit viele spätere Autoren zu Abhandlungen inspiriert. Die Erlangung der Menschenwürde sah man gebunden an die Überwindung der tierischen Natur des Menschen. Man glaubte, dass Zorn und Begierde den Menschen mit dem Tier verbänden. Mit dem Untergang der Antike habe der Mensch seine geistigen Fähigkeiten verloren. Um dem Menschen seine Würde zurückzugeben, sei es daher unerlässlich, sich dem Wissen der Antike zuzuwenden, das aus praktischen Abhandlungen, der Geschichtsschreibung und der mythologischen Dichtung bestand. Episoden aus der Geschichte wie aus der Mythologie formten die Humanisten zu moralischen Parabeln.

Um 1440 setzte eine zweite Phase des Humanismus ein. 1438 war ein Konzil in Ferrara anberaumt, das nach Florenz verlegt wurde. An dem Konzil nahm der griechische Gelehrte Germistos Plethon (1355–1452) teil. Er machte die italienischen Humanisten mit der Gedankenwelt des antiken griechischen Philosophen Platon (428–348/47 v. Chr.) bekannt. Es war die Geburtsstunde des Neoplatonismus, der für die weitere Entwicklung des Humanismus bedeutsam werden sollte. Man begann, die griechische Sprache zu erlernen und die Schriften Platons zu übersetzen. Platon hatte behauptet, der Mensch erkenne nicht wie das Tier durch seine Sinne, sondern durch geistige Wahrnehmung. Er könne gottgleich werden, wenn er seine Aufmerksamkeit nur auf die wahren Bilder des Geistes richte. Natürlich fügte sich dies ausgezeichnet in das intellektuelle Weltbild der *studia humanitatis.* Demzufolge unterschied sich der Humanist nicht nur vom Tier, er konnte sich sogar mit Göttern auf eine Stufe stellen. Der Humanismus verlagerte somit seinen Schwerpunkt. Florenz fiel in die Hände der Medici, und damit war die kurze Phase der Republik beendet. Der für den frühen Humanismus wichtige Aspekt des republikanischen Gemeinwesens blieb nicht länger das Ziel der Humanisten, die sich jetzt rein geistigen Inhalten zuwandten. Cosimo de' Medici (1389–1464) nahm sich des Neoplatonismus' als Förderer an. Marsilio Ficino (1433–1499) wurde zum Haupt eines florentinischen Gelehrtenzirkels, der die Schriften Platons und seiner Anhänger studierte. Er versuchte sie mit der christlichen Theologie zu verbinden und bezog sich dabei auf die Paulusbriefe. Der Humanismus wurde in Florenz mehr und mehr zu einer esoterischen, frommen Gelehrtensache. Aus der ehemals republikanischen Kontroverse von *otium* und *negotium* wurde nun bei Christofero Landino die besänftigte Form einer Gegenüberstellung von tätigem und beschaulichem Leben (*vita activa* und *vita contemplativa*).

Cristofano di Papi, gen. dell' Altissimo, Porträt des Coluccio Salutati, aus der Serie *Uomini illustri,* 1552-1556 (Florenz, Galleria degli Uffizi)

Um 1480 setzte in Florenz eine Gegenbewegung ein, die zur höfischen Minnekultur des Mittelalters zurückkehren wollte. Lorenzo de' Medici (1449–1492) förderte den Humanismus, fand aber ebenso Gefallen an der Minnedichtung. Ein wichtiges Merkmal der Minnedichtung war die Volkssprachlichkeit. Nicht für die Gelehrten wollte man schreiben, sondern für die lateinunkundigen Hofdamen, ihnen amüsante Sonette vortragen. Die frühen Humanisten hatten die Volkssprachlichkeit vehement abgelehnt. Selbst Dante (1265–1321) hatte man als Dichter der Weber und Bäcker beschimpft, weil er seine *Göttliche Komödie* nicht in Latein geschrieben hatte. Lorenzo de' Medici verteidigte nun die galante Volkssprachlichkeit. Mehr noch, unter seinem Patronat entstand ein Ritterepos nach mittelalterlichen Vorbildern. Lorenzos Mutter, Lucrezia Tournabuoni, hatte sich bei ihrem Sohn darüber beklagt, dass die humanistischen Texte unverständlich seien und es die gefühlvollen Ritterdichtungen früherer Zeiten nicht mehr gebe, die von den aus Liebe unternommenen Abenteuern der vier Paladine (der Söhne Karls des Großen) erzählten. Im Italien der Renaissance kannte jedes Kind die Abenteuer der Paladine. Herumziehende Bänkelsänger, sog. *cantastorie,* sangen davon auf Straßen und Plätzen. Lorenzo de' Medici beauftragte seinen Freund Luigi Pulci (1432–1484) mit einem nostalgischen Ritterroman, dem *Morgante Maggiore.* Es war der Beginn der Ritterdichtung der Renaissance, zu welcher der *Orlando Innamorato* des Matteo Maria Boiardo und dessen Fortsetzung, der *Orlando Furioso* des Ludovico Ariosto, gehören. Der Humanist Angelo Poliziano (1454–1494) verfasste Verse für ein Ritterturnier zu Ehren des Giuliano de' Medici. Während Pulci in Florenz der Held des Tages war, musste Marsilio Ficino erleben, dass seine humanistischen Interessen an den Rand gedrängt wurden. Eine erbitterte Feindschaft zwischen Ficino und Pulci war die Folge. Lorenzo ließ Villen auf dem Lande errichten und dichtete nach dem Vorbild der höfischen Minne. Wie schon Cicero und Atticus disputierten Ficino und Lorenzo de' Medici über den Stellenwert des privaten Lebens auf dem Lande im Unterschied zum öffentlichen Leben der städtischen *res publica.*

Im Gegensatz zum Stoizismus des frühen Humanismus war der florentinische Neoplatonismus um 1480 nicht mehr im öffentlichen Leben verankert. Er war zu einer weltfernen Angelegenheit von Gelehrten geworden. Befruchtende Anregungen kamen nun aus Venedig, wo es seit langem unter den Patriziern eine Vielzahl hoch gebildeter Personen gab, die der griechischen Sprache mächtig waren. Sie vereinten, wie z. B. Jacopo Antonio Marcello (1431–1463), das Wissen um die antiken Texte mit einer republikanischen Gesinnung und dem antiquarischen Interesse für die Kunst der griechischen und römischen Antike. Um 1500 sammelten sie sich um den Verleger Aldus Manutius (um 1450–1515) und den Humanisten Andrea Navagero (1483–1529). In Venedig war die Lehre des griechischen Philosophen Aristoteles (384–322 v. Chr.), die im Gegensatz zu jener des Platon der sinnlichen Natur Aufmerksamkeit entgegenbrachte, nie aufgegeben worden. Um 1500 stellte der Venezianer Pietro Bembo (1470–1547) Inhalte des vergeistigten Florentiner Neoplatonismus infrage. Die Neoplatoniker glaubten an eine Vervollkommnung des Menschen durch die Ausschaltung der sinnlichen Wahrnehmung. Wahrheit komme nicht aus der Erfahrung, sondern aus innerer geistiger Schau. Bembo vertrat hingegen die Anschauung des Aristoteles, nach der alle

Kunst und Erkenntnis aus sinnlicher Erfahrung komme. Er verlangte, ein Schriftsteller müsse sich an Vorbildern schulen und benannte als solche Cicero für die lateinische Sprache und Petrarca für die italienische. Damit bezog Bembo Position in zwei Fragen, welche die Humanisten immer wieder beschäftigten: die Volkssprache und die Nachahmung von Vorbildern. Die Frage der Nachahmung war für die Pädagogik des Humanismus, aber auch für die Literatur und bildenden Künste sehr wichtig. Ein Humanist war ein lernender Mensch, und damit erhob sich hinter dem Studium der antiken Texte latent die Frage, ob dieser lernende Mensch mit Platon den göttlichen Bildern des Geistes oder mit Aristoteles der sinnlichen Realität mit ihren tradierten kulturhistorischen Bildern und Inhalten folgen sollte. Der Begriff *imitatio* (gr. *mimesis*) bildete seit Aristoteles einen zentralen Inhalt der antiken Bildungskultur, dem Cicero mit *De inventione* eine Schrift gewidmet hatte. Weil Nachahmung auf sinnlicher Erfahrung beruht, wurde sie von dem Florentiner Neoplatoniker Gianfrancesco Pico della Mirandola (1463–1494) in einem Briefwechsel mit Bembo abgelehnt. Dieser versuchte hingegen, hier eine Brücke zwischen Platon und Aristoteles zu schlagen, indem er vom jungen Lernenden forderte, sich am Sprachstil großer Vorbilder wie Cicero und Petrarca zu schulen. Durch die Gleichbehandlung von Latein und Volkssprache beabsichtigte Bembo, Humanismus und Minnekultur zu verschmelzen. So dichtete er Galantes für Lucrezia Borgia (1480–1519) und widmete ihr mit den *Asolaner Gesprächen* eine in Italienisch abgefasste Abhandlung, in der drei Positionen zur Liebe dargestellt werden: Die des Stoikers, des Epikureers und abschließend jene des Neoplatonikers, der aber der Minnekultur nicht mehr feindlich gegenübersteht, zumal nun Hofdamen über die drei Standpunkte urteilen. Bembos *Gli asolani* und der berühmte *Il cortegiano (Der Hofmann)* des Baldassare Castiglione waren die bedeutendsten der vielen Traktate, die ab 1500 wieder zunehmend die höfische Liebe und die kulturelle Überlegenheit der Frau zum Leitbild erhoben. In ihnen zeichnet sich nicht selten der Versuch ab, die sinnliche Frauenschönheit mit neoplatonischem Gedankengut zu verschmelzen, womit der Stoizismus aus dem Humanismus verdrängt wurde. Einer dieser Autoren war der aus Köln stammende Heinrich Cornelius Agrippa von Nettesheim (1486–1533), der sich 1511 in Italien aufhielt.

Hatte der Humanismus in Italien um 1500 also bereits einen grundlegenden Richtungswandel erfahren, so begann man ihn nördlich der Alpen erst jetzt im öffentlichen Raum wahrzunehmen. Berührungen hatte es seit 1450 gegeben. Der Humanist Enea Silvio Piccolomini (1405–1464), der spätere Papst Pius II., hatte sich ebenso in Deutschland aufgehalten wie der oben genannten Florentiner Poggio Bracciolini. Mit der Abkehr von Stoizismus und Republikanismus hatte der Humanismus in Italien die Fürstenhöfe erobert. König Alfonso I. von Neapel (1396–1458) sammelte antike Schriften und förderte Lorenzo Valla (1407–1457) und Giovanno Pontano (1426– 1503), die beide Sympathien für Epikur hegten. Eines der Zentren des höfischen Humanismus war um 1450 der Hof von Ferrara. Hier lebte fast zwanzig Jahre der deutsche Humanist Peter Luder (um 1415–nach 1474) als Schüler des berühmten Guarino Veronese (um 1370–1460). Obwohl Luder nach seiner Rückkehr am Hofe des Kurfürsten Friedrich I. von der Pfalz in Heidelberg tätig war, führte seine italienische Kulturerfahrung noch

Lucas Cranach d. Ä., Kurfürst Friedrich der Weise von Sachsen, 1532 o. später (Nürnberg, GNM)

nicht zur Ausbreitung des Humanismus im Norden. Gleiches gilt für Rudolph Agricola (1443–1485), den bekanntesten der frühen Italienreisenden, Albrecht von Eyb (1405–1457) und Johannes Pirckheimer (um 1440–1501), den Vater des später mit Albrecht Dürer befreundeten Humanisten Willibald Pirckheimer. Man mag daran erkennen, dass kulturelle Neuerungen nie von einzelnen Personen ausgehen. Wege der Information und des Austauschs hat es in Europa immer gegeben. Entscheidend für die Ausbreitung neuer Anschauungen ist aber die Bereitschaft der kulturtragenden Kräfte, Überkommenes infrage zu stellen. So gab es eine Ungleichzeitigkeit von kulturellen Entwicklungen zwischen Italien und den Ländern nördlich der Alpen, wo in den Städten die Zünfte regierten. Als Handwerker waren ihre Mitglieder zu ungebildet, um sich mit dem republikanischen Schrifttum des Cicero auseinander zu setzen. An den Universitäten wie Köln herrschte noch das scholastische Curriculum. So waren es im Norden auch die Fürstenhöfe, an denen sich der Humanismus von Italien

Kopie nach Quentin Massys, Erasmus von Rotterdam, um 1529 (Rom, Palazzo Barberini)

kommend zuerst ausbreitete. Lange vor der Reformation versuchten sie das Geistesleben zu reformieren. Schon um 1486 beschlossen mehrere Fürsten aus Anlass der Wahl Maximilians I., in Köln als Zentrum der Theologie den Humanismus zu verankern. Hierzu bestimmten sie den Kölner Kartäuserorden, der sich durch seine asketische Haltung grundlegend von den übrigen, sinnesfreudigen Konventen unterschied. Ein umfangreicher Bilderzyklus mit der *Legende des Hl. Bruno* sollte den Weg zu Neuem weisen. Das Scheitern dieser Bemühung war symptomatisch für den Widerstand, den der Humanismus im Norden aus den Reihen der Kirche erfuhr. Mit den sog. *Dunkelmännerbriefen* haben Crotus Rubeanus und Ulrich von Hutten dann anonym die Kölner Theologen dem öffentlichen Spott preisgegeben.

Eine besondere Rolle kam Kurfürst Friedrich dem Weisen von Sachsen (1463–1525) zu. Er war am Hofe Kaiser Maximilians I. in kulturellen und politischen Fragen die maßgebliche Person und pflegte Kontakte mit vielen Humanisten, darunter Konrad Celtis, der in Italien Marsilio Ficino und Angelo Poliziano kennen gelernt hatte. Im Zuge des durch seinen Bruder Johann Friedrich begonnenen Personenkults um Luther wurde Friedrich der Weise nach seinem Tod zu einem frommen Beschützer des Reformators umgedeutet und so seine Schlüsselstellung bei der Förderung des Humanismus im Heiligen Römischen Reich verdeckt. Nach 1495 versuchte Friedrich der Weise zunächst die Universitäten Wien und Ingolstadt zu reformieren. Da sie sich mehr oder weniger als reformunfähig erwiesen, gründete er 1502 die Universität Wittenberg, für etwa eineinhalb Jahrzehnte ein bedeutender Modellversuch. Mit dem Tod des Kurfürsten versteinerte sie jedoch bald zu einer frommen Heimstätte des orthodoxen Luthertums. Neben dem Rektor Christoph Scheurl (1481–1542), der in Bologna studiert hatte, versammelte Friedrich eine Reihe von Humanisten in Wittenberg. Man las italienische Dichter wie Boccaccio, Petrarca, Poliziano, Bembo und pflegte Briefwechsel mit dem Verleger Aldus Manutius. Dieser sandte Bücher aus Venedig nach Wittenberg, wo sie Georg Spalatin als Leiter der Universitätsbibliothek katalogisierte. Die Gründung abseits der ehrwürdigen Universitäten war bezeichnend. Die starr am mittelalterlichen Lehrbetrieb festhaltenden Professoren lehnten alles Neue, insbesondere aber die antike Dichtung kategorisch ab. Viele nordeuropäische Fürstenhöfe gründeten eigene Schulen und in Städten entstanden im 16. Jh. Lateinschulen. Der fortschrittlichste Schultyp war das *gymnasium illustre.* Straßburg ist das bekannteste Beispiel, doch gab es ähnliche Einrichtungen an vielen Höfen wie Tübingen, Kassel oder Herborn. Vor allem trachteten die Fürsten danach, den niederen Dienstadel im höfischen Sinne durch Bildung zu erziehen.

Der berühmteste Humanist seiner Zeit war Erasmus von Rotterdam (1466/69–1536). Er vertrat einen als *docta pietas* (lat., gelehrte Frömmigkeit) bezeichneten christlichen Humanismus. Als unehelicher Sohn eines Klerikers in einer Klosterschule in ’s-Hertogenbosch erzogen, lernte Erasmus 1499 in England den Neoplatonismus bei Thomas Morus (1477/78–1535) kennen. 1505 reiste er nach Italien, promovierte 1506 in Turin, lernte in Bologna griechisch und befreundete sich 1507 in Venedig mit dem Verleger Aldus Manutius. Nach einem Aufenthalt in Padua reiste Erasmus 1509 nach Rom, wo seiner überragenden Gelehrsamkeit bereits die Bewunderung der italienischen Humanisten zuteil wurde. Seine in mehreren Auflagen erschienenen *Adagia,* eine Sammlung mehrerer tausend antiker Sprichwörter, erschloss seinen Zeitgenossen nachhaltig die Bedeutung der antiken Literatur. 1517 schrieb er in Löwen die *Institutio principis christiani* als Fürstenlehre für den Herzog von Brabant und späteren Kaiser Karl V. (1500–1558), der ihn noch im selben Jahr als Hofrat annahm. 1515 gab Erasmus die Schriften des römischen Stoikers Seneca (4 v. Chr. – 65 n. Chr.) heraus. Auf dem Titelblatt sieht man eine Allegorie der Humanitas, der jugendliche Schüler einen Anker und einen Delfin darbringen. Es ist eine Anspielung auf die antike Devise »festina lente« (lat., Eile mit Weile), die Erasmus in den *Adagia* zum Sinnbild humanistischer Denkart erklärt hatte und die Aldus Manutius als Druckersignet mit seinen Büchern in ganz Europa verbreitete. Man solle alle Dinge mit Vernunft und Bedacht tun und nicht aus dem Affekt heraus handeln. Eine humanistische Maxime, die ein stoisches Weltbild erkennen lässt. HB

FÜRSTLICHE HÖFE ALS FÖRDERER DER KUNSTENTWICKLUNG IM HEILIGEN RÖMISCHEN REICH ZU BEGINN DER NEUZEIT

Kunst ist in der modernen Geistesgeschichte lange Zeit als etwas vom alltäglichen Leben und erst recht von den Niederungen der politischen Auseinandersetzungen Abgesondertes betrachtet worden. Eine Folge dieser Sichtweise ist die Vorstellung, dass innovative künstlerische Strömungen von Eigengesetzlichkeit beseelt seien und sich im kunstimmanenten Wettstreit gegen ältere Muster durchzusetzen streben. Nach dieser Auffassung hat sich die Kunst der Renaissance nach ersten Anfängen in Italien später zielstrebig und quasi auf Grund einer inneren Überlegenheit über ganz Europa ausgebreitet.

Heutzutage jedoch wird Kunst immer häufiger als Teil von sozialen Prozessen angesehen und nach den konkreten Anhängern, Nutznießern und Förderern von Kunsttätigkeiten geforscht.

Bezogen auf den Rahmen des vorliegenden Buchs stellt sich besonders die Frage, auf welche Weise die ursprünglich in kleinen Zirkeln gepflegten künstlerischen Neuerungen, wie die malerische Entdeckung der realen Welt, die Entwicklung der mathematisch begründeten Perspektive, die Hinwendung zu antiken Kunstformen oder das Aufblühen der Kunsttheorie im Laufe des 16. Jh., konkret in die breite Bewegung einmünden konnten, die wir »europäische Renaissance« nennen.

Immer deutlicher wird dabei, dass es in Mitteleuropa neben bürgerlich geprägten Großzentren, wie den Reichsstädten Nürnberg oder Augsburg, vor allem eine gesellschaftliche Institution war, die auf Grund der politischen wie sozialen Konstellation damals besonders effektiv die Aufnahme, Förderung und Weiterverbreitung einer neuen Kunstsprache betrieb. Es handelt sich dabei um die Institution des fürstlichen Hofs. Darunter wird hier eine auf einen Regenten bezogene Personengemeinschaft verstanden, deren Aufgabe nicht nur in der Etablierung des fürstlichen Haushalts und der Ausübung der Regierungsgeschäfte bestand, sondern auch die Veranschaulichung des Rangs ihres Herrn gegenüber anderen gesellschaftlichen Gruppen, wie entfernten Standesgenossen, dem niederen Adel der Region oder den Bürgern der Städte, einschloss.

Die hier vertretene These ist, dass die Kunst der Renaissance in Mitteleuropa ohne das an den Höfen konzentrierte spezifische Netzwerk von Personen und ihren Interessen und Kenntnissen nicht jene Gestalt angenommen hätte, wie sie dem Leser im vorliegenden Buch in vielen Details entgegentritt. Am Beispiel des Hofs lässt sich exemplarisch verdeutlichen, welche Rolle sog. externe Faktoren für die Entwicklung und Rezeption einer neuen Kunstrichtung spielen und wie das Phänomen der frühneuzeitlichen Kunstgeschichte auch als sozialer Kommunikationsprozess zu verstehen ist. Renaissance erscheint auf diese Weise weniger als eine Stilrichtung, deren Aktualität unwiderruflich in der Vergangenheit liegt, sondern eher als ein Beispiel, wie Kunstformen und Kunstgattungen zu bedeutungstragenden Zeichen bzw. zu Botschaften innerhalb sozialer Konstellationen werden können.

Burgund und Italien als Vorbild

Im Norden war es anfangs vor allem das an der Grenze zwischen Frankreich und dem Heiligen Römischen Reich gelegene Herzogtum Burgund, das in der ersten Hälfte des 15. Jh. sein Herrschaftsgebiet entscheidend erweiterte und als Zeichen seiner neuen Größe eine besonders glänzende und kunstsinnige Hofhaltung entwickelte. Hier wurden neuartige Schlösser erbaut und die neue, der profanen Welt zugewandte Malerei der Städte zur Selbstdarstellung eingesetzt.

In Italien waren es der päpstliche Hof und einige Fürstenstaaten, wie z. B. die Herzogtümer bzw. Grafschaften Urbino, Mantua, Mailand oder das Königreich Neapel, die eine besondere Fertigkeit entwickelten, die in ihrem Umfeld sich entwickelnde Renaissancekunst zur politischen Stabilisierung und Selbstüberhöhung einzusetzen. Oft besaßen sie nur ein kleines Territorium oder hatten mit politischer Instabilität zu kämpfen. Zu den ersten Herrschern außerhalb Italiens, welche diese neuen Formen und Prinzipien übernahmen, gehörte in der zweiten Hälfte des 15. Jh. auch der ungarische König Matthias Corvinus (geb. 1443). Er berief bereits in den 1460er Jahren italienische Humanisten an seinen Hof in Ofen (Budapest) und schuf dort mit der Gründung einer Bibliothek eine unverzichtbare Grundlage für humanistische Studien. Ab 1478 ließ er das dortige Königsschloss durch einen Florentiner Architekten in den Formen der Antike umgestalten und führte in Ungarn den mediterranen Bautyp der Villa mit ihren Gärten ein. Corvinus war Sohn eines ungarischen Reichsverwesers, so dass hier der Zusammenhang zwischen sozialem Aufstieg und Darstellung des neuerworbenen Rangs im Medium der Kunst besonders deutlich wird.

Ruhm und Nachruhm

Auch im Heiligen Römischen Reich ist der damals stattfindende Prozess der Entstehung frühneuzeitlicher Staatsgebilde zu beobachten. Angesichts der besonderen Bedingungen der Reichsverfassung fand er allerdings nicht, wie etwa in Frankreich oder England, auf der Ebene der durch Könige regierten frühen Form von Nationalstaaten, sondern vor allem auf der Ebene der dem Kaiser untergeordneten sog. Landesherrschaften statt. Gerade diese Fürsten waren es, die in Deutschland – neben dem Kaiserhaus selbst – einen neuen Bedarf an Selbstdarstellung verspürten und im Laufe der Zeit lernten, Kunst als wirksamen Ausdruck ihrer gewachsenen Bedeutung einzusetzen.

Diese Erhöhung des fürstlichen Kunstaufwands bedeutet nicht, dass die spätmittelalterliche Hofkultur im Reichsgebiet nicht materiell aufwändig und prunkvoll gewesen wäre. Nur ist dieses für den heutigen Beobachter schwer nachvollziehbar, da ein Großteil der Inszenierungen temporären Charakter besaß und außer in den Rechnungsbüchern kaum Spuren hinterlassen hat. Erst allmählich, vorbereitet durch die Humanisten und sicher verstärkt durch den Kontakt mit burgundischen und italienischen Vorbildern, entwickelte sich zunehmend unter den mitteleuropäischen Fürsten der Wunsch, in einem größeren Ausmaß als bisher bleibende Zeugnisse fürstlicher Tugend und Persönlichkeit zu hinterlassen.

Zu den frühen Erneuerern der Architektur gehörten die sächsischen Kurfürsten, die fast zeitgleich mit dem ungarischen König erkannten, dass in hochrangigen Profanbauten ein neues Potenzial zur Selbstdarstellung lag. Auch hier war der regierenden Familie erst kurz zuvor der entscheidende soziale und politische Aufstieg mit der Verleihung der Kurwürde im Jahre 1423 gelungen. Wahrscheinlich schon bald nach ihrem Regierungsantritt 1464 begannen die beiden Brüder Kurfürst Ernst (geb. 1441) und Herzog Albrecht (geb. 1443) mit Schlossbauten in Dresden, Torgau und Meißen, die sich in ihrem Aufwand und ihrer Architektursprache deutlich von den traditionellen Adelssitzen abhoben. Von diesen Bauten ist heute lediglich das 1470 über Meißen begonnene Schloss erhalten. Es scheint bereits von Anfang an nicht nur als täglicher Rahmen der Herrschaftsausübung konzipiert gewesen zu sein, sondern auch als ein Monument, das seine Schöpfer überdauern sollte. Auch wenn im sächsischen Kurstaat noch ausschließlich mit einheimischen Handwerkern gearbeitet wurde, so handelt es sich doch um einen programmatischen Neuanfang, allerdings traditioneller und zugleich eigenständiger als in Ungarn.

Eine der Schlüsselfiguren in der Entwicklung neuer Darstellungsformen fürstlicher Größe in Mitteleuropa sollte aus der nächsten Generation hervorgehen: Der 1459 geborene römisch-deutsche Kaiser Maximilian I., der zwar noch nicht als Humanist im engeren Sinne bezeichnet werden kann – er beherrschte z. B. Latein nur unvollkommen –, der aber die Humanisten an der Wiener Universität vielfach förderte und mit anderen in engem Kontakt stand. Durch sein Amt und seine Familienbeziehungen besaß er direkten Zugang sowohl zur burgundischen als auch zur italienischen Hofkultur und der dort bevorzugten Kunst.

Zu einem beherrschenden Thema der von Maximilian etwa ab der Jahrhundertwende intensivierten Kunstprojekte wurde die Sicherstellung des eigenen Nachruhms. Vermutlich waren es die Vorbilder der burgundisch-französischen Staatschroniken und Ritterepen zusammen mit den humanistischen Ideen der *memoria* antiker Prägung, die den Kaiser veranlassten, sein Nachleben nicht mehr ausschließlich der Kirche anzuvertrauen, sondern zu versuchen, die Vorstellungen der Nachgeborenen von seinem Leben und seinen Taten selbst zu steuern. »Wer ime im leben kain gedächtnus macht, der hat nach seinem tod kain gedächtnus, und desselben menschen wird mit

Albrecht Dürer, Kaiser Maximilian I., 1519 (Wien, KHM)

dem glockendon vergessen« (Maximilian I.). Um diesem Schicksal entgegenzuwirken, ließ der Kaiser ab etwa 1505 im *Theuerdank* und im *Weißkunig* von seinem Leben berichten. Neben diesen Schriften entstand ab 1507 ein ursprünglich 75 m langer Holzschnitt, der einen Triumphzug des Kaisers darstellte, und dann ab 1512 die riesige *Ehrenpforte* (Triumphbogen), gleichfalls ein Holzschnitt, in dem Abstammung und Taten des Kaisers verherrlicht wurden. Neuartig an diesen Darstellungen ist die Wahl des (unantiken) Holzschnitts als Mittel zur Vervielfältigung, da mit diesem Medium ein erheblich breiteres Publikum erreicht werden konnte, als etwa mit einer ausgemalten Prunkhandschrift alten Typs. Zusätzlich entstand in Innsbruck ein Grabmal des Kaisers, das mit einer Vielzahl von lebensgroßen Bronzestatuen nicht nur an den Kaiser selbst erinnern sollte, sondern auch an seine Vorfahren und berühmte Amtsvorgänger, und das selbst seine Kinder als künftige Nachfolger mit einbezog.

Bei allen diesen Projekten legte der Kaiser Wert darauf, renommierte und in Humanistenkreisen geschätzte Künstler wie Albrecht Dürer, Hans Burgkmair d. Ä. und Albrecht Altdorfer zu beschäftigen. Im Kontext des gewan-

Konrad Meit, Porträtbüste der Margarethe von Österreich, um 1518 (München, Bayerisches Nationalmuseum)

delten Künstlerverständnisses der beginnenden Neuzeit, die in dem großen Künstler immer häufiger eine mit gottähnlicher Schöpferkraft begnadete Ausnahmeexistenz sah, sollte nun vor allem dessen Urheberschaft das Überdauern des Werks garantieren und der Ruhm des Künstlers mit dem des verherrlichten Auftraggebers verschmelzen. Tatsächlich gehört Kaiser Maximilian I. – nicht zuletzt auf Grund der Inanspruchnahme des bereits zu Lebzeiten als Berühmtheit gefeierten Malers Dürer – auch heute noch zu den bekanntesten Fürsten der deutschen Renaissance.

Um die künstlerische Aufwertung ihrer lokalen Zentren bemüht waren vor allem Maximilians einzige Tochter Margarethe von Österreich (geb. 1480) und der sächsische Kurfürst und langjährige Vertraute Maximilians, Friedrich der Weise (geb. 1463). Vom Vorbild des Kaiserhofs geprägt, griffen auch Margarethe in Mechelen und Friedrich in Torgau und Wittenberg auf Künstler zurück, die eine direkte Kenntnis italienischer Kunstpraxis besaßen. Mussten in der Anfangszeit in Sachsen noch viele Aufträge an außerhalb lebende Künstler, etwa den Nürnberger Albrecht Dürer, vergeben werden, so gelang es 1503 erstmals, mit dem Italiener Jacopo de' Barbari einen renommierten Künstler nach Wittenberg zu verpflichten. Wenig später wurde mit Lucas Cranach d. Ä. ein Meister der Renaissancemalerei mit großer Werkstatt kontinuierlich an den Hof gebunden. Am Beispiel Cranachs d. Ä. lässt sich gut nachvollziehen, wie ein einzelner Meister auf Grund fürstlicher Patronage ein regionales Monopol aufbauen und den künstlerischen Stil einer ganzen Region prägen konnte. Friedrich der Weise dürfte neben König Matthias Corvinus und König Wladislaw von Böhmen und Ungarn auch einer der ersten Bauherrn in Mitteleuropa gewesen sein, der mit dem Landschloss Lochau eine Anlage besaß, die wie eine antike Villa auf dem Land gelegen war und einen großen Garten und Lusthäuser aufwies; sie wurde jedoch vermutlich noch in lokalen Detailformen ausgeführt. Gerade ein solches Beispiel erinnert daran, dass die neuartige Orientierung fürstlicher Kunst nicht überall im Idiom einer heute noch antikisch anmutenden Kunst verwirklicht wurde: »Antike« stand vielen Zeitgenossen eher in einem weiten und unscharfen Bild vor Augen.

Am Mechelener Hof wirkten neben dem vorher in Sachsen tätigen Barbari u. a. die Maler Barent van Orley und Jan Gossaert sowie der Bildhauer Conrad Meit, die alle zu den frühen Vertretern der italianisierenden Richtung der Renaissance im Norden zählen.

Es waren aber nicht nur die weltlichen Fürsten, die sich zu der doch weitgehend nichtchristlichen Welt der Antike hingezogen fühlten und an ihren Höfen humanistische Kunstentwicklungen förderten. Um 1500 entfaltete sich gerade im Umfeld der päpstlichen Kurie in Rom die Kunst der Renaissance zu einem Symbol der Wiederherstellung kirchlicher Autorität und antiker Herrschergröße. Ohne Zweifel stellte der Papsthof mit den Kardinalsresidenzen damals das glänzendste höfische Zentrum in Europa dar. Auf Grund des personellen Netzwerks der katholischen Kirche hatten deshalb gerade die geistlichen Fürsten einen bevorzugten Zugang zu den neuen Leitbildern und Ideen der Hofkultur.

So ließ z. B. der 1481 geborene Philipp von Wittelsbach als Bischof von Freising bereits 1519 durch einheimische Künstler seine Residenz in antikisierenden Formen umbauen. Bischof Erard de la Marck errichtete ab 1526 seinen Amtssitz in Lüttich als regelmäßige Vierflügelanlage mit antikisierenden Arkadenhöfen. In Halle an der Saale wurde seit 1520 auf Initiative des Magdeburger Erzbischofs Kardinal Albrecht von Brandenburg (geb. 1490), zugleich Erzbischof und Kurfürst von Mainz, eine mit aufwändiger antikisierender Kunst ausgestattete Residenzkirche eingerichtet und 1531 ein unbefestigtes Stadtschloss in Frührenaissanceformen mit direkt zugeordnetem Garten begonnen.

Die Reformation und die Folgen

Auch wenn das Maß und die Art der Kunstbetätigung an den mitteleuropäischen Höfen zu Beginn der Neuzeit nicht vollständig aus einer mittelalterlichen Tradition ableitbar ist, sondern auch programmatische Neuerungen der Präsentation fürstlicher Größe beinhaltet, bedeutet das nicht, dass die damalige Kunstentwicklung in Mitteleuropa schon maßgeblich von den Höfen abhängig war. Neben den fürstlichen Aufträgen war das Hauptbetätigungsfeld der Künstler in den ersten Jahrzehnten des 16. Jh. immer noch die sakrale Kunst, die vor allem durch zahlreiche Stiftungen des Adels und des Bürgertums finanziert wurde. In welchem Umfang solche Aufträge erteilt wurden, verdeutlicht der Blick in eine von späterem Bildersturm und Säkularisation verschont gebliebene Kirche wie etwa St. Nikolai im niederrheinischen Kalkar, wo von den ursprünglich 15 Schnitzaltären heute noch sieben erhalten sind, oder St. Lorenz in Nürnberg, wo aus den Jahren zwischen der Fertigstellung des Chors 1477 und der Einführung der Reformation 1528, neben den gemalten und geschnitzten Altarschreinen und umfangreichen Glasmalereien, der weltberühmte *Englische Gruß* von Veit Stoß und das Sakramentshaus von Adam Kraft zu erleben sind. An solchen Aufgaben konnte sich eine große Anzahl von künstlerischen Talenten entfalten, auf die fürstliche Auftraggeber zur Realisierung ihrer neuartigen Projekte zurückgreifen konnten. Auch ohne kaiserliche und fürstliche Aufträge wäre die künstlerische Existenz eines Dürer, Altdorfer oder Grünewald kaum gefährdet gewesen.

Die sich seit den frühen 1520er Jahren ausbreitende Reformation und die damit einhergehende allgemeine Verunsicherung in religiösen Fragen zog jedoch einen drastischen Rückgang der traditionellen sakralen Kunstaufträge nach sich. Ohne dass es entsprechende reformatorische Verbote gegeben hätte, wurden (mit Ausnahme der Schlosskapellen) vorerst so gut wie keine Kirchenneubauten in Auftrag gegeben und kaum noch Altargemälde, Altarschreine, Glasfenster oder Sakramentshäuser gestiftet. Auch in katholisch gebliebenen Kirchen reduzierte sich die Zahl der Pilger und Stifter, und damit nahm auch die der Kunstaufträge ab, so dass selbst eine renommierte Institution wie die Bauhütte des Kölner Doms ihre Arbeit einstellen musste. Lediglich die Aufgabe des plastischen wie gemalten Epitaphs als Erinnerung an die Verstorbenen blieb aktuell. Hinzu kamen zahlreiche Kanzeln und Orgeln für die neuen Schwerpunkte des evangelischen Gottesdienstes: Bibellesung, Predigt und Gesang der Gemeinde.

Aus diesen Rahmenbedingungen ergab sich eine grundlegende Verschiebung des Verhältnisses von profaner zu sakraler Kunst. Bis zur Reformation hatte die profane Kunst, auch wenn sie eigenständige Leistungen – wie das Meißener Schloss oder Maximilians Triumph-Holzschnitte – hervorbrachte, letztendlich aus dem Reservoir der Sakralkunst geschöpft: Hier hatten die meisten Steinmetzen ihre Ausbildung erhalten, hier hatte sich die Darstellung des menschlichen Körpers, des Porträts oder der Landschaft im Rahmen sakraler Themen entwickeln können. Nun gingen die Innovationen zunehmend von der profanen Kunst aus, etwa durch die Entwicklung neuer Typen des Profanbaus (z. B. im Schlossbau) oder durch die Entstehung von neuen Gattungen (z. B. Stillleben) und Techniken (z. B. der Guss von Kleinbronzen).

Darüber hinaus verschob sich zur Zeit der Reformation auch das Verhältnis der Auftraggebergruppen zueinander, die durch ihre spezifischen Interessen die Kunstentwicklung lenkten. Gerade in Hinblick auf die neuen profanen Schwerpunkte der Kunst war die Nachfrage letztendlich begrenzt. In einer korporativ denkenden und soziales Gleichgewicht anstrebenden Gesellschaft war allzu großer profaner Luxus in der Privatsphäre oft eher verdächtig als prestigefördernd.

Anders sahen die strukturellen Bedingungen an den Höfen aus, die sich zwar im Prinzip denselben Vorwürfen ausgesetzt sahen, aber gleichzeitig auf Grund ihrer politischen Stellung den Anforderungen eines immer aufwändiger die Kunst pflegenden internationalen gesellschaftlichen Rahmens genügen mussten. Ab den 1530er Jahren kann man davon ausgehen, dass mit aufwändiger Architektur, Malerei und Plastik ausgestattete Schlösser nicht mehr bestaunte Ausnahmen waren, sondern begannen, ein notwendiges Requisit fürstlicher Selbstdarstellung zu werden. Die Fürsten etablierten nun dauerhaft genutzte Residenzen in größeren Städten und statteten die gewählten Orte nach und nach mit Zeichen fürstlicher Macht aus. Außer Schlössern entstanden fürstliche Grablegen, Kanzleien, Marställe, Rennbahnen, Zeughäuser und Gärten, die von da an großräumiger als jemals zuvor das Bild der Städte zu prägen begannen.

Der universal gebildete Fürst

1528 war in Venedig das Buch *Il cortegiano* des italienischen Humanisten und Diplomaten Baldassare Castiglione erschienen, das 1560 als *Der Hofmann* in die deutsche Sprache übersetzt wurde. Darin propagierte Castiglione mittels fiktiver Gespräche am Hof von Urbino die Tugenden und Fertigkeiten, die ein Angehöriger der neuen Hofkultur anstreben und vervollkommnen sollte. Neben den klassischen »ritterlichen« Idealen des Kriegswesens wurde explizit auch eine Kompetenz in Wissenschaft und Kunst als Ideal vorgeführt. Mit einer auf Arithmetik, Geometrie und Rhetorik gegründeten Theorie der neuen Renaissancekunst wurde für Adelige ein neu-

Bartel Beham, Bildnis des Pfalzgrafen Ottheinrich, 1535 (München, Alte Pinakothek)

artiger Zugang zur bildenden Kunst und Architektur eröffnet. Das Entscheidende dabei war, dass der Weg nicht über das für einen Adeligen auch weiterhin kaum standesgemäße Handwerk führte, sondern über die hoch angesehene, aber bisher nur ansatzweise als adeliges Betätigungsfeld eingestufte Wissenschaft. In engem Zusammenhang dazu steht die Veröffentlichung einer steigenden Anzahl von Kunsttraktaten seit der Mitte des 16. Jh., nun häufig in den Landessprachen. Diese Schriften sollten keinesfalls nur die Künstler und Handwerker mit den Prinzipien und Motiven der neuen Renaissancekunst vertraut machen, sondern gerade auch die Auftraggeber unterrichten.

Es ist heute im Einzelfall kaum mehr zu unterscheiden, ob die neuartigen fürstlichen Aktivitäten auf das anspruchsvolle Selbstverständnis vom gebildeten Hofmann zurückzuführen sind, ob sie einer persönlichen Leidenschaft entsprangen oder vor allem aus der Notwendigkeit geboren waren, die Grundzüge einer repräsentativen Hofkunst selbst vorgeben zu müssen. Jedenfalls mehrten sich ab den 1530er Jahren auch im Heiligen Römischen

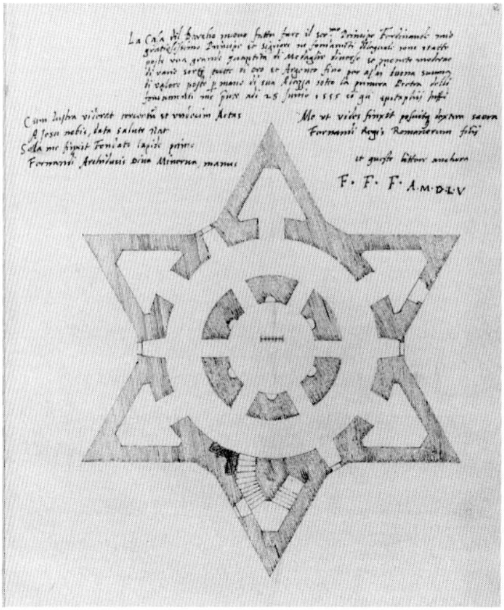

Grundriss von Schloss Stern, signiert von Erzherzog Ferdinand II. von Tirol, 1555

Reich die Beispiele von Fürsten, die sich nicht nur passiv als Auftraggeber für die neue Kunst entschieden, sondern auch selbst aktiv bestimmte Grundlagen derselben beherrschten.

Ein früher Vertreter des neuen Typus des fürstlichen Kunstliebhabers, der sich bis zu einem gewissen Grad auch selbst künstlerisch ausdrücken konnte, war der Wittelsbacher Herzog und spätere pfälzische Kurfürst Ottheinrich (geb. 1502). Trotz zeitweise widriger finanzieller Umstände sammelte er nicht nur ausgesuchte Bücher, Bilder, Teppiche, Kleinplastiken, Münzen und andere Dinge, sondern reformierte auch die Heidelberger Universität in humanistischem Geist und entwickelte vermutlich selbst das Konzept für die Statuenfassade seines Palastneubaus der Heidelberger Schlossanlage. Ein anderer tätiger Kunstliebhaber war Erzherzog Ferdinand II. von Tirol (geb. 1529), von dem der geometrische Entwurf seines Jagdschlosses Stern bei Prag stammt und der in Schloss Ambras bei Innsbruck eine komplexe Sammlung zur Natur, Historie und Kunst zusammentrug. Zu nennen ist auch Landgraf Wilhelm IV. von Hessen-Kassel (geb. 1532), der u. a. in der Astronomie, Alchemie und Botanik als einer der besten Kenner seiner Zeit gerühmt wurde und seinen Hofmalern detaillierte Verbesserungsvorschläge machte. Von seinen Aktivitäten blieb in einem größeren Zusammenhang nur das Schloss Wilhelmsburg über Schmalkalden erhalten. Sein Sohn, Landgraf Moritz (geb. 1572), der den Beinamen »der Gelehrte« trug, setzte diese Tradition fort. Vor einem solchen Hintergrund war die Sammlertätigkeit und angebliche Kunstbesessenheit des seit den 1570er Jahren in Prag residierenden Kaisers Rudolf II. (geb. 1552) weder absonderlich, noch von Weltflucht bestimmt, wie man lange Zeit interpretierte. Die Beschäftigung mit den Künsten und Wissenschaften, die damals kaum voneinander geschieden wurden, war im Wesentlichen keine private Liebhaberei, sondern diente in einem patriarchalischen Sinne dazu, den Fürsten für die Erforschung und geistige Aneignung der Schöpfung zu qualifizieren und die daraus gewonnenen Erkenntnisse zur Verbesserung von Regierung und allgemeinem Wohlergehen einzusetzen.

Wissenschaft als Ordnungsprinzip des Staates

Im engsten Zusammenhang mit dem neuen fürstlichen Selbstverständnis als universal gebildetem Menschen steht die Einrichtung und Entwicklung von Kunstkammern, besonders in der zweiten Hälfte des 16. Jh. mit berühmten Beispielen in München, Dresden, Wien, Innsbruck und Prag. Hatte das Sammeln von Gegenständen im Mittelalter eher einem Anhäufen von Schätzen geglichen, so entstanden mit den Kunstkammern besondere Sammlungen, die allerdings weit mehr waren als reine Zusammenstellungen von Kunstwerken im Sinne moderner Spezialmuseen. Auf der Grundlage der seit dem 15. Jh. unter den Humanisten wieder belebten platonischen Vorstellung von der Korrespondenz des Makrokosmos mit dem Mikrokosmos ließen sich im Kleinen einer Sammlung von *naturalia, arteficialia* und *scientifica* die Prinzipien des gesamten Universums studieren und klassifizieren. Mit den Stufen Naturform, antike Skulptur, modernes Kunstwerk und Maschine stand die gesamte dingliche Welt im Blickfeld dieser Unternehmungen. Fast immer war mit ihnen eine pädagogische Absicht – allerdings mit sehr speziellem Adressatenkreis – verbunden. Neben der enzyklopädischen Institution der Kunstkammer gab es an den einzelnen Höfen bereits damals schon spezialisierte Sammlungsensembles, wie etwa die Aufstellung antiker Büsten im eigens zu diesem Zweck ab 1569 erbauten Antiquarium der Münchener Residenz oder der 1590 eingerichtete Bildersaal und der 1602 begonnene Statuensaal Rudolfs II. auf der Prager Burg.

So wie sich in den Kunstkammern das Bedürfnis manifestierte, ordnend in die dingliche Erscheinungswelt einzugreifen, wurde auch in größerem Maßstab versucht, die Welt nach wissenschaftlichen Prinzipien zu gestalten. Vor allem der Mathematik bzw. Geometrie kam dabei eine entscheidende Rolle zu. Zunächst war es das Schloss als Kernarchitektur fürstlicher Regierung, das seit Mitte des 16. Jh. – sofern Finanzmittel und Topografie es erlaubten – den Regeln der aus der Antike abgeleiteten Proportion und Symmetrie unterworfen wurde. Bauten wie das Residenzschloss und die Zitadelle in Jülich (1549), die Augustusburg bei Chemnitz (1568) oder das Aschaffenburger Schloss (1605) sind dafür anschauliche Beispiele.

Ein in Mitteleuropa sich erst im Laufe des 16. Jh. entwickelndes Aufgabengebiet der Kunst war der große, mathematisch-geometrisch gegliederte Garten. In Italien hatte die Gartenkunst schon im 14. Jh. einen großen Aufschwung erlebt und war zu Beginn des 16. Jh. im Umfeld der gekrönten Häupter Europas mit großem Interesse aufgenommen worden. Weit über seine Funktion der Belustigung und Erholung der Hofgesellschaft hinaus, wurde der Garten zur wissenschaftlich fundierten Allegorie des wohl eingerichteten Staates. Vielleicht mehr noch als beim Schlossbau war beim Gartenbau ein Zusammenspiel verschiedener Disziplinen erforderlich, von Architektur im engeren Sinne, den plastischen Künsten, diversen technischen Entwicklungen, Botanik und Zoologie. Abgesehen von einigen wenigen Ausnahmen in den reichen Handelsstädten waren es wiederum die Fürsten, die großzügige Gärten mit botanischen Raritäten, antiken Statuen, Grotten und Automaten als Sinnbild des beherrschbaren Kosmos und des akkumulierbaren Wissens schufen, wie etwa die Ambraser Anlagen (1565), das Neugebäude vor Wien (1568) oder den Hortus Palatinus des Heidelberger Schlosses (1616). Bei aller Kostspieligkeit derartiger Unternehmungen waren die finanziellen Mittel doch dahingehend beschränkt, dass sich die Fürsten im 16. Jh. noch mit dem umfriedeten Bezirk des Gartens als Medium der gestaltgebenden Ordnungstätigkeit zufrieden geben mussten. Der Schritt zu weiter gespannten ordnenden Eingriffen in die Struktur der Landschaft im Laufe des 17. und 18. Jh. war hier aber bereits angelegt.

Ähnliches gilt auch für die Anwendung von neuen Leitbildern im Städtebau. Theoretische Überlegungen zur Anlage und rationalen Durchstrukturierung von Stadtarealen waren seit dem 15. Jh. in Traktaten zu finden. Solche frühen Pläne, wie Dürers 1527 herausgegebener Idealstadtentwurf, kamen aber in der Regel nicht zur Ausführung. Die Neuanlage der herzoglichen Residenzstadt Jülich 1549 war durch einen verheerenden Stadtbrand möglich geworden und stellt somit eine Ausnahme dar. Erst seit dem späten 16. Jh. mehrte sich in Mitteleuropa die Zahl von Stadt- bzw. Neustadtgründungen unter fürstlicher Regie, die auf einem geometrischen Konzept beruhten. Zu den bekannten Anlagen, die noch heute bei fast völligem Austausch der ursprünglichen Bausubstanz eine geometrische Ordnung erkennen lassen, zählen Freudenstadt (1599), Mannheim (1606) und Glückstadt (1616). Dass eine intakte Stadt wie Salzburg vom fürstlichen Stadtherrn aus Repräsentationsgründen in ihrem Kern nach neuen ästhetischen Leitbildern umgebaut werden konnte, gehörte damals noch zu den Ausnahmen.

Ein Netzwerk wird ausgebaut

Schon immer war der Hochadel europaweit verschwägert, Familienbande hatten auch im Mittelalter eine wichtige Rolle für die Kunstentwicklung gespielt. Nun, im Zuge einer auch durch Kunstaufträge ausgefochtenen Rangkonkurrenz, führte die innerhalb des Adels erworbene Kenntnis überregionaler Leitbilder und Moden zu immer neuen Ansprüchen an die Ausgestaltung des eigenen Hofs. Ein besonders markantes Beispiel ist das Haus Habsburg, das fast europaweit verzweigt war und als Familienverband in so weit auseinander liegenden Regionen wie Spanien, den Niederlanden, Böhmen, Ungarn und Österreich zugleich regierte und dort mit Bedacht vorbildhafte höfische Zentren (Madrid, Brüssel, Prag, Wien) unterhielt. Häufig wurden durch Heirat weit reichende personelle Beziehungen geknüpft. So waren mehrere Kurfürsten und Herzöge des Reichs mit europäischen Königstöchtern verheiratet: u. a. Kurfürst August von Sachsen mit Anna von Dänemark, Ulrich von Mecklenburg mit Elisabeth von Dänemark und Kurfürst Friedrich V. von der Pfalz mit Elisabeth von England.

Die nun an den Höfen verlangte neue Kunst überforderte teilweise die bisher eher regional tätigen einheimischen Künstler. Aus diesem Grund intensivierte sich seit den 1530er Jahren auf fürstliche Initiative und Kosten hin der überregionale Austausch von Künstlern. Als Herzog Ludwig von Bayern ab 1536 den sog. Italienischen Bau der Landshuter Stadtresidenz in Auftrag gab, holte er zusammen mit einem Architekten aus Mantua auch italienische Maurer und Stuckateure nach Landshut. Ähnlich ging Ferdinand I. als König von Böhmen vor, als er ab 1534 für seine Gemahlin Anna von Ungarn ein villenartiges Lusthaus (das heutige Belvedere) in dem neuen Garten hinter der Prager Burg in den Formen der Florentiner Frührenaissance errichten ließ. Ohne seine Stellung als Hofmaler Karls V. wäre ein in seinem Heimatland bereits sehr renommierter Maler wie Tizian sicher kaum 1548 über die Alpen zum Reichstag nach Augsburg gereist. Für die Ausgestaltung des neuen, 1548 von einheimischen Kräften entworfenen Residenzschlosses in Dresden wurden Steinmetzen und Maler aus Norditalien verpflichtet. Oft vermittelten die in den Norden eingewanderten Künstler auch Kenntnisse und Fertigkeiten, für die sie ursprünglich nicht angeworben worden waren. Die Gebrüder Tola z. B., welche die Sgraffito-Fassaden des Dresdener Residenzschlosses entwarfen und ausführten, waren gleichzeitig Mitglieder der Hofkapelle. Alessandro Pasqualini, der Erbauer des 1549 begonnenen Jülicher Herzogsschlosses mit seinen Anklängen an die römische Hochrenaissance, war ursprünglich vermutlich als Experte für die neu entwickelte Bastionärbefestigung in die Niederlande gekommen.

Wie schon im 15. Jh. waren auch im 16. Jh. die Niederlande mit ihrer entwickelten Stadtkultur ein Zentrum künstlerischen Austauschs. Das reiche Reservoir an einheimischen Künstlern, die bald auch die neue antikisierende Kunstströmung durchaus eigenständig beherrschten, prägte die Kunstentwicklung besonders in Norddeutschland bis hin zu den Ostseeländern. Immer häufiger kam es auch dazu, dass einheimische Künstler auf fürstliche Initiative und Kosten zur Ausbildung und künstlerischen Vervollkommnung in ein überregionales Kunstzentrum geschickt wurden, teilweise über Jahre in das ferne Italien. So reiste der Antwerpener Maler Jan Gossaert 1508 mit Philipp von Burgund nach Rom, wo er für seinen Auftraggeber antike Statuen und Baureste zu zeichnen hatte; 1537 wurde der Maler Lambert Lombard vom Bischof von Lüttich in den Süden geschickt; der Architekt Heinrich Schickhardt gehörte 1599 zum Gefolge seines nach Italien reisenden Fürsten.

Blieben die Bildungen neuer Werkstätten unter fürstlicher Patronage in Landshut und Prag zunächst noch Einzelfälle, so etablierten sich Hofkünstler an anderen Orten ab der zweiten Hälfte des 16. Jh. Zu nennen sind Dresden seit der Regierungszeit von Kurfürst Moritz oder Kassel unter Landgraf Wilhelm IV., vor allem aber die höfischen Zentren München unter den Herzögen Albrecht V., Wilhelm V. und Maximilian I. sowie Prag unter Kaiser Rudolf II. Die dort geschaffenen Kunstwerke standen teilweise im Gegensatz zur lokalen Tradition und besaßen überregionale und lang anhaltende Wirkung. Fast alle großplastischen Werke der späten Renaissance in Mitteleuropa sind (mit der bedeutenden Ausnahme der Augsburger Aufträge) in höfischen Werkstätten entstanden. Die Hofkünstler unterlagen nicht den Einschränkungen durch Zunftregeln, die in den Städten zur wirtschaftlichen Absicherung der ansässigen Handwerker galten und einem Meister von der Zahl der Gesellen über das zu bearbeitende Material bis hin zur Arbeitsorganisation genaueste Vorschriften machten. Nur durch die Zusicherung weitgehender Freiheiten waren renommierte, überall in Europa gefragte Künstler überhaupt dafür zu gewinnen, in kleine und abgelegene Orte überzusiedeln, um dort umfangreiche fürstliche Aufträge in verhältnismäßig kurzer Zeit auszuführen. 1595 wurde in Prag die Malerzunft durch Kaiser Rudolf II. per Majestätsbrief in den Rang der freien Künstler erhoben. Letztendlich wurzelt das moderne Leitbild des unabhängigen Künstlers in der Institution des Hofkünstlers.

Neu war in der zweiten Hälfte des 16. Jh. in Mitteleuropa auch das Tätigkeitsfeld von spezialisierten Kunstimpresarios, die für Planung und Umsetzung der komplexer werdenden Kunstaktivitäten eines Hofs verantwortlich waren. Der bekannteste dieser »Kunstmanager« in der Renaissance war der von 1555 bis 1574 am Florentiner Hof tätige Maler Giorgio Vasari. Auch anderenorts, wie in Dresden von dem Hofbeamten Giovanni Maria Nosseni, wurde diese Tätigkeit bevorzugt von Künstlern ausgeübt, die selbst eine große Bandbreite von Kunsttechniken beherrschten, vor allem aber

Tizian, Jacopo de Strada, um 1567/68 (Wien, KHM)

über Beziehungen verfügten, um die für Großprojekte nötigen renommierten Künstler zur Mitarbeit zu gewinnen. Einflussreiche Kunstimpresarios waren der an den Höfen von Anhalt, Sachsen und Brandenburg tätige Rochus Quirinus Graf zu Lynar oder der von den Habsburgern und bayerischen Wittelsbachern verpflichtete Jacopo de Strada. Wie im Fall des Augsburgers Philipp Hainhofer konnte es sich auch um kunstinteressierte Kaufleute handeln, die nicht nur Projektideen und Akteure vermittelten, sondern nach Möglichkeit gleich die Kunstobjekte selbst anboten. Mit diesen Kunstorganisatoren, die auch an befreundeten Höfen und für die dem Fürsten nacheifernden Höflinge tätig waren, wurden neue Kunstentwicklungen von Spezialisten aus erster Hand verbreitet. Auf diese Weise entstand ab dem 16. Jh. ein weit verzweigtes Netz lebendigen Kunstaustauschs, das sich mehr und mehr am Bedarf der zahlreichen Höfe orientierte.

Die künstlerische Ausstrahlung der Höfe auf die Kunstpraxis des Adels

Wie bereits angedeutet, bestand – vertieft noch durch die Veränderungen der Hofkultur – ein wesentlicher Unterschied zwischen der Lebensweise an einem Hof und der eines einfachen Adeligen auf dem Lande. Grundsätzlich hielt der niedere Adel, für den Herkunft und Überlieferung sozial konstituierend waren, stärker an seinen identitätsgarantierenden Traditionen fest. Trotzdem übten die Höfe, die seit alters her ihren besonderen Glanz und ihr Prestige durch die Bindung einer möglichst großen Anzahl von Adeligen im Hofdienst erhielten, mit der Zeit eine starke Vorbildwirkung aus, was den Gebrauch von Kunst betraf. Gerade die hohen Chargen im Hofdienst wurden nicht nur angehalten, eine über die kirchliche Patronage hinausgehende Kunstpflege als Standeszeichen zu begreifen, sondern lernten hier die neue italienische Renaissancekunst und ihr Potenzial als Statussymbol kennen. So verschob sich das Ideal auch niederadeligen Lebens im Laufe des 16. Jh. signifikant von einer kriegerischen Ausrichtung hin zu Bildung und Studium als Vorbereitung auf den Fürstendienst. Indikatoren dafür sind z. B. der zunehmende Besuch von Schulen und Universitäten, der um 1500 beim mitteleuropäischen Adel, außer, wenn er die geistliche Laufbahn einschlug, noch weitgehend verpönt gewesen war. Im Rahmen dieser neuen Lebensweise begannen auch immer mehr Adelige, ohne einen großen Hof im engeren Sinne zu führen, die Künste für die Ausgestaltung ihrer Wohnsitze zu nutzen. Eindrucksvolle Beispiele für die Vorbildwirkung höfischer Projekte auf den Adel im Hofdienst sind im Bereich der Architektur z. B. das ab 1536 von Hendrik III. van Naussau, einem Gefolgsmann der Habsburger, errichtete Schloss zu Breda mit seinem Renaissancearkardenhof, das Schloss Floriansburg in Katzerow (Kacerov) des königlichen Kanzlers Florian Griespeck von Griesbach, wo 1540 zu einem frühen Zeitpunkt außerhalb der fürstlichen Sphäre Motive der römischen Hochrenaissance aufgegriffen wurden, oder das im Auftrag des Kurkölnischen Marschalls Rütger von der Horst errichtete Schloss Horst bei Gelsenkirchen, wo ab der Mitte der 1550er Jahre an Stelle einer abgebrannten Burganlage eine rechteckige Vierflügelanlage mit Hofgalerien und Eckpavillons errichtet wurde. Natürlich manifestierten sich die neuen höfischen Vorbilder auch auf niedrigerem Niveau, etwa wenn 1556 einer der ersten antikischen Schweifbogengiebel in Lemgo am Haus des Bürgermeisters und fürstlichen Beraters Johann Koch errichtet wurde.

Ausblick

Ziel dieser Ausführungen ist nicht nur, die Entstehungsbedingungen bedeutender Kunstentwicklungen im Mitteleuropa der Renaissance zu skizzieren, sondern auch anzudeuten, dass in der höfischen Sphäre zu jener Zeit verschiedene Entwicklungen angestoßen worden sind, die erst in den beiden folgenden Jahrhunderten voll zur Entfaltung kommen sollten. Der »Bauwurm« von Familien wie den Schönborn (z. B. in Würzburg) oder den Liechtenstein (z. B. in Wien) des 17. und 18. Jh. wurzelt letztendlich im Wandel adeligen und fürstlichen Selbstverständnisses seit der Renaissance, und selbst ein so eng mit der Aufklärung des 18. Jh. verbundenes Projekt wie das Wörlitzer Gartenreich trägt in seinem universalistischen Ansatz und seinem pädagogischen Impetus doch auch Züge einer Kunstkammer des 16. Jh.

Die Zeit nach dem Ende des Mittelalters bis zu den Umwälzungen der Französischen Revolution in Europa stellt sich durchaus als Einheit dar. Die Renaissance als Kunstepoche steht am Anfang der politisch wie kulturell wesentlich durch die fürstliche Regierung geprägten Frühen Neuzeit. StH

ASCHAFFENBURG

Aschaffenburg kam bereits im 10. Jh. zum Erzstift Mainz. Als neuer Landesherr ließ der Mainzer Erzbischof im 12. Jh. die Stadt befestigen und wählte sie im frühen 13. Jh. zur zweiten Residenzstadt.

Nachdem der Mainzer Erzbischof und Kurfürst Albrecht II. von Brandenburg (reg. 1514-1545) als Erzbischof von Magdeburg mehr als zwei Jahrzehnte prachtvoll in Halle a. d. Saale residiert hatte, verlegte er seine Hofhaltung 1539 nach Aschaffenburg. Seine berühmten Kunstschätze, die heute den Grundstock der Sammlung des Aschaffenburger Schlossmuseums bilden, führte er mit sich. Er betraute seinen Hofkünstler → **Matthias Grünewald** mit der Ausmalung der Aschaffenburger Burg, die im 14. und 15. Jh. zu einer prächtigen Anlage mit Bergfried ausgebaut worden war. 1552 wurde die Residenz während des Markgrafenkriegs niedergebrannt.

Erst ein halbes Jahrhundert danach machte sich der Mainzer Erzbischof Johann Schweikard von Kronberg (reg. 1604-1626) gleich zu Beginn seiner Amtszeit den Neubau des Schlosses zur Aufgabe. Seine Studienjahre hatte Schweikard u. a. in Frankreich und Italien verbracht und kannte daher sicherlich die bedeutendsten Schlösser seiner Zeit aus eigener Anschauung. Der von ihm initiierte, ab 1605 entstandene regelmäßige Vierflügelbau wurde dann auch zu einer Demonstration der Hausmacht des Mainzers, der als Erzkanzler nach Kaiser und König der drittmächtigste Mann im Reich war. Der Nachfolger Schweikards residierte vorwiegend wieder in Mainz, wo ab 1627 ein Neubau entstand.

Insgesamt war die Bautätigkeit in Aschaffenburg während der Regierungszeit Schweikards sehr umfangreich. Er holte zwei im Sinn der Gegenreformation wirkende Orden in die Stadt: neben den zu dieser Zeit allerorten am Baugeschehen beteiligten Jesuiten auch die Kapuziner, die einen Klosterkomplex (1626/27, 1908 Neubau) und eine gymnasiale Bildungsstätte errichteten.

Schloss Johannisburg

Das Aschaffenburger Schloss wurde von dem Straßburger Georg Ridinger (1568-1617) errichtet. Von ihm ist lediglich bekannt, dass er nach einer fünfjährigen Wanderzeit in ansbachische Dienste trat und sich vergeblich um das Amt des Straßburger Werkmeisters bemüht hatte. Im Jahr 1616, als die Bauarbeiten an Schloss Johannisburg größtenteils abgeschlossen waren, veröffentlichte der inzwischen zum Hofbaumeister ernannte Ridinger die Publikation *Architectvr Des Maintzischen*

Meißen, Albrechtsburg, Hoffassade mit Wendelstein

Schleswig
Wismar
Güstrow
Bremen
Stadthagen
Celle
Berlin
Bückeburg
Helmstedt
Lemgo
Hameln
Wolfenbüttel
Lutherstadt Wittenberg
Detmold
Annaburg
Schloss Neuhaus
Torgau
Gelsenkirchen-Horst
Meißen
Görlitz
Mönchengladbach-Rheydt
Dresden
Erfurt
Freiberg
Köln
Jülich
Augustusburg
Schmalkalden
Lauenstein
Marienberg
Annaberg-Buchholz
Kulmbach
Aschaffenburg
Weikersheim
Heidelberg
Nürnberg
Lichtenau
Heilbronn
Regensburg
Wülzburg
Eichstätt
Leonberg
Stuttgart
Ingolstadt
Neuburg
a.d.D.
Landshut
Tübingen
Ulm
Augsburg
Oberschleißheim
Dachau
Kirchheim
Meßkirch
München
Heiligenberg

Aschaffenburg, Schloss Johannisburg von Südwesten

Churfürstlichen neuen Schlossbawes St: Johannspurg zu Aschaffenburg. Das Buch enthält Grund- und Aufrisse sowie Schnitte einzelner Geschosse, Detailzeichnungen von Giebelornamenten und »figuren von alten römischen kaysern«, die ihren Platz an der Decke des Kaisersaals hatten.

Das auf einer bis 1607 aufgeschütteten Mainterrasse errichtete Schloss beeindruckt durch seine Größe. Der Bau ist über fast quadratischem Grundriss als regelmäßige Vierflügelanlage mit vier auf die Ecken gesetzten Türmen ausgebildet. Die drei Geschosse sind im Aufriss durch stark profilierte Gesimsbänder horizontal gegliedert. Axial stehen die - im ersten Obergeschoss mit Mainzer Rad und Kleinodien des Schweikardschen Wappens dekorierten - Fenster übereinander, selbst die kleinen Zwerchhäuser (heute als Gauben erneuert) folgen dieser Vertikallinie. Wie ein Raster legt sich dieses geometrische Gliederungssystem über die gesamte Fassade und bezieht auch die vorspringenden Ecktürme mit ein. In der Flügelmitte (der Nordwestflügel ausgenommen) sind jeweils große Zwerchhäuser platziert, deren Giebel Ornamentformen zieren, die in den → **Vorlagenblättern** des Niederländers Hans Vredeman de Vries vorgebildet sind.

Der Haupteingang liegt im Südosten des Schlosses. Durch die mit einer kassettierten Tonne überfangene Durchfahrt erreicht man den Innenhof, dessen Fassaden dieselbe Gliederung aufweisen wie der Außenbau. Bestandteile der Hofkonzeption waren ursprünglich zwei eingeschossige Altane in der Ecke des Nordwestturms und vor dem mainseitigen Flügel; diese betrat der Hausherr von seinen fürstlichen Gemächern aus, um im Hof stattfindende Feste und Turniere zu verfolgen. Neben den rustizierten Portalen der Türme und Durchfahrten weist nur das Portal am Nordwestflügel korinthische Säulen auf. Es ist durch seine architektonische Form besonders ausgezeichnet, und zeigt ein Relief mit der Taufe Jesu, das nach einem Stich von Cornelis Cort (1533 - vor 1578) gearbeitet wurde. Dahinter liegt die längs in die Raumfolge des Flügels integrierte Kapelle des hl. Johannes des Täufers, die schon

Frontispiz der *Architectvr* von Georg Ridinger, 1616

an den sich über zwei Geschosse erstreckenden hohen Fenstern am Außenbau zu erkennen ist.

Als einziger Bauteil der mittelalterlichen Burg blieb, wie häufig üblich, der spätgotische Bergfried erhalten, was auf das bewusste Festhalten des Bauherrn an dem mit der alten Burg begründeten Status der Reichskanzlei und seiner persönlichen Legitimierung als Reichskanzler verweist. Weiterhin scheint die Grundfläche des Bergfrieds als eine Art Richtgröße gewirkt zu haben: Sowohl der Umfang der Ecktürme als auch die Breite der Flügel richten sich nach seinem Maß. In den Ecken des Innenhofs erheben sich vier polygonal gebrochene Treppentürme, die wenig über das Kranzgesims hinausragen. Sie sind mit einer kunstvollen Spindelkonstruktion und Sterngewölben ausgestattet.

Das bereits um 1780 unter dem Mainzer Kurfürsten Friedrich Carl von Erthal veränderte Raumgefüge kann anhand der Stiche in Ridingers *Architectvr* von 1616 nachvollzogen werden. Allein das Kellergeschoss, das »allda so hoch und weit sein soll, dass man darinnen zum Ringelrennen kommen kann«, wie es in Matthäus Merians *Theatrum Europaeum* (1646) beschrieben wird, bietet heute noch einen Eindruck der ursprünglichen Anlage. Die Verteilung der Räume in den oberen Geschossen ging aus einem streng herrschaftlichen Prinzip hervor, das als Spiegelbild reichsständischer Hierarchie gelesen werden kann. Während das Erdgeschoss mit dem Versorgungs- und Verwaltungstrakt in erster Linie dem Hofstaat vorbehalten war, beherbergte das erste Obergeschoss im main- und stadtseitigen Flügel die fürstlichen Gemächer. Hinzu kommt, dass hier die Raumorganisation anders als im Erdgeschoss gehandhabt wurde: Sowohl der Südost- als auch der Südwestflügel konnten über hofseitige Korridore erschlossen werden, allein unterbrochen durch zwei flügeltiefe Säle.

Über den Westturm hatte der Kurfürst Zugang zur 1801 umgebauten Empore der Schlosskapelle. Dieser Saalraum ist mit seinem Netzgewölbe als einziger Raum des Schlosses in seiner ursprünglichen Anlage rekonstruiert worden. Der fränkische Bildhauer Hans Juncker (1582 – nach 1623) schuf für diesen Kirchenraum aufwändige Steinarbeiten: Der Altar aus verschiedenfarbigem Marmor (von 1614) mit etwa 150 Figuren, wel-

Aschaffenburg, Schloss Johannisburg, Innenhof mit Bergfried und Kapellenflügel

che die Passion Christi darstellen, begleitet vom hl. Martin (Patron des Erzstiftes Mainz) und dem Stifter Johann Schweikard mit dem Modell des Schlosses, gehört zu den beeindruckendsten Bildwerken dieser Zeit. Der Aufbau des Altars ist tektonisch durchkonstruiert, Figur und Architektur befinden sich in einem ausgewogenen Verhältnis zueinander. Die Kanzel (von 1618) stammt ebenfalls von Juncker.

Das zweite Obergeschoss des Schlosses wurde fast vollständig von den Kaisergemächern und dem Kaisersaal eingenommen, die der Mainzer Erzbischof als Erzkanzler des Deutschen Reichs für den Kaiser bereithielt. Die Gemächer im Nordwestflügel und im Südturm, insbesondere die hier an den Wänden vorgeführten allegorischen Bilder, stellten einen Höhepunkt der prachtvollen Innenraumgestaltung auf Schloss Johannisburg dar. Um 1810 wurde der eingeschossige, stützenlose Kaisersaal im mainseitigen Flügel der hölzernen Flachtonne beraubt. Dabei ging u. a. ein für die Kaiserikonografie des Heiligen Römischen Reichs wichtiges Dokument verloren. Die an der Dachkonstruktion aufgehängte Tonne wies stuckierte Felder auf: 22 Kaiserporträts, vom ersten römischen Kaiser, Julius Caesar, bis zu Karl V., waren um eine zentrale Darstellung angeordnet, welche die Kaiserkrönung von Matthias I. (reg. 1612–1619) und den diesem Ereignis beiwohnenden Johann Schweikard zeigte. Ridinger wollte, dass dieser Saal »als ein kurtz Compendium und Reichsspiegel« gelesen werde, der sowohl die Entste-

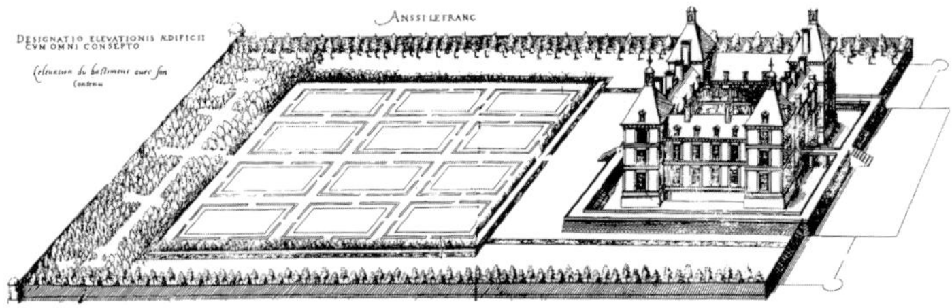

Schloss Ancy-le-Franc, Ansicht nach einem Stich von Jacques Androuet Ducerceau d. Ä., um 1546

hung des Heiligen Römischen Reichs dokumentieren als auch die Bedeutung des jüngst gekrönten Kaisers unterstreichen sollte.

Mit dem Neuausbau des Schlosses seit Ende des 18. Jh. ging die herausragende, auf Schweikard zurückzuführende Renaissanceausstattung und die ursprüngliche Raumdisposition verloren. Ein neues, über zwei Geschosse reichendes Treppenhaus veränderte die Raumverhältnisse im Nordostflügel; auch die Altane im Hof wurden niedergelegt.

Dem Aschaffenburger Schloss liegt die Idee zu Grunde, ein einheitliches und regelmäßiges Bauwerk zu schaffen und zugleich die Errungenschaften der nördlichen Bautradition vor Augen zu führen. Die aus geometrischen Prinzipien entwickelte italienische Schlossanlage, wie sie von Sebastiano Serlio und Jacques Androuet Ducerceau d. Ä. vor allem in Ancy-le-Franc (um 1546) vorgeführt worden war, wurde seit den 1530er Jahren auch nördlich der Alpen umgesetzt, zunächst mit Hilfe italienischer Architekten (→ **Schloss Jülich**), später in der eigenständigen Umsetzung durch heimische Bauleute (zur Rolle des Baumeisters bzw. des Architekten → **Augustusburg**). Während die italienische Bautradition beim Aschaffenburger Schloss überwiegend im regelhaften Grund- und Aufriss zum Ausdruck kommt, sind Raumstruktur und das bewusste Festhalten an repräsentativen Treppentürmen vom mitteldeutschen Schlossbau angeregt, obwohl das italienische Ideal der geradläufigen Treppe im Flügelinnern seit den 1530/40er Jahren nördlich der Alpen realisiert wurde. In der kunstvollen Ausführung der Spindeln lässt sich die hohe Wertschätzung der in der gotischen Tradition stehenden Treppentürme erkennen. Die offensichtlich auf Ridinger zurückgehende Idee, die Aschaffenburger Türme derart auf die Gebäudeecken zu setzen, dass im Innern allseitig belichtete Räume entstanden, ist ebenfalls im Kontext der Raumschöpfungen des mitteldeutschen Schlossbaus zu sehen (→ **Meißen**) und fand ihre Nachfolge u. a. bei den Türmen der Willibaldsburg (→ **Eichstätt**).

Museum im Schloss

Neben den ins zweite Obergeschoss versetzten (rekonstruierten) Fürstengemächern des späten 18. Jh. beherbergt das Schloss heute die in ihrem Grundbestand auf die Sammlung Kurfürst Albrechts zurückgehende Gemäldegalerie der B ayerischen Staatsgemäldesammlungen mit Werken des 15. bis 18. Jh., u. a. eine bemerkenswerte Sammlung von Gemälden des → **Lucas Cranach d. Ä.** und seiner Werkstatt. Außerdem sind das städtische Schlossmuseum und die staatliche Hof- und Stiftsbibliothek in den Räumen von Schloss Johannisburg untergebracht. IK

MATTHIAS GRÜNEWALD (um 1480-1528)

Geburts- und Sterbedatum des Malers Mathis Gothard-Nithardt, der erst im 17. Jh. von dem Künstlerbiografen Joachim von Sandrart als Matthias Grünewald bezeichnet wurde, sind umstritten.

1504 wurde er als Tafelmaler in Aschaffenburg erwähnt, wo er ab 1510 für den Mainzer Erzbischof Uriel von Gemmingen (gest. 1514) als Werkmeister und Wassertechniker Baumaßnahmen an der Burg durchführte. Berühmtheit erlangte er vor allem durch sein bekanntestes Werk, den *Isenheimer Altar,* den er von 1513 bis 1515 für das Augustinerstift bei Colmar schuf (heute Colmar, Musée Unterlinden). Er vereinte innovativ extremen Detailrealismus mit dem kräftigen Kolorit seiner niederländischen Kollegen und der Körperdarstellung italienischer Malerei. Das genaue Studium der Anatomie mit der detaillierten Wiedergabe aller Muskeln, Adern und Härchen bis hin zu den Poren findet seinen Höhepunkt in den expressiv hochragenden Händen des Gekreuzigten, der den Altar im geschlossenen Zustand dominiert. Die Monumentalisierung des Sterbenden weist deutliche Parallelen zu *Der tote Christus im Grabe* (1521-1522, Basel, Kunstmuseum) von Grünewalds Zeitgenossen Hans Holbein d. J. auf.

Matthias Grünewald,
Die hll. Erasmus und Mauritius, 1524-1525
(München, Alte Pinakothek)

Von 1516 bis 1525 lebte Grünewald wieder in Aschaffenburg, nun als Hofmaler im Dienst des Kardinals Albrecht II., Markgraf von Brandenburg (1490-1545), der Künstler wie → **Lucas Cranach d. Ä.,** → **Albrecht Dürer,** Peter Vischer d. Ä., aber auch Humanisten wie Johannes Reuchlin und Ulrich Hutten an seinem Hof versammelte. Für ihn schuf Grünewald um 1524/25 u. a. das Retabel des Mauritiusaltars für die Stiftskirche in Halle. Der Kardinal ließ sich in diesem Bild als hl. Erasmus verewigen, dessen Reliquien er in das Stift hatte überführen lassen. Für die Zeitgenossen war der Auftraggeber der Tafel - mit den Wappen der durch ihn regierten Bistümer Mainz, Halberstadt und Magdeburg zu seinen Füßen - gut erkennbar.

Grünewald hinterließ im Gegensatz zu vielen seiner Künstlerkollegen keine druckgrafischen Arbeiten und war vermutlich aus diesem Grund zu Lebzeiten weniger bekannt. Wieder entdeckt wurde Grünewald, der ausschließlich sakrale Kunstwerke schuf, erst durch den Expressionismus. Während bei Künstlern der gleichen Generation - wie z. B. Dürer - Form und Linie dominieren, sind seine Bilder durch Licht und flammendes Kolorit bestimmt, in einer Malweise, die einzigartig bleiben sollte. MS

AUGSBURG

Die Anhöhe über den Flüssen Wertach und Lech war schon lange besiedelt, bevor die Römer dort ihre Provinzhauptstadt Augusta vindelicum gründeten. Im Mittelalter wurde Augsburg zu einer der wichtigsten Städte im Heiligen Römischen Reich. Die Bürger, vorwiegend die reichen Kaufleute, distanzierten sich im 12. Jh. zunehmend von ihrem Stadtherrn, dem Bischof, um den staufischen Kaiser zu unterstützen. Dieser erhob Augsburg im Gegenzug 1276 zur freien Reichsstadt.

Politisches Gewicht erhielt die Stadt durch die Reichstage, die hier zwischen 1500 und 1582 zwölf Mal abgehalten wurden. Da sich Luther auf dem Reichstag von 1518 auf Grund seiner Thesen vor dem Kaiser zu verantworten hatte, wurde Augsburg zum Zentrum der Religionsauseinandersetzungen. 1530 proklamierten hier die protestantischen Fürsten die grundlegenden Bekenntnisse der lutherischen Kirche (*Confessio Augustana*). In den folgenden Jahren wurde der neue Glaube in der Stadt durchgesetzt und der katholische Klerus aus der Stadt ausgewiesen. Mit seiner Rückkehr nach der Niederlage der protestantischen Seite im Schmalkaldischen Krieg kam es seit 1547/48 zu gegenreformatorischen Bestrebungen. Unter den konfessionellen Auseinandersetzungen hatten Künstler wie z. B. Jörg Breu d. J. (Protestant) und der Baumeister Elias Holl (Katholik) zu leiden, die wegen ihrer jeweils anderen Konfession Repressionen (wie Entlassung aus dem Dienst) ertragen mussten.

Das Augsburger Patriziat arrangierte sich stets mit den Herrschern des katholischen Hauses Habsburg. Von den guten Beziehungen zueinander zeugen der Beiname »Bürgermeister von Augsburg« für Kaiser Maximilian I. (reg. 1493/1508–1519) und die Tatsache, dass Karl V. (reg. 1519–1556) seine Wahl zum Kaiser nicht zuletzt der finanziellen Unterstützung der bedeutenden Augsburger Patrizierfamilien der Fugger und der Welser verdankte, was Karl im Gegenzug mit der Verleihung zahlreicher Privilegien honorierte.

Der wirtschaftliche Aufschwung der Stadt, die im 15./16. Jh. zum bedeutendsten Umschlagplatz in Süddeutschland wurde, gründet auf der Beteiligung der Augsburger Kaufleute an der Erschließung der Kupfer-, Silber- und Quecksilbervorkommen in Tirol, Ungarn und Spanien, die wiederum Handelsniederlassungen in Italien, den Niederlanden und Osteuropa nach sich zogen.

Die Familie der Fugger, die 1514 in den Reichsgrafenstand erhoben wurde, 1530 landesherrliche Rechte erhielt und Schlösser im Umland errichten ließ (→ **Kirchheim**, Schloss Babenhausen, Jagdschloss Duttenheim, Schloss Stettenfels, Schloss Weißenhorn), nahm entscheidenden Einfluss auf den Handel, das gesellschaftliche Leben und die Kunst. Sie zeichnete für Stiftungen im Bereich der Kirche

Hans Burgkmair d. Ä., Bildnis des Jakob Fugger II., um 1510 (Augsburg, Städtische Kunstsammlungen)

wie auf sozialem Sektor verantwortlich, so z. B. für die Fuggerkapelle oder die Fuggerei.

Von der politischen Bedeutung, der Kaufkraft der Bürger und den internationalen Verbindungen Augsburgs angezogen, kamen zahlreiche Künstler in die schwäbische Stadt, die in den 1530er Jahren eine führende Rolle bei der Vermittlung (ober-)italienischer Bauformen in die Städte und an die Höfe nördlich der Alpen übernahm.

Zahlreiche Humanisten, die in Italien studiert hatten, darunter Konrad Peutinger (1465-1547) und Johann Pinicanus (1478-1542), ließen sich in Augsburg nieder.

Trotz des Zusammenbruchs der Handelshäuser und des rückläufigen Welthandels nach 1570 hielt der Wohlstand der Stadt an, die vor Beginn des Dreißigjährigen Kriegs etwa 44.000 Einwohner zählte und damit zu den Großstädten im Reich gehörte. Bis ins 17. Jh. wurden zahlreichen Neubauten ausgeführt, die bis heute das Stadtbild prägen.

Musikleben in Augsburg

Kaiser Maximilian I., der in Innsbruck und Wien die besten Musiker der Zeit an den Hof berufen hatte, brachte seine Hofkapelle anlässlich der Reichstage mit nach Augsburg und ließ Gottesdienste und Feste prunkvoll musikalisch gestalten. Augsburg wurde eine der führenden Musikstädte Europas. Hier brachten der in Italien ausgebildete, zuvor bei den Medici in Florenz tätige Hofkomponist Heinrich Isaac (um 1450-1517), sein Schüler und Nachfolger Ludwig Senfl (um 1486-1542/43) oder auch der Hoforganist Paul Hofhaimer (1459-1537) das modernste internationale Repertoire zur Aufführung. Angesichts des kaiserlichen Mäzenatentums begannen auch die Fugger, Musik in großem Stil zu fördern. Sie stifteten Orgeln (St. Anna), legten Sammlungen von Notenhandschriften und Instrumenten an und engagierten berühmte Musiker wie den Lautenisten Melchior Neusidler (1531-1590) und den Komponisten Hans Leo Hassler (1562-1612), der in Venedig studiert hatte und dank seiner deutschen Madrigale nach italienischem Vorbild noch heute bekannt ist.

Während die protestantische Musikpflege schon früh ihre Zentren in St. Anna und dem 1531 gegründeten Gymnasium fand, erreichte die katholische Kirchenmusik erst nach dem Religionsfrieden (1555) und der Einrichtung einer neuen Domkantorei (1561) wieder hohes Niveau. Mit dem flandrischen Organisten Jacobus de Kerle (1531/32–1591) gewann die Dommusik einen Hauptvertreter der späten niederländischen Polyphonie. Doch bald wurden seine Werke durch die expressiveren, italienisch geprägten Kompositionen Orlando di Lassos (um 1532–1594) verdrängt. Der Münchner Hofkapellmeister widmete den Fuggern und anderen Augsburger Mäzenen mehrere Musikdrucke und besuchte die Stadt mindestens drei Mal. Ein Anziehungspunkt für ihn dürften die Spezialwerkstätten für mechanische Musikinstrumente und Automaten gewesen sein, deren Erzeugnisse für → **Kunst- und Wunderkammern** sehr gefragt waren. Ein Virginal (1640) des Augsburger Meisters Daniel Bidermann sowie andere Instrumente des 16./ 17. Jh. können in den Städtischen Kunstsammlungen (Schaezler-Palais) besichtigt werden.

Fuggerkapelle in St. Anna

1509 stiftete Jakob Fugger II. die sog. Fuggerkapelle, die im Westen an das Langhaus der Kirche St. Anna angebaut wurde. Sie ist nördlich der Alpen das wohl früheste Bauwerk, das die Formensprache der italienischen Renaissance aufgreift. Die 1518 geweihte Kapelle, die Jakob Fugger als Grablege für sich und seine Brüder Georg und Ulrich erbauen ließ, wurde kunstfertig mit edlen Materialien ausgestattet. Sie sollte das Andenken der Verstorbenen und den Ruhm ihrer einstmals bürgerlichen Familie bewahren. Ein wohl zum Zweck der Präsentation angefertigter Entwurf, eine aquarellierte und mit »SL« signierte Zeichnung, ist dem Augsburger Bildhauer → **Sebastian Loscher** zugeschrieben; der Stadtwerkmeister Burkhardt Engelberg (gest. 1512) sowie seine Schüler Jakob Zwitzel (1498–1539) und Hans Hieber (um 1470–1522) haben ihn ausgeführt.

Getrennt durch Pilaster der toskanischen Ordnung, schließt sich der quadratische Hauptraum der Kapelle an das Kirchenschiff an. Die fein profilierten Gewölberippen nehmen keine Rücksicht auf die Struktur des Gewölbes. An der Westwand rahmen die den Innenraum gliedernden Pilaster eine heute nur noch in Kopie erhaltene Epitaphwand. Ihre vier, von Rundbögen eingefassten Flachreliefs gehen auf Entwurfszeichnungen bedeutender Künstler zurück. So lieferte → **Albrecht Dürer** die Entwürfe für die mittleren, Ulrich und Georg Fugger gewidmeten Epitaphe, welche die Auferstehung Christi und den Sieg Samsons über die Philister zeigen. Die Vorlage für die beiden äußeren Epitaphe für Jakob Fugger, die auf die Vergänglichkeit irdischer Größe verweisen, gehen auf → **Hans Burgkmair d. Ä.** zurück. Die Umsetzung der Entwürfe oblag dem mit Loscher zusammenarbeitenden Jakob Murmann. Im Zentrum der Grabkapelle steht ein möglicherweise von dem Augsburger Bildhauer → **Hans Daucher** ausgeführter Altar, dessen frei stehende Fronleichnamsgruppe 1518/20 vollendet war. Die Figuren auf den Reliefs der Predella (Kreuztragung Christi, Kreuzabnahme, Christus in der Vorhölle) sind in ihrer Körperdynamik und Anatomie sicher erfasst und bilden, durch ein sanft schwingendes Tuch zusammengefasst, formal eine Einheit.

Im Chor der Kirche befinden sich mehrere Gemälde des 16. Jh., darunter das *Meitingische Epitaph* mit der Darstellung von Christus in der Vorhölle (1525) und der Auferstehung (1530) von → **Jörg Breu d. Ä.**, darüber hinaus die *Törichten Jungfrauen* (1560) von → **Christoph Amberger**, die *Himmelfahrt Christi* (1607) von → **Joseph Heintz d. Ä.** sowie *Christus als Kinderfreund* (1531/40) von → **Lucas Cranach d. Ä.** am Hochaltar.

Augsburg, Fuggerkapelle in St. Anna

Die 1512 vom kaiserlichen Orgelbauer Johann Behaim von Dobrau vollendete Orgel (Werk 1478 und 1992 erneuert) besitzt ein prächtiges, → **Jörg Breu d. Ä.** zugeschriebenes Flügelpaar. Seine Darstellungen der Himmelfahrt Jesu und Mariens stehen in deutlicher Abhängigkeit von Fresken des italienischen Malers Filippino Lippi in der Caraffakapelle (Rom, S. Maria sopra Minerva, 1489–1493). Besonders hervorgehoben sind die Porträts von Mitgliedern der Familie Fugger auf der großen linken Tafel. Die Darstellungen auf den kleinen Flügeln des Orgelpositivs sind der Musik gewidmet, so die Szene *Pythagoras entdeckt das Gesetz von Gewicht und Ton* auf der Innenseite des linken Flügels.

Augsburg, Damenhof des Fuggerhauses am Weinmarkt, Rekonstruktionszeichnung von Julius Groeschel vor 1888

Ehemalige Fuggerhäuser

Durch den Zusammenschluss mehrerer dreigeschossiger Gebäude hinter einer einheitlichen Renaissancefassade und unter einem gemeinsamen Dach entstand am ehemaligen Weinmarkt das sog. Fuggerhaus (Maximilianstraße 36/38), Wohnsitz und Handelshaus zugleich, das selbst dem Kaiser als Herberge diente. Jakob Fugger II., gen. der Reiche, der seine Lehrjahre in der Fondaco dei Tedeschi in Venedig und in Rom verbracht hatte, begann 1512 mit dem Ausbau, der ab 1523 von der Baumeisterfamilie Zwitzel übernommen wurde. Im Zweiten Weltkrieg brannten die Gebäude aus und sind heute in Anlehnung an den ursprünglichen Grundriss wiederhergestellt.

Sehenswert sind vor allem die durch schmale Zwischenflügel voneinander getrennten Innenhöfe westlich des Hauptgebäudes: der Große Hof, der Mittelhof und der Damenhof. Alle drei weisen im Erdgeschoss Arkadengänge italienischer Manier auf. Im 1515 entstandenen, repräsentativen Damenhof ruhen nach florentinischem Vorbild profilierte Terrakottabögen auf Monolithsäulen (vgl. z. B. Palazzo Ruccelai und Palazzo Medici in Florenz). In den Bogenzwickeln gelangten erstmals an einem profanen Gebäude nördlich der Alpen Terrakottatondi zur Ausführung; die auf die Antike zurückgehende Terrakottatechnik ist hier in Anlehnung an die 1463 gefertigten Majolikatondi des Andrea della Robbia am Findelhaus in Florenz umgesetzt worden. Grotesken, Masken und Rosetten schmücken die Gurtbögen. Eine Balustrade venezianischer Prägung (S. Maria dei Miracoli) schließt die Arkadengliederung ab.

Von den Malereien, die ehemals die Fassaden des Damenhofs schmückten, sind nur wenige Reste erhalten. Das z. T. nach Befund rekonstruierte Bildprogramm zeigt auf der Nord- und der Südseite die Taten Kaiser Maximilians, während auf den übrigen Wänden hinter einem illusionistischen Balustergeländer Musikanten- und Zuhörergruppen zu sehen sind.

Im Großen Hof hingegen finden sich noch originale, → **Jörg Breu d. Ä.** und seinem Sohn zugeschriebene Malereien. Sie lassen Architekturmotive wie Quaderrustizierungen und Scheinfenster erkennen.

1532 und 1551 kauften die Fugger die westlich an die Höfe angrenzenden Häuser am Zeug platz, deren Westfassaden ab 1563 durch ein gemeinsames Satteldach, flankierende polygonale Eckerker und eine rustizierte Tordurchfahrt vereinheitlicht wurden. 1566 teilten die Brüder Hans und Marx Fugger das Anwesen unter sich auf. Hans Fugger ließ daraufhin ab 1568 das Gebäude Zeugplatz 7 zu einem prunkvollen Stadtpalast ausbauen und durch einen Arkadenhof (sog. Herrenhof) erschließen.

Der trapezoide Musen-Saal, einer der beiden Prachträume im Erdgeschoss, besitzt ein Spiegelgewölbe mit Stichkappen. Bis zu einer Höhe von 2,40 m sind die Wände mit Grotesken bemalt, die an die Gestaltung der damals ausgegrabenen Domus Aurea Kaiser Neros angelehnt sind. Auf dem Abschlussgesims ruhen 29 teils vergoldete Holzkonsolen, auf denen ehemals Nachbildungen von Büsten römischer Kaiser von der Hand Carlo Pallagos (gest. 1604) ihren Platz hatten. Im ähnlich ausgestalteten kleineren Prachtsaal (Zodiakus-Saal) sind die Jahreszeiten bestimmendes Thema. Vorbild für die Kombination von Musen- und Zodiakus-Saal war u. a. der Palazzo del Tè in Mantua.

Fuggerei

Als die Spanne zwischen armen und reichen Augsburgern nach 1500 immer größer wurde, ließ Jakob Fugger II. für schuldlos verarmte Bürger katholischen Glaubens in der Jakobervorstadt die sog. Fuggerei errichten. Diese durch vier Tore abgeschlossene »Stadt in der Stadt« ist bis heute noch entsprechend den historischen Regeln des Zusammenlebens bewohnt. Für die Wohnanlage in der Tradition der Beginenhöfe zeichnet der Baumeister Thoman Krebs verantwortlich. Ursprünglich erschloss ein T-förmiges Wegesystem die mehr als 50 zweigeschossige Häuser umfassende Siedlung. Dieses wird in der Forschung mit dem Kreuz des hl. Antonius in Verbindung gebracht, in dessen Nachfolge der die Armen pflegende Antoniterorden steht. Jedes der giebelständigen Häuser verfügt über zwei Wohnungen mit separatem Eingang und kleinem Garten. Die funktional ausgerichtete und regelmäßig konzipierte Siedlung, die nach Zerstörungen im Dreißigjährigen Krieg und im Zweiten Weltkrieg in erweiterter Form wieder aufgebaut wurde, steht italienischen Entwürfen von → **Idealstädten** der Renaissance nahe.

Öffentliche Bauten

Die Stadt bestand ähnlich wie Regensburg aus drei Bereichen (den sog. Autonomien): im Norden die Domstadt des Fürstbischofs, in der Mitte die Reichsstadt und im Süden der Bezirk um das Benediktiner-Reichsstift St. Ulrich und Afra. Verbunden waren diese Teile durch die an römischen Straßentrassen orientierte Maximilianstraße.

Um 1600 beschloss der Augsburger Rat umfangreiche Baumaßnahmen, die das Stadtbild nachhaltig verändern sollten. Es entstanden Plätze, Brunnen und öffentliche Gebäude, in denen sich das Selbstverständnis und der Wunsch nach Repräsentation des Stadtrats manifestierten. Eine der treibenden Kräfte war der einflussreiche Stadtpfleger und Italienkenner Marcus Welser (1558–1614).

Vor allem die von Stadtwerkmeister Elias Holl (1573–1646) errichteten Gebäude, an deren Entwürfen die Malerarchitekten → **Joseph**

AUGSBURGER KÜNSTLER

Neben **Hans Holbein d. Ä.** (1460/65–1524), der mit seiner sehr realistischen Malweise die Voraussetzungen für eine fruchtbare Entwicklung der Malerei in Augsburg schuf, später allerdings nach Isenheim abwanderte, ist **Hans Burgkmair d. Ä.** (Augsburg 1473–1531 Augsburg) einer der bedeutendsten Augsburger Künstler seiner Zeit. Er verwendete hier als Erster italienische Renaissanceformen. In seinem Werk zeigt sich – im Gegensatz zu → **Albrecht Dürer,** der mehr die Kunst der florentinischen Renaissance rezipierte – deutlich der Einfluss der oberitalienischen Malweise mit ihrer warmen venezianischen Farbpalette. Zudem verarbeitet er die Erfahrungen einer Reise an den Oberrhein und in die Niederlande, wo er eine realistische Detailbehandlung kennen gelernt hatte. Der hl. Johannes der Täufer, der auf einem der Außenflügel des Johannesaltars von 1518 abgebildet ist (München, Alte Pinakothek), sitzt z. B. in einer detailliert geschilderten, fast tropischen Landschaft mit reicher Flora und Fauna, die zugleich in ein goldenes Licht getaucht ist, in dem der leuchtend rote Mantel des von der Vision überwältigten Heiligen einen stimmungsvollen Kontrast bildet. Burgkmair d. Ä. ist nicht nur für seine Gemälde, sondern insbesondere für seine Holzschnitte berühmt, die er sowohl für die Humanisten Konrad Peutinger (1465–1547) und Konrad Celtis (1459–1508), als auch gemeinsam mit → **Albrecht Altdorfer** und Albrecht Dürer für Kaiser Maximilian I. schuf (z. B. *Theuerdank, Triumphzug Maximilians I., Ehrenpforte* und das Gebetbuch Maximilians I.).

Bei Hans Burgkmair wohnte zeitweilig der Bildhauer **Sebastian Loscher** (Augsburg 1482/83–1548 Augsburg), mit dem er eng zusammenarbeitete, wie eine von Loscher geschnitzte und von Burgkmair farbig gefasste Alexiusfigur im Augsburger Maximilianmuseum belegt. Loscher kombinierte bei diesem Werk spätgotische Gewandstilisierung mit einer freien, durchaus realistischen Körperhaltung der Frührenaissance, was durch die Fassung des Malers noch betont wurde. Neben zahlreichen Arbeiten für Augsburger Brunnen (einzig erhalten die Brunnenfigur des sog. Felberbrunnens vor dem Weberzunfthaus, Rotmarmor, 1516–1518) wird dem Künstler auf Grund der vorhandenen Signatur »SL« der Riss zur Augsburger → **Fuggerkapelle in St. Anna** zugeschrieben.

Während Loscher vor allem großformatige Werke erstellte, schuf sein Konkurrent **Hans Daucher** (Ulm um 1485–1538 Stuttgart) äußerst detailliert bearbeitete Flachreliefs aus Jurakalkstein. Sie entstanden vielfach unter dem Einfluss grafischer Werke, u. a. von Dürer und Burgkmair d. Ä., aber auch von Raffael, Jacopo de' Barbari und → **Lucas van Leyden.** So zeigt das Relief *Maria in der Halle* (1520, Augsburg, Städtische Kunstsammlung) deutliche Reminiszenzen an Dürers Zeichnung *Hl. Familie in der Halle* (1509, Basel, Kunstmuseum). Als Huldigung an das berühmte Vorbild ist Dauchers Relief *Allegorischer Zweikampf Albrecht Dürers mit Apelles* (1522, Berlin, SMPK, Skulpturensammlung) zu verstehen. Daucher bearbeitete hier das Thema des Paragone – des Künstlerwettstreits – den Humanisten wie Konrad Celtis und Erasmus von Rotterdam in Bezug auf den »deutschen Apelles« Dürer beschrieben.

Das Spätwerk von **Jörg Breu d. Ä.** (Augsburg 1480–1537 Augsburg) zeigt deutliche Elemente italienischer Renaissancegemälde, so dass immer wieder eine Italienreise Breus vermutet wird, aber auch der Einfluss Burgkmairs ist nicht zu unterschätzen. Von italienischem Einfluss zeugen auch die 1537 entstandenen Wandmalereien in Schloss

Hans Burgkmair d. Ä., Mitteltafel des Johannesaltars – Johannes auf Patmos, 1518 (München, Alte Pinakothek)

Grünau bei Neuburg a. d. Donau. Für die Zeit zwischen 1512 und seinem Todesjahr 1537 verfasste Breu eine Chronik, in der er verblüffenderweise nicht nur die Zerstörung von Bildwerken befürwortete, sondern sich auch unter sozialkritischen Aspekten namentlich gegen das Augsburger Patriziat – allen voran die Fugger als seine wichtigsten Auftraggeber – wandte. Für sie gestaltete Breu neben den Fresken an ihrem Haus in der Maximilianstraße u. a. 1520 die Orgelflügel in der → **Fuggerkapelle in St. Anna,** die versatzstückhaft Elemente der italienischen Hochrenaissance übernehmen. Als Indiz seiner tiefen Frömmigkeit zeigt hier sogar die Szene der Erschaffung der Musik, ein primär humanistisches Thema:

Johannes Rottenhammer, Maria mit dem Kinde und den hll. Johannes und Franziskus, um 1596 (Lemgo, Weserrenaissance-Museum Schloß Brake)

Gottvater in einer Aureole. Bei aller Religiosität erschloss Breu sich mit seinem grafischen Werk mit Planetendarstellungen und Blättern von antiken Heldinnen und Helden oder historischen Szenen auch humanistische Themenkreise.

Von dem Maler, Grafiker und Zeichner **Christoph Amberger** (1505–1561/62 Augsburg) stammt das bis 1554 entstandene Dombild (Domchor, Wolfgangskapelle), das den während der Bilderstürme 1538 zerstörten Altar Hans Holbeins d. Ä. von 1507/09 ersetzen sollte. Amberger hatte trotz sinkenden Bedarfs an sakraler Kunst viele Aufträge, da er sich auf Porträtmalerei spezialisiert hatte. Die Bildnisse, die er für das Augsburger Großbürgertum anfertigte, zeichnen sich durch ein raffiniertes venezianisches Kolorit, weltmännische Gesten, edle Stofflichkeit und reiche Interieurs aus. Der Künstler verband sowohl in den Porträts als auch im Dombild Figuren- und Farbideal der italienischen Renaissance, die er zwischen 1525 und 1528 vor Ort studiert haben könnte, mit lokalen Einflüssen im Stil Hans Burgkmairs und des Wiener Hofmalers → **Jakob Seisenegger.**

Mit dem Tod Ambergers war die Zeit, da Augsburg zahlreiche einheimische Künstler beschäftigte, endgültig zu Ende. Zwar gab es nach wie vor Aufträge, z. B. für die Ausgestaltung und Bemalung neuer Bauten, diese wurden jedoch zumeist an auswärtige Künstler wie → **Friedrich Sustris** oder → **Hans von Aachen** vergeben. Erst zu Beginn des 17. Jh. sind Künstler wieder für längere Zeit in Augsburg ansässig.

Der aus München stammende Maler **Johannes Rottenhammer** (München 1564–1625 Augsburg) erhielt früh entscheidende Impulse durch Friedrich Sustris, dem führenden Künstler am Münchener Hof Wilhelms V., aber auch durch → **Peter Candid,** Hans von Aachen und Christoph Schwarz. 1589 reiste er über Venedig nach Rom, wo er mit den flämischen Landschaftsmalern Paul Bril und Jan Bruegel d. Ä. zusammenarbeitete und die Technik der Malerei auf Kupfer erlernte. Von 1596 bis 1606 war er in Venedig. Deutlich sieht man seinen Werken dieser Zeit die intensive Auseinandersetzung mit der Farbigkeit und Komposition der venezianischen Malerei, vor allem den Werken Paolo Veroneses und Jacopo Tintorettos an, die er jedoch in das Kleinformat der Kupferplatten übersetzte. Erst 1606 ging Rottenhammer nach Augsburg, wo er zum großformatigen Bild wechselte und zahlreiche Altarbilder, auch für Münchener Kirchen schuf. Von 1609 bis 1613 arbeitete er an der Ausstattung des Goldenen Saals im → **Bückeburger Schloss.** Um 1620 entstand das heute zerstörte Gemälde *Augusta mit den Flussgöttern und Nymphen* im Goldenen Saal des Augsburger Rathauses, das er unter der Leitung seines Konkurrenten Johann Mathias Kager ausführte. Man darf Rottenhammer als herausragenden Vermittler der Malweise Tintorettos und Tizians nach Deutschland betrachten.

Ebenfalls aus München kam **Johann Mathias Kager** (München 1575–1634 Augsburg). Statt wie Rottenhammer auf Wanderschaft zu gehen, blieb er zunächst am Hof des bayerischen Herzogs Wilhelm V., wo er von dem italienisch-niederländischen Künstler Friedrich Sustris beeinflusst wurde. 1603 in der Reichsstadt Augsburg in die Malerzunft aufgenommen, wurde er von Rottenhammers venezianischer Malweise geprägt. 1605 erhielt Kager den Auftrag zur Bemalung des ehemaligen Zunfthauses der Weber (Fragmente im Maximilianmuseum); daneben lieferte er Fassadenrisse und Dekorationssysteme für Bauten von Elias Holl. 1615 zum Stadtmaler ernannt, schuf er zahlreiche Festdekorationen und leitete von 1619 bis 1629 die Ausstattung des von Elias Holl errichteten → **Augsburger Rathauses.** 1620 wurde Kager Stadtrichter, 1627 Ratsherr und schließlich 1631/32 Bürgermeister von Augsburg.

Joseph Heintz d. Ä. (Basel 1564–1609 Prag) wurde als Sohn des protestantischen Baumeisters Daniel Heintz d. Ä. in Basel geboren. Schon in seiner Jugendzeit kopierte er italienische Stiche, später fertigte er zahlreiche Kopien italienischer Gemälde an. Ab 1584 hielt er sich häufig in Italien auf, vor allem in Rom, wo er im Haus des flämischen Malers Antonis Santvoort, einem Treffpunkt ausländischer Maler, auch → **Hans von Aachen** begegnete. Von dessen Zeichenkunst, die den betonten Konturen und dem Ideal der plastischen Form große Bedeutung beimaß, war Heintz anfangs stark beeinflusst. 1591 wurde er zum Kammermaler Rudolfs II. in → **Prag** ernannt, wo bereits von Aachen und → **Bartholomäus Spranger** tätig waren. In dieser Zeit entstanden zahlreiche Werke mythologischer Thematik, bei denen Heintz in einem individuellen Stil kompakte, aber dennoch stark bewegte Figuren mit stimmungsvoller Lichtführung zu einem fast schon barocken Pathos verband. Heintz lebte und arbeitete ab 1597 abwechselnd in Prag und Augsburg und reiste als Kunstagent Kaiser Rudolfs II. durch ganz Europa u. a. mit dem Auftrag des Antikenstudiums nach Italien. Er entwarf zudem Bauten für die Stadt Augsburg, vor allem für Elias Holl. So stammen von seiner Hand Fassadenrisse für das Augsburger Zeughaus, das Siegelhaus und auch für die Stadtmetzg. Als Malerarchitekt übernahm er dabei ähnliche Funktionen wie sein Augsburger Kollege Johann Mathias Kager oder wie → **Lucas Cranach d. Ä.**, der den wettinischen Hof ebenfalls in architektonischen Fragen beriet. MS

Joseph Heintz d. Ä., Bauriss für die Fassade des Siegelhauses, 1604 (Augsburg, Städtische Kunstsammlungen)

Augsburg, Zeughaus

Heintz d. Ä. und → **Johann Mathias Kager** beteiligt waren, prägen bis heute das Bild der ehemals freien Reichsstadt.

Das **Zeughaus**, die städtische Waffenkammer, besteht aus zwei rechtwinklig aneinander gefügten, dreigeschossigen Flügeln, die über einen Treppenturm erschlossen sind. Der von Jakob Eschay um 1600 begonnene Hauptflügel wurde von Holl bis 1607 vollendet. Holl entwarf auch die repräsentative Hauptfassade (1603), die im Kontrast zu den anderen schlichten Fassaden steht. Eine Mitwirkung von Joseph Heintz d. Ä. an einzelnen dekorativen Elementen ist durch zeitgenössische Dokumente belegt. Das Portal wird von einer 1607 entstandenen Bronzegruppe von Hans Reichle (1570–1642), einem Schüler Giovanni da Bolognas, bekrönt. Flankiert von Putti mit Kriegstrophäen, ist der Sieg des Erzengels Michael über Luzifer dargestellt, nicht, wie ursprünglich von Heintz geplant, eine Bellona-Gruppe. Der Erzengel steht allgemein für den Sieg des Guten über das Böse, sollte aber auch als Kommentar zu Glaubensfragen verstanden werden. Zwei lateinische Devisen, »PACIS FIRMAMENTO« (Für die Sicherung des Friedens) und »BELLI INSTRUMENTO« (Für das Rüstzeug des Kriegs), weisen auf die Funktion des Gebäudes hin.

Nachdem das alte Schlachthaus an der Nordseite des Rathausplatzes abgebrochen worden war, errichtete Elias Holl von 1606 bis 1609 am Metzgplatz die sog. **Stadtmetzg.** Zwei gleich gestaltete Portale in der repräsentativen, unter Mitwirkung von Heintz d. Ä. und Kager konzipierten Hauptfassade erschließen das Gebäude. Auf den Pilastern der Portale sind Bukranien (Stierschädel) als Hinweis auf die Nutzung des Gebäudes angebracht. In der Beschränkung des klassischen Dekors auf wenige Motive deutet sich bereits die Gestaltung frühbarocker Fassaden an.

Die Baulücke, die mit dem Abbruch des alten Schlachthauses entstanden war, schloss Elias Holl 1614 mit dem sog. **Neuen Bau**, der zugleich als Kulisse für den bereits bestehenden Augustusbrunnen fungierte. Jüngeren Forschungen zufolge werden zwei Holzmodelle für den Neuen Bau, deren Formenrepertoire auf Einflüsse aus Venedig und Vicenza verweisen, in die Jahre 1609 und 1611 datiert und Joseph Heintz d. Ä. und Johann Mathias Kager zugeschrieben. Die Modelle wurden in der Bauausführung nicht umgesetzt, vielmehr soll Kager eine weitere Vorlage für den von Holl realisierten Bau geschaffen haben. Der schmale zweigeschossige Loggienbau mit rustizierten Arkaden dorischer Ordnung im Erdgeschoss und gliedernden Pilastern ionischer Ordnung im Obergeschoss erinnert an römische Paläste (Palazzo Caffarelli, Haus des Raffael).

Mittelpunkt der Altstadt ist der Rathausplatz, der seit 1620 vom renaissancezeitlichen **Rathaus** dominiert wird, das einen mittelalterlichen Vorgängerbau ersetzte. Charakteristisch für den als Kubus in Anlehnung an venezianische Palazzi konzipierten dreigeschossigen Saalbau ist der große durchgehende Zwerchhausaufbau, der den leicht erhabenen Mittelrisalit fortführt. Zwei nahezu gleich hohe oktogonale Türme mit Zwiebelhauben, die das mächtige Zwerchhaus flankieren, sollten dem Gebäude nach Holl »in als auch außer der Stadt ein heroisches Aussehen« verleihen. Die entgegen der damaligen Augsburger Tradition schlichte, auf »Zierrathe« weitgehend verzichtende Fassade betont die Baugestalt. Der klaren Fassadengliederung entspricht der strenge Grundriss. Im Mittelbau befinden sich drei übereinander liegende, dreischiffige, das vitruvianische Ideal einer Basilika aufgreifende Hallen. Höhepunkt ist der 1985 restaurierte obere sog. Goldene Saal. Entgegen der Ausstattung der beiden Hallen in den unteren Geschossen verzichtete der Baumeister bei der Anlage dieses repräsentativen hohen Fest- und Tagungssaals auf Stützen. Große Teile der Wandausstattung fielen den Zerstörungen des Zweiten Weltkriegs zum Opfer und wurden rekonstruiert. Das Bildprogramm geht auf den Jesuitenpater Matthäus Rader (1575–1634) zurück; die Ausführung der Malerei unterstand dem Protestanten → **Johann Mathias Kager.** Im Zentrum der reich geschnitzten und vergoldeten Nussholzdecke ist der »Triumphzug der Weisheit« dargestellt. Die auf dem Triumphwagen sitzende Sapientia wird von den Personifikationen der Gerechtigkeit, des Mutes, des Sieges, des Friedens, der Gnade und des Reichtums begleitet, gefolgt von einem römischen Kaiser. Die Inschriftentafeln rechts und links der Sapientia – »PER ME REGES REGNANT« (»Durch mich regieren die Könige«)

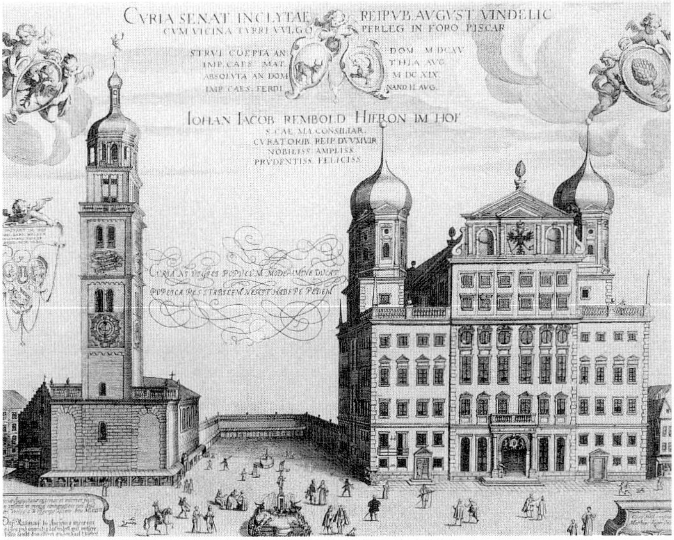

Elias Holl, Augsburger Rathaus und Perlachturm, 1615 (Augsburg, Städtische Kunstsammlungen)

und der anschließende, hier schon übersetzte Wortlaut »und setzen die Ratsherren das Recht« (Lutherbibel, Spr 8,15) – legen dar, was eine gute Regierung auszeichnet. Auf diese zentrale Aussage beziehen sich die anderen Deckengemälde. Sie lassen Tugendallegorien erkennen, die, sofern ein Rat sie alle vereint, Garanten für ein Regieren im Sinne des Allgemeinwohls darstellen. Besonders hervorgehoben ist der Handel, der in Augsburg eine bedeutende Rolle spielte. An den Wänden reihen sich in gemalten Nischen Gemälde römischer und christlicher Kaiser; oberhalb der Fenster sind alternierend Girlanden tragende Putti und gemalte Kartuschen zu sehen, denen lateinische, auf die Kaiserbildnisse zu beziehende Motti eingeschrieben sind. Unterhalb der Fenster finden sich Darstellungen jüdischer und heidnischer Heldinnen; Grotesken zieren die Sockelzone.

Neben dem Rathaus erhebt sich der **Perlachturm**, der noch auf mittelalterliche Zeit zurückgeht. Wenngleich Hans Hieber schon Anfang des 16. Jh. erste Pläne für die Umgestaltung des Turms vorgelegt hatte, genehmigte der Stadtrat den Umbau erst, als der Rathausneubau beschlossen war und das Schlagwerk der Glocken des Alten Rathauses an einen anderen Ort überführt werden musste. Die Leitung des Umbaus oblag Elias Holl. Er verbreiterte zwischen 1614 und 1616 den Turmsockel, setzte diesen formal mit dem Rathaus in Beziehung und errichtete oberhalb der Wachstube im siebten Geschoss einen offenen Glockenstuhl mit Laterne.

Das ehemalige protestantische **Gymnasium** bei St. Anna wurde 1531 gegründet. Der erhaltene dreigeschossige Schulbau entstand von 1613 bis 1615 nach Entwürfen von Elias Holl. Eine strenge, axialsymmetrisch gegliederte Fassade mit Mittelrisalit sowie ein bekrönender volutengeschmückter Uhrengiebel und eine Dachreiterglocke charakterisieren den Bau. Fassadenaufrisse (Augsburg, Städtische Kunstsammlungen) dokumentieren bis heute die verschiedenen Planungsschritte des dreigeschossigen Gebäudes. Sie lassen Holls Bestrebungen erkennen, eine bauliche Lösung zu liefern, die konsequent den funktionalen Ansprüchen gerecht wird. Davon zeugen das zentrale Treppenhaus und die großen, durch Mittelpfosten unterteilten Fenster.

Brunnen

Nur in wenigen Städten nördlich der Alpen war das Stadtbild so sehr durch Brunnen geprägt wie in Augsburg, wo der Rat der Stadt um 1600 entlang der Maximilianstraße drei Brunnen aufstellen ließ. Die bildkünstlerische Gestaltung der Brunnen unterstrich das Selbstverständnis der Stadt, die zudem auf ihre hervorragend funktionierende Wasserversorgung, die zu dieser Zeit keine Selbstverständlichkeit darstellte, aufmerksam machte.

Der früheste Brunnen ist der von → **Hans Daucher** gestaltete **Neptunbrunnen** auf dem Perlachplatz (seit 1888 auf dem Jakobplatz), der während der Reformation 1537 einen Brunnen mit der Statue des hl. Ulrich ersetzte. Vermutlich waren es Augsburger Humanisten, die den Anstoß dazu gaben, die Figur des antiken Gottes Neptun, dargestellt als männliche Aktfigur, im öffentlichen Raum aufzustellen. Während in Florenz bereits seit Michelangelos David (1504) eine ganze Reihe von Aktfiguren im öffentlichen Raum präsent waren, war dies nördlich der Alpen völlig neu.

1593 musste der Neptunbrunnen dem **Augustusbrunnen** weichen. Dieser übertraf hinsichtlich seiner Größe, seines Figurenreichtums und auch seiner Kosten die bisher in

Hubert Gerhard, Augustus-Statue für den Augsburger Augustusbrunnen, 1593 (Augsburg, Maximilianmuseum)

deutschen Städten bekannten Dimensionen. Die Ausrichtung des Brunnens erfolgte im Hinblick auf die Gestaltung der gesamten Platzanlage und ihrer repräsentativen Bauten. Diese Bezugspunkte sind heute jedoch nur noch bedingt nachzuvollziehen. Das quadratische Steinbecken des Brunnens weist an jeder Seite eine halbkreisförmige Ausbuchtung auf. Der Brunnenstock dient als Sockel für die bronzene, in Prunkrüstung, mit Lorbeerkranz und im Imperatorengestus dargestellte Augustusfigur. Sie geht, wie auch die übrigen Bronzen des Brunnens, auf → **Hubert Gerhard**, einen der angesehensten Bildhauer nördlich der Alpen, zurück. Zu Füßen des Augustus befinden sich Wappen Augsburgs und Inschriften, die auf die Beziehung zwischen Stadt und Kaiser verweisen. Dieses über das eigentliche Wasserspiel herausgehobene Brunnenzentrum ist von Bronzefiguren umgeben, die sich in Material und Farbe von dem hellen Marmorbecken abheben. Die Figuren an den Ecken der Beckenwandungen verkörpern die Flüsse Augsburgs (Lech, Pronnenbach, Singckalt und Werttach).

1599, nur wenige Jahre nach Fertigstellung dieses ambitionierten Projekts, ließ die Stadt von → **Adriaen de Vries** den **Merkurbrunnen** errichten. Die Reverenz an den römischen Gott des Handels ist umso augenfälliger, da der Brunnen in der Nähe des Kornhauses (Schranne) und des Weberhauses, den geschäftlichen Zentren der Stadt, Aufstellung fand. Im Zentrum des zehneckigen Beckens steht eine hohe Brunnensäule (beide 1752 erneuert), die von einem bronzenen, in Bewegung dargestellten Merkur bekrönt ist, zu dessen Füßen ein Putto kniet. Offensichtlich stand De Vries der berühmte Merkur seines Lehrers Giovanni da Bologna vor Augen, und doch ist ihm in Verbindung mit dem Putto eine ganz eigene, neue Gestaltung der Figur gelungen.

Zeitgleich mit der Errichtung des Merkurbrunnens wurde der Standort des ebenfalls von De Vries geschaffenen **Herkulesbrunnens** auf dem Weinmarkt ausgewählt. Auch hier wurden die umliegenden Gebäude nach Errichtung des Brunnens umgestaltet, so dass dessen Dominanz auf dem Platz verloren ging. Die fast fünf Meter hohe, zweizonige Brunnensäule steht inmitten des sechseckigen Bassins, dessen profilierte Wandungen abwechselnd gerade bzw. geschwungen sind. Die Säule ist das Postament für die mächtige Herkulesfigur, welche die brennende Fackel zum Schlag gegen die Hydra führt. Drei weibliche Gestalten, die sog. »Drei Grazien« säumen den Schaft. Zwischen ihnen sind drei Reliefs angebracht, welche die Stadtgründung in römischer Zeit thematisieren. Auf diese Weise werden die Kraft und die Tugend des Herkules mit der Gründung und Blüte Augsburg in Beziehung gesetzt.

Die lineare Anordnung der Brunnen auf der Nord-Süd-Achse zwischen Domfreiheit, Rathaus und der Kirche St. Ulrich und Afra bilden in Größe, Material und auch thematisch eine Einheit. Augustus, der Gründer Augsburgs, Merkur, der Gott des Handels, und Herkules, das Sinnbild für Tugend und Stärke, verdeutlichen somit die enge Verbindung der römisch-antiken Vergangenheit Augsburgs mit der renaissancezeitlichen Stadt.

Maximilianmuseum

Das Maximilianmuseum, das sich der Stadtgeschichte und dem Kunsthandwerk Augsburgs widmet, ist in einem ehemaligen dreigeschossigen Patrizierhaus untergebracht, das der Kaufmann und kaiserliche Rat Lienhard Böck von Böckenstein von 1543 bis 1546 errichten ließ und das zu Beginn des 17. Jh. in den Besitz des Patriziers und Kunstagenten Philipp Hainhofer (1578-1647) überging. Die Hauptfassade ist durch eine Scheinarchitektur mit Bossenquadern im Erdgeschoss und Pilastern in den Obergeschossen gegliedert. Zwei Erker zeigen Reliefs mit floralen und figürlichen Motiven: Der doppelköpfige Reichsadler und die Porträts römischer und habsburgischer Kaiser in den Tondi lassen sich als Loyalitätsbekundung des Bauherrn lesen.

Im Innenhof des Museums sind die restaurierten originalen Skulpturen der Augsburger Brunnen zu sehen. Die Stadtentwicklung wird anhand einiger Stadtmodelle vorgeführt. Entwurfsmodelle verdeutlichen die Baugeschichte des Perlachturms, des Rathauses und des sog. Neuen Baus.

MS / DS (Musik) / DG (Brunnen)

AUSFLÜGE

Schloss Kirchheim in Schwaben

(ca. 50 km südwestlich von Augsburg)

1551 erwarb Anton Fugger (1493-1560) Schloss Kirchheim, das schon seit 1076 als Adelssitz belegt ist. Sein Sohn Hans Fugger (1531-1598) ließ es zum Stammsitz der Linie Fugger-Kirchheim ausbauen und von dem Augsburger Baumeister Jakob Eschay, nach Abbruch des baufälligen Vorgängerbaus, zwischen 1578 und 1585 eine regelmäßige Vierflügelanlage errichten. In den Westflügel wurde der Chor der schon bestehenden Pfarrkirche St. Petrus und Paulus integriert, unter dem Hans Fugger von 1581 bis 1583 die Familiengruft anlegen ließ. 1852 wurden der Nordflügel und Teile des Westflügels niedergelegt, so dass sich das Schloss heute als Anlage mit drei unterschiedlich langen Flügeln präsentiert.

Während der Außenbau des dreigeschossigen Schlosses nahezu schmucklos gestaltet wurde, ist seine Innenausstattung überaus reich und von herausragender Bedeutung. An der Ausgestaltung der im Ostflügel gelegenen heute noch intakten Repräsentationsräume arbeiteten zwischen 1582 und 1587 Künstler von europäischem Rang, deren Gemeinschaftswerk Schloss Kirchheim zu einem bemerkenswerten Bau des späten 16. Jh. in Deutschland macht.

Der sog. **Zedernsaal** nimmt zwei Geschosse ein und wird durch hohe Rechteckfenster belichtet. Die formenreiche, sich über drei Ebenen erstreckende, 1,80 m tiefe Kassettendecke, die noch zu den originalen Ausstattungsstücken gehört, wurde 1585 von dem Augsburger Kunstschreiner und Baumeister Wendel Dietrich (1535-1621/23) aus zwölf verschiedenen Hölzern (u. a. auch aus Zedernholz) gefertigt. Sie zählt in ihrer differenzier-

Schloss Kirchheim in Schwaben, Zedernsaal

ten Farbwirkung, ihrer reichen Ornamentik und technischen Ausführung zu einem der Meisterwerke der deutschen Renaissance. Dietrich fertigte ebenfalls 1585 das Prunkportal.

Der niederländische Bildhauer → **Hubert Gerhard** schuf gemeinsam mit dem Florentiner Stuckateur Carlo Pallago die überlebensgroßen Skulpturen, die in den Wandnischen aufgestellt wurden. Die männlichen Figuren der Westseite stellen ruhmreiche historische Herrscher dar, die weiblichen Figuren der Ostseite verkörpern u. a. Tugenden. Der Imperatorenzyklus ist wahrscheinlich eine ideelle Ahnenreihe, die zusammen mit den Tugenden die Legitimation und den Spiegel jeglicher Herrschaft darstellt (→ **Ahnengalerie**).

Gerhard und Pallago fertigten seit September 1583 auch gemeinsam die reiche Terrakottadekoration des Kamins: Der Kaminaufsatz ist in drei sich verjüngende Zonen gegliedert. Oberhalb des Simses liegen die Figuren von Mars und Venus, darüber schmiedet Vulcanus, der Gott des Feuers, Kettenglieder. Diese Darstellung bezieht sich auf eine Erzählung aus der *Odyssee,* in der Vulkan seine Gemahlin Venus mit Fesseln an ihr Liebeslager bindet, nachdem er sie beim Ehebruch mit Mars ertappt hat. Da sich das vollständige Ausstattungsprogramm des Saals nicht erhalten hat, bleibt eine Interpretation der Figurengruppe Spekulation. Jedoch könnte eine Deutung, wie ebenfalls bei den Terrakottafiguren, in den *Trionfi* des Petrarca zu finden sein. Daniel Federmann hatte seinen Dienstherren, den Brüdern Fugger, 1574 eine Übersetzung dieses Werks gewidmet. Petrarca behandelt in dem Gedichtzyklus sechs historische Personenpaare, die Liebe, Keuschheit, Tod, Ruhm, Zeit und göttliche Allmacht verdeutlichen.

Gerhards Hauptwerk in Kirchheim war die monumentale, bronzene Brunnenanlage im Schlosshof, die er ab 1584 schuf und die ihm den Auftrag einbrachte, den Augustusbrunnen in → **Augsburg** zu schaffen. Der Brunnen wurde Anfang des 19. Jh. aus finanziellen Gründen verkauft; die Figuren (eine Mars-Venus-Cupidogruppe) befindet sich heute im Bayerischen Nationalmuseum in München, die übrige Anlage wurde eingeschmolzen. Nach dem Vorbild der Marmorgruppe *Raub der Sabinerinnen* des Giovanni da Bologna gearbeitet, weist die gestaffelte Figurengruppe eine für den nördlich der Alpen liegenden Raum völlig neue Gestaltungsweise auf. MS

Ulm

(ca. 80 km westlich von Augsburg)

Die wirtschaftliche Grundlage der freien Reichsstadt Ulm war der seit dem 13. Jh. florierende Stoffhandel. Auseinandersetzungen zwischen Patriziat und Zünften führten 1397 zu einer Ratsbeteiligung der Zünfte, was sich positiv auf die Arbeitssituation des handwerklichen Gewerbes auswirken musste. Von 1376/77 bis 1543 wurde die Stadtpfarrkirche Unsere Liebe Frau, das Ulmer Münster, errichtet. Der Bau trug dazu bei, dass sich Ulm im 15. Jh. zu einem künstlerischen Zentrum mit einem regen geistigen Leben entwickelte. Mitglieder der führenden Patrizierfamilien, zusammen mit den Lehrern der Lateinschule und Vertretern wichtiger städtischer Ämter bildeten den Kreis der Ulmer Humanisten. Deren Einflussnahme auf ein Kunstwerk zeigt sich konkret am **Chorgestühl in der Stadtpfarrkirche.**

Das Chorgestühl und der Dreisitz (für den Priester und seine beiden Diakone) wurden zwischen 1468 und 1474 von dem Schreiner Jörg Syrlin d. Ä. (um 1425–1491) im Auftrag des Großen Rats der Stadt geschaffen. Da das Ulmer Münster eine städtische Pfarrkirche war, wurde das ungewöhnlich viele Sitze umfassende Chorgestühl nicht im herkömmlichen Sinn, sondern durch den Rat der Stadt genutzt. Darauf deutet auch das an zentraler Stelle am Dreisitz und dem Chorgestühl angebrachte städtische Wappen hin. Das ungewöhnliche Figurenprogramm, dessen Abbildungen streng in eine Männer- und eine Frauenseite getrennt sind, zeigt in den Wimpergen Apostel und Heilige, im Dorsale Gestalten des Alten Testaments und auf den Gestühlswangen antike Dichter, Denker und Sibyllen, die als vollrunde Büsten in den Chorraum vorgeschoben sind. Die Darstellungen gehen auf Holzschnitte eines anonymen Meisters aus der Zeit um 1450 zurück. Während die Figuren des Alten und Neuen Testaments »entrückt«, in gleichförmiger Reihung in den Hintergrund treten, üben die Sibyllen und die antiken Philosophen durch ihre unmittelbare Nachbarschaft zum Betrachter sowie durch ihre lebendig wirkende Darstellung und die zeitgenössische Tracht eine bis heute wirksame Faszination aus.

Die Anwesenheit von Figuren heidnischer, antiker Persönlichkeiten in einer Kirche weist auf den erwähnten Einfluss der Humanisten hin. Jeder Büste – mit Ausnahme von denen des Dreisitzes und der beiden westlichen des Gestühls – ist eine Schrifttafel zugeordnet, auf welcher der Dargestellte benannt ist und mit einem Zitat aus seinem Werk begleitet wird. Die Auswahl der Texte traf wahrscheinlich der Stadtarzt und Humanist Heinrich Steinhövel.

Beeindruckend und einzigartig bleibt die künstlerische Umsetzung. Zwar waren sowohl Porträtbüsten als auch die in ein architektonisches Ensemble integrierte Halbfigur verbreitet, doch für die frei stehende, von allen Seiten ansichtige Halbfigur gab es keine Vorbilder. Folglich ist es nicht erstaunlich, dass die Büsten des Dreisitzes und die frühen Figuren des Gestühls (so die Figur des Sekundus) noch

Jörg Syrlin d. Ä., Büste des Vergil an der Nordseite des Chorgestühls im Ulmer Münster, 1468-1474

recht flächig geschnitzt sind und erst bei den späteren (so bei der Figur des Ptolemäus oder des Vergil) eine von allen Seiten gleichberechtigte Ansicht herausgearbeitet wird. Die Darstellung geht zusätzlich mit einer raumgreifenden, den ganzen Körper erfassenden Bewegung einher, die es zuvor so nicht gegeben hat. In diesen Büsten sind Klarheit der Form und starke Ausdruckskraft in einzigartiger Weise miteinander verbunden.

Neben den atemberaubenden Neuinszenierungen der Wangenbüsten sind es vor allem die Intarsien und die Beischriften, die zeigen, dass bei der Ulmer Chorausstattung ein neuer Geist herrschte, der über die in der Spätgotik üblichen Gestaltungsmöglichkeiten hinausging. Die Schrifttafel als Sockel unter einem Porträt fand spätestens seit → **Albrecht Dürers** Kupferstichen große Verbreitung; in Ulm kommt sie schon lange vor Dürers Stichen vor. Die Schrifttype Gotico-Antiqua, die in den Tafeln verwendet wurde, gehört zu den frühesten dieser Art nördlich der Alpen, während sie in Italien bereits seit Petrarca bekannt war. DG

SCHLOSS AUGUSTUSBURG

Schloss Augustusburg erhebt sich weit sichtbar auf einer Bergkuppe oberhalb des gleichnamigen Städtchens nahe Chemnitz. Obwohl eine kleinteilige Dachlandschaft den heutigen blockartig-militärischen Eindruck der Architektur bis ins 18. Jh. milderte, war doch mit dem Bau von Anfang an eine Anspielung auf zeitgenössische Militärarchitektur beabsichtigt. Die Augustusburg war allerdings keine Festung zur Landesverteidigung, sondern ein großes Jagdschloss für den kursächsischen Hof, das als mahnendes Denkmal an eine siegreiche militärische Staatsaktion ihres Erbauers, Kurfürst August von Sachsen (reg. 1553-1586), erinnern sollte. Im Frühjahr 1567 nämlich hatte der Kurfürst im Auftrag des Reichs den Kopf der mitteldeutschen Adelsopposition, Wilhelm von Grumbach, und dessen Verbündete besiegt und gefangen genommen und damit den Verbleib der sächsischen Kurwürde bei der albertinischen Linie (→ **Dresden**) sichergestellt. Das Ereignis war für das Selbstverständnis des kursächsischen Territorialstaates insofern von großer Bedeutung, als es zeigte, dass das alte Fehdewesen des Adels nun endgültig dem Gewaltmonopol übergeordneter Staatlichkeit zu weichen hatte. Noch im selben Jahr gab Kurfürst August den Bau des Schlosses in Auftrag.

Die Bauleitung übernahm auf Drängen des Landesherrn der Leipziger Bürgermeister, Unternehmer und Baumeister Hieronymus Lotter (1497/98-1580). Auf Grund der großen Zahl erhaltener Schriftquellen lässt sich noch heute ein ungewöhnlich detailliertes Bild von den organisatorischen Abläufen einer großen landesherrlichen Bauunternehmung zeichnen. Zunächst erhielt Lotter von dem Kurfürsten aus Dresden ein - nicht mehr erhaltenes - hölzernes → **Architekturmodell** als Grundlage für Entwurf und Detailausbildung. Das Modell legte nicht nur die Gestalt des ungewöhnlich regelmäßigen Außenbaus fest, sondern enthielt auch schon den Grundriss der Räume, der einem streng aus dem Quadrat und seinen regelmäßigen Unterteilungen abgeleiteten geometrischen Schema verpflichtet ist. Dieser Entwurf folgt seinerseits den geometrisch-rationalistischen Prinzipien, wie sie z. B. in der 1548 nun auch auf Deutsch erschienenen Vitruvausgabe des Walter Rivius zu studieren waren und im → **Festungsbau** zum unabdingbaren Rüstzeug für den Entwurf des Grundrisses gehörten. Als gebaute Beispiele sei z. B. auf Schloss Chambord (ab 1519), Schloss Ancy-le-Franc (um 1546) von Serlio oder die Villa Rotonda (ab etwa 1567) von Palladio verwiesen.

Auch wenn die für die Geometrisierung des Grundrisses verantwortlichen Personen heute nicht mehr zu benennen sind, so ist doch anzunehmen, dass es sich um bauinteressierte und kunsttheoretisch gebildete Laien im Umkreis des kurfürstlichen Hofs handelte, vielleicht sogar den Kurfürsten selbst. Einem

Schloss Augustusburg von Norden

lokalen Baumeister wie Lotter traute man damals die modernen Entwurfsprinzipien offensichtlich nicht zu. Allerdings hätte ein mit der Praxis vertrauter Baufachmann wiederum nicht außer Acht gelassen, dass ein konsequent geometrischer Entwurf sogar den Wohnbedürfnissen des Bauherrn widersprach. So waren z. B. in einzelnen Wohnräumen auf Grund der fehlenden Vorräume keine Öfen zu installieren, und der Kurfürst zog schon bald in den ursprünglich als Tafelstube konzipierten Raum im Erdgeschoss des Lindenhauses um.

Hieronymus Lotter fertigte nach Vorgabe des Dresdener Holzmodells einen – ebenfalls nicht erhaltenen – Grundriss an und machte zugleich eigene Vorschläge für die Schlossanlage: So sah das Modell z. B. Wendeltreppentürme als vertikale Erschließung vor, die Lotter durch geradläufige Treppen zu ersetzen beabsichtigte. Hauptaufgabe des Baumeisters war aber hier nicht der architektonische Entwurf, sondern die Leitung der Bauarbeiten. 1568 wurde zusätzlich noch der Baumeister Erhardt van der Meer auf die Baustelle geschickt, von dem weitere Entwürfe zu Einzelheiten des Schlosses stammen, vor allem der Plan für die Schlosskapelle, deren Gestalt man zunächst noch offen gelassen hatte. Nachdem im Herbst 1567 die Ruinen der alten Burg abgetragen worden waren, wurde am 30. März 1568 der Grundstein gelegt.

Die Schlossanlage wird aus dem auf quadratischem Grundriss um einen Hof herum angelegten Kernschloss gebildet. Vorgelagert sind auf der Hauptzugangsseite im Norden ein Torhaus und auf der Südseite Wirtschaftsgebäude um einen zweiten Hof herum. Das Kernschloss besteht aus vier wiederum auf quadratischem Grundriss errichteten Eckgebäuden (Hasen-, Küchen-, Linden-, Sommerhaus), die durch die auf der Feldseite vorspringende Schlosskapelle und drei Zwischenflügel geringer Tiefe verbunden werden.

Bis Ende des Jahres 1568 war der Rohbau des im Nordwesten gelegenen Sommerhauses fertig gestellt. Im nächsten Jahr begannen die Arbeiten an der Schlosskapelle, den drei anderen Eckhäusern und den Verbindungs-

Schloss Augustusburg, Bauaufnahme von Pöppelmann, 1706

trakten. Das nordöstliche Lindenhaus, das Hasenhaus im Südwesten und das Küchenhaus wurden noch 1569 im Rohbau fertig gestellt. Gleiches gilt wohl auch für die Schlosskapelle. Im Frühjahr und Sommer 1570 sollte nach den Vorstellungen des Kurfürsten die Innenausstattung eingebracht werden; diese Arbeiten – wie auch die weitere Bauausführung – zogen sich wegen Geldknappheit allerdings länger als geplant hin. Der wohlhabende Lotter musste große Summen aus seinem privaten Vermögen vorstrecken. 1571 wölbte man die Kapelle ein und errichtete die östlich des Kernschlosses gelegenen drei Flügel der Wirtschaftsgebäude. Da Lotter wegen der immer schlechter werdenden Finanzsituation den Schlossbau in diesem Jahr nicht vollenden konnte, fiel er in Ungnade und wurde Anfang 1572 seines Amtes enthoben. Die weiteren Arbeiten bis zur endgültigen Fertigstellung im Herbst 1573 leiteten Van der Meer und der ursprünglich aus der Toskana stammende Festungsbaumeister Rochus Graf zu Lynar (1525–1596).

Die Augustusburg wurde im 16. Jh. vom kursächsischen Hof als Jagdschloss genutzt, auch Kaiser Maximilian II. war im April 1575 hier zu Besuch. Bald schon zeigten sich jedoch erste Bauschäden, u. a. bedingt durch die exponierte Berglage des Schlosses. Anstelle der heute schlichten, abgewalmten Dachformen besaß die Augustusburg ein kompliziertes System aus Dachhäusern und turmartigen Mittelaufbauten. Außerdem wies der Bau auf Hof- und Feldseite oberhalb der Trauflinie ursprünglich je einen als Aussichtspromenade genutzten, offenen Laufgang auf (heute auf der Südseite teilrekonstruiert). Ende des 18. Jh. waren die Bauschäden so weit fortgeschritten, dass man zunächst einen Teilabbruch der Schlossanlage erwog. Zwischen 1799 und 1801 trug man jedoch nur die Balustraden und Teile der Dachaufbauten auf den Eckhäusern ab und setzte einfachere Dächer ohne die ehemaligen Umgänge auf. Diese Veränderung prägt die Dachzone des Schlosses im Wesentlichen noch heute. Nach dem Zweiten Weltkrieg wurde die Augustusburg schrittweise für museale und andere öffentliche Nutzungen eingerichtet; zur selben Zeit begann man mit der noch andauernden Restaurierung und Teilrekonstruktion.

Der architektonisch aufwändigste Innenraum des Schlosses ist die **Kapelle**. Der emporenumzogene Rechteckraum ohne herausgehobenes Sanktuarium folgt dem Typ der protestantischen Schlosskapellen in → **Torgau** und → **Dresden**, ist jedoch stärker antikisierend: So ist hier - anders als z. B. in Dresden zwanzig Jahre zuvor oder in Schwerin zehn Jahre zuvor - nicht nur das Wandsystem der Emporenarkaden nach den Regeln der Säulenlehre gebildet (→ **Architekturtraktate**), auch das Großtonnengewölbe, das der gotischen Tradition nicht geläufig ist, folgt mit seinen geometrisierenden Kassettierungen eng italienisch-antikisierenden Vorbildern.

In der Schlosskapelle gibt es noch die ursprüngliche Kanzel von 1573 sowie das 1571 aufgestellte Altargemälde von Lucas Cranach d. J. Es zeigt zu beiden Seiten des gekreuzigten, als Erlöser dargestellten Christus den Kurfürsten August und die Kurfürstin Anna mit ihren lebenden und verstorbenen Kindern.

Im Innern des Kernschlosses ist in den beiden Hauptgeschossen, die mit einer Ausnahme vollständig gewölbt sind, die ursprüngliche Raumstruktur größtenteils erhalten. Hier sind sogar noch originale Türen und viele Kamine aus der Erbauungszeit vorhanden. Mit Ausnahme des Küchenhauses ist jedes Hauptgeschoss der Eckhäuser nach demselben funktionalen und geometrischen Schema aufgebaut: Um einen kaminbeheizten Vorraum gruppieren sich eine Tafelstube und zu den Seiten vier identisch aufgebaute sog. Stubenappartements, die aus einer größeren Stube und einer nachgeordneten, kleineren Schlafkammer bestehen. Besonders gut kann man dieses Schema in dem rekonstruierten Bereich

Schloss Augustusburg, Innenansicht der Kapelle

im zweiten Obergeschoss des Hasenhauses nachvollziehen.

Die zahlreichen Wohn- und Festräume der Augustusburg wurden ab 1570 durch den Dresdener Hofmaler Heinrich Göding d. Ä. (1531–1606) und seine Werkstatt ausgemalt. Auch wenn das Bildprogramm fast vollständig verloren ist, so lassen schriftliche Erwähnungen noch auf das Thema schließen, und viele erhaltene, mehr oder weniger stark restaurierte Malereifragmente prägen immer noch den Eindruck der Räume. An Tür- und Fenstergewänden und den Kaminen imitierten die Malereien Marmor. Die Wohnappartements waren zum Teil mit Darstellungen verschiedener Tierarten verziert und nach diesen benannt. Im Hasenhaus gab es ursprünglich etwa 100 Szenen einer »verkehrten Welt«, in der Hasen sich menschengleich aufführen und am Ende bestraft werden (z. B. *Reichstag der Hasen, Hasenmesse, Pflege der Künste* und *Bestrafung der Hasen durch Töten, Braten* ...). Im Dachgeschoss des Hasenhauses ist noch die Saalausmalung des sog. Venusbergs erhalten, dessen genaue Thematik noch nicht entschlüsselt werden konnte. Die heute dort eingezogene Decke aus dem 17. Jh. mit der Darstellung der fünf Sinne ist unbekannter Herkunft; ursprünglich war dort Orpheus mit den Tieren dargestellt. StH

AUSFLÜGE

Im oberen Erzgebirge kam es im 15. und 16. Jh. innerhalb kurzer Zeit durch die reichen Silbererzvorkommen zur Neuanlage zahlreicher Bergstädte. Darunter gab es landesherrliche Gründungen wie Annaberg und Marienberg, die nach neuen geometrischen Gesichtspunkten geplant und ausgeführt wurden.

Annaberg-Buchholz, Innenansicht von St. Annen

Annaberg-Buchholz

(ca. 40 km südlich von Augustusburg)

1495/97 wurde die Bergbaustadt Annaberg durch den späteren Herzog Georg den Bärtigen (reg. 1500–1539) gegründet. In der Mitte des nahezu regelmäßigen Straßennetzes liegt der rechtwinklige Marktplatz, von dem die Hauptstraßen in leichter Krümmung zu den Stadttoren führen. Obwohl der Grundriss, der auf den Freiberger Humanisten Ulrich Rülein von Calw (um 1465–1523) zurückgeht, eher den Planschemata deutscher Gründungsstädte verpflichtet ist, stellte der Stadtchronist und Theologe Paulus Jenisius 1605 Parallelen zu dem um 1486 erstmals gedruckten → **Architekturtraktat** des antiken Autors Vitruv fest.

Vom Wohlstand der schnell wachsenden Stadt zeugt der 1499 begonnene Bau der Stadtkirche St. Anna. Sie ist, neben architektonisch verwandten Bauten wie z. B. dem Freiberger Langhaus (ab ca. 1487), der Stadtkirche in Pirna (ab 1502) oder der Barbarakirche in Kuttenberg (ab 1512), Beleg für die intensiven Versuche der Baumeister und Bauherren nördlich der Alpen, die mittelalterliche Sakralarchitektur durch Neuerungen zu bereichern. So entstand z. B. auch in St. Anna ein Schleifensterngewölbe, das die Kirchenschiffe - ungeachtet der Jochgrenzen - überspannt und den Raum als Einheit hervorhebt.

Mit dem 1518 vollendeten Portal zur südlichen Sakristei, dem von Adolf und → **Hans Daucher** geschaffenen, 1522 aufgestellten marmornen Hauptaltar und dem im selben Jahr entstandenen Münzeraltar besitzt die Kirche frühe Zeugnisse der neuen italienischen Formensprache der Renaissance.

Marienberg

(ca. 20 km südlich von Augustusburg)

Der spätere Herzog Heinrich der Fromme von Sachsen (reg. 1539-1541) gründete Marienberg 1521 als Tochterstadt → **Annabergs.** Den Plan für die Stadt entwarf vermutlich ebenfalls der von einem Italienaufenthalt zurückgekehrte Humanist Ulrich Rülein von Calw. Der Stadtgrundriss mit einem großen rechteckigen Marktplatz im Zentrum zeigt eine betonte Regelmäßigkeit. Diese Konzeption war in jener Zeit in Deutschland einzigartig, entstand → **Albrecht Dürers** Entwurf für eine Idealstadt doch erst 1527 (→ **Ideal- und Planstädte**). Der Plan Marienbergs, der als Weiterentwicklung des Annaberger Schemas zu verstehen ist, wurde in Form eines Quadrats konzipiert. Der in Marienberg realisierte Stadtgrundriss gilt als eines der frühesten Beispiele der Umsetzung damals moderner italienischer Städtebautheorien nördlich der Alpen. Er wurde zur Grundlage der Konzeption weiterer Bergbauorte im sächsischen und böhmischen Erzgebirge. Da die auf das 16./17. Jh. zurückgehenden Gebäude in Marienberg in weiten Teilen Stadtbränden zum Opfer fielen, ist lediglich die Struktur der renaissancezeitlichen Stadtanlage heute noch ablesbar.

Nach dem Vorbild der Kirche in Annaberg (ab 1499) und jener in Pirna (ab 1502) erfolgte von 1558 bis 1564 der Neubau der protestantischen Marienkirche, der vermutlich letzten spätgotischen Hallenkirche Sachsens. Das Kreuzgewölbe und die toskanischen Säulen setzte Andreas Klengel aus Dresden erst nach dem Brand von 1610 ein. 1617 wurde das Altarretabel aufgestellt, das der in Italien geschulte Maler Kilian Fabrizius 1616 nach dem Vorbild von Corregios (um 1489-1534) *Heiliger Nacht* gefertigt hatte. EU

Marienberg, Luftaufnahme

BREMEN

Das an der Unterweser gelegene, von Karl dem Großen gegründete Bistum Bremen wurde im 9. Jh. mit dem Bistum Hamburg zum hamburg-bremischen Erzbistum zusammengeschlossen. Ausgehend von der Domdüne, auf der sich der Sitz des Erzbischofs befand, entwickelte sich die Siedlung. Neben der seit dem 12. Jh. nachweisbaren bürgerlichen Stadt südlich des Markts lag die Kaufmannssiedlung unmittelbar an der Weser im Bereich der Schlachte (benannt nach den zur Uferbefestigung eingeschlagenen Pfählen). Der Beitritt Bremens zur Hanse 1358 und die Anlage des ersten künstlichen europäischen Hafens in Bremen-Vegesack zwischen 1619 und 1622 markieren die Bedeutung der Kaufmannschaft für die Stadt.

Im 16. Jh. kulminierte der Kampf der Bürger um Rechte und Freiheiten gegen den erzbischöflichen Landesherrn. Unter Einfluss des Augustinerpredigers Heinrich von Zütphen nahm Bremen um 1525 den lutherischen Glauben an und trat 1531 dem → **Schmalkaldischen Bund** bei. Mit der Einsetzung von protestantischen Administratoren ab 1558 fielen auch das geistliche Territorium und Teile des Domkapitels der Reformation anheim. 1561 wechselte Bremen dann zum Calvinismus über – nur der Dom blieb lutherisch. Erst 1646 erlangte Bremen die kaiserlich bestätigte Reichsunmittelbarkeit. Damit war der Übergang vom Erzbistum zum säkularisierten Herzogtum Bremen vollzogen.

Rathaus

Zu den bedeutendsten städtischen Bauprojekten des frühen 17. Jh. in Bremen gehört der Umbau des mittelalterlichen Rathauses. 1405 hatte der Rat in unmittelbarer Nachbarschaft zur Residenz des Erzbischofs ein Rathaus errichtet und damit den Autonomieanspruch der städtischen Obrigkeit gegenüber ihrem Stadtherrn zum Ausdruck gebracht. Der von 1608 bis 1615 vollzogene Umbau dieses ersten Rathauses, dem in erster Linie eine prächtige Renaissancefassade vorgeblendet wurde, erklärt sich vor dem Hintergrund des wirtschaftlichen Aufschwungs der Stadt zur Zeit des niederländisch-spanischen Kriegs, als die Blockade flandrischer Häfen den Seehandel der norddeutschen Städte aufblühen ließ. Mit der Errichtung prachtvoller Kommunalbauten versuchten auch andere norddeutsche Fernhandelsstädte im 16. Jh. ihrem Selbstverständnis Ausdruck zu geben: Die Stadt Emden etwa beauftragte den niederländischen Architekten Lourens van Steenwinkel mit dem Bau eines Rathauses, das an dem von Cornelis Floris errichteten → **Antwerpener Rathaus** orientiert ist.

Bauleiter in Bremen wurde Lüder von Bentheim (nach 1550–1612/13), Zunftmeister der Bremer Steinhauerzunft und Sandsteinhändler. Er hatte 1595, nach einer Planvorlage des Baumeisters Lieven de Key aus → **Haarlem**, die Steine für die Fassade des → **Leidener Rathauses** (1597 vollendet) versatzfertig

Bremen, Hauptfassade des Rathauses

bearbeitet. Der Auftrag seiner Heimatstadt war dem Leidener Projekt durchaus verwandt, denn hier wie dort hatte die Umbaumaßnahme vorwiegend darin bestanden, eine repräsentative Fassade vorzublenden.

Der spätgotische Kernbau des breit gelagerten, zweigeschossigen Bremer Rathauses blieb ebenso erhalten wie die auf Konsolen und unter Baldachine gestellten Statuen des Kaisers und der sieben Kurfürsten, welche die Kaiser- und Reichstreue des bremischen Rats dokumentieren sollten. Allerdings wurden die ebenfalls gotischen Figuren der Schmalseiten (Propheten und der hl. Petrus) im Sinne humanistischen Denkens durch Beigabe von Schriftbändern zu berühmten antiken Philosophen (Aristoteles, Cicero etc.) umgedeutet. Den Altbestand bewahrende, lediglich ergänzende Baumaßnahmen waren in jener Zeit durchaus üblich. Dies zeigt nicht zuletzt auch der Anbau von Lauben an die Rathäuser in Lübeck (1570/71) und in → **Köln** (1569–1573), zwei Städte, die durch ihre Mitgliedschaft in der Hanse in Beziehung zu Bremen standen.

Der gotischen Marktfassade des Bremer Rathauses wurde eine neue Arkatur mit Lauf-

**Bremen,
Obere Ratsstube mit
Güldenkammer**

gang vorgelegt. Bis 1615 setzte man das Walmdach mit den beiden Zwerchhäusern auf und fügte den durchfensterten Mittelrisalit sowie den Hauptgiebel an, der formal am Leidener Rathaus orientiert ist. Ebenso entstand die den Bau auf Höhe der Traufe allseitig umlaufende und diesen optisch zusammenfassende Balustrade. Im selben Zuge realisierte der Rat ein ungewöhnliches Vorhaben: Über das gesamte architektonische Gerüst der Marktfassade wurde unter Einbeziehung der gotischen Statuen und nach Vorgabe des humanistisch gebildeten Juristen und Bürgermeisters Heinrich Kreffting ein komplexes Bildprogramm in Form von Reliefs gelegt. Die Darstellungen folgen keinem einheitlichen, fortlaufenden Erzählstrang, sondern sind nach Themenkreisen zusammengestellt. Diese Bildgruppen zeigen Personifikationen der Tugenden, die seit der Antike Maßstab religiös-sittlichen und ethischen Verhaltens waren. Hier war für jedermann ersichtlich, dass der Rat der Klugheit (Prudentia) und eines entschiedenen und besonnenen Handelns (Fortitudo und Temperantia) bedurfte, wollte er gerechte Entscheidungen treffen. Die Sieben Freien Künste, z. B. Rhetorik und Geometrie, verweisen als Repräsentanten des klassischen humanistischen Bildungskanons, wie man ihn für Kaufleute, Patrizier und Ratsherren einer Handelsmetropole voraussetzen darf, auf die Gelehrtheit. Dargestellt sind ferner die vier Evangelisten, die theologischen Tugenden – Glaube, Liebe, Hoffnung und Demut – und die Psychomachien, die den Kampf zwischen Tugenden und Lastern und damit den schwierigen Prozess gerechter Entscheidungsfindung aufzeigen. Darüber hinaus sind die vier Jahreszeiten, die Planetengötter und die vier Elemente präsent. Damit sind viele in jener Zeit gängige Einzelmotive an der Bremer Rathausfassade zu einem einzigartigen Bildprogramm zusammengefügt worden, das die Ideale humanistischer Bildung zur Schau stellt. War die komplexe Konzeption des Bildprogramms neu, so konnte für die Ausführung der einzelnen Szenen auf Kupferstiche der Niederländer → **Hendrick Goltzius** oder Dirck Barendsz. zurückgegriffen werden.

Schon in der ersten Hälfte des 16. Jh. hatte man den Sitzungs- und Festsaal des bremischen Rats, eine große, ungeteilte Halle im ersten Obergeschoss des Rathauses, bildkünstlerisch ausgestattet, wobei die Themen – ähnlich denen der Fassade – auch hier auf den Rat zugeschnitten sind. An der Nordseite des dreiseitig belichteten Saals befinden sich zwei Wandmalereien, die von einem Künstler aus dem Umkreis des Kölner Malers Bartholomäus Bruyn d. Ä. (1493–1555) stammen. Das westliche dieser beiden Fresken zeigt die Gründung Bremens durch Kaiser Karl den Großen; es spielt auf die von Karl gewährten städtischen Rechte an, die dem Erzbischof tatsächlich erst durch Kaiser Otto I. übertragen wurden. Thema der benachbarten Darstellung ist das Salomonische Urteil, das unmittelbar oberhalb des Ratsgestühls angebracht ist und die aus dem Rat gewählten Richter ermahnen sollte, gerecht und weise zu urteilen.

Von den vier Portalen der Nordwand ist eines von hoher künstlerischer Qualität. Im Aufsatz oberhalb der Tür ist die Personifikation des Friedens, thronend zwischen Weisheit und Gerechtigkeit, dargestellt. Als Geschenk Herzog Julius' II. von Braunschweig-Wolfenbüttel kam das von dem aus Cambrai stammenden Künstler Adam Liquier in Marmor und Alabaster gearbeitete Portal 1578 nach Bremen. Zwar war es als Gegengabe für eine Geldspende des Bremer Rats gedacht, doch kann es zugleich als Manifest des calvinistischen Bündnisses zwischen Bremen und Braunschweig verstanden werden.

Glanzpunkt dieser Oberen Halle ist eine in den Raum integrierte zweigeschossige Architektur. Um diesen »Raum im Raum« einbringen zu können, brach man im Zuge der Umbaumaßnahmen des frühen 17. Jh. die mittleren Achsen der Fassade heraus und erweiterte den spätgotischen Bau um einen vollständig durchfensterten Mittelrisalit. Das so im Saalinnern entstandene Gehäuse wird aus kunstvoll geschnitzten Holzpaneelen, zwei Reihen von Tafelbildern und einer Fensterzone gebildet. Ähnlich aufwändig gestaltet waren in jener Zeit die hölzernen Inneneinrichtungen der Lüneburger Ratsstube (1564–1567, 1580–1584) und der Lübecker Kriegsstube (1594–1608, 1942 zerstört). Der untere Raum barg die Güldenkammer, deren Bezeichnung einer Quelle aus dem Jahr 1688 zufolge auf eine vergoldete Ledertapete zurückzuführen ist, mit der sie bis 1618 ausgekleidet wurde. Darüber befindet sich die ehemalige Bibliothek, die über eine Treppe erreichbar ist. Das Geländer dieser bis 1616 gefertigten Wendeltreppe ist mit reliefierten Darstellungen der Planeten, der Sinne, der Musen und Soldaten geschmückt, die in dem thronenden Herkules auf der Spitze der Spindel kulminieren. Im Zeitalter des Humanismus galt Herkules allgemein als Sinnbild der Tugend und des geradlinigen und rechten

Bremen, Schütting

Wegs. Die Gemälde zu beiden Seiten des Portals zur Güldenkammer lehnen sich z. T. an Beispiele im → **Nürnberger Rathaus** an (1613), nämlich auf antike Exempel guter Richter. Auf den Gemälden befinden sich dann auch Sinnsprüche, die Handlungsanweisungen für ein kluges Regieren geben, wie z. B. »Age quae iusta sunt« (lat., Tue, was gerecht ist).

Das hölzerne, um 1620 geschnitzte Prunkportal enthält ein Alabasterrelief mit der Darstellung des Marcus Curtius. Dieser legendäre Retter Roms stürzte sich in einen Erdspalt, der sich laut Orakel erst nach dem Opfer von Roms höchstem Gut wieder schließen sollte. Curtius deutete dieses höchste Gut als Tapferkeit, sprang, und die Spalte schloss sich. Diese Darstellung sollte dem Selbstverständnis des Rats als selbstlose und gerechte Obrigkeit Ausdruck geben.

Entscheidend verändert wurde der Bremer Ratssaal durch die Übermalung der Balkendecke mit neuen Kaiserbildnissen im 18. Jh. und durch die Neueinrichtung der Güldenkammer durch den Worpsweder Künstler Heinrich Vogeler im beginnenden 20. Jh.

Schütting

Eine Vielzahl öffentlicher und privater Gebäude der Renaissance, die den Wohlstand der Bremer Bürger widerspiegelten, bestimmte das Stadtbild bis zum Zweiten Weltkrieg. Besondere Bedeutung kommt dem sog. Schütting zu (benannt nach dem Lagerort für aufgeschüttetes Getreide), dem ehemaligen Gildehaus der Bremer Kaufleute (heute Handelskammer). Das von dem Antwerpener Baumeister Johann de Buschener zwischen 1536 und 1538 erbaute Haus, welches das gotische Rathaus an Höhe überragte, steht an der Südseite des Marktplatzes. Bewusst wählte die Kaufmannschaft den Standort ihres Gildehauses gegenüber dem Rathaus, um in Opposition zum Rat der Stadt verstärkt auf ihre Unabhängigkeit von der vornehmlich aus Juristen gebildeten Obrigkeit hinzuweisen.

Auch an der Fassade wurde diese Konkurrenz sichtbar gemacht: Der schlichte Bau mit neun Fensterachsen spielt auf das ebenfalls neunachsige spätgotische Rathaus an. Die Marktfassade des Schütting wurde zweimal umgebaut: 1565 erneuerte Carsten Husman den Ostgiebel und 1594 schuf Lüder von Bentheim die Balustrade am Dachansatz und das mittig positionierte Zwerchhaus; am Giebel sind die Götter Merkur, Diana und Neptun dargestellt, die als Garanten für einen erfolgreichen Handel galten.

Im Zweiten Weltkrieg ausgebrannt, rekonstruierte man nach 1945 den Außenbau des Schütting, wobei die historisierenden Fensterbekrönungen und das Portal des 19. Jh. beibehalten wurden.

Ehemalige Stadtwaage

Auch die ehemalige Stadtwaage (heute Sparkasse) zählte um 1600 zu jenen Gebäuden, welche die Prosperität der Kaufmannschaft in Bremen demonstrierten. Der giebelständige, dreigeschossige Bau in der Langenstraße, der ehemaligen Hauptgeschäftsstraße Bremens, entstand 1587/88 ebenfalls unter der Leitung Lüders von Bentheim. Spannungsreich ist die Oberflächenstruktur der viergeschossigen Giebelfront konzipiert, die durch Lagen aus Backsteinen und glatt behauenen Sandsteinquadern sowie durch Sandsteinpilaster gebildet wird. Die Pilaster setzen sich u. a. aus sog. Kerbschnitt-Bossenquadern zusammen, die sich auch an den Gebäudeecken und den Arkadenbögen des Erdgeschosses finden.

Während die Hauptfassade nach der Zerstörung im Zweiten Weltkrieg wieder errichtet wurde, fand man für die rückwärtige Fassade eine schlichte, moderne Lösung.

Gewerbehaus (ehemaliges Gildehaus der Gewandschneider)

Das Gewerbehaus am Ansgarikirchhof (heute Handwerkskammer) entstand von 1618 bis 1621 in zwei Baukampagnen, jeweils unter der Leitung eines anderen Meisters, indem zwei bestehende Gebäude miteinander verbunden wurden; Johann Nacke, der als Steinmetz am Rathausbau mitwirkte, wird die Konzeption zugeschrieben. Zwei skulptierte Friese, die in ihrer formalen Anlage ganz der Rathausfassade entsprechen, vermitteln zwischen den Geschossen.

Erst unter Ernst Crossmann (gest. 1622) aus Lemgo wurde das ehemalige Gildehaus mit zwei Prunkgiebeln an der Schauseite und einem Giebel an der südlichen Schmalseite sowie einem asymmetrisch in die Fassade gesetzten Figurenportal vollendet.

Die ornamentale Dekoration zeugt von dem damals vorherrschenden Ohrmuschelstil (→ **Vorlagenblätter**). Im 19. Jh. umgebaut und im Zweiten Weltkrieg stark zerstört, ist das Gewerbehaus heute erneuert, wobei an der Südseite der Giebel des ehemaligen Bürgerhauses Langenstraße 34 mit in den Bau einbezogen wurde. IK

BÜCKEBURG

Keimzelle der Stadt Bückeburg war eine unter Graf Adolf VI. Anfang des 14. Jh. als Sperrfestung des Hellwegs angelegte Wasserburg, die neben → **Stadthagen** einer der Verwaltungssitze der Grafen von Holstein-Schaumburg war. Bis zum Beginn des 17. Jh. blieb aber Stadthagen der ständige Regierungssitz der Grafen von Holstein-Schaumburg (seit 1647 Schaumburg-Lippe).

1601 kam - nach dem Tod seines Bruders Adolf XIV. - unverhofft Graf Ernst III. (reg. 1601-1622) an die Regierung. Er hatte zuvor an der Universität → **Helmstedt** eine protestantische Ausbildung genossen, Rechtswissenschaften und Geschichte studiert, und, wie es damals üblich war, eine Bildungsreise nach Italien unternommen. Seit 1597 war er mit einer Schwester des Landgrafen Moritz von Hessen-Kassel verheiratet. Graf Ernst III. verlegte 1606 die Residenz endgültig von Stadthagen nach Bückeburg, das er schon seit 1602 umbauen ließ. Mit der Ausgestaltung seiner Residenz beauftragte Ernst, der eine besondere Vorliebe für die italienische Renaissance hegte, herausragende Künstler wie → **Joseph Heintz d. Ä.**, → **Adriaen de Vries** und → **Johannes Rottenhammer**, die am Hof Rudolfs II. tätig waren. Die bildhauerischen Arbeiten von De Vries befinden sich heute noch in Bückeburg und auch in → **Stadthagen**, viele der damals entstandenen Gemälde sind dagegen nicht mehr auffindbar oder blieben an ihrem Entstehungsort, am Hofe Rudolfs in → **Prag.** 1619 wurde Ernst - wie es schon sein Vater für sich angestrebt hatte - in den Fürstenstand erhoben.

Hofmusik unter Ernst III.

Die Vorlieben von Ernst für englische Ensemblemusik und virtuose italienische Gesangskunst spiegelt sich im Aufbau seiner Hofmusik wider: Als Moritz von Hessen-Kassel einen Teil seiner englischen Komödiantentruppe entließ (1602/03), bot Ernst den auch als Musiker ausgebildeten Schauspielern eine neue Anstellung. Das Musizieren auf Violinen, Gamben und Lauten wurde nun ihre Hauptaufgabe, doch im 1603 eingerichteten »Theatrogemach« des Schlosses standen sie nach wie vor manchmal auf einer kleinen Bühne. 1607 engagierte Ernst vier oder fünf Zinkenisten und Posaunisten, die morgens, mittags und abends vom Schlossturm bliesen. Im folgenden Jahr ließ er nach geeigneten Sängern für die Gründung einer Hofkapelle suchen und machte dabei zur Bedingung, die Kandidaten müssten »fein mordiren und coloriren« können, d. h. den modernen italienischen Gesangsstil mit Trillern und Verzierungen beherrschen. Als erster Hofkapellmeister kam der weit gereiste Konrad Hagius (1550-1616) nach Bückeburg. Zusammen mit den Engländern und den Turmbläsern konnte er die neuen Sänger nun im weltlichen und kirchlichen Bereich in verschiedenen Gruppierungen einsetzen, wie es in der erhaltenen Kapell- und Probenordnung von 1609 festgelegt wurde.

Ernst wachte persönlich über die Ausstattung seiner Hofkapelle mit erstklassigen Instrumenten. Über Hamburg wurden z. B. Tasteninstrumente aus Antwerpen eingeführt; ein besonders wertvolles italienisches Spinett stand im Privatgemach des Fürsten. Dessen Kontakte zu → **Michael Praetorius** (um 1571-1621) und Heinrich Schütz (1585-1672), die Berufung bedeutender Musiker wie William Brade (1560-1630), Thomas Simpson (1582 - nach 1625) und Johann Grabbe (1585-1655), aber auch die Finanzierung des Italienaufenthalts eines begabten jungen Kapellmitglieds bezeugen, welch hohes Niveau die Musikpflege auch an einem der kleineren deutschen Höfe erreichen konnte.

Schloss

Schon Graf Otto IV. (reg. 1544-1576), der Vater von Ernst III., ließ ab 1560 die mittelalterliche Wasserburg unter Beibehaltung des unregelmäßigen Grundrisses zu einer der frühesten vierflügeligen Schlossanlagen im Weserraum ausbauen. Bei der künstlerischen Ausgestaltung des Schlosses setzte er neue Akzente: So ließ er die Ausstattung einiger Räume verändern, um Platz für Theateraufführungen zu schaffen; wahrscheinlich richtete er auch die sog. Herkulesstube ein, eine Studierstube in der Art eines italienischen Studiolos.

Doch nur der West- und Nordflügel des Schlosses aus den Jahren von 1560 bis 1563 sind bis heute in ihrem ursprünglichen Erscheinungsbild erhalten geblieben. Beide Flügel weisen als nahezu einzigen Schmuck mächtige zweigeschossige Zwerchhäuser auf, die von gestaffelten Halbkreisgiebeln, sog. welschen Giebeln, bekrönt werden (→ **Schloß Neuhaus**, → **Detmold**, → **Stadthagen**). Diese Zwerchhäuser kamen ursprünglich aus der Ferne viel stärker zur Geltung (→ **Celle**), da einst Wallanlagen die unteren schmucklosen Teile des Schlosses verdeckten.

Der Südflügel erfuhr vor allem im 17. Jh. umfangreiche Reparatur- und Umbauarbeiten und wurde im 19. Jh. in historisierenden Renaissanceformen den Fassaden der angrenzenden Flügel angepasst. Der Ostflügel wurde 1732 durch einen Brand vernichtet, in kargen Spätbarockformen wieder aufgebaut und in den 1890er Jahren erweitert, so dass sich die Ostfassade heute als symmetrische Barockfassade präsentiert; die verlängerte Westseite ist in historisierenden Formen errichtet. Zur gleichen Zeit wurden anstelle der unter Otto errichteten Wirtschaftsgebäude des Vorwerks beiderseits des Vorplatzes zwei sog. Kavaliersgebäude ebenfalls in Formen der Neorenaissance erbaut. Der Tugendbrunnen auf dem Schlossvorplatz (auch Gerechtigkeitsbrunnen genannt), den Otto IV. 1552 von dem niederländischen Bildhauer Arend Robin für das → **Stadthagener Schloss** fertigen ließ, wurde 1921 nach Bückeburg überführt.

Die Innenausstattung des Schlosses ist weitgehend von Erneuerungen des 18. Jh. und der Restaurierung um 1900 geprägt. Eine Vorstellung der renaissancezeitlichen Schlossanlage vermitteln eindrucksvoll die Ausstattung der Schlosskapelle wie des Goldenen Saals, die Ernst zwischen 1603 und 1608 einbringen ließ.

Die Schlosskapelle ist bis auf eine umlaufende Vertäfelung im unteren Bereich vollständig ausgemalt. Das Rippengewölbe ist reich mit Rankenwerk und vereinzelten Engelsköpfen verziert, dazwischen sind die Darstellungen des Motivs von Gesetz und Gnade und die Leidenswerkzeuge Christi eingefügt. Die

Bückeburg, Götterpforte im Goldenen Saal des Schlosses

Fensterlaibungen lassen Szenen der Passion Christi erkennen, gefertigt nach Vorlagen von → **Hendrick Goltzius**, Abraham Bloemaert und → **Marten de Vos.** An der Westseite befindet sich in einem angrenzenden Raum, den eine reich verzierte hölzerne, schrankenartige Architektur gegen die Kapelle abgrenzt, die Fürstenempore. Sie ähnelt einer Epitaphwand; durch die obere Fensterzone konnte das Herrscherpaar, begleitet von den Tugenden Mäßigung und Klugheit, gleich einem lebendigen Bild in Erscheinung treten. Im unteren Bereich der Emporenwand ist das Jüngste Gericht des Malers Christoph Gertner von 1610 eingelassen, das als Ersatz für ein Bild gleichen Themas von → **Joseph Heintz d. Ä.** dient, da dieses nach dessen Tod 1609 in Prag bei Rudolf II. verblieben war. Der Fürstenloge gegenüber befindet sich die in eine heute leicht veränderte Holzarchitektur integrierte Kanzel, auf der Verkündigung, Anbetung und Kreuzigung dargestellt sind. Vor der Kanzelwand steht der Tischaltar, dessen Unterbau zwei auseinander strebende Engel bilden. Dieser wurde, wie der gesamte plastische Schmuck, von den Brüdern Ebert und Jonas Wolf gefertigt. Die Position der Kanzel über dem Altar verdeutlicht einmal mehr die zentrale Bedeutung der Predigt in der protestantischen Liturgie.

Im Goldenen Saal sind aus dem frühen 17. Jh. noch die Götterpforte und die Kassettendecke erhalten. In den Ecken der Decke sind Darstellungen der vier Elemente in Gestalt antiker Götter dargestellt, die → **Johannes Rottenhammer** bzw. seine Werkstatt 1612/13 angefertigt hat. Das Prunkstück ist die Götterpforte. Ihre Rahmung ist architektonisch reich gegliedert sowie mit vegetabilem Schmuck und vollplastischen Figuren bestückt, die ein komplexes ikonografisches Programm bilden. In einer Kartusche im Zentrum des Türblatts ist Minerva als Schirmherrin des Kampfes, der Wissenschaft und der Künste sowie als Vertreterin der Tugenden zu sehen, begleitet vom Kriegsgott Mars und der Fülle und Wohlstand repräsentierenden Abundantia. Wohl als Liebeswerbung bietet Abundantia Mars einen Apfel an, den sie ihrerseits von Minerva (u. a. Vertreterin der Tugenden) erhalten hat. Da der Apfel auch ein Attribut der Venus ist, kann man Abundantia hier zugleich als Trägerin von Wohlstand verheißender Liebe verstehen. Mars jedoch scheint die Gabe abzulehnen. Oberhalb des Türsturzes sind u. a. der Götterbote Merkur, der die Gesichtszüge des Grafen Ernst trägt, die Göttin der Fruchtbarkeit Ceres mit Ährenbündel und Sichel sowie vermutlich mit dem Pfau Juno, die Gemahlin des Göttervaters Jupiter und Göttin der Ehe, dargestellt. Dieses Bildprogramm, dass nicht bis ins Detail geklärt ist, dürfte in der Kernaussage wie folgt zu lesen sein: Unter der Schirmherrschaft Minervas hat der Fürst in Gestalt Merkurs, Gott des Handels, der Wirtschaft und der Künste, zwischen kriegerischen und friedlichen Kräften – zwischen Mars und Abundantia bzw. Venus – zu vermitteln. Gelingt dieser Ausgleich, erwächst daraus eine für das Land fruchtbringende Herrschaft, wie die Anwesenheit Junos und Ceres' bezeugen. Die Figuren von Mars, Merkur und Venus bzw. Abundantia wurden ebenfalls von den Brüdern Ebert und Jonas Wolf nach Kleinskulpturen des Bildhauers Giovanni da Bologna geschaffen.

Die Götterpforte stand mit weiteren Portalen des Schlosses in einem größeren ikonografischen Zusammenhang, durch den Graf Ernst seiner Vorstellung einer fürstlichen Regierung Ausdruck verleihen wollte. Von den ehemals neun Portalen sind neben der

Bückeburg, Äußeres Schlosstor

Götterpforte noch das äußere Schlosstor, auf das im Kontext der Stadtanlage einzugehen sein wird, und zwei Sandsteinportale erhalten, die sich einst vermutlich im Innenhof des Schlosses befanden und heute bei Schloss Baum (nördlich von Bückeburg) aufgestellt sind. Ihre Bildprogramme sind auf Grund des schlechteren Erhaltungszustandes nicht mehr deutbar.

Ein Vorraum verbindet den Goldenen Saal mit einem möglicherweise als Theater genutzten Saal. Darin befand sich ursprünglich ein Kamin, dessen Fries den Triumphzug des Bacchus darstellt. Dieser 1604 von Arend Robin nach einer Stichvorlage des Monogrammisten IB (möglicherweise → **Georg Pencz**) angefertigte Kamin ist wahrscheinlich mit jenem identisch, der sich heute im → **Stadthagener Schloss** befindet.

Die beiden großen Bronzegruppen auf der Schlossbrücke (heute Kopien; Originale in Berlin, SMPK) schuf 1621 → **Adriaen de Vries;** sie stellen *Venus und Adonis* und den *Raub der Sabinerinnen* dar.

Stadtanlage

Nachdem Graf Ernst das Schloss hatte neu ausstatten lassen, begann er ab 1605 innerhalb der bestehenden Wälle mit dem Ausbau der Stadt. Sein Hauptaugenmerk legte er dabei auf das Schlossareal und eine Neustrukturierung des Markplatzes, für die er angekaufte Gebäude abreißen ließ.

Am Markt entstanden fürstliche Gebäude, wie das 1905 zerstörte Rathaus und das Renthaus, das der Verwaltung der grundherrschaftlichen Einnahmen diente. Es wirkt heute merkwürdig, dass ein Landesherr seinen Untertanen ein Rathaus, das Gebäude städtischer Selbstverwaltung, schenkt. Jedoch geht aus den Quellen zweifelsfrei hervor, dass Ernst alle zentralen Aufgaben selbst in die Hand nahm und Rat sowie Bürgermeister der Stadt nur als verlängerter Arm des Grafen fungierten.

Das 1605 begonnene äußere Schlosstor grenzt das Schloss gegen die Stadt ab. Gerahmt von der alten Kammerkasse und dem Kanzleigebäude, ist das Tor einem antiken Triumphbogen nachempfunden. Vier Termenpilaster und je eine ionische Säule tragen einen breiten Architrav. Das Auffälligste jedoch ist die Figur der Invidia (lat., Neid), die zwischen zwei geflügelten Drachen der Stadtseite zugewandt das Portal bekrönt. Sie ist im Kontext weiterer Tugend- und Lasterdarstellungen zu verstehen, welche die übrigen, nicht mehr erhaltenen Portale schmückten. So sah sich der Besucher am Hauptportal des Schlosses im Ostflügel (1732 durch Brand zerstört) beispielsweise

Bückeburg, Westfassade der Stadtkirche

mit dem tugendhaften Helden Herkules konfrontiert, dessen Handeln Vorbild für den Fürst sein sollte.

Interessant ist ferner die Verwendung der Säulenordnungen innerhalb der Stadt und am Schloss. Sie entspricht dem von Leon Battista Alberti geforderten *decorum*, der Angemessenheit der Bauformen, die hier verschiedene soziale Stati repräsentierten: An den öffentlichen Gebäuden des Marktplatzes wurde die dorische, am äußeren Schlosstor als nächst höhere die ionische und schließlich an den Portalen des Schlosses die korinthische Ordnung eingesetzt.

Stadtkirche

Die Bückeburger Stadtkirche ist neben der → **Wolfenbütteler Marienkirche** eine der bedeutendsten protestantischen Kirchen in Deutschland. Schon 1608 beabsichtigte Graf Ernst, eine neue Kirche erbauen zu lassen. Nachdem ein erster Plan von Giovanni Maria Nosseni (→ **Stadthagen**; → **Freiberg**) nicht zur Ausführung gelangt war, errichtete ein unbekannter Architekt in den Jahren von 1610 bis 1613 eine dreischiffige Hallenkirche und stattete diese bis 1615 aufwändig aus.

Die reich gegliederte Westfassade sollte ursprünglich von einem Turm bekrönt werden, der nur begonnen wurde und von dem sich wahrscheinlich noch die Balustrade erhalten hat. Heute schließt die Fassade mit einem Dreiecksgiebel ab. Ihre Hauptzone ist durch Termenpilaster vertikal gegliedert und von der Giebelzone durch einen Fries getrennt. Er zeigt die Aufschrift »Exemplum Religionis Non STructurae« (lat., Beispiel der Religion, nicht der Baukunst; die Anfangsbuchstaben ergeben den Namen »ERNST«), welche die repräsentative Funktion des Kirchengebäudes verschleiern möchte. Die Ohrmuschelornamente und Kartuschen, die diese Giebelzone verspielter erscheinen lassen, gehen vermutlich auf Vorlagen des Wendel Dietterlin zurück. Auffallend ist, dass die Säulenordnungen nicht der gewöhnlichen Abfolge (dorisch, ionisch, korinthisch) entsprechen: So sind in der Hauptzone korinthische und in der darüber liegenden Giebelzone ionische Kapitelle zu sehen.

Durch ein Säulenportal, dessen Architrav zwei Putti, zwei Genien und das Schaumburger Wappen trägt, betritt man eine dreischiffige Halle, wenngleich die Fassade eher eine basilikale Innenraumlösung vermuten lässt. Säulen mit korinthischen Kapitellen, die zuvor in sakralen Räumen nicht verwendet wurden, tragen das Kreuzrippengewölbe. Der Hallencharakter kommt vor allem im Gewölbebereich zum Ausdruck, da die Einbauten der hölzernen Empore in den Seitenschiffen, der Orgel im Osten und der Fürstenprieche im Westen den Raumeindruck prägen.

Die Fürstenprieche im Westen gab dem Fürsten Gelegenheit, getrennt vom Volk am Gottesdienst teilzunehmen; im Rahmen der Baumaßnahmen in den Jahren von 1885 bis 1895, die wegen Baufälligkeit erforderlich waren, wurde u. a. die dreibogige Stützarkatur eingebaut. Die sog. Grüne Prieche gegenüber der

Bückeburg, Innenansicht der Stadtkirche

Kanzel, ebenfalls in fürstlichem Besitz, wurde erst in der zweiten Hälfte des 17. Jh. errichtet.

Im Zentrum der Kirche befindet sich heute das 1615 vom Prager Hofbildhauer Adriaen de Vries in der Art eines Prunkpokals geschaffene Taufbecken. Auf seiner Bodenplatte sind als Fundamente des christlichen Glaubens die personifizierten Tugenden Glaube (Fides), Liebe (Caritas), Hoffnung (Spes) und Tapferkeit (Fortidudo) abgebildet. Der Deckel mit den vier Evangelisten wird von der stark bewegten Gruppe der Taufe Christi bekrönt.

Der Qualität von Architektur und Innenausstattung entsprechend, ließ Ernst 1615 durch den Wolfenbütteler Hoforgelbauer Esaias Compenius eine der größten Orgeln der Zeit einbauen. Für die Planung zog man → **Michael Praetorius** als Berater hinzu (1997 wurde das Werk rekonstruiert). ASR / DS (Musik)

CELLE

1292 verlegte Herzog Otto der Strenge aus dem Hause Braunschweig-Lüneburg u. a. aus wirtschaftlichen Gründen die Siedlung von Altencelle etwa 3 km flussabwärts in den Mündungswinkel von Fuhse und Aller, die bis dort schiffbar war. Er ließ den Ort planmäßig anlegen – erkennbar am rechtwinkligen Straßenraster – und eine Burg errichten. Um 1300 erhielt der Ort Stadtrecht; im späten 14. Jh. wurde die Burg schrittweise ausgebaut. Von 1388 bis 1705 war Celle ohne Unterbrechung die welfische Residenz des Fürstentums Lüneburg. Entscheidende Ereignisse für die Stadt waren die Einführung der Reformation 1528 und die Beteiligung von Herzog Ernst dem Bekenner am Schmalkaldischen Krieg 1547 (→ **Schmalkaldischer Bund**). Da die Schifffahrt auf der Aller nur bis Mitte des 16. Jh. für Celle bedeutend war, beschränkte sich der Handel in der Folgezeit auf regionale Märkte.

Heute erinnern das Schloss, die Ausstattung der Stadtkirche, der noch in der Topografie sichtbare Verlauf der Stadtmauer und das historische Rathaus an die Bedeutung Celles. Von den in Fachwerk errichteten Wohnhäusern der Altstadt stammen zahlreiche aus dem 16. und beginnenden 17. Jh. Beachtenswert ist der Wandel in den Formen der Dekoration, werden nach 1550 doch zunehmend antike Ornamente wie Zahnschnitt, Eier- und Perlstab und Beschlagwerk verwendet.

Schloss

Aus einer spätmittelalterlichen Anlage mit Bergfried und Palas entwickelte sich im 15. und 16. Jh. allmählich ein mehrflügeliges Schloss um einen leicht trapezförmigen Innenhof. Erst nach 1675 wurde das Schloss zu einer Vierflügelanlage ergänzt und alle älteren Bauteile mit Ausnahme des Ostflügels in zeitgemäßen Formen verändert. Aus der Zeit, als hier Herzog Georg Wilhelm (reg. 1665–1705) und seine hugenottische Gemahlin Eleonore d'Olbreuse residierten, stammt auch das barocke Hoftheater im Nordflügel und die Stuckausstattung der Stadtkirche. In der Renaissancezeit entstanden der schwer datierbare Ostflügel und die Ausstattung der Schlosskapelle.

Die Fassade des dreigeschossigen, der Stadt zugewandten Ostflügels ist lediglich durch die Fenster und einen nahezu mittigen Turm gegliedert. Darüber erheben sich in der Dachzone die markanten Zwerchhäuser. Wie der linke Flügel des Altarbilds in der Schlosskapelle zeigt, waren Stadt und Schloss von einem Wassergraben und einem hohen Wall umgeben, der die unteren Geschosse des Ostflügels vollständig verdeckte. Die markanten Zwerchhäuser oberhalb der Mauerkrone stellten somit das einzige, weithin sichtbare Zeichen der herrschaftlichen Residenz dar. Links und rechts des halbrunden Turms schließen drei bzw. vier Zwerchhäuser mit dreigestaffelten Halbkreisbögen, sog. welschen Giebeln, ab. Hinter dem Turm, leicht aus der Achse verschoben, erhebt sich ein hoher Zwerchhausgiebel mit einem durchfensterten fünfteiligen Staffelgiebel. Die Gliederung der unteren Fensterzone wird um den vorgestellten Turm herumgeführt, der mit einfachen Halbkreisbögen abschließt.

Durch den Kranz der Zwerchhäuser mit welschen Giebeln wurde vom Bauherrn ein Herrschaftsanspruch formuliert, wie er beispielsweise auch bei den Schlössern in → **Stadthagen** (ab 1534), → **Schloß Neuhaus** (um 1540) und → **Bückeburg** (ab 1560) zum Ausdruck kommt. Ob die welschen Giebel in Celle für diese Schlösser vorbildhaft waren, also zu den frühesten Beispielen im Weserraum zählen, ist bisher nicht vollständig geklärt. Nahe liegend ist allerdings, dass nur die unteren datierbaren Geschosse des Ostflügels in den 80er Jahren des 15. Jh. geschaffen wurden, die Dachzone jedoch erst in den späten 60er Jahren des 16. Jh. unter Herzog Wilhelm d. J.

Die Schlosskapelle bewahrt als einziger Innenraum die überaus reiche, historische Innenausstattung aus der zweiten Hälfte des 16. Jh. Sie wurde unter Herzog Wilhelm d. J. (reg. 1559–1592) eingebracht, und das, obwohl die Celler Herzöge schon seit längerer Zeit unter finanziellen Schwierigkeiten litten. Sicherlich ist ihre Pracht nicht nur als Zeichen tiefer protestantischer Frömmigkeit, sondern auch als Ausdruck von Repräsentation zu werten.

Die Kapelle liegt in den beiden unteren Geschossen am östlichen Ende des Südflügels. Bereits in der zweiten Hälfte des 15. Jh. entstanden, wurde sie in den 60er Jahren des 16. Jh. mit einer neuen Kanzel und einer Empore mit Betstühlen und Fürstenprieche ausgestattet. Die Position des Gestühls direkt gegenüber der Kanzel entspricht der protestantischen Liturgie, bei der das gesprochene Wort eine zentrale Stellung einnimmt. Weitere Betstühle sind auf der Südseite angeordnet, eine ältere Empore schließt den Raum nach Westen ab. Dem Herzog und seiner Familie waren die Betstühle auf der Nord- und Westempore vorbehalten. Die unteren Priechen, ursprünglich ebenfalls durch Sperrgitter separiert, dienten vermutlich hoch gestellten Personen des Hofstaats. In der Prieche zwischen Kanzel und Altar, die durch ihre Ausstattung besonders hervorgehoben ist, nahm wahrscheinlich der Herzog beim Abendmahl Platz. Zur Ausstattung gehört auch eine Schrankorgel aus der Zeit um 1570.

Die malerische Dekoration wurde vermutlich bis um 1575 vollendet. Alle Wand- und Deckenflächen sowie die Ausstattungsstücke sind mit Bildreliefs oder Gemälden versehen: An der Kanzel sind die Erschaffung Evas, der Sündenfall, die Anbetung der Hirten, das Abendmahl, die Kreuzigung und die Auferstehung als Reliefs dargestellt, auf der Brüstung der Prieche ebenfalls als Reliefs die Halbfiguren Christi, der Propheten und der Apostel. Von den 76 Einzelgemälden, die jeweils mit einem das Bildthema benennenden Bibelzitat versehen sind, stammt die Mitteltafel des Altars mit der Kreuzigungsszene auf Grund einer Signatur mit Sicherheit von dem Antwerpener Maler → **Marten de Vos.** Weitere Gemälde werden ihm und seiner Werkstatt zugeschrieben. Auf den beiden inneren Seitenflügeln des Altars sind die Darstellungen der beiden Stifter wiedergegeben: Wilhelm d. J. vor Schloss Celle und seine Gemahlin Dorothea von Dänemark vor Schloss Gifhorn.

Der bildlichen Ausstattung der Kapelle liegt kein einheitliches Programm zu Grunde. The-

Celle, Ostflügel des Schlosses

matische Überschneidungen zwischen den plastischen Arbeiten und den Gemälden legen nahe, dass diese getrennt voneinander konzipiert wurden. Die Gemälde des Erdgeschosses stellen einen relativ homogenen thematischen Zusammenhang dar, wobei die einzelnen Bildgruppen (z. B. die Gemälde eines Betstuhls) aufeinander Bezug nehmen. Auffallend häufige Darstellungen der Predigtsituation können als Bekenntnis zur Reformation gewertet werden, hielt doch Luther das gesprochene Wort für fast noch wichtiger als die Spendung der Sakramente.

Epitaphe der Herzöge von Braunschweig-Lüneburg in St. Marien

In der mittelalterlichen Stadtkirche aus dem 14. Jh. (Ende des 17. Jh. umfassend barockisiert) wurde 1576 durch Wilhelm d. J. unterhalb des Chors eine Gruft als herzögliche Grablege

Celle, Innenansicht der Schlosskapelle

angelegt. Im Chor sind hinter dem Altar die Grabplatten von Herzog Ernst dem Bekenner und seiner Familie aufgestellt.

An beiden Chorseiten hängen Epitaphe vom 16. bis zum beginnenden 18. Jh., auf denen sich die dargestellten Figuren zunehmend aus dem religiösen Kontext lösen. Hervorzuheben sind vor allem das Epitaph an der nördlichen Seite für Ernst und seine Gemahlin von 1576 und das für Wilhelm d. J. und seine Gemahlin von 1594. Die Figuren von Ernst und seiner Gemahlin knien in Nischen einer triumphbogenartigen Architektur beiderseits einer Kreuzigung. Die Formensprache weist in den Umkreis des Antwerpener Künstlers Cornelis Floris. Die Figuren von Wilhelm d. J. und seiner Gemahlin sind ebenfalls kniend in der mittleren Nische der Epitaphwand angeordnet. 15 Medaillons geben die Porträts aller Kinder des Paars wieder. Die Figuren zweier seiner Söhne, deren Epitaphe, im Stil angeglichen, im 17. Jh. hinzugefügt wurden, sind jeweils links und rechts in den äußeren Nischen wiedergegeben. Die Reliefs mit Szenen aus dem Neuen Testament oberhalb der Figurengruppen bringen die Hoffnung auf ein Leben nach dem Tod zum Ausdruck.

Rathaus

Nachdem Herzog Ernst der Bekenner das Stadtgebiet um 1530 durch eine neue Stadtbefestigung erweitert hatte, beschloss der Stadtrat kurz nach 1550 auch den Um- bzw. Neubau des Rathauses. Zunächst wurde das mittelalterliche Rathaus am Markt durch die Ratsmaurermeister Frederic Soltesburg und Jakob Rieß erweitert und grundlegend umgestaltet. Dieser Bauabschnitt war im Wesentlichen mit der Errichtung des repräsentativen Westgiebels abgeschlossen. 1580 wurde mit dem Bau des Neuen Rathauses begonnen, das nicht Verwaltungsaufgaben, sondern vielmehr gesellschaftlichen Anlässen wie Hochzeiten, aber auch als Tuchhalle und Kaufhaus dienen sollte. Es schließt mit einem leichten Knick südlich an das Alte Rathaus an und wurde nach einem Bauschaden 1785 erneuert.

Der Volutengiebel auf der Westseite des Alten Rathauses, dessen Pilaster eine regelgerechte Superposition (toskanische, ionische, korinthische Kapitelle) bilden, ist mit reichem Beschlagwerk und Obelisken verziert. In der abschließenden Ädikula ist das Stadtwappen zu sehen, dazu der Bibelspruch aus Psalm 127 »Nisi dominus custodierit civitatem frustra vigilat qui custodit eam« (lat., Wenn nicht der Herr die Stadt behütet, da wachet der Wächter vergeblich). Die Marktfassade des Alten Rathauses ist mittig durch die 1599 eingebauten Arkaden der ehemaligen Gerichtslaube geöffnet, die ursprünglich weite Teile des Erdgeschosses einnahm. Die beiden Wappen von Wilhelm d. J. und seiner Gemahlin Dorothea in den Zwickeln der Arkaden deuten darauf hin, dass die Kapitalverbrechen, die vor diesem sog. Halsgericht verhandelt wurden und bei denen die Todesstrafe drohte, in die Rechtsprechung des Landesherrn fielen. Auch das mittlere der drei Zwerchhäuser, das oberhalb der Gerichtslaube die Fassade bekrönt, ist als landesherrliches Zeichen aufzufassen, da es eine deutliche Analogie zu den Zwerchhäusern am Schloss aufweist.

Die heutige Farbfassung aus gemalten Diamantquadern, Pilastern und Nischen, gefüllt mit Ranken und Muschelornamenten, wurde entsprechend einer Farbfassung von 1697 im Jahr 1985 aufgebracht. ASR

Dresden, Schloss, Stich von Anton Weck aus: *Der Residentz- und Haupt-Vestung Beschreibung und Vorstellung*, um 1680

DRESDEN

Die Stadt Dresden ist eine hochmittelalterliche Gründung der wettinischen Markgrafen von Meißen im slawischen Kolonialland. Trotz der Zerstörungen im Zweiten Weltkrieg und des Verschwindens ganzer Straßenzüge sind der alte Umfang der Stadt und ihre ursprüngliche Teilung in eine Gründungsstadt mit rechtwinkligem Straßennetz um den Altmarkt und eine vorstädtische Hafensiedlung mit unregelmäßiger Wegführung um die Frauenkirche herum noch ablesbar. Eine weitere Siedlung lag jenseits der Steinbrücke auf dem rechten Elbufer. In den späten 1460er Jahren ließen die wettinischen Kurfürsten die alte Burg an der Elbbrücke durch den Baumeister Arnold von Westfalen (um 1425/30–1482; → **Meißen**) zu einem repräsentativen Schloss ausbauen. Dieses entwickelte sich nach der Leipziger Teilung 1485, bei der das wettinische Territorium unter den beiden Brüdern Ernst und Albrecht aufgeteilt wurde, zum ständigen Residenzort und Verwaltungssitz des Albertinischen Sachsen.

Residenzarchitektur

Beim Wiederaufbau des Dresdener Schlosses nach 1945 setzte man sich zum Ziel, den wohl bedeutendsten deutschen Schlossbau der Mitte des 16. Jh. wieder erfahrbar zu machen. Die älteren Bauphasen, ebenfalls wichtige Stationen auf dem Weg zu einer neuzeitlichen Herrschaftsarchitektur, lassen sich heute nur noch zum Teil ablesen.

Bereits ab 1530 hatte der letzte dem katholischen Glauben angehörige Albertiner, Herzog Georg der Bärtige (reg. 1500–1539), das spätgotische Schloss in der Achse der Elbbrücke durch einen turmartigen Tor- und Wohnbau mit zwei Schaufassaden in Renaissanceformen erweitern lassen. Die Steinmetzarbeiten zeigten ein umfangreiches Bildprogramm zu Tod und Vergänglichkeit auf der Elbseite und zur Auferstehung Christi auf der Stadtseite. Von diesem sog. Georgenbau erhalten sind vor allem noch das ursprüngliche Elbportal am historistischen Neubau und ein von dem Bildhauer Christoph Walther I. (gest. 1546) geschaffenes, zwölf Meter langes Relief mit einer Totentanzdarstellung, das sich heute in der Dreikönigskirche der Inneren Neustadt befindet.

Mit dem Georgenbau wurde zum ersten Mal in Mitteleuropa ein Schloss mit einem umfangreichen, öffentlich wahrnehmbaren, fest am Außenbau installierten Bildprogramm versehen. So wurde bewusst neben der reinen Gebrauchsfunktion und der allgemeinen Herrschaftsgeste der monumentale, d. h. denkmalartige Charakter neuzeitlicher profaner Herrschaftsarchitektur formuliert.

Diese damals keineswegs geläufige Zielsetzung wurde wenig später mit dem Neubau der Vierflügelanlage, der heute noch das Dresdener Schloss prägt, zu einem Höhepunkt geführt. Anlass der aufwändigen Architekturunternehmung war die Übertragung der

Dresden, Innenhof des Schlosses mit Sgraffitodekoration

sächsischen Kurwürde von der ernestinischen Linie der Wettiner (die von 1533 bis 1544 das → **Torgauer Schloss** ausbauen ließen) auf ihre albertinischen Verwandten infolge des Schmalkaldischen Kriegs 1547 (→ **Schmalkaldischer Bund**). Noch im selben Jahr begann der neue Kurfürst Moritz (reg. 1547-1553), das Schloss in weiten Teilen neu erbauen und auf den doppelten Umfang erweitern zu lassen. Das Ergebnis der bereits 1556 vollendeten Baumaßnahme war die Vierflügelanlage um einen fast regelmäßigen Binnenhof, deren innere wie äußere Fassaden in Sgraffitotechnik geschmückt waren (→ **Fassadenmalerei**).

Der Dresdener Schlossbau entstand in einer Zeit, in der die Grundprinzipien italienischer Renaissancearchitektur durch die Veröffentlichung gedruckter → **Architekturtraktate** auch nördlich der Alpen verfügbar geworden waren. 1537 war das vierte Buch des Sebastiano Serlio erschienen, 1540 folgte sein drittes Buch, und 1548 legte Walter Rivius eine deutsche Ausgabe der Texte des Vitruv vor. Es war nun nicht mehr unbedingt notwendig, einen italienischen Architekten zu berufen, um eine italienisch-antikisierende Architektursprache realisieren zu können. Die Beschäftigung mit der Architektur konnte von nun an zu einer dem Adel und den höfischen Beratern angemessenen intellektuellen Tätigkeit werden.

Tatsächlich ist heute nicht mehr in allen Details zu rekonstruieren, wer für den Entwurf des Dresdener Schlosses verantwortlich war.

Der Festungsingenieur und Baumeister Caspar Vogt aus Wierandt (gest. 1560), der wahrscheinlich bereits 1542 das herzogliche Jagdschloss Moritzburg bei Dresden entworfen hatte, wird viele Anregungen aus dem Umkreis des Hofs aufgegriffen haben. Hierzu gehörte sicher auch die Idee, italienische Künstler für verschiedene Dekorationsarbeiten an den von einheimischen Kräften entworfenen Rohbau nach Dresden zu berufen. So gehen die heute nach alten Ansichten zum Teil rekonstruierten schwarz-weißen Sgraffitodekorationen der Fassaden in Entwurf und Ausführung auf die aus Brescia stammenden Brüder Gabriele (1523-1569) und Benedetto (1525-1572) Thola zurück, die auch in der Folgezeit als Maler und Musiker am kursächsischen Hof blieben (vgl. ihren Entwurf von 1555 zum Moritzmonument in → **Freiberg**). Sie schmückten wahrscheinlich auch die Rückwand der Hofloggia auf der Nordseite mit farbigen Fresken. Alle Bildzyklen, in denen alttestamentliche Stoffe dominierten, nahmen inhaltlich bewusst Bezug auf die Biografie des politisch umstrittenen Bauherrn und rechtfertigten ihn als Verteidiger des rechten Glaubens.

Die damals nördlich der Alpen außergewöhnlichen Stuckdekorationen des Grünen Gewölbes, die noch heute in die barocke Umgestaltung der dortigen Schatzräume integriert sind, führte Antonio Brocco aus, der später u. a. auf Schloss Stern bei Prag für Erzherzog Ferdinand und in → **Ingolstadt** arbeitete. Auch das einschließlich des alten Türblatts erhaltene Sandsteinportal der Schlosskapelle von 1555/56 geht in seinem Entwurf mit Sicherheit auf einen italienischen Künstler zurück und hat in der Regelhaftigkeit seiner Säulenarchitektur großen Einfluss auf die sächsische Altar- und Grabmalkunst ausgeübt.

Obwohl der Kernbau des Dresdener Schlosses heute wie eine nach punktsymmetrischer Regelmäßigkeit strebende Figur in der Art von Serlios Landschloss Ancy-le-Franc (ab etwa 1546) wirkt, ist bei näherer Betrachtung zu erkennen, dass die dem Haupttor gegenüberliegende Nordseite mit ihrer zentralen Turmloggia und den flankierenden Fassadenabschnitten mit den Ecktreppentürmen als innere Hauptschauseite ausgebildet ist. Die Dresdener Turmloggia mit ihren getreu der vitruvianischen Regel übereinander gestellten Säulenordnungen, von der schweren Dorica im Erdgeschoss bis zur prächtigen Korinthica nach oben fortschreitend, ist einer der ersten Bauten nördlich der Alpen, der das Prinzip der Superposition korrekt vorführt.

Nach dem frühen Tod Kurfürst Moritz' wurden während der langen Regierungszeit seines Bruders und Nachfolgers Kurfürst August (reg. 1553-1586) in der nun endgültig etablierten Hauptstadt des Kurstaats vor allem praktisch notwendige Einrichtungen ausgebaut. So arbeitete man bis zum Ende des 16. Jh. an der steinernen Bastionärbefestigung der Stadt, die bereits durch Herzog Moritz 1545 nach den Plänen Caspar Vogts im damals modernen, heute sog. altitalienischen System begonnen worden war (→ **Festungsbau**). Sie wurde von 1569 bis 1578 von Rochus Graf zu Lynar sowie von 1590 bis 1592 von Paul Buchner verstärkt. (Auf der Jungfernbastei im Nordosten befindet sich seit dem 19. Jh. das Denkmal für Kurfürst Moritz von 1553/54.) Dank ihrer Überbauung mit dem Brühlschen Garten im 18. Jh. sind große Partien der Befestigung der Elbfront fast vollständig erhalten, während die übrigen Bereiche fast ausnahmslos im 19. Jh. den Ringstraßen weichen mussten.

In der zweiten Hälfte des 16. Jh. begannen die sich nun herauskristallisierenden Hauptresidenzen der großen Territorialstaaten, die mit ihnen verbundenen Städte immer mehr baulich zu durchdringen. Von 1559 bis 1563 ließ Kurfürst August nach Plänen von Vogt ein vierflügeliges Zeughaus errichten. Von diesem sind heute noch zwei Portale und die auf toskanischen Säulen errichteten, zweischiffigen Gewölbehallen des Erdgeschosses in der historistischen Überbauung des Albertinums erhalten. Von 1565 bis 1567 entstand gegenüber dem Schloss das heute wieder aufgebaute dreiflügelige Kanzleihaus als Zeichen intensivierter und nun endgültig ortsfest etablierter staatlicher Verwaltungstätigkeit.

Erst Augusts Nachfolger Kurfürst Christian I. (reg. 1586-1591) nahm den Ausbau der Residenz, die mittlerweile in unmoderner Art nur aus dem Vierflügelschloss bestand, in Angriff. Zu den höfischen Baumaßnahmen, die der neue Kurfürst während seiner kurzen Regierungszeit für Dresden in Auftrag gab, gehören die Errichtung des kleinen Schlosshofs als Vorhof vor dem älteren Kernschloss in den Jahren von 1588 bis 1595, der Anbau des Marstalls (Stallhof) mit Rennbahn und der begleitenden Galerie des Langen Gangs zwischen 1586 und 1588 sowie die Anlage eines Gartens auf der elbseitigen Bastionärbefestigung und in Verbindung damit ab 1589 die Planung eines → **Lusthauses** auf der Spitze der erweiterten Jungfernbastei. Entscheidende Planungsaufgaben wurden dabei dem seit 1575 in kursächsischen Diensten stehenden italienischen Künstler und Kunstorganisator Giovanni Maria Nosseni (1544-1620; → **Freiberg**) übertragen, der die Tätigkeiten zahlreicher Fachkräfte koordinierte. Der Komplex des von Paul Buchner (1531-1607) und Nosseni entworfenen Stall-

Dresden, Stallhof mit Langem Gang und Turnierhof

hofs ist nach mehreren Umbauten im 18. und 19. Jh. nur noch im Innenbereich der Rennbahn in seinem alten Erscheinungsbild erhalten. Der Bau erinnert an die kaum zu überschätzende Bedeutung, die das Pferd als ritterliches Zubehör und höfisches Zucht- und Sammelobjekt bis weit in die Neuzeit besaß. Nach dem Tode Christians I. wurden am Dresdener Hof auf längere Zeit nur noch wenige größere Kunstprojekte finanziert, so dass der spätere Aufschwung der Barockkunst in der zweiten Hälfte des 17. Jh. eine lange Phase der bewahrenden Pflege des Erbes ablöste.

Als herausragendes Einzelstück der späten Renaissancezeit sei auf den kostbaren Marmoraltar hingewiesen, den Nosseni 1606 als kurfürstliche Stiftung für die nach 1945 abgebrochene Sophienkirche entwarf. Er steht heute in der Pfarrkirche von Dresden-Loschwitz. Mit der um 1530 zugewanderten Breslauer Familie Walther hatte sich in Dresden außerdem eine Bildhauerdynastie etabliert, die mit ihren Altären, Grabmalen und baugebundenen Reliefs über hundert Jahre die sächsische Skulptur bestimmen sollte. Ihr herausragender Vertreter ist Sebastian Walther (1576-1645), der - aufbauend auf Kontakte zu Nosseni und eine ausgedehnte Florentiner Studienreise - eine pathetisch-dynamische Stilsprache entwickelte, die bereits Eigenheiten der Barockzeit ankündigte. Er schuf nach seiner Rückkehr nach Dresden u. a. 1606 das Epitaph für Lucas Cranach d. J. in der → **Wittenberger Stadtkirche**, 1612/13 zusammen mit Nosseni den Altar in der Schlosskapelle der Lichtenburg bei Prettin, 1616 das heute nur noch teilweise erhaltene Grabmal für Nosseni für die Dresdener Sophienkirche (Teile im Stadtmuseum und in der Frauenkirche) sowie 1640 das Alabasterrelief mit der Verkündigung an die Hirten im Grünen Gewölbe. Sein Hauptwerk, die in den 1620er Jahren geschaffene Plastik für das Dresdener Lusthaus, ist zusammen mit dem Gebäude 1746 zerstört worden.

Einen Eindruck der in Dresden schon lange nicht mehr existenten höfischen Wohnräume der Zeit um 1600 geben heute noch der Saal und die beiden Appartements des ehemals kurfürstlichen Weinguts Hoflößnitz über Radebeul. Die Räume wurden zwar erst um 1650 ausgemalt, folgen aber in ihrer Gestaltung noch eng älteren Schemata.

Ehemalige kursächsische Kunstkammer im Schloss

Die heute weltberühmten Dresdener Kunstsammlungen gehen in ihrem Kern auf die kursächsische Kunstkammer zurück, die Kurfürst August (wahrscheinlich auf Anregungen des Münchener Hofs) um 1560 einrichten ließ (→ **Kunst- und Wunderkammer**). Im Dachgeschoss des westlichen Schlossflügels, über den kurfürstlichen Gemächern, gab es fünf Räume, in denen eine Vielzahl von Objektgattungen wie Gemälde, Plastiken, Naturalien, Werkzeuge und Instrumente versammelt war. Erst ab dem frühen 18. Jh. teilte man die Bestände der Kunstkammer und weitere, bis dahin in den Schlössern bewahrte Objekte nach und nach in Spezialsammlungen auf. So gelangten z. B. die Schatzkunst in das Grüne Gewölbe (1723/30), die Naturalien und Instrumente in die Zwingersammlungen (1728) und die Gemälde in die neu geschaffene Galerie am Jüdenhof (1746).

Von den Gemälden der heutigen Galerie Alte Meister werden bereits in den Kunstkammerinventaren vor 1600 genannt: acht kleinformatige Gemälde des Niederländers Hans Bol, die *Heilige Katharina* und die *Heilige Barbara* des Venezianers Jacopo de' Barbari,

Wenzel Jamnitzer, Schreibzeug, 1562 (Dresden, Staatliche Kunstsammlungen)

vermutlich das Bildnis *Großherzog Cosimos I.* von Agnolo Bronzino sowie das Gemäldepaar *Adam und Eva* von → **Lucas Cranach d. Ä.** Aus dem Nachlass Nossenis gelangten 1621 die Bildnisse Luthers und Melanchthons der Cranachwerkstatt in die Kunstkammer. Zwei niederländische → **Bildteppiche** (*Kreuzigung Christi, Himmelfahrt Christi*) gehören zu einer Serie von 15 Wandteppichen, die Herzog Georg der Bärtige im Jahr 1515 ankaufte und die in der zweiten Hälfte des 16. Jh. zur Ausschmückung der neuen Dresdener Schlosskapelle verwendet wurden.

Aus den heutigen Sammlungen des Grünen Gewölbes, aus der Skulpturensammlung und aus dem Mathematisch-Physikalischen Salon des Zwingers gehören folgende Exponate zum kurfürstlichen Besitz der Renaissancezeit: der arabische Himmelsglobus des Mohammed ben Muyid el Ordhi (Meragha, 1279), die Kleinbronze des *Marc Aurel zu Pferd* von Filarete (um 1440), das von Wenzel Jamnitzer d. Ä. gefertigte Schreibzeug (Nürnberg, 1562), die Planetenuhr von Eberhard Baldewein und Hans Bucher (Kassel, 1563-1567), die Kleinbronzen *Faun und Nymphe* (Florenz, vor 1585) sowie *Nessus und Dejanira* (Dresden, um 1580) von Giovanni da Bologna, der Reliefspiegel von Dirich Utermarke (Lüneburg, 1592), der Automat der reitenden Diana (Augsburg, um 1600) und die Porträtbüste Kurfürst Christians II. von → **Adriaen de Vries** (Prag, 1603). Auch die Rüstkammer besitzt bedeutende Stücke dieser Zeit.

Seit 1586 befand sich im Schloss - der Kunstkammer benachbart - ebenfalls die umfangreiche kurfürstliche Bibliothek, die heute den Grundstock der Sächsischen Landesbibliothek bildet. Wenn also das Dresdener Schloss nach vollendetem Wiederaufbau in Zukunft für die Präsentation eines Teils der Dresdener Kunstsammlungen genutzt wird, so knüpft dies an eine alte, auf die Renaissancezeit zurückgehende Tradition an.

Hofmusik und Hoffeste

1548 unterzeichnete Kurfürst Moritz die Stiftungsurkunde für die Dresdener Hofkantorei und legte damit den Grundstein für die über Jahrhunderte hin immer wieder gerühmte, vorbildliche Musikpflege am sächsischen Hof. Von anfänglich 19 Sängern unter der Leitung des Luther-Freundes → **Johann Walter** stieg die Anzahl bis 1606 auf insgesamt 47 Sänger und Instrumentalisten, darunter auch Niederländer und Italiener. Zwischen 1613 und 1617 leitete → **Michael Praetorius** die Hofmusik. Sein Nachfolger Heinrich Schütz (1585-1672) stand bis 1655 in sächsischen Diensten und begründete mit seinen (verschollenen)

Singspielen *Dafne* (1627) und *Orpheus und Euridice* (1638) die auf höchstem Niveau stehende Dresdener Operntradition des 17. und 18. Jahrhunderts.

Wie groß ihre politische Bedeutung und ihr Reichtum waren, demonstrierten die sächsischen Kurfürsten seit der Mitte des 16. Jh. öffentlich mit prunkvollen Hoffesten und Aufzügen nach italienischen Vorbildern. Auf dem Altmarkt, seit 1588 auf der Rennbahn (Turnierplatz) am Georgenbau, fanden während des Karnevals, bei Hochzeitsfesten und Staatsbesuchen aufwändige Reiterspiele statt, zu denen die kostümierten adeligen Teilnehmer, von Musikanten begleitet, in langen Paraden aufmarschierten. Auch Jagden, Schiffsfahrten auf der Elbe und Feuerwerke wurden in die mehrtägigen, manchmal sogar mehrwöchigen Feste einbezogen. Bald schon war es unumgänglich, einen künstlerisch und organisatorisch versierten »Regisseur« einzustellen. Der italienische Architekt und Bildhauer Giovanni Maria Nosseni leitete von 1575 bis zu seinem Tod 1620 die Festlichkeiten, konzipierte die mythologischen oder allegorischen Programme (z. B. den Aufzug der Planeten, 1613), entwarf die Kostüme und überwachte die gesamte Produktion. In seinem Nachlass fand man 1620 »Larven [Masken] von Männern, Frauen, Indianern, Chinesen, Mohren, Schreckenslarven und unflätige Gesichter, allerlei Formen, so zu Inventionen [Aufzügen] gebraucht worden sind, als da sind Neptun, Bacchus, Saturn, Venus, Amor, Sirenen, Walfisch, Meerross, Delfine, Krokodil, Salamander, Drachen, Einhorn, Löwen, Strauße, allerhand Tierköpfe, menschliche Körperteile, Flügel, Früchte und Laubwerk«.

Die fantasievolle Ausstaffierung ganzer Gruppen von »Wilden«, »Türcken« oder »Ungarischen Reitern« beim Aufzug zum Ringrennen von 1607 und die ebenso große Vielfalt der mitgeführten Musikinstrumente lassen sich noch heute in einer zeitgenössischen Bilddokumentation bewundern. Mit rund 60 größtenteils illustrierten Festbeschreibungen besitzen die Sächsische Landesbibliothek und andere Dresdener Archive einzigartige Quellen zur deutschen Hofkultur der Renaissance- und Barockzeit.

Die »Wilden« im Dresdener Fastnachtsumzug von 1607

Bauten des Bürgertums

Hinter den bedeutenden Kunstaufträgen des kursächsischen Hofs traten im 16. Jh. die der Bürger zurück. Nach einem Stadtbrand 1491 war eine Bauordnung erlassen worden, die die Errichtung steinerner Erdgeschosse und feuersicherer Dachdeckung forderte. Die meisten der anschließend errichteten Bürgerhäuser wurden jedoch schon in der Barockzeit niedergelegt oder bis zur Unkenntlichkeit umgebaut, so dass schon Canalettos Stadtveduten der 1750er Jahre nur noch einzelne Renaissancefassaden zeigen. Der Turmneubau der Kreuzkirche in Renaissanceformen ab 1579 ist nach dem Bombardement der Preußen von 1760 eingestürzt. Ein Bild der alten Bürgerstadt Dresden vermittelt heute noch das benachbarte Pirna, das im 16. Jh. Dresden als Handelsstadt sogar übertraf. Erst in der Folgezeit geriet es in den Schatten der Elbresidenz und bewahrte auf diese Weise viel bürgerliche Bausubstanz der Renaissancezeit. StH/DS (Musik)

AUSFLÜGE

Freiberg

(ca. 50 km südwestlich von Dresden)

Die Stadt Freiberg verdankt ihre Gründung den reichen Silbervorkommen, die seit dem 12. Jh. unter wettinischer Oberherrschaft ausgebeutet wurden. Die Altstadt besitzt heute noch zahlreiche große Steinhäuser aus dem 16. Jh., die äußerlich an ihren Portalen und den zeittypischen Profilierungen der Rechteckfenster erkennbar sind. Ab 1565 wurde die mittelalterliche Burg der Wettiner unter Kurfürst August durch Hans Irmisch (gest. 1597) umgebaut; allerdings vermittelt der heutige Baukomplex nach späteren Veränderungen nur noch einen unvollkommenen Eindruck des Renaissanceschlosses Freudenstein.

Kurfürstliche Grablege im Dom St. Marien

Im Zuge der 1537 durchgeführten Reformation wurde das Freiberger Kollegiatsstift aufgelöst und der sog. Dom, dessen Langhaus zu den architektonisch bedeutendsten Sakralräumen der Zeit um 1500 in Sachsen gehört, als Pfarrkirche genutzt. In seinem Chor entstand 1541 eine neue Grablege für die zum Protestantismus übergetretenen albertinischen Wettiner, so dass Freiberg nun in der Funktion als Grablege → **Meißen** ablöste, wo 1539 Herzog Georg als letzter katholischer Landesherr bestattet worden war.

Im Chorbereich befindet sich das monumentale Grabmal des ersten albertinischen Kurfürsten Moritz (reg. 1547–1553), das sog. Moritzmonument, das der Bruder und Nachfolger, Kurfürst August (reg. 1553–1586), errichten ließ, nachdem Moritz 1553 in der Schlacht von Sievershausen gefallen war. In der Mitte des Vorchors ruht auf einem mehrzonigen, gestuft zurückspringenden Unterbau der Sarkophag. Auf diesem kniet die gerüstete Figur des Kurfürsten im Angesicht des Gekreuzigten. Allegorische Figuren umstehen den Unterbau, an dessen Seiten Schrifttafeln die Verdienste des Verstorbenen rühmen. Der grundlegende Entwurf dieses ersten Freigrabs der Renaissance in Sachsen aus dem Jahr 1555 stammt von den damals als Hofkünstler in → **Dresden** wirkenden Brüdern Gabriele und Benedetto Thola. Das Grabmal wurde von Anthonis von Zerun in Antwerpen ausgeführt und konnte 1563 in Freiberg aufgestellt werden.

Das Moritzmonument ist als bewusste politische Demonstration des Bruders und Nach-

Freiberg,
Moritzgrab im Dom

folgers Kurfürst August zu verstehen. Da die Kurwürde bis zu Moritz' Amtsantritt 1547 im Besitz der Ernestiner Verwandten war, stellte ihr Verbleib bei den Albertinern keineswegs eine Selbstverständlichkeit dar. Indem August seinem Vorgänger und dessen Verdiensten für das Reich ein Denkmal setzte, bestätigte er dessen Rangerhöhung und legitimierte die eigene Nachfolge.

Als Ausdruck für die Rechtmäßigkeit der mit Moritz auf die Albertiner übergegangenen Kurwürde ist auch der spätere Plan zu verstehen, den gesamten gotischen Chor des Doms als ein einheitlich gestaltetes Mausoleum der jüngeren Albertiner einzurichten, vergleichbar den raumgreifenden Grabmalprojekten für Kaiser Maximilian I. in → **Innsbruck**, König Philipp II. im Escorial oder Herzog Wilhelm von Bayern in → **München.** Erste Überlegungen dazu stammen wahrscheinlich noch von Kurfürst August. Mit seinem Tod im Jahr 1586 fiel diese Aufgabe

BERGWERKS- UND HÜTTENWESEN

Seit etwa 1460 erlebte der Bergbau in Mittel- und Südosteuropa einen starken Aufschwung. Schätzungen zufolge waren in diesem Gebiet um 1525 etwa 100.000 Menschen mit dem Abbau von vor allem Eisen-, Silber- und Kupfererzen beschäftigt. Das Wachstum endete um die Mitte des 16. Jh., als große Mengen amerikanischen Silbers über Spanien nach Europa gelangten und die Kupfervorräte sich langsam erschöpften. Schwerpunkte der Eisengewinnung lagen in der Oberpfalz, dem Siegerland und Innerösterreich. Kupfer und Silber wurden vor allem in Tirol (Schwaz), im Harz und seinem Umland (Goslar und Mansfeld), im Erzgebirge (Freiberg, Annaberg, Joachimsthal) sowie in Neusohl (Ungarn) abgebaut.

Den Aufschwung bewirkten mehrere Faktoren: Zum einen stieg der Geldbedarf der Territorialfürsten ständig, zum anderen benötigte die wachsende Wirtschaft größere Mengen an Metallen. Den wachsenden Kapitalbedarf für den Abbau und die Verhüttung deckten häufig die neuen großen Handels- und Bankhäuser z. B. der Fugger, Welser und Hochstetter, die vielerorts zu Betreibern von Bergwerken und Hütten wurden. Zahlreiche technische Neuerungen machten zudem bis dahin unerreichbare Erzadern zugänglich und steigerten die Ausbeute bei der Verhüttung beträchtlich. Nicht zuletzt ermöglichte die nichtzünftige Organisation des Bergwesens außerhalb der großen Städte eine flexible Arbeitsorganisation.

Wie in vielen anderen Bereichen kam es in der frühen Neuzeit auch im Bergbau zu entscheidenden Innovationen durch den verstärkten Einsatz von Wasserkraft. Einfache Wasserräder und riesige Kehrräder (seit 1480) mit bis zu zehn Metern Durchmesser trieben Becher- oder Heinzenwerke und Kolbenpumpen in den Gruben an. Sie erlaubten die Entwässerung älterer Stollen und erleichterten die Förderung des gebrochenen Erzes an die Oberfläche. Mit dem wasserbetriebenen Nasspochwerk (seit 1507) konnten auch geringhaltigere Erze genutzt werden. Seit Mitte des 16. Jh. gelang es, das Problem der Energieübertragung zwischen der Wasserkraftquelle und einem (bis zu 7 km) entfernten Einsatzort mittels sog. Stangenkünste oder Feldgestänge zu lösen. Das Amalgamationsverfahren mit Quecksilber erhöhte bei der Verhüttung die Ausbeute an Silber.

Die Kenntnis der technischen Einrichtungen verdanken wir neben archäologischen Funden vor allem der bergbautechnischen Literatur des 16. Jh., wie

jedoch Kurfürst Christian I. (reg. 1586–1591) zu, der für den künstlerischen Gesamtentwurf wie für die organisatorische Leitung den bereits seit 1575 in kursächsischen Diensten stehenden Giovanni Maria Nosseni (1544–1620) heranzog.

Der aus Lugano im Tessin stammende Nosseni nahm damals am Dresdener Hof immer mehr die Funktion eines vielseitig für Konzeptgestaltung, Bauentwürfe, Festdekoration, Kunstkäufe usw. zuständigen Künstlers und Kunstorganisators ein, wie sie z. B. am Florentiner Hof Giorgio Vasari und dann Bernardo Buontalenti oder am Münchener Hof Jacopo de Strada innehatten. In mehreren Phasen hat Nosseni das Gesamtkonzept und die Architektur der Freiberger Grablege einschließlich der Figuren entworfen und die Durchführung der Arbeiten von 1589 bis 1594 koordiniert. Für den Guss der Bronzefiguren und die Anferti-

dem *Bergbüchlein* des Freiberger Arztes Ulrich Rülein von Calw von 1503. Vor allem die chemotechnische Seite des Bergbaus behandelt der Sieneser Werkmeister Vanoccio Biringuccio (1480–1537) in seinen zehn Büchern *De la pirotechnia.* Den Höhepunkt der Fachliteratur stellt das 1556 postum erschienene zwölfbändigen Werk *De re metallica* des Arztes und Humanisten Georg Agricola (1494–1555) dar. Dieses Werk mit seinen 273 Holzschnitten diente bis weit ins 18. Jh. im Bergbau als Handbuch.

In neu angelegten Bergbaustädten, wie → **Annaberg** und stärker noch → **Marienberg,** wurden erstmals nördlich der Alpen italienische Ideen zur idealen Stadtanlage verwirklicht. Als Besucherbergwerke hergerichtete Anlagen, deren Ursprünge bis ins 15./16. Jh. zurückgehen (Grube Reiche Zeche in Freiberg, Gößner Stollen und Dorothea-Stollen in Annaberg, Schau-Silberbergwerk in Schwaz), vermitteln heute einen Eindruck der Technik im vorindustriellen Zeitalter. Bergbaumuseen bewahren alte Gerätschaften und gewähren Einblicke in das damalige Leben der Bergleute und ihrer Familien (Bergbaumuseum Freiberg, Erzgebirgsmuseum Annaberg, Tiroler Bergbau- und Hüttenmuseum Brixlegg). ChrS

Annaberg-Buchholz, Bergknappschaftsaltar aus St. Annen, Mittelbild der Rückseite

gung der Stuckfiguren berief man auf Empfehlung des renommierten Giovanni da Bologna den Bildhauer Carlo di Cesare aus Florenz nach Freiberg.

Das neue Mausoleumsprojekt gab dem älteren Chor östlich des Moritzmonuments eine völlig neue Raumschale, die sich dem heutigen Betrachter auf Grund ihrer Fülle von Statuen und Architekturelementen nicht auf den ersten Blick erschließt. Erst im Nachvollziehen der wohl durchdachten Aufstellung der Figuren und der auf den strengen Regeln der klassischen Säulenordnungen beruhenden Architektur wird das Gesamtkonzept und die Gliederung verständlich. Kern der Grabmalanlage sind je drei Wandgräber an den beiden Langseiten im unteren Vollgeschoss des Chors, deren Bronzefiguren sich im Gestus der ewigen Anbetung dem Altar am Ostende des Raums zuwenden. Ihre Haltung schließt

Freiberg, Kurfürstliche Grablege im Dom

bewusst an die ältere Figur des Moritzmonuments an. Von Osten nach Westen betrachtet handelt es sich um die Figuren der Ehepaare Herzog Heinrich (gest. 1541) und Catharina von Mecklenburg (gest. 1561), Kurfürst August (gest. 1586) und Anna von Dänemark (gest. 1585) sowie um Kurfürst Christian I. (gest. 1591) und dessen Sohn Kurfürst Johann Georg I. (gest. 1656, die Figur wurde nachträglich um 1660 gegossen). Ein umlaufendes Gebälk korinthischer Ordnung schließt die Grabmale samt zugehörigen Inschriftentafeln zusammen. In einem Zwischengeschoss, in dem bereits die Fenster des gotischen Altbaus ansetzen, wird jedes Grabmal von einer großen Wappenkartusche mit kleinen Begleitfiguren bekrönt.

Die sechs Wandgräber werden ergänzt durch die Personifikationen der vier Kardinaltugenden in den beiden Pfeilerachsen im Osten: Caritas und Justitia auf dem Niveau der Grabfiguren, Fides und Spes darüber im Halbgeschoss auf Höhe der Wappenfelder. Darüber erhebt sich zwischen den hoch aufragenden Fenstern noch ein gelängtes, zweites Geschoss mit korinthischer Säulenordnung, in dessen pilastergerahmten Nischen die Figuren von acht Propheten stehen.

Grundthema des gesamten Chorraums ist die Erlösung durch den Opfertod Christi und die Auferstehung am Jüngsten Tag, vor Augen geführt durch den Kruzifixus über dem Altar und die bewegte, vielfigurige Gerichtsszene an der illusionistisch als Himmelssphäre gestalteten Decke des Chors.

Die Freiberger Grablege ist in ihrer formalen Komplexität typisch für die Kunst der zweiten Hälfte des 16. Jh., in der oft der Wunsch nach einer vielschichtigen Synthese zu heute unübersichtlich wirkenden Lösungen geführt hat. Die in Freiberg verwirklichte künstlerische Integration des Gesamtraums zu einem einheitlichen, in verschiedenen Kunstgattungen vorgetragenem Programm folgt sogar Prinzipien, die heute als charakteristisch für den Barock empfunden werden.

Nosseni hat sich beim Entwurf der Details von vielfältigen Vorbildern leiten lassen: So geht z. B. die Form der Voluten am Altar auf Michelangelos Medicigräber in Florenz (1520–1534) zurück, die Entwürfe für einige der Bronzefiguren basieren auf Stichpublikationen des Niederländers → **Hendrick Goltzius** und die ungewöhnliche Materialkombination der Decke mit ihrer bemalten Leinwand findet sich bei den Monti sacri (ital., Heilige Berge) in Nossenis Tessiner Heimat. In der schöpferischen Auseinandersetzung mit hochrangigen Vorlagen zeigte sich nach Auffassung der Zeitgenossen aber nicht mangelnde Originalität, sondern eine umfassende Kenntnis des aktuellen Kunstschaffens. Das Ergebnis ist ein eigenständiges Meisterwerk Nossenis, das zu den bedeutendsten erhaltenen Gesamtbildwerken seiner Zeit in Mitteleuropa gehört. StH

Lauenstein

(ca. 40 km südlich von Dresden)

Stadt und Schloss Lauenstein liegen auf einem von der Müglitz umflossenen, steil abfallenden Bergsporn. Die 1289 erstmals urkundlich erwähnte Burg wurde 1517 von dem Ritter und Hofmeister Rudolph von Bünau erworben. Unter Günther von Bünau erlebte die Stadt eine Blütezeit. Beachtenswert ist das Portal mit Tugendpersonifikationen und das reich stuckierte Gewölbe im ersten Obergeschoss des Torhauses (um 1580) sowie das Gewölbe des Türkensaals (um 1600).

Epitaphaltar und Bünaukapelle der ev. Stadtkirche

Nach einem schweren Stadtbrand 1594 wurde die Stadtkirche unter Verwendung der erhaltenen Bausubstanz wieder aufgebaut, wobei eine Kanzel, eine Taufe und im Chor ein etwa 9 m hoher und 7 m breiter, prachtvoll gearbeiteter Epitaphaltar (Epitaph und Altar zugleich) für Rudolph von Bünau (gest. 1592) und seine Gemahlin Anna von Schleinitz (gest. 1591) entstand.

Die Altarwand, die vor dem Chorpolygon steht, setzt über einer um drei Stufen erhöhten Altarmensa an. Die bis zum Gewölbescheitel emporsteigende, nach oben stufenweise gestaffelte Retabelarchitektur ist durch ein System aus Säulen und Gebälk gegliedert, wobei die Säulen nicht nach konstruktiven Erfordernissen angeordnet wurden. Der architektonische Aufbau wird von einem predellenähnlichen Sockel getragen. Dort sind auf den vertieft zwischen die Postamente eingelassenen Reliefs Szenen aus dem Leben Jesu abgebildet. Über der Predella befindet sich im ersten Feld, durch Doppelsäulen hervorgehoben, das Abendmahl, links davon Jesus im Garten Gethsemane und rechts die Kreuzigung. Das Relief des Abendmahls ist in das Zentrum des Altars gerückt, so dass hier Luthers Abendmahlslehre bildlich verdeutlicht wird. In den beiden folgenden Feldern sind die Grablegung Christi und darüber der Auferstandene abgebildet. Auf den Absätzen des Stufengiebels knien über den Durchgängen die Figuren der beiden Stifter, darüber Moses und Aaron, umgeben von den Evangelisten Johannes und Lukas, ferner Medaillons mit den Relieffiguren von Gottvater und Christus. Im dritten Feld befinden sich die Figuren der beiden anderen Evangelisten Markus und Matthäus, die von Johannes dem Täufer und Paulus flankiert werden. Bekrönt wird das Retabel von drei Putti, welche die Taube des Heiligen Geistes rahmen. Seitlich der Altarwand schließen angefügte Bogendurchgänge den Chor vom dahinter liegenden Chorpolygon ab, so dass die Kommunikanten nach dem Abendmahl den Altar umschreiten konnten.

Die figürlichen Darstellungen des Lauensteiner Altars, der zwischen 1596 und 1602 von dem Pirnaer Bildhauer Michael Schwenke geschaffen wurde, sind von der zeitgenössischen Druckgrafik eines Aegidius Sadeler d. J. und → **Hans von Aachen** beeinflusst. Allerdings verwendete man für die Darstellung des Abendmahls einen berühmten Holzschnitt → **Albrecht Dürers** als Vorlage, der jedoch zeitgenössischem Formempfinden angepasst wurde. Diese Rückbesinnung auf Dürer ist um 1600 häufiger festzustellen und war z. B. ein wesentliches Phänomen der Kunst am Hof Kaiser Rudolfs II. (→ **Prag**).

Im Kapellenanbau im Nordosten des Chors richtete 1609 Lorenz Hornung aus Pirna - zeitweise Mitarbeiter von Michael Schwenke - das Erbbegräbnis der Familie von Bünau ein. Seine Initialen »LHF« (Lorenz Hornung Fecit) finden sich im Türgewände des aufwändig ornamentierten Eingangsportals, das vom Chorpolygon in die Kapelle führt und mit einem kunstvollen schmiedeeisernen Gitter verschlossen ist. An ihrer Ostwand befindet sich das 9 m hohe und 5 m breite, aus Sandstein und Alabaster gefertigte, reich verzierte Epitaph der Familie von Bünau. Auf breitem Sims knien als lebensgroße Figuren Günther von Bünau, seine beiden Gemahlinnen sowie seine elf Kinder. Dahinter stehen in Nischen Apostel und Propheten, über denen sich weitere Geschosse in

Lauenstein, Bünausches Familienepitaph in der Bünau-Kapelle, Lorenz Hornung, 1609-1611

gestaffelter Form aufbauen. Die Mittelachse ist mit stark bewegten Reliefs, deren Figuren zum Teil vollplastisch herausgearbeitet sind, betont und tritt konvex hervor, während die in Nischen stehenden vollplastischen Figuren an den Seiten zwischen Säulen zurücktreten. Im Zentrum befindet sich eine Darstellung des Weltgerichts, die von den Figuren der vier Aposteln und zwei Tugenden gerahmt wird. Darüber, im dritten Feld, ist in der gewölbten Mitte das Leben der Seligen im Himmel dargestellt, an den Seiten ist es wiederum von Aposteln gerahmt. Am oberen Abschluss des Epitaphs steht Christus auf der Himmelskugel, von Engeln umgeben. Das Bildprogramm verbindet die Vorausschau auf das Jenseits mit der verherrlichenden Rückschau auf die Familie von Bünau und deren Verdienste. DG

ERFURT

Im Zusammenhang mit der Bistumsgründung durch den Mönch Bonifatius wird der Name »Erphesfurt« für die schon bestehende Siedlung erstmalig 742 erwähnt. Die verkehrsgünstig an der von Osten nach Westen führenden Königsstrasse (via regia) gelegene Stadt konnte sich seit dem Ende des 13. Jh. für fast 200 Jahre zu einer der großen freien Reichsstädte entwickeln. Bereits um 1200 ist die mittelalterliche Stadt in ihrer Grundstruktur vorgegeben. Um den Domplatz entwickelte sich der erste Markt. Nach dem Bau der Krämerbrücke (1156) konzentrierte sich der Handel auf den Raum zwischen Wenigemarkt und Fischmarkt. Ein weiteres Zentrum entstand um die heutige Kaufmannskirche St. Gregorius. Am Anger, der dem Flussbogen folgt, bildete sich der Hauptmarkt für das Färbemittel Waid (blau), dem die Stadt ihren wirtschaftlichen Aufschwung verdankt.

Im ausgehenden 15. Jh. wurde nicht nur die politische Selbstständigkeit der Stadt durch die verfassungsrechtliche Bindung an das Erzbistum Mainz begrenzt, sondern auch die wirtschaftliche Entwicklung durch die politischen Unsicherheiten und den ständig wachsenden Druck Kursachsens nachhaltig beeinträchtigt.

Die Universität entwickelte sich jedoch in dieser Zeit zu einem geistigen Zentrum des Humanismus, was auch dem → **Buchdruck** zu einem Aufschwung verhalf. Ab 1520 begann mit der Reformation ein Wandel in Religion, städtischer Politik und Wirtschaft, der durch die konfessionelle Teilung der Stadt auch im Stadtbild sichtbar wurde.

Die wirtschaftliche Blütezeit des 14. und des frühen 15. Jh. schlug sich in den repräsentativen Kaufmanns- und Waidhändlerhäusern der Spätgotik und den Gebäuden der Renaissance nieder, die zum Teil aus Stein errichtet wurden. Vor allem im späten 15. und frühen 16. Jh. führten die für den Waidhandel erforderlichen großen Stapel- und Speichergebäude zur Zusammenlegung mehrerer kleiner Parzellen und zu einer Verdichtung der Bebauung.

Bürgerliche Wohnbauten

Das Erfurter Stadtbild zeichnet sich noch heute durch die große Konzentration gut erhaltener Bürgerbauten mit Renaissanceelementen aus. Die folgende Auswahl von Häusern zeigt in großen Zügen die Entwicklung der Fassadengestaltung auf:

Das Wohnhaus **Hohe Lilie** (Domplatz 31) ist ein im Kern gotischer Bau, der ehemals zu einem Zisterzienserinnenkloster gehörte. Das giebelständige Haus wurde nach dem Stadtbrand 1478 wieder aufgebaut. Bei dem erneuten Umbau von 1538 wurde der Schweifgiebel mit einem Halbrundbogen in Renaissancemanier versehen. Die symmetrisch gestaltete Fassade weist ansonsten nur am Portal und an den Fenstern Ornamente auf. Das Gewändenischenportal von 1538 ist mit Engelsköpfen

Erfurt, Haus zum Roten Ochsen (Fischmarkt 7)

und Medaillon-Brustbildern von Christus und Paulus verziert. Seine Bogenlaibungen waren ehemals mit aufgemalten Mauresken (floralen Ornamenten) geschmückt. In die Fensterlaibungen gestellte Säulchen tragen den geraden Fenstersturz. In den unteren beiden Geschossen trägt dieser wiederum florale und figürliche Ornamente, in den oberen jeweils einen Segmentbogen, so dass ein Ädikulamotiv entsteht. Da der Bauherr Johannes Ludolff als Goldschmied tätig war, liegt die Vermutung nahe, dass er sich bei der Gestaltung der Fensterrahmung durch die in Fulda um 1531 erschienenen → **Vorlagenblätter** für Goldschmiede des Hans Brosamer *(Ein new Kunstbüchlein)* beeinflussen ließ.

Der Oberratsmeister Jakob Naffzer ließ 1562 das Haus **Zum roten Ochsen** (Fischmarkt 7) errichten. Das traufständige dreigeschossige Gebäude täuscht mit dem ausladenden Zwerchgiebel ein giebelständiges Haus vor. Das Erdgeschoss, in dem sich ein großes, von Säulen gerahmtes Gewändenischenportal befindet, wird von einem Gebälk mit Metopenfries abgeschlossen. Die beiden oberen Geschosse weisen jeweils fünf Fensterachsen auf, die im mittleren Geschoss durch Pilaster getrennt sind. Auf dieser Fassade gelangen in Erfurt erstmals

Erfurt, Haus zum Breiten Herd (Fischmarkt 13)

Elemente der - wenngleich nicht vollständigen - antiken Säulenordnung zur Ausführung: im Erdgeschoss toskanische, im ersten Obergeschoss ionische und im Giebelfeld korinthische Kapitelle. Diese Gliederung ist vor allem nach 1540 durch Musterbücher und architekturtheoretische Schriften weit verbreitet. Der Metopenfries zwischen dem ersten und zweiten Geschoss zeigt beliebte humanistische Themen, wie sie vor allem in den Vorlagen der Nürnberger → **Kleinmeister** häufig dargestellt wurden: Die Personifikationen der sieben Planeten und Wochentage sind auf Vorlagen von Hans Sebald Beham zurückzuführen, während der Darstellung der neun Musen Stiche von Peter Flötner zu Grunde liegen.

Das 1584 für den Stadt- und Ratsvogt Heinrich von Denstedt erbaute fünfachsige Haus **Zum Breiten Herd** (Fischmarkt 13) greift den symmetrischen fünfachsigen Fassadenaufbau und die Gliederung des Hauses Zum roten Ochsen auf. Bei dieser reich verzierten Fassade zeigt sich besonders gut das enge Zusammenspiel von grafischen Vorlagen und deren Umsetzung als skulpturalem Schmuck. Zugleich stellt das Gebäude einen Höhepunkt im systematischen architektonischen Fassadenaufbau in Erfurt dar, dessen Eindruck durch eine differenzierte und mittlerweile rekonstruierte Farbgebung vervollständigt wird. Die Brüstungszone im ersten Obergeschoss zeigt Personifikationen der fünf Sinne nach Vorlagen des aus Antwerpen stammenden → **Frans Floris**, die der Niederländer Israel van der Meulen als Bildhauer umsetzte. Das Haus ist im 19. Jh. im Stil der Neorenaissance seitlich erweitert worden.

In der Johannesstraße entstand 1607 das traufständige, dreigeschossige Haus **Zum Stockfisch** (Johannesstraße 167; heute Stadtgeschichtliches Museum). Die Fassade ist asymmetrisch gestaltet. Charakteristisch für das Gebäude ist das rustika-ähnliche Schachbrettmuster, welches das Erdgeschoss überzieht, wobei die zurückliegenden Felder dieser Struktur mit Beschlagwerk verziert sind; Letzteres hatte über Musterbücher und einzelne Stichvorlagen eine weite Verbreitung gefunden. Die Ornamentik des Gewändenischenportals ist ab 1569 von der in Erfurt ansässigen Künstlerfamilie Friedemann geschaffen worden. Die beiden Obergeschosse aus verputztem Fachwerk weisen außer den dekorativen Fensterrahmungen einen reich verzierten Erker auf.

Ausstattung der Kaufmannskirche St. Gregorius

Der Vorgängerbau der Kaufmannskirche wurde vermutlich im 11. Jh. von friesischen Kaufleuten errichtet. Bei einem Stadtbrand 1291 weitgehend zerstört, erfolgte im 14. Jh. der Wiederaufbau, wobei Teile des romanischen Vorgängerbaus übernommen wurden. Nach dem 1591/92 erfolgten Einsturz des Chorgewölbes wurde der Chor flach gedeckt. Keine andere Erfurter Kirche verfügt über eine derartig geschlossene Gruppe nachreformatorischer Ausstattungsstücke, versehen mit biblischen Szenen, die nach der Lehre der lutherischen Kirche zusammengestellt wurden.

Der Bildhauer Hans Friedemann d. Ä. (gest. vor 1605) schuf die steinernen **Epitaphe** mit vollplastischen Stifterdarstellungen in Architekturrahmen für Erfurter Patrizier.

Die mit vielfältigen Architektur- und Ornamentformen geschmückte **Kanzel** wurde 1598 von Hans Friedemann d. Ä. und dem Maler David Friedemann (gest. 1607) geschaffen. Am Kanzelfuß erwächst aus den Figuren Adams und Evas die Wurzel Jesse. Der Kanzelkorb zeigt ein komplexes Figurenprogramm mit Schmerzensmann, Johannes dem Täufer, Moses und Propheten, während am Schalldeckel Aposteln, Evangelisten und Kirchenväter dargestellt sind.

Der 1608 entstandene **Taufstein** wird Hans Friedeman d. J. (gest. um 1628) zugeschrieben. Am Beckenrand sind die von Putti getragenen Marterwerkzeuge aus der Passion Christi wiedergegeben.

Der 1625 aufgestellte vierzonige **Schnitzaltar** wurde von Hans Friedemann d. J. und Paul Friedemann (gest. 1632) gearbeitet. Die Auswahl des auf der Predella in deutscher, hebräischer, syrischer, griechischer und lateinischer Sprache zu lesenden Bibelzitats geht vermutlich auf Pastor Wedemann, Professor für orientalische Sprachen an der Erfurter Universität, zurück. Das Hauptbild zeigt das Abendmahl, um das sich Stationen aus dem Leben Jesu gruppieren. Der Altar gilt als das bedeutendste manieristisch beeinflusste Bildwerk in Erfurt. EU

Erfurt, Haus zum Stockfisch (Johannesstraße 167)

GÖRLITZ

Das Dorf »Gorelitz« entstand als Kaufmannsniederlassung an der Kreuzung von zwei Handelsstraßen an einem Neißeübergang und erhielt zwischen 1210 und 1220 das Stadtrecht. Im Verlauf des 13. Jh. siedelten sich Tuchmacher an, die zusammen mit den Kaufleuten das wirtschaftliche Rückgrat der vor allem im 15. und 16. Jh. prosperierenden Stadt bildeten. Auch wenn Görlitz nie den Status einer freien Reichsstadt hatte, besaß es doch eine vergleichbare Stellung in der Region.

Im Stadtgrundriss ist noch heute der Untermarkt als Kreuzung der mittelalterlichen Fernhandelswege zu erkennen. Der mittelalterlichen Stadt wurde nach dem Brand von 1525 ein Gepräge im Stil der Renaissance gegeben; jedoch kamen nach Zerstörungen und dem Niedergang der Stadt im Dreißigjährigen Krieg sowie nach den Bränden von 1691 und 1717 auch eindrucksvolle Barockbauten hinzu.

Die architektonische Entwicklung der Stadt steht im engen Zusammenhang mit der Tatsache, dass Görlitz von 1329 bis 1635 zum Königreich Böhmen und erst danach zum Kurfürstentum Sachsen gehörte. Für den Wiederaufbau nach dem Stadtbrand von 1525 wurden Formen der italienischen Renaissance verwendet, die sich meistens auf die Fassaden beschränkten, da große Teile der spätgotischen Häuser in ihrer Substanz dem Brand widerstanden hatten. Die Vermittlung der neuen Stilformen erfolgte vermutlich über den ungarischen und böhmischen König Matthias Corvinus (gest. 1490), der durch seine Gemahlin Beatrix von Neapel in regem Austausch mit Italien stand. Corvinus' Nachfolger, der Jagiellonenkönig Wladislaw, verlegte die Hauptstadt seines Reichs nach Prag, so dass die neuen Ideen und Stilformen auch hier aufgenommen wurden. Die Architektur in → **Prag** wurde vor allem von dem Hofbaumeister Benedikt Ried geprägt, dessen Schüler der spätere Görlitzer Baumeister Wendel Roskopf d. Ä. (1480–1549) war.

Rathaus

Das Rathaus erstreckt sich zwischen Untermarkt 6–8 und 17–18 sowie Brüderstraße 7 und besteht aus einer umfangreichen Gruppe von Bauten aus verschiedenen Jahrhunderten. Für die Zeit der Renaissance sind vor allem das sog. Zweite Münzhaus (Untermarkt 8) und der ehemalige Gerichtsflügel (Brüderstraße 7) hervorzuheben. Die Fassade des Gebäudes Untermarkt 8 ist typisch für die Görlitzer Frührenaissance, obwohl sie 1902 beim Bau der Nachbargebäude im Stil der Neorenaissance überarbeitet wurde. In dem reich verzierten Sitznischenportal findet sich das Datum 1556, während die geschwungene Freitreppe des Gerichtsflügels an der Ostseite bereits 1537 nach einem Entwurf von Roskopf d. Ä. entstanden ist; sie mündet vor einem Portal an der Schmalseite des Gerichtsflügels. Seitlich

Görlitz, Rathaus, Freitreppe mit Verkündigungskanzel

erhebt sich die Verkündigungskanzel aus dem selben Jahr, von wo aus der Öffentlichkeit die Urteile verkündet wurden. Am Treppenfuß steht auf einer Kandelabersäule als Symbol der Gerechtigkeit die 1591 von Andreas Walther II. geschaffene Figur der Justitia. Der Hoffassade des Gerichtsflügels ist ein Erker vorgelagert, der 1564 von Wendel Roskopf d. J. (erwähnt 1549–1568) errichtet wurde. Im rechten Winkel schließt sich an der Nordwestseite des Gerichtsflügels der sog. Archivflügel an, der den Hof nach Westen abschließt. Er entstand 1534 und wird wiederum Roskopf d. Ä. zugeschrieben; er gehört neben der Ratstreppe zu den herausragenden Schöpfungen des Künstlers. Die Hoffassade, deren Baudekor äußerst fein gearbeitet wurde, zeigt ein Band von vier Fenstern über zwei großen Arkadenbögen. Die in die Pilaster eingelassenen Medaillons kehren an allen Roskopf-Bauten wieder.

Schönhof

Wenn man vom Obermarkt in Richtung Untermarkt geht, fällt schon von Ferne das aus der Häuserflucht der Brüderstraße vorspringende Gebäude mit dem vorkragenden, über zwei Stockwerke reichenden Eckerker auf. Dieses »Schönhof« genannte Gebäude (Brüderstraße 8) bildet das Pendant zum Rathaus, so dass am Übergang von der schmalen Brüderstraße zum Untermarkt eine Art Torsituation entsteht. Im vorspringenden Teil des Erdgeschosses befindet sich eine Laube, die sich an den Häusern des Untermarktes fortsetzt und hier den Auftakt eines Laubengangs bildet, der diese Seite des Platzes säumt. Die Fassade erhält horizontal durch Gesimse und vertikal durch eine ausgewogene Anordnung von Pilastern eine rasterartige Gliederung, die durch die Fensterbänder unterstützt wird: Die Sandsteinrahmungen sind fein reliefiert, die Sohlbänke ruhen auf Konsolen. Der Schönhof diente seit dem Mittelalter der Landesherrschaft als Quartier, so dass er dementsprechend prächtig ausgestattet war (im Innern des Hallenhauses findet sich im ersten Obergeschoss noch ein Renaissancesaal). Nach dem verheerenden Brand von 1525 wurde das Haus als eines der Ersten wieder instandgesetzt, wovon die Jahreszahl 1526 am Erker zeugt. Das reich gestaltete Sitznischenportal im Mittelteil des Gebäudes kam erst 1617 hinzu.

Görlitz, Schönhof (Brüderstraße 8)

Sitznischenportale sind ein Gestaltungsmerkmal der Renaissance im mitteldeutschen Raum. Die mit einem Rundbogen abschließenden Portale sind mit einer Rahmenarchitektur umgeben, wobei die durch die räumliche Abstufung entstehenden Nischen mit eingestellten Sockeln gefüllt sind, die als Sitze dienen können.

Bürgerhäuser

Hervorzuheben aus dem überaus reichen Häuserbestand der Spätgotik und der Renaissance ist das **Biblische Haus** in der Neißstraße 29, das 1570 errichtet wurde. Der Name bezieht sich auf den in Sandstein gehauenen Bildschmuck, der die Fassade an den Fensterbrüstungen ziert. In typologischer Gegenüberstellung werden Szenen aus dem Alten und dem Neuen Testament aufeinander bezogen. Im ersten Obergeschoss sind von links nach rechts die Erschaffung Evas, der Sündenfall, Abrahams Opfer, der Empfang der Zehn Gebote durch Moses und die Errichtung der ehernen Schlange zu sehen. Die neutestamentarischen Szenen zeigen im zweiten Obergeschoss die Verkündigung Mariae, die Geburt und die Taufe Christi, das Abendmahl und die Kreuzigung. Vergleichbare Fassadengestaltungen mit einer solchen Vielzahl an sakralen Bildthemen sind selten. Den Eingang des Biblischen Hauses bildet ein prächtiges, säulenflankiertes Sitznischenportal, aus dessen Gebälk ein sog. Gaffkopf hervorschaut.

Das **Haus Brüderstraße 10** wurde um 1570 erbaut, jedoch im 18. Jh. verändert. Das etwa um 1540 entstandene Sitznischenportal stammt von dem abgebrochenen Haus Peterstraße 11 und wurde 1962 hier eingesetzt. Am ersten Obergeschoss der Straßenfront befindet sich eine reich gearbeitete Säule mit den Bildnissen des Bauherrn Moller von Mollerstein und seiner Gemahlin. An dem im 18. Jh. überformten **Haus Brüderstraße 11** ist ebenfalls ein prächtiges Sitznischenportal zu sehen, das mit »WR-1547« (Wendel Roskopf) bezeichnet ist. Der Saal im ersten Obergeschoss wurde um 1560/70 mit einer Holzbalkendecke und Wandmalerei ausgestattet. Der **Goldene Anker** (Kränzelstraße 27) ist das Ergebnis eines Umbaus von zwei älteren Häusern um 1540, was noch an der unregelmäßigen Fassade zu erkennen ist. Am Untermarkt und in der Peterstraße (Nr. 1, 7, 8, 10, 17) gibt es kleinere und nicht ganz so prächtige Renaissancehäuser, die jedoch durch ihre bauliche Geschlossenheit ein prägnantes Bild der Architektur jener Zeit vermitteln. DG

Görlitz, Biblisches Haus (Neißstraße 29)

GÜSTROW

Die im Hochmittelalter gegründete Stadt Güstrow gehörte um 1500 zusammen mit Schwerin und Wismar zu den wichtigen Orten im Herzogtum Mecklenburg. Zu einem regionalen Zentrum der Renaissancekultur wurde sie aber erst in der zweiten Hälfte des 16. Jh., nachdem 1556 die Teilung des Herzogtums unter den Brüdern Johann Albrecht I. und Ulrich III. hier die Einrichtung einer zweiten fürstlichen Hofhaltung notwendig gemacht hatte.

Herzogliches Residenzschloss

Im Jahr 1557 war die mittelalterliche Burg in Herzog Ulrichs (reg. 1552/55–1603) neuer Residenz Güstrow größtenteils abgebrannt. Sein Bruder hatte schon in den frühen 1550er Jahren mit dem Ausbau seines Schlosses in Schwerin und des Fürstenhofs in → **Wismar** Formen der Renaissance in der Region eingeführt. Für den Neubau in Güstrow wurde nun der italienischstämmige Architekt Franz Parr (gest. 1580) aus Schlesien verpflichtet, der dort an dem von seiner Familie geleiteten Ausbau des Renaissanceschlosses in Brieg mitgearbeitet hatte.

Ab 1558 entstand, im Anschluss an den mittelalterlichen Nordflügel, der Eingangsflügel auf der Westseite und die westliche Hälfte des zum Garten ausgerichteten Südflügels, der unvermittelt in der Achse des Haupttreppenturms endet, da die östliche Fortführung nicht realisiert wurde. Mit Vollendung des Rohbaus gab Parr die Bauleitung ab und trat in die Dienste des schwedischen Königs. Auch sein Bruder, der Bildhauer und Stuckateur Christoph Parr, arbeitete bis 1570 in Güstrow, bevor er ebenfalls in schwedische Dienste trat.

Das Güstrower Schloss verlor im Laufe des 17. Jh. zunehmend an Bedeutung für das Hofleben. Als in den 1960er Jahren die aufwändigen Restaurierungen einsetzten, waren daher fast alle wesentlichen Innenraumstrukturen der beiden Parrschen Flügel erhalten. Ausnahmsweise und gegen die kunsthistorische Gepflogenheit wird hier mit der Beschreibung des inneren Aufbaus des Schlosses begonnen, da gerade für die frühen deutschen Schlösser wie die Albrechtsburg in → **Meißen** oder das → **Torgauer Schloss** ein von innen nach außen gerichteter Entwurfsprozess typisch ist.

Den Hauptteil des Südflügels nimmt die große Hofstube ein (heute Jagdsaal genannt), ein zweischiffiger, über antikisierenden Säulen dorischer Ordnung kreuzgratgewölbter Saalraum. Hier war der alltägliche Versammlungs- und Aufenthaltsort der Hofgesellschaft. Obwohl die traditionellen gemeinsamen Hofmahlzeiten seit der zweiten Hälfte des 16. Jh. ihre soziale Bedeutung verloren, schmückte man die Raumdecke dennoch mit einer repräsentativen, wahrscheinlich nach Vorlagen aus den → **Architekturtraktaten** von Sebastiano Serlio entworfenen geometrischen Stuckierung. Nach Westen schließen sich mehrere kleinere Gewölberäume an, die fantasievolle,

Güstrower Schloss

in der ursprünglichen Farbigkeit restaurierte Stuckdecken besitzen. Hier ist auch eines der originalen, reich mit Holzeinlegearbeiten geschmückten Türblätter des Schlosses zu sehen, welches die ehemalige Pracht des Schlosses noch erahnen lässt. Wozu allerdings die aufwändig ausgestalteten Erdgeschossräume ursprünglich gedient haben, ist bis heute nicht geklärt.

Im ersten Obergeschoss lässt sich das ursprüngliche Raumschema jedoch vollständig rekonstruieren. Dabei wird deutlich, dass von Süden nach Norden der Grad der »Öffentlichkeit« der Räume über mehrere Stufen hin abnahm. Über den Haupttreppenturm des Südflügels, die Hofloggia und einen ursprünglich allseitig rustizierten, damit symbolisch noch dem Außenbereich zugeordneten Vorraum erreicht man den Großen Festsaal. Auf seine Funktion deutet heute noch die Musikantenempore an der Westwand hin. Wahrscheinlich wurde der unter der Decke umlaufende Hirschfries aus bemaltem Stuck in den 1570er Jahren von Christoph Parr gefertigt. Etwas später entstand der ergänzende Wappenfries. Ursprünglich war die Saaldecke – eine sehr anspruchsvolle Konstruktion – stützenlos ausgeführt. Infolge von Bauschäden musste aber bereits um 1600 ein Unterzugbalken mit zwei Säulen eingefügt werden. Erst 1620 wurde die Decke durch den Mecklenburger Daniel Anckermann mit stuckierten Bildfeldern (Jagdszenen und antike Bildsujets) versehen. Dabei benutzte der Stuckateur → **Vorlagenblätter** aus einem um 1585 in Antwerpen durch Philipp Galle herausgegebenen Kupferstichwerk.

Einer hochrangigen Gruppe von Höflingen und Gästen zugänglich war die fürstliche Tafelstube an der Südwestecke (heute etwas verkleinert). Im Anschluss an diesen Eckraum erstreckte sich nach Norden das aus drei Räumen bestehende Appartement des Herzogs. Von der Tafelstube und von dem rustizierten Vorraum aus betrat man mit der großen Stube seinen Hauptwohnraum und persönlichen Repräsentationsbereich, an den sich nach Norden die intimere und nur in Ausnahmefällen Gästen zugängliche Schlafkammer mit dem fürstlichen Himmelbett und der Toilettenanlage anschloss; im Gegensatz zu den Gepflogenheiten in Frankreich wurde in Deutschland nicht im Schlafzimmer Audienz abgehalten. In der Stube sind noch die 1563 bei Christoph Parr in Auftrag gegebene Stuckdecke, ein Teil des alten Fußbodens aus farbig glasierten Tonfliesen sowie etwas jüngere Stuckpartien erhalten geblieben. In der Nische rechts von der Eingangstür befand sich ursprünglich ein reich verzierter Hinterladerofen. Zwei private kleine Wendeltreppen verbanden die Wohnung des Herzogs sowohl mit den Erdgeschossräumen als auch mit der darüber liegenden Wohnung der Herzogin. Die beiden Hauptträume des Appartements wurden durch eine Garderobe bzw. Hinterkammer ergänzt, die den feldseitigen Teil des Bereichs über dem Torweg einnahm.

Güstrower Schloss, Galerie des Südflügels

An dieser Stelle ist die Bausituation der Entstehungszeit unklar; ursprünglich führte hier eine mittelgroße, innen liegende Wendeltreppe vom Hof hinauf in einen Vorraum, der den inoffiziellen Hinterausgang des herzoglichen Appartements aufnahm. Hier befand sich zugleich der Zugang zu dem sich nördlich anschließenden Appartement der Kammerjunker. Auch diese Wohnung, von mehreren hochrangigen Höflingen bewohnt, war als Raumfolge aus Stube, Schlafkammer und einer Hinterkammer organisiert.

Im zweiten Obergeschoss des Westflügels wiederholte sich dieses Raumschema für die Herzogin und ihr persönliches Gefolge, das sog. Frauenzimmer: An der Südwestecke lag die Tafelstube. Es folgten nach Norden die Wohnräume der Herzogin und das Appartement des Frauenzimmers. Lediglich die Funktion des oberen Saals im Südflügel ist unbekannt: Möglicherweise diente er dem Frauenzimmer oder aber - wie z. B. die englischen Galerien der Zeit - als Ort, an den sich die Schlossherrschaft zur körperlichen Betätigung (z. B. Ballspiele) zurückzog. Im Dach waren neben untergeordneten Funktionsräumen weitere Rückzugsräume untergebracht, von denen ein architektonisch aufwändiger Ovalraum auf dem Haupttreppenturm noch erhalten ist.

Die vollständige Rekonstruktion des Güstrower Raumprogramms erlaubt die Schlussfolgerung, dass der so augenfällig unregelmäßige und bewusst asymmetrisch konzipierte Außenbau des Schlosses nicht das Ergebnis von Planänderungen, schrittweiser Ausführung oder späteren Umbauten, sondern Bestandteil der Gesamtkonzeption ist. Erstaunlicherweise ist für das unregelmäßige Erscheinungsbild im Fall des Güstrower Schlosses mit Franz Parr ein Architekt verantwortlich, dessen Biografie auf gute Kenntnisse neuester italienischer Bauprinzipien schließen lässt. Dies beweisen auch Details, wie z. B. die 1566 errichtete Hofloggia des Südflügels, die eine exakte Kenntnis der vitruvianischen Säulenlehre verrät und dem 1544 begonnenen Schlossbau in Brieg nachgebildet ist. Auch die stuckierten Gewölberäume des Erdgeschosses, die zu jener Zeit nördlich der Alpen noch selten anzutreffen waren, dürften unter dem Einfluss des Brieger Baus entstanden sein.

Es scheint, als hätte der Architekt Parr mit dem Güstrower Schlossbau den Auftrag erhalten, ein Schloss in »altdeutscher« Art zu errichten, wie z. B. die berühmte → **Torgauer Residenz.** Er löste diese Aufgabe, indem er unter Verzicht auf gotische Einzelformen die seiner Meinung nach entscheidenden Stilprin-

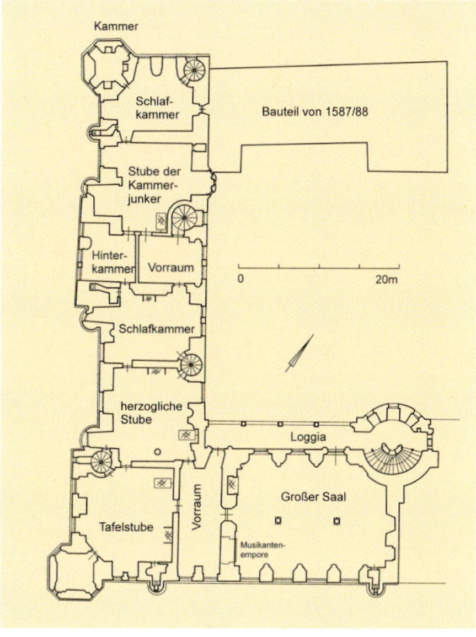

Güstrower Schloss, Rekonstruktion der ursprünglichen Raumorganisation im ersten Obergeschoss

Güstrow, Grabmal für Herzog Ulrich, Elisabeth von Dänemark und Anna von Pommern im Dom von Philipp Brandin, 1587

zipien der älteren Zeit – wie Asymmetrie, Vertikaltendenz und eine die individuelle Erfindung betonende Schmuckfreude – zu Grunde legte (vgl. die Kunsttendenzen jener Zeit, die heute oft unter dem Schlagwort »Manierismus« zusammengefasst werden). Als gotischen Schmuck mag man gar die ungewöhnlichen, Parrs Einfallsreichtum entspringenden Rustikaformen der Fassade (die mit der Rustika verbundene dorische Säulenordnung galt neben der toskanischen als die urtümlichste) oder die merkwürdig verdrehte Deckenfigur im zweiten Obergeschoss deuten.

Der Güstrower Schlossbau wäre somit nicht nur ein besonderer Fall einer stilistischen Retrospektive, sondern auch Zeugnis eines ungewöhnlich hohen Reflexions- und Abstraktionsniveaus seines Architekten. Allerdings war Parr mit den mitteldeutschen Baugewohnheiten offensichtlich nicht vertraut. Daher war es ihm nicht geläufig, dass in den hochrangigen Schlossbauten seit der → **Meißener Albrechtsburg** die Aufgliederung und Facettierung der Baukörper vor allem aus dem Bestreben resultierte, hochrangige Räume mehrseitig freizustellen, um einen vielfältigen Ausblick zu ermöglichen. Parr verwendete Risalite und Türmchen in erster Linie zur äußerlichen Gestaltung des Baukörpers, ganz so wie es auch der Historismus des 19. Jh. verstanden hat.

1587/88 baute der aus den Niederlanden stammende Bildhauer und Architekt Philipp Brandin (gest. 1594) den Nordflügel nach einem Brand wieder auf; 1594 errichtete man den Ostflügel. Von diesen beiden Bauten steht, nach Abbruch im Jahr 1795, lediglich noch die Hälfte des Nordflügels; er zeigt die gegen Ende des 16. Jh. zum internationalen Standard gehörende regelhafte Architektur der Hochrenaissance.

Heute ist im Güstrower Schloss eine Außenstelle des Schweriner Landesmuseums untergebracht, in der u. a. Werke des 16. Jh. ausgestellt sind.

Fürstengrablege im Dom (St. Maria, Johannes Ev. und Cäcilia)

Noch zu Lebzeiten seiner aus königlich-dänischem Hause stammenden Gemahlin Elisabeth (1524–1586) ließ Herzog Ulrich im sog. Dom zu Güstrow ein Grabmonument errichten. Güstrow war zwar erst kurz zuvor eine neuzeitliche Fürstenresidenz geworden, die Kirche genoss aber bereits seit dem 13. Jh. als Grablege Fürst Heinrich Borwins II. Ansehen. Die marmorne Schauarchitektur des herzoglichen Grabmals an der Nordwand des Chors wurde 1585 bei Philipp Brandin in Auftrag gegeben. Sie zeigt unter einem großen Stammbaum die Figuren des Herzogs und der Herzogin. Gerade der Nachweis einer würdigen Abkunft war für einen zweitgeborenen Regenten wie Ulrich ein wirksames Medium, seine Herrschaft zu legitimieren. Das Bildwerk von Ulrichs zweiter Gemahlin, Anna von Pommern (1554–1626), fügte man noch zu ihren Lebzeiten, nämlich 1596/97, hinzu.

AUSFLUG

Fürstenhof in Wismar

(ca. 90 km nordwestlich von Güstrow)

Seit dem 13. Jh. verzierte man die Backsteinarchitektur des natursteinarmen Nord- und Ostseeraums mit Schmuckziegeln. Insofern traf die in Norditalien in der Renaissancezeit

Wismar, Straßenfassade des Fürstenhofs

AHNENGALERIEN UND STAMMBÄUME

Um das 16. Jh. zu charakterisieren, wird heute gerne gesagt, es sei eine Zeit der »Erinnerungskultur« gewesen. Dieser Begriff umschreibt, dass die Menschen damals in besonderer Weise auf die Sicherung ihres Andenkens (memoria) bedacht waren. Kaiser Maximilian I. (reg. 1493–1519), der zu Lebzeiten um die Konzeption seines eigenen Grabmals in → **Innsbruck** bemüht war, stellte treffend fest: »Wer sich in seinem Leben kein Gedächtnis macht, der hat nach seinem Tod kein Gedächtnis und desselben Menschen wird mit dem Glockenton vergessen.« Dieser Satz formuliert das Anliegen, einerseits der eigenen Person und mit ihr verbundener Ereignisse Zeit überdauernde Präsenz zu verleihen, andererseits eine Beziehung der eigenen Person zu historischen sowie mythologischen Ereignissen und Personen herzustellen, die der Legitimation der eigenen Herrschaft dienen konnten.

In Zusammenhang mit diesem Phänomen stehen die Ahnengalerien, d. h. Bildnissammlungen von Angehörigen eines Familiengeschlechts durch mehrere Generationen hindurch. Nahezu alle adeligen Residenzen und Landsitze wurde im 16. und 17. Jh. mit einem Stammbaum oder einer gemalten bzw. plastischen Bildnisserie verstorbener und lebender Familienmitglieder ausgestattet. Sie verwiesen auf die altehrwürdige, vornehme Herkunft der eigenen Familie und die damit einhergehenden Macht-, Rechts- und Besitzansprüche. Zu diesem Zweck versuchten manche Adelsgeschlechter sogar, die eigene Linie auf einen römischen Kaiser oder auf eine Figur aus der antiken Mythologie zurückzuführen. Beliebt war hier z. B. der tugendhafte Held Herkules, den sowohl die Medici als auch die Wittelsbacher als ihren Ahnherrn reklamierten (→ **Dachau**). Indem der jeweilige Regent auch seine Nachkommen in die Bildnisserie aufnehmen ließ, unterstrich er zugleich den Anspruch auf den Fortbestand der Herrschaft seines Hauses. Aus diesem Grund wurden die Ahnenreihen öffentlichkeitswirksam angebracht: in Festsälen (→ **Münchener**

(z. B. Ferrara, Pavia) gepflegte Terrakottaarchitektur, deren Motive auf flächenhaftes Ornament und modulhafte Kombination ausgerichtet waren, hier auf eine verwandte Handwerkstradition.

In den Jahren von 1553 bis 1555 ließ Herzog Johann Albrecht I. (reg. 1547–1576) die mittelalterliche Stadtresidenz der Mecklenburger Herzöge in Wismar durch einen Saalbau an der Straßenseite erweitern. Der Bau besitzt mit den Langseiten zwei Schaufassaden mit reichem Terrakottaschmuck. Die jeweils drei Geschosse werden durch Friesbänder voneinander getrennt. Obwohl diese Friese auf der Hofseite durch Pilaster getragen werden, entsteht dort keine regelhafte Säulenordnung, sondern nur der Eindruck einer antikisierenden Fassadengliederung, da die Friese kein echtes vitruvianisches Gebälk, bestehend aus Architrav, Fries und Gesims, bilden. Der untere Fries der straßenseitigen Fassade zeigt Szenen aus dem Trojanischen Krieg, während auf der Hofseite das Gleichnis vom verlorenen Sohn dargestellt ist. Die oberen Friese zeigen eine Reihung von Porträtmedaillons, die abwechselnd antike Kaiser und zeitgenössische

Antiquarium; Kassel), an Fassaden (Stuttgarter Lusthaus; → **Heidelberger Schloss;** → **Schallaburg;** → **Münchener St. Michaelskirche**) und in sog. Galerien (→ **Landshuter Stadtresidenz;** → **Dresdener Schloss;** → **Schloss Augustusburg**). Galerien waren ein neu aufgekommener Typ lang gestreckter Räume, die z. B. zum regengeschützten Flanieren genutzt wurden und dabei gewissermaßen im Vorübergehen die Familientradition zur Anschauung brachten. Einige Residenzen verfügten außerdem über repräsentative Räume, in denen der Familienstammbaum angebracht war (→ **Schloss Weikersheim;** → **Schloss Tratzberg** in Tirol) und die in den Quellen gelegentlich als »Stammstuben« zu finden sind.

Die politische Bedeutung der Bildnisse war den damaligen Betrachtern bewusst. So war es z. B. üblich, dass die europäischen Höfe Porträts der herrschenden Regenten als diplomatische Geschenke austauschten. Auf diese Weise wurde manche Ahnengalerie um Bildnisse anderer regierender Fürsten erweitert, in deren Kreise man sich eingegliedert wissen wollte. Mitunter ließ ein Auftraggeber, wie etwa der hessische Landgraf, solche Porträts fremder Regenten für die eigene Bildnisserie auch gleich mit anfertigen.

In formaler und konzeptueller Hinsicht finden sich als Vorgänger solcher Serien einerseits die Figurenzyklen der sog. Königsgalerien an mittelalterlichen Kathedralen, andererseits die gemalten oder skulptierten Zyklen berühmter Persönlichkeiten (sog. *uomini illustri* oder *uomini famosi*), die seit dem 14. Jh. die Festsäle italienischer Palazzi schmückten und schließlich im 16. Jh. unter dem Einfluss der Humanisten auch nördlich der Alpen Verbreitung fanden (→ **Plassenburg ob Kulmbach;** → **Mönchengladbach-Rheydt**). Die Darstellung der Familienstammbäume wurde von einem seit dem Mittelalter geläufigen Motiv des christlichen Bildrepertoirs angeregt, der Wurzel Jesse, die den biblischen Stammvater Jesse zeigt, aus dem der Stammbaum Christi erwächst. UV

Landesfürsten darstellen. Ursprünglich waren die Architekturglieder farbig gefasst.

Es ist nicht bekannt, wer für den Entwurf der Architektur und des Bildprogramms verantwortlich war. Die Terrakotta-Elemente lieferte der Ziegelmeister Statius von Düren aus Lübeck, wo bereits vor 1552 ein Stadttor mit dieser Technik geschmückt worden war.

Leider ist die Fassadenarchitektur des Fürstenhofs 1877/78 umfangreich und im Sinn eines Idealbilds italienischer Renaissance restauriert worden. Dabei wurden nicht nur viele verwitterte Teile ausgetauscht und verändert, sondern auch typisch neoklassizistische Motive wie die Akrotere (Giebelaufsätze) auf den straßenseitigen Fensterverdachungen und das abschließende ausladende Traufgesims frei hinzugefügt. Ursprünglich besaß der Bau aber Zwerchhäuser, die als typische Würdemotive eines deutschen Schlosses die Vertikaltendenz betonten, und einen straßenseitigen Prunkerker über dem Hauptportal. Diese Elemente waren schon im 17. Jh. entfernt worden, so dass die Fassaden des Fürstenhofs heute erheblich italienischer und klassischer aussehen, als das ursprünglich der Fall war. StH

HEIDELBERG

Heidelberg war die Hauptresidenz der Kurfürsten von der Pfalz, die als Erztruchsesse zu den ranghöchsten Fürsten des Heiligen Römischen Reichs zählten; mit Ruprecht I. hatten sie von 1400 bis 1410 einen deutschen König gestellt und waren darüber hinaus mit verschiedenen anderen europäischen Königshäusern verschwägert. Schon 1386 war in Heidelberg nach dem Vorbild der von Kaiser Karl IV. in Prag gegründeten Universität auf landesherrliche Initiative ebenfalls eine Universität gegründet worden, die 1421 bzw. 1436 mit einem umfangreichen Grundstock an Lehrbüchern aus kurfürstlichem Nachlass ausgestattet wurde. Der erste Katalog von 1466 verzeichnet bereits 708 Codices im 1442 bezogenen (nicht erhaltenen) Bibliotheksgebäude der Universität und 134 Codices auf den Emporen der ab 1400 neu erbauten Pfarr- und Stiftskirche (Heiliggeistkirche).

Mit Kurfürst Friedrich I., einem Enkel König Ruprechts, regierte von 1449 bis 1475 zum ersten Mal ein humanistisch interessierter Landesherr. So wurden 1456 auf seine Anregung und von ihm finanziert mit Peter Luder (um 1415 - nach 1472) ein Humanist an die Heidelberger Universität berufen und in der Folgezeit Ankäufe humanistischer Literatur initiiert. Auch um Friedrichs Schwester Mechthild (1418-1482) bildete sich ein Kreis von Literaten und anderen humanistisch Interessierten. Unter Friedrichs Nachfolger, Philipp dem Aufrichtigen (reg. 1476-1508), war der Heidelberger Hof eines der Hauptzentren des Frühhumanismus in Deutschland. Der damalige kurpfälzische Kanzler und Bischof von Worms, Johann von Dalberg (1455-1503), stand im Mittelpunkt eines Gelehrtenkreises, dem z. B. zeitweilig Rudolph Agricola, Jakob Wimpfeling, Johannes Reuchlin, Konrad Celtis und der Abt von Sponheim, Johannes Trithemius, angehörten.

Vergleichbare intellektuelle Bedeutung erreichte der Heidelberger Hof erst wieder zur Zeit des ersten protestantischen Kurfürsten Ottheinrich, der zwischen seiner Regierungszeit in → **Neuburg** und Heidelberg von 1556 bis 1559 bereits einige Jahre in Heidelberg als Exulant gelebt hatte. Ottheinrich wandelte – u. a. mit Hilfe Philipp Melanchthons – die Universität in eine evangelische Lehranstalt um und erweiterte die Bestände der Universitätsbibliothek erheblich. Bis zu ihrer Erbeutung 1622 durch bayerische Truppen im Zuge des Dreißigjährigen Kriegs und der anschließenden Schenkung an den Vatikan war die *Bibliotheca Palatina* die größte Bibliothek im deutschen Sprachraum (heute zum großen Teil in der Vatikanischen Bibliothek aufbewahrt).

Auf Grund der fast vollständigen Zerstörung Heidelbergs durch französische Truppen 1689 und 1693 besitzt die Stadt heute nur noch wenige Bauten aus dem 16. Jh.; Ausnahmen sind das unter Kurfürst Ludwig V. errichtete

Ruine des Heidelberger Schlosses

Zeughaus, das 1592 erbaute Haus Zum Ritter mit seiner reich verzierten Sandsteinfassade und ein um 1610 entstandener Gartenpavillon.

Schloss

Die imposante Ruine des Heidelberger Schlosses, eine Folge von Zerstörungen und Blitzschäden seit dem Ende des 17. Jh., gilt seit der Zeit der Romantik als Inbegriff altdeutscher Baukunst. Wegen ihres internationalen Bekanntheitsgrads hat sie das Bild von der deutschen Renaissancearchitektur viel stärker geprägt als z. B. die regelmäßigen »italienischen« Schlösser in → **Jülich**, → **Dresden** oder → **Aschaffenburg.**

Das Schloss erhebt sich auf einem Felssporn ungefähr auf halber Höhe zwischen der Stadt und den umliegenden Bergkämmen. Der Grundriss lässt noch heute erkennen, dass eine annähernd rechteckige Burganlage aus dem 13. Jh. um 1490 auf der Ostseite und ab etwa 1525 auf der West- und Südseite durch äußere Verteidigungsringe mit großen Geschütztürmen an die Entwicklung der Feuerwaffen angepasst wurde; im 17. Jh. kamen weitere militärische Vorwerke hinzu.

Von der ehemaligen Wohnbebauung aus dem Mittelalter sind nur noch Reste im Kellerbereich erhalten. Eine Ausnahme bildet der sog. Ruprechtsbau an der Südwestecke aus

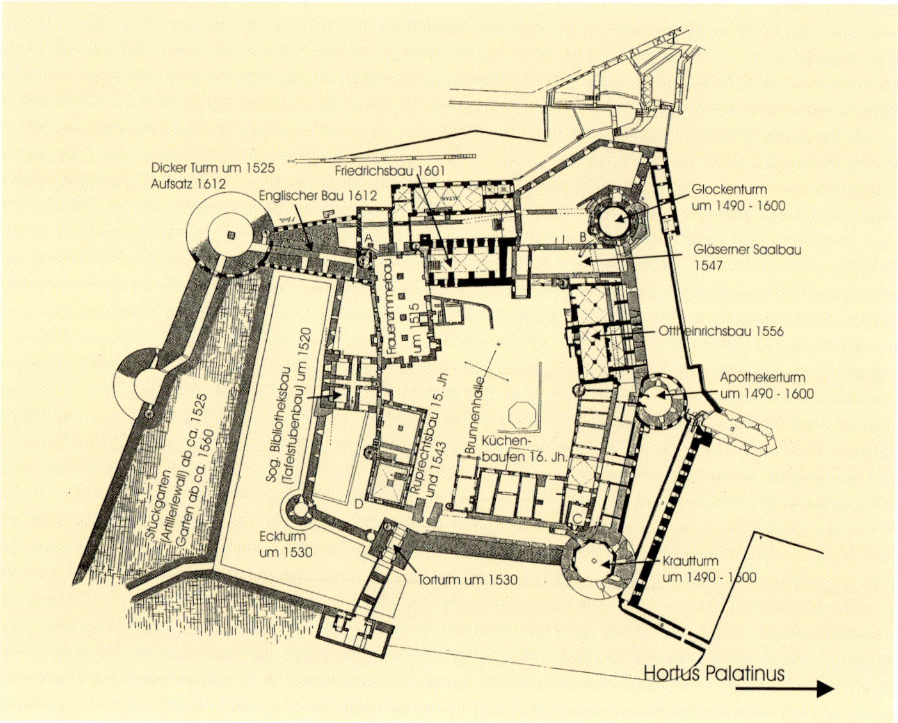

der Zeit um 1400, der im 16. Jh. gleich einer Reliquie architektonisch neu gefasst wurde und mittels einer Inschriftentafel den ersten Wittelsbacher König als Bauherrn ausweist.

Die Geschichte des neuzeitlichen Schlosses beginnt unter Kurfürst Ludwig V. (reg. 1508-1544), der um 1520 auf der Westseite den Frauenzimmerbau und den sog. Bibliotheksbau mit Herrentafelstube im Hauptgeschoss errichten und an der Nordostecke den Glockenturm durch einen belvedereartigen Aufsatz erhöhen ließ. Es entstanden neuartige Repräsentationsräume, die an mehreren Seiten zur Umgebung hin geöffnet waren und durch diese spezielle Blickregie eine vorher unbekannte visuelle Beziehung zwischen Schloss und beherrschtem Territorium schufen. Diese Art der Blickführung sollte in den folgenden etwa 100 Jahren die Gestalt des Heidelberger Schlosses entschieden stärker prägen als die vitruvianischen Kategorien der Geometrie und Symmetrie. Architekt der Baumaßnahmen war wahrscheinlich Lorenz Lechler d. Ä. (um 1460-1535/40), der sich 1489 in Italien aufgehalten hatte.

Im Übrigen ist der von Ludwig V. begonnene Ausbau des Heidelberger Schlosses weniger gotisch, als dies eine oberflächliche Betrachtungsweise nahe legen könnte: So handelt es sich z. B. bei den sechs Granitsäulen der Loggia der um 1510/30 entstandenen Brunnenhalle um antike Spolien aus der karolingischen

Kaiserpfalz von Ingelheim; auch der um 1530 errichtete Torturm des inneren Schlosses kann als Versuch gelesen werden, mittels der heute romanisch wirkenden Details antike Architektur nachzuahmen.

Wenig später ließ Kurfürst Friedrich II. (reg. 1544–1556) mit dem sog. Gläsernen Saalbau (1547–1551) im Nordosten des Burghofs ein Gebäude errichten, das mit seinen mehrgeschossigen Hofarkaden, seiner Bauplastik und der ursprünglichen Stuckierung und Verspiegelung des Hauptsaals antikisierende Motive der mittlerweile in ganz Europa eingeführten italienischen Kunst aufgriff.

Die nächsten beiden Großbauten auf dem Heidelberger Schlossberg, der Ottheinrichsbau von 1556 auf der Ostseite und der Friedrichsbau ab 1601 im Norden, vertreten demgegenüber einen eher ungewöhnlichen Typ von Renaissancearchitektur. Beide besitzen zum Schlosshof hin aufwändig gearbeitete Schaufassaden, an denen im Gerüst einer vitruvianischen Säulenstellung monumentale Statuen dem Betrachter ein komplexes Bildprogramm vor Augen führen.

Solche »sprechenden« Renaissancefassaden hatte es bereits zuvor z. B. am Deutschen Bau der → **Landshuter Stadtresidenz** (1536; nicht erhalten) und am → **Dresdener Schloss** (1548) gegeben. Diese Bildprogramme waren aber in der Regel im Medium der Malerei oder der Reliefkunst ausgeführt; nur selten wurde in einem solchen Umfang wie in Heidelberg auf das antike Bild par excellence, die steinerne Statue, zurückgegriffen. Im Mittelalter hatten Statuenzyklen am Außenbau vor allem Heilige dargestellt, nur vereinzelt waren weltliche Persönlichkeiten abgebildet worden (z. B. 1365 an der Louvre-Treppe in Paris oder dem Altstädter Brückenturm in Prag von etwa 1370/80). In der Renaissancezeit wurde dieser hochrangige Bildmodus nun aber ohne die alte Zurückhaltung in den Dienst heidnischer bzw. diesseitiger Inhalte gestellt.

links: Grundriss des Heidelberger Schlosses

rechts: Heidelberger Schloss, Ottheinrichsbau

Ein direktes Vorbild für die Fassade des Ottheinrichsbaus scheint es jedoch nicht gegeben zu haben. Sie erinnert formal nicht nur im Bereich des zentralen Prunkportals an bilderreiche ephemere, d. h. nur für kurze Zeit errichtete Triumpharchitekturen, wie sie damals aus Holz, Stoff und Gips zu besonderen Anlässen errichtet oder auch nur im Bildmedium dargestellt wurden (vgl. die Holzschnittserie der ab 1512 entstandenen *Ehrenpforte* Kaiser Maximilians I.; → **Triumphaler Einzug**). Die 16 originalen Statuen wurden von dem Niederländer Alexander Colin (um 1526–1612) angefertigt (heute in Kopien am Außenbau). Möglicherweise gehen das Bildprogramm und auch das architektonische Konzept auf Ottheinrich selbst zurück. Auch wenn sich die gesamte Bedeutung des Programms kaum noch zweifelsfrei klären lässt und womöglich schon von Anfang an auf Mehrdeutigkeit angelegt war, so ist doch zu erkennen, dass es sich hier nicht um eines der in der Renaissance beliebten dynastischen Programme handelt; vielmehr wird ein humanistisch geprägter fürstlicher Tugendspiegel zum Ausdruck gebracht.

Die Fassade zeigt in der Zone des ehemaligen Doppelgiebels und des obersten Geschosses (drittes Vollgeschoss) die sieben Planetengötter mit Sol-Apollon und Jupiter zuoberst sowie Venus in der Mitte. Sie stellen gewissermaßen die Verkörperung der stets wirksamen kosmischen Mächte dar. Das zweite Obergeschoss zeigt fünf Figuren aus dem Zyklus der sieben Kardinaltugenden als Ideale fürstlicher Herrschaft. Im Erdgeschosses stehen die beiden Figuren der antiken Helden Simson und Herkules sowie die biblischen Figuren Josua und David als Inbegriff von Tatkraft und weisem Handeln. Das Zentrum wird durch das Prunkportal eingenommen, das von einer Inschrift, dem Wappen und einem Bildnis Ottheinrichs bekrönt wird, der sich auf diese Weise als Bauherr und Bezugsperson des Programms zugleich präsentiert.

Die Hoffassade des jüngeren Friedrichsbaus, der unter Kurfürst Friedrich IV. zwischen

Heidelberger Schloss, Rekonstruktionszeichnung des ikonografischen Programms am Ottheinrichsbau

DIE HEIDELBERGER LIEDMEISTER

Liedgesang auf einer Bootspartie, Monatsbild Mai aus einem Nürnberger Kalender von 1526

»Da truncken sie/ die liebe lange Nacht/ bis dasz der lichte Morgen anebrach/ der helle lichte Morgen./ Sie sungen und sprungen und waren froh/ und lebten ohn alle Sorgen.« Nach den Texten der *Teutschen Liedlein* zu urteilen, die Georg Forster zwischen 1539 und 1556 in mehreren Bänden herausgab, ging es im Heidelberger Studentenkreis des 16. Jh. kaum um das Lernen, sondern vor allem um gutes Essen, reichlich Wein, die Liebe und das meist fehlende Geld. Forster und seine Freunde – Lorenz Lemlin, Caspar Othmayr, Stephan Zirler u. a. –, die Beiträge zur Liedsammlung lieferten, hatten sich seit etwa 1525 bis 1540 an der Universität bzw. als Sänger an der 1346 gegründeten Hofkapelle kennen gelernt. Doch auch hochrangige Komponisten wie Heinrich Isaac (um 1450–1517) und Ludwig Senfl (um 1489–1542/43) steuerten Werke zu Forsters Ausgaben bei, die so eine große Bandbreite von Hof- bis zu Volksliedern boten und schnell populär wurden. DS

1601 und 1607 entstand, trägt auf den ersten Blick durchaus verwandte Züge mit ihrem älteren Pendant; sie wird jedoch von einem völlig anderen Inhalt beherrscht. Thema des in 16 großen Statuen dargestellten Bildprogramms ist nicht die Mythologie eines Einzelnen, sondern die hochherrschaftliche Herkunft der pfälzischen Wittelsbacher, die deutlich durch mehrere Königsgestalten unterstrichen wird. Ein vergleichbares vom Rang ihrer Bewohner zeugendes Programm war vorher in der Regel in Innenräumen (z. B. in den Stammstuben sächsischer Schlösser, aber auch in Heidelberg selbst) oder in dem traditionelleren Medium der Wappenwand (z. B. in → **Innsbruck**, Goldenes Dachl; → **Schloss Weikersheim**) präsentiert worden (→ **Ahnengalerien**). Architekt des Friedrichsbaus war der Straßburger Stadtbaumeister Johannes Schoch (um 1550–1631). Die Statuen wurden von dem jungen Graubündner Bildhauer Sebastian Götz (um 1575 – nach 1621) und seiner Werkstatt gearbeitet (an der Fassade heute Kopien, die Originale im Inneren aufgestellt). Der Friedrichsbau beherbergt in seinem Sockelgeschoss die Schlosskapelle, die sich wie der protestantische Torgauer Prototyp von 1544 in einen Wohnbau einfügt und nach außen nur mit maßwerkartigen Fensterformen in Erscheinung tritt (→ **Torgau**). Im Innern wird die Verbindung

Heidelberger Schloss, Friedrichsbau

von mittelalterlichen und antikisierenden Architekturelementen angestrebt. Der gesamte Bau wurde 1901 durch Carl Schäfer tief greifend verändert und ausgehend von den Fragmenten im Innern im Sinn des Kunstverständnisses der Jahrhundertwende »stilgetreu«, d.h. in Formen der Renaissance neu ausgestattet und ausgemalt, so dass der Bau heute zugleich auch ein Denkmal der Neorenaissance darstellt.

Der letzte Großbau, der vor der Zerstörung des Schlosses entstand, der sog. Englische Bau, zeugt von einem nochmals anderen Architekturverständnis als die älteren Schauarchitekturen. Der ab 1612 für die Gemahlin Kurfürst Friedrichs V. (reg. 1610-1619), die englische Königstochter Elisabeth Stuart, errichtete Bau wendet seine Hauptfassade zum Tal hin. An Fragmenten erkennbar, besaß der Englische Bau eine über beide Hauptgeschosse reichende Gliederung von toskanischen Kolossalpilastern, wie sie sich in der Folgezeit an den Fassaden barocker Prachtbauten finden. Über dem Traufgesims erhoben sich zwei heute verschwundene Zwerchhäuser mit Volutengiebeln. Der ältere Kanonenturm an der Nordwestecke des Englischen Baus erhielt in derselben Bauphase einen Aufsatz in der Art eines Belvedere, so dass die Aussicht von dort sicherlich zum Spektakulärsten gehörte, was das Heidelberger Schloss in dieser Hinsicht damals zu bieten hatte. Der Architekt des Englischen Baus war der Nürnberger Ratsbaumeister Jakob Wolff d. J. (um 1571-1620), der im Veneto die strenge antikisierende Architektur des Andrea Palladio (1508-1580) kennen gelernt hatte, die damals zunehmend als vorbildlich galt. Die Nordfassade des Englischen Baus kann deshalb als eines der frühesten Zeugnisse des aufkommenden Palladianismus nördlich der Alpen aufgefasst werden.

Mit seiner Vielzahl von hochrangigen und innovativen Einzelarchitekturen führt das Heidelberger Schloss die herausgehobene politische und gesellschaftliche Position der pfälzischen Kurfürsten vor Augen. Sein insgesamt heterogenes Erscheinungsbild scheint demgegenüber unzeitgemäß und nicht auf demselben Anspruchsniveau angesiedelt. Gerade in der Wertschätzung, Konservierung und demonstrativen Zurschaustellung des Überlieferten samt seiner Weiterentwicklung war die kurfürstliche Residenz jedoch auch ein Beleg für die Altehrwürdigkeit und erfolgreiche Regierungstätigkeit des Hauses Wittelsbach. So gesehen erinnert das Heidelberger Schloss

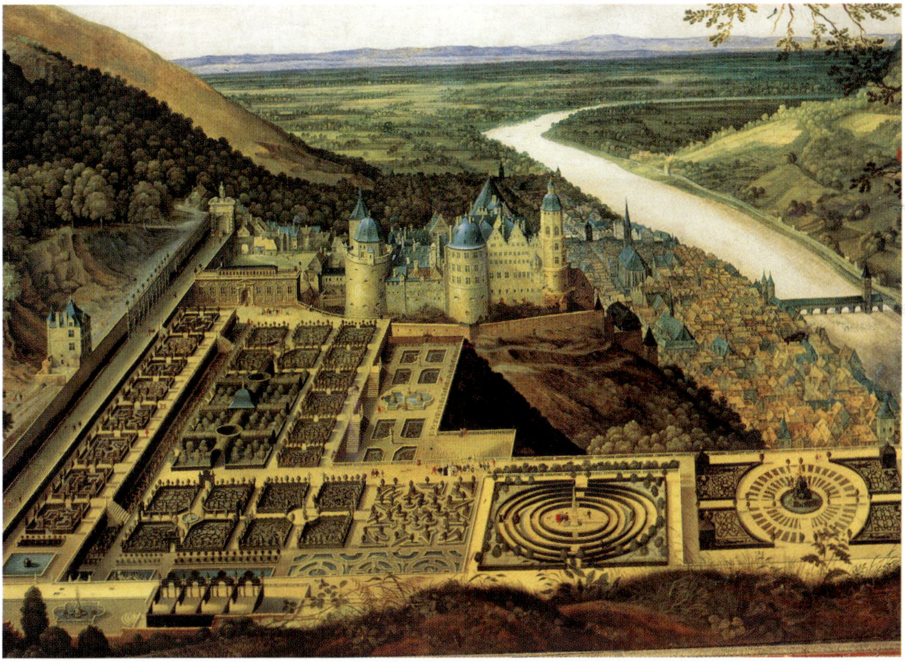

Jacques Fouquières, Hortus Palatinus, 1620 (Heidelberg, Kurpfälzisches Museum)

heutige Besucher in besonderem Maß an das Selbstverständnis des europäischen Adels, das in Innovationen, vor allem aber auch in der Bewahrung des Erbes zum Ausdruck kam.

Hortus Palatinus

Unter Friedrich V. wurde das Heidelberger Schloss, zu dem im Westen auf einer Terrasse der sog. Stückgarten aus der Zeit um 1560 gehörte, ab 1614 um einen großen, aufwändigen → **Garten** im Osten erweitert. Der Schöpfer des neuen sog. Hortus Palatinus ist der in Dieppe geborene Salomon de Caus (1576–1626), der zuvor in Brüssel und England (u. a. auch als Zeichenlehrer der Elisabeth Stuart) in höfischen Diensten gestanden hatte. Mit seiner an italienischen Terrassengärten orientierten Topografie auf vier Niveaus überbot der neue Garten an räumlicher Komplexität die großen, in Generationen gewachsenen fürstlichen Gärten Mitteleuropas wie etwa in Stuttgart, Prag oder München, die sich im Wesentlichen nur in der Ebene ausdehnten. Um den geschätzten Überschaublick auf die kunstvollen Anlagen zu ermöglichen, besaßen diese Gärten mehrgeschossige → **Lusthäuser** oder Galerien. In Heidelberg hatte man jedoch von den Terrassen eine differenzierte Aussicht auf niedrigere Gartenteile sowie das Neckartal mit der Stadt.

Der Heidelberger Garten ist infolge des Dreißigjährigen Kriegs nicht vollendet worden. Die zeitgenössische Wertschätzung kommt in

GÄRTEN

Die Gärten waren einer der wichtigsten und zugleich vergänglichsten Bestandteile der Lebenswelt im 15. und 16. Jh. Ihre einstige Lage und Gestalt lässt sich heute oftmals nur anhand beschreibender oder bildlicher Überlieferungen erschließen. Ein Hauptthema der Gartengestaltung war die von Menschenhand kultivierte Natur und ihr Gegensatz zur »wilden« Natur außerhalb des Gartens. Beeinflusst durch philosophische Überlegungen des Neoplatonismus sollten die Gärten einen wohl geordneten, in harmonischer Verhältnismäßigkeit gestalteten Kosmos vor Augen führen. Schon im Spätmittelalter kam ein zunehmendes Interesse der Menschen an der Natur auf – die Naturwahrnehmung veränderte sich und mit ihr die Formen der Naturaneignung. In der Malerei ging dies mit einem detaillierten Studium der Natur und der Landschaft als Bildgegenstand einher.

Angeregt durch Schilderungen antiker Autoren (Plinius d. J., Cicero, Vergil) wuchs in den italienischen Städten des 15. Jh. die Begeisterung für das Landleben, für Naturidyllen und Gärten. Durch die Trennung vom Nutzgarten wurde der Ziergarten als Kunstwerk begriffen und mit Terrassenanlagen und geometrisch angelegten Beeten ausgestattet, mit schnurgeraden Wegen sowie mit Skulpturen, Springbrunnen und Gartenhäusern versehen. Diese Entwicklung erreichte in Italien in der ersten Hälfte des 16. Jh. mit den Landgütern der Medici-Familie um Florenz einen ersten Höhepunkt.

Auch im Norden entstanden erste Gartenanlagen an Fürstenhöfen und in Städten, die enge Beziehungen zu Italien besaßen, so z. B. die Gärten Friedrichs des Weisen in → **Torgau,** die der Wittelsbacher Herzöge in → **München** oder die Patriziergärten in Augsburg und Nürnberg. Im 16. Jh. gewannen die Lustgärten des Adels zunehmend an Bedeutung und wurden fester Bestandteil adeliger Residenzkultur.

Während man die Gärten in Italien terrassenförmig am Hang anlegte und damit inszenierte Landschaftsausblicke in die Umgebung schuf, übernahm man diese Anregungen im Norden nur selten (u. a. → **Schmalkalden,** → **Heidelberg**). Im Verlauf des 16. Jh. kam es zu einer immer engeren Verbindung von Garten und Architektur, bei der z. B. die Wegeführung auf die Schlossanlage Bezug nahm. In den Gärten errichtete man → **Lusthäuser,** Pavillons und Brunnenhäuser. Von den Terrassen und Balkonen der Schlösser und Lusthäuser konnte nun der

mehreren Stichen und Gemälden zum Ausdruck, so auch in dem Ölgemälde von Jacques Fouquières von 1620 (Heidelberg, Kurpfälzisches Museum). Seine Bedeutung lässt sich ferner an einem Kurfürst Friedrich V. gewidmeten, 1620 publizierten Stichwerk De Caus' ablesen, das in mehreren Sprachen erschien. Eine bis in die Einzelheiten reichende Vorstellung des Gartenkonzepts ist somit möglich.

Wie seine italienischen Vorbilder besaß der Hortus Palatinus aufwändige Wasserspiele und Grottenanlagen. Architekturelemente wie Rustikamauern und Astsäulen zeigten naturnahe Zustände und sollten andeuten, dass sich hier ein Mikrokosmos der gebändigten Natur zusammenfand. Tatsächlich war das durchgängige allegorische Thema des Gartens die Unterwerfung und Nutzbarmachung der

Garten überschaut und das Panorama der umgebenden Landschaft genossen werden.

Kriterien für die Auswahl der Pflanzen waren mitunter sehr persönliche: So wählte man z. B. die Blütenfarben entsprechend der Wappenfarben der Gartenbesitzer. Einige Fürsten wie der hessische Landgraf Wilhelm IV. entwickelten einen besonderen Ehrgeiz, seltene Pflanzen aus allen Erdteilen zu beschaffen und zu kultivieren. So gelangten im 16. Jh. z. B. die ersten Tulpenzwiebeln über Konstantinopel aus Asien nach Europa, aber auch Nutzpflanzen aus Übersee wie Mais und Blumenkohl bereicherten nun die heimische Artenvielfalt. Zur Überwinterung der empfindlichen exotischen Gewächse wurden um 1560 die ersten Orangeriebauten errichtet (Prag, Kassel). An den Höfen waren die Gärten mit ihrer Pflanzenvielfalt ein Teil der fürstlichen Sammlungen, zu denen auch exotische Tiere und die → **Kunst- und Wunderkammern** gehörten. Etwa seit der Mitte des 16. Jh. entstanden berühmte botanische Gärten auch an Universitäten (z. B. in Padua, → **Leiden,** Heidelberg), wo sie medizinischen und pharmakologischen Studien dienten.

Nach antikem und italienischem Vorbild wurden Brunnen und Statuen aufgestellt, Wasserbecken installiert und künstliche Grotten geschaffen. Antike Schriften über die Hydrostatik (u. a. von Archimedes und Vitruv) regten zu technischen Experimenten an. Mit dem aufkommenden Interesse an beweglichen Konstruktionen wurden die repräsentativen Gärten um 1600 durch kunstfertige, von Wasserkraft betriebene Automatenfiguren bereichert; sie wurden mit Vorliebe in Grotten aufgestellt. Den ersten Garten dieser Art ließ Francesco de' Medici bis 1586 bei der Villa Pratolino nahe Florenz errichten. Der Hydraulikingenieur Salomon de Caus (1576–1626) entwarf entsprechende Anlagen z. B. für Brüssel und Heidelberg. Heute noch funktionsfähige Automatenfiguren sind im Park von Schloss Hellbrunn bei → **Salzburg** zu sehen.

Wurde ein neuer Garten geplant, konnte auf spezielle Literatur zurückgegriffen werden. Wichtige Anregungen für Gartenentwürfe gaben z. B. der aus Antwerpen stammende Hans Vredeman de Vries (1526–1609) und der Ulmer Architekt Joseph Furttenbach d. Ä. (1591–1667). Schon früh erschienen auch gartenpraktische Handbücher wie *Lustgärten unnd Pflantzungen mit wunnsamer Zyerd* (Augsburg 1530) oder das mehrfach aufgelegte *Pflantzbüchlin der Lustgärten* (Frankfurt 1546). UV

Natur durch den Menschen, der hier durch Friedrich V. und seine im wörtlichen Sinn fruchtbringende Herrschaft vertreten wurde. Statuen der Flussgötter Neckar, Main und Rhein (erhalten), beherrscht auf der symbolischen Ebene von einer Darstellung des Meeresgottes Neptun, bildeten Allegorien des kurpfälzischen Territoriums. Zu Beginn des 19. Jh. wurden die über zwei Jahrhunderte vernachlässigten Reste der Gartenanlage in einen englischen Landschaftsgarten integriert, nach dessen Ideal sich die Grenzen zwischen gestalteter und freier Natur verwischen. Damit wurde die ursprüngliche Konzeption des Hortus Palatinus fast in ihr Gegenteil verkehrt. In jüngster Zeit ist man bemüht, die ursprüngliche Konzeption wieder besser zur Geltung zu bringen. StH

SCHLOSS HEILIGENBERG

Im 12. Jh. bildete sich die oberschwäbische Landgrafschaft Heiligenberg mit Besitzungen im nordwestlichen Bodenseeraum, die dann 1535 als Reichslehen den Grafen und späteren Reichsfürsten (1664) von Fürstenberg übergeben wurde. Graf Friedrich II. von Fürstenberg-Heiligenberg (1496–1559) ließ die mittelalterliche Burg Heiligenberg fast vollständig niederlegen und begann mit dem Neubau eines Renaissanceschlosses, das sein Sohn Joachim (1538–1598) vollendete. Joachim war mit Gräfin Anna von Zimmern, einer Tochter des Erbauers von → **Schloss Meßkirch**, verheiratet.

Die Schlossanlage setzt sich aus dem auf einem Felsen liegenden vierflügeligen Schloss und der dreiflügeligen Vorburg zusammen. Die Vorburg bestand aus Wirtschaftsgebäuden und Stallungen, die nach schweren Zerstörungen im Dreißigjährigen Krieg – auch das Schloss selbst wurde damals geplündert und beschädigt – 1648 neu erbaut werden mussten.

Die Baudaten des Schlosses lassen sich heute nicht mehr genau ermitteln; zwischen den Aufenthalten der beiden namentlich bekannten Baumeistern klafft eine zeitliche Lücke von mehr als zehn Jahren. Der erste Baumeister, Hans Schwarz (gest. 1562), konzipierte eine Dreiflügelanlage, die er an den mittelalterlichen Kemenatenflügel (im 19. Jh. umgestaltet) anfügte. Bei seinem Tod waren die neuen viergeschossigen Flügel zumindest im Rohbau fertig gestellt. In die Flügelenden des Ostflügels hatte Schwarz je eine dreiläufige Podesttreppe eingefügt, die zum einen den Südflügel mit dem Saal und zum anderen den Nordflügel mit den Wohnräumen erschließen sollte.

Über den verwandtschaftlichen Kontakt nach Meßkirch konnte Joachim im Jahr 1575 den dort wirkenden Baumeister Jörg Schwarzenberger gewinnen. Dieser setzte der Hoffassade des Eingangsflügels (Kemenatenbau) bis 1580 eine viergeschossige doppelschichtige Arkatur vor und stattete die Innenräume aus. Die Arkatur sollte nicht nur repräsentativ wirken, sondern auch der besseren Erschließung der Räume des alten Kemenatenbaus mittels vorgelegter Korridore dienen und eine Verbindung zwischen Ost- und Westflügel herstellen.

Das bereits am Glockenturm des Vorhofs auftretende Gliederungsmotiv der durch doppelte Kämpfergesimse unterteilten Bögen mit vorgelegten Pilastern wandte Schwarzenberger nicht nur an der Arkadenwand des Innenhofs an, sondern füllte damit auch die Giebelflächen am Außenbau. Mit dieser Dekorationsform begründete der Baumeister seine in Oberschwaben einzigartige Formensprache.

Auf Schwarzenberger geht auch die Konzeption der reichen Ausstattung des Festsaals und der Kapelle zurück. Diese beiden Räume sind innerhalb des Schlosses rechtwinklig zueinander im Süd- bzw. Westflügel angeordnet. Der stützenlose Saal nimmt den gesamten Südflügel in seinen beiden Obergeschossen ein.

Heiligenberg, Toreingang des Schlosses

Rechtzeitig zur Hochzeit von Joachims Sohn Friedrich III. mit Gräfin Elisabeth von Sulz im Jahr 1584 war dieses Kernstück des Schlosses fertig gestellt worden. Der Festsaal ist auf der einen Längsseite zur Landschaft geöffnet, auf der anderen ist er auf den Innenhof ausgerichtet. Von hier aus ergeben sich visuelle Bezüge zur repräsentativen Arkadenwand des Eingangsflügels. Alle Wände des Saals sind mit mauertiefen Rundbogennischen gegliedert, deren Rückwände jeweils von Kreuzstock- und Rundbogenfenstern geöffnet sind. Eine Reihe von kostbaren Kabinettscheiben des 16. Jh. ist in die Fensterflächen gesetzt. Den Raum ziert in Höhe der Kämpferzone ein umlaufender Fries aus geschnitzten Wappen- und Beschlagwerkfeldern. Mächtige Scheinkonsolen sind unterhalb der geschnitzten Decke angeordnet, deren symmetrisch zu Kreis-, Kreuz- und Rechteckformen gefügte Kassetten aus verschiedenartigen Hölzern gebildet und einzeln am Dachstuhl aufgehängt sind. Sie erinnern in ihrer Zusammensetzung entfernt an geometrische Kassettenentwürfe in Sebastiano Serlios 1537 publiziertem → **Architekturtrakat** (Buch IV). Für den Schmuck der Decke griff man auf Ornamente wie Beschlag- und Rollwerkkartuschen, Akanthusranken, Arabesken, Rosetten, Perlbänder und hunderte von grotesken Köpfen zurück. Vorbild war wohl auch hier die Decke des Saals im Meßkircher Schloss. Dass der Heiligenberger Saal heute einen sehr einheitlichen Eindruck vermittelt, ist auf die Restaurierungen im 19. Jh. zurückzuführen, bei denen ein die Deckenstruktur aufnehmender Holzfußboden und die Wandvertäfelungen eingefügt wurden; auch die Ahnenbildnisse (16. bis 19. Jh.) sind erst damals in den Saal gelangt.

Der Niederländer Hans Morinck (um 1555–1616), einer der meistbeschäftigten Bildhauer der zweiten Hälfte des 16. Jh. im Bodenseeraum, arbeitete die mittig an den Stirnseiten des Saals stehenden Sandsteinkamine (1584), die reine Repräsentationsobjekte sind. Sie tragen die Wappen der Bauherren und weisen mit ihren beiden zentralen Aufsatzfiguren auf die Herrschertugenden Gerechtigkeit und Bescheidenheit hin.

Rechts des westlichen Kamins befindet sich der Zugang zur im Westflügel gelegenen Schlosskapelle. Hohe Maßwerkfenster und ein Portal mit der Darstellung der Krönung Mariens weisen an der Hoffassade auf diese dem hl. Felix geweihte und erst 1607 vollendete Kapelle des katholischen Hausherrn hin. Bei dem schmalen und hohen Sakralraum handelt es sich um eine Doppelkapelle; unterhalb des Saalraums und mit diesem durch einen Schalltrichter akustisch verbunden, liegt die Gruftkapelle im Sockelgeschoss, die ab 1586 als Grablege der Fürstenberger diente.

Die im Verhältnis zu Länge und Breite sehr hohe Schlosskapelle besitzt keinen gesondert ausgezeichneten Chor und weist im südlichen Bereich zwei Emporen übereinander - eine Orgel- und eine Herrscherempore - auf. An den Längswänden oberhalb des Gestühls werden dem Betrachter mit den gemalten, überlebensgroßen Heiligenfiguren von Anna und Joachim zugleich die Namenspatrone der Erbauer des Schlosses vor Augen geführt. Der Schnitzreichtum der Kapelle kulminiert an Emporen und Decke. Für die Malereien und die farbigen Fassungen aller Schnitzwerke zeichnet vor allem der Überlinger Otmar Pattvogel verantwortlich. Er wirkte auch an der Innenausstattung der alten Kemenate mit und malte dort 1587 den Tunis-Kriegszug Kaiser Karls V. gegen die Türken (1535) an die Korridorwand des dritten Obergeschosses, womit der Hausherr auf anschauliche Weise seine Kaisertreue zum Ausdruck bringen wollte.

AUSFLUG

Schloss Meßkirch

(ca. 40 km nordwestlich von Heiligenberg)
Im oberschwäbischen Meßkirch steht ein zwar unvollendetes, doch architekturhistorisch bedeutendes Renaissanceschloss, für das es kein Vorbild im süddeutschen Raum gibt, das aber

rechts:
Schloss Meßkirch

links: Heiligenberg, Festsaal im Südflügel des Schlosses

selbst zum Vorbild vieler Schlösser Oberschwabens wurde. Graf Froben Christoph von Zimmern (1519–1567) ließ den Herrensitz mit Garten ab 1557 auf einem Hügelsporn oberhalb des Stadtkerns an der Stelle einer spätgotischen Burg errichten.

Schloss Meßkirch präsentiert sich als klar proportionierte Anlage mit drei zweigeschossigen Flügeln und vier vorspringenden Ecktürmen. Wo ursprünglich der vierte, nördliche Flügel die regelmäßige Flügelanlage schließen sollte, steht heute der letzte bauliche Rest des mittelalterlichen Vorgängerbaus, das sog. Schlössle. Der Entwurf stammt vermutlich von dem Baumeister Jörg Schwarzenberger; der Rohbau war bereits 1566 vollendet. Die Fassaden sind sehr schlicht gestaltet und weisen axial gereihte, hochrechteckige Fenster und geschosstrennende Gesimse auf. Im rechteckigen Innenhof wird diese Fassadengestalt durch vier Portale bereichert (ein weiteres seit etwa 1740), für deren Rahmungen Vorlagen aus den ab 1537 publizierten → **Architekturtrakaten** von Sebastiano Serlio Vorbild gewesen zu sein scheinen.

Wesentliche Teile des Innenausbaus fielen bereits in die Regierungszeit des Erben Graf Wilhelm (1549–1594). Der eingeschossige, flügeltiefe und durch Fensternischen gegliederte Prunksaal im Obergeschoss des stadtseitigen Ostflügels zeigt heute noch die ursprüngliche Ausstattung: eine freitragende, aus 85 hölzernen Kassetten zusammengesetzte Saaldecke, deren Gestalt ebenfalls auf Entwürfe Serlios zurückgeht, einen Kamin (um 1600) und Reste von Malereien in den Fenstergewänden.

Über die Auseinandersetzung mit der italienischen Baupraxis und -theorie war auch die Grundrissstruktur vermittelt worden, die den feldseitigen Räumen einen hofseitigen Korridor vorlegt. So ist auch die für den italienischen Palazzo typische Anordnung, die *sala grande* als zentralen Raum auf die Stadtseite hin auszurichten, in Meßkirch erfüllt worden.

Die Vermählungen der Töchter des Erbauers von Schloss Meßkirch mit süddeutschen Adeligen führten indirekt zur Verbreitung des Meßkircher Baukonzepts einer regelmäßigen Anlage mit Eckpavillons. Bei mehreren Neubauten im süddeutschen Raum, die auch als »Meßkircher Gruppe« bezeichnet werden, fand diese architektonische Gestalt ihre formale Wiederaufnahme: Schloss Neufra (1569–1573), Schloss Hechingen (1577–1590, im 19. Jh. abgebrochen), Schloss Wolfegg bei Wangen (1580–1583) und Schloss Zeil (1598–1614). IK

JÜLICH

Niederdeutscher Künstler, Herzog Wilhelm IV. von Kleve-Jülich-Berg, 1554 (Wien, KHM, Porträtgalerie Schloss Ambras)

Jülich wurde um Christi Geburt an der römischen Fernstraße, die von Köln zur Atlantikküste verlief, gegründet. Schon in der Spätantike durch ein Kastell gesichert, war der Ort im frühen Mittelalter Keimzelle der Grafschaft, des späteren Herzogtums Jülich. Als 1521 die Territorien Jülich-Berg-Ravensberg und Kleve-Mark-Ravenstein vereinigt wurden, etablierten sich u. a. in Jülich und Düsseldorf Residenzen.

Mit der 1538 erfolgten Wahl des Jungherzogs Wilhelm von Kleve-Jülich-Berg (dem späteren Wilhelm V.; 1516-1592) zum Nachfolger des Herzogs von Geldern, Karl van Egmond, vereitelten die Geldrischen Landstände vorerst die Bestrebungen der Habsburger, das Herzogtum Geldern ihrem burgundischen Herrschaftsgebiet einzugliedern. Kaiser Karl V. (reg. 1519-1556) konnte als Herzog von Burgund ebenso die Erbrechte an Geldern geltend machen wie der Herzog von Kleve-Jülich-Berg. Als Wilhelm 1539 zudem seinen Vater Johann III. beerbte, verschärfte sich der Konflikt zwischen dem jungen Herzog und dem Kaiser. Wilhelm und die Landstände entschieden, strategisch wichtige Städte innerhalb der vereinigten Herzogtümer durch moderne Festungsbauten (→ **Festungsbau**) zu sichern - so auch Jülich. Die eingeleiteten Vorkehrungen stellten sich jedoch als nicht ausreichend heraus, denn Karl V. stieß im Frühjahr 1543 bei seinem Feldzug gegen Wilhelm V. vor allem im Herzogtum

Stadt und Zitadelle Jülich

Jülich auf geringen Widerstand. Wilhelm bat den Kaiser um Gnade, die ihm u. a. unter Verzicht auf das Herzogtum Geldern gewährt wurde. Die Heirat Wilhelms 1546 mit der Nichte des Kaisers, Maria von Österreich, schaffte neben den vertraglichen dann auch familiäre Bande.

Um Jülich zur Residenzstadt auszubauen, berief der Herzog 1549 den aus Bologna stammenden Alessandro Pasqualini (1493–1559) an seinen Hof. Der Architekt war schon seit Beginn der 1530er Jahre in den Niederlanden tätig. Im Auftrag von Floris und Maximilian van Egmond hatte er den Kirchturm der heutigen reformierten Kirche in → **IJsselstein** entworfen und von 1536 bis 1548 die Bauleitung von Schloss Buren übernommen, dem Stammsitz der Familie Van Egmond. Seit Ende der 1530er Jahre hatte er sich vornehmlich dem Festungsbau gewidmet, so u. a. in Bouillon, Dinant, Lüttich und Tirlemont sowie in Amsterdam, Diest, Grave, 's-Hertogenbosch, Kampen, Leerdam und Middelburg.

In Jülich bot sich nach einem Stadtbrand im Mai 1547 die Gelegenheit zu einem großzügigen Wiederaufbau. Dieser umfasste eine Stadtbefestigung in Form eines Fünfecks, eine einheitliche innerstädtische Bebauung unter dem Aspekt einer Idealstadt und einen *palazzo in fortezza* als Residenz. Die Funktion einer Haupt- und Residenzstadt für die vereinigten Herzogtümer Kleve-Jülich-Berg übernahm in der zweiten Hälfte des 16. Jh. jedoch zunehmend Düsseldorf. Das schlug sich auch in der Wahl der herzoglichen Grablege nieder: Herzog Wilhelm V. wurde 1592 in Düsseldorf in der Stiftskirche (heute St. Lambertus) bestattet.

links:
Jülich, Portal der Nordfassade des Schlosses

rechts:
Jülich, Ostfassade des Schlosses

Stadtanlage und Stadtbefestigung

Das bis heute tradierte Straßenraster ist unter dem Gesichtspunkt einer Idealstadt (→ **Ideal- und Planstädte**) konzipiert worden: Im Zentrum befindet sich der rechteckige Marktplatz, auf dem die Hauptstraßen, die auf die vier Stadttore führen, zusammentreffen. So entstanden Blickbezüge innerhalb des Straßensystems wie auch strategisch bedeutsame Achsen, die einen ungehinderten Durchschuss erlaubten. Eine Bauordnung, die ein einheitliches Erscheinungsbild der Straßenzüge zum Ziel hatte, legte fest, dass die Häuser aus Stein und zweigeschossig gebaut werden sollten, wobei ihre Dachtraufe jeweils parallel zur Straße verlaufen musste.

Trotz der Schleifung der Festungsanlagen im Jahr 1860 und der Zerstörungen des Zweiten Weltkriegs vermittelt die Stadt noch heute einen Eindruck von der ursprünglichen Konzeption. Von den ehemals vier Bastionen der fünfeckigen Stadtbefestigung - an der Stelle der fünften steht die Zitadelle - sind zwei zum Teil noch vorhanden. Besonders hervorzuheben ist die Bastion St. Jakobus am Ende der Bongardstraße, da sich dort die Kasematten erhalten haben. Nördlich der Jakobus-Bastion ist noch ein Teil des ehemaligen Walls zu sehen, der die Stadt ursprünglich umgab. Am Ende dieser Mauer befinden sich die Reste eines der vier Stadttore, des sog. Rur- oder Aachener Tors.

Zitadelle und Schloss

Hauptbauwerk der Idealstadtanlage ist die nördlich gelegene, 9 ha große Zitadelle, in deren Mitte sich das Schloss erhebt. Das bis zu 42 m mächtige und 12 m hohe Wallgeviert mit

jeweils einer Bastion an den Ecken sollte die Residenz und die zugehörigen Wirtschaftsgebäude vor feindlichen Übergriffen schützen. Die zwischen 3 m und 4,50 m dicke Außenmauer des Walls ist dossiert, d. h. sie steigt schräg an. Die hinter der Mauer liegenden Erdmassen, die aus dem Aushub des 5 m tiefen und über 30 m breiten Grabens stammen, wurden durch ein System verschiedener, den Wall unterteilender Tonnengewölbe gefestigt, so dass die Anlage einem Brescheschuss standhalten konnte.

Die Festungsbauten (→ **Festungsbau**) folgen mit ihren fünfeckigen Bastionen der italienischen Manier. Aufbau und Funktion lassen sich exemplarisch anhand der Bastion St. Johannes aufzeigen. Der Graben konnte von Kanonenhöfen (zurückgezogenen Flankenstellungen zwischen Bastion und Wallgeviert) aus vollständig unter Beschuss genommen werden. Der nach Osten gerichtete Kanonenhof der Bastion St. Johannes gibt noch den Zustand des 16. Jh. wieder.

Der Zugang zur Zitadelle erfolgte im Norden und Süden jeweils über eine Brücke, die den Festungsgraben vor dem Wall überspannte. Auf der Stadtseite deutet die moderne sog. Pasqualini-Brücke noch den Zustand des frühen 18. Jh. an. An die Brücke schließt, um einen feindlichen Durchschuss zu verhindern, ein S-förmig geschwungener Tunnel an, der durch den Wall in das Innere der Zitadelle führt.

Im Zentrum des Wallgevierts erhob sich die seit 1548 als Vierflügelanlage erbaute Residenz, von der heute nur noch der Ostflügel, ein kurzer Teil des Nordflügels und ein noch kürzerer Teil des Südflügels erhalten sind. Die Ausdehnung der ehemaligen Anlage geben die

DER FESTUNGSBAU

Der Einsatz von Feuerwaffen im europäischen Kriegswesen seit dem späten Mittelalter veränderte die Befestigungstechnik grundlegend, da die schmalen und hohen Mauern der mittelalterlichen Burgen und Stadtbefestigungen den Geschützen nicht standhalten konnten. Ausgehend von den ersten Verstärkungen der Festungsanlagen mit Erdwällen und runden Bollwerken, den Rondellen, entstand um 1500 das sog. Bastionärsystem.

Eine Bastion ist ein im Grundriss pfeilspitzenförmiges Verteidigungswerk mit fünf Ecken, das zur Aufstellung von Geschützen diente, mit denen ein von mehreren Seiten anrückender Feind beschossen werden konnte. Die zur Spitze der Bastion zusammenlaufenden Abschnitte nennt man Facen. Der Anschluss zum Wall erfolgt durch die Flanken, die meist deutlich kürzer als die Facen sind. Mit der Zeit bildete man im Bereich der Flanken Kanonenhöfe aus. Zu diesem Zweck wurde die Flanke zurückgezogen, so dass die Kanonenstellung durch das sich bildende Bastionsohr vor dem Angreifer geschützt war.

Die Entwicklung des bastionierten Festungsbaus nahm ihren Ausgang in Italien, wo zahlreiche Kriege der miteinander konkurrierenden Stadtstaaten und Fürstentümer neuartige Verteidigungsbauten erforderten. Hinzu kamen die Erfahrungen von 1494, als der französische König Karl VIII. nach Italien eingedrungen war und die Hinfälligkeit der mittelalterlichen Befestigungen drastisch vor Augen geführt hatte. Das Bastionärsystem gelangte schließlich seit den 1530er Jahren verstärkt auch nördlich der Alpen zum Einsatz.

Das Neuartige der für Angriff und Verteidigung mittels Artillerie eingerichteten Festungen war ihr polygonaler Grundriss, der auf vorausberechneten Schussbahnen beruhte und so angelegt war, dass tote Winkel vermieden wurden. So konnte das gesamte Vorfeld der Festung von den Wällen und den zurückgezogenen Flankenstellungen aus bestrichen, d. h. mit Geschützen unter Beschuss genommen werden. Die mächtigen Wälle der Festungen, die aus Erde und Natursteinen bzw. Feldbrandziegeln errichtet wurden, boten dem Angreifer wenig Angriffsfläche, da sie in tiefen und breiten Gräben standen und meist dossiert, d. h. schräg ansteigend, waren. Das Gelände um die Festung herum, das Glacis, wurde so gestaltet, dass es dem Angreifer keine Möglichkeit zur Deckung bot. Mit der fortschreitenden Entwicklung der Waffentechnik wurde es seit der Mitte des 16. Jh. notwendig, den Wallabschnitt zwischen zwei Bastionen (Kurtine) durch dreieckige Vorwerke (Ravelins) zusätzlich zu schützen.

Die Errichtung neuzeitlicher Festungswerke war so kostspielig, dass nur ausgewählte, strategisch wichtige Orte von den Landesherren auf diese Weise gesichert werden konnten. Eine Finanzierung der neuen Anlagen aus eigener Kraft blieb allein großen Städten wie etwa → **Nürnberg** vorbehalten. Auch der (Nieder-)Adel befestigte seine Sitze, doch eine vollständige Fortifikation der Anlagen unter modernen Gesichtspunkten blieb aus reichsrechtlichen Gründen den Landesherren vorbehalten. So entstanden bastionierte Schlösser, wie z. B. Berlin-Spandau, Dömitz, → **Jülich** und die → **Wülzburg,** denen jedoch nur eine kurze Zeit höfischer Nutzung beschieden war; rasch überwog hier der militärische Charakter.

Die Verbreitung und Weiterentwicklung des Bastionärsystems geschah durch zugewanderte und herbeigerufene italienische Spezialisten wie Donato Bono (gest. um 1555) und Alessandro Pasqualini (1493–1559), die ab dem zweiten Viertel des 16. Jh. vornehmlich im niederländisch-französischen und österreichisch-osmanischen bzw. venezianisch-osmanischen Grenzgebiet wirkten. Dort gab es jeweils ein

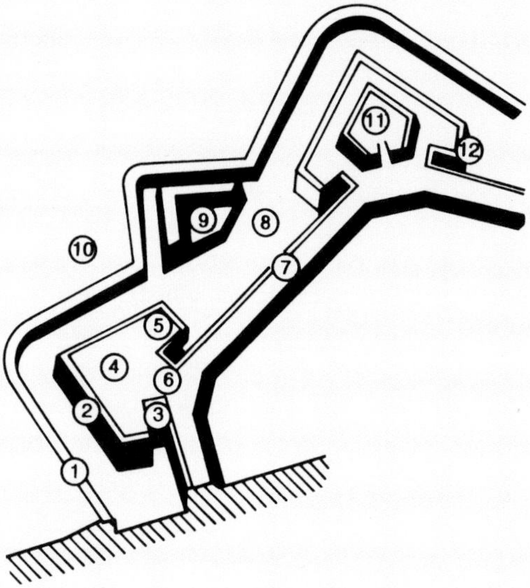

Schematische Darstellung der Bestandteile von Renaissancefestungen:

1. gedeckter Weg
2. Face
3. Flankenhof
4. Bastion
5. Ohr
6. Kehle
7. Kurtine
8. Graben
9. Ravelin
10. Glacis
11. Kavalier
12. Flanke

großes Konfliktpotenzial, das die Anlage kostenintensiver Wehranlagen notwendig bzw. rentabel erscheinen ließ. Unter Kaiser Karl V. (reg. 1519–1556) und seiner Schwester Maria von Ungarn (reg. 1531–1555), der niederländischen Statthalterin, wurden zahlreiche Städte in den Niederlanden neu befestigt (z. B. Antwerpen, Mariembourg und Philippeville). Hinzu traten Zitadellen, die als Machtdemonstration gegenüber der aufständischen Bevölkerung den Charakter von Zwingburgen hatten (z. B. Gent und Utrecht). Auch die nachfolgende spanisch-habsburgische Regierung errichtete seit 1566 vor dem Hintergrund der innenpolitischen Spannungen vor allem in den südlichen Niederlanden Zitadellen (z. B. Antwerpen, Coevoerden, Groeningen und Vlissingen). Die nach Unabhängigkeit von der spanischen Herrschaft strebenden Generalstaaten der nördlichen Niederlande rüsteten ebenfalls auf. Innerhalb kurzer Zeit befestigte man zahlreiche Städte (z. B. Willemstad): Wegen der topografischen Gegebenheiten und aus Geldmangel warf man niedrige Erdwälle auf und verzichtete auf eine Bekleidung der Wälle mit Mauerwerk. Der hohe Grundwasserstand ermöglichte die Anlage breiter Wassergräben. Diese als »(Alt-)Niederländische Manier« bezeichnete Befestigungstechnik war effektiver, kostengünstiger und damit zukunftsweisend. Sie verbreitete sich auch nach Skandinavien, Osteuropa sowie in die niederländischen Kolonien in Übersee.

Zu den Rondellen als Vorläufern des Bastionärsystems hatte bereits 1527 → **Albrecht Dürer** den Traktat *Etlicher underricht zu befestigung der Stett, Schlosz und flecken* veröffentlicht, der aber in der Praxis wenig Einfluss ausübte, da seine fantasievollen Lösungen nicht praktikabel waren. Erst seit Mitte des 16. Jh. wurde der bastionierte Festungsbau, ebenfalls wieder von Italien ausgehend, in Traktaten dargestellt: z. B. 1546 durch Niccolò Tartaglia, 1554 durch Pietro Cataneo und 1556 durch Daniele Barbaro. 1589 erschien mit der *Architectvra von Vestungen* des Straßburger Festungsbaumeisters Daniel Specklin (1516–1589) schließlich das erste deutschsprachige Werk zur italienischen Befestigungsmanier.

GvB

neu errichteten Bauten des heutigen Gymnasiums wieder; an der Stelle des ehemaligen Westflügels, der schon 1882 teilweise niedergelegt wurde, steht jetzt eine Schulaula.

Der Bereich zwischen dem Festungswall und der Residenz - der Zitadellenhof - war ehemals durch Quermauern gegliedert. So entstanden vor den Zugängen zum Schlosshof im Norden und im Süden Ehrenhöfe, die einerseits den Blick auf die aufwändig gestalteten Portale des Schlosses lenkten, andererseits die Wirtschaftsbauten den Blicken der höfischen Gesellschaft entzogen. Das aufwändig gestaltete Portal der Nordfassade des Schlosses lässt die einstige Pracht der Ehrenhöfe erahnen. Es verbindet, ähnlich den zeitgleich in Italien entstandenen Bauten (z. B. Festungsportale Michele Sanmichelis in Verona), eine feingliedrige Architektur mit den roh behauenen Bossenquadern der Rustika.

Die heute nur noch zweigeschossige Außenfassade des Ostflügels zeigt sich nach umfassenden Restaurierungen in einem dem 16. Jh. angenäherten Zustand. Der Wechsel von unverputzten Backsteinflächen und Natursteinbändern gliedert den Baukörper in der Waagerechten. Höhepunkt der Architektur ist das aus der Fassade vorspringende Chorhaus der Schlosskapelle in Formen der römischen Hochrenaissance. Dem Baukörper sind Pilaster bzw. Halbsäulen vorgeblendet, deren Kapitelle die Abfolge dorisch, ionisch und komposit aufweisen. Das dorische Gebälk wird durch einen Triglyphenfries mit alternierender Metopenfüllung aus Skelettbukranien (Stierschädel) und Rosetten gebildet. Pasqualinis souveräner Umgang mit dem antikisierenden Formenschatz wird an diesem Fries deutlich, den er aus dem für die dorische Säulenordnung verbindlichen Schema herauslöste und über die gesamte Fassade laufen ließ. Der Fries bildet die Grenze zwischen dem Erdgeschoss und dem Piano Nobile, dem ersten Obergeschoss. Die dort auf Konsolen ruhenden Dreiecksgiebel über den Kreuzstockfenstern verweisen auf die dahinter liegenden herrschaftlichen Wohnräume.

Es ist anzunehmen, dass Pasqualini seine architektonischen Kenntnisse der römischen Hochrenaissance u. a. durch Kontakte nach Rom, namentlich zu Bramante, Baldassare Peruzzi und Raffael und deren Umfeld, erlangte. Die stilistischen Parallelen zum Werk des Peruzzischülers Sebastiano Serlio sind in diesem Zusammenhang bemerkenswert, verweisen sie doch auf einen vergleichbaren Erfahrungshorizont.

Ursprünglich besaß der Ostflügel drei Geschosse, so dass er mit der Kapelle auf gleicher Höhe abschloss, während die beiden Ecktürme noch einmal anderthalb Geschosse höher waren. Der sonst regelmäßig gebildete Flügel weist im Norden zwei zusätzliche Fensterachsen auf, bedingt durch die Aufnahme eines Treppenhauses. Dadurch rückt die Kapelle aus der Mittelachse heraus - eine Asymmetrie, die der Architekt zu kompensieren versuchte, indem er die beiden Fensterachsen des nördlichen Turms deutlich nach innen rückte.

Der Ostflügel umfasste 21 Räume und konnte bereits um 1555 bezogen werden. Hier wohnte die herzogliche Familie und ein Teil des etwa 200 Personen zählenden Hofstaats. Inventare des 16. und frühen 17. Jh. erlauben einen Blick hinter die Fassaden. Die herrschaftlichen Wohneinheiten bestanden aus jeweils vier Räumen: Sallette (Saal), Schlafkammer, Garderobe und Kabinett. Die Reiseherrschaft zwang zur temporären Herrichtung der

Räume für Wohnzwecke. Mit Tapisserien, Betten, Stühlen etc., die vom Hof mitgeführt wurden, ließ sich innerhalb kurzer Zeit das Schloss adäquat ausstatten.

Das Erscheinungsbild der Hoffassade des Ostflügels geht auf die zweite Hälfte des 18. Jh. zurück, als die Raumaufteilung in dem um ein Geschoss reduzierten Flügel neu konzipiert wurde. Diesem Umbau ging der Abriss der ursprünglich der Fassade vorgelagerten Arkadenanlage voraus, über welche die Räume des Ostflügels erschlossen wurden. Reste der Arkatur haben sich in Konsolen, Gesimsen und in der Portalrahmung der Tordurchfahrt erhalten. In Verbindung mit vergleichbaren Arkaden jener Zeit (z. B. → **Schloss Breda**) vermag sich der Betrachter ein Bild von der Jülicher Arkadenanlage zu machen. Eine architekturhistorische Besonderheit sind die geradläufigen Treppenhäuser mit Wendepodesten auf halber Geschosshöhe, von denen sich Reste im Ostflügel (Nordostecke) und im Südflügel (Südostecke) erhalten haben.

In den 1970er Jahren rekonstruierte man nicht nur das Äußere der Schlosskapelle in der Ostansicht (im Westen, zum Innenhof hin, wurde der barocke Zustand von 1768 konserviert), sondern auch das Innere. Der große Kapellenraum ist in das Langhaus und den Chorbereich unterteilt. Im dreischiffigen Langhaus war in Höhe des ersten Geschosses eine der Herzogsfamilie vorbehaltene U-förmige Empore eingezogen, die unter Verzicht auf tragende Pfeiler heute in Beton ergänzt ist. Die Apsidengestaltung im zweiten Geschoss ist eine eigenständige Lösung, lehnt sich in Details jedoch an italienische Beispiele an: Den drei äußeren Apsidenfenstern ist im Innern eine von vier rundbogigen Öffnungen durchbrochene Wandschale versetzt vorgestellt. Die unverglasten inneren Öffnungen werden von ionischen Halbsäulen gerahmt, so dass

Jülich, Schlosskapelle mit Blick in die Apsis

eine der Säulen mittig vor dem zentralen äußeren Apsidenfenster steht. Dieses sog. Mittelstützenmotiv hat seine Entsprechung in römischen Bauten der Hochrenaissance (vgl. Bramantes Palazzo dei Tribunali).

Das Innere der Kapelle erinnert durch die eingespannte Empore, die sich zum Chorraum öffnet, an den Aufbau protestantischer Kirchen, wie er in der zweiten Hälfte des 16. Jh. weite Verbreitung fand (→ **Dresden** und → **Schmalkalden**). Dies führte zu der Vermutung, die Jülicher Schlosskapelle gehöre zu den frühesten protestantischen Schlosskirchenbauten in Deutschland. Herzog Wilhelm V. ist jedoch nie offiziell zum Protestantismus übergetreten. Der in seiner Haltung gegenüber der Konfessionsfrage von humanistischen Räten wie Konrad Heresbach und Johann von Vlatten geprägte Hof orientierte sich an den auf Ausgleich bedachten Lehren des Erasmus von Rotterdam.

Die Anlage von Stadt und Schloss Jülich ist eines der bedeutendsten Beispiele der unmittelbaren baukünstlerischen Rezeption der römischen Hochrenaissance in Nordwesteuropa. Unter den Bauten der höfischen Architektur kommt dem Schloss eine Sonderstellung zu, da hier der selten gebaute Typ des *palazzo in fortezza* realisiert wurde. Vergleichbare Festungsbauten und Schlossanlagen des habsburgischen Hofs in den Niederlanden existieren heute nicht mehr (→ **Die zerstörten Schlösser der Maria von Ungarn**).

Museum Zitadelle

Das Museum Zitadelle führt in den Gewölben des Schlosskellers und im um 1807 erbauten Pulvermagazin auf der Bastion St. Johannes die Planungs- und Baugeschichte der Anlage wie auch deren Nutzung durch die Jahrhunderte vor Augen. GvB

AUSFLUG

Mönchengladbach-Rheydt: Schloss Rheydt

(ca. 40 km nördlich von Jülich)

Nördlich der einstigen herzoglichen Residenz in Jülich liegt Schloss Rheydt, das seine heutige Gestalt vor allem unter Otto von Bylandt (um 1525/30–1591) – Angehöriger des Niederadels – erhielt. Otto, der am Hof Marias von Ungarn in den Niederlanden aufgewachsen war, trat 1560 als Hofmeister und Rat in die Dienste Herzog Wilhelms V. von Kleve-Jülich-Berg. Etwa zeitgleich begann er – wahrscheinlich unter Leitung des herzoglichen Baumeisters Maximilian Pasqualini, dem Sohn Alessandro Pasqualinis – mit dem Ausbau seiner sukzessiv gewachsenen mittelalterlichen Burg zu einer repräsentativen Schlossanlage.

Geschickt fügte der Baumeister Neubauten und Teile der alten Burg zu einer einheitlich wirkenden Anlage zusammen, so dass zwei umbaute Vorhöfe und ein annähernd regelmäßiges vierflügeliges Kernschloss mit quadratischem Innenhof entstanden. Davon sind nur noch der Nordwest- und der Südwestflügel erhalten. Durch den Anbau eines seitlichen Risalits und die Anbringung von einheitlichem Bauschmuck wurde die Außenfront des Südwestflügels der alten Burg zu Beginn der 1560er Jahre zu einer repräsentativen Hauptfassade umgestaltet. Die Hoffassade dieses Flügels, wohl 1567/68 entstanden, verfügt heute noch im Erdgeschoss über eine Loggia mit Säulenarkaden, deren Rhythmus im Obergeschoss durch Pilaster fortgeführt wird.

Die Hoffassade zeigt den Einfluss des Humanistenkreises des Jülicher Hofs. Besonders bemerkenswert ist eine Reihe Medaillons oberhalb der Arkatur, deren antikisierende Büsten altrömische Helden darstellen. Die rühmenswerten Taten dieser Helden nehmen Bezug auf Tugenden wie Vaterlandsliebe, Tapferkeit, Opferbereitschaft und Pflichttreue und werden jeweils in moralisierenden Beischriften auf Rollwerkkartuschen erläutert. Sicherlich wollte Otto von Bylandt diese Vorzüge auf sich selbst und seine staatsmännischen Aufgaben bezogen wissen. Möglicherweise waren die Medaillons Teil eines größeren Zyklus' berühmter Persönlichkeiten (*uomini famosi*), wie sie schon im 14. Jh. italienische Festsäle zierten. Alle Skulpturen des Rheydter Hofs waren ehemals farbig gefasst, stellenweise vergoldet und riefen dadurch einen lebendigeren Eindruck als heute hervor.

In Schloss Rheydt verbinden sich Elemente der italienischen und niederländischen Renaissancebaukunst. Die architektonischen Einzelformen zeigen eine detailgetreue Orientierung an Vorlagen, die in Sebastiano Serlios → **Architekturtraktat** aus dem Jahr 1537 abgebildet sind. So folgen die Säulen der Hofloggia und der Fassade in allen Einzelheiten den dort für die dorische Ordnung vorgeschriebenen Kennzeichen und Proportionen. Der Zierrat basiert auf → **Vorlagenblättern** u. a. des Niederländers Cornelis Floris.

Ab 1569 erkannte Otto die Lehenshoheit der Jülicher Herzöge nicht mehr an und ließ Schloss Rheydt ohne Genehmigung seines Landesherrn in eine Festung im italienischen Bastionärsystem umbauen (→ **Festungsbau**). Diese war durch einen doppelten Wassergraben gesichert und durch weitläufige Kasematten zu erschließen. Der eigenmächtige Entschluss zog eine langwierige Auseinandersetzung nach sich, an deren Ende 1590 Schloss und Festung Rheydt von Kaiser Rudolf II. für reichsunmittelbar erklärt wurden. Otto von Bylandt, der im darauf folgenden Jahr verstarb, profitierte kaum noch von dieser neuen rechtlichen Situation. Die Festungsanlage konnte den Angriffen während des Dreißigjährigen Kriegs nicht standhalten und wurde teilweise geschleift.

Mönchengladbach, Schloss Rheydt, Hofansicht

Das Schloss beherbergt heute das Städtische Museum Schloss Rheydt mit einer Sammlung zur Kunst und Kultur der Renaissance, des Barock und des Manierismus. Einige Mauern der mittelalterlichen Vorgängerbauten wurden bei Ausgrabungen freigelegt und können im Keller besichtigt werden. Durch die gelungene Präsentation der Grabungs- und Bauforschungsergebnisse lässt sich der sukzessive Ausbau einer mittelalterlichen Wehranlage zur frühneuzeitlichen niederadeligen Residenz exemplarisch nachvollziehen. UV

KÖLN

Im Jahr 50 n. Chr. wurde die linksrheinisch gelegene germanische Ubiersiedlung durch den römischen Kaiser Claudius zur römischen Kolonie, der *Colonia Claudia Ara Agrippinensium,* erhoben. Bereits Anfang des 4. Jh. ist hier ein Bischof belegt. Das städtische Patriziat gründete 1388 die Universität. Im Jahr 1475 schließlich erhielt Köln vom Kaiser den Status der Reichsunmittelbarkeit und somit auch formell die de facto schon längst vollzogene Unabhängigkeit vom Erzbischof. Das 16. Jh. war geprägt von konfessionspolitischen Auseinandersetzungen. Die Reformationsversuche unter den Erzbischof-Kurfürsten Hermann von Wied (reg. 1515–1546), der unter Mithilfe von Philipp Melanchthon und Martin Bucer für das Kölner Erzstift eine gemäßigte Reformation anstrebte, und später unter Gebhard Truchsess von Waldburg (reg. 1577–1583) waren zum Scheitern verurteilt.

Rathauslaube

Um die Mitte des 16. Jh. entschloss sich der Kölner Stadtrat zu einem Prestigeprojekt, das die Bedeutung Kölns als freie und kaisertreue Reichsstadt zum Ausdruck bringen sollte. Für das Vorhaben, an das mittelalterliche Rathaus eine loggienartige Vorhalle anzufügen, wandte man sich an niederländische Baumeister. Offensichtlich standen in Köln selbst, wo der Bau des Doms bis zur Auflösung der Bauhütte 1560 (im Zuge der Reformation) zahlreiche Kräfte band, keine Künstler zur Verfügung, denen man zutraute, ein zeitgemäßes Bauwerk *all'antica* zu schaffen.

Neben zwei Entwürfen des Antwerpener Architekten und Bildhauers Cornelis Floris (1514–1575) aus dem Jahr 1557 sind heute noch Pläne des aus Lüttich stammenden Lambert Suderman von 1562 und des Hendrik van Hasselt erhalten. Von den eingereichten Vorschlägen setzte man in leicht veränderter Form einen der beiden Entwürfe von Floris um, der zu diesem Zeitpunkt bereits mit der Planung des → **Antwerpener Rathauses** beschäftigt war. Die Ausführung des Bauwerks in Köln übernahm der Kalkarer Holz- und Steinbildhauer Wilhelm Vernukken (um 1540–1607; → **Gelsenkirchen-Horst**).

Von 1569 bis 1573 entstand die zweischiffige Laube, deren beide Geschosse als offene Hallen gestaltet wurden. Im Erdgeschoss stehen steinerne Arkaden mit vorgelegten korinthischen Säulen auf Postamenten, die den vorspringenden Architrav und Fries tragen; das Obergeschoss war ursprünglich zum Teil aus Holz (so die Flachdecken) errichtet. Als Abschluss dienen ein klassisches, Serlios → **Architekturtraktaten** entlehntes Gebälk und eine Balustrade. Darüber erhebt sich eine

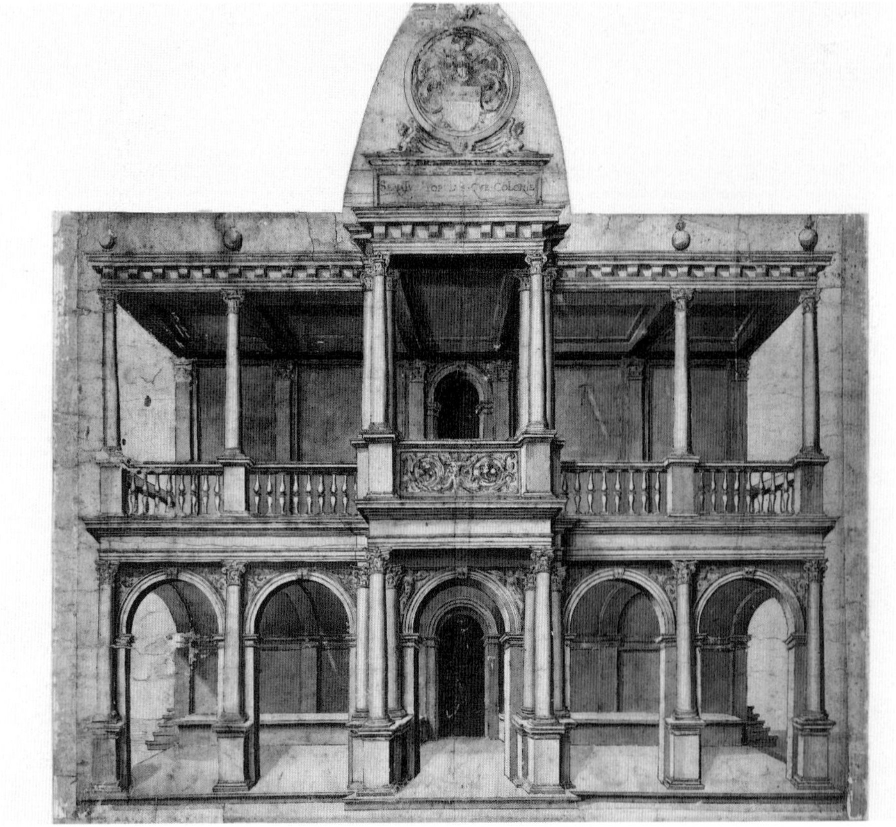

Cornelis Floris, Entwurf zur Rathauslaube, 1557

den mittleren Bogen betonende Nischenarchitektur. Die mittlere der fünf Fassadenachsen wird zum Rathausplatz zusätzlich risalitartig hervorgehoben, was aus der Tradition der französischen Schlossarchitektur (z. B. Schloss Anet, ab 1548) als Hoheitszeichen zu verstehen ist. Die Bildhauerarbeiten und ornamentalen Zierden an den Postamenten und den Obergeschosssäulen, die nicht auf den Entwurf von Floris zurückzuführen sind, gehen auf Vorlagen des Architekturtheoretikers Hans Vredeman de Vries zurück (→ **Vorlagenblätter**). Bereits in den Jahren 1617/18 musste das ehemals flach gedeckte Obergeschoss ausgebessert werden. Statt des geraden Abschlusses wählte man jetzt spitzbogige Arkaden, zog Kreuzgewölbe ein und setzte ein Walmdach auf. Während der Restaurierungen des 19. Jh. sind letztlich der gesamte bildhauerische Schmuck und die architektonischen Teile der Vorhalle ausgetauscht worden. Den Zweiten Weltkrieg überstand die Rathauslaube im Wesentlichen unbeschädigt.

Der Bildschmuck der Vorhalle bezieht sich auf die Kölner Geschichte: Seit Beginn des 16. Jh. hatten Kölner Gelehrte, wie etwa der Dompropst Hermann von Neuenahr, über das Sammeln römischer Altertümer die Stadtgeschichte wieder zum Gegenstand wissenschaftlicher Studien gemacht (→ **Antikenstudium**). Auch der Bürgermeister Constantin von Lyskirchen sowie der Ratsherr und Jurist Johannes Helman, die als eigentliche Urheber des Bildprogramms anzusehen sind, waren humanistisch gebildete Antikensammler. In den Kaisermedaillons, die das Gebälk des Untergeschosses verzieren, wird die Erinnerung an die Stadtgeschichte während der Römerzeit wach gehalten. Zwar gehörten Medaillons antik-römischer Kaiser zu den beliebten Dekorationsmotiven des 16. Jh., doch wird in Köln mit den Kaiserporträts der ganze Stolz und Ruhm der Stadt vorgeführt. Dieser gründet nicht allein auf historischen Tatsachen, sondern auch auf der Legende, dass die 15 bedeutendsten Patrizierfamilien Kölns aus edlen römischen Geschlechtern hervorgegangen seien. Die ursprünglich sechs Inschriften der Brüstungsfelder – eine weitere, die Kaiser Wilhelm I. rühmt, wurde 1881 zugefügt – berichten von römischen Kaisern, die Einfluss auf die Geschicke der Stadt nahmen: Julius Caesar, Octavian, Konstantin der Große und Justinian sowie der Feldherr Marcus Agrippa. Eine aktuelle Dimension erhielt das Inschriftenprogramm durch die Einbeziehung des regierenden Kaisers Maximilian II., womit zugleich die Reichstreue der Stadt beschworen wurde.

Auf die Unabhängigkeit der Stadt vom Erzbischof spielt das zentrale Relief der Brüstung an, das den sagenumwobenen Kampf des Kölner Bürgermeisters Grin mit dem Löwen zeigt. Der Löwe stellt symbolisch hier den Kölner Erzbischof dar, der in der Schlacht von Worringen im Jahr 1288 besiegt und aus der Stadt verbannt wurde. Die beiden alttestamentarischen Löwenkämpfe (Daniel in der Löwengrube, Samson und der Löwe) zu Seiten des Grin-Kampfes betten das weltliche Ereignis in einen religiösen, überzeitliche Geltung beanspruchenden Kontext ein.

Das Andenken an den römischen Ursprung und die Darstellung der Stadtgeschichte sind Ausdruck städtisch-bürgerlichen Selbstbewusstseins. Die Figur der Justitia, die zuoberst innerhalb einer Ädikula aufgestellt ist, macht deutlich, dass das Rathaus ein Ort weltlicher Rechtsprechung war. Die nach außen gewandte Architektur der Rathauslaube veranschaulicht die Absicht des Rats, die städtische Politik transparent zu machen. Vertreter des Rats traten auf das Obergeschoss der Rathauslaube, um in den sog. Morgensprachen ordnungspolitische Verlautbarungen zu verlesen. Als Ort öffentlicher Bekanntmachungen nimmt die Vorhalle somit gewisse Anleihen beim kirchlichen Lettner, der als raumscheidendes und zugleich vermittelndes Bauglied zwischen Klerikern und Laien steht. Es erscheint somit nur konsequent, wenn Floris für die Konzeption des Lettners der Kathedrale von Tournai (Belgien) in variierter Form auf den Entwurf der Kölner Vorhalle zurückgriff.

Schaumburg-Epitaphe im Dom St. Peter und Maria

Zwei hervorragende Kunstwerke im Kölner Dom zeugen von einem weiteren, diesmal von fürstlicher Seite an den Antwerpener Bildhauer Cornelis Floris herangetragenen Auftrag. Spätestens 1558 vergab Erzbischof und Kurfürst Johann Gebhard I., Graf von Mansfeld, den Auftrag, zwei Epitaphe für seine Vorgän-

Köln, St. Maria im Kapitol, Mittelschiff nach Osten

ger, die Brüder Adolf III. (reg. 1547-1556; → **Stadthagen**) und Anton von Schaumburg (reg. 1556-1558), anzufertigen. Beide Epitaphe sind vor 1562 im Hochchor des Kölner Doms aufgestellt worden. Bis 1863 standen sie vor den Chorschranken einander gegenüber und wurden dann getrennt in die Stephanuskapelle (Adolf) und Engelbertuskapelle (Anton) verbracht.

Für den Entwurf griff Floris vermutlich auf italienische Pendantgrabdenkmäler zurück: Zwischen 1505 und 1509 hatte der Bildhauer Andrea Sansovino zwei annähernd identische Wandgrabmale mit sich auf einen Arm stützenden Liegefiguren geschaffen, die er im Chor von S. Maria del Popolo in Rom einander gegenüber aufgestellt hatte. Während die Liegefigur des Sansovino von einer Nischenarchitektur umfangen wird, stellte Floris den Sarkophag mit der Liegefigur vor einen räumlich kaum ausgeprägten architektonischen Rahmen. Typische Elemente der Formensprache von Floris sind die allegorischen Figuren der *vita contemplativa* (mit Totenschädel) und der *vita activa* (mit Spaten) in den Nischen, die als Karyatiden fungierenden Figuren von Prudentia und Justitia sowie antikisierende Ornamente.

Lettner in St. Maria im Kapitol

Im Jahr 1525 wurde in der Vierung der Nonnenstiftskirche St. Maria im Kapitol ein Lettner aufgestellt. Im 18. Jh. als Unterbau einer Orgelempore in den Westen des Langhauses versetzt, kehrte er 1985 an seinen angestammten Platz zurück.

Der Lettner war von mehreren Familien der Kölner Oberschicht gestiftet worden, zu denen auch die Goldschmiedefamilie Hackeney gehörte. Nicasius Hackeney stand seit 1492 in habsburgischen Diensten und war u. a. als Kaiserlicher Rat tätig. Sein internationales Arbeitsgebiet führte ihn auch nach → **Mechelen**, an den Hof der Regentin der Niederlande, zu Erzherzogin Margarethe von Österreich. Dort gab Nicasius wahrscheinlich zwischen 1515 und 1517 den monumentalen Lettner im neuen antikisierenden Stil in Auftrag.

Über Bündelsäulen erheben sich die beiden Schauseiten, die durch Nischen mit Baldachinen und alternierend durch Säulchen gegliedert sind. In den Nischen stehen Statuen und auf Höhe des Architravs sind Wappenmedaillons sowie an jeder Seite vier Reliefs eingelassen, die Szenen aus der Kindheit Jesu und – dem Chorhaupt zugewandt – das Abendmahl sowie alttestamentarische Begebenheiten zeigen. Unter den 22 Statuen befinden sich zehn Propheten und zwölf Heilige, die zum großen Teil die Namenspatrone der Stifter darstellen.

Der Kölner Lettner ist einer der ersten in einer Reihe von nord- und südniederländischen Lettnern, die im Wechsel von dunklem Steinmaterial für den architektonischen Rahmen und hellem Stein für Statuen und Reliefs gearbeitet sind. Jüngere herausragende Vertreter sind z. B. der Lettner in der Kathedrale von Tournai (1572–1574), ebenfalls von Cornelis Floris, oder Coenrat van Nurenbergs Lettner für die Kirche St.-Janskathedraal in 's-Hertogenbosch (1610–1613; London, Victoria & Albert Museum).

Wallraf-Richartz-Museum

Wie die meisten Museen Kölns geht auch das Wallraf-Richartz-Museum z. T. auf einen Nachlass, nämlich den des Kölner Gelehrten und Kunstsammlers Ferdinand Franz Wallraf (1748–1824), zurück. Einen Großteil der Sammlung nehmen Altarwerke ein, die bis in die 1550er Jahre in Köln gefertigt wurden.

Der bekannteste Kölner Maler der ersten Hälfte des 16. Jh., Bartholomäus Bruyn d. Ä. (1493–1555), ein geschätzter Porträtist zahlreicher Kölner Bürger, ist mit einer Vielzahl seiner Arbeiten vertreten. Neben Werken von → **Albrecht Dürer** (Tafeln des *Jabachaltares*), → **Hans Burgkmair d. Ä.**, → **Lucas Cranach d. Ä.** und → **Georg Pencz** verwahrt das Museum Gemälde der Niederländer Jan de Beer, → **Quentin Massys**, → **Pieter Aertsen**, → **Maarten van Heemskerck** und Joos de Momper, die einen Überblick über die Entwicklung der Malerei im 16. und 17. Jh. vermitteln. IK

AUSFLUG

Gelsenkirchen-Horst: Schloss Horst
(ca. 100 km nördlich von Köln)

Rütger von der Horst (1519–1582), Ministerialadeliger in kurkölnischen Diensten, ließ Schloss Horst unter der Leitung des Arnheimer Stadtbaumeisters Arnt Johannsen toe Boecop zwischen 1555 und 1573 an der Stelle einer Burganlage im Inselgebiet der Emscher errichten. Es entstand ein Neubau, der bezüglich seiner architektonischen Konzeption wie auch seines bauplastischen Detailreichtums aus der Vielzahl niederadeliger Sitze jener Zeit in Nordwestdeutschland hervorsticht.

Von dieser Anlage hat sich heute nur ein Relikt erhalten, da große Teile des Renaissanceschlosses eingestürzt sind bzw. Mitte des 19. Jh. aus bautechnischen Gründen niedergelegt wurden; nur der Nordwestflügel und Teile des Nordostflügels sind überliefert. Bei der Erweiterung dieser Flügel in den 1920er Jahren wurden zahlreiche Schmuckelemente aus Sandstein der niedergelegten Gebäudeteile als Spolien verwendet. Nach seiner denkmalgerechten Sanierung von 1992 bis 1999 dient das Schloss heute als Kultur- und Bürgerzentrum. Mit der Überbauung des ehemaligen Innenhofs durch eine Glashalle wird die originale Innenhoffassade des Eingangsflügels (Nordwestflügel) vor schädlichen Umwelteinflüssen geschützt. Zudem wurden zwei Fensterachsen des Herrenhausflügels (Nordostflügel) mit originalen Werksteinen in situ rekonstruiert und einige historische Raumstrukturen wiederhergestellt.

Über quadratischem Grundriss erhob sich bis ins 19. Jh. eine von Wasser umgebene vierflügelige Anlage mit vier deutlich vorgeschobenen Ecktürmen. Zu den beiden höheren Gebäuden im Nordwesten und Nordosten nahmen zwei niedrige Galeriebauten im Süden Bezug, so dass ein geschlossener Innenhof entstand.

Für den reichen bauplastischen Dekor von Außenbau und Innenräumen aus Baumberger Sandstein (Baumberger Sandstein wird im Münsterland abgebaut) suchte sich der Bauherr fähige Bildhauer, Schnitzer und Kachelhersteller aus dem deutsch-niederländischen Grenzgebiet wie die Bildhauer Heinrich und Wilhelm Vernukken aus Kalkar sowie Laurentz von Brachum. Die Dekoration aus Roll- und Beschlagwerk orientiert sich an niederländischen Vorbildern und → **Vorlagenblättern.**

Die aufwändige Gestaltung der Außenfassade fand ihre Entsprechung in einer noch ausgefeilteren Innenausstattung. Portale, deren Vorbilder → **Architekturtraktaten** von Sebastiano Serlio oder dem *Vitruvius Teutsch* von Walter Rivius entnommen waren, schmückten die Zugänge zu den Räumen, die mit raumhohen Bildkaminen aus Baumberger Sandstein ausgestattet waren. Die überaus reich gestalteten Kamine waren Glanzstücke. Als Folge der Abbrucharbeiten um die Mitte des 19. Jh. erhielten drei (*Lot-Kamin, Kain-und-Abel-Kamin, Troja-Kamin*) von den neun Kaminen einen neuen Standort im Schloss Hugenpoet bei Essen-Kettwig. Allein der *Auferstehungs-Kamin* überdauerte bis auf geringe Veränderungen die Jahrhunderte an seinem angestammten Platz im Erdgeschoss des Eingangsflügels.

Auf Grund archivalischer Quellen und als Ergebnis sorgfältiger Bauuntersuchungen kann man zudem von einer beeindruckenden farblichen Ausgestaltung der Innenräume ausgehen. In diesem Zusammenhang tauchen Namen wie Joist (Joost) de la Court aus Neuss oder Benignus Campis aus Köln auf. Die Innenausstattung wurde durch Schlachten- und Puttenfriese aus Ton sowie Kaisermedaillons gleichen Materials vervollständigt.

Wie Teile der Ausstattung war auch die Treppenanlage des Herrenhausflügels durch italienische Renaissancearchitektur beeinflusst. Die Geschosse wurden nicht mehr durch den bis dahin üblichen, zumeist der Fassade vorgestellten Treppenturm mit enger Wendeltreppe verbunden, sondern durch ein großzügiges, in das Gebäude integriertes Treppenhaus mit breiten geraden Stufenbahnen und einem Umkehrpodest auf halber Geschosshöhe (heute nicht mehr erhalten). Auf solchen bequemen Treppenanlagen ließ sich ein repräsentativer Auftritt des Hausherrn vor seinen Gästen zelebrieren. EA

Gelsenkirchen, Schloss Horst, Auferstehungs-Kamin

LANDSHUT

Die Wittelsbacher Herzöge gründeten 1204 in einer ersten Ausbauphase ihres bayerischen Territoriums die Stadt Landshut, unmittelbar an der sich dort in zwei Arme teilenden Isar. Außerhalb der Siedlung, auf einem Höhenzug östlich des Flusses, wurde um dieselbe Zeit der Bau der landesherrlichen Burg Trausnitz begonnen. Aus dem Erbfolgekrieg, der mit dem drohenden Aussterben der jüngeren Herzogslinie 1503 einsetzte, ging Albrecht IV. von Bayern siegreich hervor. Zwei Jahre vor seinem Tod führte er das Erstgeburtsrecht (Primogeniturordnung von 1506) ein, um eine Erbteilung Bayerns zu vermeiden. Sein Sohn Wilhelm IV. (1493–1550), der damit die Landesherrschaft erhielt, konnte sich in einem erbittert geführten Bruderkrieg jedoch nicht gegen den nachgeborenen Ludwig X. (1495–1545) behaupten, der ihm die offizielle Mitregentschaft in einem geeinten Herzogtum Bayern abtrotzte. Während Wilhelm fortan aus der Residenzstadt München die Geschicke des Landes steuerte, blieb der zeitlebens unverheiratete Ludwig ein politisch passiver, nachgeordneter Herzog mit einer jedoch umso bemerkenswerteren eigenen Hofhaltung in Landshut. Ihm verdankt der Ort heute in Gestalt der sog. Stadtresidenz ein Bauwerk von europäischem Rang und ein frühes Zeugnis italienischer Renaissancebaukunst nördlich der Alpen. Ludwigs Ambitionen erklären sich u. a. vor dem Hintergrund seiner humanistischen Bildung, die nur den jüngeren Söhnen Albrechts zuteil geworden war. An Ludwigs Musenhof verkehrten die Humanisten und Gelehrten Johannes Aventinus, Dietrich von Plieningen und Johann Albrecht Widmannstetter sowie seit 1523 der berühmte Astronom und Mathematiker Peter Apian, der 1527 an die Bayerische Landesuniversität Ingolstadt berufen wurde. Die Schlossbaustelle führte neben dem talentierten Baumeister, in dem die Forschung heute (fast) einhellig den Raffaelschüler Giulio Romano (um 1499–1546) sieht, zahlreiche Künstler und Handwerker hierher und machte Landshut um 1540 zum Zentrum des Kunstschaffens in Altbayern.

Stadtresidenz

Die Konkurrenz zu seinem Bruder, der in → **München** die alte herzogliche Wasserburg »Neuveste« bezogen hatte, mag Ludwig zum Residenzneubau (Altstadt 79) in Landshut bewogen haben. Nur durch bauliche Maßnahmen, eingebunden in ein dezidiert antikisierendes Programm, konnte der politisch de facto Bedeutungslose seinen ideellen Status als Herzog von Bayern anschaulich und wirksam bekunden. Dem Neubau voraus ging der Entschluss zum Umzug von der befestigten Burg Trausnitz in die Stadtmitte und damit einhergehend die (ungesicherte) Öffnung des Palastes zu den Untertanen. Ähnliche Tendenzen zeigten sich zuvor u. a. in Neuburg a. d.

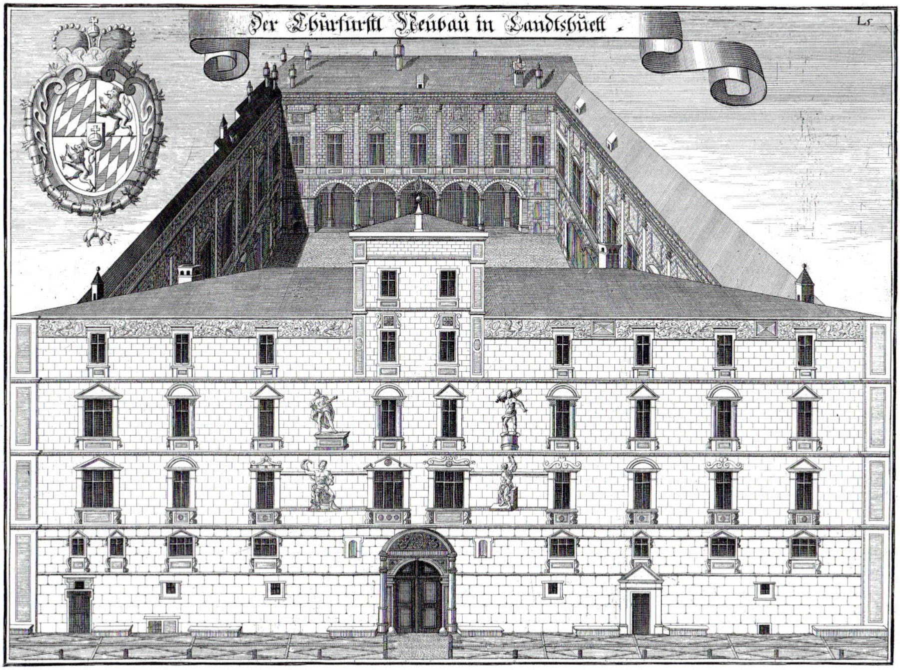

Landshut, Stadtresidenz, Stich von Michael Wening aus: *Der Churfürstl. Neubau in Landtshuett*, 1723

Donau (ab 1530), doch nirgendwo reiht sich der Fürstenpalast vergleichbar ohne Zäsur in die Flucht der Bürgerhäuser ein. Ludwigs Entscheidung wurde offenkundig von der politischen Theorie des italienischen Humanismus inspiriert: Francesco Petrarca (1304–1374) hatte erstmals die Vorstellung der von den Untertanen freiwillig akzeptierten Herrschaft (Ideal vom guten Fürsten) formuliert und Leon Battista Alberti nahm schon Mitte des 15. Jh. in seinen → **Architekturtraktaten** diese Gedanken in das ideale Programm einer zivilen Festungsarchitektur auf: Nur der Tyrann – so Alberti – sollte eine befestigte, unzugängliche Burg am Stadtrand bewohnen. Dementsprechend hatte auch Baldassare Castiglione in seinem Buch vom Hofmann (*Il libro del Cortegiano*) 1528 dem gebildeten Fürsten empfohlen, inmitten seiner Untertanen zu leben – eine Idealvorstellung allerdings, die auch im Italien der Renaissance nur ansatzweise (Urbino, Sabbioneta, Pienza) realisiert wurde.

Deutscher Bau

Im Herzen der Stadt Landshut, unmittelbar gegenüber dem bürgerlichen Rathaus, stand mit dem alten Wittelsbacher Zollhaus ein geeigneter Bauplatz zur Verfügung. Nach dem Abriss des Gebäudes und einiger Bürgerhäuser erfolgte 1536 die Grundsteinlegung. Unter der Leitung des Augsburger Baumeisters Bernhard Zwitzel entstand – gewiss nicht ohne den

Einfluss des Herzogs und seiner Berater – der sog. Deutsche Bau, ein einflügeliger, über die angrenzende Bebauung aufragender, viergeschossiger Stadtpalast mit einem großen Festsaal im zweiten Obergeschoss. Die im 16. Jh. mit aufgemalter Rustika, Fenstergliederungen, Friesen und figürlichen Darstellungen (u. a. des Laokoon) gefasste Marktfassade zeigt sich heute in ihrer Gestalt aus der Zeit um 1780, als die Wittelsbacher Linie Zweibrücken-Birkenfeld hier Wohnung bezogen und auch im Innern eingreifende Umbaumaßnahmen veranlasst hatte. In der Mittelachse des Gebäudes führt die Durchfahrt in die Erdgeschosshalle, die sich mit großen, dreiteiligen Fensteröffnungen zum Hof orientiert.

Bereits im ersten Bauabschnitt der Landshuter Residenz wird die angestrebte Nähe zur antiken Baukunst erkennbar, die sich im Verständnis der Zeit u. a. in der Rezeption italienischer Leitbilder äußerte. Sie wird vor allem deutlich in der Tendenz zur Symmetrisierung von Grundriss und Fassadenaufriss, aber auch in der Aufnahme antiker Bildsujets sowie in der Verwendung edler Materialien (z. B. Rotmarmorsäulen in der Halle). Dabei übten auf den Deutschen Bau – anders als auf den zweiten Bauabschnitt, den sog. Italienischen Bau – italienische Vorbilder keinen unmittelbaren Einfluss aus; maßgebliches Vorbild war hier vielmehr das zwischen 1511 und 1527 errichtete Wohnhaus Jakob Fuggers in → **Augsburg**, einer der prominentesten und luxuriösesten Wohnbauten der Zeit.

Italienischer Bau

Noch im Jahr 1536, während der Fundamentierungsarbeiten am Deutschen Bau, unternahm Herzog Ludwig eine diplomatische Reise durch Oberitalien. Begeistert schrieb er seinem Bruder in München über den Palazzo del Tè des Vetters Frederico Gonzaga in Mantua, dessen künstlerisches Gesamtkonzept Giulio Romano entworfen und in den Jahren von 1526 bis 1534 ausgeführt hatte. Federicos *villa suburbana* galt weithin als Ideal eines modernen fürstlichen Landsitzes, so auch für Franz I. von Frankreich, der sich vergeblich darum be-

Mantua, Innenhof des Palazzo del Tè

müht hatte, den Mantuaner Architekten nach Fontainebleau zu verpflichten. Noch unter dem Eindruck des in Oberitalien Gesehenen, entschied sich Ludwig spontan zu einem neuen Projekt für Landshut. Dabei wollte er keine Kopie der Gonzaga-Villa schaffen; vielmehr schwebte ihm eine Paraphrase vor: ein Palast derselben Stillage, in dessen Bau- und Ausstattungsprogramm sich dem in Kunstfragen gebildeten Hofmann das in Mantua vorgetragene Verständnis fürstlicher Herrschaft offenbaren sollte. Eine subtile Bauaufgabe, die nur von einem schöpferisch begabten Künstlerarchitekten zu lösen war. Die Baurechnungen der Landshuter Stadtresidenz verschweigen den Planleger des »Walchen [Welschen] Hauses« (Italienischer Bau). Von einer wie auch immer gearteten Beteiligung Romanos kann aber angesichts der vollendeten Übersetzungsleistung – auch in Bezug auf die unterschiedlichen Funktionen (Villa in Mantua – Residenz in Landshut) – ausgegangen werden.

Noch aus Italien beorderte Ludwig seinen Hofbaumeister Niclas Überreiter nach Mantua und leitete erste Planungsschritte ein. Hinter dem im Entstehen begriffenen Deutschen Bau (Altstadt 79) entstand nun an der parallel verlaufenden Ländgasse als zweiter Palast der Italienische Bau. Dieser wurde durch zwei schmale, einen Innenhof umfassende Flügel mit dem vorderen Bau verbunden, so dass ein vierflügelig geschlossener Residenzkomplex entstand, orientiert am Idealtypus der italienischen Hochrenaissance. Um eine direkte Verbindung von den Wohnräumen der Residenz zu dem jenseits der Hofstallungen unmittelbar an der Isar gelegenen herzoglichen Belvedere auf der Stadtmauer zu schaffen, wurde ein Übergang über die Ländgasse errichtet (Ländgassenbau).

Anders als der ursprünglich glatt verputzte Deutsche Bau erhielt der zweieinhalbgeschossige Italienische Bau zur Ländgasse eine plastische Fassadengliederung. Das Erdgeschoss, dessen mittiges Portal mit der Durchfahrt des Deutschen Baus korrespondiert, ist mit einer aufgeputzten Rustika versehen; das hoch aufragende Obergeschoss, welches auf der Straßenseite den Italienischen Saal aufnimmt, zeigt eine zweizonige Gliederung, die von einer Kolossalordnung zusammengefasst wird. Dabei werden die Fenster rhythmisch zu einer mittleren Dreiergruppe und zwei flankierenden Fensterpaaren organisiert, indem jede Gruppe von einer doppelten Pilasterstellung eingefasst ist. Die ädikulaartig gerahmten Fenster sind von eingetieften Wandfeldern überhöht (mittig das Wappen des Bauherrn), die ein drittes Obergeschoss andeuten. Das niedrige Attikageschoss tritt über dem Hauptgesims nur in Gestalt kleiner Ovalfenster oberhalb der Fensterachsen in Erscheinung. Besonderes Augenmerk verdient die aufgeputzte Rustika des Erdgeschosses, denn nur bei genauer Betrachtung offenbart sich die Poetik des Motivs – ein manieristisches »Capriccio«, das allein einem Künstler von Rang zuzutrauen ist: Das grobe, trutzige Bossenmauerwerk hat den Anschein, aus den Fugen und in Bewegung geraten zu sein; nur der schwer lastend in sein Lager gesackte Schlussstein des Portals scheint das bedrohlich fragile Mauerwerk zusammenzuhalten.

Die Palastfassade an der Ländgasse erhielt einen kleinen Vorplatz, städtebaulich gerahmt durch die gegliederte Platzwand des Ländgassenübergangs; Häuserabbrüche auf der Südseite ermöglichten zudem die Freistellung und Prospektentfaltung des Palastes innerhalb des Altstadtgefüges. Unmittelbar südlich ist dem

Landshuter Stadtresidenz, Innenhof mit Blick auf den Italienischen Bau

Bau ein von hohen Mauern umgebener kleiner Hof vorgelagert, der auch von der Ländgasse aus zugänglich und zudem über eine geheime Treppe mit den Wohnräumen im Obergeschoss verbunden ist. Hier befand sich zunächst das Badehaus des Herzogs; erst nach 1568 entstand dort der erhaltene Küchenbau.

Betritt man den Innenhof der Residenz, überrascht die kraftvolle, erst jüngst nach Befunden wiederhergestellte Farbigkeit der Fassaden des Italienischen Baus, der hier als regelmäßige zweigeschossige Dreiflügelanlage in Erscheinung tritt. Komposite Pilaster gliedern die Fensterachsen der Hauptgeschosse. Im Erdgeschoss öffnen sich Arkadenhallen mit rustizierten Bögen zum Innenhof, die auf gemauerten, rot verputzten Stützen ruhen. Nur die westliche Loggia, die beidseitig in Exedren endet und gleichsam als Vorhalle (Atrium) dient, zeigt eine Säulenstellung aus Rotmarmor. Hier ist zudem der renaissancezeitliche Schmuck überliefert (inschriftlich datiert 1543; 1781 restauriert): Die flache, mit Stichkappen versehene Tonne ist durch stuckierte

Bänder kunstvoll kassettiert. In den Rahmungen erscheinen Grotesken, Embleme sowie szenische Darstellungen. Das Bildprogramm, gemalt von Ludwig Refinger (1510/15-1548/49), wurde ursprünglich durch die lediglich in Fragmenten erhaltene Ausmalung der seitlichen Hallen vervollständigt. Es zeigt die Patriarchen des Alten Testaments, gleichsam Legitimation für eine gottgegebene Obrigkeit. Eine im Fries umlaufende Inschrift nennt sinnfällig die Namen der drei herzoglichen Brüder: Wilhelm, Ludwig und Ernst.

Während der 1538 im Rohbau vollendete Deutsche Bau (Fassade 1540, Innenausstattung bis 1543) ausschließlich von deutschen Bauleuten ausgeführt wurde, wirkten am Italienischen Bau neben dem Bauleiter, Meister Sigismondo aus Mantua, zunächst nur italienische Maurer, Steinmetze und Stuckateure – Letztere, um Räume und Gewölbe in der seinerzeit nördlich der Alpen noch kaum bekannten Stuckmanier zu dekorieren. Selbst die Backsteine (*walchenstain*) wurden nach italienischen Maßen gebrannt. Erst mit der Übergabe der von Ludwig bestellten Architektur *all'italiana* kamen einheimische Vergolder und Maler zum Zuge, darunter der bereits erwähnte Ludwig Refinger, Herman Posthumus und Hans Bocksberger d. Ä. Sie scheinen alle die *maniera* des Giulio Romano in Mantua studiert zu haben. Bocksberger war vermutlich die Leitung bei der Ausmalung des Palastes übertragen worden.

In seltener Vollständigkeit sind die Innenräume des Italienischen Baus in ihrer wandfesten Dekoration, mit Kaminen, Fenstern und kunstvoll stuckierten und bemalten Kloster- und Tonnengewölben erhalten. Dabei dienten wiederum die Säle des Palazzo del Tè für zahlreiche Gewölbefigurationen als Vorbild. In seiner inhaltlichen Konzeption ist das Raumprogramm mit Sicherheit auf den eingangs vorgestellten Gelehrtenkreis um Ludwig zurückzuführen, setzen die Bildthemen doch dezidierte Kenntnisse der griechischen und römischen Mythologie voraus. Als Quellen dienten u. a. die antiken Autoren Ovid, Herodot und Livius.

Zum Großteil von Refinger geschaffen, haben die Wandmalereien im Erdgeschoss überwiegend moralisierende und belehrende Themen zum Inhalt. Im Nemesis-Saal (nemesis = ausgleichende Gerechtigkeit) ist die Rachegöttin in kühner Untersicht im Scheitel des Gewölbes dargestellt. Der anschließende, tonnengewölbte Ecksaal (Thema: Tugend und Opfermut; in den Lünetten u. a. David und Goliath) leitet zum Arachne-Zimmer über. Im Gewölbe ist der bei Ovid geschilderte Wettstreit zwischen Athena und der eingebildeten Weberin Arachne dargestellt, die die Göttin herausfordert. Den letzten Raum des Erdgeschosses bildet das Latona-Zimmer (Thema: Ehrfurcht gegenüber den Göttern; Ausmalung durch Posthumus). Vorbilder für die Gewölbedekoration wie für die Bildmotive waren in den antiken Ruinen Roms zu finden, aber auch bei den Innendekorationen Raffaels und seiner Schüler. Vor dem Hintergrund der Konkurrenz Ludwigs zu seinem in München regierenden Bruder Wilhelm gewinnt das Bildprogramm des Erdgeschosses eine besondere Bedeutung: Sind die aufeinander folgenden Darstellungen von Rache, Kampf bzw. Wettstreit der Schwächeren gegen die Stärkeren und Götterfurcht doch auch als Kommentar des nachgeordneten Mitregenten auf die Primogeniturordnung zu verstehen.

Im Scheitel der nördlichen Exedra der Loggia nimmt eine zweiarmig gegenläufige

Landshuter Stadtresidenz, Italienischer Saal

Treppe ihren Ausgang, die in die Prunkgemächer des Obergeschosses führt. Im deutschsprachigen Raum, wo man um dieselbe Zeit gerade im repräsentativen Bereich häufig die komplizierten und prestigeträchtigeren Wendeltreppen bevorzugte, zählt diese 1537 angelegte gerade Treppe zu den frühesten ihrer Art (u. a. → **Stuttgart**, Schloss).

Die Raumfolge des Obergeschosses widmet sich Helden und Göttern, Elementen und Gezeiten, Jagd und Sinnlichkeit. Vom Bacchus-Saal, dessen Deckengemälde 1543 von Refinger ausgeführt wurde, betritt man heute den Italienischen Saal. Seine ursprünglich glatt verputzten Wände waren nur durch die regelmäßige Reihung der Thomas Hering zugeschriebenen Kalkstein-Tondi (Herkulesdarstellungen nach einer Holzschnittfolge C. A. Valvassoris) gegliedert. Die Marmorverkleidung und Neuordnung der Herkulesreliefs erfolgte im 19. Jh. Die gedrungene Tonne ist mit ihrer Feldereinteilung der Loggia di Davide des Palazzo del Tè nachempfunden; die Thematik des Raums folgt jedoch einem offiziellen, eigens für Landshut konzipierten Programm, innerhalb dessen der Bauherr weitaus stärker in den Hintergrund tritt als beim italienischen Vorbild. Die von Hans Bocksberger geschaffene Ausmalung der Gewölbefelder folgt dem durch die lateinische Fries-Inschrift vorgegebenen Thema, das auf die Einigung Ober- und Niederbayerns (Wilhelm und Ludwig) anspielt: »CONCORDIA PARVAE RES CRESCVNT / DISCORDIA MAXIMAE DILABUNTUR« (Eintracht lässt kleine Dinge wachsen, Zwietracht zerstört selbst das Mächtige). In den mittleren Deckenfeldern sind Dichter, Philosophen, Redner und Denker dargestellt; sie werden in den flankierenden Gewölbestreifen von Staatsmännern und Feldherren begleitet. Mittig ist den Ruhmreichen (*uomini famosi*) eine Trompete blasende Fama zugeordnet, wieder in der Art des Giulio Romano stark untersichtig dargestellt. Die Bogenfelder der Tonne zeigen Allegorien: im Süden Geschichte, Recht und Wissenschaft; im Norden Malerei, Bildhauerei und Baukunst, Letztere u. a. mit einer Darstellung des antiken Traktatschreibers Vitruv.

Das südlich an den Bacchus-Saal anschließende Venus-Zimmer, dessen Gemälde 1541/42 Bocksberger schuf, diente ursprünglich wohl als Schlafkammer. Eine dort befindliche Inschrift lautet in der Übersetzung: »Bäder, Wein und Venus verderben unsere Körper/es richten den Körper wieder auf: Bäder, Wein und Venus«. Der nochmals südlich anstoßende Sechseckraum hat seine originale Fassung eingebüßt. Südlich an den Italienischen Saal grenzt der Göttersaal mit Gewölbemalereien von Hans Bocksberger. Das Sternenzimmer in der frei stehenden Südwestecke des Palastes mit seinem auf die Raumflucht ausgerichteten Kamin zeigt ein Planetarium mit Planeten- und Fixsternhimmel (Ausführung 1543 durch Refinger). Es folgen nach Osten schließlich zwei Kabinette, das Apollo- und das Diana-Zimmer, die wie das Venus-Zimmer im zentralen Gewölbefeld den Triumph der Gottheiten, jeweils in Untersicht und starker perspektivischer Verkürzung, zeigen (Ausmalung durch Bocksberger und Posthumus). Vom Diana-Zimmer gelangt man in das Obergeschoss des südlichen Verbindungsflügels und von dort in die Kapelle. Als Vorbild des dezidiert antikisch-italienisch gegliederten Raums ist die ab 1529 von Giulio Romano errichtete Capella Castiglione an S. Maria delle Grazie bei Mantua zu nennen.

Obgleich die Dekorationen des Italienischen Baus die genaue Kenntnis der privatintimen und unkonventionellen Darstellungen der Figuren des Palazzo del Tè offenbaren, hat ihre Thematik am Ort der offiziellen Repräsentation eine Wendung zum Schicklichen genommen, letztlich aber auch an Schöpferischem und Überraschendem verloren. Der sich auch in den Ausführungsdetails immer wieder aufdrängende Vergleich mit Mantua kann schließlich weder über den qualitativen Abstand des figürlichen Stucks in Landshut hinwegtäuschen, noch über die Grenzen, an welche die Malereien eines Bocksberger oder Posthumus im Vergleich mit denjenigen eines Giulio Romano stoßen. Bei aller *italiana* in Dekor, Sujet und Haltung wird hier doch ein eigener Duktus offenbar, der sich auch in der Organisation der Innenräume zeigt. Wie ursprünglich im Deutschen Bau ist die Raumstruktur am Typus des Stubenappartements orientiert mit ofenbeheiztem Wohn- oder Audienzraum, ofenloser Schlafkammer, ggf. mit Kamin, ergänzt durch Schreibzimmer oder Garderobe. Dennoch ist die Landshuter Stadtresidenz ein Importprodukt der italienischen Renaissance, das in seiner Gesamtheit außerhalb Italiens weder Parallele noch Nachfolge gefunden hat.

Landshut, Burg Trausnitz, Dürnitzbau vom Schlosshof gesehen

Burg Trausnitz

Der prachtvolle Neubau der Stadtresidenz fiel 1545 mit dem Tod Ludwigs an dessen Bruder Wilhelm IV., und München wurde wieder zum alleinigen Regierungssitz. Der Stadtpalast diente fortan überwiegend als Gästehaus, aber auch als temporäre Unterkunft des Landesherrn. Zur Wohnung des jeweiligen Erbprinzen wurde stattdessen die nunmehr Trausnitz genannte Burg Landshut bestimmt, auf der bereits Ludwig kleinere Baumaßnahmen in die Wege geleitet hatte. Sowohl Albrecht V. (1528–1579) als auch dessen Sohn Wilhelm V. (1548–1626) bezogen bald nach ihren Hochzeiten die landesherrliche Höhenburg, bevor sie als Regenten 1550 bzw. 1579 nach München zurückkehrten.

Vom ehemals dicht bebauten äußeren Burghof aus, dem Gelände der ehemaligen Vorburg, gelangt man durch einen Torbau in den inneren Burghof. Diesen umstehen Gebäude, die im Kern fast ausschließlich noch dem Mittelalter angehören. Die Ostseite nimmt der dem weiblichen Hofstaat zugedachte Damenstock ein, der mit seinem zum Hof hin offenen Laubengang im Erdgeschoss erst um 1575 durch die Zusammenfassung verschiedener Baukörper entstand. In seiner Nordostecke führt hofseitig die 1520 errichtete Söllerstiege auf einen Altan (Söller) im zweiten Obergeschoss. Von hier aus bietet sich dem Betrachter ein weites Panorama über Altstadt und Umgebung. Der Fürstenbau, der den Hof nach Westen begrenzt, entstand bereits im 15. Jh. durch die

Zusammenfassung von Palas und Kemenate. Die beiden Obergeschosse des Dürnitzbaus (im Erdgeschoss befindet sich die alte Hofstube), der den Hof im Norden säumt, nimmt der Weiße Saal ein.

Das Erscheinungsbild der beiden rechtwinklig aneinander stoßenden Haupttrakte – Dürnitzbau im Norden und Fürstenbau im Westen – ist heute noch durch die Baumaßnahmen geprägt, die Prinz Wilhelm in den 1570er Jahren hier vornehmen ließ. Das 1578 begonnene sog. Ganggebäude mit der Treppe in der Hofecke fasst beide Blöcke vereinheitlichend zusammen. Baumeister dieser zweigeschossig vorgeblendeten Arkatur ist der Vasari-Schüler → **Friedrich Sustris**, der von Herzog Albrecht kritisch als »Maler und selbstgewachsene[r] Baumeister« bezeichnet wurde und in diesen Jahren als künstlerischer Hofintendant in Landshut tätig war.

Landshut, Burg Trausnitz, Narrentreppe, Alessandro Scalzi, gen. Paduano, nach Entwurf von Friedrich Sustris

COMMEDIA DELL' ARTE

Wandernde Truppen von Berufsschauspielern machten die Spielform der Commedia dell' Arte seit dem 16. Jh. in ganz Europa bekannt. Ihr enormer Erfolg beruhte auf der Einfachheit der Handlungen, die stets ähnlichen Mustern von Betrug, Eifersucht und fröhlichem Ende folgten. Mit starker Gestik und in marktschreierischer Sprechweise gespielt, mit musikalischen und akrobatischen Einlagen präsentiert, wurden die Stücke überall vom Publikum verstanden. Die auftretenden Personen besaßen festgelegte Masken und Charaktere: Pantalone, ein trotteliger, alter Kaufmann, und der geschwätzige Gelehrte Dottore Graziano werden von zwei Dienern (Zanni), dem dummen Arlecchino und dem gerissenen Brighella, begleitet und meistens hereingelegt, damit die jungen Liebenden (gewöhnlich Kinder von Pantalone und Graziano) zueinander finden können. Oft sind auch der Prahler Capitano, eine Dienerin, eine gewitzte Kurtisane und weitere Figuren dabei – Rollen, die ein Schauspieler oder eine Schauspielerin zu Beginn der Laufbahn übernahm und ein Leben lang spielte. DS

Die zum Hof geöffneten Arkadengänge sind in einer antikisierenden, die vitruvianischen Proportionsprinzipien jedoch wenig beachtenden Weise gegliedert (→ **Architekturtraktate**); der rustizierte Rauputz ersetzte spätestens im 17. Jh. eine ursprünglich möglicherweise mit illusionistischer Malerei gefasste Oberfläche (→ **Neuburg a. d. Donau**). Nur die Fassade des Nordtrakts zeigt mittig ein ehemals giebelüberhöhtes Triumphbogenmotiv.

An der Stadtseite des Fürstenbaus ließ Prinz Wilhelm 1575 u. a. zur Erschließung der in den Obergeschossen gelegenen Wohnräume durch den Ingolstädter Baumeister Georg Stern d. J. den sog. Italienischen Anbau errichten: einen turmartigen, heute im Äußeren schmucklosen Baukörper, der über vier Geschosse je ein bzw. zwei kleine Kabinette, die sog. Narrentreppe sowie im unteren Geschoss eine Badestube aufnahm (die in den Boden eingelassene, aus Backstein gemauerte Wanne ist heute noch im Nebenraum des Restaurants Burgschenke zu sehen).

Eine italienische, aus dem Stegreif gespielte Komödie (→ **Commedia dell' Arte**), die 1568 bei seiner Hochzeit in → **München** aufgeführt worden war, gefiel Wilhelm V. so gut, dass er die Akteure in typischen Szenen an den Wänden der Narrentreppe darstellen ließ. Friedrich Sustris lieferte die Entwürfe, sein Schwager Alessandro Scalzi, gen. Paduano, führte sie 1578 aus.

In den Kabinetten des Italienischen Anbaus wirkte der Bildhauer Carlo Pallago als Stuckateur, der gemeinsam mit Sustris aus Augsburg gekommen war. Im zweiten Obergeschoss des durch Brand im Jahr 1961 beschädigten Fürstenbaus wurden in jüngster Zeit drei Säle eingerichtet, in denen eine Folge kostbarer Gobelins zu sehen ist, die von Kurfürst Maximilian I. bei → **Peter Candid** in Auftrag gegeben worden waren: *Die Taten des Pfalzgrafen Otto von Wittelsbach.*

Zum 800-jährigen Stadtjubiläum von Landshut im Jahr 2004 sieht das Bayerische Nationalmuseum vor, im Damenstock der Burg

Trausnitz ein Kunstkammer-Museum einzurichten.

Ehemaliges Landschaftshaus

Im Zentrum der Altstadt, nahe der Stadtresidenz und schräg gegenüber der Martinskirche, liegt das ehemalige Landschaftshaus (Altstadt 28), in dem die Landstände des Herzogtums - Adel, Klerus und Städte - seit der Mitte des 16. Jh. ihre Versammlungen abhielten. Durch die sukzessive Vereinigung dreier Häuser erhielt das Gebäude erst um 1600 seinen endgültigen Umfang. Zur Vereinheitlichung des Baukörpers wurde die Fassade 1599 in Freskotechnik mit einer Scheinarchitektur bemalt, die durch Statuen, Medaillons mit Bildnissen antiker Herrscher sowie Tugenddarstellungen bereichert ist (1769 und 1861 erneuert). In den Vordergrund treten Statuen berühmter Persönlichkeiten aus dem Hause Wittelsbach (u. a. Kaiser Ludwig der Bayer und Herzog Ludwig X.) in baldachinbekrönten Nischen. Hans Georg Knauf war der ausführende Maler, die Entwürfe lieferte Hans Pachmayr.

Derartige → **Fassadenmalereien** mit räumlich-illusionistischen Effekten nach italienischem Vorbild waren im süddeutschen Raum verbreitet (→ **Neuburg a. d. Donau**; → **Regensburg**; → **Augsburg**; Basel). CE

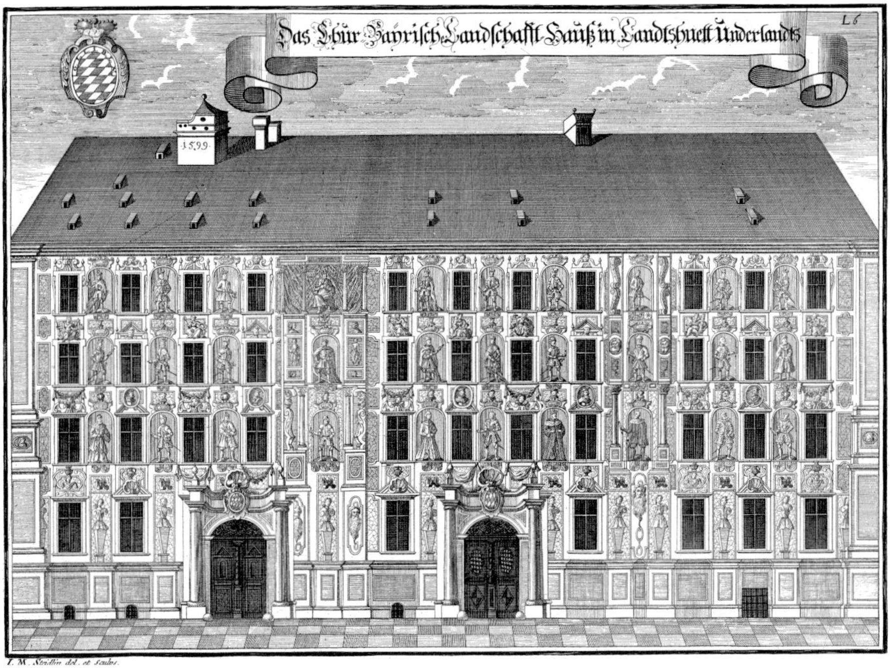

Landshut, Landschaftshaus (Altstadt 28), Stich von Michael Wening, *Das Chur Bayrisch Landschafft Hauß in Landtshuett Underlandts,* 1723

LEMGO

Die planmäßige Gründung der Stadt Lemgo am Schnittpunkt bedeutender Handelswege durch Graf Bernhard II. zur Lippe erfolgte um 1190 in der Nähe der Burg Brake.

Als sich die Grafschaft Lippe Ende des 15. Jh. zu einem zentralistisch verwalteten Territorium wandelte, kam es zunehmend zu Konflikten zwischen dem Landesherrn und der Stadt Lemgo. So war die Durchführung der Reformation ein längerer Prozess, der gegen den Willen des katholischen Landesherrn und der städtischen Oberschicht stattfand und sich bis 1540 hinzog. Als der zum Calvinismus übergetretene Graf Simon VI. (reg. 1576–1613), der mittlerweile auf Schloss Brake vor den Toren der Stadt residierte, um 1600 sein Territorium religiös einigen wollte, kam es zu kriegerischen Auseinandersetzungen mit der lutherischen Stadt. Erst 1617, nach dem Tod Simons, wurde Frieden geschlossen, so dass die Stadt lutherisch bleiben konnte, die Residenz und das Hofgericht jedoch wieder nach Detmold verlegt wurden.

Schloss Brake

Graf Simon VI. wurde 1554 als einziger Sohn Graf Bernhards VIII. geboren und durch einen Melanchthon-Schüler erzogen. Nach einem Aufenthalt an der protestantischen Akademie in Straßburg verbrachte er u. a. mehrere Jahre an den Höfen von Herzog Julius von Braunschweig-Wolfenbüttel in → **Wolfenbüttel** und von Landgraf Wilhelm IV. von Hessen in Kassel. 1576 übernahm er die Regierung. Besonders durch seine zweite Ehe mit Elisabeth von Schaumburg, der Schwester von Graf Ernst von Schaumburg (→ **Bückeburg**, → **Stadthagen**), war er mit zahlreichen Grafenhäusern im Weserraum verschwägert. Da die Grafschaft Lippe zu den minder mächtigen Reichsfürstentümern gehörte, sah Simon die Existenz seines Landes am ehesten durch ein starkes Kaisertum gewährleistet. Auf Grund der friedensorientierten Politik des niederrheinisch-westfälischen Reichskreises, die er unterstützte, wurde er 1590 einer der kaiserlichen Vermittler im niederländischen Unabhängigkeitskrieg und konnte in der Folgezeit eine enge Beziehung zu Rudolf II. aufbauen: Er wurde Reichshofrat und schließlich 1595 Oberst des niederrheinisch-westfälischen Kreistags.

Simon nutzte seine Kontakte in die Niederlande auch als Lieferant niederländischer Gemälde für den Kaiser, die er durch Mittelsmänner erwerben ließ. Ob auf diese Weise auch Gemälde an seinen eigenen Hof gelangten, ist unbekannt, da sich von dem Inventar des Schlosses kaum etwas erhalten hat und die Quellen wenig aussagekräftig sind. Seine Bibliothek befindet sich hingegen nahezu vollständig in der Lippischen Landesbibliothek in Detmold.

Da es Simon von der Stadt verwehrt worden war, den innerhalb der Stadtmauern gele-

Geldorp Gortzius (zugeschrieben), Simon VI. zur Lippe, 1601 (Schloss Bückeburg)

genen gräflichen Lippehof zu erweitern, ließ er ab 1583 die mittelalterliche vierflügelige Wasserburg Brake zu einem Renaissanceschloss umbauen, das zu seiner ständigen Residenz wurde. Zwischen 1584 und 1592 wurde der Nordflügel durch den Baumeister Herman Wulff (gest. 1597) repräsentativ erneuert. 1586 errichtete man in der Tradition des alten Bergfrieds in der Nordwestecke – sein Standort ist im Hofpflaster kenntlich gemacht – den neuen mächtigen Westturm sowie den Westgiebel. Ab 1603 erfolgte die Erneuerung des sog. Prinzipalbaus, des Torbaus neben dem Turm, in dem sich im Erdgeschoss Wach- und Arresträume und im Obergeschoss Wohnräume befanden, sowie die Aufstockung des ehemals anschließenden schmalen Westflügels. Weil nach Simons Tod die Hofhaltung wieder zurück nach Detmold verlegt wurde und während des Dreißigjährigen Kriegs weitere Baumaßnahmen unterblieben, wurde der Ostflügel erst 1666 unter Simons Enkel Casimir erneuert.

Als zu Beginn des 19. Jh. das Schloss nicht mehr als Residenz benötigt wurde, ließ man 1805 das Inventar versteigern und 1811 den Westflügel sowie das Torhaus auf Grund ihrer Baufälligkeit niederlegen. Seit 1985 sind der Landesverband Lippe und seit 1989 das Weserrenaissance-Museum in Schloss Brake untergebracht.

Nach dem Niedergang im 19. Jh. wurden große Teile des Schlosses eingreifend restauriert und rekonstruiert. Die Gliederung von Nordflügel und Turm ist bestimmt durch ein ausgewogenes Raster von Gesimsen und in Superposition übereinander gestellten Pilastern, deren Vertikalität an den Flügellangseiten ursprünglich durch reich verzierte Zwerchhausgiebel unterstützt wurde. Die Trauflinien des Westgiebels sind mit Rollwerk und Obelisken versehen, wobei die obere Zone eine freie Rekonstruktion von 1923 darstellt. An der Innenhofseite ist dem Obergeschoss eine schmale, heute rekonstruierte Galerie vorlegt, von der man bei Feierlichkeiten dem Treiben im Schlosshof zuschauen konnte.

Im Rahmen eines Museumsbesuchs sind auch die Schlosskapelle und der Westturm zugänglich. Die Schlosskapelle im Westen des Nordflügels war möglicherweise ursprünglich mit 13 Tafeln des Hildesheimer Malers Johann Hopffe (um 1565–1615) ausgestattet, von denen sich heute 12 im Lippischen Landesmuseum Detmold befinden.

Am Beispiel des Westturms ist die Verzahnung von öffentlicher und privater Nutzung in

Lemgo, Schloss Brake, Blick auf Turm und Nordflügel

einer renaissancezeitlichen Residenz gut abzulesen. Die Erschließung der einzelnen Geschosse des Nordflügels und des Torhauses erfolgt vor allem über eine geradläufige, zur damaligen Zeit recht moderne Treppenanlage im Turm, die bis zu dem hofseitigen Altan reicht. Die Treppe war für die Öffentlichkeit bestimmt und erschließt ebenfalls zwei 1586 repräsentativ mit Stuckgewölben geschmückte Turmräume. Diese waren mit einem Kamin ausgestattet und dienten vermutlich als Studiolo und Bibliothek Simons. Es ist nicht ungewöhnlich, dass derartige Räume in einem Turm lagen, wie es bereits 1491 für das *studiolo* der Isabella d'Este, Marchesa von Mantua, belegt ist. Hier auf Schloss Brake zählten sie einerseits zum öffentlichen Bereich, da sie über die breite Treppenanlage zugänglich und repräsentativ für Besucher ausgestattet waren, in ihrer Funktion gehörten sie aber auch dem privaten Bereich an. Die drei oberen beheizbaren und mit Aborten versehenen Turmräume oberhalb des Altans waren vermutlich nicht für die Öffentlichkeit bestimmt, da zu ihnen nur schmale Wendeltreppen bzw. eine schmale Stiege führt. Vermutlich lagen Simons privaten Gemächer - ein großer Raum und eine kleine im Halbgeschoss gelegene Kammer - direkt oberhalb der Bibliothek. Sie sind über eine eigene Wendeltreppe zu erreichen, deren Lauf nach unten direkt in die Schlosskapelle führt. Eine weitere Treppe erschließt die beiden obersten Geschosse, die Besuchern vorbehalten waren. Die nicht mehr erhaltene Turmhaube mit Umgang hat Simon möglicherweise zur Sternbeobachtung genutzt.

Die Gebäude, die sich im näheren Umfeld des Schlosses befinden, vermitteln - selbst wenn sie nicht alle aus der Zeit um 1600 stammen - heute noch ein eindrucksvolles Bild einer frühneuzeitlichen Residenz, zu der u. a. der Marstall, Mühlen, Scheunen und Remisen, ein Waschhaus, ein niedergelegtes Jägerhaus sowie eine Orangerie, die nördlich des Schlosses hinter den Gärten lag, gehörten.

Musik am Braker Hof

Obwohl Graf Simon im Vergleich zu anderen Landesherren nur über bescheidene Einkünfte verfügte, bemühte er sich stets, gute Musiker an seinen Hof zu holen. Als er mit dem aus Lemgo stammenden Johann Grabbe (1585-1655) ein talentiertes Landeskind entdeckt hatte, ermöglichte er ihm später einen langen Aufenthalt in Venedig, wo Grabbe bei Giovanni Gabrieli (1553/56-1612) studierte und 1609 sein erstes Madrigalbuch drucken ließ. Mit diesem Simon gewidmeten Werk bewies Grabbe, dass er nun den ausdrucksstarken, am Emotionsgehalt des Textes orientierten italienischen Kompositionsstil beherrschte. Nach seiner Rückkehr diente Grabbe drei Jahre in Brake als Hoforganist, dann wurde er nach Simons Tod von Graf Ernst nach → **Bückeburg** berufen.

Simon war selbst ein guter Organist. Er ließ sich 1600 von Hans Scherer d. Ä. aus Hamburg eine äußerst kostbare, heute verschollene Orgel für die Braker Schlosskapelle bauen. Scherers Sohn Fritz ist für den Bau der noch in großen Teilen original erhaltenen Schwalbennest-Orgel - eine Orgel ohne Empore - der Kirche St. Marien in Lemgo verantwortlich. Das 1613 vollendete, ursprünglich farbig gefasste Instrument weist äußerlich große Ähnlichkeit mit den niederländischen Orgeln der Familie Niehoff auf (→ **Lüttich**, St.-Jacques).

Rathauserker

Die beiden Rathauserker sind die renaissancezeitlich bedeutendsten städtischen Bauwerke in Lemgo.

1565 wurde dem Hauptportal der südlichen Rathausschmalseite eine repräsentative eingeschossige Laube durch den Baumeister Herman Wulff vorgesetzt. Im Brüstungsfeld enthält sie die Wappen der zur Erbauungszeit wichtigen Personen des lippischen Grafenhauses: in der Mitte das Wappen des jungen Simon, links das seines Onkels Graf Hermann Simon zur Lippe-Spiegelberg-Pyrmont und rechts das seiner Mutter. 1589 erweiterte Georg Croßmann die Laube im Obergeschoss um die sog. Kornherrenstube, in deren Brüstungsfeldern Reliefs der Allegorien der Sieben Freien Künste eingelassen sind, die auf die Gelehrtheit der Ratsherren hinweisen sollten.

Lemgo, Apothekenerker am Rathaus

Nachdem die Apotheker gedroht hatten, wegen Platzmangel ihre angestammten Räume im Rathaus zu verlassen, wurden diese 1611/12 erweitert: Hermann Roleff und sein Sohn Johann, der damalige Stadtbaumeister, schufen den zweigeschossigen Apothekenerker am Marktplatz, der deutlich eine andere Formensprache zeigt als die früher angebaute Laube. Die beiden Hauptgeschosse sind nahezu vollständig durchfenstert, die Brüstungsfläche ist – wie aus einem *horror vacui* – überreich mit Schmuckformen überzogen.

Werden im Erdgeschoss vor allem strenge Bauformen eingesetzt, die mit der verwendeten ionischen Ordnung korrespondieren, zeichnet sich das Obergeschoss durch verspieltere Formen wie Ranken und durch die korinthische Ordnung aus. Ein vollständig mit Roll- und Beschlagwerk überzogener Giebel schließt den Erker ab. Beachtenswert sind vor allem die Brüstungsreliefs von Ernst Croßmann (gest. 1622), die berühmte Ärzte, Naturforscher, Philosophen und Theologen aus der Zeit von der Antike bis ins 16. Jh. darstellen. Mit dem zentralen Lehrsatz »QUOD EST SUPERIUS EST SICUT ID QUOD EST INFERIUS« (lat., Was oben ist, ist zugleich auch unten) ist der mythische Begründer der → **Alchemie**, Hermes Trismegistos, wiedergegeben. Als Vorlage für die Figuren des Hermes Trismegistos, Raimundus Lullius, Geber Arabs und Paracelsus diente das Titelblatt zu Oswald Crolls *Basilica chymica*, das Aegidius Sadeler d. J. 1609 gestochen hatte. Für das Relief des Vesalius diente ein Titelblatt von Vesalius' *De humani corporis fabrica* nach einem Holzschnitt von Jan Stephan. Zusammen mit dem Spruch »WEN DU KRANK BIST SO BITTE DEN HERN/UND LAS AB VON DEN SUNDEN SO WIRD ER DICH GESUND MACHEN/DAR NACH LAS DEN ARTZ ZU DIR DEN DER HOCHST HAT IHN GESCHAFFE[N]/DIE ARTZEI KOMPT VOM HERN[N] U[N]D DER APTEKER BEREIT SIE« stellen die Reliefbüsten das Selbstverständnis der Apotheker dar, die sich hier auf die christlich-alchemistische Tradition des Paracelsus (1493/94-1541) berufen.

Adelshöfe

Viele Adelige besaßen in den Städten sog. Höfe, die seit dem Mittelalter einen besonderen Rechtsstatus genossen. Im 16. und 17. Jh. wurde der Zuzug und das Baurecht für Adelige im Zuge des erstarkenden städtischen Selbstbewusstseins zunehmend erschwert. In Lemgo haben sich einige Adelshöfe des 16. Jh. erhalten, z. B. die Gebäude in der Echternstraße 117 (Donopscher Hof), Echternstraße 137/139, Papenstraße 22 (Hof des Gerlach von Kerßenbrock) und Papenstraße 24 (Hof des Franz von Kerßenbrock), an diesem Hof wurde der historische Streifenputz wiederhergestellt.

Bürgerhäuser

Im 16. Jh. entstanden zahlreiche Bürgerhäuser, an deren Fassaden antikisierende Bauformen verwendet wurden (z. B. Mittelstraße 40/42, 56, 64, Kramstraße 5). Das eindrucksvollste Bürgerhaus ist jenes in der Breite Straße 19, das 1568 im Auftrag des Textilkaufmanns und Großgrundbesitzers Hermann Kruwel durch Ludolf Croßmann erbaut wurde. Seinen Namen **Hexenbürgermeisterhaus** erhielt das Gebäude erst später, als es im Besitz von Herman Cothman war, dem berüchtigten »Hexenbürgermeister«, der in den Jahren von 1662 bis 1682 etwa 90 Lemgoer Einwohner wegen Zauberei zum Tod verurteilen ließ.

Lemgo, Hexenbürgermeisterhaus (Breite Straße 19)

Das Bemerkenswerte an diesem Haus ist die Steinfassade, die 1571 durch den Baumeister Herman Wulff dem Fachwerkbau vorgeblendet wurde. Die dreigeschossige Fassade wird durch einen hohen dreizonigen Volutengiebel mit Aufsatz bekrönt. Das obere Geschoss ist, wie der Giebel, von einem System korinthischer Halb- und Dreiviertelsäulen gegliedert, wobei die Säulen des Giebels nicht regelgerecht übereinander stehen. Die Fassade weist darüber hinaus zahlreiche antikisierende und italianisierende Bauformen und Strukturen wie Hermen und Obelisken, aber auch nördlich der Alpen verwurzelte Formen wie die des Beschlagwerks auf. Der linken Fassadenseite ist eine zweigeschossige Auslucht vorgestellt, auf der rechten Seite befindet sich ein Erker. Die Brüstungsreliefs an der Auslucht zeigen u. a. die Personifikationen von Fides und Spes, die gemeinsam mit den drei weiteren Tugenden Fortitudo, Caritas und Justitia der Brüstungsreliefs am Erker die Eigenschaften eines gottgefälligen Lebens verkörpern, durch das der Bauherr die aus dem Sündenfall (oberhalb des Deelentors dargestellt) resultierende Erbschuld zu überwinden hoffte.

Ausstattung von St. Nicolai

Kirchliche Stiftungen legen zum einen davon Zeugnis ab, dass die Menschen ihr Seelenheil sichern wollten, zum anderen, dass sie den Mitmenschen und der Nachwelt das Ansehen der eigenen Person demonstrieren bzw. erhalten wollten. So wurde u. a. die mittelalterliche

Kirche St. Nicolai im späten 16. und frühen 17. Jh. reich mit Kunstwerken ausgestattet, von denen einige Stücke besonders erwähnenswert sind.

In der dem Schutzheiligen der Kaufleute geweihten Pfarrkirche St. Nicolai in der Altstadt wurde 1578 ein reich geschmücktes **Standepitaph für Franz von Kerßenbrock** (gest. 1576) im Auftrag von dessen Witwe durch Herman Wulff geschaffen (hinter der Taufe im Südostchor). Die vor dem Kreuz kniende Figur (vgl. auch das Epitaph von Ernst dem Bekenner in der Stadtkirche in → **Celle**) gibt sinnbildlich die gottgefällige Haltung des Verstorbenen wieder; die Wappen der Randleisten weisen auf dessen gesellschaftlichen Rang hin. Das **Hängeepitaph für Moritz von Donop** (gest. 1574) ließen seine Witwe und sein Bruder 1587 von Georg Croßman (gest. 1612) anfertigen. Die mehrszenige Bildtafel, die mit dem Sündenfall und der Erlösung des Menschen alt- und neutestamentarische Themen vereint, geht auf eine Zeichnung und einen Holzschnitt → **Lucas Cranachs d. Ä.** bzw. seiner Werkstatt zurück. Das hölzerne **Hängeepitaph für Raban von Kerßenbrock und seine Gemahlin Elisabeth von Donop** aus dem Jahr 1617 bringt in zwei Tafelgemälden ebenfalls die Hoffnung auf die Auferstehung zum Ausdruck, die durch die Darstellungen der Tugenden Fides, Caritas und Spes (verloren) betont wird.

Die Taufe und die Kanzel stammen ebenfalls aus der Zeit um 1600. Die **Sandsteintaufe** wurde 1597 durch Georg Croßmann geschaffen. Das Taufbecken mit der Darstellung der Taufe Christi auf dem Deckel wird von einer reich verzierten Schranke umfangen, die Kartuschen mit Inschriften zum Gedanken der Taufe trägt. Die **Kanzel**, deren Korb zwischen 1600 und 1610 und deren Schalldeckel zwischen 1625 und 1635 geschaffen wurde, sowie ein **Altarretabel** von 1643 sind beide reich mit Beschlagwerk bzw. Ohrmuschel- und Knorpelwerk verziert.

Weserrenaissance-Museum Schloß Brake
1989 wurde das Weserrenaissance-Museum in einigen Räumen des Schlosses eröffnet. Die Ausstellung präsentiert Objekte zur höfischen und städtischen Kultur des Weserraums und zeigt die internationalen kulturellen Verflechtungen der Weserregion zur Zeit der Renaissance auf. Von hohem künstlerischem Rang sind u. a. die Gemälde von Hans Vredeman de Vries, → **Hans Rottenhammer**, → **Joachim Beuckelaer** und → **Cornelis Cornelisz**.

AUSFLÜGE

1989 wurde vom Weserrenaissance-Museum in länderübergreifender Zusammenarbeit die Straße der Weserrenaissance eingerichtet. Diese durch die Bundesländer Hessen, Nordrhein-Westfalen, Niedersachsen und Bremen führende Kulturroute verbindet deren bedeutende Architekturdenkmale des 16. und frühen 17. Jh., die heute noch Zeugnis von der Prosperität, der Kultur und den europaweiten Verbindungen der Weserregion ablegen.

So bedeutende, an dieser Route liegende Orte wie → **Bremen**, → **Bückeburg**, → **Celle**, → **Helmstedt**, → **Stadthagen**, → **Wolfenbüttel** und → **Lemgo** werden ausführlich in diesem *Handbuch der Renaissance* besprochen. In der weiteren Umgebung von Lemgo befinden sich Detmold, Schloß Neuhaus (Ortsteil von Paderborn) und Hameln, die hier auch Erwähnung finden sollen.

Detmold, Stadtseite des Schlosses

Detmold

(ca. 10 km südlich von Lemgo)

Am Ort einer frühmittelalterlichen Siedlung wurde zwischen 1230 und 1265 durch Graf Bernhard III. planmäßig eine Stadt angelegt. Die Burg, im 16. Jh. zum Schloss ausgebaut, diente von 1511 bis 1918 mit Ausnahme der Regierungszeit von Simon VI. als ständige Residenz der Grafen zur Lippe (→ **Lemgo**). Beim Umbau der Wasserburg zum Schloss ab 1549 unter Bernhard VIII. wurde der mittelalterliche Bergfried in die Anlage einbezogen. Bis 1621 entstand eine Dreiflügelanlage, die erst 1673 durch den Südostflügel zu einem vierflügeligen Schloss ergänzt wurde. Der Außenbau ist durch Zwerchhäuser mit welschen Giebeln geprägt, die - bedingt durch die Wälle, die einst das Schloss umgaben und größtenteils verdeckten - besonders gut als Herrschaftszeichen zur Geltung kamen (→ **Stadthagen**, → **Schloß Neuhaus**, → **Bückeburg**, → **Celle**).

Schloß Neuhaus

(ca. 40 km südwestlich von Lemgo)

Schon im 13. Jh. ließ der Paderborner Bischof Simon I. ein kleines Anwesen in Neuhaus ausbauen, da es zunehmend Streitigkeiten mit der Stadt gab. Bischof Erich von Braunschweig ließ seit Mitte der 1520er Jahre die Burganlage - seit der zweiten Hälfte des 14. Jh. ständige Residenz - modernisieren und einen einflügeligen Bau mit Treppenturm errichten. Dieser Bau, der heutige Südflügel, wurde vermutlich schon zu dieser Zeit mit welschen Giebeln versehen. Der Kölner Koadjutor Adolf von Schaumburg war Verwalter des Stifts Paderborn und ließ Schloß Neuhaus wie das Schloss in → **Stadthagen** zu einer zweiflügeligen Anlage erweitern, indem der Südflügel mit dem im Nordwesten liegenden mittelalterlichen Bau verbunden wurde; wie in Stadthagen entsprach die Zweiflügeligkeit dem zeitgenössischen Standard (vgl. auch Schloss Heverlee

Schloß Neuhaus, Stadtseite des Schlosses

bei → **Löwen**). Vermutlich Ende der 1540er Jahre ließ Bischof Rembert von Kerßenbrock einen dritten Flügel (südlicher Teil des Ostflügels) errichten; erst um 1590/91 wurde das Schloss zur Vierflügelanlage ausgebaut.

Hameln

(ca. 40 km nordwestlich von Lemgo)

Nach dem Niedergang der Stadt Mitte des 16. Jh. durch Pest, Brand- und Hochwasserschäden kam es zu einem erneuten wirtschaftlichen Aufschwung, von dem heute noch zahlreiche farbig gefasste Stein-, aber auch Fachwerkgebäude Zeugnis ablegen:

1568 wurde als erster Steinbau mit italienischen Bauformen in der Stadt das **Wohnhaus des Patriziers Johann Rike** (Bäckerstraße 16) von Cord Tönnies umgebaut und mit einer streng horizontal gegliederten, nur sparsam geschmückten Fassade versehen. Neben Architekturelementen der italienischen Hochrenaissance wie Ädikulen kamen auch Formen der Renaissance nördlich der Alpen wie die Beschlagwerkvoluten am Stufengiebel zur Anwendung. Das sog. **Leist'sche Haus** (heute Museum Hameln; Osterstraße 9), zwischen 1585 und 1589 für den Patrizier Gerd Leist möglicherweise ebenfalls von Cord Tönnies errichtet, zeigt allerdings eine viel reichere Formensprache als das Haus von Johann Rike. Hier stehen ähnlich wie am Hexenbürgermeisterhaus in → **Lemgo** die Säulen des

Giebels versetzt übereinander. Das erst in jüngerer Zeit sog. **Rattenfängerhaus** (Osterstraße 28) wurde als Wohnhaus für Hermann Arendes 1602/03 umgebaut. Die strenge Wirkung der Fassade, hervorgerufen durch Pilaster in Superposition, kontrastiert mit den alles überziehenden Bändern mit Bossenverzierung und den mit Roll- und Beschlagwerk besetzten Giebelkonturen. Dieses aufwändige Gliederungssystem, das sich ähnlich schon an der ab 1588 durch den Söldnerführer Jürgen von Klencke errichteten Hämelschenburg (ca. 10 km südwestlich von Hameln) findet, zeugt von dem Repräsentationsbedürfnis des Bauherrn. Die bossierten Bänder wurden auch bei dem sog. **Hochzeitshaus** (Osterstraße/Am Markt), dem zwischen 1610 und 1617 errichteten städtischen Festsaalbau, eingesetzt. Die Zwerchgiebel weisen auf das Selbstbewusstsein des Stadtrats hin, der Giebelformen der herrschaftlichen Hämelschenburg kopieren ließ. ASR / DS (Musik)

Hameln,
Rattenfängerhaus
(Osterstraße 28)

LUTHERSTADT WITTENBERG

Wittenbergs Stadtbild wurde im Laufe des 16. Jh. völlig verändert. Aus der Zeit vor 1490 sind nur die Stadtkirche aus dem 13. bis 15. Jh. mit der benachbarten Friedhofskapelle und der Stadtgrundriss überliefert, der mit seinen Parzellen und der relativ regelmäßigen Straßenführung (Hauptachse mit Querstraßen) auf eine planmäßige Gründung des Hochmittelalters hinweist.

Die Stadt, an einem wichtigen Elbübergang gelegen, war bereits im Spätmittelalter der Hauptort des Kurfürstentums Sachsen, das 1423 an die Wettiner fiel. Doch erst mit dem neuzeitlichen, 1489 begonnenen Schlossbau, der Gründung der landesherrlichen Universität 1502 und der 1517 durch den dortigen Universitätsdozenten Martin Luther (1483-1546) initiierten Reformation setzte eine Entwicklung ein, in deren Verlauf sich die Stadt innerhalb von 100 Jahren zu einem Zentrum der europäischen Geisteswelt wandelte. Damals wurde ein großer Teil der einfachen älteren Fachwerkbauten durch aufwändige und repräsentative Steinbauten ersetzt, von denen viele noch erhalten sind. Auch die ab 1526 nach modernstem Stand der Technik angelegten Wallbefestigungen sind noch in Gestalt eines Grünrings um die Kernstadt erkennbar. Die größte Baumaßnahme der Wittenberger Bürgerschaft im 16. Jh. war der Neubau des städtebaulich den Marktplatz beherrschenden Rathauses, der in zwei Etappen, von 1523 bis 1535 und von 1570 bis 1573, realisiert wurde. Der rechteckige Baublock mit Vorhangbogenfenstern wurde in der zweiten Bauphase um die Quergiebel und Zwerchhäuser erweitert und erhielt einen Portalaltan mit antikisierender Säulenstellung.

Im 17. Jh. begann ein schleichender Niedergang, der in der Verlegung der Universität nach Halle a. d. Saale gipfelte. Trotz der Verluste an Bausubstanz durch zweimalige Belagerung und Beschießungen, 1760 und 1813, lässt sich in Wittenberg auch heute noch das Zusammenspiel von fürstlicher und bürgerlicher Initiative im 16. Jh. anschaulich nachvollziehen und ein Gesamteindruck einer frühneuzeitlichen Residenz- und Universitätsstadt in Mitteleuropa gewinnen.

Kurfürstliches Schloss

Das heutige Erscheinungsbild des Wittenberger Schlosses mit der berühmten Schlosskirche ist durch den Brand von 1760 und den folgenden Umbau zur preußischen Kaserne bzw. durch die historistische Restaurierung der Kirche ab 1883 geprägt. Ursprünglich gehörte es zu den spektakulärsten und modernsten deutschen Schlossbauten der Zeit um 1500. Wittenberg war bei der Teilung des sächsischen Kurstaats 1485 an die ernestinische Linie der Wettiner gefallen. 1489 begann der gebildete und mit der internationalen Hofkultur vertraute Kurfürst Friedrich der Weise

Lutherstadt Wittenberg, Marktplatz mit Rathaus und Stadtkirche

(reg. 1486–1525) zusammen mit seinem Bruder Herzog Johann (reg. 1525–1532) an der Stelle einer alten Burg ein Schloss zu erbauen, das architektonisch in der Nachfolge der von seinem Vater erbauten Albrechtsburg über → **Meißen** und der ebenfalls wettinischen Moritzburg in Halle a. d. Saale stand. Zuerst wurde der Südflügel und ein Teil des Westflügels mit den Wohnräumen errichtet. In einer zweiten Bauphase entwarf Konrad Pflüger, ein Schüler des Baumeisters Arnold von Westfalen, 1496/97 den nordwestlichen Trakt mit dem loggienartigen Nordtreppenhaus und der Schlosskapelle. Um 1507 war das Kernschloss fertig gestellt. Neuartig an seiner Ausstattung waren vor allem die umfangreichen (heute vollständig verschwundenen) Bildzyklen in den Haupträumen, die nach humanistischem Konzept anhand von Darstellungen aus der antiken Mythologie einen Spiegel von Herrschertugenden vorführten.

Die Schlosskapelle, ein Saalraum mit umlaufenden Emporen, sollte die Grablege und den umfangreichen Reliquienschatz Friedrichs des Weisen aufnehmen. 1507 wurde die Schlosskirche zugleich Universitätskirche und Friedrich der Weise stattete sie mit einer großen Anzahl von Altären und Bildwerken aus, die er bei hochrangigen Künstlern bestellt hatte. 1509 besaß die Schlosskapelle 20 Altäre, ein

MARTIN LUTHER UND DIE MUSIK

Im Gegensatz zu Calvin und Zwingli hielt Luther die Musik für eine kostbare Gottesgabe und maß ihr unter den Wissenschaften den zweiten Rang nach der Theologie zu. Er selbst zeigte schon früh großes musikalisches Talent, spielte Flöte und Laute, besaß eine gute Tenorstimme und bewunderte unter den Komponisten besonders Josquin Desprez (um 1440–1521), den Hauptmeister der älteren niederländischen Polyphonie. In Luthers Reformplänen spielte die Musik – liturgisch oder pädagogisch eingesetzt – stets eine wichtige Rolle, da er sie als hervorragendes Medium zur Verbreitung der Glaubensbotschaft ansah. Im Gottesdienst, bei dem die Gesänge bis dahin von Priestern und Chören ohne Beteiligung der Gemeinde auf Lateinisch gesungen worden waren, sollten die Gläubigen im gemeinsamen deutschen Gesang ihr Wortverständnis vertiefen und ihr Zusammengehörigkeitsgefühl zum Ausdruck bringen. Mit seinen eigenen Liedern (darunter »Ein feste Burg« und »Vom Himmel hoch«) schuf Luther Musterbeispiele des Gemeindechorals: Text und Musik stehen in sinnvoller Verbindung; Verständlichkeit und Einprägsamkeit wurden auch von professionellen Komponisten wie Luthers Freund → **Johann Walter** als vorbildlich angesehen. DS

Bestand, der nach dem Übergang der Stadt an die in Dresden residierenden Albertiner 1547 kontinuierlich dezimiert wurde. Zum alten Bestand der Wittenberger Schlosskapelle gehörten der sog. *Kleine Marienaltar* des gerade aus Italien zurückgekehrten → **Albrecht Dürer** (um 1496, heute in Dresden, Galerie Alte Meister), Dürers wenig später entstandene Tafel der *Sieben Schmerzen der Maria* (um 1497, heute Teile in Dresden, Galerie Alte Meister, und München, Alte Pinakothek), seine Tafel mit der *Anbetung der Heiligen Drei Könige* (1504, heute in Florenz, Galeria degli Uffizi), der *Sebastiansaltar* von → **Hans Burgkmair d. Ä.** (1505, heute in Nürnberg, GNM), die Tafel mit der *Marter der zehntausend Christen* von Dürer (1508, heute in Wien, KHM) sowie vielleicht die beiden Seitenflügel des sog. Dürerschen *Jabachaltares* (um 1503–1505, heute in Köln, Wallraf-Richartz-Museum; München, Alte Pinakothek; Frankfurt, Städelsches Kunstinstitut). Aus der Renaissancezeit verblieben in der Kirche das nach einer Zeichnung → **Lucas Cranachs d. Ä.** von Peter Vischer d. J. in Nürnberg 1527 modellierte und gegossene Bronzeepitaph für Friedrich den Weisen, das zu den frühen Höhepunkten der Renaissanceplastik in Deutschland zählt. Erhalten sind außerdem die zugehörige Messinggrabplatte und ein Epitaph für den Bruder und Nachfolger Johann, 1534 von Hans Vischer als Pendant zum Epitaph seines Bruders gefertigt. Zwei Kalksteinfiguren, die kurfürstlichen Brüder in anbetender Haltung darstellend, waren ursprünglich dem Hauptaltar zugewandt. In der Schlosskirche befinden sich zahlreiche Grabstätten, darunter auch die von Martin Luther und Philipp Melanchthon.

Nicht nur die große Zahl der für die Kunstwerke im Wittenberger Schloss herangezogenen Künstler, sondern auch ihre offensichtliche Auswahl unter dem Aspekt des künstlerischen Rufs zeigt, dass hier die bewusste

Förderung der Kunst nach antikem Vorbild als fürstliche Tugend angesehen wurde. Darüber hinaus hat der Kurfürst im Wittenberger Schloss um 1512 eine bedeutende, humanistisch ausgerichtete Bibliothek begründet, die den Angehörigen der Universität offen stand; nach ihrer Transferierung 1549 ist sie heute noch fast vollständig in der Jenaer Universitätsbibliothek erhalten.

Bauten für den Universitätsbetrieb

Da mit der sächsischen Teilung 1485 die Universität Leipzig an die albertinische Linie gefallen war, bemühte sich Kurfürst Friedrich schon früh um die Einrichtung einer eigenen Landesuniversität in Wittenberg. Diese eröffnete 1502 ihren Lehrbetrieb mit vier Fakultäten und hatte seit der Berufung Christoph Scheurls 1507 und in weit höherem Maß mit der von Philipp Melanchthon 1518 einen ausgewiesen humanistischen Schwerpunkt. Für den Lehrbetrieb und die Unterbringung von Studenten wurde 1503 das sog. **Alte Collegium** erbaut, nach seinem Gründer Collegium Fridericianum benannt. In dem heute nur noch in den Umfassungsmauern erhaltenen schlichten Rechteckbau richtete man im Erdgeschoss Hörsäle für die Fakultät der *artes liberales* und der Medizin ein, in den beiden Obergeschossen 32 Kammern für Stipendiaten. Ein ergänzender Bau aus den Jahren 1509/10, das sog. **Neue Collegium**, in dem sich der theologische Hörsaal und weitere Studentenkammern befanden, war zur Straße hin ausgerichtet. Er wurde 1842 durch eine preußische Kaserne ersetzt, die etwa der alten Ausdehnung folgt.

Um Lehrkräfte für die Universität an Wittenberg zu binden, hatte der Kurfürst 1503 die Gründung eines Augustinerklosters am Ostende der Stadt veranlasst. Die ursprünglich geplante Kreuzganganlage wurde schon bald zu Gunsten eines dreigeschossigen **Wohn- und Studienhauses** aufgegeben, in das 1509 auch der Mönch Martin Luther einzog. Nach der Auflösung des Klosters 1523 überließ der Kurfürst das Gebäude Luther als Wohnhaus und Burse (Studentenunterkunft), die dieser zusammen mit seiner Frau Katharina führte. Im ersten Obergeschoss ist die holzgetäfelte Wohnstube erhalten, die Luther 1535/38 einbauen ließ; hier fanden wahrscheinlich die berühmten Tischgespräche statt. Die heute sichtbare Ausmalung stammt aus der Zeit um 1630, der Ofen geht auf das Jahr 1602 zurück. Der kleine Nebenraum im Westen dürfte die Schlafkammer gewesen sein. 1564 verkauften

Albrecht Dürer, Philipp Melanchthon, 1526 (Wien, Albertina)

Lutherstadt Wittenberg, Lutherstube im Lutherhaus (Collegienstraße 54)

Luthers Erben das Anwesen an die Universität, die es in ein weiteres Collegium umwandelte.

Kurfürst August von Sachsen ließ ab 1580 an der Straßenfront durch Hans Irmisch parallel zum Altbau dieses Collegiums den zweigeschossigen Bau des **Augusteums** errichten. Mit der 22 Fensterachsen breiten Straßenfassade, den zwei Eckrisaliten und den fünf Zwerchhäusern, die später durch ein zweites Obergeschoss ersetzt wurden, war das Augusteum ein ungewöhnlich repräsentativer Bau, der symbolisch die landesherrlichen Verdienste um die Wissenschaft hervorhob. 1598 verlegte man die zunächst im Schloss eingerichtete augusteische Bibliothek in das Augusteum; die nach den starken Veränderungen im Gebäudeinnern während des 18. und 19. Jh. heute hier untergebrachte Bibliothek des Priesterseminars greift die Tradition dieser zweiten Universitätsbibliothek wieder auf.

1564 wurde mit kurfürstlicher Hilfe in Wittenberg eine **Lateinschule** (Altes Gymnasium) errichtet, deren Gebäude heute noch nordwestlich des Kirchhofs der Marienkirche steht.

Bis ins 19. Jh. hinein war es üblich, dass Universitätsdozenten Lehrveranstaltungen in ihren Privathäusern abhielten und in ihren Haushalt eine Anzahl von Studenten integriert war. Als Philipp Melanchthon, der seit 1518 als Professor für griechische Sprache an der Universität lehrte, zum Bleiben bewogen werden sollte, unterstützten Kurfürst und Universität ihn 1536 beim Bau eines **Wohnhauses** (Collegienstraße 60), indem sie 700 der 946 Gulden Baukosten übernahmen. Bis auf einen späteren Anbau über der Tordurchfahrt und den Einbau einer neuen Treppe im 18. Jh. ist das Wohnhaus, in dem Melanchthon bis zu seinem Tod 1560 lebte und arbeitete, im Wesentlichen erhalten. Der Grundriss des dreigeschossigen Baus mit den markanten Rundbogengiebeln der Frührenaissance ist wie die meisten Wittenberger Bürgerhäuser des 16. Jh. dreizonig gegliedert: An einem von der Straße zur Hofseite durchlaufenden Gang liegen drei Räume hintereinander. In der Studierstube Melanchthons im ersten Obergeschoss wurde schon im Laufe des 19. Jh. ein kleines Museum eingerichtet, das man 1897 im altdeutschen Stil nach Vorbildern aus Kunstgewerbemuseen ausstattete. So wie die Stube Melanchthons muss man sich die Arbeitsräume der frühen Humanisten um 1530/40 vorstellen, recht schlicht und ohne aufwändige wandfeste Ausstattung. Dadurch unterscheiden sie sich von den zeitgleichen, frühen Repräsentationsräumen der Renaissance, die sich reiche Bauherren leisteten (Hirschvogelsaal in → **Nürnberg**). Im zweiten Obergeschoss ist das sog. Scholarenzimmer mit gemalten Wappen aus den Jahren von 1538 bis 1543 zu besichtigen, die auf Schüler Melanchthons hinweisen.

Cranachhöfe

In Wittenberg befand sich eines der größten und bedeutendsten deutschen Malerateliers der ersten Hälfte des 16. Jh., und es ist ein außerordentlicher Glücksfall, dass die zugehörigen Gebäude noch weitgehend erhalten sind. 1505 berief Kurfürst Friedrich der Weise den aus Kronach in Franken stammenden Maler → **Lucas Cranach d. Ä.** als Hofmaler nach Wittenberg, wo dieser bis zu seiner Umsiedlung nach Weimar 1552 einen großen Werkstattbetrieb aufbaute. Noch in der zweiten Hälfte des 16. Jh. war die von seinem Sohn Lucas Cranach d. J. weitergeführte Werkstatt ein wichtiges Zentrum der Malerei in Sachsen. Vater und Sohn waren zudem auch als Verleger und Apotheker tätig; beide wurden mehrfach zum Bürgermeister der Stadt gewählt.

Wahrscheinlich hat Cranach d. Ä. zunächst im Haus Markt 4 gearbeitet, das ihm ab 1512 gehörte, ehe er um 1518 das noch geräumigere Anwesen in der Schlossstraße 1 bezog. Dort ließ er auf der Rückseite des lang gestreckten Hofs um 1540 einen neuen Seitenflügel anbauen und den Südflügel umgestalten, der mit seinem großen Tor auf die ehemalige Malerwerkstatt hinweist. Obwohl beide Häuser im 18. Jh. umgebaut wurden, wodurch sich vor allem ihre Dachlandschaft veränderte, vermitteln sie noch einen guten Eindruck von der Wohn- und Arbeitswelt eines Angehörigen der bürgerlichen Oberschicht Wittenbergs im 16. Jh. Beide Anwesen werden heute von der Cranach-Stiftung betreut und stehen der

LUCAS CRANACH D. Ä.

(Kronach um 1472-1553 Weimar)

Über die Lehrzeit des in Franken geborenen Malers, Zeichners und Kupferstechers Lucas Cranach d. Ä. ist nichts bekannt. In Wien schuf er Anfang des 16. Jh. die frühesten ihm zugeschriebenen, meist grafischen Werke, die fantastische Naturdarstellungen (z. B. *Ruhe auf der Flucht,* 1504, Berlin, SMPK, Gemäldegalerie) zeigen. Sie gehen auf die naturverherrlichende Lyrik von Konrad Celtis (1459-1508) und die Humanistenkreise der Wiener Universität zurück, zu denen Cranach als Maler einiger Professorenporträts bald Zugang gefunden hatte. Kurfürst Friedrich der Weise (reg. 1486-1525) berief ihn 1505 als Nachfolger des venezianischen Malers und Kupferstechers Jacopo de' Barbari an den kursächsischen Hof nach Wittenberg, wo er bis zu seinem Tod 1553 Hofmaler blieb und bis 1552 einen florierenden Werkstattbetrieb führte, den seine Söhne übernahmen. Auf den zahlreichen Porträtbildnissen, die Cranach für seine fürstlichen und bürgerlichen Auftraggeber schuf, arbeitete er die Physiognomie der Porträtierten fast karikaturartig heraus und reduzierte sie auf ein einprägsames Liniengefüge. Wie ein Who's Who der Reformation liest sich das Gemälde *Kurfürst Johann Friedrich von Sachsen mit den Reformatoren* (1532/39, Toledo, Museum of Art), in dem bekannte Persönlichkeiten um die dominante Figur des Fürsten gruppiert sind.

Freundschaftlich mit Luther verbunden, malte Cranach nicht nur zahlreiche Porträts desselben, sondern schuf besonders durch sein reiches druckgrafisches Werk eine spezifisch protestantische Ikonografie mit Themen wie *Sündenfall und Erlösung* (z. B. Kronach, Rathaus, 1528) oder *Rechtfertigung des Sünders durch den Glauben* (Gotha, Schlossmuseum, 1529).

Lucas Cranach d. Ä., Das Urteil des Paris, 1528 (Kunstmuseum Basel)

Neben diesen biblisch-katechetischen Lehrbildern malte Cranach, der gegenüber den Bestrebungen und Idealen des Humanismus sehr aufgeschlossen war und, anders als z. B. → **Albrecht Dürer**, von Zeitgenossen für sein gutes Latein gerühmt wurde, zahlreiche Gemälde mythologischen Inhalts. Besonders das *Urteil des Paris* (1528, Kunstmuseum Basel) als Gleichnis der drei Lebensweisen *(vita contemplativa, vita activa, vita voluptaria)* war unter Humanisten sehr beliebt.

Trotz seiner protestantischen Dienstherren schuf Cranach zahlreiche Bildnisse für Luthers Gegenspieler Kardinal Albrecht von Brandenburg (1490-1545) und insgesamt 156 Tafeln für dessen Stiftskirche in Halle a. d. Saale. MS

Lutherstadt Wittenberg, sog. Reformationsaltar in der Stadtkirche, Mitteltafel von Lucas Cranach d. Ä., vor 1539; Seitenflügel und Predella von Lucas Cranach d. J., 1547

Öffentlichkeit für kulturelle Zwecke zur Verfügung.

Ausstattung der Stadtkirche

Anders als z. B. die Reformatoren Johannes Calvin und Ulrich Zwingli hat sich Martin Luther nie gegen den Gebrauch von religiösen Bildern zu didaktischen Zwecken ausgesprochen. Während seines Exils auf der Wartburg kam es im Dezember 1521 und im Februar 1522 in Wittenberg dennoch zu Bilderstürmen, durch die fast die gesamte ältere Ausstattung der Stadtkirche verloren ging. Nach ihrer Wiedereinrichtung bestimmen heute der sog. **Reformationsaltar** aus der Cranachwerkstatt und eine große Anzahl von Renaissance-Epitaphen den Innenraum der Kirche. Der Altar zeigt auf der Mitteltafel das Abendmahl, wobei die Jünger porträthafte Züge von Wittenberger Bürgern aufweisen. Die Tafel wurde von Cranach d. Ä. vor 1539 gemalt. 1547 fügte sein Sohn die beiden Flügel mit der Taufe und der Beichte sowie die Predella mit dem predigenden Luther hinzu. Bei den **Grabmälern** sei besonders auf die kleine Bronzetafel für den ersten Wittenberger Rektor Martin Pollich aus dem Jahr 1514 hingewiesen; ferner auf ein Epitaph von Lucas Cranach d. J. (1560) für den Reformator Johannes Bugenhagen sowie auf das von dem Dresdener Bildhauer Sebastian Walther 1606 gefertigte Marmorepitaph für den jüngeren Cranach und auf das programmatische Reformationsbild für Paulus Eber von 1569 mit Luther als Gärtner im Weinberg des Herrn. StH

MEISSEN

Meißen entwickelte sich aus einer im Jahr 929 durch König Heinrich I. im slawischen Gebiet gegründeten Höhenburg, die der Sicherung der damaligen Elbgrenze diente. Seit dem 11. Jh. stellten die Wettiner, deren Aufstieg hier in Meißen begann, die Markgrafen. Ab dem späten 12. Jh. wurde es als Stadt bezeichnet. Seine Funktion als wettinische Residenz musste Meißen seit dem 16. Jh. nach und nach an das benachbarte Dresden abtreten, daher gab es wenig Anlass, repräsentative Neubauten zu errichten; es entstanden allerdings eine Reihe neuer Bürgerhäuser. Durch den Bedeutungsverlust der Stadt in späterer Zeit ist das frühneuzeitliche Stadtbild mit seiner Bausubstanz verhältnismäßig vollständig erhalten.

Albrechtsburg

Es mag auf den ersten Blick überraschen, das durchgängig unter Verwendung spätgotischer Einzelformen erbaute Schloss zu Meißen - die 1470 begonnene sog. Albrechtsburg - in dem vorliegenden Buch zu finden. Dies lässt sich jedoch damit erklären, dass die Architektur der Albrechtsburg in einem hohen Maß vom Geist der Neuerung bestimmt ist und sich ihr Einfluss auf den deutschen Schlossbau auch im gesamten folgenden 16. Jh. verfolgen lässt.

Das Meißener Schloss war von Anfang an als herausragendes architektonisches Monument seiner Erbauerdynastie gedacht. 1423 waren die Wettiner als Kurfürsten von Sachsen unter die ranghöchsten Fürsten im Heiligen Römischen Reich aufgestiegen und hatten damals ihre Familiengrablege aus dem Zisterzienserkloster Alt-Zelle auf den Meißener Domberg verlegt. Seit 1464 regierten die Brüder Kurfürst Ernst (reg. 1464-1486) und Herzog Albrecht (reg. 1464-1500) das Kurfürstentum. Sie statteten neben Meißen ab 1467 auch die Elbstädte → **Dresden** und → **Torgau** mit einer neuartigen Residenzarchitektur aus; dort sind allerdings die Neubauten dieser Zeit nicht mehr erhalten.

Das Meißener Schloss entstand an der Stelle der alten Markgrafenburg am Abhang des zur Elbe gelegenen Dombergs. Es ist eine Schöpfung des Arnold von Westfalen (1425/30-1482), der zu den bedeutendsten Baumeistern des 15. Jh. gehört. Leider ist über ihn vor 1470 wenig bekannt. Wahrscheinlich stammte er aus einer angesehenen Leipziger Familie mit dem Namen Westfeling. Er dürfte außerhalb des engeren Umkreises seiner Heimat zumindest Süddeutschland und Frankreich bereist haben. Arnold wurde 1471 in Sachsen in das neu geschaffene Amt eines landesherrlichen Oberbaumeisters berufen, so dass er als früher Vertreter des neuzeitlichen Berufsbilds des Hofkünstlers seinen Einfluss geltend machen konnte.

Die außerordentlich aufwändige Bauaufgabe der Albrechtsburg erforderte die Ein-

Meißen, Luftaufnahme mit der Albrechtsburg

richtung und den konstanten Betrieb einer großen Bauhütte. Sie wurde unter Meister Arnold und seinen engsten Schülern zu einem überregionalen Zentrum der Architekturentwicklung und Baumeisterausbildung, wie es zuvor nur für die großen Kirchenbauhütten typisch war. So wurden das für die Albrechtsburg entwickelte Zellengewölbe und die vorhangartigen oberen Abschlüsse der Hauptfenster in weitem Umkreis kopiert. Teilweise wurden die zunächst für den Profanbau geschaffenen Formen später selbst im Sakralbau eingeführt. Hier deutet sich eine Umkehrung eines bis dahin gültigen Sachverhalts an, da es im späten Mittelalter nördlich der Alpen eine hoch entwickelte Kirchenbaukunst gab, in weit geringerem Maß jedoch eine entsprechend ausgereifte profane Herrschaftsarchitektur.

Diese zeichnete sich entweder durch die Übernahme von Versatzstücken aus dem Sakralbereich aus oder war so eng an der alten Tradition der wehrhaften Burg orientiert, dass es ihr an einer den neuen Staatsidealen angemessenen Architektursprache fehlte.

Die Albrechtsburg, an die im Süden der Meißener Dom anschließt, erhebt sich über L-förmigem Grundriss auf einem zur Elbe hin steil abfallenden Felsplateau. Auf die hohen Substruktionen (Unterbau) des Kernbaus folgen ein niedriges Erdgeschoss und zwei mit ungewöhnlich großen Fenstern versehene Hauptgeschosse. Ein weiteres, den Herrschern vorbehaltenes Geschoss in der Dachzone wird durch die Fenster der Lukarnenreihe belichtet. Der weithin sichtbare Bau ist aus mehreren hochrechteckigen Baukörpern zusammengesetzt, die wie aufgetürmt scheinen. Man könnte vermuten, dass die beengte topografische Situation in Meißen eine solche Lösung erzwungen hat. Tatsächlich war der Bauplatz jedoch nicht so begrenzt, dass nicht auch eine Verteilung der Räume in der Horizontalen möglich gewesen wäre. Vielmehr vermittelt dieser turmartige Charakter des Meißener Schlosses ein wohl kalkuliertes Bild mit politischer Symbolkraft. Die Albrechtsburg sollte nicht nur ein besonders komfortables Residenzschloss sein, sondern auch unübersehbares Zeichen der sich konsolidierenden Territorialherrschaft der Wettiner, die reichspolitisch und wirtschaftlich zunehmend an Bedeutung gewannen. Diese Intention mit den Mitteln der Architektur vor Augen zu führen, erwartete man von dem Baumeister Arnold von Westfalen.

Neben dem Papst war es in der zweiten Hälfte des 14. Jh. nördlich der Alpen nur dem französischen Königshaus u. a. mit dem Umbau des Louvre oder den Landschlössern in den Nebenherzogtümern gelungen, eine neue Architektursprache für seine Wohnsitze zu prägen. Die Burgen des 13. Jh. wurden in Frankreich durch großzügig durchfensterte Wohntrakte erweitert, die mehr Licht in das Innere ließen und eine neue optische Verbindung von Schloss und Umgebung inszenierten. Ehemalige Wehrgänge baute man in zivile Wandelgänge um, die weite Ausblicke in das Umland ermöglichten. Umgekehrt schuf man für den außen stehenden Betrachter fantasievolle Dachformen, zahlreiche Schornsteine und fili-

Meißen, Albrechtsburg, Hoffassade mit Großem Wendelstein

grane Turmaufsätze, welche die Silhouette der neuen Herrschersitze bereicherten.

Diese französischen Innovationen waren für Arnold von Westfalen Ausgangspunkt für seinen Architekturentwurf. Er gliederte den hochrechteckigen Baukörper der Albrechtsburg in verschiedene turmartige Elemente, die additiv aneinander gereiht wirken und erst durch das Dach als abschließendes Element zusammengefasst werden. Türme im eigentlichen Sinn sind die hofseitigen Treppentürme und ein der elbseitigen Fassade vorgestellter Turm, der mit einem separaten Helmdach abschließt. In der Licht- und Schattenwirkung präsentiert sich der Kernbau wie ein Kristall mit vielfach gebrochener Oberfläche.

In der Dachzone umziehen die Lukarnen – hochrechteckige, auf der Trauflinie aufsitzende Dacherker – wie ein Kranz kleiner Türme den Bau. Die Lukarne in ihrer typischen Ausbildung als Fenstererker stammt aus Frankreich. Dort und in Meißen wurde die Lukarne im letzten Drittel des 15. Jh. in einer so stringenten Reihung eingesetzt, dass sie gewissermaßen das zivile Äquivalent zu dem alten Herrschaftssymbol des Zinnenkranzes werden konnte. Die durchgängige Besetzung der Dachzone mit Türmen, wie man diese Dacherker explizit in den zeitgenössischen Quellen bezeichnete, sollte später in Gestalt der Zwerchhauskränze als Ableitung und Weiterentwicklung der Lukarnenreihe den mitteleuropäischen, auf Fernsicht angelegten Schlossbau bis ins 17. Jh. prägen.

Eine weitere einflussreiche Adaption französischer Baukultur in Meißen war die Verwendung des Schautreppenturms, wie er 1365 mit der – später abgetragenen – Großen Wendeltreppe im Hof des Louvre als Typ formuliert worden war. Die große Haupttreppe, über die der Zugang in die herrschaftlichen Obergeschosse führt, ist ein Meisterwerk der Steinmetzkunst. Aufwändig geschwungene Stufen winden sich um ein offenes Auge hinauf; die ursprünglich offenen Lichtwangen ermöglichten vielfältige Blickkontakte zwischen den Personen auf der Treppe und im Hof.

Für den Altan, der dem Meißener Treppenturm (auch Großer Wendelstein genannt) und dem ihm benachbarten Fassadenabschnitt vorgelagert ist, lässt sich kein direktes französisches Vorbild ausmachen. Vielleicht standen die mehrgeschossigen Hofarkaden italienischer Palazzi Pate, die hier aber unter Anwendung mitteldeutscher Architekturformen umgesetzt worden sind. Hätte Arnold von Westfalen die Arkaden entsprechend italienischer Manier vor die gesamte Hoffassade der Albrechtsburg gezogen, so wären die Hoffenster repräsentativer Innenräume verdeckt worden – eine Beeinträchtigung, die man nördlich der Alpen, beispielsweise auch in → **Güstrow**, zu vermeiden versucht hat.

Im Innern der Albrechtsburg hatte der Baumeister ein komplexes Raumprogramm umzusetzen. Zwei Säle nehmen weite Bereiche des ersten Obergeschosses ein. Beide sind zweischiffig angelegt und, wie die übrigen Räume dieses Geschosses, gewölbt und an mehreren Seiten durchfenstert. Der zentral gelegene Saal, der sich über den Hauptaufgang des Großen Treppenturms erschließt, ist der große, nicht beheizbare Festsaal des Schlosses, der zugleich Verteilerraum für die ihn umgebenden Treppen und Räume ist, zu denen auch eine Kapelle gehört. Im Gegensatz zum Festsaal war der an der Nordseite des Schlosses gelegene Saal mit einem Kachelofen ausgestattet und diente als Hofstube. Geschickt positioniert ist die Musikantenempore ober-

Meißen, Albrechtsburg, Großer Saal

halb der Verbindungstür beider Säle, da sie so wahlweise für den einen oder den anderen Raum genutzt werden konnte.

Um diese beiden Großräume gruppieren sich drei voneinander unabhängige Appartements als Wohn- und Amtsbereiche. Architektonisch am aufwändigsten ist dabei das Appartement gestaltet, das sich im Nordosten an die Hofstube anschließt. Seine Stube und die darüber liegende, über eine Mauertreppe zu erreichende unbeheizte Schlafkammer befinden sich in dem aus der Flucht des Westflügels um 45 Grad herausgedrehten Baukörper, der sich turmartig mit drei frei stehenden Seiten über dem Elbtal erhebt. Zur Schaffung dieser Räume, die einen weiten Ausblick nach drei Seiten ermöglichen, waren aufwändige und kostspielige Substruktionen notwendig.

Der baulich inszenierte Überschaublick war damals bereits europaweit im Schlossbau geschätzt. Allerdings unterscheidet sich der mehrteilige »Fächerblick« in Meißen grundlegend von den damals in Frankreich oder Italien üblichen Blickführungen, bei denen die optische Bezugnahme zur Umgebung fast immer durch einen einheitlichen Panoramablick formuliert wurde. Es besteht aber eine erstaunliche Parallele zwischen dieser Blicksituation in der Albrechtsburg und der Beschreibung des Speisezimmers der kaiserzeitlich-antiken Villa Laurentinum, in der Plinius d. J. den dreiseitig aufgefächerten Ausblick auf das Meer preist. In der Folgezeit sollten solche Raumkonzeptionen u. a. in → **Wittenberg**, → **Heidelberg**, → **Neuburg a. d. Donau** und → **Torgau** Charakteristikum des aufwändigen mitteleuropäischen Schlossbaus werden.

Neben der Frauenzimmer-Tafelstube im Nordwesten und den zwei kleineren Appartements im Süden befand sich in der Mitte des zweiten Geschosses das Appartement des Kurfürsten, bestehend aus drei Räumen. Zusätzlich zum zweiseitig durchfensterten Hauptempfangsraum und der sich im Norden anschließenden intimeren Schlafkammer gab es hier eine kleine Nebenstube auf der Talseite. Als Vorbilder für diesen Raum, in den der Herrscher sich zurückziehen konnte, kommen einerseits die *estudes* oder *cabinets* in französischen Schlössern infrage, andererseits spricht auch nichts dagegen, die Meißener Neuerung von italienischen *studioli* abzuleiten. Berühmtes Beispiel ist das zwischen 1472 und 1476 im Herzogspalast zu Urbino eingerichtete Studierzimmer. Der kleine Raum der kurfürstlichen Wohnung in Meißen, der in verschiedene Richtungen Ausblicke über das Elbtal gewährt, ist ein architektonisches Schaustück. Die Lage dieser Stube auf der dem Hoftreiben abgewandten Seite der Albrechtsburg entspricht ganz den Ratschlägen des einflussreichen Renaissancetheoretikers Leon Battista Alberti (1404–1472).

Der Grundriss des zweiten Obergeschosses wiederholt sich im Wesentlichen im darüber liegenden Geschoss der Lukarnenzone, in dem u. a. das Appartement des Mitregenten Herzog Albrecht liegen sollte. Allerdings wurden nach 1490 die Arbeiten eingestellt, denn 1485, noch während der Bauzeit, hatten die Bauherren vereinbart, ihr Territorium aufzuteilen, woraufhin Meißen an die Albertinischen Wettiner fiel. Schließlich ließ der in Dresden residierende Sohn Herzog Albrechts, Herzog Georg der Bärtige (reg. 1500–1539), 1521 das Schloss von Jakob Heilmann fertig stellen. Aus dieser Zeit stammt das Schlingrippengewölbe im zweiten Obergeschoss des Nordostbaus nach Art des in → **Prag** tätigen Benedikt Ried. Auch der Kamin im darüber liegenden Raum geht auf diese Zeit zurück. Ferner beauftragte man den Bildhauer Christoph Walther I. (gest. 1546) mit der Anfertigung von figürlichen Reliefs für die Brüstungen des Großen Treppenturms, deren Rahmen typische Frührenaissanceformen zeigen.

Herzog Georg blieb der katholischen Konfession treu und wählte als letzter Wettiner Meißen als Ort seiner Grablege. Aus diesem Grund ließ er in den 1520er Jahren auf der Südseite der Fürstenkapelle des Doms einen eigenen Raum anfügen, dessen 1524 entstandenes, der Frührenaissance verpflichtetes Portal ein Relief aus der Augsburger Daucherwerkstatt besitzt.

Die Albrechtsburg ist nach ihrer Entlassung aus der Hofverwaltung von 1710 bis 1863 als Produktionsstätte der berühmten sächsischen Porzellanmanufaktur genutzt worden. Nach deren Auszug wurde der Bau bis 1870 restauriert. Zwischen 1873 und 1885 wurden sämtliche Räume der beiden Hauptgeschosse mit Wandgemälden ausgestattet, welche die Ereignisse der Geschichte Sachsens und Meißens wiedergeben. Sie waren bei Erbauung des Schlosses mit Sicherheit nicht vorgesehen, da damals mobile → **Bildteppiche** die komfortabelste und repräsentativste Ausschmückung solcher Räume darstellten. In der Verschmelzung gotisierender und der Renaissance entlehnter Stilelemente unterstreichen die erst Jahrhunderte nach der Erbauung eingebrachten Wandgemälde aus der Retrospektive die einst zukunftsweisende Architektur des Arnold von Westfalen.

Das Schloss, das heute der Verwaltung der staatlichen Schlösser und Gärten Sachsens untersteht, beherbergt eine umfangreiche kunstgeschichtliche Sammlung sächsischer Plastik und frühen Meißener Porzellans. StH

MÜNCHEN

In der Nähe einer auf das 11. Jh. zurückgehenden Niederlassung von Benediktinermönchen gründete Heinrich der Löwe an der Isar den Marktort »apud Munichen« (= bei den Mönchen), der 1158 das Stadtrecht erhielt. 1180 in den Besitz der Wittelsbacher übergegangen, erlebte die Stadt Anfang des 14. Jh. eine erste Glanzzeit unter Herzog Ludwig IV. dem Bayern (ab 1328 Kaiser). In der Folgezeit kam es zu Auseinandersetzungen zwischen den bayerischen Herzögen und der Stadt, die durch ihre günstige Lage an bedeutenden Fernhandelswegen und durch ein 1322 erworbenes Salzhandelsprivileg zunehmend reicher wurde. Ausgelöst durch einen Bürgeraufstand, zogen die Herzöge Ende des 14. Jh. aus dem in der Stadt gelegenen Alten Hof in eine neue, am Nordrand der Stadt errichtete Wasserburg, die sog. Neuveste.

Nach der Vereinigung von Ober- und Niederbayern unter Albrecht IV. (reg. 1465–1508) wurde München Landeshauptstadt. Zur Sicherung der Landeseinheit wurde 1506 das Primogeniturgesetz erlassen, das dem Erstgeborenen die Erbfolge sicherte. Der ältere Sohn Herzog Albrechts, Wilhelm IV. (reg. 1508–1550), nahm daraufhin seine Residenz in der Münchener Neuveste. Der jüngere, noch vor dem Erlass geborene Sohn Ludwig X. erkannte die Regelung nicht an und residierte nach erbittertem Streit als politisch nachgeordneter Regent in → **Landshut.**

Residenz

Unter Albrecht V. (reg. 1550–1579), Wilhelms Nachfolger, wurde die Neuveste während des 16. und beginnenden 17. Jh. zum Ausgangspunkt für einen sukzessiven Ausbau der herzoglichen Residenz. Ihr weitläufiges Areal erstreckt sich heute – nach weiteren Ausbauten im 18. und 19. Jh. – über eine Fläche von etwa 55.000 qm. Die im 16. und 17. Jh. errichteten Residenzbauten liegen im Nordwesten der heutigen Anlage und bilden in ihrer Grundrissform ein Trapez, um das sich fünf unterschiedlich große Höfe (Grottenhof, Kapellenhof, Brunnenhof, Kaiserhof und Apothekenhof) gruppierten. Veranlasst durch einen Brand, wurde die in der Nordostecke des Schlosskomplexes gelegene Neuveste im 19. Jh. abgebrochen und der gesamte, auf den Hofgarten ausgerichtete Nordflügel unter Einbeziehung älterer Bausubstanz neu gestaltet (1832–1847 durch Leo von Klenze); weitere Bauten (Residenztheater, Allerheiligenhofkirche) folgten. Im Zweiten Weltkrieg wurde die Residenz schwer beschädigt und bis 1958 wieder aufgebaut, wobei man weite Bereiche unter Verwendung von Originalsubstanz rekonstruierte.

Der Ausbau der Residenz im 16. Jh. begann mit zwei damals frei stehenden Bauten, die Albrecht V. zur Unterbringung seiner umfangreichen Kunstsammlungen errichten ließ: dem Antiquarium und der sog. Alten Münze.

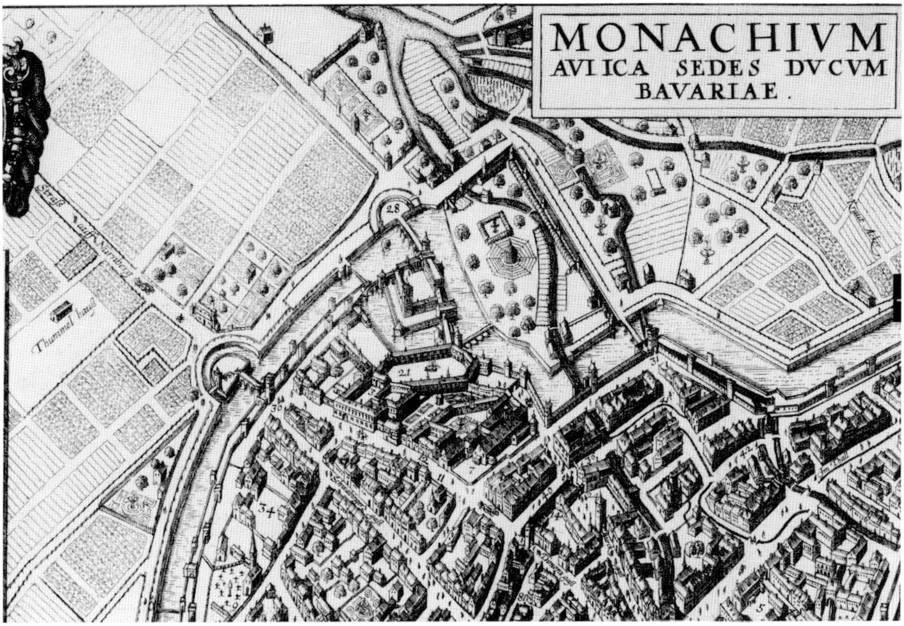

München, Die Residenz im frühen 17. Jh., Ausschnitt aus Wenzel Hollars Stadtplan, 1623

Das zweigeschossige **Antiquarium**, zwischen 1569 und 1572 entstanden, beherbergt im Erdgeschoss – einem weiten stützenlosen Saal – die älteste und einzige in wesentlichen Zügen erhaltene Antikengalerie nördlich der Alpen (→ **Antikenstudium**). Im Obergeschoss richtete der Herzog seine Hofbibliothek ein. Die bemerkenswerte, vor allem aus römischen Kaiserbildnissen bestehende Antikensammlung ließ Albrecht mit Hilfe des Augsburger Kaufmanns Johann Jakob Fugger (1516–1575) sowie mit Unterstützung von Kunstagenten, vor allem des aus Mantua stammenden Antiquars Jacopo de Strada (1507–1588), zusammentragen. Von den Sammlungsgegenständen stammten die meisten aus Italien. Die porträtierten Persönlichkeiten der Antike glaubten die Wittelsbacher als ihre Ahnen geltend machen zu können, um so auf den Ursprung, das Alter und das Ansehen ihres Geschlechts und damit auf die Berechtigung ihrer Herrschaft zu verweisen. Ergänzend zu den Antiken schufen die Münchener Bildhauer Jordan Prechenfelder und Hans Ernhofer zwischen 1573 und 1576 für das Antiquarium einen Zyklus von zwölf überlebensgroßen Figuren, die antike Herrscher sowie Regenten aus den Geschlechtern der Wittelsbacher und der Habsburger darstellen. Diese versinnbildlichten einerseits die Allianz der Häuser Wittelsbach und Habsburg, die durch Albrechts Eheschließung mit Anna, der Schwester Kaiser Maximilians II., zu Stande gekommen war, andererseits manifestiert sich in ihnen auch

ANTIKENSTUDIUM UND ANTIKENSAMMLUNGEN

Eine Besonderheit der wissenschaftlichen Auseinandersetzung der Humanisten mit der Antike waren antiquarische Forschungen. Anerkannte Gelehrte wie Erasmus von Rotterdam unternahmen Reisen nach Rom und studierten dort antike Monumente und Kunstwerke, um sich vor dem Hintergrund antiker Texte ein möglichst vollständiges Bild antiker – und das hieß in der Renaissance vorrangig römischer – Lebenskultur zu erschließen. So versuchte man, römische Kaiserporträts auf Münzen zu identifizieren, Inschriften zu entschlüsseln und auf antike Mythen zurückgehende Bildmotive zu deuten, indem man sie mit Schriftquellen verglich. Grundlage und Voraussetzung dafür waren genaue Latein- und Griechischkenntnisse, weshalb diese Forschungen vorrangig von Philologen ausgingen. Sie bildeten Gelehrtenzirkel, die europaweit miteinander in Korrespondenz standen.

Daneben setzten sich auch Künstler intensiv mit der Antike auseinander. So forderte Raffael 1519 in einem Brief an Papst Leo X., antike Bauwerke zu schützen, zu pflegen und sie wissenschaftlich zu dokumentieren, was gewissermaßen als Beginn der Denkmalpflege zu bewerten ist. Corpuswerke wurden angelegt, in denen alle bekannten Monumente einer Region oder Objekte einer Gattung (Inschriften, Münzen etc.) zeichnerisch und in beschreibender Form zusammengestellt wurden. Zu den ersten Werken dieser Art zählen die Schriften *Roma instaurata* (1471 gedruckt) und *Italia illustrata* (Manuskripte um 1456, gedruckt 1503) von Flavio Biondo.

Vor dem Hintergrund eines neu erwachenden Nationalbewusstseins waren die Altertumsstudien zuweilen mit politischen Interessen verbunden. Den Impuls, die eigene Geschichte zu untersuchen und möglichst bis in die Antike zurückzuverfolgen, gab der Wiener Humanist Konrad Celtis (1459–1508). Er arbeitete – nach dem Vorbild Biondos – an einem illustrierten historischen, geografischen und ethnografischen Überblickswerk über Deutschland, der *Germania illustrata.* Bedeutende Zentren humanistischer Forschung, die sich mit der Suche nach den eigenen Wurzeln in der Antike befassten, waren nördlich der Alpen die Universitäten in Basel, Straßburg

der Anspruch der Wittelsbacher auf die deutsche Kaiserwürde, da beide Familien in Karl dem Großen ihren Ahnherrn sahen.

Die Münchener Antikengalerie war eine von den Zeitgenossen viel bewunderte Attraktion und konkurrierte mit den hochrangigen Sammlungen anderer europäischer Potentaten, wie der des Papstes in Rom und jener der Medici in Florenz. Der Entwurf für das Antiquarium und das Konzept der Antikenpräsentation stammten von Jacopo de Strada; ausführender Baumeister war der Augsburger Simon Zwitzel.

Nachdem im Jahr 1580 ein Brand die Neuveste stark beschädigt hatte, beschloss Wilhelm V. (reg. 1579–1598), der Sohn Albrechts V., die Residenz erheblich zu erweitern. Im Zuge dieses Neubauvorhabens, für das der Regent zahlreiche ausländische Künstler nach München holte, ließ er ab 1581 das bestehende Antiquarium umbauen und an den neu zu errichtenden Grottenhof angliedern. Die Leitung des Umbaus wurde → **Friedrich Sustris** übertragen. Für die Umnutzung zum Fest- und Bankettsaal wurde das Bodenniveau

und Mainz. Über die Erforschung von Inschriften und die Auswertung der wieder entdeckten Schriften des Tacitus' war es nun möglich, antike Ortsnamen ausfindig zu machen, so dass sich viele Städte wie z. B. → **Köln** von nun an auf ihre altehrwürdige Vergangenheit berufen konnten. Johannes Turmair, gen. Aventinus (1477–1534), Hofgeschichtsschreiber in München und Schüler Celtis', entdeckte auf diesem Weg die »römische Vergangenheit« Bayerns.

Wie in Italien führte man seit dem 16. Jh. auch nördlich der Alpen Ausgrabungen durch, z. B. in Moers-Asberg am Niederrhein (1521) oder in Augst nahe Basel (1588). Dieses Forschungsinteresse ging mit einer neuen Wertschätzung der antiken Kunst einher. Die Familien der Colonna in Rom und der Medici in Florenz begründeten im 15. Jh. erste Antikensammlungen. Sie enthielten zunächst weniger antike Statuen als vielmehr Münzen, Gemmen, Inschriften und Goldschmiedearbeiten. Erst im 16. Jh. verlagerte sich das Augenmerk der Sammler auf Statuen und Reliefs. Angeregt durch eine Italienreise, legte der Augsburger Humanist Konrad Peutinger (1465–1547) die erste Antikensammlung in Deutschland an. Es handelte sich vor allem um in Stein gemeißelte Inschriften, die er in die Hofmauern seines Hauses einbringen ließ, wie man dies in Italien bereits im 15. Jh. zu tun pflegte. Entstanden die frühesten deutschen Antikensammlungen im Umkreis von Humanisten und reichen Patriziern (Fugger, Tucher), so befasste sich ab der Mitte des 16. Jh. vor allem der Adel mit dem Aufbau derartiger Sammlungen (→ **München,** Antiquarium; → **Innsbruck,** Schloss Ambras). Sie ergänzten hier die → **Kunst- und Wunderkammern,** Statuen fanden im Garten Aufstellung. Da es schwierig war, Originale aus Italien zu bekommen, wurden eigens Kunstagenten mit dem Ankauf antiker Kunstwerke im Ausland beauftragt. Gab es keine Möglichkeit eines Ankaufs, wurden Gipsabgüsse berühmter Statuen angefertigt (Fontainebleau, Binche). Der bedeutendste Kunstagent und Antikenkenner war der aus Mantua stammende Jacopo de Strada (1507–1588), der für die Fugger und den bayerischen Hof tätig war und schließlich Hofantiquar Kaiser Rudolfs II. wurde. UV

München, Antiquarium der Residenz

FRIEDRICH SUSTRIS (um 1540–1599 München) UND PETER CANDID (Brügge 1548–1628 München)

Der bedeutendste Künstler am Hof Wilhelms V. (reg. 1579–1598) war der zunächst als Maler, später auch als Architekt tätige **Friedrich Sustris**, der als Sohn des niederländischen Malers Lambert Sustris vermutlich in Italien geboren wurde. Nach der Lehre bei seinem Vater in Venedig arbeitete er zwischen 1563 und 1567 in Florenz, wahrscheinlich als Schüler und Gehilfe Giorgio Vasaris, dem Hofarchitekten und -maler der Medici und Verfasser der Künstlerviten. 1568/69 berief ihn Hans Fugger nach Augsburg. Auf dessen Empfehlung trat Sustris 1573 in den Dienst des Erbprinzen Wilhelm (später Wilhelm V.), der ihm zunächst die Um- und Ausgestaltung von Schloss Trausnitz bei → **Landshut** übertrug. Wirkte Sustris in dieser Zeit vorwiegend als Maler, so betraute Wilhelm ihn 1580 mit dem Amt des Hofbaumeisters und Kunstintendanten in München. In dieser einflussreichen Funktion trug Sustris maßgeblich dazu bei, dass italienische Vorbilder nicht nur im Bereich der Malerei, sondern auch in der Architektur und Dekorationskunst am Münchener Hof Eingang fanden. Unter seiner Leitung entwickelte sich eine fruchtbare Zusammenarbeit niederländischer, italienischer und einheimisch-süddeutscher Künstler. Sustris' Tätigkeit war eng mit der ehrgeizigen, gegenreformatorischen Politik Wilhelms verbunden, die in dem Bau der Jesuitenkirche St. Michael ihren bleibenden Ausdruck fand.

Verblüffend ähnlich stellt sich der Werdegang des Peter de Witte, gen. **Peter Candid**, dar, der seit 1586 in München als Maler ansässig war. Der gebürtige Niederländer kam als Kind mit seinem Vater, einem Teppichwirker, nach Florenz, arbeitete dort ebenfalls als Gehilfe Vasaris und wurde 1576 Mitglied der Florentiner Accademia del Disegno. Nach einem einjährigen Aufenthalt in Rom kehrte Candid 1583 nach Florenz zurück. Auf Empfehlung des dort tätigen Giovanni da Bologna wurde Candid 1586 an den bayerischen Hof nach München berufen. Sein erstes dort geschaffenes Werk, die *Verkündigung an Maria* von 1587, befindet sich bis heute am Ort seiner ursprünglichen Bestimmung, der Marienkapelle in St. Michael. Zeit seines Lebens in erster Linie als Maler tätig, entwickelte sich Candid kontinuierlich zu einer der führenden Künstlerpersönlichkeiten am Hof Wilhelms V. und übernahm schließlich nach Sustris' Tod weitere Aufgabenbereiche. So wurde er mit Entwürfen für die in der Münchener Manufaktur zwischen 1604 und 1615 hergestellten Tapisseriefolgen betraut und leitete ab 1612 die gesamte malerische Ausstattung der Residenz und des Alten Schlosses in → **Oberschleißheim.** 1620 schuf er als sein letztes Werk einen neuen Hochaltar für die Münchener Frauenkirche.

Candids malerisches Œuvre zeigt insbesondere Einflüsse Michelangelos und Vasaris. Angelehnt an die Florentiner Malerei des 16. Jh. sind seine Gemälde von einer kühlen Farbgebung und einer großzügigen, rhythmischen Komposition bestimmt. UV

des Antiquariums abgesenkt. Die Höhendifferenz am Übergang zum Grottenhof überbrückte man durch eine Estrade, die – entsprechenden Vorbildern in Paris folgend – die fürstliche Tafel aufnahm. Zwei hölzerne Kredenzen an den Längswänden – heute die ältesten Möbel der Residenz – dienten der Präsentation von Prunkgeschirr. Außerdem wurde der zuvor schlichte Innenraum nach damals moderner italienischer Art neu dekoriert, indem die Wandflächen und die Decke mit Groteskenmalereien und Stuckaturen sowie die Fensterumrahmungen mit Terrakotten verziert wurden, die zusammen einen einheitlichen Raumeindruck erzeugen. Die plastischen Arbeiten fertigte der Florentiner Bildhauer und Stuckateur Carlo Pallago, der schon in → **Landshut** mit Sustris zusammengearbeitet hatte.

Die Darstellungen der einen guten Herrscher auszeichnenden Tugenden brachte → **Peter Candid** im Gewölbescheitel um 1600 ein; sie ersetzten ältere Fresken desselben Themas. Lateinische Sinnsprüche kommentieren die jeweilige Darstellung. So soll die unter dem zentralen Bild der Fama (lat., Ruhm) angebrachte Sentenz »Fama post mortem vivere facit« (lat., Ruhm garantiert ein Leben nach dem Tod) Wilhelms Regierung in der Nachfolge der ruhmreichen und tugendhaften antiken Herrscher ein fortdauerndes Denkmal setzen. In dieses Programm fügen sich auch die Ansichten bayerischer Ortschaften als Verweis auf Wilhelms weit reichende Landesherrschaft ein. Sie finden ein Vorbild in einem Freskenzyklus der bedeutendsten Städte des Habsburgerreichs, der anlässlich der Hochzeitsfeierlichkeiten von Francesco I. de' Medici mit Johanna von Österreich 1565 von Vasari im Hof des Palazzo Vecchio in Florenz angebracht wurde.

Aus Platzgründen mussten viele der ganzfigurigen Statuen für den Umbau des Antiquariums weichen, wo man vor allem Büsten beließ. Die zwölf neuzeitlichen Herrscherstandbilder brachte man nach St. Michael, die antiken Statuen fanden größtenteils im Grottenhof Aufstellung, den Sustris zwischen 1581 und 1588 nach italienischem Vorbild zu einem Antikengarten gestaltete.

Der **Grottenhof** ist von vier Flügeln umgeben, deren östlicher und westlicher zweigeschossig sind, während die beiden seitlichen ursprünglich nur eingeschossig waren. Im Erdgeschoss öffneten sich die vier Flügel ehemals auf allen Seiten in Arkaden zum Innenhof, von denen heute nur noch die östliche, an das Antiquarium angrenzende Seite erhalten ist. Die Übrigen wurden um 1730 geschlossen, als man auch auf die beiden Seitenflügel ein Obergeschoss aufsetzte. Ursprünglich waren die Obergeschossfassaden mit Nischen versehen, um dort die antiken Statuen platzieren zu können.

Im Ostflügel des Grottenhofs befindet sich eine der frühesten Grottenanlagen in Deutschland. Sie wurde 1586 angelegt und mit Tuffsteinen, Muscheln und farbigen Kristallen bestückt, die durch Wasserspiele zum Glänzen gebracht wurden. In der zentralen Nische fand eine um 1580 von → **Hubert Gerhard** geschaffene, ehemals vergoldete Bronzestatue des Merkur Aufstellung, die eine der kunstvollsten Skulpturen der Zeit nachbildete, den auf nur einer Fußspitze balancierenden Merkur von Giovanni da Bologna in Florenz aus dem Jahr 1564. Fresken mit mythologischen Szenen von Peter Candid, die auf die Merkur-Thematik Bezug nahmen, schmückten ehemals die oberen Wandfelder des östlichen Arkadengangs. In der Mitte des Hofs steht ein Brunnen mit der

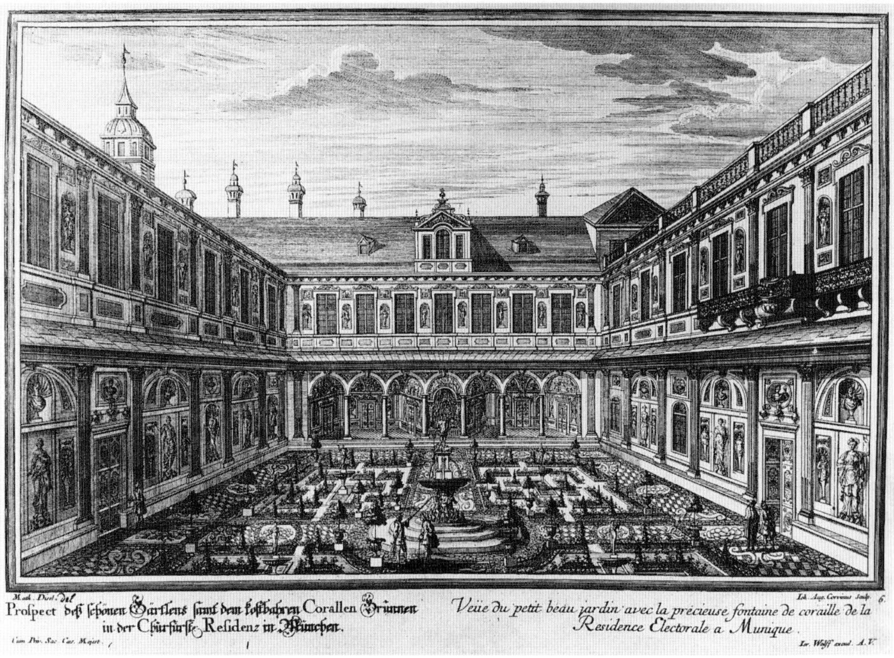

München, Grottenhof der Residenz, Stich nach einer Vorlage von Matthias Disel, 1717-1723

Bronzestatue des Perseus, den Gerhard um 1595 in Anlehnung an Benvenuto Cellinis Perseus von 1554 in Florenz schuf.

Die künstlerische Blüte am Münchener Hof kam vorübergehend zum Erliegen, als gegen Ende der 1580er Jahre finanzielle Engpässe deutlich wurden, in deren Folge auch einige Künstler aus dem Dienst entlassen wurden. 1598 trat Wilhelm V. wegen völliger Verschuldung des Staatswesens von der Regierung zurück. Sofort nach dessen Abdankung nahm jedoch sein Sohn Maximilian I. (reg. 1598-1651, ab 1623 Kurfürst) den weiteren Ausbau der Residenz in Angriff. Zwischen 1598 und 1619 wurde die bestehende Anlage beträchtlich erweitert und an der Residenzstraße mit einer repräsentativen Schauseite versehen. Diese vereinheitlichte die dahinter liegenden Flügel und wurde nach einem Konzept von Hans Krumper (1570-1634) mit → **Fassadenmalereien** und Bronzefiguren geschmückt. Sie diente der machtvollen Selbstdarstellung des bayerischen Herzogtums, das zu dieser Zeit den führenden Rang im deutschen Reichsverband anstrebte. Das gemalte, strenge Gliederungsschema mit Quaderung, rustizierten Vorlagen, Pilastern und Fensterrahmungen zitiert die architektonische Fassadengliederung am Palast Kaiser Karls V. in Granada, wobei die Anlehnung an das imperiale Vorbild den hohen künstlerischen, aber auch politischen Anspruch Maximilians unterstreicht. Plastische

Akzente setzen zwei Portale aus rotem Marmor und, in der Wandnische der Mittelachse, Krumpers Bronzefigur der *Patrona Bavariae*, eine Statue der Muttergottes, die Maximilian zur Patronin Bayerns erhoben hatte. Auf den Giebelschrägen der Portale liegen je zwei Personifikationen der Kardinaltugenden, die auf die Eigenschaften des Regenten hinweisen sollen: am nördlichen Portal Weisheit und Gerechtigkeit, am südlichen Tapferkeit und Mäßigung.

Die 1607 geweihte, nach der Zerstörung im Zweiten Weltkrieg unter Verwendung aller Bruchteile rekonstruierte **Reiche Kapelle** war das Privatoratorium Maximilians. Von der äußerst erlesenen Ausstattung zeugen heute noch Halbedelsteine im Boden und der vergoldete Deckenstuck. Die Wände sind mit kostbarem Stuckmarmor in Scagliolatechnik geschmückt, einer am Münchener Hof sehr beliebten, geheim gehaltenen Kunstform, die dort von der Familie Pfeiffer seit etwa 1600 über mehrere Generationen hinweg tradiert wurde. Das Altarretabel der Kapelle ist nach Augsburger Art in einer Kombination aus Silber und Ebenholz hergestellt und enthält einen Teil des kostbaren Reliquienschatzes. Bemerkenswert sind außerdem eine kleine Prunkorgel der 1620er Jahre und eine vergoldete Christusfigur in der Portalnische, eine verkleinerte Nachbildung von Michelangelos berühmter Christusstatue in S. Maria sopra Minerva in Rom.

Der bedeutendste Bau aus Maximilians Zeit ist die im Nordwesten der Residenz gelegene Vierflügelanlage, der sog. **Kaiserhof.** Auch hier gliedern Malereien die Hoffassaden der ihn umgebenden Trakte in zwei Zonen, wobei ihre Gestaltung die der Residenzfassade aufnimmt. Der südliche Kaiserhof-Flügel existierte bereits vor der Neubaumaßnahme, die drei anderen ließ der Herzog zwischen 1611 und 1619 hinzufügen. Im Westen errichtete man einen Gästezimmertrakt mit den auf Grund ihrer reichen Ausgestaltung mit Marmor und Stuckmarmor sog. Steinzimmern und im Osten einen Flügel mit einer repräsentativen Raumgruppe, den sog. Trierzimmern. Ausgehend von einem zentralen Gewölberaum reihen sich hier die Räume in einem symmetrischen Grundrissschema mit axialen Durchgängen, einer sog. Enfilade, hintereinander. Die zwischen 1611 und 1616 eingebrachten Deckenbilder verherrlichen in allegorischen Darstellungen die Aufgaben des Herrschers und beziehen sich zugleich auf die Tugenden Maximilians. Der **Kaisersaal**, ein prächtiger Festsaal im nördlich an den Kaiserhof angrenzenden Flügel, wurde 1616 vollendet (1799 verändert, heute rekonstruierend wiederhergestellt).

Ein wichtiger Bestandteil der fürstlichen Repräsentation waren kostbare → **Bildteppiche**, die zur Zeit Maximilians an den Wänden der Trier- und Steinzimmer angebracht waren und noch heute dort zu sehen sind. Neben einigen Tapisserien aus dem beginnenden 17. Jh., die in Paris und Brüssel gefertigt wurden, befinden sich dort mehrere Serien von kostbaren, mit Metallfäden durchwirkten Teppichen, die in der eigens dafür gegründeten Münchener Teppichmanufaktur nach Vorlagen von → **Peter Candid** ausgeführt wurden. Unter der Leitung des flämischen Teppichwirkers Hans van der Biest (gest. 1618) arbeiteten dort von 1604 bis 1615 vorwiegend Brüsseler Wirker.

Die mit verschwenderischem Prunk ausgestattete Residenz Maximilians I. war eines der anspruchvollsten Bauwerke seiner Zeit und beeindruckte sogar den weit gereisten päpstlichen Nuntius Carlo Caraffa, der das Münchener Schloss als das »beste« in ganz Deutschland bezeichnete.

Hofgarten

Der Münchener Hof spielte eine führende Rolle bei der Übermittlung italienischer Gartenideen in den Norden. Schon der im ersten Drittel des 16. Jh. östlich der Neuveste angelegte Lustgarten verfügte mit einem Saalbau für festliche Anlässe und einem Pavillon inmitten eines Labyrinths über bedeutende Elemente eines repräsentativen → **Gartens.** Im Obergeschoss enthielt dieser Pavillon eine Serie von 16 berühmten Historienbildern süddeutscher Künstler, darunter → **Albrecht Altdorfers** *Alexanderschlacht* von 1529.

Ab 1558 ließ Albrecht V. für seine Gemahlin Anna nördlich dieser Anlage einen viel bewunderten zweiten Garten gestalten. Er wurde durch einen Arkadenbau abgeschlossen, von dessen begehbarem Flachdach die Anlage überschaut werden konnte; 1571 kam ein → **Lusthaus** hinzu. Zwischen 1613 und 1617 legte man nördlich der Residenz den weitläufigen neuen, in seinen Ausmaßen bis heute erhaltenen Hofgarten mit dem von Hans Krumper 1615 erbauten sog. Hofgartentempel im Zentrum an.

Alte Münze

Zwischen 1563 und 1567 ließ Albrecht V. von seinem Hofbaumeister Wilhelm Egckl südlich der Residenz einen vierflügeligen Neubau mit Arkadenhof errichten, den Fürstlichen Marstall. Er wird heute entsprechend seiner Funktion in den Jahren zwischen 1809 und 1983 als Alte Münze bezeichnet. Das dreigeschossige Bauwerk beherbergte in den Obergeschossen die umfangreiche Kunstsammlung Albrechts V., im Erdgeschoss die Stallungen der herzoglichen Pferde, damals ebenfalls begehrte Sammelobjekte. Der Herzog und sein Baumeister orientierten sich dabei an der in → **Wien** zu dieser Zeit im Bau befindlichen Stallburg.

Albrecht V. erweiterte die von seinem Vater, Herzog Wilhelm IV., angelegte Kunstsammlung zur bedeutendsten europäischen Universalsammlung seiner Zeit neben derjenigen, die sein Schwager Erzherzog Ferdinand II. auf Schloss Ambras in → **Innsbruck** eingerichtet hatte. Die Ankäufer des Herzogs, zu denen u. a. der Hofantiquar Jacopo de Strada gehörte, trugen hierfür Objekte aus ganz Europa zusammen, wie antike Münzen und Skulpturen, Bergkristallerzeugnisse, Goldschmiedearbeiten und Naturalia. Eine Besonderheit der Münchener → **Kunst- und Wunderkammer** waren Exotika, in deren Besitz der Herzog durch Vermittlung von Max Fugger oder über Verwandtschaftsbeziehungen gelangte.

Albrechts Sohn Wilhelm V. verlagerte 1589 die herzogliche Bibliothek aus dem Obergeschoss des Antiquariums in den Neubau. Das geschah vermutlich auf Anregung des niederländischen Arztes Samuel Quicche[l]berg, der 1565 am Münchener Hof die erste museologische Schrift nördlich der Alpen verfasst hatte und darin eine Verbindung von theoretischer Darlegung und praktischer Anschauung gefordert hatte.

Ebenso 1565 wurden 17 sog. Erbkleinodien als unveräußerliche Erbstücke aus der Kunstkammer ausgegliedert. Sie sind heute in der Schatzkammer der Residenz zu besichtigen. Albrechts Enkel, der spätere Kurfürst Maximilian I., interessierte sich vorwiegend für

Malerei. Er überführte 1606/07 die kostbarsten Gemälde der Kunstkammer in die sog. Kammergalerie der Residenz. Nach und nach bereicherte er diese Gemäldesammlung vor allem um Werke des von ihm verehrten → **Albrecht Dürer.** Einige Objekte der Kunstkammer, die die Plünderungen des Dreißigjährigen Kriegs überdauert haben, befinden sich noch heute in Münchener Sammlungen, z. B. im Bayerischen Nationalmuseum, während die Bestände der Kammergalerie zum Grundstock der Alten Pinakothek wurden. Die Hofbibliothek ging in der Bayerischen Staatsbibliothek auf.

Hans Mielich, Die bayerische Hofkapelle bei der Kammermusik (vorne links Orlando di Lasso), 1570

Hofmusik und Jesuitentheater

Im Jahr 1523 trat Ludwig Senfl (um 1486-1542/43), der zuvor als Kapellmeister Kaiser Maximilians I. hohes Ansehen gewonnen hatte, in den Dienst Herzog Wilhelms IV. Damit begann der Aufstieg der bayerischen Hofkapelle zu einem der herausragenden Ensembles im Deutschen Reich. Unter Herzog Albrecht V. gewann sie internationales Format: Orlando di Lasso (1532-1594), in Flandern und Italien ausgebildet und seit 1556 in München als Sänger angestellt, übernahm die Leitung und zog als einer der angesehensten Komponisten seiner Zeit viele hervorragende italienische Musiker - darunter Andrea Gabrieli (um 1510-1586) und seinen Neffen Giovanni Gabrieli (1553/6-1612) - an den bayerischen Hof. Den Höhepunkt seiner Karriere bildeten die Hochzeitsfeierlichkeiten für Erbprinz Wilhelm (später Wilhelm V.) und Renata von Lothringen im Jahr 1568. Orlando di Lasso komponierte nicht nur die Festmusik und beaufsichtigte die Vorbereitungen, sondern spielte, ungeachtet seiner hohen Position, auch selbst bei der ersten → **Commedia dell' Arte**-Vorstellung in München mit. Ein Teil seiner Musiker übersiedelte anschließend für zwei Jahre in Prinz Wilhelms Residenz Burg Trausnitz in → **Landshut**, wo die Komödienszenen in Wandgemälden an der sog. Narrentreppe festgehalten wurden.

Etwa 30 Jahre später, 1597, fand in München wiederum ein musikalisch begleitetes Großereignis statt: Zur Einweihung der Jesuitenkirche St. Michael wurde das Festspiel *Triumph des heiligen Erzengels Michael* aufgeführt. Mit über 900 Mitwirkenden gilt es als das größte Schauspiel des 16. Jh. in Europa. Zu den Theaterbräuchen der Jesuiten, die seit 1560 an ihrem Münchener Gymnasium Aufführungen veranstalteten, gehörten auch Aufsehen erregende Schauspielerumzüge vor den Premieren. Dabei zogen hunderte von Kostü-

HUBERT GERHARD ('s-Hertogenbosch um 1540/50–1620 München)

Der niederländische Bronzebildner Hubert Gerhard war neben → **Adriaen de Vries** der bedeutendste Bildhauer der Spätrenaissance in Deutschland. Gerhards Ausbildung und Frühwerk sind bislang ungeklärt; möglicherweise war er als Schüler von Giovanni da Bologna (1529–1608) in Florenz tätig, wo seine Anwesenheit 1581 urkundlich belegt ist. Im selben Jahr holte ihn Hans Fugger nach Deutschland und gab bei ihm ein Bronzeepitaph für seinen verstorbenen Vater in Auftrag. Ab 1581 war Gerhard zusammen mit Carlo Pallago vor allem mit der Ausgestaltung des Fuggerschlosses in → **Kirchheim** beschäftigt. 1589–1594 fertigte er den → **Augsburger Augustusbrunnen,** der in der Körperhaltung der vier am Rand der Brunnenschale lagernden Figuren Kenntnis von Ammanatis Neptun-Brunnen in Florenz (1575) zeigt.

Nach einem bereits für 1584 belegten ersten Auftrag für den Münchener Hof trat Gerhard 1587 in den Dienst Wilhelms V. (reg. 1579–1598) und war maßgeblich an der Ausstattung der Kirchen und neuen Schlossbauten in München beteiligt. So sind die Terrakottafiguren und Bronzebildwerke der Michaelskirche vorrangig sein Werk, aber auch die berühmte Figur der *Tellus Bavaria* im Hofgarten, die durch ihre Attribute auf den Reichtum und die Wirtschaftskraft Bayerns verweist, stammt von ihm. Nach der Abdankung Wilhems 1598 wurde Gerhard wie zahlrei-

mierten zu Fuß, zu Pferd und auf dekorierten Wagen durch die Stadt, um im Sinn der gegenreformatorischen Propaganda neue Zuschauer anzulocken, denen die römisch-katholische Glaubenswelt auf der Bühne in ebenso spektakulärer wie unterhaltsamer Weise nahe gebracht werden sollte.

Jesuitenkirche St. Michael

Die Jesuitenkirche St. Michael ist als bleibendes Zeugnis der Zusammenarbeit Herzog Wilhelms V. mit dem Orden der Societas Jesu eines der bedeutendsten Monumente der in Bayern siegreichen und von dort aus im Reich operierenden Gegenreformation.

Nach seiner Gründung im Jahr 1534 wurde der Orden, der den katholischen Glauben durch Mission, Unterricht und Erziehung festigen und verbreiten wollte, 1559 in München ansässig. Hier residierte mit Herzog Albrecht V. ein dem Jesuitenorden gewogener Regent, der nach dem Regierungswechsel 1579 mit Wilhelm V. sogar einer der engagiertesten Vorkämpfer der Gegenreformation war. Dieser entschloss sich 1582, für die Münchener Ordensniederlassung einen neuen Kirchenbau mit Kolleg errichten zu lassen, wobei den Jesuiten ein entscheidendes Mitspracherecht eingeräumt wurde.

Einen ersten, in einer lokalen spätgotischen Formtradition stehenden Entwurf für die Kirche, den wohl ein Münchener Ordensmitglied erstellt hatte, lehnte die römische Kurie ab, weil der Bau zu klein bemessen war und die retrospektive Lösung vermutlich nicht als angemessen für die moderne und dynamische Erneuerungsbewegung der Jesuiten betrachtet wurde. Erst der zweite Entwurf, der zu Gunsche andere Künstler aus dem Hofdienst entlassen und trat spätestens 1602 in Innsbruck in den Dienst Erzherzog Maximilians III. von Tirol (reg. 1602–1618), für den er bis 1613 tätig blieb.

Wie sein Zeitgenosse Adriaen de Vries wandte sich Gerhard von den in der ersten Hälfte des 16. Jh. besonders geschätzten Kleinbronzen ab und schuf monumentale Bildwerke. In Brunnen- und Grabmalprojekten setzte er sich mit der mehrfigurigen Monumentalgruppe als kompositorischem und technischem Problem auseinander. Seine künstlerische Tätigkeit zeigt eine Schulung an Werken der Antike und italienischer Bildhauer wie Michelangelo, Giovanni da Bologna und Ammanati, wobei sein Interesse weniger auf Allansichtigkeit und komplizierte Drehungen ausgerichtet war als bei De Vries. Kleinteilig flatternde, schmuckfreudige Gewänder, wie sie bei der Münchener Michaelsfigur zu sehen sind, waren in der italienischen Plastik dieser Zeit unbekannt. Sie gehen vermutlich auf den Einfluss von → **Friedrich Sustris** zurück, der für Gerhards Skulpturen häufig zeichnerische Entwürfe lieferte.

Als Hauptvertreter der süddeutschen Plastik um 1600 kommt Gerhard eine wichtige Vermittlerrolle italienischer Formen nach Süddeutschland zu, die von einheimischen Künstlern wie seinem Schüler Hans Krumper (1570–1634) oder Hans Reichle (1570–1642) übernommen wurden. UV

ten einer repräsentativen Anlage auf die Ausrichtung der Kirche nach Osten verzichtete, wurde den Forderungen der Kurie gerecht. Er war der modernen italienischen Architektur verpflichtet und der soeben fertig gestellten Mutterkirche der Jesuiten Il Gesù in Rom angelehnt.

Wilhelm V. zeigte an dem architektonisch anspruchsvollen Bau, dessen Grundsteinlegung 1583 erfolgte, zunehmend Interesse, erkannte er doch die Möglichkeit, sich mit ihm ein Andenken zu sichern. Dies manifestiert sich nicht zuletzt in der Fassade, die nach einer erneuten Planänderung 1584 nicht an zeitgenössischen römischen Kirchenfassaden orientiert sein sollte, sondern die lokale Tradition aufgriff. In ihrem Bildprogramm ist der herzogliche Mäzen an prominenter Stelle vertreten: Als christlicher Herrscher, durch das Kirchenmodell als Stifter ausgezeichnet, steht er gleichberechtigt neben seinen zahlreichen geistigen Ahnherren (z. B. Konstantin oder Justinian), die sich wie Wilhelm um die Kirche verdient gemacht haben. Die in Nischen eingestellten, teilweise aus dem Antiquarium wieder verwendeten Herrscherstandbilder sind zwischen dem Patron der Kirche, dem hl. Michael, und dem zuoberst stehenden Christus als Weltenherrscher platziert. Die bronzene, 1588 von → **Hubert Gerhard** geschaffene Michaelsfigur, die den abtrünnig gewordenen Luzifer aus dem Himmel stößt, war programmatisch für die Gegenreformation, versinnbildlichte sie doch drastisch, wie man sich die kriegerische Kirche *(ecclesia militans)* im Kampf gegen das Böse, d. h. die Reformation, vorstellte.

Der Innenraum der Kirche ist außergewöhnlich groß. Mit ihm entstand erstmals nördlich

**Hans von Aachen,
Der Sieg der Wahrheit, 1598
(München, Alte Pinakothek)**

HANS VON AACHEN (Köln 1552–1615 Prag)

Hans von Aachen war einer der bedeutendsten Maler am Hof Kaiser Rudolfs II. (reg. 1576–1612) in Prag. Nach der Malerausbildung in seiner Geburtsstadt Köln ging er 1574 nach Italien, wo er neben antiken Werken zahlreiche Gemälde italienischer Meister studierte und kopierte und in freundschaftlichem Kontakt zu dort lebenden niederländischen Künstlern stand. 1588 nach Köln zurückgekehrt, folgte er bald darauf dem Ruf an den Münchener Hof Wilhelms V., für den er eine große Anzahl religiöser Darstellungen schuf und als Porträtmaler arbeitete. 1592 wurde er zum Kammermaler Rudolfs II. ernannt, hielt sich in den ersten Jahren aber nur sporadisch am Prager Hof auf. 1596 heiratete er in München die zweite Tochter des dortigen Hofkapellmeisters Orlando di Lasso, siedelte jedoch kurz darauf für den Rest seines Lebens nach Prag über. In seiner zusätzlichen Funktion als Kunstagent und Vertrauter Rudolfs II. unternahm er auch zahlreiche Reisen diplomatischer Natur durch Europa.

Der zu seiner Zeit hoch geschätzte Maler, nach dessen Gemälden und Zeichnungen die bekanntesten Stecher der Zeit arbeiteten, schuf am kaiserlichen Hof vorrangig Bilder mit mythologischen, allegorischen und historischen Themen. Bedeutender war er als Porträtmaler, den die psychologische Erfassung der Persönlichkeit interessierte. Seine Werke sind gekennzeichnet durch die Polarität von idealisierender, italienisch beeinflusster Darstellung und dem Realismus der niederländischen Malerei. UV

der Alpen ein Kirchenraum, der ohne Stützen auskam, ein tonnenüberwölbter Raum von monumentaler Spannweite, wie er sich größer nur in Rom in St. Peter fand. Die Schubkräfte des Gewölbes werden im Langhaus von Wandpfeilern abgefangen, zwischen die im Erdgeschoss Kapellen und im Obergeschoss Emporen eingezogen sind. Im Innern vollständig mit Stuck ausgestattet, lenkt die Lichtregie die Aufmerksamkeit des Betrachters vom Laienschiff auf den strahlend hellen Chor und den Altar. Diese Fokussierung auf den Chor, der schmaler ist als das Kirchenschiff, geht auf eine weitere Planänderung kurz vor Fertigstellung des Baus zurück: Als 1590 ein umstürzender Turm den fast vollendeten Chor nahezu vollständig zerstörte, wurde Wilhelms Hofbaumeister → **Friedrich Sustris** die Bauleitung übertragen, der an das bestehende Langhaus ein schmales Querhaus und den Chor anfügte. An der Schnittstelle der Gewölbe von Langhaus und Querhaus sollte eine Kuppel entstehen, die – im Außenbau nicht sichtbar – jene Stelle in der Kirche visuell hervorgehoben hätte, an der Wilhelm V. sein eigenes Grabmal platzieren wollte. Die Auszeichnung von Begräbnisstätten bedeutender oder sogar heiliger Personen durch Kuppeln hatte eine lange, auf die Antike zurückgehende Tradition und war z. B. auch in Il Gesù in Rom realisiert worden.

Das Grabmal hätte jedoch nicht nur die vom Orden geforderte Einheitlichkeit des Kirchenraums gestört und den Blick auf den Altar verdeckt, sondern die Bedeutung der Kirche allzu deutlich im Sinn einer Grabkirche verschoben. Es war als übermannshohe Tumba geplant, auf der das Herzogspaar, vor einem Kruzifix kniend, abgebildet sein sollte. Als 1591 der Ordensbruder und bedeutende zeitgenössische Architekt der Jesuiten Giuseppe Valeriano von der römischen Kurie für drei Monate an den Hof des Herzogs geschickt wurde, gewann Wilhelm V. einerseits einen erstklassigen italienischen Künstler, andererseits mag Valerianos Einfluss zur Aufgabe des Grabmalprojekts geführt haben. Ein stuckierter Engelsreigen erinnert an die Stelle, an der die Kuppel hätte entstehen sollen. Wilhelm V. wurde schließlich, wie sein Sohn Kurfürst Maximilian I., in der Fürstengruft von St. Michael in einem schlichten Sarg beigesetzt. Zu den bereits fertig gestellten Bronzefiguren für das Freigrab gehört z. B. der Engel mit dem Weihwasserbecken am Eingang der Kirche, den Hubert Gerhard nach einem Entwurf Friedrich Sustris' fertigte. Das Kruzifix des geplanten Grabmals (heute im Querhaus), das Wilhelm als Geschenk der Medici aus Florenz erhalten hatte, geht auf Giovanni da Bologna zurück. Zu Füßen des Kreuzes kniet Maria Magdalena, eine Figur des Bologna-Schülers Hans Reichle (beide Figuren von 1594).

In Kontrast zum Stuck des Kirchenschiffs beherrscht der reich vergoldete Hochaltar den Chorraum. Der auf dem Altargemälde dargestellte hl. Michael korrespondiert mit der Michaelsfigur der Fassade. Das Gemälde ist so komponiert, dass schon vom Kircheneingang seine zentrale Aussage, der Kampf zwischen den Mächten des Lichts und der Finsternis, für alle Besucher erfassbar ist. Die Tafel ist das Hauptwerk des Münchener Malers Christoph Schwarz (um 1545–1592), einer der bedeutendsten Vermittler italienischer Formen nach Süddeutschland. Seit den 1580er Jahren war Schwarz intensiv an der Ausgestaltung der Residenz und von Bauten der Jesuiten beteiligt. Das Altarbild der 1596 geweihten Kreuzkapelle gestaltete → **Hans von Aachen**, der in

München, St. Michael, Südfassade

Il Gesù in Rom für den Jesuitenorden bereits ein Altarbild geschaffen hatte.

Frauenkirche

Zwischen 1468 und 1488 an der Stelle eines Vorgängerbaus aus dem 13. Jh. als Pfarrkirche, Hofkirche und Grablege errichtet, ist die heutige Domkirche Zu Unserer Lieben Frau mit ihren 1525 hinzugefügten »welschen Hauben« das Wahrzeichen der Stadt. Nach einer wechselvollen Geschichte präsentiert sich der im Zweiten Weltkrieg stark beschädigte, bis 1953 wieder aufgebaute dreischiffige Hallenbau aus Backstein im Innern heute weiß getüncht. Sind die Einzelformen noch der Tradition gotischer Architektur verpflichtet, so verweist der Bau in seiner Raumauffassung auf frühneuzeitliche Architekturprinzipien: Schlichtheit, Weite und Helligkeit des Innenraums und eine flächige Auffassung der Wände, in welche die Fenster wie eingeschnitten wirken, sind wichtige Bestandteile dieser neuzeitlichen Bauten.

Neben Bildwerken, die man aus dem Vorgängerbau übernahm, werden in der Frauenkirche heute Kunstschätze aus den folgenden Jahrhunderten bewahrt. Bemerkenswert sind die um 1525 entstandene Georgsfigur und die Monumentalskulptur des hl. Christophorus von Hans Leinberger (um 1470 - um 1530). Gerade der Vergleich mit der daneben stehenden, traditionelleren Skulptur des hl. Rasso zeigt die sichere Standmotivik, neuartige Proportionierung, Monumentalität und Ausdrucksstärke dieser Figuren. Zusammen mit Erasmus Grasser zählt Leinberger zu den bedeutendsten Vertretern der Bildhauerkunst in Deutschland an der Wende vom 15. zum 16. Jh. Windbewegte Haare und Gewänder mit unruhigen Oberflächen verleihen seinen Figuren Dynamik und Dramatik, aber auch eine gewisse Momenthaftigkeit.

Im südlichen Seitenschiff der Frauenkirche befindet sich das 1622 errichtete Grabmal von Kaiser Ludwig dem Bayern (1284-1347). Er war der erste Wittelsbacher auf dem deutschen Kaiserthron, ließ sich allerdings nicht, wie erforderlich, vom Papst in seinem Amt bestätigen und wurde im Gegenzug exkommuniziert. Dennoch wurde Ludwig nach seinem Tod 1347 gegen den ausdrücklichen Willen des Papstes im Chor der Frauenkirche kirchlich beigesetzt. Diesen Umstand beklagte 1617 ein Dominikanermönch. Der amtierende Herzog Maximilian I., der die Ehre seiner Familie und die Rechtmäßigkeit seiner Herrschaft angegriffen sah, nahm daraufhin mit diplomatischen und publizistischen Mitteln die Verteidigung auf. Außerdem ließ Maximilian einen Kenotaph für Ludwig errichten, der ursprünglich über dessen Grab im Chor der Frauenkirche stand. Vier kniende Ritter flankieren als Wächterfiguren die Ecken des schwarzen Marmorgehäuses. Sie stammen von → **Hubert Gerhard** und Carlo Pallago und wurden von dem älteren, dann aber aufgegebenen Grabmalprojekt Wilhelms V. in St. Michael übernommen. Die bronzenen Bildnisse von Herzog Wilhelm IV. an der West- und Herzog Albrecht V. an der Ostseite des Kenotaphs, wehrhaft ausschreitend mit gezogenem Schwert und im Ornat des Ritters vom Goldenen Vlies, scheinen zugleich Wächter über die Familienehre und den katholischen Glauben zu sein. Dass sie auch als Beschützer des Kaisertums verstanden werden sollten, belegen die zuoberst lagernden Figuren mit den kaiserlichen Insignien und die alles überragende Darstellung der Kaiserkrone (1619-1622 von Hans Krumper).

Bayerisches Nationalmuseum

Das Bayerische Nationalmuseum ist eines der bedeutendsten deutschen Museen für europäische Skulptur und Kunstgewerbe. Den Kern seiner umfangreichen Sammlung bilden Kunstschätze, die sich ehemals in der Residenz befanden. Unter den bedeutenden Werken des späten 15. bis 17. Jh. finden sich Beispiele des Nürnberger und Augsburger Kunstschaffens der Frührenaissance wie der *Astbrecher* (um 1490) von Adam Kraft und Peter Vischer d. Ä., die *Schmiede des Vulkan* (1611) von → **Adriaen de Vries** sowie die Figuren der Mars-Venus-Cupido-Gruppe des Brunnens (1584ff.), die → **Hubert Gerhard** für die Fuggerresidenz in → **Kirchheim** geschaffen hat. Aus dem

Besitz der Fugger stammt auch die einzige, nördlich der Alpen erhaltene Einrichtung eines *studiolos* (1546). Die um 1512 bis 1514 entstandene Alabasterstatuette der *Judith* von Conrad Meit (um 1480 - 1550/51) zählt zu jenen Werken, die sich ursprünglich in der Sammlung auf Schloss Ambras bei → **Innsbruck** befanden. Die Nacktheit der Figur, ihre Ponderation (ausgewogenes Standmotiv) und das Material reflektieren die zu einem sehr frühen Zeitpunkt erfolgte Auseinandersetzung des Künstlers mit antiken und italienischen Werken.

Zu sehen ist ferner das im Auftrag Herzog Albrechts V. gefertigte Modell der Stadt München, das der Straubinger Drechsler Jakob Sandtner um 1570 neben Stadtmodellen von Straubing, Landshut, Ingolstadt und Burghausen sowie einem Idealmodell Jerusalems schuf.

Alte Pinakothek

Zum Bestand der Alten Pinakothek zählen Gemälde aller Schulen der europäischen Malerei vom Mittelalter bis zum beginnenden 19. Jh., wobei die Münchener Sammlungen der Wittelsbacher seit Wilhelm IV. den Grundstock bilden. An die Ursprünge der Sammlung erinnern noch eine Serie von Historienbildern süddeutscher Maler (um 1530) sowie Gemälde aus einer Bildnisfolge der Wittelsbacher Familie von → **Barthel Beham**, darunter das *Porträt Pfalzgraf Ottheinrichs* (1535). Nach dem Aussterben der pfälzischen und bayerischen Linien der Wittelsbacher im 18. und 19. Jh. wurden auch die Gemälde der Mannheimer, der Düsseldorfer und der Zweibrückener Galerie nach München überführt. König Ludwig I. (reg. 1825-1848) erweiterte das Repertoire um mittelalterliche und renaissancezeitliche Bilder italienischer, altdeutscher und niederländischer Provenienz. Zu sehen sind z. B. Gemälde von → **Albrecht Dürer** (darunter die *Vier Apostel* und das *Selbstbildnis*), → **Albrecht Altdorfer** und → **Lucas Cranach d. Ä.**, aber auch von Sandro Botticelli, Raffael, Leonardo da Vinci und Tizian (*Porträt Kaiser Karls V.*).

Stadtmuseum

Im Stadtmuseum, dessen Dauerausstellung Einblick in die Stadt- und Kulturgeschichte Münchens gibt, werden u. a. die Moriskentänzer bewahrt, die den Bildschnitzer Erasmus Grasser (um 1450-1518) weithin bekannt gemacht haben. Als Zugereister ließ er sich in München nieder, einer Stadt mit einer überaus protektionistischen Zunft. Wenngleich die Zunft der Holzschneider Grasser ablehnte, gewährte der Stadtrat dem talentierten Künstler die Einbürgerung, die Voraussetzung für die Ausübung seiner Kunst am Ort war. Grassers Zunftungebundenheit zeigt ein gewandeltes Verhältnis zwischen Künstler und Auftraggeber in der Frühen Neuzeit. Der Rat gab bei ihm für den Tanzsaal des Alten Rathauses 16 halblebensgroße, allansichtige Figuren von Moriskentänzern in Auftrag, die 1480 ringsum auf kleinen Konsolen unterhalb der Saaldecke aufgestellt wurden; zehn von ihnen sind erhalten (im Tanzsaal Kopien).

Der im maurischen Spanien beheimatete Moriskentanz, der von fahrenden Sängern und Musikern in ganz Europa verbreitet wurde, stellt den Wettbewerb kostümierter Tänzer um die Gunst einer schönen Frau dar. Moriskentänzer traten bei Festen auf und waren mit ihrer exotischen Gewandung und ihren ungewöhnlichen Tanz- und Sprungfiguren beim Publikum sehr beliebt. Virtuos führt Grasser anhand der derben und zugleich zierlich-kapriziösen Tänzer das Bewegungspotenzial des menschlichen Körpers und seine gestisch-

Erasmus Grasser, Moriskentänzer, 1480 (Stadtmuseum München)

mimische Kraft vor. In souveräner Formulierung variiert er schwunghafte Körperdrehungen und in den Raum ausgreifende Glieder.

AUSFLÜGE

Sog. Altes Schloss in Oberschleißheim

(ca. 10 km nördlich von München)

Zwischen 1598 und 1600 ließ Herzog Wilhelm V. nördlich des Münchener Stadtzentrums ein landwirtschaftliches Mustergut anlegen. An einen weiträumigen Wirtschaftshof grenzte im Osten, durch einen Tor- und Uhrenturm verbunden, ein kleinerer Hof mit Wohntrakten. Im Umkreis des Guts wurden sieben Kapellen mit Mönchsklausen errichtet, in die sich der Herzog zur frommen Kontemplation zurückziehen konnte.

Den Wohnbereich ließ Wilhelms Sohn Maximilian I. 1616/17 von Heinrich Schön d. Ä. zum heute sog. Alten Schloss umbauen und erweitern. Schöns Entwurf lässt den Einfluss des italienischen Architekturtheoretikers Vincenzo Scamozzi erkennen, der Herzog Maximilian 1616 ein Exemplar seines 1615 gedruckten Traktats persönlich gewidmet hatte. Durch Scamozzis Traktat vermittelt, gelangten Ideen der oberitalienischen Villenarchitektur, speziell die Andrea Palladios (1508–1580), nach München. Auf dessen Einfluss zurückzuführen sind z. B. die große Breite des Baus über einem hoch aufragenden Kellergeschoss, der Mittelrisalit und die eingeschossigen Flügelbauten. Der mittig angelegte Eingang ist durch einen übergiebelten Portikus mit vereinfachtem Palladiomotiv ausgezeichnet. Schlichtheit prägt den Außenbau: Das gesamte Gebäude besitzt lediglich eine aufgeputzte Quaderung, die im Hauptgeschoss durch rustizierte Pilaster unterbrochen und durch eine dorisierende Gesimszone abgeschlossen ist. Vermutlich galten diese einfachen und rustikalen Schmuckformen im Sinn der zeitgenössischen Architekturtheorie als angemessen für ein Landhaus mit Garten.

Die Innenraumaufteilung des Schlosses war ursprünglich symmetrisch auf den in der Mittelachse gelegenen, ausgewogen proportionierten, tonnengewölbten Festsaal ausgerichtet, der quer zur Bauflucht angelegt ist und aus der Nordfassade herausragt. Die angrenzenden Räume werden vom Saal aus über Enfiladen erschlossen. Diese in einer Flucht liegenden Durchgänge verschiedener Zimmer wurden in der oberitalienischen Villenarchitektur der Renaissance entwickelt und in Schleißheim besonders frühzeitig aufgegriffen.

An der baufesten Ausstattung des Alten Schlosses wurde bis 1623 gearbeitet. Alle Gewölbe waren ehemals stuckiert und mit ländlichen Szenen von → **Peter Candid** ausgemalt. Maximilian, der sich besonders für Malerei interessierte, bestellte für Schleißheim vier großformatige Jagdbilder bei Peter Paul Rubens in Antwerpen (*Nilpferdjagd*, um 1615/16, München, Alte Pinakothek).

Das heutige Erscheinungsbild des Alten Schlosses ist das Ergebnis eines Wiederaufbaus, der nach starken Zerstörungen im Jahr 1944 zwischen 1970 und 1990 erfolgte (Mittelsaal und Südflügel rekonstruiert, Nordflügel innen modern).

Schloss Dachau

(ca. 30 km nordwestlich von München)

In exponierter Lage, oberhalb einer an der Fernstraße Salzburg - München - Augsburg gelegenen Marktsiedlung, entstand Schloss Dachau, das in der Frühen Neuzeit die bevorzugte Sommerresidenz des Münchener Hofs war. Zu diesem Zweck ließen die Wittelsbacher Herzöge ab 1546 und insbesondere zwischen 1558 und 1577 eine ältere Burg durch die Baumeister Heinrich Schöttl (bis 1570) und Wilhelm Egckl zu einer großzügigen Vierflügelanlage ausbauen. Nach deren weitgehendem Abbruch im beginnenden 19. Jh. ist

Oberschleißheim, Ostfassade des Alten Schlosses

Schloss Dachau, Stich von Michael Wening, *Das Churfürstliche Schloß Zu Dachau*, 1696

heute nur noch der ehemaligen Südwestflügel des Schlosses erhalten.

Das in der Barockzeit (1715–1717) umgestaltete Äußere des Flügels lässt nicht erahnen, dass sich im Obergeschoss einer der bedeutendsten frühneuzeitlichen Festsäle Mitteleuropas befindet, dessen für die damalige Zeit sehr große Fenster Erstaunen hervorriefen. Der ab 1560 entstandene Saal fand eine Nachfolge in so berühmten Bauten wie dem Spanischen Saal von Schloss Ambras bei → **Innsbruck** (1570–1572) oder dem Zedernsaal der Fuggerresidenz in → **Kirchheim** (1582–1587). Die prächtige Holzdecke des Dachauer Festsaals (1564–1566), die einer der begehrtesten Schreiner seiner Zeit, der Münchener Hans Wisreutter, schuf, ist mit Wappen und Intarsien geschmückt. Unterhalb der Decke umzieht ein Freskenzyklus mit Darstellungen von 24 antiken Göttern den Raum. Zeitgleich entstandene Tapisserien (→ **Bildteppiche**) mit Herkulesdarstellungen, gefertigt von dem Antwerpener Meister Michel de Bos, schmückten bis 1610 die Wände. Die Wahl des antiken Gottes und menschlichen Helden Herkules als Motiv für die heute in der Münchener Residenz bewahrten Tapisserien ist insofern bezeichnend, als die bayerischen Herzöge ihre Linie auf denjenigen antiken Helden zurückführten, der die Unsterblichkeit und einen Platz im Olymp errungen hatte (→ **Ahnengalerien**). Die weiß-blau gehaltenen Tapisserien spielten zudem auf die Wappenfarben der Wittelsbacher an. So wundert es nicht, dass nach Abnahme der Wandteppiche eine Porträtsammlung des Hauses Wittelsbach an deren Stelle trat (im 19. Jh. entfernt, seit 1979 stattdessen einige Porträts aus der Münchener Residenz hierher verbracht).

Der 1572 angelegte Garten zeigt beispielhaft die Vorliebe für weite Landschaftsausblicke in der Frühen Neuzeit. Bei gutem Wetter wird der Besucher mit einem Blick auf die Stadt München vor grandiosem Alpenpanorama belohnt, den schon Philipp Hainhofer 1611 zu rühmen wusste. UV / DS (Musik)

NEUBURG AN DER DONAU

Das Fürstentum Pfalz-Neuburg ist als Junge Pfalz erst nach dem Landshuter Erbfolgekrieg 1505 durch Kaiser Maximilian I. gegründet worden. Die zu diesem Zeitpunkt noch unmündigen Söhne des während des Kriegs verstorbenen Pfalzgrafen Rupprecht, Ottheinrich und Philipp, traten 1523 gemeinsam die Regierung in der Hauptstadt Neuburg an. Ottheinrich (1502–1559) begann 1527 hier mit dem Umbau der Wittelsbacher Burg, ließ vor den Toren der Stadt einen Hofgarten anlegen und das alte Jagdhaus in der Grünau zu einem Lustschloss umgestalten. Seit 1541 alleiniger Regent, führte er 1542 mit Hilfe des Nürnberger Theologen Andreas Osiander die Reformation ein. Die aufwändige Hofhaltung, die ehrgeizigen Bauprojekte sowie die Kunst- und Sammelleidenschaft des humanistisch gebildeten Fürsten brachten das Land jedoch in starke finanzielle Bedrängnis und zwangen Ottheinrich schließlich 1544 ins Heidelberger Exil. In Pfalz-Neuburg übernahmen die Stände die Regierung. Ottheinrichs Rückkehr nach Neuburg als Landesherr war erst nach dem Sieg der evangelischen Fürstenverschwörung über Kaiser Karl V. im Jahr 1552 möglich und währte nur vier Jahre: 1556 erbte er die lang erhoffte Pfälzer Kurwürde in → **Heidelberg.** Seinem Nachfolger, dem weniger kunstbeflissenen Herzog Wolfgang von der Pfalz-Neuburg, übergab Ottheinrich 1557 das Neuburger Territorium.

Das Residenzschloss

Schon bald nach dem Regierungsantritt begann Ottheinrich mit umfangreichen Baumaßnahmen auf dem alten Burggelände. Ab 1527 ließ er den nicht mehr vorhandenen Rundstubenbau errichten und in den Jahren zwischen 1532 und 1533 entstand im Süden der heute stark veränderte sog. Küchenbau. Von besonderem Interesse sind jedoch die beiden Trakte im Norden und Westen: der Altanbau (Neuer Bau) und der Saalbau (Ottheinrichbau). Beide wurden in die Gräben gesetzt, die den Vorgängerbau gegen die Oberstadt gesichert hatten, womit die fortifikatorische Trennung zwischen Herrschaftssitz und Stadt aufgehoben war (→ **Landshut**). Während der Neue Bau noch vor Ottheinrichs Exil zwischen 1530 und 1538 errichtet wurde, zogen sich die Arbeiten an dem 1537 begonnenen Ottheinrichbau auf Grund der problematischen finanziellen Situation lange hin. Bis 1541 stand wohl der Rohbau, doch konnte Ottheinrich erst nach seiner Rückkehr 1552 den Ausbau in Angriff nehmen, der dann durch seinen Nachfolger vollendet wurde. Trotz der Nutzung des Schlosses als Kaserne (1868–1920) und Staatsarchiv (1824–1989) ist die ehemalige Raumstruktur der beiden Flügel erkennbar geblieben; von ihrer wandfesten Ausstattung blieben jedoch nur geringe Reste erhalten.

Die Fassaden des unregelmäßig umbauten Innenhofs werden im Süden, Westen und

Neuburg an der Donau, Schloss und Hofkirche von Osten

Norden von zweigeschossig vorgesetzten Arkaden mit Laufgängen optisch zusammengefasst. Diese waren ursprünglich eingeschossig ausgeführt; nur die Loggia des Ottheinrichbaus besaß bereits ein zweites Geschoss, das nach 1660 allerdings erneuert wurde. Dennoch urteilte der Augsburger Patrizier und Kunsthändler Philipp Hainhofer (1578–1647) – aus dem Blickwinkel des frühen 17. Jh. – die Anlage sei »nit fürstlich erbawet«, da die renaissancezeitlichen Flügel, die nur an den Gebäudeecken gelenkartig zusammentreffen, keine regelmäßige Anlage ergeben würden. Bei näherer Betrachtung werden das hohe bauliche Niveau und die Modernität der komplexen Neuburger Architektur und ihrer Ausstattung jedoch deutlich: Ihr Anspruch zeigt sich zum einen in der Auseinandersetzung mit hochrangigen aktuellen Bauprojekten wie z. B. dem → **Heidelberger Schloss** oder der → **Landshuter Stadtresidenz**, zum anderen im Umgang mit zeitgenössischen → **Architekturtraktaten**, aber auch in der Verwendung hochwertiger Materialien und im Einsatz italienischer Künstler und Handwerker. Diese artikulierten zusammen mit Meistern wie Hans Bocksberger d. Ä., Jörg Breu d. J. und Hans Schroer d. Ä. die Ambitionen des Bauherrn und dessen Bedürfnis nach Selbstdarstellung.

Neuer Bau (Nordflügel)

Den älteren, von seinem Umfang her bescheideneren Nordflügel errichtete der Maurermeister Hans Knotz, der bis 1538 dem Bauwesen im Fürstentum vorstand. Ursprünglich schloss der Baukörper oberhalb eines dritten Obergeschosses flach mit einer Dachterrasse ab. Umgeben von einem schmiedeeisernen Brüstungsgitter war dort ein Garten mit Wasserspielen angelegt, der wohl aus technischen Gründen schon bald wieder aufgegeben werden musste (vgl. auch die Dachaltane des → **Eichstätter Schlosses**).

Der an allen vier Seiten frei stehende Flügel weist in seiner westlichen Hälfte drei übereinander liegende Säle auf. Im Erdgeschoss des östlich anschließenden Bereichs war eine grottenartig dekorierte Badestube eingerichtet. Hier fand sich jüngst das Fundament der derzeit im Schlossmuseum aufgestellten Badewanne des Bauherrn. Im ersten Obergeschoss lag das Appartement Ottheinrichs, dem westlich eine reich ausgestattete Tafelstube (Ritterstube) zugeordnet war. Ihre Kassettendecke wird von diamantierten Kalksteinpfeilern getragen. In den Fensternischen haben sich Reste der Ausmalung mit mythologischen und allegorischen Szenen erhalten, vermutlich von Jörg Breu d. J. und Hans Bocksberger d. Ä. geschaffen.

Das zweite Obergeschoss wiederholt in seiner räumlichen Struktur das erste Geschoss. Hier lagen vermutlich die Wohnung und zugehörige Tafelstube der Gemahlin Ottheinrichs, Schwester der in München und Landshut residierenden bayerischen Herzöge Wilhelm IV. und Ludwig X. Über geheime Treppen waren beide Etagen miteinander verbunden. Sie dienten vermutlich auch nach dem Bau des Westflügels noch als herrschaftliche Wohnräume.

An den Schmalseiten des Flügels ist jeweils ein Erker über alle Obergeschosse geführt, der einen imposanten Ausblick bot. Von dem gar »lustigen Prospectum in und über die Thonaw [Donau] in die Wildbahn gar bis gen Ingolstadt« schwärmte schon Hainhofer in seinem Reisebericht von 1613. An der zur Oberstadt gelegenen Westseite wurde der Erker 1628 durch Vorsetzen einer Mauerschale in eine Laufgangstruktur eingebunden.

Das vierte Geschoss wurde erst in einer historisierenden Maßnahme des ausgehenden 16. Jh. ausgebaut und mit nahezu identischen Fenstergliederungen versehen, wie sie die bestehenden Geschosse aufwiesen. Anstelle der Dachterrasse errichtete man ein Satteldach mit hof- und stadtseitigen Zwerchhäusern und aufwändig gegliederten, abgetreppten Volutengiebeln nach dem Vorbild des Westflügels.

Ottheinrichbau (Westflügel)

Der 1537 begonnen Ottheinrichbau überragt auch heute noch die beiden angrenzenden Trakte. Er nahm in seinem dritten Geschoss ursprünglich den großen, stützenlosen Festsaal auf. Als man 1824 den Flügel um ein viertes Geschoss erhöhte, opferte man sowohl diesen bemerkenswerten Raum als auch das Dach mit seinen markanten Giebeln.

Der Bauherr hatte für die Planung des prachtvollen Baus, der zudem eine repräsentative Hofstube, die Hofkapelle sowie zwei aufwändig ausgestattete Appartements enthielt, eine Vielzahl von auswärtigen Ratgebern konsultiert und selbst zahlreiche Ideen eingebracht. Einen verantwortlichen Baumeister nennen die Quellen indessen nicht.

Von der Oberstadt kommend, weist der dreigeschossige Portalaltan des Ottheinrichbaus den Weg in den Schlosshof. Durch den angedeuteten Triumphbogen gelangt man in die tonnengewölbte Durchfahrt. Ihr Kassettenstuck wurde 1545 vollendet (Inschrift), nachdem der Staatsbankrott bereits den Stillstand der Baustelle erzwungen hatte. Ganz offensichtlich waren hier italienische Stuckateure am Werk, die vermutlich aus → **Landshut** kamen, wo der Residenzbau von Ottheinrichs Vetter Ludwig zahlreiche italienische Kräfte band. Durch fünf Gurtbögen ist das Gewölbe in regelmäßige

Neuburg an der Donau, Schlossinnenhof mit Blick auf Ottheinrichbau mit Treppenturm

FASSADENMALEREI

War im Mittelalter eine gemalte figürliche oder gar architektonische Gestaltung der Außenfassade eher selten, so wurden ab dem 14. Jh. die Schauseiten verschiedener Profanbauten zunehmend als Bildfläche genutzt. Während es sich zunächst um einzelne gestalterische Elemente wie beispielsweise aufgemalte Wappen, Rankenbordüren, Fenster- und Türeinfassungen handelte, wurden in der Blütezeit der Fassadenmalerei zwischen dem beginnenden 16. und dem 18. Jh. szenisch-figürliche Darstellungen sowie Bild- und Raumillusionen mit perspektivischer Wirkung bevorzugt. Die Auftraggeber für diese öffentlichkeitswirksam präsentierten Malereien waren vorwiegend Fürsten oder gehörten zur städtischen Oberschicht. Als Vorlagen dienten neben Architektur- und Ornamentstichen Drucke von Gemälden. Namhafte Künstler wie z. B. Hans Holbein d. J., Niklaus Manuel Deutsch, Tobias Stimmer, Hans Bock d. Ä., Wendel Dietterlin, → **Hans Burgkmair d. Ä.**, → **Christoph Amberger**, → **Johannes Rottenhammer** und Hans Bocksberger d. Ä. lieferten die Entwürfe.

Bei der Bemalung der Fassade bediente man sich verschiedener Techniken. Im Gegensatz zur Seccomalerei auf den trockenen Putz zeichnet sich die Frescomalerei, die in feuchtem Putz ausgeführt wird, durch eine lange Leuchtkraft der Farben aus. Bei der wetterbeständigeren Sgraffitotechnik wird über einen dunkel eingefärbten Untergrund eine dünne helle Putzschicht aufgetragen, aus der im noch frischen Zustand die Formen ausgekratzt werden. Prominente Beispiele für die Sgraffitotechnik, die seit dem frühen 14. Jh. auch nördlich der Alpen nachweisbar ist, sind die landesherrlichen Schlösser

Kassettenfelder unterteilt, die antikisierende Imperatoren- und Kriegerköpfe sowie mittig ein Tondo mit dem Profilbildnis des Pfalzgrafen zeigen. Verglichen mit den Landshuter Stuckaturen fällt die Neuburger Arbeit jedoch derber und weniger qualitätvoll aus.

Auf dem Weg in den Schlosshof durchschreitet man die Erdgeschossarkaden, deren Gewölbe variantenreich und kunstfertig, mal als Kreuz-, mal als Netz- oder Sterngewölbe gearbeitet sind. Ein Vergleich dieser Gewölbe mit der unmittelbar angrenzenden kassettierten Tonne der Tordurchfahrt lässt deutlich erkennen, dass auch hier ein heimischer Bautrupp tätig war.

Eine Zäsur erfährt die Loggia durch den hofseitig angesetzten Treppenturm, dessen Innenwände erst nach der Rückkehr Ottheinrichs 1552 ausgemalt wurden. Die in Grisaille ausgeführten Bildfelder zeigen Szenen aus der alttestamentarischen Tobiasgeschichte: u. a. den Auszug des jungen Tobias, Tobias' Fischfang, seine Rückkehr und wie er die Augen seines Vaters mit Fischgalle bestreicht. Das geschilderte Schicksal des von Gott durch Blindheit geprüften, letztlich jedoch geretteten Mannes verweist sinnfällig auf den soeben wieder als Landesfürst eingesetzten Ottheinrich. Als antikaiserliche Satire ist die Darstellung des erhängten Reichsadlers in einem der Gewölbezwickel zu interpretieren.

Erst zur Regierungszeit von Ottheinrichs Nachfolger Wolfgang (reg. 1557–1569) entstand ab 1562 die bedeutende Malerei der

in → **Dresden** (1549–1555) und → **Neuburg a. d. Donau** (1562).

Neben einzelnen Figuren, wie die des Riesen Goliath, den Johann Melchior Bocksberger 1588 auf die Fassade eines mittelalterlichen Patrizierhauses in Regensburg malte, entstanden Malereien, die mit Architektur kombiniert wurden, so etwa am ehemaligen Landschaftshaus in → **Landshut.** Eine durchgehende Gliederung der Hoffassaden erzielte man in Schloss Ambras bei → **Innsbruck** 1569. Die aufgemalten Bilder dienten der Darstellung politischer und weltanschaulicher Ideen. Religiöse Bildthemen waren auch an Profanbauten anzutreffen, wo sie im Sinne Luthers als Mittel zur Belehrung eingesetzt wurden, wie z. B. am → **Schloss Parz.**

Konnte eine täuschend echt gemalte Scheinarchitektur einerseits eine gebaute Fassadenstruktur ersetzen, so war es andererseits möglich, eine Fassadenfläche mit Hilfe der Zentralperspektive als weiten Raum erscheinen zu lassen, wie z. B. die Fassaden im Damenhof des → **Augsburger Fuggerhauses** am Weinmarkt. Eine solche Darstellung verlangte, anders als die konventionelle Aufteilung der Wandfläche in Bildfelder, eine Ausrichtung der Darstellung auf den Betrachterstandort. Diese Sehbedingungen sind auch Voraussetzung für die Wirkung der von Hans Holbein d. J. 1525 bemalten Fassade des Hauses zum Tanz in Basel, von dem eine Entwurfsskizze (Basel, Kunstsammlungen) erhalten ist. Er überzog die Fassade des mittelalterlichen Gebäudes auf fantastische Weise vollständig mit gemalten Baugliedern, deren Kombination gegen alle Regeln realer Architektur verstößt. MS

Hoffassade. Idee und Thema der Bemalung gehen aber wohl noch auf Ottheinrich zurück. Sie wurde als Sgraffito, kombiniert mit gemalten Flächen, von dem aus Lüttich stammenden Hans Schroer d. Ä. ausgeführt, der auch an den Höfen in Kassel und Dresden geschätzt war und gegen 1600 als Porträtist im Dienst der württembergischen Herzöge nachweisbar ist. Im Bereich der beiden ersten Geschosse ist die Geschichte Josephs von Ägypten (1. Buch Mose) dargestellt: Geburt, Verleumdung, Gefängnis, Deutung des Traums, Triumph. Neben der Vorbildfunktion der biblischen Gestalt als ein Beispiel rechten Glaubens kommt Joseph in der Auslegung durch die protestantische Theologie auch politische Bedeutung zu: Er wurde zum Sinnbild des weisen Herrschers. Vor diesem Hintergrund liest sich die erst 1962 wieder aufgedeckte Malerei als Dokument der Verfolgung, der Glaubenstreue und letztlich als Triumph Ottheinrichs. Als druckgrafische Vorlage der Szenen diente eine 1553 in Lyon erschienene Bibelausgabe mit Holzschnitten von Bernard Salomon, die bald in zahlreichen Übersetzungen vorlag und sich möglicherweise auch in der Bibliothek Ottheinrichs befand.

Die Malerei des dritten Geschosses zeigt weitere alttestamentarische Szenen: u. a. Abraham opfert Isaak, David enthauptet Goliath, Judith mit dem Haupt des Holofernes. Gemeinsam mit der Dekoration des Dresdener Schlosses bildet die Neuburger → **Fassadenmalerei** den Ausgangspunkt einer Entwicklung im

Neuburg an der Donau, Blick ins Emporengeschoss der Schlosskapelle

deutschen Schlossbau, die einer gemalten Fassadengestaltung deutlich den Vorzug vor einer plastisch-architektonischen Gliederung gab.

Nördlich der Durchfahrt liegt die Schlosskapelle, die sich bis in das erste Obergeschoss des Flügels erstreckt und die Hofarkaden im Erdgeschoss mit ihrem Erker unterbricht. Nur das Maßwerkfenster deutet am Außenbau den Sakralraum an. Vermutlich als protestantischer Kirchenraum geplant, wurde er 1541 von italienischen, wahrscheinlich wieder aus Landshut abgewanderten Maurern mit einem Spiegelgewölbe versehen. Die im Osten angefügte Nische für den von 1540 bis 1542 von Martin Hering, dem Sohn des Eichstätter Bildhauers Loy Hering, geschaffenen Retabelaltar erhielt im selben Zuge ihre kassettierte Tonne. Vorbildhaft wirkte dabei die Zeichnung eines Gewölbeausschnitts in Sebastiano Serlios' Buch IV - Ottheinrich besaß alle vier Bände des von 1537 bis 1540 erschienenen → **Architekturtraktats**. Die Arbeiten an der den Saal umlaufenden Empore waren 1543 abgeschlossen. Ihre stuckierten Brüstungsfelder zieren antikische Fabelwesen, für die sich Vorlagen auf Stichen von Heinrich Aldegrever und anderen sog. → **Kleinmeistern** finden.

Im selben Jahr beauftragte Ottheinrich den zuvor auch in der → **Landshuter Stadtresidenz** tätigen Hans Bocksberger d. Ä. mit der Ausmalung der Kapellendecke und des Emporengeschosses. Dieser schuf ein bemerkenswertes Kunstwerk in einer von Giulio Romano, Raffael und Andrea Mantegna beeinflussten, um Tiefe und Perspektive bemühten Malweise: In ein gemaltes, die gebaute Architektur betonendes Gerüst aus Gesimsen, Gebälken und Konsolen komponierte er, eingefasst von Bogenfeldern oder Tondi, szenische Darstellungen überwiegend alttestamentarischen Inhalts. Diese gehen in ihrer vielschichtigen reformatorischen Programmatik auf den Theologen Osiander zurück und kommen einer monumentalen Predigt gleich. Formal wie inhaltlich kulminiert die erst 1933 wieder aufgedeckte Ausmalung in der einzigen neutestamentarischen Szene, der Himmelfahrt Christi im Deckenspiegel. Diese führt den Erlöser als neuen Adam vor Augen, der auch künstlerisch dem alten Testament gegenübergestellt wird. Das Gemälde verkörpert in seiner thematisch motivierten Untersicht in exemplarischer Weise den Stil des Giulio Romano und findet hierin in dem von → **Georg Pencz** für den → **Nürnberger Hirschvogelsaal** geschaffenen *Sturz des Phaeton* eines der wenigen Vergleichsbeispiele nördlich der Alpen. Die Grotesken in den Gewölbefeldern vor ihrem goldgelben Grund scheinen dagegen von der antiken Villa des Nero (Domus Aurea in Rom) inspiriert zu sein, über deren Ausgestaltung Bocksberger von seinem Landshuter Kollegen Herman Posthumus erfahren haben dürfte.

Hofkirche und Rathaus

Der älteste Sohn von Herzog Wolfgang, Philipp Ludwig von Pfalz-Neuburg (1547–1614), bemühte sich um die weitere Ausgestaltung der Residenzstadt u. a. im Bereich der auf das Schloss zuführenden Amalienstraße und den sich nördlich von dieser öffnenden Karlsplatz.

In unmittelbarer Nachbarschaft zum Schloss, mit der Einturmfassade an der Schmalseite des Karlsplatzes gelegen, entstand ab 1607 die (erst seit 1782 sog.) **Hofkirche** als protestantisch-höfische Pfarrkirche in bewusstem Gegensatz zur Jesuitenkirche St. Michael in → **München**. Die Entwürfe lieferte → **Joseph Heintz d. Ä.**; hinzugezogen wurde zudem Alessandro Pasqualini d. J., der für die Herzöge von Kleve-Jülich-Berg tätig war und dessen Bekanntschaft der kunstbeflissene Erbprinz Wolfgang Wilhelm bei seinem Besuch in Düsseldorf gemacht haben dürfte. Kurioserweise wurde der Bau nach dem Tod Philipp Ludwigs und dem Übertritt von dessen Sohn Wolfgang Wilhelm 1613/14 zum katholischen Glauben den nach Neuburg berufenen Jesuiten übergeben und von diesen bis 1618 vollendet. Der als Wandpfeilerkirche geplante Bau kam als dreischiffige Emporenkirche zur Ausführung. Der Wechsel in der Funktion fand seinen künstlerischen Ausdruck u. a. in der aufwändigen Stuckdekoration, die Wände, Gurte und Gewölbe überzieht, ohne jedoch die Architektur zu verunklären; fein gearbeitete Reliefs führen Szenen aus dem Marienleben vor. Ausführende Stuckateure waren in den Jahren zwischen 1616 und 1618 die Brüder Michele und Antonio Castelli, die zuvor an der Ausstattung der Münchener Residenz des bayerischen Herzogs Maximilian mitgewirkt hatten.

Ebenfalls nach Entwürfen von Heintz und Pasqualini entstand in den Jahren von 1603 bis 1609 das auf der Nordseite des Karlsplatzes gelegene **Rathaus**. Der heutige Bau entspricht nicht mehr seinem ursprünglichen Aussehen. Die zum Platz gerichtete Fassade des zweigeschossigen Baukörpers erhebt sich über einem hohen Sockelgeschoss mit vorgeblendeter Freitreppe. Das Rathausportal flankieren die Figuren der Ceres (römische Friedensgöttin und Spenderin des Erntesegens) und der Justitia (Personifikation der Gerechtigkeit). Beide Obergeschosse wurden ursprünglich von einer Kolossalordnung zusammengefasst. Darin folgte das Neuburger Rathaus dem ab 1546 von Michelangelo errichteten Senatorenpalast auf dem römischen Kapitol. Von dort dürfte auch der städtebauliche Entwurf des dreiseitig geschlossenen Forums ableitbar sein.

Schlossmuseum

Der 1987 eröffnete erste Abschnitt des Schlossmuseums im barocken Ostflügel zeigt u. a. Exponate zur Geschichte des Fürstenhauses und der Residenz. Zu sehen ist hier einer der beiden 1541 in Brüssel hergestellten → **Bildteppiche**, welche die Wallfahrt Ottheinrichs ins Heilige Land 1521 schildern (Gegenstück im Bayerischen Nationalmuseum, München). Von der enormen Korpulenz des Pfalzgrafen zeugen neben dessen ausgestellter Strickweste auch Ottheinrichs Badewanne, die in einem Neuburger Bürgerhaus wieder entdeckt wurde und deren Maße exakt einem Fundament im Erdgeschoss des Altanbaus zugeordnet werden konnten. Neuer Bau und Ottheinrichbau, die im Zuge der laufenden Restaurierungen bauhistorisch untersucht werden, sind künftig im Rahmen des Museumsbesuchs zugänglich.

AUSFLÜGE

Ingolstadt

(ca. 30 km westlich von Neuburg a. d. Donau)
Das in der Mitte des 13. Jh. von den Wittelsbacher Herzögen gegründete Ingolstadt profitierte, wie Landshut, von den Teilungen des bayerischen Territoriums. Die Stadt war in den Jahren von 1392 bis 1447 Sitz des Teilherzogtums Bayern-Ingolstadt, anschließend Hauptstadt der Landshuter Linie, ohne allerdings Residenzfunktion zu übernehmen. Nach der Wiedervereinigung der bayerischen Teillande 1506 bestand nunmehr ein militärisch-fortifikatorisches Interesse an der Festungsstadt.

Herzog Ludwig der Reiche hatte 1472 hier die Bayerische Landesuniversität gegründet, die 1802 nach Landshut und schließlich 1826 nach München verlegt wurde. 1527 wurde der aus Landshut kommende Peter Apian als Professor für Mathematik nach Ingolstadt berufen. Noch während des 16. Jh. wurde diese Stätte humanistischer Gelehrsamkeit und Wissenschaft zu einem Zentrum der Gegenreformation und Ingolstadt zu einem bedeutenden Zentrum des katholischen Buchdrucks.

Torbau zum Schlosshof

In einem Akt von Herrschaftsdemonstration war das Neue Schloss (heute Armeemuseum) in der Südostecke der damaligen Stadt von den Landshuter Herzögen errichtet worden. Bei dem heute noch vorhandenen Bau handelt es sich wahrscheinlich um eine Neukonzeption der 1470/80er Jahre. Dem Schlosskomplex sind bis heute auf der Stadtseite im Norden und Westen tiefe Gräben vorgelagert. Um in den Schlosshof zu gelangen, muss eine moderne Brücke im Westen überschritten werden; die im Graben erhaltenen Pfeiler zeigen die Lage der Vorgängerbrücke an. Wie bei dieser mündet auch die moderne Brücke in einen repräsentativen Torbau der 1570er Jahre. Das Wappen der Stadtseite nennt den Bauherrn, Herzog Albrecht V. (reg. 1550–1579), mit seiner Gemahlin Anna von Österreich.

Ingolstadt, Torbau zum Schlosshof

Der Bau ist in der Art antiker Triumphbögen mit rundbogiger Mitteldurchfahrt und flankierenden Fußgängerpforten errichtet, von denen die südliche (rechte) vom Brückensteg nicht erreicht wird und als Blindportal ausgebildet ist. Hierin zeigt sich der hohe architektonische Anspruch des Torbaus, hinter dem funktionale Belange zurücktraten.

Eine vergleichbare, in modernen italienischen Formen konzipierte Architektur war in Bayern zuvor lediglich mit dem Italienischen Bau der → **Landshuter Stadtresidenz** (ab 1537) verwirklicht worden. Im Gegensatz zum Landshuter Bau wurde das Ingolstädter Tor aber offenbar von heimischen Bauleuten errichtet, die den Fassadenriss eines italienischen Meisters umsetzten. So gab man sich mit der Realisierung der beiden Hauptansichten zufrieden, ohne die Schmalseiten des Tors mit in die Gliederung einzubeziehen. Zudem dürften die Ausführenden die Zeichnung in einigen Details falsch übertragen haben. Indizien hierfür sind sowohl der Bogen der Durchfahrt, der keinen perfekten Halbkreis beschreibt, als auch die Säulenvorlagen, die für die zweifellos geplanten Halbsäulen zu flach ausgeführt wurden.

Ein Vergleich mit den Entwürfen der ab 1537 erschienenen → **Architekturtraktate** des Sebastiano Serlio zeigt, woher die Ingolstädter Torhausarchitektur inspiriert wurde. Motive wie die über die Säulenvorlagen hinweggeführten Rustikabänder der Torfassade und andere Details scheinen direkt aus dem Serlio-Traktat entnommen. Dasselbe gilt für das in der zeitgenössischen Baukunst in Gestalt der Serliana erneut etablierte antike Triumphbogenmotiv, das auf Grund seiner späteren Umsetzung durch Andrea Palladio (z. B. Vicenza, Loggien des Palazzo della Ragione, seit 1549) auch als Palladiomotiv bekannt ist.

Auf der Stadtseite zeigen die Felder oberhalb der Nebenpforten Sandsteinreliefs mit mythologischen Szenen: Ihre Themen – links das Urteil des Paris und rechts Aktäon, der Diana im Bad erblickt und für seine Zudringlichkeit bestraft wird – betonen einmal mehr die weise und gerechte Herrschaft des Herzogs. Die Hofseite beließ man stein-

Entwurf für ein Tor, aus Sebastiano Serlios *Regole generali architettura* (Buch IV), 1537, ed. 1566

sichtig und versah sie mit dem Wittelsbacher Wappen.

Die Sandsteinreliefs wurden, wie die qualitätvollen und feinen Stuckarbeiten der Wölbung in der Durchfahrt, von einem italienischen Meister ausgeführt. Die Stuckaturen waren im 18. Jh. beschädigt und anschließend unter einer Flachdecke verborgen worden. Sie konnten jüngst wieder freigelegt und restauriert werden. In Ausführung und inhaltlicher Darstellung sehr ähnliche Arbeiten entstanden zuvor für Kurfürst Moritz von Sachsen im → **Dresdener Schloss** (Grünes Gewölbe, 1550er Jahre) sowie für Erzherzog Ferdinand bei → **Prag** (Schloss Stern, 1556–1558) und in → **Innsbruck** (Schloss Ambras, Spanischer Saal, 1571/72). Der an den drei genannten Orten tätige, aus Oberitalien stammende Stuckateur Antonio Brocco dürfte auch das Ingolstädter Ensemble geschaffen haben. Entsprechend dem antikisierenden Rahmensystem aus Perl- und Eierstabprofilen, Formen und Motiven wie Akanthus, Faunen und Tritonen, zeigen auch die Darstellungen in den Kehlen und im Mittelfeld des Torhausgewölbes Szenen aus dem antiken Perseusmythos (u. a. Tötung der Medusa, Perseus rettet Andromeda, Pegasus schlägt die Quelle Hippokrene aus dem Boden). Sie basieren auf den *Metamorphosen* des römischen Dichters Ovid. Ganz offensichtlich dienten dem Künstler u. a. die Holzschnitt-Illustrationen zu Ludovico Dolces Ovid-Bearbeitung als Vorlage, die seit 1553 in zahlreichen Auflagen erschienen waren. Das hier im Gewande des Perseusmythos vorgeführte fürstlich-humanistische Selbstverständnis – als Bezwinger der Gorgo Medusa und Befreier der Andromeda wurde Perseus als einer der populärsten Helden der griechischen Mythologie angesehen – hatte prominente Vorläufer in Rom und Genua.

Bayerisches Armeemuseum im Neuen Schloss

Nach der Zerstörung des Bayerischen Armeemuseums am Münchener Hofgarten während des Zweiten Weltkriegs wurde ab 1972 das Ingolstädter Neue Schloss zum Standort der militärgeschichtlichen Sammlung. Aus dem breiten Spektrum der Exponate vom Mittelalter bis zur Gegenwart zeigen die Bestände des 16. Jh. u. a. Innovationen neuzeitlicher Waffentechnik.

Eichstätt, Willibaldsburg von der Altmühl gesehen

Eichstätt

(ca. 25 km nördlich von Neuburg a. d. Donau)
Die Bischofsstadt Eichstätt geht zurück auf das 741 durch den Angelsachsen Willibald gegründete Benediktinerkloster, welches bald darauf zum Bischofssitz erhoben wurde. Um die Mitte des 14. Jh. verlegten die Eichstätter Bischöfe ihre Residenz aus der Stadt auf den benachbarten St. Willibaldsberg, der auf drei Seiten von der Altmühl umflossen wird.

Willibaldsburg

Die heutige Willibaldsburg blickt auf eine wechselvolle Geschichte zurück. Bischof Martin von Schaumberg (reg. 1560–1590) hatte schon in der zweiten Hälfte des 16. Jh. ein erstes Eichstätter Schloss errichten lassen, das der mittelalterlichen Höhenburg südöstlich vorgelagert war. Dieser sog. Schaumberg-Bau, eine unregelmäßige Vierflügelanlage mit Vorburg, die ältere Gebäude mit einbezog und eine Vereinheitlichung und Zusammenfassung der Baukörper anstrebte, wurde im Verlauf des 19. Jh. fast vollständig abgetragen. Oberirdisch blieben nur Teile des Nordostflügels mit der ehemaligen Hofstube (Burgschänke) erhalten sowie die Ruinen auf dem eingeebneten Terrassengelände, das man nach Durchschreiten des lang gestreckten Torbaus (1612) im Osten erreicht.

Fürstbischof Johann Konrad von Gemmingen (reg. 1595–1612), ein humanistisch, auch an italienischen Universitäten ausgebildeter Regent und bedeutender Mäzen mit Beziehungen zu den großen europäischen Höfen,

Eichstätt, Willibaldsburg, Hof des Gemmingenbaus

fasste wohl erst nach 1600 den Plan, einen monumentalen Schlossneubau mit separaten, bastionären Wehranlagen zu errichten. Anders als die nach Norden, zur Stadt orientierte Burg sollte die neue Residenz das Altmühltal nach Nordwesten beherrschen.

Für die Realisierung seiner anspruchsvollen Idee holte er den Augsburger Baumeister Elias Holl (1573–1646), aber auch andere Berater wie den Nürnberger Baumeister Jakob Wolff nach Eichstätt. Die Bauleitung wurde dem aus Graubünden stammenden fürstlichen Baumeister Hans Alberthal übertragen. Holl, der diesem in seiner Laufbahn einzigen Auftrag für einen Reichsfürsten höchste Bedeutung zumaß, brachte seinen Entwurf – genauer die »Fisierung [...], wie daz Schloss von Aussen ein Ansehen haben sollte« – im Mai 1609 zur Grundsteinlegung mit. Die Planung bezog sich auf den Bereich der mittelalterlichen Kernburg und sah eine Dreiflügelanlage mit drei aufgehenden Geschossen vor: zwei Flügelbauten mit offenen Arkadengängen im Erdgeschoss und einen quer gelagerten Hauptbau, beherrscht von zwei annähernd quadratischen, in den Freigeschossen achteckigen und mit Zwiebelhauben bekrönten Flankentürmen. Der Zweiturmprospekt der Residenz des geistlichen Territorialherrn wurde wenig später für den Bau des bürgerlichen Rathauses in Augsburg vorbildhaft. Nur in Eichstätt setzte Holl die Türme so auf die talseitigen Ecken des Baukörpers, dass im Innern vierseitig belichtete Räume entstehen konnten, wie sie Ridinger in → **Aschaffenburg** vorgeführt hatte und wie sie letztlich auf mitteldeutsche Raumschöpfungen seit dem ausgehenden 15. Jh. zurückgehen (→ **Meißen**).

In einer weiteren Phase sollte der Schaumberg-Bau überbaut werden. Doch nicht einmal die Dreiflügelanlage kam vollständig zur Ausführung. In den drei Jahren bis zum Tod Gemmingens wurden nur der Südwestflügel und der Hauptbau (Kopfbau) in weiten Teilen verwirklicht. Gemmingens Nachfolger, Fürstbischof Westerstetten, führte die begonnenen Bauabschnitte zu Ende. Die im Süden und Norden angelegten Bastionen sowie die Torhalle, der Stallbau und das Zeughaus wurden durch die nachfolgenden Bischöfe bis 1660 ausgebaut.

Durch einen Brand im Jahr 1681 wurde der Gemmingen-Bau stark in Mitleidenschaft gezogen. Mit dem um 1730 gefassten Beschluss der Bischöfe, die Willibaldsburg zu verlassen und endgültig ihren Sitz wieder in die Stadt (in Domnähe) zu verlegen, ging der allmähliche Verfall der Gebäude auf dem Burgberg einher. Eingriffe des 19. Jh. beeinträchtigten zudem Substanz und Erscheinungsbild. So musste nach 1829 aus statischen Gründen jeweils das dritte Geschoss der von Holl errichteten Trakte abgenommen werden. Die ebenfalls um ein Geschoss verkürzten und ihrer Hauben beraubten Türme erhielten ihren markanten Zinnenkranz. Im Gemmingen-Bau sind seit den durchgreifenden Sanierungs- und Sicherungsarbeiten der 1970er Jahre ein paläontologisches sowie ur- und frühgeschichtliches Museum untergebracht.

Im Schlosshof ist die angestrebte Symmetrie der Gesamtanlage trotz ihres torsohaften Zustands klar ablesbar. Die Schmalseite bildet der quer gelagerte Hauptbau, der die Wohnung des Fürsten aufnehmen sollte. Sein reich gegliedertes Portal mit dorischen Säulen ist Blickfang; der dort ansetzende zentrale Korridor sollte als Spiegelachse des doppelt so breit konzipierten Hofs fungieren.

Der stadtseitig gelegene Flügel gehört weitgehend noch der mittelalterlichen Burganlage an; er war nach Einstellung der Baumaßnahmen als Nordostbegrenzung des Hofs stehen geblieben. Bereits vor der Berufung Holls hatte sich Gemmingen hier provisorisch eingerichtet. Aus dieser ersten Umbauphase datiert das mit flacher Rollwerk-Ornamentik verzierte Portal an der Anschlussstelle zum Kopfbau. Durch dieses gelangt man zur sog. Botanischen Treppe, die einst die Wohngemächer mit der weitläufigen Gartenanlage verband.

Deutlich hebt sich der streng axial gegliederte Südwestflügel vom Nordostflügel ab. Arkaden, Fenster- und Portaleinfassungen sprechen eine klassische, von den Meistern der römischen Hochrenaissance inspirierte Sprache, ohne sich dabei unmittelbar auf ein bestimmtes Vorbild zu beziehen. Neben den Holl sicher bekannten → **Architekturtraktaten** Giacomo da Vignolas, Walter Rivius', Albrecht Dürers, möglicherweise auch Sebastiano Serlios und Andrea Palladios muss als wichtiger Anreger und Vermittler dieser Formenwelt hier der seit 1591 in kaiserlichen Diensten stehende Malerarchitekt → **Joseph Heintz d. Ä.** genannt werden (vgl. auch den Schlossbau in → **Linz**). Er hatte die Jahre von 1584 bis 1587 in Rom verbracht und gerade im ersten Jahrzehnt des 17. Jh. häufig mit Holl zusammengearbeitet.

Auch im Innern der Flügel werden die aus italienischer Baupraxis wie -theorie ableitbaren Prinzipien und Strukturen deutlich, die um diese Zeit auf deutschem Boden längst Konvention geworden waren: die vierläufige, gerade Schachttreppe, über die – flach und bequem steigend – der Südwestflügel erschlossen wird, der hofseitige Korridor im Obergeschoss, der eine Erschließung dieses Flügels unabhängig von den talwärts gelegenen Appartements erlaubt, oder die mit seitlichen Nischen für die Aufstellung von Statuen ausgestattete zentrale Eingangshalle im Kopfbau.

Hortus Eystettensis

Die Willibaldsburg verdankt ihre Berühmtheit heute vor allem dem 1613 in Nürnberg verlegten *Hortus Eystettensis*, einem Kupferstichwerk mit 1095 Darstellungen aus der Pflanzenwelt des → **Gartens** von Fürstbischof Johann Konrad von Gemmingen. Die lange verloren geglaubten Original-Druckplatten wurden 1998 fast vollständig in der grafischen Sammlung der Albertina in Wien wieder aufgefunden. Ihr Verfasser war der Nürnberger Apotheker Basilius Besler (1561–1629), der ab 1597 – noch vor der Planung des Schlossneubaus – mit der Leitung der Eichstätter Gärten betraut war.

Die architektonisch aufwändig gestaltete Gartenanlage erstreckte sich über mehrere Geländeterrassen der Residenz. Sie bestand aus Küchengärten, Obstgärten mit Winterhäusern sowie Ziergärten mit seltenen Pflanzen und war zudem von Fasanen, Kranichen und anderen Tieren besiedelt.

Stadtseitig vor seinen Wohnräumen im Nordostflügel hatte Gemmingen einen turmartigen Baukörper errichten lassen, die bereits erwähnte Botanische Treppe. Von seinen Gemächern aus konnte der an Gicht erkrankte Fürst zudem direkt auf die Aussichtsterrassen des kleinen und großen Altans gelangen. Sie waren, teilweise durch Umbau bestehender Wehranlagen, zusammen mit der Gartentreppe noch vor Beginn des Hollschen Projekts entstanden. Im großen Altan waren in zwei Geschossen zudem Gemmingens Kunstschätze untergebracht.

Unmittelbar auf die fürstliche Wohnung bezogen, verlieh die Gartenanlage der Bischofs-

Basilius Besler, Frontispiz des *Hortus Eystettensis*, 1713

residenz den Charakter eines italienischen Landhauses (einer *villa suburbana*). Wie die Medici, die sich in ihren Villen vor den Toren von Florenz eines bereits von Plinius und Vergil gelobten Landlebens erfreuten, verwirklichte auch Gemmingen hier seinen Traum vom Leben auf dem Land (→ **Lusthäuser**). Auf welchen Parzellen sich die Gärten befanden, ist heute nicht mehr exakt zu rekonstruieren; sie fielen in weiten Teilen schon der bastionären Umwallung während und nach dem Dreißigjährigen Krieg zum Opfer.

In Erinnerung an das berühmte Kupferstichwerk entstand seit 1995 auf der ehemaligen Schmiedebastion nordöstlich unterhalb der Torhalle ein im Umriss eines aufgeschlagenen Buchs konzipierter Garten. Ohne Bezug zu den fürstlichen Wohnräumen, kommt dieser Standort aber nicht als originale Gartenterrasse infrage. Aus botanischer Sicht ist der neue Garten jedoch ein anschauliches Studienobjekt, da für die Auswahl der Pflanzen die historische Schrift als Leitfaden diente.

Dom Unsere Liebe Frau und St. Willibald: Grabdenkmal für Johann Konrad von Gemmingen und weitere Ausstattung

Im Jahr 1612 wurde Fürstbischof Johann Konrad von Gemmingen im gotischen Dom südlich des Choraltars beigesetzt. Sein Nachfolger, Fürstbischof Johann Christoph von Westerstetten, ließ ihm dort ein bronzenes **Grabdenkmal** setzen, das vermutlich von Hans Krumper ausgeführt wurde. Der Bischof ist in weltlichem Gewand halbliegend auf einem Sarkophag dargestellt.

Im Dom befinden sich darüber hinaus zahlreiche Kunstwerke von Loy Hering, einem bedeutenden Bildhauer der Frührenaissance, der in Eichstätt ab 1513 eine rege Tätigkeit entfaltete. Im Westchor befindet sich das 1514 entstandene Hauptwerk des Künstlers, eine **Willibaldsfigur** von individueller Ausdruckskraft. Der marmorgleiche Charakter des polierten Solnhofer Sandsteins steigert die klassische Wirkung der Skulptur.

Herings 1519/20 geschaffener **Wandaltar** an der Westwand des südlichen Seitenschiffs, zugleich Epitaph für den Domherrn Johannes von Wolfstein, zeigt den italienischen Typus des ungeteilten Altarbildes, der im ausgehenden 16. Jh. – nach dem Tridentinischen Konzil – auch nördlich der Alpen nahezu verbindlich wurde. Das Kalksteinrelief mit der von Dürer inspirierten Himmelfahrt Mariens ist von einer antikisierenden Ädikula-Architekur umfangen. CE

NÜRNBERG

»Alle deutschen Städte sind blind. Nur Nürnberg sieht – auf einem Auge« lautete um 1520 ein etwas hochnäsiger italienischer Spruch, den Ulrich von Hutten (1488–1523) dem Nürnberger Patrizier und Humanisten Willibald Pirckheimer (1470–1530) mitteilte. Die missgünstigen Italiener, »die doch so leicht keinen Deutschen loben«, würden einzig Nürnbergs Leistungen Beachtung schenken, so Hutten weiter.

Von Nürnberg gingen in vielerlei Hinsicht Impulse aus: Die Erzeugnisse des Metallhandwerks der im 16. Jh. einwohnerreichsten Stadt des deutschsprachigen Raums wurden in ganz Europa gehandelt. Als Zentrum intensiver Buch- und Grafikproduktion wurde hier erfolgreich Wissens- und Bildvermarktung betrieben. Und nicht zuletzt wird nach dem Nürnberger → **Albrecht Dürer** eine ganze Epoche der deutschen Kunst- und Kulturgeschichte als Dürerzeit bezeichnet.

Die Stadt wurde vom Bildersturm verschont, dem in zahlreichen deutschen Städten die vorreformatorische Sakralkunst zum Opfer fiel, da der Rat als Resultat eines Religionsgesprächs zwischen Befürwortern und Gegnern der Reformation 1525 den Beschluss gefasst hatte, in behutsamer Form zur neuen Lehre überzugehen. Ein Großteil der in Nürnberg entstandenen Kunst ist heute dennoch in alle Richtungen zerstreut. Vieles war von vornherein für den Export bestimmt, anderes wurde später über den Kunstmarkt verbreitet: Veit Stoß' *Hl. Rochus* gelangte nach Florenz, Peter Flötners *Silberaltar* nach Krakau, Wenzel Jamnitzers d. Ä. *Merkelscher Tafelaufsatz* nach Amsterdam, ganz zu schweigen von Dürers Gemälden und Grafiken, die sich heute in großen internationalen Sammlungen befinden.

Keimzelle des 1050 erstmals erwähnten Orts war die Burg auf dem steilen Felsrücken nördlich der Pegnitz. Zwischen Fels und Fluss entwickelte sich noch im 11. Jh. eine Siedlung. Kaiser Friedrich II. gewährte der Stadt 1219 weit reichende Handelsprivilegien und Zollbefreiungen. In der zweiten Hälfte des 13. Jh. stieg Nürnberg zur freien Reichsstadt auf. Konfliktreich war seit dem hohen Mittelalter die Nachbarschaft mit dem Markgraftum Ansbach. Dieses Herrschaftsgebiet des Hauses von Zollern mit der Residenz Ansbach und der nahe Nürnberg gelegenen Festung Cadolzburg umklammerte das städtische Territorium im Westen und Süden. Zudem hatten die Zollern seit 1191 das Amt des Burggrafen von Nürnberg inne, der als Stellvertreter des Kaisers das Hoheitsrecht über die Burg besaß. Neben zahlreichen kleineren Konflikten mündete diese Jahrhunderte dauernde Spannung in die zwei sog. Markgrafenkriege, die 1449/50 und zwischen 1552 und 1554 das Nürnberger Umland schwer in Mitleidenschaft zogen. Erst die Verlagerung der Hohenzollernschen Interessen in ihre neuen preußischen Herrschaftsgebiete beendete im 17. und 18. Jh. die Rivalitäten.

Mittelalterliche Strukturen prägten das Stadtbild bis ins 19. Jh. Im Zweiten Weltkrieg war Nürnberg als Stadt der Reichsparteitage Ziel schwerer Bombenangriffe der Alliierten. Dennoch lässt sich die kunsthistorische Bedeutung der Stadt vielerorts noch aufspüren.

Altes Rathaus

Unmittelbar gegenüber dem Chor der Sebalduskirche erstreckt sich die Westfassade des Alten Rathauses als mächtiger dreigeschossiger Riegel mit 34 Fensterachsen. Die Fassade ist einem vielteiligen, zwei Innenhöfe umschließenden Baukomplex vorgeblendet, dessen Ursprung in das 14. Jh. zurückreicht. Das sog. Lochgefängnis in den Kellern des Rathauses stammt noch aus den Jahren um 1330/40, ebenso der Große Ratssaal, der das Hauptgeschoss des Südfügels einnimmt (Rathausplatz). Zwei Ausbauphasen veränderten das mittelalterliche Ensemble zu Beginn des 16. und 17. Jh.

Nürnberg, Westfassade des Rathauses

1505 und 1514/15 führte der Stadtbaumeister Hans Beheim d. Ä. (um 1455/60-1538) erhebliche Erweiterungs- und Umbauarbeiten durch. Dazu zählt auch der schmale, reich mit Maßwerk und Balustraden geschmückte, nach seinem Erbauer benannte Beheimtrakt, der am Außenbau an der Ostfassade (Fünferplatz) noch erkennbar ist. Der dahinter liegende Raum diente dem Kleinen Rat, dem höchsten politischen Gremium der Stadt, als Sitzungssaal.

Die Ausstattung des südlich angrenzenden Großen Ratssaals wurde zwischen 1515 und 1550 modernisiert. Das von → **Albrecht Dürer** entworfene Programm der Ausmalung (*Verleumdung des Apelles, Triumphwagen Kaiser Maximilians I.*, tugendhafte römische Helden und Justitia-Allegorien) umfasste die modernen, humanistischen Themenbereiche, die eine Kontinuität von der Antike zur Gegenwart formulierten. 1540 installierte man zur Abtrennung des westlichen Saalbereichs ein bronzenes Gitter, das die Fugger bereits 1512 bei der Nürnberger Gießhütte der Vischer ursprünglich für ihre Grablege in St. Anna zu → **Augsburg** in Auftrag gegeben hatten (Teile seit dem 19. Jh. in Schloss Monttrotier bei Annecy, Südfrankreich).

Das Nürnberger Rathaus brannte 1944/45 bis auf die Umfassungsmauern nieder. Es präsentiert sich heute weitgehend als Rekonstruktion der Nachkriegszeit. Der Große Ratssaal wurde zwar samt Tonnengewölbe wiederher-

MEISTERSINGER

Dank Richard Wagners Oper *Die Meistersinger von Nürnberg* von 1868 wird die Stadt in aller Welt mit einer bürgerlichen Kunstform identifiziert, die zu Wagners Lebzeiten längst keine Bedeutung mehr besaß. Nürnberg war nie die alleinige Pflegestätte des Meistersangs, besitzt jedoch die größte Zahl von Dokumenten und beherbergte die wichtigsten Vertreter dieser nicht nur unterhaltenden, sondern auch pädagogisch ausgerichteten Kunst. Die Meistersingertradition setzte im späten 14. Jh. ein und bezog sich (ob zu Recht, ist noch ungeklärt) auf die letzten, immer wieder als Vorbild genannten Minnesänger. Von ihnen übernahm man die solistische Vortragsweise und die dichterische Technik, neue Texte auf festgelegte Melodien (Töne) zu schreiben. Bei den Treffen der gildeartig organisierten, meist aus der Mittel- und Unterschicht des Handwerks stammenden Meistersinger wurden die Lieder öffentlich vorgetragen und von drei Merkern (Zensoren und Schiedsrichtern) auf Regelverstöße (z. B. bei der Silbenzahl pro Zeile) geprüft; Wagner karikierte diese einengende Selbstkontrolle in der Gestalt des Sixtus Beckmesser. Als Themen waren vor der Reformation größtenteils religiöse Sujets populär. Später wurden auch Fabeln, geschichtliche und humanistische Motive verarbeitet und so einer Bevölkerungsschicht nahe gebracht, die oft nur geringe Schulbildung besaß. Der Barbier Hans Volz (um 1440–1513) und der Schuhmachermeister Hans Sachs (1494–1576), die berühmtesten Nürnberger Meistersinger, verfassten außerdem Fastnachtsspiele und andere Bühnenstücke. Mit dem Niedergang der süddeutschen Städte im Dreißigjährigen Krieg verlor der Meistersang an Bedeutung, er wurde mancherorts jedoch noch bis ins 18. und 19. Jh. hinein gepflegt. Der letzte Meistersinger von Memmingen starb 1922. DS

gestellt, seine ursprüngliche malerische und architektonische Ausstattung ist jedoch bis auf geringe Reste verloren.

Von den Umbau- und Erweiterungsarbeiten des frühen 17. Jh. zeugen u. a. die von 1617 bis 1622 von Jakob Wolff d. J. (vermutlich 1571–1620) und seinem Sohn Hans Wolff errichtete heutige Schaufassade im Westen, die Eingangshalle sowie der große Innenhof (Halle und Hof zugänglich). Vermutlich war das Bauvorhaben von den zeitgleichen Aktivitäten des Augsburger Rathauserbauers Elias Holl in der konkurrierenden süddeutschen Schwesterstadt angeregt worden. Nürnbergs Rathauserweiterung greift auf italienische und französische Vorbilder zurück. Die Betonung der Horizontalen durch die Fensterbänder als Hauptprinzip der Gliederung, die rustizierten Ecken und der Wechsel zwischen gedrückten Dreiecks- und Bogengiebeln finden sich vorgegeben an den Epoche machenden römischen Stadtpalästen, wie dem Palazzo Farnese (bes. 1541–1552) des Antonio da Sangallo d. J. oder dem schlichteren Lateranspalast (1585/87) des Domenico Fontana. Die Dachzone mit den beiden seitlichen Pavillontürmen und dem mehrgeschossigen Mittelturm verweist auf französische Vorbilder, etwa die Anlage des Pariser Hôtel de Ville (1533–1628). Die Pilaster der drei Arkadenfassaden des Innenhofs korrespondieren in ihrer streng toskanischen Ordnung mit den Bauformen der Westfront.

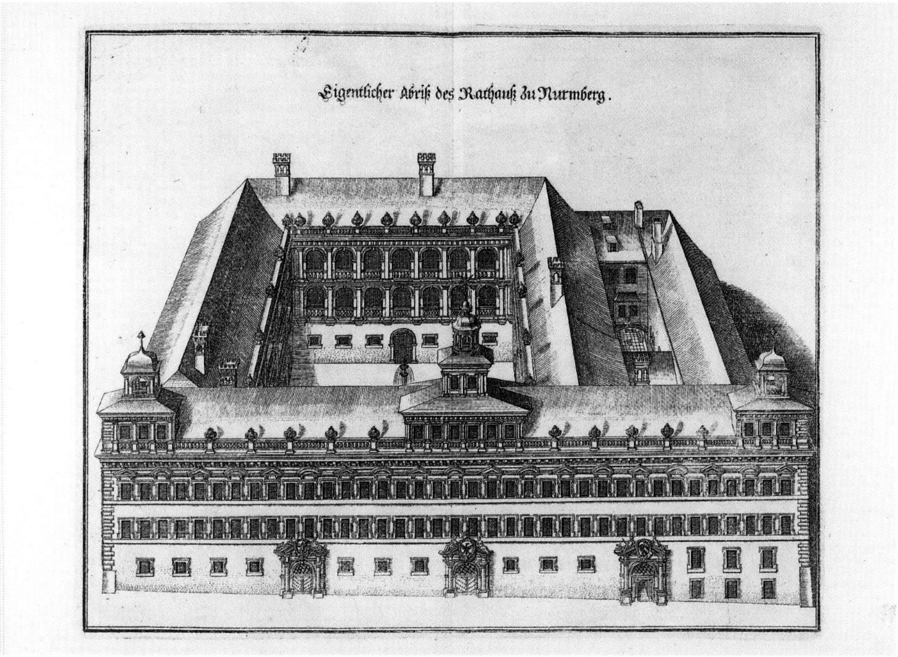

Nürnberg, Idealansicht des Rathauses, aus Matthias Merians *Topographia Frankoniae*, 1648

Der 1622 geschlossene Rathauskomplex stellt sich als Herrschaftsarchitektur dar. Das Bildprogramm der Fassade gibt dem Selbstverständnis des Stadtregiments Ausdruck, das sich in einen betont weltgeschichtlichen Herrschaftsrahmen stellt: Auf den Giebeln der beiden seitlichen Portale sind die Potentaten von vier antiken Weltreichen platziert. Möglicherweise wollte man mit dem legendären Assyrerkönig Ninus und dem Perserkönig Kyros am nördlichen sowie dem Griechen Alexander dem Großen und dem römischen Herrscher Caesar am südlichen Portal den Stolz der Augsburger auf ihre römische Vergangenheit mit einem noch weiter reichenden Verweis auf die Geschichte übertrumpfen. Als Bildhauer zog man den Schwaben Leonhard Kern (1588–1662) heran. Zwischen den beiden Herrscherpaaren sind die zwei Stadtwappen Nürnbergs angebracht. Am Hauptportal sind die heraldischen und allegorischen Zeichen des Reichs (kupferner Adler des Goldschmieds Christoph Jamnitzer), der sich selbst aufopfernde Pelikan sowie Personifikationen der Gerechtigkeit und Weisheit zu sehen, ausgeführt vom Magdeburger Bildhauer Joachim Toppmann (Originale in den Städtischen Sammlungen).

Weitere städtische Bauten

Die Nürnberger Bürger bewahrten die mittelalterlichen öffentlichen Denkmäler als Zeugnisse einer seit langem blühenden Stadtgeschichte. Als bürgerlich-patrizische Metropole galt Nürnbergs Augenmerk den kommunalen Bauten. Der Stadtbaumeister Hans Beheim d. Ä. errichtete 1494/95 unmittelbar neben der Burg einen gewaltigen **Kornspeicher** (sog. Kaiserstallungen, heute Jugendherberge), der mit seinem sechsgeschossigen Satteldach bis heute die Burgansicht mitbestimmt. Auch weitere Bauten Beheims waren in erster Linie durch Funktionalität geprägt und brachten den Wohlstand der Stadt und ihre Regierung im Sinne des Allgemeinwohls zum Ausdruck: das **Unschlitthaus** (1490/91, Unschlittplatz), die **Mauthalle** (1498, Hallplatz 2) und der Sozialbau des über der Pegnitz errichteten **Heilig-Geist-Spitals** (1506-1527, Spitalgasse 12-14). Mit weiteren kommunalen Gebäuden trat der Werkmeister Hans Dietmair hervor, so mit dem Portalbau des **Zeughauses** (1588, Pfannenschmiedsgasse 24) mit seinen kräftigen Flankentürmen oder dem **Herrenschießhaus** von 1582/83 (Andreij-Sacharow-Platz).

Wenngleich die Pegnitz als kleiner Fluss kaum spektakuläre Brückenkonstruktionen erforderte, gilt die von 1596 bis 1598 ausgeführte **Fleischbrücke** als baustatische Meisterleistung. Im Rahmen eines Architekturwettbewerbs suchte der Rat einen Ingenieur, der sowohl eine einbogige Konstruktion ohne Mittelpfeiler als auch eine möglichst flache Konstruktion realisieren konnte, die eine befahrbare Bogenneigung aufwies. Angeregt von der eben erst vollendeten Rialto-Brücke in Venedig (1588-1591) des Antonio da Ponte, ließ der Baumeister Wolf-Jakob Stromer innerhalb von drei Jahren die Fleischbrücke über einem Fundament von 2123 Eichenpfählen errichten. Im Gegensatz zur Rialto-Brücke bot diese die Möglichkeit, befahren zu werden. Ihre flache Neigung bringt einen enormen Seitenschub mit sich, der durch eine technisch herausragende Konstruktion aufgefangen wird.

Burgbastei und Stadtbefestigung

1538 hielt unvermittelt Internationalität im öffentlichen Bauwesen Einzug, als ein unbekannter Malteser namens Antonio Fazuni in der Stadt erschien und seine Dienste als Festungsbaumeister anbot. Nach eingehender Prüfung der Pläne des Fremden bewilligte der Rat schließlich die Erstellung dreier Bollwerke, die als sog. **Burgbastei** (1544 vollendet) die Kaiserburg im Norden und Westen umschließen. Die mittelalterliche Burgmauer blieb dabei größtenteils erhalten, wurde jedoch um ein Vielfaches ihrer Dimension erweitert. Fazunis symmetrische, mehrgeschossige Anlage demonstriert anschaulich das Bastions- und Flankierungsprinzip der modernen Festungsbautheorie. Sie schützte eben jene Stadt, in der 1527 mit Dürers *Befestigungslehre* das erste Druckwerk zum → **Festungsbau** erschienen war und die als Zentrum des Geschützgusses Kanonen an das polnische wie englische Königshaus lieferte. Als Ergänzung der Fazunischen Burgbastei wurden die vier Haupttore zwischen 1556 und 1564 von Paulus Beheim und Stadtbaumeister Georg Unger ummantelt und zu konischen Geschütztürmen mit bis zu 40 m Höhe ausgebaut. Vorbild war die Befestigung des Mailänder Castello Sforzesco, das man seit 1548 in der in Nürnberg erschienenen deutschen Übersetzung des Vitruvschen → **Architekturtraktats** abgebildet finden konnte und dessen konische Rundtürme die besondere Bewunderung des Traktat-Übersetzers Walter Rivius gefunden hatten.

Nürnberg, im Vordergrund die Fazunische Burgbastei, 1544 vollendet

Friedhöfe St. Johannis und St. Rochus
Vor zwei Haupttoren liegen westlich der Altstadt die in der Renaissancezeit angelegten Friedhöfe St. Rochus (Rothenburger Straße 20) und St. Johannis (Johannisstraße 57). Als Folge einer Pestepidemie waren seit 1518 zur Vermeidung weiterer Seuchen Bestattungen innerhalb der Stadtmauern verboten worden. Strenge Anti-Luxus-Gesetze legten Normen für die **Grabdenkmäler** fest, die nur aus einer Sandsteinplatte und einem gegossenen Epitaph bestehen durften. Die über zweitausend Grabdenkmäler der Nürnberger Patrizier und Bürger mit gleichförmigen, liegenden Sandsteinplatten und Epitaphen bilden ein einzigartiges, umfangreiches Ensemble der Relief- und Ornamentkunst des 16. bis 18. Jh. Als wichtige bildliche Quelle der Sozial- und Handwerksgeschichte sind auf den Bronzereliefs fast sämtliche Nürnberger Handwerke einschließlich der ihnen zugehörigen Werkzeuge und Standesinsignien dargestellt. Vor allem aber lässt sich an ihnen der Wandel in der Bildwelt des »privaten Denkmals« ablesen, der in seiner Formenvielfalt vom Wappen bis zum Zunftzeichen, vom Bibelzitat bis zum humanistischen Antikenzitat, vom Emblem bis zum Familienporträt reicht.

Auf dem Johannisfriedhof sind folgende Grabdenkmäler besonders sehenswert: Nr. 261: Agnes Feil, Rotschmiedin; Nr. 649: Albrecht Dürer, Maler; Nr. 903: Veit Hirschvogel, Glasmaler; Nr. 1414: Willibald Pirckheimer, Humanist.

Auf dem Rochusfriedhof sind an Grabdenkmälern hervorzuheben: Nr. 680: Georg Ehe, Fingerhutmacher; Nr. 806: Leonhard Danner,

KLEINMEISTER

Als Kleinmeister werden verschiedene Künstler des 16. Jh. bezeichnet, die vor allem durch ihre kleinformatigen und sehr detaillierten druckgrafischen Werke (Holzschnitt, Radierung, Kupferstich) bekannt sind, aber auch Gemälde schufen. Im engeren Sinn bezeichnet man als Kleinmeister die süddeutschen Künstler in der Nachfolge vor allem → **Albrecht Dürers**, aber auch → **Albrecht Altdorfers** und → **Lucas Cranachs d. Ä.** Einige unter ihnen wie Georg (Jörg) Pencz, Hans Sebald Beham und Virgil Solis waren tatsächlich in Dürers Nürnberger Werkstatt tätig.

Das kleine Format der Blätter begünstigte ihre weite Verbreitung. Sie reflektieren häufig kritisch und moralisierend das zeitgenössische Alltagsleben, verbreiten reformatorische Ideen, geben aber auch mythologische, historische und allegorische Bildschöpfungen wieder.

So schuf der in Nürnberg geborene **Georg Pencz** (um 1500–1550), wohl identisch mit dem Monogrammisten IB, z. B. eine Planetenserie, eine Folge zu Bürgertugenden, die sieben Werke der Barmherzigkeit, aber auch unverhüllt politische Arbeiten, wie zwei Holzschnitte für Flugblätter des Dichters

Heinrich Aldegrever, Der Opfertod des Marcus Curtius, 1532, Düsseldorf, museum kunst palast

Feinmechaniker; Nr. 856: Margarete Leipolt, Köchin.

Auf beiden Friedhöfen steht jeweils die Grabkapelle einer Nürnberger Patrizierfamilie. Die 1521 geweihte **Rochuskapelle** stifteten die Brüder Konrad und Hans Imhoff. 1485 hatte die Familie den hl. Rochus zum Familienpatron erwählt und damit den modernen italienischen Rochuskult in Nürnberg bekannt gemacht. Wie für den Außenbau, welcher der heimischen Tradition verpflichtet ist, wurden auch für die Ausstattung namhafte Nürnberger und Augsburger Künstler der Dürerzeit herangezogen: Die Gemälde des Hauptaltars stammen von dem Dürerschüler Wolf Traut (um 1485–1520), die Skulpturen des Rosenkranzaltars (im südlichen Seitenschiff) schuf der Bildhauer → **Sebastian Loscher**, weitere Bildtafeln gehen auf → **Hans Burgkmair d. Ä.** zurück. Die Glasmalereien stammen aus der Hirschvogelwerkstatt.

Hans Sachs (1494–1576). Pencz' Tätigkeit beschränkte sich aber keineswegs auf Grafik. Bereits 1521 setzte er einen Entwurf Dürers für die Ausmalung des Nürnberger Rathaussaals um. Neben der engen Anlehnung an den Lehrer spricht aus seinem Werk ebenfalls die Kenntnis italienischer Meister: So zeugen z. B. die großartigen Deckengemälde des → **Hirschvogelsaals** im Garten des Nürnberger Tucherschlösschens von Pencz' Kenntnis der Stiche Marcantonio Raimondis nach Werken von Raffael. Pencz prägte nach dem Tod Dürers 1528 das Gesicht der Nürnberger Tafelmalerei und hinterließ neben seinem druckgrafischen Œuvre zahlreiche Porträts und Gemälde sakraler wie weltlicher Thematik.

Hans Sebald Beham (1500–1550) und sein Bruder **Barthel** (1502–1540) stammen ebenfalls aus dem Umkreis Dürers. Sie waren mit Pencz befreundet und widmeten sich in ihrer Grafik ähnlichen Themen, nahmen aber noch stärker Einflüsse der italienischen Renaissance in ihr Schaffen auf, besonders in ihren fantasievollen Ornamentkompositionen, die als Vorlage für die Verzierung von Kunst- und Gebrauchsgegenständen dienten. Die Parteinahme der drei Künstler für die Reformation brachte ihnen einen Prozess ein, der als »Prozess gegen die drei gottlosen Maler von Nürnberg« bekannt ist. Sie wurden aus der Stadt verbannt, durften aber noch im selben Jahr zurückkehren. Weitere einflussreiche Kleinmeister in Nürnberg waren der Buchillustrator **Jost Amman** (1539–1591) und **Virgil Solis** (1514–1562).

Es werden in Deutschland weitere Künstler zu den Kleinmeistern gezählt; am bekanntesten ist der Westfale **Heinrich Aldegrever** (um 1501/02 – vor 1561). Von 1527 bis 1555 war er in Soest tätig, wo er durch sein grafisches Werk entscheidenden Anteil an der Einführung der Reformation hatte. Neben geläufigen Themen aus Altem und Neuem Testament finden sich in großer Zahl auch solche, die von Humanismus und Reformation inspiriert sind. Mit seinen ca. 300 weit verbreiteten Kupferstichen, seinen Siegelschnitten und Vorlagen für Goldschmiede beeinflusste er nachhaltig das Kunsthandwerk seiner Zeit. Auch Aldegrever bezog sich direkt auf grafische Vorgaben Dürers; selbst sein Monogramm, das große A mit dem eingestellten G, ist ein Zitat des Dürerschen Signets. MS

Auf dem Johannisfriedhof entstand 1516 die nach der gleichnamigen Patrizierfamilie benannte **Holzschuherkapelle**, deren Baugestalt auf die Heilig-Grab-Kapelle in Jerusalem zurückgeht. Sie bildet den Abschluss der sieben steinernen Kreuzwegstationen des Adam Kraft, die seit 1508 den Weg von der Stadt zum Friedhof säumen (Originale im GNM; ehemals zugehörige Kreuzigungsgruppe heute im Hof des Heilig-Geist-Spitals).

Tucherschloss und Hirschvogelsaal

Seit dem späten Mittelalter lenkten etwa 30 Patrizierfamilien die politischen, wirtschaftlichen, sozialen und kulturellen Geschicke der Stadt. In der Regel war diese Führungsschicht welterfahren, im internationalen Handel aktiv und durch den Besuch italienischer Universitäten gebildet. Sie adaptierte im frühen 16. Jh. moderne italienische Bauformen, um die eigene Vertrautheit mit aktuellen Strömungen zum Ausdruck zu bringen. Italianisierende Formen hielten zunächst in den sog. Patrizierschlösschen Einzug, die im Nordosten der Stadt in ausgedehnten Gartenanlagen standen. So sind an dem von 1533 bis 1544 errichteten **Tucherschloss** spätgotische lokale Formen (Chörlein, Stabprofile der Fensterlaibungen, Netzrippengewölbe) mit Motiven der französischen Schlossarchitektur, wie z. B. dem dominanten Treppenturm, kombiniert worden. Relieftondi und Rundbogenportale entstammen dem damals aktuellen italienischen Formenrepertoire. Nach den Zerstörungen im Zweiten Weltkrieg ist ein großer Teil der Architektur des Tucherschlosses nur als Rekonstruktion erhalten. Im Innern befindet sich heute das Museum Tucherschloss. Es präsentiert europäisches Kunsthandwerk vom 15. bis zum 18. Jh., darunter das großartige silberne *Tuchersche Gießgeschirr,* ein 1562 datiertes Goldschmiedewerk des Nürnbergers Wenzel Jamnitzer d. Ä., dessen Emaildekor Paul Reymond und Léonard Limosin in Limoges fertigten, sowie mehrere Glasgemälde aus der Werkstatt der Nürnberger Glasmaler Veit und Augustin Hirschvogel.

Auf dem angrenzenden Grundstück stand bis zur Kriegszerstörung 1945 der sog. **Hirschvogelsaal.** Er war 1534 an das Gartenpalais der Patrizierfamilie Hirschvogel angebaut worden. Jüngst und nicht unumstritten ist er von Grund auf neu errichtet worden, etwa 80 m von seinem ursprünglichen Standort entfernt, um 180 Grad gedreht und nun im Garten des Tucherschlosses befindlich. Trotz zahlreicher verfälschender Elemente in der heutigen Erscheinung bietet die Baukopie den wenigen erhaltenen originalen Ausstattungsstücken

Nürnberg, Hirschvogelsaal

Nürnberg, Hirschvogelsaal, Deckengemälde von Georg Pencz, Sturz des Phaeton, um 1534

einen angemessenen Präsentationsrahmen. Der außen schlichte Baukörper beherbergt einen weiträumigen Festsaal mit umlaufender Holzvertäfelung in reinen Renaissanceformen (korinthische Säulen mit reich geschnitztem Architrav). Eine portalartige Ädikula aus Stein, Kamin genannt, steht den Anlagen oberitalienischer Grabmals- und Portalarchitekturen nahe, wie sie etwa am Portal der Certosa di Pavia (1490/1500) vorgebildet ist. Die gesamte Fläche der Decke nimmt ein Gemälde des Dürerschülers → **Georg Pencz** ein. Auf 20 aneinander gestückten Leinwänden ist der *Sturz des Phaeton* dargestellt. Mit der untersichtigen Darstellung versuchte sich Pencz als einer der ersten Maler nördlich der Alpen in der illusionistischen Deckenmalerei, wie sie wenige Jahre zuvor Giulio Romano in den Deckenfresken des Palazzo del Tè in Mantua eingeführt hatte. Sowohl Architektur als auch wandfeste Ausstattung gelten als Arbeiten des Nürnbergers Peter Flötner (um 1490–1546). Seine vielseitigen Tätigkeiten als Bildhauer, Medailleur, Plakettenkünstler und Möbelentwerfer brachten ihm den Ruf eines ersten »Designers« ein.

Pellerhaus und Fembohaus

Von anderem Zuschnitt waren die Patrizierbauten des späten 16. und frühen 17. Jh., als sich die Auftraggeber anhand von Musterbüchern ein modernes Formenrepertoire zu Eigen gemacht hatten und dieses repräsentativ einzusetzen wussten.

Bis zu seiner Zerstörung 1945 war das zwischen 1602 und 1616 von Jakob Wolff d. Ä. (um 1546–1612) erbaute **Pellerhaus** eine der größten Sehenswürdigkeiten der Stadt. In der Nachkriegszeit weitgehend durch einen Neubau ersetzt, dient es heute als Stadtbibliothek (Egidienplatz 23). Bauherr war der vermögende Neupatrizier Martin Peller (1559–1629), der sich mit dem mächtigen Palast ein prestigeträchtiges, feudales Wohn- und Geschäftshaus errichten ließ. Hinter einer Prunkfassade befand sich ein Arkadenhof mit Galerien, Treppenhäusern und Prunkkaminen. Heute als Ruine belassen, vermittelt der Hofbereich den Eindruck einer Architektur, die mit Rückgriff auf das spätgotische (Maßwerkbalustraden) und manieristische Formenrepertoire (Rustika, Beschlagwerk) insbesondere durch aufwändige Steinmetzarbeiten beeindrucken wollte. Teile der Innenausstattung (Wandvertäfelung des Schönen Zimmers) befinden sich heute im Stadtmuseum Fembohaus.

Das einzige bis heute unversehrt erhaltene Nürnberger Bürgerhaus der Spätrenaissance ist das **Fembohaus.** Es wurde ebenfalls von Jakob Wolff d. Ä. von 1591 bis 1596 für den niederländischen Kaufmann Philipp van Oyrl erbaut (Burgstraße 15). Bemerkenswert sind insbesondere die beiden holzvertäfelten Prunkräume des Familiensaals und vor allem das Schöne Zimmer. Es besitzt eine der besterhaltenen Prunkvertäfelungen der deutschen Renaissance und befand sich ursprünglich im Stadtpalast des Martin Peller, der es zwischen 1608 und 1610 wohl nicht nur für die private Nutzung, sondern auch für hochrangige Gäste – bis hin zu einem etwaigen Kaiserbesuch – ausstatten ließ. Der größte Teil der Kunstschreinerarbeiten stammt von dem Augsburger Lorenz Bayr, dessen Heimatort sich bereits um 1600 zum europäischen Zentrum für Luxusmöbel, Edelholzverarbeitung und Intarsienkunst entwickelt hatte.

Nürnberger Bronzebrunnen

Schon Mitte des 14. Jh. begann man in Nürnberg, die Stadt mit Brunnenanlagen aus dauerhafter Gussbronze zu schmücken. Mit dem Aufschwung der Bronzekunst im späten 15. und 16. Jh. entwickelten sich Nürnberger Bronzebrunnen zu einem internationalen Exportartikel: 1531 bestellte der Bischof von Trient, Bernardo Clesio, einen Brunnen für sein Schloss; 1582 ging ein vielfiguriger Neptunbrunnen des Gießers Georg Labenwolf an den dänischen König Frederik II.; 1599 lieferte Benedikt Wurzelbauer einen Venusbrunnen an den Grafen Lobkowitz nach Prag. Begehrt waren auch kleinformatige Tischbrunnen, die als Tafelschmuck dienten (→ **Nürnberg, GNM, Kleinbronzensammlung**).

Zwischen Burg und St. Lorenz haben sich in Nürnberg vier Bronzebrunnen des 16. Jh. erhalten. Der älteste, der Peter Flötner zugeschriebene **Apollobrunnen** ist 1532 entstanden und von kunsthistorisch herausragender Bedeutung für die Rezeption der Aktfigur und der antiken Themenwelt (heute Stadtmuseum, Fembohaus). Der Brunnen, dessen Sockel mit delfinreitenden Putti und Kleingetier versehen ist, war ursprünglich im Herrenschießhaus der Nürnberger Armbrustschützen aufgestellt. Die halblebensgroße, allansichtig gearbeitete Figur des Apoll zeigt den antiken Gott im idealen Kontrapost und weist Bezüge zur berühmten antiken Marmorfigur des *Apoll vom Belvedere* im Vatikanspalast auf. Engeres Vorbild dürfte wohl der um 1503 entstandene Kupferstich *Apoll und Diana* des Venezianers Jacopo de' Barbari gewesen sein, der in den ersten Jahren des 16. Jh. in Nürnberg und Sachsen tätig war.

Im Hof des Rathauses erhebt sich über einem Muschelbecken der 1557 entstandene **Puttenbrunnen.** Der Putto steht auf einer ho-

Nürnberg, Figur des Apollobrunnens von Peter Flötner, 1532 (Stadtmuseum Nürnberg)

hen, kannelierten Bronzesäule mit Widderkopfbasis und einem Gebälk in toskanischer Ordnung. Die drei Motive Muschel, Säule und Putto formulieren einen Anspruch auf Modernität, wie er in Nürnberg zwischen 1530 und 1560 kurzzeitig zur Norm wurde und vor allem in den → **Vorlagenblättern** Peter Flötners seinen Ausdruck fand. Der Gießer des Puttobrunnens, Pankraz Labenwolf, hat die Anlage mit seinem Monogramm »P.L.« signiert; das hölzerne Modell für die Puttenfigur (Figur im GNM) soll von dem Bildhauer Hans Peisser stammen.

Die Entstehungsgeschichte des **Gänsemännchenbrunnens** (Rathausplatz, südlich des Saalbaus) ist unbekannt. Zugeschrieben wird sein Modell ebenfalls Hans Peisser, den Guss führte wohl ebenfalls Pankraz Labenwolf aus. Höchstwahrscheinlich stand der Gänsemännchenbrunnen ursprünglich im Umfeld eines Geflügelmarkts. Die Brunnenfigur zeigt einen Gänsezüchter, dessen Kleidung der Mode um 1550 entspricht. Das Motiv wird der zeitgenössischen Malerei (→ **Pieter Bruegel d. Ä.**) entlehnt sein, die das Landleben als bildwürdiges Thema entdeckte.

Der **Tugendbrunnen** entstand zwischen 1584 und 1589 für den Platz vor der Fassade der Lorenzkirche. Von dem Gießer Benedikt Wurzelbauer signiert, führt sein Bildprogramm all jene Tugenden vor, die für ein wohl geordnetes Leben in der Stadt Voraussetzung sind. Sieben weibliche Personifikationen von Tugenden in Form vollrunder Bronzeplastiken umstehen den Brunnenstock und mahnen Bürger und Rat zu tugendhaftem Handeln. Die bekrönende Figur der Justitia mit einem Kranich als Symbol der Wachsamkeit verweist auf die gerechte Regierung, die für Wohlstand und Sicherheit der Stadt sorgt. Mit der Feinheit seiner Figurenbildung und Kleinteiligkeit seines Aufbaus erinnert der Tugendbrunnen an zeitgenössische Goldschmiedearbeiten. Um 1590 entsprach er damit kaum mehr den modernen Brunnenanlagen, wie sie, häufig von den Hauptvertretern der Schule Giovanni da Bolognas, in Städten wie → **Augsburg** aufgestellt wurden.

In Nürnberg öffnete man sich schließlich 1660 dieser Konvention mit dem Projekt des **Neptunbrunnens**, der damals größten Brunnenanlage nördlich der Alpen. Nie aufgestellt, erwarb ihn 1796 der russische Zar; heute befindet er sich in Schloss Peterhof bei St. Petersburg. Eine eindrucksvolle Kopie dieses seltsam späten Renaissancebrunnens steht heute in den Anlagen des Nürnberger Stadtparks nördlich der Altstadt.

SEBALDUSGRAB

Inmitten des spätgotischen, lichtdurchfluteten Chors der Sebalduskirche steht das aus dunklem Messing gegossene Grab des Kirchenpatrons. Eine von Schnecken und Delfinen wenige Zentimeter über den Boden erhobene Grundplatte trägt in ihrer Mitte auf einem tumbaähnlichen Sockel den Schrein. Dieser besteht aus mit Silber beschlagenem Eichenholz und wurde schon in den Jahren zwischen 1391 und 1397 gefertigt. Er wird von einem dreijochigen Gewölbe auf Arkaden überfangen, das mit drei mehrgeschossigen Architekturbaldachinen bekrönt ist. Diese kunstvolle, an Plastik und Ornament überaus reiche Kleinarchitektur, die 1507 angefertigt wurde, verbindet Elemente der Spätgotik mit solchen der Renaissance, was vor allem in der 31-jährigen Entstehungsgeschichte begründet liegt.

1488 beauftragten die Ratsherren Rupprecht Haller und Paulus Volkamer den Erzgießer Peter Vischer d. Ä. (um 1460–1529), ein Gehäuse aus Messing für den 1397 in St. Sebald aufgestellten Schrein anzufertigen. Zunächst legte dieser eine Entwurfszeichnung vor, die eine hochstrebende, gotische Kleinarchitektur im Stil des zeitgleichen Sakramentshauses im Ulmer Münster zeigt.

Peter Vischer d. Ä. leitete in Nürnberg seit 1489 die bedeutendste Erzgießerhütte der Zeit. Dieses Gewerbe gehörte zu den ältesten und bedeutendsten der Stadt und war als geschworenes Handwerk schon früh einem strengen Reglement unterworfen. So wurde vom Rat darüber gewacht, dass die Kenntnisse um die Kunst des Messinggusses, der im 15. Jh. eine Spezialität Nürnbergs darstellte, der Stadt nicht verloren gingen. Während Peter Vischer d. Ä. noch mit Holzmodellen als Vorlagen für seine Gusswerke arbeitete, verwendeten seine Söhne bereits das Wachsausschmelzverfahren in verlorener Form, das sie vermutlich bei ihren Aufenthalten in Siena und Rom kennen gelernt hatten: Über einen Kern wird eine Wachsschicht in der Dicke der späteren Gusswand gelegt und in der endgültigen Gestaltung ausgearbeitet. Ein kompliziertes Kanalnetz gewährleistet den freien Zufluss des heißen Metalls, den Abfluss des Wachses und die Entlüftung. Zuletzt wird der Formmantel herumgelegt, der den Negativabdruck der zu gießenden Form bildet. Durch Erhitzung wird das Wachs geschmolzen (verlorene Form) und das flüssige Metall in den Hohlraum gegossen. Nachdem der Guss abgekühlt ist, kann der Mantel entfernt werden.

Peter Vischer d. Ä., Entwurfszeichnung für das Sebaldusgrab, nach 1488

Als 1507, fast 20 Jahre nach dem Entwurf von Peter Vischer d. Ä., die vermögenden Patrizier Anton Tucher d. Ä., Lazarus Holzschuher, Sebaldus Schreyer und Peter Imhof die finanziellen Mittel für die Realisierung des Grabmals bereit stellten, konnte mit den Arbeiten begonnen werden. 1512 kamen sie ins Stocken, weil die Werkstatt mit den Figuren des Grabmals Kaiser Maximilians in → **Innsbruck** beschäftigt war. Nach einer Pause von fast drei Jahren wurden die Arbeiten Ende 1514 – dieses Mal von den Söhnen Hermann und Peter – wieder aufgenommen und bis 1519 beendet.

Durch die unterschiedlichen Handschriften, die Verwendung von gotischem und antikisierendem Formenschatz und die verschiedenen Signatu-

Nürnberg, St. Sebald, Sebaldusgrab der Vischerwerkstatt

ren lassen sich die Anteile der beteiligten Meister bestimmen. Peter Vischer d. Ä. hat den Fuß und die schlanken Pfeiler gegossen. Ebenso sind ihm zwei auf den Schmalseiten des Schreinsockels in Nischen eingestellte Standbilder zuzuschreiben: das des hl. Sebald und ein Selbstbildnis. Sein wichtigster Beitrag sind aber die zwölf Apostel, die gleich gotischen Chorpfeilerfiguren den Sarg umgeben. Die Körperlichkeit der schlanken Gestalten ist noch gänzlich aus dem gotischen Formempfinden entwickelt; die weich fließenden Gewänder scheinen sich bewusst auf hochgotische Vorbilder, wie die Figur der Synagoge im Bamberger Dom, zu beziehen.

An den von den Söhnen gefertigten Architekturformen und der Darstellung der Figuren zeigt sich deutlich ein italienischer Einfluss, der sich durch ihre Italienaufenthalte erklären lässt. Während Hermann vermutlich für die Änderung der Baldachinarchitektur und der Balustersäulen verantwortlich ist, vollendete Peter d. J. nach dem frühen Tod seines Bruders das Kunstwerk. Er schuf die Reliefs an den Tumbaseiten, die das Leben des Heiligen illustrieren und deren flache, malerische Gestaltung an Arbeiten des florentinischen Bildhauers Donatello (um 1386–1466) erinnern. Zu seinem Werk gehören ebenfalls die Helden des Altertums an den Sockelecken, die dazwischen sitzenden vier Kardinaltugenden Temperantia, Prudentia, Fortitudo und Justitia (Mäßigkeit, Klugheit, Tapferkeit, Gerechtigkeit) sowie auf den Postamenten die Figuren, die der antiken Welt der Planeten, Meergötter und Faune entlehnt sind. DG

Stiftungen des 15. und 16. Jh. in den Kirchen St. Sebald und St. Lorenz

Künstlerische Exklusivität äußerte sich in Nürnberg zwischen 1480 und 1620 weniger in der Architektur als vielmehr bei profanen Luxusartikeln und vor allem in Form von Stiftungen.

In St. Sebald haben sich zahlreiche Stiftungen des frühen 16. Jh. erhalten. Wichtigste Patrone der mittelalterlichen Sebalduskirche waren über Jahrhunderte die Mitglieder der Patrizierfamilie Tucher. Der Entwurf für das **Votivbild für Lorenz Tucher** an der Chornordwand stammt von → **Albrecht Dürer.** Sein Schüler und Mitarbeiter Hans Süß von Kulmbach führte es im Jahr 1513 aus. Das Gemälde dient als Erinnerungstafel für den bereits 1503 verstorbenen Lorenz Tucher, Propst von St. Lorenz, der im Sebalder Nordchor beigesetzt ist. Der Bildtyp basiert auf der sog. *sacra conversazione,* welche die thronende Maria mit Kind in einer Versammlung von Heiligen - oft in einer Landschaft - samt dem Stifterporträt darstellt. Die Gottesmutter in Dürers Bild sitzt in einer prächtigen, zentralperspektivisch verkürzten Rundbogenarchitektur. In den folgenden Jahren wird dieser »Tempel« sehr ähnlich in weiteren süddeutschen Werken des Dürer- und Holbeinumkreises dargestellt. Bildidee, Figurentypik und Kolorit sind eng an die venezianische Malerei der Jahre um 1500 angelehnt, deren Hauptvertreter Giovanni Bellini mit Dürer 1506 während seiner Italienreise engen Umgang gepflegt hatte.

Mit der Glasmalerei des **Pfinzing-Fensters** hat sich in St. Sebald ein weiteres Werk nach Entwürfen Dürers erhalten (südöstlich im Chor, um 1514/1515, Ausführung Werkstatt Veit Hirschvogels d. Ä.). In der Nürnberger Glasmalerei der Dürerzeit verliert das Maßwerk der Fensterfüllungen seine bildgliedernde Funktion. Architekturrahmen in zentralperspektivischer Anlage bringen Räumlichkeit in die Szenen und illusionistische Landschaftshintergründe werden Bestandteil des Glasgemäldes, das sich damit der Tafelmalerei annähert. Beim Pfinzing-Fenster erfüllt die raumschaffende Ehrenpforte den Zweck eines Bühnenbildes, in dem sich zahlreiche Mitglieder aus der patrizischen Verwandtschaft des Stifters Seifried Pfinzing porträtiert finden.

Derselben Familie entstammt der Stifter des 1514 datierten sog. **Pfinzingchörleins** an der Nordseite des Sebalder Pfarrhofs (Ecke Füll/Albrecht-Dürer-Platz). Melchior Pfinzing (1481-1535) war Propst in St. Sebald und Kanoniker in Trient, Bamberg und Mainz und vollendete als Kaiserlicher Rat und hoch geschätzter Historiker die Kaiserbiografie des *Theuerdank* für Maximilian I. Über den vier Fenstern des Erkers mit ihrem rahmenden Stab- und Maßwerk befindet sich jeweils ein straffer antikischer Lorbeerfeston, der hier als typisch italienisches Element Einzug in das lokale Formenrepertoire hält (Original des Chörleins 1945 zerstört, Kopie von 1962). Das Chörlein reagiert als wohlberechnetes Aperçue auf das altehrwürdige, ostseitige Chörlein Kaiser Karls IV. aus den Jahren um 1360.

Viele der Künstler und Werkstätten, die zur Ausstattung der Sebalduskirche beigetragen haben, sind auch in der etwas jüngeren und größeren Schwesterkirche St. Lorenz vertreten. Reflexe auf italienische Ornamentik und Rahmenarchitekturen treten im **Bronzeepitaph für den Lorenzer Propst Anton Kress** am Südpfeiler des Chors zu Tage. Das Relief wurde in seinem Todesjahr 1513 von Peter Vischer d. J. ausgeführt. Die häufig serielle Produktion solcher Grabdenkmäler der Vischer-

Hütte wird am gegenüberliegenden Pfeiler evident, wo sich ein Nachfolger Kress', Propst Hektor Pömer (gest. 1541; **Pömer-Epitaph**), das Denkmal des Vorgängers fast identisch zum Vorbild genommen hat. Über 100 solcher Gedenktafeln, prunkvolle Kapellengitter und Altarleuchter verließen zwischen 1490 und 1550 die Gießhütte der Vischer (Sebaldusgrab, → **Nürnberg**). Zu ihren Auftraggebern zählten u. a. die Fugger in Augsburg, Kaiser Maximilian I., König Sigismund I. von Polen. Die handwerkliche Qualität des Nürnberger Erzgusses dokumentieren anschaulich zwei Ausstattungsstücke der Lorenzkirche: der 1489 entstandene **Hängeleuchter** in der Langhausmitte (Peter Vischer d. Ä. zugeschrieben) und der wenig jüngere, doch deutlich modernere, zum Englischen Gruß gehörende **Marienleuchter** Jakob Bulmanns von 1517/18.

Friedrich Hillebrand, Turboschneckenpokal, um 1595 (Nürnberg, GNM)

Germanisches Nationalmuseum (GNM)

Das Germanische Nationalmuseum hat als größtes Museum deutscher Kunst und Kultur während seines 150-jährigen Bestehens einen umfangreichen Bestand Nürnberger Kunst des 16. Jh. aufgebaut.

Besonders erwähnenswert ist die Sammlung von **Kleinbronzen**, wie Schreibgeräte, Kaminböcke und Tischbrunnen, die seit etwa 1520 als Sammlungsgegenstände geschätzt wurden. Zu nennen sind hier vor allem die Arbeiten von Peter Vischer d. Ä. und Peter Vischer d. J. sowie von Peter Flötner und Ludwig Krug. Um die Jahrhundertmitte traten der Modelleur Hans Peisser, der Gießer Pankraz Labenwolf und später Benedikt Wurzelbauer hervor. Eine alles überragende Bedeutung kam seit dem letzten Drittel des 15. Jh. der Nürnberger **Goldschmiedekunst** zu, die Europas Höfe mit Prunkgeräten belieferte. Spezialität waren Nürnberger Buckel- und Akeleipokale, architektonisch aufgebaute Reliquienbehältnisse und Monstranzen, aber auch miniaturisierte Silberschiffe wie etwa das *Schlüsselfelder Schiff* von 1502/03. Zu einer herausragenden Goldschmiededynastie entwickelten sich seit der Jahrhundertmitte die Jamnitzer. Nicht selten hielt man noch im 19. Jh. die Werke Wenzel Jamnitzers d. Ä. für Arbeiten des italienischen Goldschmieds und Bildhauers Benvenuto Cellini. Vor allem um 1600 wurde die Verarbeitung von exotischen Materialien, die in einer Handelsstadt wie Nürnberg zur Verfügung standen, zu einem wichtigen Betätigungsfeld der Goldschmiede. Verwiesen sei hier nur auf den *Turboschneckenpokal* des Friedrich Hillebrand, entstanden um 1595.

Torquetum (Instrument zur astronomischen Winkelmessung), Erasmus Habermehl (?), um 1590 (Kassel, Staatliche Museen, Museum für Astronomie und Technikgeschichte)

ASTRONOMIE

Kaum eine andere Wissenschaft erfuhr während der Renaissance einen ähnlich tief greifenden Wandel wie die Astronomie. Die Veränderung setzte sich jedoch nicht schlagartig durch. Noch bis Mitte des 16. Jh. bezog man sich ausschließlich auf das geozentrische System des Ptolemäus, das durch die Araber tradiert worden und im Mittelalter unangefochten geblieben war. Demnach bewegten sich die Himmelskörper auf Bahnen, die aus einem komplizierten System von Kreisen und Beikreisen bestanden, um die unbewegliche Erde im Zentrum des Universums. Nachdem die Unzulänglichkeit des Systems erkannt worden war, begann die Suche nach besseren mathematischen Modellen und physikalischen Erklärungsmustern. Sie sollten sowohl mit der beobachteten Wirklichkeit als auch mit der vom griechischen Philosophen Aristoteles entwickelten, den Unterricht der Universitäten dominierenden Physik vereinbar sein. Aristoteles nahm an, dass oberhalb der irdischen Luftschicht ewige, unzerstörbare und gleichmäßig angetriebene Schalen als Träger der Planeten fungierten. Zudem führte er zahlreiche Argumente für die Unbeweglichkeit der Erde ins Feld.

Johannes Regiomontanus (1436–1476) versuchte die Astronomie zu erneuern, indem er in humanistischer Manier kritische Ausgaben der grundlegenden Schriften herausgab. Zugleich begann er mit regelmäßigen Himmelsbeobachtungen, die sein

Schüler Bernhard Walther (1430–1504) in Nürnberg fortsetzte. Erst in der zweiten Hälfte des 16. Jh. wurden solche Bemühungen durch höfische Mäzene gefördert. In Kassel richtete Landgraf Wilhelm IV. (1532–1592) – selbst ein versierter Observator – auf zwei Altanen des Schlosses die erste dauerhafte Sternwarte Europas ein. (Ein Altan mit Instrumenten wurde im Museum für Astronomie und Technikgeschichte in Kassel rekonstruiert.) 1576 begann Tycho Brahe (1546–1601) mit der Errichtung eines Observatoriums auf der ihm von König Frederik II. überlassenen dänischen Insel Ven. Später war Brahe für Kaiser Rudolf II. in → **Prag** tätig.

Mit der Verbesserung von alten und der Erfindung von neuen Beobachtungsgeräten erhielt die Astronomie einen entscheidenden Aufschwung. Ein bedeutendes Zentrum des Gerätebaus war Nürnberg. In Kassel gewann Wilhelm IV. mit Jost Bürgi (1552–1632) einen der fähigsten Feinmechaniker der Zeit. Bürgi baute in seinem Auftrag u. a. zwei Observationsuhren, welche die Eintrittszeit und Dauer von Himmelserscheinungen mit bis dahin nicht erreichter Genauigkeit messen konnten.

Von mathematischer und physikalischer Seite wurden auch Planetensysteme diskutiert, die auf andere antike Vorläufer als Ptolemäus Bezug nahmen. Girolamo Fracastoro (1478–1553) griff mit seinem System homozentrischer Planetensphären auf Eudoxos von Knidos zurück. Nikolaus Kopernikus (1473–1543) vertrat – angeregt durch Aristarch von Samos – das heliozentrische System, bei dem die Sonne im Mittelpunkt steht. Das Kopernikanische Modell fand im 16. Jh. als Arbeitshypothese und Rechenhilfe Eingang in den Unterricht vor allem an protestantischen Universitäten, ohne als verbindlich anerkannt zu werden. Beim nach Tycho Brahe benannten Tychonischen System steht die Erde zwar – wie von der aristotelischen Physik gefordert – unbewegt im Zentrum des Universums, die Planeten drehen sich jedoch um die Sonne, die ihrerseits die Erde umkreist. Hierdurch lässt sich das mathematische Modell des Ptolemäus ähnlich wie bei Kopernikus etwas vereinfachen, ohne mit der herrschenden aristotelischen Physik in offensichtlichen Konflikt zu geraten. Mathematisch blieben Kopernikus wie Brahe dem ptolemäischen System verpflichtet. Erst Johannes Kepler (1571–1630), der nach Brahes Tod dessen Nachfolger als kaiserlicher Mathematiker Rudolfs II. wurde, löste sich hiervon durch die Einführung elliptischer Planetenbahnen. Die aristotelischen physikalischen Grundlagen überwand Galileo Galilei (1564–1642) mit der Formulierung des Fallgesetzes. Das von ihm erstmals zu astronomischen Zwecken eingesetzte Fernrohr machte die Entdeckung der Jupitermonde, der Venusphasen und der Sonnenflecken möglich.

Als rein mathematische Hypothese wurde das kopernikanische System von den kirchlichen Instanzen aller Konfessionen immer geduldet; die Zahlenwerte des Kopernikus fanden sogar bei der Gregorianischen Kalenderreform 1582 Verwendung. Erst als Galileis Forschungen die physikalische Gültigkeit des aristotelischen Weltsystems grundlegend infrage stellten, bezog die Römische Kurie Stellung: 1616 wurde Kopernikus' Hauptwerk *De revolutionibus orbium coelestium libri VI* auf den Index der verbotenen Bücher gesetzt, 1633 Galilei durch die Inquisition gezwungen, der kopernikanischen Lehre abzuschwören.

Wie hoch der repräsentative Stellenwert der Astronomie im 15. und 16. Jh. war, zeigen reich dekorierte Sonnenuhren (z. B. das Modell einer Sonnenuhr von Johannes Regiomontanus für Papst Paul II. von 1471 im GNM, Nürnberg) sowie die kunstvollen Planetenuhren und mechanisch angetriebenen Himmelsgloben, die in etlichen europäischen Museen zu finden sind. Von den Zeitgenossen wurde die zwischen 1571 und 1574 gebaute zweite Monumentaluhr im Straßburger Münster als große Sehenswürdigkeit bestaunt; sie trägt eines der frühesten Porträts von Kopernikus. ChrS

Weitere sehenswerte Sammlungsbestände aus dem Bereich der Nürnberger Kunst des späten Mittelalters und der frühen Neuzeit befinden sich in der **Skulpturensammlung** (*Raffael-Tobias-Gruppe* und *Kruzifix* von Veit Stoß), in der Sammlung der **Glasgemälde** sowie in der **Gemäldesammlung** (dort vor allem die Gemälde → **Albrecht Dürers** und der Dürerschule). Die Galerie präsentiert zudem Gemälde von Dürers Zeitgenossen Hans Holbein d. Ä., → **Hans Burgkmair d. Ä.** und → **Lucas Cranach d. Ä.**, der mit insgesamt 21 Tafelbildern besonders zahlreich vertreten ist. Die Spätrenaissance repräsentieren Arbeiten der manieristischen Malerei aus dem Umkreis der Hofkunst Kaiser Rudolfs II., darunter von Künstlern wie → **Hans von Aachen** und → **Joseph Heintz.** Die Schule der deutschen Italianisten ist durch Gemälde von → **Hans Rottenhammer** und Johann König repräsentiert.

Den Grundstock zur großen Sammlung an **astronomischen Geräten** bildet der Nachlass des bedeutenden Astronomen und Mathematikers Regiomontanus. Von epochalem Rang als wissenschafts- und kartografiegeschichtliches Kulturzeugnis ist der sog. Behaim-Globus.

Die **Waffensammlung** gehört zu den bedeutendsten Sammlungen ihrer Art überhaupt; sie bietet einen hervorragenden Überblick über die Entwicklung der Waffentechnik.

Nur wenige Museen der Welt besitzen ähnlich umfassende **Sammlungen von Musikinstrumenten der Renaissance:** Blas-, Streich-, Zupf- und Tasteninstrumente des 16. und frühen 17. Jh. sind in hervorragenden Exponaten vertreten. Dazu gehören auch Posaunen aus den Nürnberger Werkstätten, die mit ihren handwerklich wie tonlich gleichermaßen qualitätvollen Blechblasinstrumenten im 16. und 17. Jh. den europäischen Markt beherrschten. Das Spinett von Dominicus Venetus (Venedig, 1566) zeigt auf der Innenseite des Deckels Apollon mit den musizierenden Musen.

Spinett von Dominicus Venetus, Venedig 1566 (Nürnberg, GNM)

Albrecht-Dürer-Haus

Hier wohnte → **Albrecht Dürer** von 1509 bis zu seinem Tod 1528 mit seiner Frau, seiner Mutter sowie seinen Schülern und Lehrlingen. Seit 1871 vermittelt die Albrecht-Dürer-Stiftung Einblicke in das Alltagsleben der Dürerzeit. Die Wohnräume wurden in den Jahren nach Gründung des Vereins im historistischen Stil des 19. Jh. ausgestattet. In einer nachempfundenen Malerwerkstatt werden die Entstehung eines Gemäldes und verschiedene Drucktechniken gezeigt. Einen Sammlungsschwerpunkt stellen verschiedene Druckgrafiken Dürers und seiner Werkstatt dar. ThE

AUSFLÜGE

Der Konflikt zwischen der Reichsstadt Nürnberg und den vom Kaiser zur Verwaltung eingesetzten hohenzollernschen Burggrafen geht in das späte 13. Jh. zurück, als beide um die Macht in Nürnberg rangen. Während die Hohenzollern als Markgrafen von Brandenburg-Ansbach im 15. und 16. Jh. bedeutende politische Macht in Franken erlangten, konnte Nürnberg seine wirtschaftliche und kulturelle Stellung im süddeutschen Raum ausbauen. Die Plassenburg ob Kulmbach, die Wülzburg bei Weißenburg und die Burg Lichtenau zeugen von den Bestrebungen beider Seiten, ihre politische Stellung durch Festungsbauten zu sichern und auszubauen.

Die Plassenburg ob Kulmbach

(ca. 110 km nördlich von Nürnberg)

Die Plassenburg liegt nordöstlich der Stadt Kulmbach auf einem steilen Felsrücken. Sie kam 1340 in den Besitz der hohenzollernschen Burggrafen von Nürnberg und diente bis 1530 als Residenz und dann zunehmend als Landesfestung des Fürstentums Ansbach.

Von den mittelalterlichen Gebäuden haben sich keine wesentlichen Bauteile erhalten, so dass die heutige Anlage, die aus dem vierflügeligen Hochschloss und dem Niederschloss im Nordosten besteht, maßgeblich auf drei Ausbauphasen zurückgeht: Markgraf Georg von Brandenburg (reg. 1515/27-1543) legte um das mittelalterliche Hochschloss einen Mauerring mit der Kleinen und der Hohen Bastei im Osten. Markgraf Albrecht Alcibiades (reg. 1541-1553/54) ließ spätestens ab Anfang der 1550er Jahre das Niederschloss und einen dritten Befestigungsring mit rondellartigen Bastionen und Türmen errichten. Diese Bautätigkeit fiel in die Jahre, in denen Albrecht zwischen den kaiserlichen und antikaiserlichen Parteien wechselte. Allerdings wurden die Befestigungen, welche die Plassenburg zu einer der stärksten militärischen Bollwerke ihrer Zeit gemacht hätten, kurz vor ihrer Vollendung 1554 in der Markgrafenfehde nach der Kapitulation zerstört.

Markgraf Georg Friedrich von Brandenburg-Ansbach (reg. 1556-1603) übertrug 1562 Caspar Vischer die Bauleitung für den Wiederaufbau. Dieser erweiterte den Burghof des Hochschlosses nach Süden und befestigte die Anlage vor allem im Osten mit Bastionen, Kurtinen (Bastionen verbindende Wälle), Gräben und Riegelmauern. Ab 1572 erfolgte der Ausbau des Niederschlosses, das militärischen Zwecken diente. Auffallend ist der extrem wehrhafte Charakter der Burg, der aus dem äußerst gespannten Verhältnis der protestantischen Markgrafen zu den freien Reichsstädten (z. B. Nürnberg) einerseits und zu den mächtigen katholischen Bistümern (z. B. Bamberg, Würzburg) andererseits resultiert. Die politische Bedeutung, die der Burg damals beigemessen wurde, lässt sich auch an der Beteiligung berühmter Festungsbaumeister ablesen, so waren z. B. 1562 Francesco di Chiaramella und 1568 Johann Pasqualini d. Ä. als Gutachter tätig.

Der Schöne Hof, das unregelmäßige Geviert der Hochburg, ist auf Grund seines reichen plastischen Schmucks eine bedeutende Schöpfung der zweiten Hälfte des 16. Jh. nördlich der Alpen. Am Ost-, West-, und Südflügel (dieser besteht lediglich aus einer Wehrmauer mit vorgesetzten Arkaden) werden die beiden Obergeschosse von zwei übereinander stehenden Arkaden gebildet. Diese sind vollständig mit plastischem Reliefdekor überzo-

Albrecht Dürer, Porträt des Michael Wolgemut, 1516 (Nürnberg, GNM)

ALBRECHT DÜRER (Nürnberg 1471–1528 Nürnberg)

Albrecht Dürer absolvierte zunächst bei seinem Vater eine Goldschmiedelehre. Während einer anschließenden Malerlehre bei dem Nürnberger Michael Wolgemut konnte er ab 1486 erste Erfahrungen im Bereich der Druckgrafik sammeln. Nach der Gesellenzeit am Oberrhein kehrte er 1494 in seine Vaterstadt zurück und entfaltete dort eine äußerst erfolgreiche Tätigkeit als Maler und Grafiker, die ihm schon um 1500 den Ruf eines »neuen Apelles« (K. Celtis u. a.) einbrachte. Abgesehen von Reisen nach Italien (um 1494/95 und von 1505 bis 1507) sowie in die Niederlande (1520/21) wirkte Dürer bis zu seinem Tod 1528 in seinem Haus am Tiergärtnertorplatz.

Sein grafisches Werk gilt bis heute als unübertroffen, sowohl was die technischen Qualitäten betrifft als auch hinsichtlich des motivischen Einfallsreichtums und des oft tiefgründigen thematischen Gehalts. Es umfasst etwa 100 Kupferstiche, etwa 300 Holzschnitte und mehrere 100 Buchillustrationen. Mit Meisterstichen wie *Ritter, Tod und Teufel* (1513) oder der *Melancholie I* (1514) entstanden hintergründige philosophische Sinnbilder in einem Medium, das bis dahin als künstlerisch zweitrangig galt. Kupferstiche wie *Adam und Eva* (1504) zeigten erstmals nördlich der Alpen den idealisierten Menschenkörper in klassisch antiker Proportion und fanden als Vorlagen internationale Anerkennung. Mit den großen Zyklen der *Apokalypse* (1498), des *Marienlebens* (1501/1511) und der drei *Passionen* (1498/1510) legte er in einem seriell produzierenden Massenmedium dramatische Bilderzählungen vor, die in ihrer Wirkung und Verbreitung mit dem Aufkommen des Films zu Beginn des 20. Jh. vergleichbar sind.

Der Maler Dürer war mit der traditionellen Altarmalerei ebenso vertraut wie mit der neuen → **Gattung** des Porträts. Begehrt war er als Porträtist, da er das Charakteristische des Individuums mit feinmalerischem, oft schonungslosem Verismus umzusetzen verstand.

Die mehr als 1.000 Zeichnungen sind als Vorstudien zu Gemälden, aber auch als eigenständige Arbeiten entstanden. In ihnen tritt das Interesse an der Wirklichkeit selbst nichtigster Details zu Tage. Davon zeugen auch die *Betenden Hände,* die 1508 als Detailstudie für den Frankfurter Heller-Altar entstanden sind. In Dürers Aquarellen wird die Natur bildwürdig, wie etwa im berühmten Blatt des *Hasen* (1502) oder des *Großen Rasenstücks* (1503).

Wie viele seiner intellektuellen Zeitgenossen verband Dürer mit der Reformation große Hoffnungen. Im Holzschnitt des *Letzten Abendmahls* (1523) mit in Szene gesetzter Weinkanne bezog er deutlich Position für Luthers Abendmahlslehre. Er kannte viele der Neuerer persönlich, etwa Philipp Melanchthon. Dürer pflegte Umgang mit der geistigen und politischen Elite seiner Zeit, z. B. tauschte er Briefe mit Erasmus von Rotterdam und Johannes Amerbach in Basel, verkehrte mit den Kaisern Maximilian I. und Karl V., lernte König Christian II. von Dänemark und zahlreiche deutsche Fürsten kennen. Besonders innig und für sein Werk fruchtbar war die Freundschaft mit dem Nürnberger Patrizier, Juristen und Humanisten Willibald Pirckheimer. Sie fand ihren Niederschlag im anspruchsvollen humanistischen Gehalt vieler seiner künstlerischen Ideen. Die neun *Venezianischen Briefe* (1506) an Pirckheimer zählen zu den wichtigsten autobiografischen Quellen der deutschen Kunstgeschichte der Renaissance.

Für Kontakte Dürers mit seinen italienischen Zeitgenossen Raffael und Leonardo da Vinci gibt es Hinweise. Als Reflex seiner Italienreisen gelten sein zeitlebens großes Interesse an der Kunsttheorie (insbesondere der Zentralperspektive), seine Maltechnik und nicht zuletzt die neue Erfahrung des künstlerischen Selbstbewusstseins, das ihn in Venedig klagen lässt: »Hie bin ich ein Herr, doheim ein Schmarotzer …«.

Neben den Briefen, Tagebüchern und Gedichten stellen vor allem die wissenschaftlichen Publikationen den Maler als universellen Gelehrten vor: 1525 erscheint als Lehrbuch angewandter Geometrie seine *Unterweisung der Messung,* 1527 seine Befestigungslehre (→ **Festungsbau,** → **Architekturtraktate**). Wenige Monate nach seinem Tod lag schließlich mit den *Vier Büchern von menschlicher Proportion* seine geometrische Analyse des menschlichen Körpers vor.

Dürers Karriere war nicht nur das Ergebnis von großen und erfolgreichen Aufträgen, sondern führte auch zu einem Dürerkult, der ihm als Künstler bereits zu Lebzeiten einen im deutschen Sprachraum bis dahin unbekannten Status verlieh. Mit ihm emanzipierte sich erstmals nördlich der Alpen ein moderner bildender Künstler, der unabhängig von Herkunft und Standeszugehörigkeit allgemeine Popularität und Ansehen genoss.

In Nürnberg zeugen heute sein Wohnhaus (→ **Albrecht-Dürer-Haus**), sein Grab auf dem Johannisfriedhof (Grab Nr. 649) sowie zahlreiche Grafiken und sechs seiner Gemälde im Germanischen Nationalmuseum vom Wirken des Künstlers. Am anschaulichsten ist er wohl mit dem Bildnis des Malers Michael Wolgemut in seiner Vaterstadt vertreten (GNM). Dürer hat dieses Bildnis 1516 ohne Auftrag als Ehrerbietung an seinen Lehrmeister gemalt und anscheinend zeitlebens selbst behalten. Mit schonungsloser Wirklichkeitstreue und doch anteilnehmender Sorgfalt hat der Künstler das Alter des etwa 80-jährigen dargestellt: mit der faltigen, transparenten Haut, dem leeren, glasigen Blick aus geröteten Augen und den verkniffenen Lippen des Greises, wobei eben jener malerisch aufwändige Verismus dem alten Mann zur Ehre gereicht. ThE

links: Die Plassenburg ob Kulmbach, Arkaden im Schönen Hof der Plassenburg

rechts: Weißenburg in Bayern, die Wülzburg von Osten

gen und kontrastieren mit dem massiven und schmucklosen Erdgeschoss und dem Nordflügel. Die jeweils paarweise angeordneten Medaillons in den Brüstungsfeldern zeigen eine großenteils fiktive → **Ahnengalerie**, mit der die Hohenzollern ihre Genealogie auf den römischen Patrizier Colonna zurückführten, um so ihre Macht als Reichsgrafen und Kurfürsten von Brandenburg zu legitimieren.

Obwohl die Plassenburg zu einer äußerst repräsentativen Residenz ausgebaut worden war und im 17. Jh. laut Merians *Topographia Germaniae* zu den »berühmtesten und unüberwindlichsten Vestungen in ganz Teutschland«

zählte, verlegten die Ansbacher aus politischen Erwägungen 1604 ihre Residenz nach Bayreuth, so dass Kulmbach fortan ausschließlich als Landesfestung diente. In diesem Zusammenhang wurde 1607/8 die Hohe Bastei am Niederschloss zu einem der modernsten Festungswerke Deutschlands ausgebaut.

Die Wülzburg bei Weißenburg in Bayern
(ca. 55 km südlich von Nürnberg)
Die zwei Kilometer von Weißenburg entfernte Wülzburg befindet sich auf dem weithin höchsten Berg der Alb. 1537 war dort das im 11. Jh. gegründete Benediktinerkloster aufgehoben worden, woraufhin das Gelände an die Mark-

grafen von Brandenburg-Ansbach fiel. Die ab 1588 unter Markgraf Georg Friedrich (reg. 1556–1603) errichtete Festung wurde als Pendant zur → **Plassenburg ob Kulmbach** zum Schutz des südlichen Herrschaftsgebiets errichtet; ihre Befestigungsbauten gehörten zu den modernsten ihrer Zeit. Zu den Baumeistern zählten u. a. Blasius Berwart d. Ä., Caspar Schwabe, Blasius Berwart d. J.

Im Grundriss zeigt die Festung ein leicht unregelmäßiges Fünfeck, an dessen Ecken kasemattierte Bastionen angeordnet sind, wobei der Grundriss und die Bastionen nach Osten, der Hauptangriffsseite, ausgerichtet sind. Die Grundplanung kam möglicherweise durch den Kontakt zwischen Blasius Berwart d. Ä. und Daniel Specklin zu Stande. Nach dem Tod Berwarts 1589 übernahm Rochus Graf zu Lynar (1525–1596) die weitere Planung, dessen Entwürfe weitgehend in der dann von Caspar Schwabe und Blasius Berwart d. J. errichteten Anlage umgesetzt wurden.

Charakteristisch für die Wülzburg ist die Kombination aus Festung und herrschaftlichem Schloss. Ursprünglich war ein fünfflügeliges zweigeschossiges Schloss innerhalb der Kurtinen geplant. Die beiden gegen die Angriffsseiten im Norden und Osten ausgerichteten Flügel sollten Kasernen enthalten, ein weiterer Flügel die Wirtschaftsräume, während die beiden Flügel an den geschützten Seiten im Westen und Süden für den Hofstaat vorgesehen waren. Stattdessen realisierte man zunächst nur die beiden Wohntrakte mit nun allerdings drei Geschossen. Nach weiteren Planwechseln wurden die Bauarbeiten gegen 1605 eingestellt, da die Markgrafschaft Brandenburg-Ansbach politisch unbedeutend geworden war und ein so großes Schloss nicht mehr benötigt wurde. Nach dem Dreißigjährigen Krieg verlor das Schloss seine Residenzfunktion und wurde nur noch als Kaserne genutzt.

Der zweiflügelige Schlossbau weist in den drei Geschossen Arkaden zum Innenhof auf, die heute in den beiden oberen Geschossen vermauert sind (teilweise im 17. und 19. Jh. verändert). Die von Geschoss zu Geschoss abweichende Rustizierung ist ein bewusstes Spielen mit italienischen Renaissanceformen. Erwähnenswert ist auch das Treppenhaus zwischen den beiden Flügeln, das eine Reiter- bzw. Sänftentreppe aufweist, wie sie nur noch in wenigen Schlössern der Zeit erhalten ist.

Lichtenau

(ca. 55 km südwestlich von Nürnberg)

Die Stadt Nürnberg erwarb 1406 die Herrschaft Lichtenau mit der zugehörigen Burg, die nur neun Kilometer von Ansbach, der damaligen Residenz der hohenzollernschen Burggrafen, entfernt liegt. Obgleich die Burg bereits drei Jahre später an einen Nürnberger Bürger weiterverkauft wurde, konnte der Nürnberger Rat weiterhin seinen Einfluss auf diese strategisch wichtige Anlage geltend machen. Sie wurde zwar von 1449 bis 1453 im Ersten Markgrafenkrieg eingenommen, aber erst Markgraf Albrecht Alcibiades von Brandenburg-Ansbach konnte sie 1552 weitgehend zerstören.

Zwischen 1557 und 1607 wurde die Festung neu errichtet, wobei eine Vielzahl von Planänderungen das Konzept beeinflussten. Der Wiederaufbau erfolgte zunächst nach einem bereits 1538 zur Modernisierung der Befestigung vorgelegten Plan, der dem aus Malta stammenden Festungsbauingenieur Antonio Fazuni (→ **Nürnberg**) zugeschrieben wird. Dieser Entwurf zählt zu den frühesten bastionären Entwürfen im deutschsprachigen

Raum. Beim Baubeginn nahezu 20 Jahre später war die Konzeption veraltet, da zu diesem Zeitpunkt bereits Bastionen mit zurückgezogenen Geschützstellungen und offenen Flankenhöfen wie etwa in → **Jülich** bevorzugt wurden.

Innerhalb der fünfeckigen Festung liegt das Amtshaus (1591-1593), das entgegen der Planung nur einflügelig und nicht vierflügelig ausgeführt wurde und ursprünglich von einem Wassergraben umgeben war. Die Innenseiten der Kurtinen sind auf der Hofseite mit Kasematteneinbauten versehen, denen Soldatenwohnungen aufgesetzt sind. Drei turmartige Gebäude, deren Fassaden mit Rustika gestaltet sind, überragen die Kurtinenmitte der Nord-, West- und Ostseite. Die formale Ausgestaltung dieser Bauteile, die ab den 1590er Jahren aus statischen Gründen ausgeführt wurden, macht deutlich, dass den Bauherren die ästhetische und symbolhaltige Gestaltung wichtiger war als fortifikatorische Belange. Die beiden Ecktürme des Amtshauses entstanden nach dem Vorbild der Türme der Nürnberger Stadttore und des umgebauten Bergfrieds der Nürnberger Burg. Als Symbole der Freien Reichsstadt Nürnberg verwiesen sie darauf, dass die hohenzollernschen Burggrafen aus der Nürnberger Burg vertrieben worden waren und die Stadt seitdem allein dem Kaiser als Garant der städtischen Freiheit unterstand. Lichtenau präsentiert sich heute nach den Restaurierungen in den 1970er und 1980er Jahren nahezu wieder im Zustand des 16. Jh. EU

Festung Lichtenau von Süden

REGENSBURG

An der Donau entstand 179 n. Chr. das Legionslager *Castra Regina* als Keimzelle der heutigen Stadt Regensburg. Bereits im 7. Jh. wurde Regensburg Bischofsresidenz. In den folgenden Jahrhunderten wuchs die Stadt durch den wirtschaftlichen Erfolg ihrer Fernhandelskaufleute zu einer blühenden Metropole heran und erlangte 1245 die Reichsfreiheit. Bis heute lassen sich im Stadtbild die politischen Machtverhältnisse des Mittelalters nachvollziehen, die sich in einer Dreiteilung der Stadt manifestierten: den *pagus regi* mit der Herzogspfalz, den *pagus cleri* mit dem Dom und den umliegenden Klöstern sowie den *pagus mercatorum* mit den großen Handelshäusern. Die beiden erstgenannten Bezirke mit ihren zahlreichen Bewohnern blieben auch nach dem Übertritt des Rats und der Bürgerschaft zum protestantischen Glauben 1541 »päpstisch«.

Ab dem 15. Jh. kam es durch erhebliche Beeinträchtigungen im Fernhandel und durch Konflikte mit den bayerischen Herzögen zu einem wirtschaftlichen Niedergang. Dennoch erlangte die Stadt zunehmend kulturelle und politische Bedeutung. 1541 fanden hier die von Kaiser Karl V. angeregten Religionsgespräche zwischen Philipp Melanchthon und dem päpstlichen Gesandten Johannes Eck statt. Ferner wirkten in der Stadt der Historiker Johannes Turmaier aus Abensberg, gen. Aventinus, Verfasser der ersten bayerischen Geschichte (*Annales ducem boiariae* 1519–1522; dt. Fassung: *Bayerische Chronik* 1522–1533) sowie der Maler → **Albrecht Altdorfer**, der hier ab 1526 als Stadtbaumeister tätig war.

Auf Grund der Bikonfessionalität Regensburgs wurden die Reichstage, die noch in der ersten Hälfte des 16. Jh. bevorzugt nach Augsburg einberufen worden waren, ab 1594 ausschließlich hier abgehalten; seit dem Jahr 1663 verblieb der sog. Immer währende Reichstag bis zu seiner Auflösung 1806 in der Stadt. Eines der herausragenden Ereignisse für die Stadt war die Kaiserkrönung Rudolfs II. 1576.

Neupfarrkirche

Nach der Vertreibung der jüdischen Gemeinde aus Regensburg 1519 ließ der Magistrat an der Stelle der zerstörten Synagoge die hölzerne Kapelle Zur schönen Maria errichten. Im gleichen Jahr beschloss man den Bau einer repräsentativen Wallfahrtskirche; sie wurde 1542 in die erste protestantische Pfarrkirche Regensburgs umgewandelt.

Mit Hans Hieber (um 1470–1522) wurde für den Bau der Kirche ein Baumeister verpflichtet, der sich in → **Augsburg** durch den Bau der dortigen Fuggerkapelle profiliert hatte. Er entwarf einen mächtigen siebeneckigen Einstützenraum mit doppelgeschossigen Konchen, dessen Struktur an italienische Architektur erinnert. An diesen Zentralbau sollte ein fast gleich gewichteter einschiffiger Langchor anschließen. Als Bindeglied zwischen diesen Bau-

Hans Hieber, Modell der Wallfahrtskirche zur Schönen Maria, 1520 (Regensburg, Historisches Museum)

körpern hatte Hieber ein Turmpaar vorgesehen, wie es sein Entwurfsmodell von 1520 zeigt, das im Historischen Museum der Stadt Regensburg aufbewahrt wird (→ **Architekturmodelle**). Dieser groß angelegte Baukörper wurde jedoch auf Grund Geldmangels nicht realisiert. Ausgeführt wurden ab 1521 ein Chor und ein einschiffiges, zweijochiges Langhaus mit Seitenkapellen sowie westliche Türme, die zwischen 1560 und 1594 erhöht wurden. Das Langhaus und die halbkreisförmige Apsis stellen rudimentär den von Hieber geplanten Langchor dar, an den sich der Zentralbau hätte anschließen sollen. Der Bau wurde dann zwischen den Türmen provisorisch geschlossen und im 19. Jh. um einen Anbau im Westen erweitert, so dass eine Doppelchoranlage entstand. Die von Hiebers Steinmetzen gefertigten Kompositkapitelle und Konsolen des Kirchenbaus zeugen von der Kenntnis venezianischer Bauplastik (z. B. am Palazzo Vendramin Calergi und am Palazzo Zorzi a Severo, beide um 1500), die wahrscheinlich durch die regen Handelsbeziehungen Regensburgs mit den oberitalienischen Städten vermittelt worden ist.

Rathaus

Das Rathaus setzt sich aus mehreren, um drei Höfe gruppierten Gebäudegruppen zusammen, deren Errichtung sich vom 14. bis in das 18. Jh. hinzog. Im 16. Jh. bemühte man sich um eine Vereinheitlichung und Modernisierung der damals existenten Baukörper. 1551 wurde im ersten Obergeschoss des Rathausturms das Kurfürstliche Nebenzimmer mit einer aufwändigen Wandvertäfelung aus Eiche und Eschen-

ARCHITEKTURMODELLE

Architekturmodelle sind maßstabgerecht verkleinerte dreidimensionale Wiedergaben eines Bauwerks im Planungsprozess. Seit der Mitte des 14. Jh. in Italien nachweisbar (das erste belegte Modell ist das des Doms von Florenz aus dem Jahr 1367), waren sie das Resultat neuer Entwurfs- und Darstellungsmethoden. Wurden die ersten Modelle noch mit normal großen Backsteinen angefertigt, so ging man auf Grund des hohen Zeitaufwands und der erheblichen Dimensionen schnell zu kleineren Modellen aus Holz über, später auch aus Kork, Gips oder anderen Werkstoffen. Häufig waren sie sogar farbig gefasst.

Es ist bisher nicht geklärt, ob in ägyptischer und etruskischer Zeit sowie während der klassischen Antike Modelle für den Planungs- und Bauprozess genutzt wurden. Die antiken Miniaturarchitekturen von Gebäuden, die bis heute erhalten sind, standen in keinem unmittelbaren Zusammenhang mit der Bauplanung, sondern waren Weihegeschenke oder Grabbeigaben. Sie besaßen, ganz ähnlich wie die architektonischen Modelle mittelalterlicher Stifterdarstellungen, primär eine symbolisch-religiöse Funktion.

Die Architekturmodelle, die zum ersten Mal einen exakten Maßstab mit der dreidimensionalen Realität verbanden, konnten als Repräsentations-, Planungs-, Detail-, Präsentations- und Status-quo-Modell genutzt werden. Sie dienten Architekten bei der Akquisition von Aufträgen und in Wettbewerben zur Veranschaulichung der Entwürfe und wurden häufig Vertragsbestandteil, da sie den Auftraggebern eine Kontrollmöglichkeit boten. Im Laufe der Zeit spielten solche Modelle neben den Bauplänen eine immer wichtigere Rolle, gestatteten sie doch, dass außer dem entwerfenden Architekten auch andere Personen die Bauleitung übernehmen konnten.

Die frühesten Beispiele für die Verwendung von Architekturmodellen nördlich der Alpen sind die heute noch erhaltenen Entwurfsmodelle von 1503 und 1519 für den Umbau des Perlachturms sowie von 1515 für den Bau des Luginsland-Turms der Stadtbefestigung in Augsburg.

Viele Modelle wurde nach der Erfüllung ihrer Aufgabe vernichtet, da sie ihre Funktion verloren hatten. ASR

holz ausgestattet. Der Stadtschreiner Wolf Wasserkreuter schuf hier eine Intarsienarbeit, die einen zweigeschossigen Wandaufriss mit der Superposition ionischer und toskanischer Pilaster zeigt. 1564 erhielt der spätmittelalterliche Reichssaaltrakt mit seinen zwei übereinander liegenden Vorhallen einen weiteren repräsentativen Vorraum. Gleichzeitig entstand im Reichssaal die an Altdorfers Spätwerk angelehnte illusionistische Architekturmalerei.

1573/74 wurden verschiedenen Gebäudeteile durch → **Fassadenmalereien** mit Szenen aus der Antike und der Mythologie von Johann Melchior Bocksberger (1525/35–1589) in additiver Weise dekoriert. Ein durchgehendes Bildprogramm, von dem nur die großformatigen farbigen Entwurfszeichnungen erhalten sind (Historisches Museum, Regensburg), ist nicht ersichtlich.

Abgesehen von diesem Bauprojekt blieben der Stadt kaum finanzielle Mittel für weitere Repräsentationsbauten. Der seit 1526 amtierende Stadtbaumeister Albrecht Altdorfer, der in der Malerei fantastische Renaissancearchi-

Regensburg, Reichssaal im Rathaus, Portalumrahmung des Westeingangs, 1564

tekturen erfand, konnte für die Stadt nur einige schlichte Zweckbauten wie das Weinstadel (Keplerstraße 14) und das Fleischhaus (nicht erhalten) errichten sowie den Umbau der Stadtbefestigung leiten.

Weitere Bauten

Viele private und kirchliche Wohn- und Handelshäuser wurden zu repräsentativen Herbergen umgestaltet, die den auswärtigen Gästen wie auch dem Kaiser während der Reichstage als Quartier dienten. Von diesen Umbaumaßnahmen - oftmals in italienischen Renaissanceformen ausgeführt - zeugen heute vor allem die aufwändigen Innenhöfe mit vorgestellten, oft mehrgeschossigen Loggien. Dazu kommen häufig weite Hallen im Erdgeschoss (z. B. Landolthaus, Obere Bachgasse 16) und Festsäle in den Obergeschossen (z. B. Ingolstätterhaus, Gesandtenstraße 5) sowie vorspringende Erker an den Fassaden (z. B. Goldenes Kreuz, Haidplatz 7). Einige Fassaden wurden auch durch Wandmalereien aufgewertet, so z. B. das mittelalterliche sog. Goliathhaus in der Goliathstraße 4, vermutlich von Johann Melchior Bocksberger, mit dem in jüngerer Zeit stark veränderten Bild des Zweikampfs von David und Goliath.

Der **Bischofshof** - die im Norden des Doms direkt anschließende ehemalige Residenz der Bischöfe - diente als Unterkunft des Kaisers (Krauterermarkt 3). An der Nordseite des Innenhofs wurden in den 1520er Jahren dreigeschossige Renaissancearkaden errichtet. Als Auftraggeber ist Bistumsadministrator Johann II., Pfalzgraf bei Rhein, zu nennen, ein den Künsten gegenüber aufgeschlossener Fürst, der um 1530 auch im südwestlichen Teil der Anlage umfangreiche bauliche Änderungen ausführen ließ. Dazu gehörte ebenfalls der Einbau einer Badestube, für die Albrecht Altdorfer Wandmalereien mit Badeszenen schuf. Die 1887 geborgenen Reste dieser Malereien sind heute im Historischen Museum der Stadt zu sehen.

Das vierflügelige **Thon-Dittmer-Palais** (Haidplatz 8) ist nach dem Bankier und Handelsherrn Georg Friedrich von Dittmer, der die Gebäudegruppe 1780 erwarb und umbauen ließ, sowie nach seinem Schwiegersohn Carl Christian von Thon-Dittmer benannt. Im 16. Jh. war ein Teil des Komplexes im Besitz

ALBRECHT ALTDORFER

(vermutlich Regensburg 1480/85–1538 Regensburg)

Als »Maler von Amberg« erhielt Albrecht Altdorfer 1505 das Regensburger Bürgerrecht. Hier stieg er bald zum hoch geachteten Ratsmitglied auf, wurde 1526 Stadtbaumeister und 1528 sogar zum Kämmerer gewählt. Dieses Amt lehnte er jedoch ab, um die Arbeit an seinem berühmtesten Gemälde, dem vom bayerischen Herzog Wilhelm IV. (reg. 1508–1550) in Auftrag gegebenen Bild *Alexanderschlacht,* nicht zu gefährden (München, Alte Pinakothek).

Immer wieder spricht aus dem Werk des Künstlers die Kenntnis italienischer Meister. Die *scala della loggia* des Castello del Buonconsiglio in Trient, die Altdorfer in den Wandmalereien des sog. Kaiserbads im Bischofshof in Regensburg (Fragmente im Historischen Museum, Regensburg) abbildete, lässt vermuten, dass er selbst in Italien war; er könnte sich die Kenntnis der italienischen Kunst und der einzelnen Motive jedoch auch mittels Druckgrafiken angeeignet haben. In seinem umfangreichen Nachlass werden u. a. »zwei truhen mit truckter Kunst« genannt. Unter diesen Drucken haben sich zu Lebzeiten wahrscheinlich auch Werke Donato Bramantes befunden. So zeigt Altdorfer im Hintergrund seines 1526 entstandenen Gemäldes *Susanna im Bade* (München, Alte Pinakothek) eine stattliche Palastanlage. Ihre italianisierende mehrgeschossige Loggienarchitektur mit durchgängiger Halle im Erdgeschoss, zwei Arkadengeschossen und kuppelartigen Bekrönungen auf den Türmen sind u. a. auf einen Bramantestich von 1495 zurückzuführen.

Altdorfer hinterließ neben 55 Gemälden und den genannten Wandmalereien ein umfangreiches grafisches Werk. Insgesamt sind von ihm 240 Holzschnitte erhalten, darunter die Holzschnittfolge *Sündenfall und Erlösung des Menschengeschlechtes* (1513, Berlin, SMPK, Kupferstichkabinett; Regensburg, Historisches Museum). Neben Kupferstichen und Radierungen werden ihm nahezu 120 Zeichnungen zugeschrieben sowie 23 Miniaturen aus dem *Triumphzug Maximilians I.* (1513–1518, Regensburg, Historisches Museum; Nürnberg, GNM) und Randzeichnungen für das Gebetbuch Kaiser Maximilians I. (1515, München, Bayerische Staatsbibliothek; Besançon, Bibliothèque Municipale).

Mit Recht kann Altdorfer als einer der unkonventionellsten Maler seiner Zeit betrachtet werden: Nicht nur die Dramatik seiner detailreichen, expressiven Bilder mit ihren leuchtenden Farben und klaren Konturen ist einzigartig, sondern auch zahlreiche künstlerische wie thematische Innovationen gehen auf ihn zurück. Mit der *Satyrfamilie* (1507, Berlin, SMPK, Gemäldegalerie) schuf er die erste mythologische Darstellung, mit der *Geburt Christi* (1507, Bremen, Kunsthalle) eines der frühesten Nachtstücke. In dem Gemälde *Drachenkampf des hl. Georg* (1510, München, Alte Pinakothek) zeigte Altdorfer sein Können als Landschaftsmaler. Die 1527/28 entstandene *Landschaft mit Burg* (München, Alte Pinakothek) gilt als das erste reine Landschaftsgemälde der Kunstgeschichte (→ **Gattungen**). MS

Albrecht Altdorfer, Susanna im Bade und die Steinigung der Alten, 1526 (München, Alte Pinakothek)

Regensburg, Thon-Dittmer-Palais, Hofarkaden

der Familie Schwäbel, deren Mitglieder dem Inneren Rat der Stadt angehörten und zeitweilig den Bürgermeister und die Stadtkämmerer stellten. 1532 logierte hier während des Reichstags König Ferdinand. Mitte des 16. Jh. erhielt der weite Innenhof an seiner Westseite dreigeschossige Hofarkaden mit toskanischen Säulen, Rosenmedaillons in den Zwickelfeldern und massive Balustergeländer. Im 20. Jh. wurde auch die gesamte Nordseite mit fälschlich rekonstruierten Arkaden versehen.

In der **Neuen Waag** (Haidplatz 1), einer Vierflügelanlage mit Turm, waren seit 1441 Stadtwaage und Trinkstube des Rats untergebracht. Zehn Jahre später fanden hier die Religionsgespräche zwischen Philipp Melanchthon und Johannes Eck statt. Der Innenhof, dessen Fassaden ursprünglich von Johann Melchior Bocksberger bemalt waren, wurde in den 1570er Jahren auf zwei Seiten mit mehrgeschossigen Arkaden ausgestattet. In beiden Obergeschossen bestehen die Brüstungen aus sog. Regensburger Wecken. Diese stadttypischen linsenförmigen Backsteine sind hier zu einer Folge von Vierpässen aneinander gesetzt.

Museen

Im **Historischen Museum** der Stadt (ehemaliges Minoritenkloster) sind neben dem o. g. Kirchenmodell Hiebers und den erwähnten Entwurfszeichnungen für die Rathausfassade von Bocksberger auch die sog. Kaiserbadfragmente sowie einige Gemälde und Grafiken Altdorfers zu sehen. Ferner befindet sich hier der Reformationsaltar (1554/55) Michael Ostendorfers aus der Neupfarrkirche. Im Obergaden der angeschlossenen gotischen Minoritenkirche ist ein Apostelzyklus erhalten, der auf Stichvorlagen von Israhel van Mechenem nach Martin Schongauer zurückzuführen ist.

Das **Diözesanmuseum** ist in der ehemaligen Dompfarrkirche St. Ulrich untergebracht. Der Mittelraum der frühgotischen Kirche aus der ersten Hälfte des 13. Jh. wurde 1571 teilweise mit Renaissancemalereien geschmückt: an der Ostwand die Grablege und Auferstehung Christi, an der Westseite das Jüngste Gericht, im Obergaden ein sog. Credozyklus aus Aposteln mit Schriftbändern. In der Sammlung befinden sich zahlreiche sakrale Kunstgegenstände auch des 16. Jh. (u. a. Altdorfers *Schöne Maria*). MS

SCHLESWIG

Die Stadt Schleswig liegt am Nordufer im inneren Winkel der Schlei, einer schmalen fjordartigen Ostseebucht. Sie entstand Mitte des 11. Jh. als Nachfolgerin der benachbarten, zerstörten Wikingersiedlung Haithabu, die zu den wichtigsten Handelsplätzen in Nordeuropa zählte und seit dem 10. Jh. Bischofssitz war. Schleswig erhielt Ende des 12. Jh. Stadtrechte und wurde zu einer der wichtigsten Städte des deutsch-dänischen Grenzraums.

Das Herzogtum Schleswig und die Grafschaft Holstein, seit 1386 in Personalunion vereinigt, fielen 1459 an den dänischen König Christian I. Seitdem bestand auch eine Personalunion mit Dänemark, wobei die volle Selbstständigkeit von Schleswig und Holstein gewahrt blieb. 1544 wurde im Zuge einer Landesteilung das Herzogtum Schleswig-Holstein gegründet, das bis 1713 existierte.

Schloss Gottorf

Als Herzog Friedrich I. (reg. 1490–1533) die Regentschaft in Schleswig und Holstein übernahm, war Gottorf eine mittelalterliche Burganlage. Die im Laufe der Jahrhunderte errichteten Gebäude umschlossen einen gestreckten viereckigen unregelmäßigen Innenhof. Nach einem Brand wurde 1492 mit dem Ausbau der Burg zu einem befestigten Residenzschloss begonnen. Erhalten geblieben ist aus dieser Zeit die spätgotische sog. Königshalle im heutigen Südflügel des Schlosses.

1530 wurde unter Friedrich mit dem Bau des Westflügels, dem Neuen Haus, begonnen. Es handelt sich um einen im Kern rechteckigen Baukörper, der mit seiner regelmäßigen, nahezu symmetrischen Raumaufteilung neue Maßstäbe setzte. Der ursprünglich nur dreigeschossige Flügel bestand ehemals aus vier nebeneinander gestellten Häusern. Die beiden die Hoffassade aufnehmenden Häuser waren mit zwei parallelen Satteldächern und hofseitigen Schmuckgiebeln ausgestattet. Die Hoffassade, durch einen Treppenturm zum Nordflügel hin abgeschlossen, wird in der Mittelachse durch einen vorspringenden fünfseitigen, ehemals mit Kaminen beheizbaren Standerker, der sog. Laterne, dominiert (Zerstörung 1871 durch Pulverexplosion, zwischen 1978 und 1985 rekonstruiert). Dieser Erker, der die Symmetrieachse des Flügels bildet, hat zudem eine distributive Funktion, da sich von ihm ausgehend nach beiden Seiten identische Raumfolgen entwickeln.

Die beiden oberen Geschosse der ursprünglich farbig gefassten Hoffassade sind durch eine regelmäßige Bänderung von weißen Kalksteinlagen (Specklagen) und gelbem, ehemals leicht grau überputztem Backsteinmauerwerk als herrschaftlicher Wohnbereich gekennzeichnet. Darüber hinaus weist die Fassade ein kompliziertes, nicht vollständig entschlüsseltes Bildprogramm auf, das als Spiegel die guten Eigenschaften eines Herrschers vorführt. Die

Schleswig, Schloss Gottorf, Hoffassade des Westflügels

Reliefs mit Passionsdarstellungen, mythologischen Szenen, Tugenden und Herrscherporträts im oberen Geschoss sind nach Stichvorlagen von → **Georg Pencz**, → **Heinrich Aldegrever** und vermutlich → **Barthel Beham** entstanden.

Herzog Christian III. setzte die von seinem Vater begonnen Arbeiten fort. Dessen Nachfolger Herzog Adolf I. (reg. 1544–1586) baute die Gottorfer Residenz ab 1544 zu einer geschlossenen Vierflügelanlage aus. Um die neu entstandenen Ansiedlungen östlich und südlich des Schlossbezirks zu verbinden, ließ er 1582 an der Schlei einen Damm aufschütten, so dass der Burgsee entstand, auf dessen Insel Schloss Gottorf noch heute liegt. Ihm ist außerdem die Anlage eines ersten Schlossgartens (nach 1550) und der Umbau des mittelalterlichen Ostflügels nach einem Brand 1564/65 zu verdanken. Deren neu errichtete Hoffassade nahm im Erdgeschoss große, offene Arkadenstellungen, in den oberen Geschossen hölzerne Galerien auf.

Der Nordflügel, ebenfalls unter Herzog Adolf begonnen, wurde im Wesentlichen erst während der Regierungszeit von Herzog Johann Adolf (reg. 1590–1616) fertig gestellt. Er zählt auf Grund seiner Innenausstattung mit

Schleswig, Schloss Gottorf, Kapelle mit Blick auf den Betstuhl

zu den eindrucksvollsten Beispielen landesherrlicher Architektur Schleswig-Holsteins in der Zeit um 1600. Neben zahlreichen Repräsentationsräumen beherbergte er auch die Schlosskapelle. Deren zwei Geschosse hoher Saal wurde zwischen 1590 und 1592 mit einer umlaufenden Empore nach dem Vorbild der dänischen Schlosskapelle Sonderburg (1568–1570) ausgestattet. Ein 28 Bilder umfassender Gemäldezyklus an der Emporenbrüstung zeigt das Leben Jesu. Dabei hat sich der Maler Marten van Achten an Stichvorlagen der Niederländer → **Hendrick Goltzius** und der Brüder Aegidius und Johann Sadeler orientiert. Aus der durch einen Brand zerstörten Schlosskapelle im Ostflügel, wurde die Orgel übernommen, deren Gehäuse der Niederländer Johann von Groningen 1567 gefertigt hatte.

Oberhalb des Altars, an die Empore angeschlossen, ließ Johann Adolf in den Jahren von 1609 bis 1613 den sog. herzoglichen Betstuhl einbauen, einen Raum, von dem aus der Herzog ungesehen der Messe beiwohnen konnte. Diese Betstube zeichnet sich durch eine aufwändig gestaltete, repräsentative Schaufassade zum Kirchenraum hin aus. Der Raum selbst ist vollständig mit floralen und ornamentalen Intarsien aus verschiedenen Edel-

Schleswig, Schloss Gottorf, Hirschsaal

hölzern ausgekleidet. Außer dem ovalen Intarsienbild in der kassettierten Decke, das die Auferstehung Christi zeigt, werden keine christlichen Motive abgebildet. Die Betstube, die vermutlich von dem Hoftischler Andres Salgen geschaffen und nach dessen Tod 1612 von Jürgen Gower zu Ende geführt wurde, stellt ein frühabsolutistisches Denkmal dar und zeigt die Herrschaftsverhältnisse unter Johann Adolf auf: Da die Betstube über dem Altar angeordnet ist, drängt sie diesen in seiner Bedeutung zurück und rückt den Fürsten in den Mittelpunkt des Gottesdienstes. Darüber hinaus drückt sie den Anspruch des Fürsten nach einer christlichen Legitimation seiner Macht aus.

Östlich der Schlosskapelle liegt der sog. Hirschsaal, ein Festsaal, der gegen 1595 ausgestattet wurde. Die Wände zeigen oberhalb von gemalten Draperien große Lünetten mit Landschaftsmalerei, in die lebensgroße Hirschkühe als stuckierte Hochreliefs gesetzt sind. Diese plastischen Darstellungen zeugen von der Jagd als bevorzugter Beschäftigung der herrschaftlichen Gesellschaft. Die Gewölbe sind in Schwarzweißmalerei mit grotesken Ornamenten geschmückt, die ovale Felder mit Folter- und Tötungsszenen umrahmen. Die dort dargestellten antiken römischen Helden werden dem Betrachter als moralische Vorbilder vor Augen geführt. Als Vorlagen dienten Holzschnitte von Jost Amman aus einer 1589 erschienenen Übersetzung der römischen Geschichte des Titus Livius, von der ein Exemplar in der Gottorfer Bibliothek aufbewahrt wurde. Ursprünglich sind die Arbeiten vermutlich von der wandernden Stuckateur- und Malerfamilie Parr ausgeführt worden, die ähnliche Ausstattungen im → **Güstrower Schloss** (Hirschfries, 1570er Jahre) und heute im nicht mehr vorhandenen Schloss Tondern (einzelne Hirsche, 1582–1585) schuf. Es gibt eine lange Tradition der Hirschsäle, die sich über mittelalterliche Beispiele bis zu orientalischen und normannischen Fürstenhöfen zurückverfolgen lässt. Wichtige Vorbilder finden sich in Frankreich (z. B. in der *galérie des cerfs* im Schloss von Blois, vor 1517, nicht mehr erhalten; im Schloss Gaillon, um 1508 und im Schloss von Fontainebleau, Mitte des 16. Jh.) und in Dänemark (z. B. der Rotwildfries im Schloss von Hesselagergård, Mitte 16. Jh.). Der Gottorfer Hirschsaal ist heute ein Ergebnis umfassender Restaurierungen in den Jahren zwischen 1929 und 1931; nur der Kaminhirsch ist noch original, die übrigen Teile sind der historischen Ausstattung nachempfunden.

Ausstattungsstücke im Dom

Der im Kern überwiegend aus dem 12. und 13. Jh. stammende Dom war bis zur Säkularisation des Bistums 1658/60 Kirche des Schleswiger Bischofs und hatte zugleich Pfarrfunktion. Nach der Säkularisation ging das Patronat an den Landesherrn über, der die Kirche als Grablege und Repräsentationsraum für die Gottorfer Herzöge bestimmte.

Für Friedrich I. – seit 1523 auch König von Dänemark – wurde als bedeutenden Ahnherrn der Gottorfer Herzöge 1555 ein Freigrabmal errichtet, das dem Antwerpener Bildhauer Cornelis Floris (1514–1575) zugeschrieben wird. Ursprünglich im Mittelschiff des Chors aufgestellt, befindet es sich seit 1901 im nördlichen Nebenchor. Auf einem Podest steht auf zwei Stützen ein Sarkophag, auf dessen ausladender Deckplatte, die zusätzlich von sechs, christliche Tugenden verkörpernde Karyatiden getragen wird, die Liegefigur König Friedrichs ruht. Sie wird von zwei weiblichen Figuren begleitet, die eine Inschriftentafel und das Wappenschild halten. Es handelt sich bei diesem Grabmal, in dem antikes Formengut mit christlichen Inhalten verbunden wird, um eines der bedeutendsten Freigrabmale des 16. Jh. 1830 wurde das Eisengitter, das zuvor als Einfriedung des Grabmals gedient hatte, in den Lettner integriert.

Der Einfluss des Cornelis Floris und damit der niederländischen Renaissancekunst wird in vielen weiteren Ausstattungsstücken deutlich, so etwa in den Epitaphen des Bürgermeisters Münden (1589) und des Kanzleisekretärs Dove (1605). Ein Schüler des Cornelis Floris schuf um 1580 ein großes Wandgrabmal für Bischof Friedrich (gest. 1556) im Hochchor. EU

SCHMALKALDEN

Die Stadt Schmalkalden verdankt ihren Aufstieg im Hochmittelalter der Eisenverarbeitung. Seit 1360 teilten sich die Landgrafen von Hessen und die Grafen von Henneberg die Herrschaft über die Stadt und das umliegende Territorium. Wahrscheinlich auf Grund der günstigen Lage zwischen Hessen und Sachsen, den beiden damaligen Hauptmächten des deutschen Protestantismus, wurde die Stadt 1531 Schauplatz für die Gründungsversammlung des → **Schmalkaldischen Bundes**, eines Zusammenschlusses protestantischer Fürsten und Städte zur Verteidigung ihres Glaubensbekenntnisses. Die Mitglieder dieses lutherischen Schutzbündnisses gegen den katholischen Kaiser Karl V. tagten noch mehrfach in Schmalkalden, bis der Bund in Folge des verlorenen Schmalkaldischen Kriegs 1547 aufgelöst wurde.

1537 fand hier die bedeutendste Zusammenkunft der Bündnispartner statt, als zwischen dem 7. Februar und dem 6. März in Anwesenheit der Hauptvertreter und zahlreicher Theologen über eine deutlichere Abgrenzung der reformatorischen Kräfte von der katholischen Kirche entschieden wurde. Man einigte sich auf Grundsätze der evangelisch-protestantischen Konfession, die von Martin Luther in der später als *Schmalkaldische Artikel* bezeichneten Bekenntnisschrift zusammengefasst wurden. Im Gedenken an diese für die europäische Geschichte so bedeutsamen Geschehnisse zeigte man bis 1608 in der Stadtkirche die in Wachs gefertigten Porträts der Reformatoren Luther, Melanchthon und Hus. Einige der damaligen Schauplätze sind heute noch zu besichtigen: die (mit Ausnahme der späteren Westtürme) zwischen 1437 und 1509 in einem schmuckfreudigen spätgotischen Stil errichtete Stadtkirche St. Georg, in der Luther und andere bedeutende Theologen anlässlich der Zusammenkunft 1537 täglich predigten; das ebenfalls aus dem 15. Jh. stammende Rathaus, in dem die Bündnispartner tagten; sowie das um 1520 errichtete Giebelhaus des hessischen Rentmeisters Balthasar Wilhelm, bei dem Luther 1537 wohnte (Lutherplatz 7).

Wohnbauten

Der Niedergang der wohlhabenden Stadt nach dem Dreißigjährigen Krieg bedingte einen Rückgang der Bautätigkeit, so dass die bestehende Bausubstanz im Wesentlichen erhalten wurde und die Stadtstruktur des 16. Jh. heute noch zu erkennen ist. Die Fachwerkhäuser des 16. Jh. waren nicht so reich geschmückt wie z. B. jene in Braunschweig, Hildesheim oder Quedlinburg. Neben kleinen Fachwerkhäusern gab es weitläufige hofartige Anwesen, so dass die vorindustriellen Städte des 16. Jh. im Allgemeinen noch nicht den Verdichtungsgrad erreichten, der im 19. Jh. als Ursache sozialer und hygienischer Missstände zu Tage trat. Die Höfe stammten in der Regel aus dem späten

Schmalkalden, Stadtseitige Fassade von Schloss Wilhelmsburg

Mittelalter, wurden im 16. Jh. umgebaut, häufig um steinerne Gebäude ergänzt und oftmals von alteingesessenen Adelsfamilien bewohnt. Eindrucksvoll ist das sog. Stengelsche Haus, ein repräsentatives Anwesen, das 1580 als Sitz des hessischen Rentmeisters Heinrich Zöllner an der Stelle des 1543 in der Reformation aufgehobenen Augustinerklosters entstanden ist. Die Landgrafen von Hessen, Teilbesitzer der Landesherrschaft, unterhielten einen ähnlichen Hof. Sein auf romanischem Unterbau gründendes Fachwerkgebäude am Neumarkt wurde in den 1550er Jahren zum Witwensitz für Elisabeth von Sachsen-Rochlitz umgebaut. Um 1580 ließ Landgraf Wilhelm IV. auf der gegenüberliegenden Marktseite ein großes Fachwerkgiebelhaus erbauen. Beispiel für eine steinerne Kemenate ist die Rosenapotheke, in der 1540 Philipp Melanchthon wohnte; ihre Fassade erhielt sie 1545.

Schloss Wilhelmsburg

Oberhalb der Stadt erhoben sich seit dem Mittelalter eine Burg und eine Stiftskirche, die beide im späten 16. Jh. durch einen Schlossbau ersetzt wurden. Der Neubau, der nach ihrem Erbauer Wilhelmsburg genannt wurde, war die Antwort auf eine historische Begebenheit: 1583 war das Territorium Schmalkalden durch Erbfall vollständig in die Hände der hessischen Landgrafen gelangt. Bereits zwei Jahre später begann Landgraf Wilhelm IV. (reg. 1567–1592) mit dem Bau einer regelmäßigen Vierflügelanlage.

DER SCHMALKALDISCHE BUND (1531–1547)

Auf dem Reichstag zu Augsburg 1530 legten die protestantischen Reichsstände (so genannt seit ihrem Protest auf dem Reichstag zu Speyer 1529) die von Philipp Melanchthon verfasste *Confessio Augustana* als ihr Glaubensbekenntnis vor. Da es wegen der starren Haltung der anderen Seite zu keiner Annäherung kam, formierten sie sich am 23. Februar 1531 unter Führung Landgraf Philipps I. von Hessen und Kurfürst Johann Friedrichs I. von Sachsen zu einer Verteidigungsgemeinschaft gegen Kaiser Karl V., dem Schmalkaldischen Bund.

Erster Erfolg des Bündnisses war der sog. Nürnberger Anstand von 1532, in dem Karl den protestantischen Reichsständen vorläufig die freie Religionsausübung zugestehen musste, weil er ihre Hilfe gegen die auf Wien vorrückenden Türken benötigte. In den folgenden Jahren kam es u. a. in Hagenau, Worms und Regensburg zu verschiedenen Religionsgesprächen, ohne dass jedoch eine Einigung zwischen den Konfessionen erzielt wurde. Angesichts der erneuten Türkengefahr drängte der Kaiser auf dem Regensburger Reichstag 1541 zu einem friedlichen Ausgleich im Glaubensstreit und verlängerte den Nürnberger Religionsfrieden bis zur endgültigen Entscheidung durch ein allgemeines Konzil, das schließlich 1545 in Trient zusammentrat.

Die Protestanten blieben dem Konzil fern, weil es vorrangig der Abgrenzung gegen die neuen Lehren

Weitab von der Hauptresidenz in Kassel gelegen, sollte das neue Schloss die Inbesitznahme des neu erworbenen Territoriums demonstrieren und zugleich an die reformationsgeschichtliche Bedeutung des Orts erinnern. Die Wilhelmsburg war zusätzlich zu ihrer Funktion als Nebenresidenz auch als politisch-persönliches Monument gedacht, wie dies z. B. auch für die Neubauten des → **Dresdener Schlosses** (1548) oder der → **Augustusburg** bei Chemnitz (1568) galt. Der regelmäßige Vierflügelgrundriss des neuen Schlosses als besonders »strenge« Architekturform ist deshalb hier nicht nur Stilmerkmal der entwickelten Renaissancekunst, sondern ein der Bauaufgabe bewusst angepasster Typ.

Landgraf Wilhelm IV. war nicht nur ein an den Naturwissenschaften und den bildenden Künsten außerordentlich interessierter Regent, sondern auch ein Kenner der zeitgenössischen Architekturtheorie und Baupraxis. So soll das Grundrisskonzept der Wilhelmsburg auf ihn selbst zurückgehen. Mit der Realisierung des Projekts waren verschiedene Kasseler Hofkünstler betraut: für die Bauausführung der landgräfliche Hoftischler und Architekt Christoph Müller, für die Bauplastik der Schlosskapelle der Hofbildhauer Wilhelm Vernucken (vgl. die von ihm ausgeführte Rathauslaube in → **Köln**), für die Ausmalung der meisten Wohnräume der Hofmaler Georg Cornet und für die Ausmalung des Hauptsaals Jost vom Hoff. Die Kasseler Künstler vertraten eine der niederländischen Renaissance verpflichtete Kunst, wie sie z. B. auch die Architektur der sog. Weserrenaissance geprägt hat, deren Einfluss hier auf Grund dynastischer Verflechtungen bis an die Grenze Thüringens reichte.

Bereits der Sohn Wilhelms IV., Landgraf Moritz der Gelehrte (reg. 1592–1627), ließ eindienen und sich erst in zweiter Linie mit innerkirchlichen Reformfragen befassen sollte. Als im selben Jahr ein Waffenstillstand mit dem türkischen Sultan abgeschlossen wurde, erschien dem Kaiser der Zeitpunkt günstig für die diplomatische und militärische Zerschlagung des protestantischen Bündnisses. Karl führte den Krieg, den er formell nicht als Religionskrieg, sondern als Vollstreckung einer Reichsacht verstand, gegen Landgraf Philipp von Hessen und Kurfürst Johann Friedrich von Sachsen, Schwiegervater Philipps und Vetter Moritz' von Sachsen, der 1546 offen ins kaiserliche Lager wechselte, um die sächsische Kurwürde zu erwerben. Johann Friedrich wurde am 24. April 1547 in der Schlacht bei Mühlberg/Elbe vernichtend geschlagen und gefangen genommen, ebenso erging es Philipp am 19. Juni 1547 in Halle.

Damit war zwar der Bund zerschlagen, nicht jedoch die Opposition der protestantischen Fürsten, die sich 1552 in einem überkonfessionellen Bündnis mit Moritz von Sachsen und dem französischen König gegen den Kaiser zusammenschlossen. Als das Reich erneut von den Türken bedroht wurde, musste Karl im Passauer Vertrag von 1552 in einen dauernden Religionsfrieden zwischen den beiden Konfessionen einwilligen, der 1555 auf dem Reichstag zu Augsburg schließlich reichsrechtlich geregelt wurde.

RS

zelne Räume umgestalten und die Außenanlagen erweitern. Für höfische Zwecke wurde die Wilhelmsburg in den Jahren von 1677 bis 1683 verwendet und für ihre Funktion als Sitz der Landgrafenwitwe Hedwig Sophie nochmals umgebaut. Das heutige Erscheinungsbild des Schlosses ist durch drei formal eng aufeinander bezogene Hauptbauphasen (unter Wilhelm, Moritz und als Witwensitz) sowie die Reduktion der Dachlandschaft in den Jahren 1820/23 geprägt.

Das vierflügelige Kernschloss erhebt sich mit zwei Vollgeschossen allseits frei stehend auf einer unregelmäßig ummauerten Terrasse. Nach Abnahme der originalen Zwerchhäuser über den Gebäudeecken und einer Vereinfachung der Rollwerkgiebel der verbliebenen Mittelzwerchhäuser präsentiert sich der Außenbau heute blockhaft und schlichter als ehemals.

Im Innern des Schlosses sind die Räume in ein rechtwinkliges Raster eingespannt, das alle Geschossgrundrisse bestimmt.

Außergewöhnlich ist die gute Erhaltung des Schlosses: Nur an wenigen anderen bedeutenden deutschen Schlossbauten der Renaissance (z. B. in → **Landshut** oder → **Neuburg a. d. Donau**) ist eine solche Fülle aus der Erbauungszeit stammender Details im Innern erhalten, vor allem die Innenraumstruktur, die in vielen anderen Bauten heute verloren ist. Anhand der Raumaufteilung der Wilhelmsburg lassen sich die Erfordernisse einer fürstlichen Hofhaltung in der zweiten Hälfte des 16. Jh. nachvollziehen. Im Erdgeschoss ist nicht nur die geräumige Hofstube erhalten, sondern auch die sog. Herrenküche, deren Bezeichnung daran erinnert, dass im Laufe des 16. Jh. die höfische Kochkultur dem Rang der Hofangehörigen entsprechend immer weiter differenziert und verfei-

Schmalkalden, Schloss Wilhelmsburg, Riesensaal mit dem Bildnis Landgraf Wilhelms IV.

nert wurde. In den beiden Vollgeschossen befinden sich mehrere herrschaftliche Wohnungen. Dazu kamen Verbindungsräume an den Treppentürmen und saalartige Räume, wie die landgräfliche Tafelstube im Nordflügel, der stützenlose Festsaal im Ostflügel und weitere, nicht mehr erhaltene Wohnungen im Dachgeschoss.

Fast alle Räume besitzen noch ihre alten Wand- und Deckenmalereien, die allerdings ursprünglich durch weit wertvollere Wandteppiche, Ledertapeten und Gemälde ergänzt wurden. Die Rahmungen von Türen, Fenstern und Ofennischen gehören zu einer Ornamentgattung, die von Raffael und seinem Umkreis aus der um 1500 in den römischen Ruinen entdeckten antiken Dekorationsmalerei entwickelt wurde. Diese filigranen Scheinarchitekturen lehnen sich hier an → **Vorlagenblätter** des

Niederländers Cornelis Floris (1514–1575) an, der einer der einflussreichsten Ornamentzeichner nördlich der Alpen um die Mitte des 16. Jh. war. Die 1626 unter Landgraf Moritz durchgeführten Erweiterungen der Wandgemälde, wie die perspektivischen Scheinarchitekturen zu Seiten der Fenster und Türen im Festsaal (Riesensaal) und die dort integrierten Darstellungen allegorischer Figuren im Gold- oder Bronzeton, fügen sich fast bruchlos in die ältere Ausmalung ein.

Neben den Seccomalereien auf Putz und Leinwand gibt es in der Schlosskapelle und dem angrenzenden Weißen Gemach auch bedeutende, von Wilhelm Vernucken um 1590 ausgeführte und durch Georg Cornet gefasste Stuckarbeiten. Vom weißen Grundton heben sich farbige Details ähnlich Edelstein- und Goldapplikationen ab. Darüber hinaus besitzt das Schloss noch fünf eiserne Öfen aus der Erbauungszeit, was besonders selten ist. Der aufwändig verzierte Hinterladerofen aus Kacheln oder Eisengussplatten war im 16. Jh. ein hochrepräsentatives Ausstattungsstück; erst in der Folgezeit ist er im höfischen Bereich weitgehend durch den (erheblich schlechter heizenden) Prunkkamin verdrängt worden.

Die Schmalkaldener Schlosskapelle entspricht mit ihrer mehrseitigen, mehrgeschossigen Emporenanlage auf verhältnismäßig beschränkter Grundfläche und dem Verzicht auf ein separiertes Sanktuarium dem Typ protestantischer Schlosskapellen, wie er erstmals 1544 mit der → **Torgauer Schlosskapelle** formuliert worden war. Auf der Westseite sind Altar, Kanzel und Orgel entsprechend ihrer liturgischen und symbolischen Bedeutung für den protestantischen Gottesdienst – der Herrschaftsempore gegenüber – als formale Einheit übereinander angeordnet. Dieses sinnfällige Schema fand erst im 18. Jh. im protestantischen Kirchenbau eine weite Verbreitung.

Die einmanualige Orgel der Kapelle wurde von 1587 bis 1589 von dem Göttinger Meister Daniel Meyer erbaut und zwischen 1969 und 1976 umfassend restauriert. Sie gehört zu den ältesten und wertvollsten Orgeln Mitteleuropas. Zum Schutz der vergoldeten Schnitzereien und der ehemals mit Elfenbein belegten Prospektpfeifen dienen Klappflügel, die noch die originale Bemalung zeigen. Auf ihren Außenseiten sind musizierende Frauen und Engel dargestellt, innen sieht man König Saul, der den Harfe spielenden David bedroht (links), sowie eine von Bläsern begleitete Prozession der jüdischen Priester mit der Bundeslade (rechts). Diese Szenen aus dem Alten Testament wurden als Vorbilder für die Einbeziehung von Instrumentalmusik in den christlichen Gottesdienst interpretiert.

1602 ließ Landgraf Moritz den südlichen Abhang des Schlossbergs in einen terrassierten → **Garten** umgestalten. Solche terrassierten Gelände, die der Inszenierung von Überschaublicken auf niedere Gartenteile und der Anlage von Wasserkünsten dienten, waren schon früh in der Renaissance in Italien in Mode gekommen. Großartige Anlagen wie die der ab 1550 errichteten Villa d'Este bei Tivoli regten Bauherren nördlich der Alpen immer wieder an, diesen Gartentyp mit großem Kostenaufwand nachzuahmen. Der Schmalkaldener Terrassengarten, dessen Grundstruktur noch erhalten ist, gehört zu den frühesten Schöpfungen dieser Art in Deutschland; aufwändigere Anlagen waren der → **Eichstätter Garten** (ab 1597) und der fragmentarisch erhaltene Hortus Palatinus des → **Heidelberger Schlosses** (ab 1616). Westlich des neuen Schlossgartens ließ man 1618 einen

Schmalkalden, Schloss Wilhelmsburg, Kapelle

Platz für Reiterspiele anlegen und als Begrenzung einen Marstall erbauen. Eine heute geschlossene, aber noch erkennbare Säulengalerie im Obergeschoss des Marstalls diente als Tribüne.

In seiner Gesamtheit erinnert Schloss Wilhelmsburg daran, dass die Landgrafen von Hessen-Kassel ein bedeutendes Hofleben zur Zeit der Renaissance pflegten, von dem andere bauliche Zeugnisse, insbesondere nach der barocken Umgestaltung des Auegartens in Kassel und dem Brand des dortigen Schlosses 1814, nur sehr fragmentarisch überliefert sind.

StH / DS (Musik)

STADTHAGEN

Aus reichspolitischem Interesse gründete Graf Adolf III. von Holstein und Schaumburg um 1224 Stadthagen, das 1344 das Stadtrecht erhielt. Die schon 1244 erwähnte Wasserburg war in den Jahren von 1540 bis 1608 Residenz der Grafen von Schaumburg-Holstein. Durch die Verlegung der Residenz von Stadthagen nach → **Bückeburg** und die Folgen des Dreißigjährigen Kriegs verlor Stadthagen zwar politisch an Bedeutung, blieb jedoch weiterhin Ort der Grablege des Grafenhauses. Graf Ernst III. (1569-1622) ließ hier sein Mausoleum errichten. 1610 gründete er ein Gymnasium illustre, an dem, wie an einer Universität, die vier klassischen Fakultäten - Theologie, Rechtswissenschaften, Medizin, Philosophie und die Sieben Freien Künste (*septem artes liberales:* Rhetorik, Grammatik, Dialektik, Geometrie, Arithmetik, Musik, Astronomie) - gelehrt wurden, das seine Absolventen aber nicht promovieren durfte. In Schaumburg gab es eine Reihe dieser Einrichtungen, deren Besuch zum adeligen Selbstverständnis gehörte. Da die nächsten Universitäten, Helmstedt und Marburg, weit entfernt lagen, bemühte sich Ernst schon sehr früh um das kaiserliche Privileg des Promotionsrechts, das er schließlich 1619 - wie auch seine Erhebung in den Fürstenstand - erhielt. Noch im selben Jahr wurde die Universität von Stadthagen nach Rinteln verlegt, doch verlor sie nach dem Tod von Ernst zunehmend an Bedeutung (Aufhebung 1806).

Schloss

Das Stadthagener Schloss - neben → **Schloß Neuhaus** eines der frühesten Renaissanceschlösser im Weserraum - liegt am südöstlichen Rand der historischen Altstadt innerhalb der Stadtbefestigung. Es präsentiert sich heute als nahezu vierflügelige Anlage, da die stadtseitige Nordwestecke nicht ganz geschlossen ist. Da keine schriftlichen Quellen vorliegen, lassen sich nur wenige Aussagen über Entstehung und Umbau der ehemals von einem Wassergraben umgebenen Burg treffen. Es ist jedoch anzunehmen, dass Graf Adolf XIII. (reg. 1531-1544), der Onkel von Ernst III. und spätere Erzbischof von Köln, die Burg ab 1534 zu einem repräsentativen zweiflügeligen Renaissanceschloss mit Treppenturm umbauen ließ, was dem Standard jener Zeit entsprach (Schloss Heverlee bei → **Löwen**; → **Schloß Neuhaus**). Da der Westflügel nicht nur eine veränderte Traufhöhe, sondern auch eine unterschiedliche Geschosshöhe in Bezug zu den anderen Flügeln aufweist, ist zu vermuten, dass einige seiner Teile noch der mittelalterlichen Anlage angehören; dies trifft möglicherweise auch für Teile des Südflügels zu. Der Treppenturm in der Südwestecke war ursprünglich von einer großen zwiebelförmigen Haube bekrönt, die eine achtzehnköpfige Tischgesellschaft aufnehmen konnte und über dem Flügel weithin sichtbar war. Um den gewachsenen Repräsentationsansprüchen und Wohnbedürfnissen ge-

recht zu werden, ließ der Nachfolger Adolfs, Graf Otto IV. (reg. 1544–1576), das Stadthagener Schloss um den Ostflügel erweitern. Darüber hinaus veranlasste er im Schlosshof die Aufstellung des Tugendbrunnens (auch Gerechtigkeitsbrunnen genannt; seit 1921 vor → **Schloss Bückeburg**), dessen Bildprogramm besonders in Zusammenhang mit der in das Schloss verlegten Rechtssprechung sinnfällig wurde. Es verwies darauf, dass Graf Otto, der als Landesherr die oberste Gerichtsbarkeit innehatte, mit Hilfe der Tugenden Fides, Caritas, Fortitudo und Spes (Glaube, Liebe, Stärke und Hoffnung) gerechte Urteile (siehe die bekrönende Justitia) fällte. Ab 1592 wurde das Schloss dann unter Graf Adolf XIV. um den Nordflügel erweitert, wobei er diesen dem Erscheinungsbild der drei anderen Flügel angleichen ließ. Um 1875 kam es zu einer durchgreifenden Restaurierung: In historisierenden Formen wurden der Turm in der südöstlichen Hofecke und die Loggia an der Außenseite des Südflügels angebaut; die Giebel am Westflügel und der Westgiebel des Nordflügels, die ursprünglich – wie heute noch der östliche Giebel des Süd- und des Nordflügels – von dreiteiligen Rundbogengiebeln, sog. welschen Giebeln, bekrönt waren, wurden zu fünfteiligen Stufengiebeln geändert, deren Stufen jeweils mit einem Halbkreisbogen abschließen. Die welschen Giebel sind, wie bei Schloss Bückeburg, nahezu einziger Schmuck, der die Stirnseiten und die Zwerchhäuser ziert. Sie fanden vor allem im 15. Jh. in Venedig an öffentlichen

links:
Stadthagen, Südfassade des Schlosses

rechts:
Stadthagen, Prunkkamin (Triumph der vier Elemente) im Großen Saal des Schlosses

Bauten als repräsentative Zeichen Verwendung und gelangten nördlich der Alpen vermutlich erstmals 1508 als Herrschaftssymbol an Schloss Vorderort in der ehemaligen Grafschaft Mansfeld am Ostrand des Harzes (1675 stark zerstört) zur Ausführung. Dieses Detail belegt neben anderen, dass Schloss Mansfeld unmittelbar Vorbild für das Stadthagener Schloss war. Aber auch der Einfluss von Schloß Neuhaus wird deutlich, bei dem seit den 1520er Jahren welsche Giebel den Südflügel schmückten.

Von seiner ursprünglichen, nur fragmentarisch erhaltenen Innenausstattung sind besonders die drei Prunkkamine zu erwähnen. Zwei davon (*Triumph der vier Elemente* und *Die vier Jahreszeiten*) wurden 1576 für Otto IV. geschaffen und gehörten zur Ausstattung des großen Festsaals. Beide Kamine schuf der aus der Schule des Cornelis Floris hervorgegangene niederländische Bildhauer Arend Robin. Leider sind die Kamine für die Öffentlichkeit nicht zugänglich. Der mit *Triumph der vier Elemente* betitelte Kamin thematisiert auf einem breiten Fries die Vergänglichkeit alles Irdischen, für deren Darstellung Robin auf das einleitende Blatt einer Stichserie des → **Maarten van Heemskerck** zurückgriff. Gerade vor dem Hintergrund einer sich ständig wandelnden Welt präsentiert sich Graf Otto, vertreten durch sein Wappen, als stabiler Regent. Der andere Kamin, den das Wappen von Ottos Gemahlin Elisabeth Ursula von Braunschweig-Lüneburg ziert, geht ebenfalls auf einen Stich Van Heemskercks zurück. Auch er hat, dies-

Stadthagen, Innenansicht des Mausoleums

mal anhand des Motivs der vier Jahreszeiten, das Werden und Vergehen der Natur zum Thema, das auf die Aufgabe der Gräfin verweist, den Fortbestand der Dynastie zu sichern. Ein weiterer Kamin, der sehr wahrscheinlich 1604 im Auftrag von Graf Ernst für das Bückeburger Schloss angefertigt wurde, zeigt den *Triumphzug des Bacchus*. Ebenfalls von Robin geschaffen, greift dieser eine Stichvorlage des Monogrammisten IB (möglicherweise → **Georg Pencz**) auf. Auch das Bildprogramm dieses Kamins verweist auf die Vergänglichkeit, der hier jedoch die Hoffnung auf die Auferstehung gegenübergestellt ist.

Zum Schloss gehörten in der Renaissancezeit noch weitere Wirtschafts- und Verwaltungsgebäude, von denen u.a. das Amtshaus, das Kavaliershaus und der Marstall erhalten sind.

Mausoleum

Obwohl Graf Ernst seine Residenz von Stadthagen nach Bückeburg verlegte, ließ er in Stadthagen am Ostchor der Martinikirche, und damit an dem Ort, der seit dem Mittelalter Grablege der Schaumburger war, ein Mausoleum errichten - einen Grabbau für sich und das Geschlecht der Grafen von Holstein-Schaumburg.

Mit dem Entwurf des Mausoleums beauftragte Ernst 1608 den in Diensten des kursächsischen Hofs stehenden Baumeister Giovanni Maria Nosseni (1544-1620), der eine ähnliche Wandgestaltung wie in der → **Freiberger Fürstengrablege** plante. Ferner beabsichtigte Ernst eine bronzene Auferstehungsgruppe von Adriaen de Vries für das Zentrum des Kuppelbaus schaffen zu lassen. Nachdem der Graf in Folge unüberbrückbarer Differenzen 1612 den Vertrag mit Nosseni aufgelöst hatte, verhandelte er persönlich mit De Vries. Der lieferte schon 1619 einige der Bronzefiguren für die Grabkapelle, deren Bauleitung der Bauherr kurz zuvor in die Hände des wenig bekannten Antonius Boten gelegt hatte. Als Ernst am 17. Januar 1622 starb und das Projekt noch immer nicht wesentlich vorangekommen war, setzte man ihn zunächst vorübergehend in der Martinikirche bei. Der eigentliche Bau des Mausoleums erfolgte erst unter seiner Witwe Hedwig, welche die weitere Finanzierung des Projekts mit dem nachfolgenden regierenden Grafen vertraglich abgesichert hatte. 1627 war das Mausoleum, das nicht zuletzt wegen der Inflation im Dreißigjährigen Krieg mehr als das Vierfache der ursprünglich geplanten Summe in Anspruch nahm, schließlich fertig gestellt.

Der eingeschossige Zentralbau erhebt sich über siebeneckigem Grundriss. Der Außenbau, für dessen formale Gestaltung der entwerfende Architekt Anleihe in den → **Architekturtraktaten** des Sebastiano Serlio nahm, ist in eine niedrige Sockelzone und das Hauptgeschoss gegliedert. Korinthische Pilaster betonen seine Kanten. Oberhalb der Pilaster erhebt sich ein Architrav, dessen Inschrift den Erbauer, den Baubeginn und den Zeitpunkt der Fertigstellung nennt. Die Wandflächen zwischen den Pilastern sind im Osten durch eine Blendarchitektur, im Westen durch Maßwerkfenster gegliedert. Diese Gliederung wird im Innenraum im Wesentlichen wieder aufgriffen. Hier wurde allerdings auf den Sockel verzichtet und der Architrav am Kuppelansatz positioniert. Vor den östlichen Blendarkaden stehen vier Epitaphe, marmorne Ädikulen mit Inschriftentafeln, die das Andenken an die vier nach Fertigstellung des Baus in der Gruft des Mausoleums beigesetzten Mitglieder der Familie Holstein-Schaumburg wahren: Sie sind Ernst, seinen Eltern und seiner Gemahlin

Hedwig gewidmet. Wohl erst nach dem Tod des Grafen wurden die von Antonius Boten gemalte *Auferweckung des Lazarus* und seine *Vision des Ezechiel* als Ausstattungsstücke für das Mausoleum bestimmt, die seitdem die Blendnischen rechts und links des Eingangs füllen.

Wesentlich für das Verständnis des Bauwerks ist seine Errichtung als Zentralbau, die das Mausoleum als Nachbildung der Heilig-Grab-Kapelle in Jerusalem auszeichnet. Prominentes Beispiel einer in jener Zeit entstandenen Grabkapelle, die ebenfalls im Chorscheitel einer Kirche - und damit an herausgehobener Stelle - errichtet wurde, ist die Grablege der Medici, die Capella dei Principe an S. Lorenzo in Florenz (1605 begonnen), die Nosseni und auch Graf Ernst gekannt haben dürften. Der siebeneckige, in der Grabarchitektur einmalige Grundriss erklärt sich aus dem Dekorationssystem im Innern. In der Laterne sind zunächst die Bestandteile des holsteinisch-schaumburgischen Wappens konzentrisch angeordnet: das Nesselblatt, das für den Nettelberg steht, auf dem sich die Schaumburg befindet; drei Nägel vom Kreuz Christi, die an die Reise Adolfs III. ins Heilige Land erinnern; und ein Stern als Einfassung, der auf die Grafschaft Sternberg verweist. Sieben Rahmenleisten laufen von diesem Stern auf die Pilaster zu. Sie greifen das Motiv der sieben Balken auf, die das Wappen der zur Grafschaft gehörenden Herrschaft Gemen bestimmen. Auf diese Weise wurde das Bauwerk zum Abbild der Dynastie.

In den Rahmenfeldern der Kuppel sieht man - rechts neben der Tür beginnend und im Uhrzeigersinn betrachtet - musizierende Engel mit folgenden Instrumenten: Laute und vermutlich Cister (zum Teil verdeckt) - Violine und Viola da braccio - Querflöte und Orgelregal - Gesang und Chitarrone - Harfe und Zupfinstrument - Zink und Bassposaune - Basspommer und Bassdulzian. Die Malereien lassen die Handschrift Antonius Botens erkennen, der für diese Darstellung auf ihm aus eigener Anschauung bekannte italienische Vorbilder zurückgriff (z. B. Pordenones Engelfresken in S. Maria di Campagna, Piacenza). Er scheint sich bei Mitgliedern der Bückeburger Hofkapelle über die Spielhaltung der zeitgenössischen Instrumente informiert zu haben, die hier mit nur selten anzutreffender Genauigkeit wiedergegeben sind. Die Vorstellung, dass musizierende Engel die Seelen der Verstorbenen in den Himmel geleiten, stammt aus dem frühen Mittelalter und wurde besonders im Zusammenhang mit Tod und Himmelfahrt Mariens in Texten und Bildern reich ausgestaltet. Später verselbstständigte sich das Motiv vielerorts als sog. Engelskonzert ohne Bezug auf eine Begräbnisstelle; im Stadthagener Mausoleum ist es in seinem ursprünglichen Kontext und gleichzeitig als Anspielung auf die Musikliebe des Bauherrn zu sehen.

Die monumentale, ähnlich den Denkmälern oder Brunnen Giovanni da Bolognas oder seiner Zeitgenossen präsentierte, raumbeherrschende Auferstehungsgruppe steht auf einem Sockel, auf dem vier Grabwächter in antikisierenden Rüstungen sitzen, mal schlafend, mal die Augen verschattend, um nicht vom Glanz der ursprünglich vergoldeten Figur des aus dem Grab Auferstandenen geblendet zu werden. Für diese nahm De Vries u. a. Anleihe bei Vasaris Grabmal für Michelangelo in S. Croce in Florenz (vor 1573) und auch bei Michelangelos Medici-Gräbern in der sog. Neuen Sakristei an S. Lorenzo in Florenz (1520-1534), während die Figur des Auferstandenen an die entsprechende Darstellung der → **Freiberger Grablege** erinnert.

Stadthagen, Deckengemälde des Mausoleums, Engelskonzert

Die Bedeutung der Auferstehungsgruppe erklärt sich im Zusammenhang mit der Person von Graf Ernst. Er ließ das Mausoleum als Begräbnisstätte der Dynastie erbauen, wo nicht nur er, sondern auch seine Nachfahren bestattet werden sollten. Der Bauherr hegte nicht für sich allein die Hoffnung auf Auferstehung am Jüngsten Tag, wie das auf dem Sarkophag Christi angebrachte Medaillon mit dem Bildnis des Grafen auf den ersten Blick vermuten lassen könnte, sondern für alle in der Gruft Beigesetzten. Auf diese Weise relativiert sich die Hervorhebung seiner Person durch die auf der dem Bildnismedaillon gegenüber angebrachten Darstellung des Chronos mit der Sense, der auf die Vergänglichkeit alles Irdischen verweist. Analog dazu mag man ebenso die Sockelreliefs, auf denen Fama, Victoria und Abundantia (Ruhm, Sieg, Wohlstand) abgebildet sind, als Zeichen der erfolgreichen Herrschaft der gesamten Dynastie verstehen. Ausdrücklich betont wird das Andenken an die ersten, nach dem Religionswechsel protestantischen Mitglieder der Familie, die jeweils durch einen Epitaph besonders geehrt wurden.

ADRIAEN DE VRIES (Den Haag um 1556–1626 Prag)

Der niederländische Bronzebildner Adriaen de Vries stammte aus einer Den Haager Patrizierfamilie. Die frühesten Nachweise über sein künstlerisches Schaffen sind erst für die 1580er Jahre überliefert, als er in Florenz für Giovanni da Bologna, in Mailand für Pompeo Leoni und danach am Turiner Hof tätig war. Schon 1589 wurde er für einige Zeit nach → **Prag** an den Hof Rudolfs II. (reg. 1576–1612) gerufen. Das Studium bedeutender antiker Skulpturen Mitte der 1590er Jahre in Rom veranlasste De Vries, einzelne Elemente jener Statuen als Zitate in sein Repertoire zu übernehmen. In den Jahren zwischen 1596 und 1602 schuf er in → **Augsburg** den monumentalen Merkur- und den Herkulesbrunnen, die beide mit zu seinen bedeutendsten Werken zählen und mit denen er seine Erfahrung auf dem Gebiet des großformatigen Bronzegusses, den in jener Zeit nur wenige Bildhauer in Europa beherrschten, einmal mehr unter Beweis stellte.

1601 ernannte ihn Rudolf II. zu seinem Hofbildhauer und Kammerdiener, eine Auszeichnung, die bisher nur Malern vorbehalten war und die Rudolfs besondere Wertschätzung der Bildhauerei zum Ausdruck brachte.

Nach dem Tod Rudolfs war De Vries für eine Vielzahl von Auftraggebern tätig. So schuf er Brunnenskulpturen in Schloss Frederiksborg für den dänischen König Christian IV., Skulpturen für Graf Ernst von Holstein-Schaumburg in → **Bückeburg** und in → **Stadthagen** und einen Brunnen für Albrecht von Wallenstein auf der Prager Kleinseite.

Adriaen de Vries zählt zu den herausragendsten Bronzebildnern um 1600. Seine Plastiken, die jenen seines Lehrers Giovanni da Bologna ebenbürtig sind, scheinen die Schwerkraft zu überwinden; dies zeigt besonders die Skulptur *Merkur und Psyche,* die De Vries 1593 für Rudolf II. schuf (Paris, Musée du Louvre). Merkur berührt nur mit einer Fußspitze den Boden, so dass lediglich das in der Mitte herabfallende Tuch als Stütze dient. Meisterhaft zur Ausführung gebracht wird hier das Prinzip der *figura serpentinata,* einer schlangenartig aufwärts strebenden Figur, wie es schon in der Antike, vor allem aber in der italienischen Hoch- und Spätrenaissance umgesetzt wurde. De Vries wandte sich im Laufe der Zeit vom glatten, durchmodellierten Stil seines Lehrers ab und entwickelt eine eigene Handschrift, indem er die Oberfläche der Skulpturen an einigen Stellen uneben beließ und so einen skizzenhaften Eindruck erzeugte. In dieser Hinsicht war bereits vorher Tizian mit malerischen Mitteln richtungweisend gewesen. ASR

Adriaen de Vries, Merkur und Psyche, 1593 (Paris, Musée du Louvre)

Neben der dynastischen Funktion erklärt sich die Bedeutung des Mausoleums aus dem politischen Anspruch des Bauherrn: Die Nachbildung der Heilig-Grab-Kirche in Jerusalem wird durch Adolf III. legitimiert, den Begründer des Hauses Schaumburg und ersten Grafen von Holstein. Der Ahnherr von Ernst erhielt nicht nur nach einem Kreuzzug ins Heilige Land die kaiserliche Genehmigung, dem Wappen die drei Kreuzesnägel hinzuzufügen, sondern er war im Besitz des Fürstentitels. Diesen Titel reklamierte auch Ernst für sich, wie zuvor schon sein Vater Otto IV. Die Legitimation seines Anspruchs ließ er in gleich drei von ihm in Auftrag gegebenen Familienchroniken darlegen. In diesem Sinne war Adolf III. ein wichtiges Bindeglied zwischen Tradition und Anspruch.

Ausstattung von St. Martini

In der Martinikirche befinden sich zahlreiche Epitaphe der Renaissance. Hier sei insbesondere auf das große Epithaph Ottos IV. und seiner Gemahlinnen, Maria von Pommern und Elisabeth Ursula von Braunschweig-Lüneburg, hingewiesen. Auf Veranlassung seiner zweiten Gemahlin wurde das Epitaph nach dem Tod Ottos 1576 durch Arend Robin angefertigt und im Chor an der Ostwand der Kirche bei der alten Grablege der Schaumburger Grafen aufgestellt – heute hat es seinen Platz in der Turmhalle der Kirche. In der Sockelzone sind Reliefs zu sehen, die zwölf Tugendpersonifikationen abbilden. In dem darüber befindlichen triumphbogenartigen Aufbau knien drei Figuren. Oberhalb des Triumphbogenmotivs befinden sich in Ädikulen Darstellungen der *Auferstehung Christi*, der *Kreuzigung Christi* und der *Auferweckung des Lazarus*. Für die große Bedeutung, die dem Epitaph im 16. Jh. beigemessen wurde, spricht die Tatsache, dass man bei seiner Aufstellung die Flügel des davor befindlichen Altars entfernte und seine Mitteltafel beschnitt, um den Blick auf das Epitaph freizugeben. Die Aussage des Epitaphs ist so einfach wie profund: Wer, wie die Verstorbenen, sein Leben auf Tugenden gründet, darf berechtigterweise darauf hoffen, an der Auferstehung und dem ewigen Leben teilzuhaben.

Rathaus

Neben zahlreichen Fachwerkhäusern, die nach dem Stadtbrand von 1554 errichtet wurden und mit ihrem reichen Schmuck noch heute ein eindrucksvolles Bild der Bebauung der Frühen Neuzeit vermitteln, ist besonders das Rathaus hervorzuheben. Es liegt nordwestlich der Kirche St. Martini. Der lang gestreckte Baukörper ist in zwei verschiedenen Bauphasen entstanden: Die formal schlichte Nordhälfte, die ursprünglich als Zeughaus genutzt worden war, entstand vor 1529; die welschen Giebel der Schmalseiten stammen vermutlich aus der zweiten Hälfte des 16. Jh. (zur Ausbildung der Giebel vgl. das Kavaliershaus, das dem westlichen Schlossflügel vorgelagert ist). Dieses Gebäude wurde dann von 1592 bis 1597 unter Mitwirkung des in Diensten der Schaumburger Grafen stehenden Bildhauers Arend Robin nach Westen erweitert und zu einem repräsentativen Rathaus ausgestaltet. Die Ziergiebel der Erker an der Marktseite sind mit Rollwerk versehen, in deren Mitte je ein Kopf eines Kriegers herausschaut. Es ist zu vermuten, dass der Ausbau auf Wunsch Adolfs XIV. geschah, der kurze Zeit zuvor die Herrschaft übernommen hatte und auch das Schloss um den Nordflügel erweitern ließ. Hier wie dort wurde bewusst an das alte Erscheinungsbild angeknüpft. ASR / DS (Musik)

STUTTGART

Stuttgarts kulturelle und städtebauliche Entwicklung in der Frühen Neuzeit steht in unmittelbarem Zusammenhang mit der Geschichte des Herzogtums Württemberg. 1321 hatte Graf Eberhard I. aus dem Hause Württemberg sowohl Residenz als auch Stift und Grablege nach Stuttgart verlegt. Auf dem Wormser Reichstag von 1495 war Württemberg von Kaiser Maximilian I. zum Herzogtum erhoben worden, das unter den ersten beiden Herzögen Eberhardt, genannt »im Barte« (reg. 1459-1496), und Ulrich (reg. 1498/1501-1550) allmählich zu einer politischen und kulturellen Einheit zusammenwuchs.

Bereits die schwäbisch-italienische Heiratspolitik des 14. und 15. Jh. hatte am württembergischen Hof eine intensive Auseinandersetzung mit italienischer Renaissancekultur und dem Humanismus eingeleitet. Die politischen Ereignisse zu Beginn des 16. Jh. und nicht zuletzt die schwere Schuldenlast in Folge der prachtvollen Hofhaltung setzten dem jungen Herzogtum jedoch schwer zu. Der Bruch Herzog Ulrichs mit dem Kaiser führte schließlich zu seiner Vertreibung, so dass Württemberg ab 1519 unter habsburgischer Verwaltung stand. Erst mit Einführung der Reformation 1534 gelang es Ulrich, sein Territorium zurückzugewinnen. Sein Sohn Christoph (reg. 1550-1568) schließlich gab dem jungen Herzogtum seine Jahrhunderte gültige Verfassung und Kirchenordnung. Zur konsequenten Durchsetzung der Reformation berief er 1553 den Reformator Johannes Brenz als Propst an die Stuttgarter Stiftskirche. Mit seinem Architekten Aberlin Tretsch und dem Baumeister Blasius Berwart begann Christoph ab 1553 den Aus- und Umbau der mittelalterlichen Burg.

Während Ulrich sich auf die Landessicherung durch die Anlage eines ringförmigen Festungssystems konzentriert hatte (u. a. → **Tübingen**, Schloss Hohentübingen; Hohenneuffen; Hohenurach; Hohenasperg), sorgte Christoph nun verstärkt für die bauliche Präsenz des Hauses in den Landesteilen, wo zahlreiche Land- und Jagdschlösser entstanden (u. a. in Göppingen, Pfullingen, Nürtingen und Einsiedel bei Tübingen).

Die Regierungszeit der nachfolgenden Herzöge Ludwig (reg. 1568-1593), Friedrich I. (reg. 1593-1608) und Johann Friedrich (reg. 1608-1628) brachte für die Residenzstadt Stuttgart u. a. die Errichtung des sog. Neuen Lusthauses durch Georg Beer d. Ä., den weiteren Ausbau der herzoglichen Gärten sowie die städtebauliche Anbindung des Schlosses an die Stadt (Schlossplatz, heute Schillerplatz mit Kanzlei, Fruchtkasten und Gesandtenpalais). Der aus der Mömpelgarder Linie des Hauses stammende Friedrich I. ermöglichte 1599 dem herzoglichen Baumeister → **Heinrich Schickhardt** eine Reise nach Italien, die das Bauwesen in Stuttgart wie im gesamten Herzogtum befruchten sollte.

Stuttgart, Arkadenhof im Alten Schloss

Hofmusik

Nach der Annahme des lutherischen Bekenntnisses durch Herzog Ulrich 1534 entwickelte sich die Stuttgarter Hofkapelle zu einem bedeutenden Zentrum der protestantischen Kirchenmusik. Unter ihrem Leiter Leonhard Lechner, der 1585 aus dem Dienst des katholischen Grafen von Hohenzollern-Hechingen nach Württemberg geflohen war, erlangte sie ein so hohes Niveau, dass sie 1603 ein Wettmusizieren mit dem vielgerühmten Musikerensemble einer englischen Gesandtschaft gewann. Gegen Ende des 16. Jh. auf 50 Mitglieder angewachsen, nahm die Hofkapelle nun zunehmend weltliche Werke in ihr Repertoire auf; Instrumentalmusik, von 1609 bis 1628 auch durch eine »engelländische Compagnia« vertreten, verdrängte die Vokalmusik.

Herzogliches Schloss (sog. Altes Schloss)

Herzog Ulrich leitete spätestens in den 1530er Jahren erste Baumaßnahmen an der Wasserburg ein. Den im 14. Jh. errichteten Haupttrakt (Dürnitzbau, heute Südostflügel) mit der herzoglichen Wohnung in den beiden Obergeschossen und der Hofstube (Dürnitz) im Erdgeschoss ließ er zwischen 1534 und 1540 an der Ostecke um die ersten beiden Geschosse eines dickwandigen Rundturms ergänzen.

Doch wie in Tübingen war es auch in Stuttgart erst Herzog Christoph, der den schlossartigen Aus- und Erweiterungsbau der Residenz in Angriff nahm, um damit ein monumentales Zeichen der gefestigten Herzogsmacht zu setzen. Die Arbeiten am Dürnitzbau in den Jahren von 1553 bis 1560 bezogen sich überwiegend auf die Erneuerung der beiden Wohngeschosse. Neben dem Herzogsgemach im ersten Obergeschoss legte man zusätzlich einen Rittersaal an, der über eine Reitrampe auf der Nordwestseite des Gebäudes erschlossen wurde. Sie entsprach sowohl in ihrer Anlageart mit zwei geraden Läufen als auch in ihrem Anspruch auf Wohnkomfort nach italienischen Vorbild den baukünstlerischen Vorstellungen der Zeit (→ **Landshut**, → **Torgau**, → **Weikersheim**, → **Wülzburg**). Auf der gegenüberliegenden Gartenseite wurde ein Archivbau angefügt, dessen flaches Dach als Terrasse genutzt werden konnte.

1557 begannen die Arbeiten an dem Arkadenhof, der dem Dürnitzbau stadtseitig vorgelagert ist. Nach Plänen von Alberlin Tretsch entstand eine von tiefen Gräben umgebene Dreiflügelanlage, die, nach außen schmucklos und wehrhaft in Erscheinung tretend, nur durch die regelmäßige Folge der Dachaufbauten gegliedert und mit Hauptportal und Dachaltan zum wohl damals schon konzipierten Schlossplatz ausgerichtet ist. Betritt man den Innenhof, präsentiert sich überraschend ein gänzlich anderes Bild: Hier öffnen sich die drei Geschosse der Flügelbauten in Arkadengängen, die ursprünglich farbig gefasst waren. Die flachen Bögen ruhen auf kannelierten Säulen. In den beiden oberen Geschossen sind die Laufgänge hofseitig mit Balustraden versehen. Von hier aus konnte die Hofgesellschaft dem Treiben im Schlosshof folgen, dem bei Ein- und Auszügen, Huldigungen und Empfängen zentrale Repräsentationsfunktion zukam und der auch als Turnierplatz genutzt wurde.

Alberlin Tretsch und Blasius Berwart konnten bei der Planung der Hofarkatur u. a. auf → **Architekturtraktate** und Säulenbücher zurückgreifen. Deutlich wird diese Inspirationsquelle beim Aufriss der Arkadenflügel, wenngleich das hier vorgeführte Prinzip der Superposition weder in der Detailausbildung noch in der Systematik dem vitruvianischen Kanon entspricht: Während dieser für das Erdgeschoss die dorische, für das erste Obergeschoss die ionische und nur für die obersten Geschosse die prachtvolle korinthische Säulenordnung vorsah, wurden in Stuttgart alle drei Geschosse mit der ranghöchsten Ordnung, der Korinthia, ausgezeichnet.

Anregungen für den Bau der so antikisch anmutenden Anlage kamen wohl aus → **Neuburg a. d. Donau**, wo der mit dem Herzog in engem Kontakt stehende Ottheinrich von Pfalz-Neuburg den Hoffassaden bereits in den 1530er Jahren derartige »Wälsche Gänge« hatte vorblenden lassen.

Der Gedankenaustausch beider Höfe sollte sich auch bei der Anlage der Stuttgarter Schlosskapelle im Erdgeschoss des Südwestflügels bemerkbar machen, die 1562 der heiligen Dreifaltigkeit geweiht wurde. Entwurf und Ausführung des 1558 vermutlich noch von Tretsch begonnenen Sakralbaus lagen in Händen von Blasius Berwart, den der Herzog zuvor mit dem Aufmaß der Schlosskapelle in Neuburg a. d. Donau (Weihe 1543) beauftragt hatte. Vom dortigen Vorbild inspiriert, öffnet sich die Chorapside in der Mitte der Längsachse des quer gelagerten Raums; Kanzel und Altar - Wort und Sakrament - stehen im Zentrum. Noch klarer als in Neuburg folgt das Stuttgarter Raumprogramm damit reformatorischen Prinzipien. Der Bildhauer Sem Schlör schuf den reichen Reliefschmuck an Kanzel und Altar. Erst 1573 ließ Herzog Ludwig auf das ursprünglich flache Kreuzgratgewölbe ein mit Wappensteinen versehenes Rippennetz aufbringen. Durch die von König Wilhelm I. 1864 veranlasste spätromantische Restaurierung wurde der Raumeindruck nicht wesent-

Matthias Merian, Ansicht des Fürstlichen Lustgartens, um 1615 (Staatsgalerie Stuttgart)

lich beeinträchtigt. Die schon um 1820 veräußerte Ausstattung – Altar, Kanzel und stützenlose Empore – wurde unter Beibehaltung der ursprünglichen Anordnung vollständig erneuert. Die Stuttgarter Schlosskapelle, die neben den Kapellen in → **Torgau** und → **Neuburg** zu den ältesten protestantischen Kirchenräumen zählt, tritt anders als diese mit ihrem turmüberhöhten Chor und den Maßwerkfenstern auch nach außen deutlich als Sakralraum in Erscheinung.

Statische Mängel veranlassten 1572/73 den Bau des Rundturms vor der Westecke des Schlosses, außerdem wurde 1578 der von Ulrich begonnene Turm im Osten auf heutiges Niveau aufgestockt. Vor seiner Südecke, zwischen Herzogin-Garten und Stadt, entstand zwischen 1599 und 1607 nach Plänen von → **Heinrich Schickhardt** der sog. Neue Bau mit konsequent symmetrischem Fassadenriss, unmittelbar inspiriert von den Eindrücken, die der Herzog und sein Baumeister auf ihrer Italienreise gewonnen hatten. Er beherbergte im Erdgeschoss den Marstall, darüber einen zwei Geschosse einnehmenden imposanten Saal mit gewölbtem Umgang sowie darüber ein weiteres Geschoss, in dem sich Kunst- und Rüstkammer befanden. Der Bau wurde nach einem Brand 1757 abgetragen.

Nachdem im 18. Jh. sowohl im benachbarten Ludwigsburg als auch im ehemaligen Stuttgarter Lustgarten Schlossneubauten errichtet worden waren, diente das Herzogsschloss – seitdem Altes Schloss genannt – nur noch untergeordneten Zwecken des Hofs. Nach einem Brand des Dürnitzbaus 1931 sowie nach starkem Bombardement im Kriegsjahr 1944 – der Südwesttrakt mit der Kapelle blieb weitgehend verschont – wurde das Alte Schloss ohne Anspruch auf eine detailgetreue Rekonstruktion wiedererrichtet.

Lustgarten und Neues Lusthaus

Bereits am Ende des 14. Jh. wird südöstlich vor der Burg, im Bereich des heutigen Karlsplatzes, ein → **Garten** erwähnt. Dieser wohl auf

LUSTHÄUSER

Der Begriff »Lusthaus« ist Ende des 15. Jh. vor allem bei sog. Weiherhäuschen, kleinen, meist auf quadratischem Grundriss erbauten zwei- bis viergeschossigen Gebäuden, im süddeutschen Raum nachzuweisen. Seit dem Bau des Lusthauses von Friedrich dem Weisen in Torgau (1521) und des sog. Belvedere in → **Prag** (beg. 1534/35) von Kaiser Ferdinand I. wird dieser Begriff jedoch für äußerst prachtvoll errichtete und kunstvoll ausgestattete Festsaalbauten der Renaissance angewendet.

Hauptcharakteristika eines Lusthauses sind zum einen die Lage in einem → **Garten,** oftmals in unmittelbarer Nähe der fürstlichen Residenz, und zum anderen eine weitgehend einheitliche Bauform. Meistens lag im Obergeschoss ein großer Saal, der zu Hochzeiten, Tauffeiern oder Theatervorstellungen genutzt werden konnte. Im Untergeschoss befanden sich häufig grottenähnliche Räume, oftmals mit Wasserspielen, wie einst im Innsbrucker Lusthaus Ruhelust (um 1564–1582), im ehemaligen Lusthaus des Landgrafen Wilhelm IV. in Kassel (1570–1571) und im ehemaligen Dresdener Lusthaus (1589–1618) auf der Jungfernbastei. Im ehemaligen Neuen Lusthaus in → **Stuttgart** (1584-1593) dienten drei große Brunnen im Erdgeschoss als Fischbassins.

Üblicherweise öffnet sich das Lusthaus durch einen Arkadengang im Erdgeschoss (Prag, Belvedere; Stuttgart, Neues Lusthaus) oder durch auffallend große Fenster (Gottesau bei Karlsruhe) zum umliegenden Garten. Häufig ermöglichen Dachterrassen einen weiten Ausblick in den Garten und die Landschaft.

Lagen die Lusthäuser nicht in unmittelbarer Nähe der fürstlichen Residenz, wie das Alte Schloss in → **Oberschleißheim** (erbaut 1616/17) oder das vor den Toren der Stadt gelegene ehemalige Lusthaus des Landgrafen Wilhelm IV. in Kassel, so kam ihnen mehr der Charakter eines Lustschlosses zu. Auch Gottesau (1588–1594) bei Karlsruhe war als eigenständige (Sommer-)Residenz mit Schlafräumen, Kapelle, Küchen und Räumen für Bedienstete ausgestattet. Zu dieser besonderen Gattung zählt auch das Lustschloss Hellbrunn (1613–1615) bei → **Salzburg**, das wegen seiner italienischen Einflüsse als *villa suburbana* bezeichnet wird. Einen Sonderfall stellte das heute nur als Ruine erhaltene Neugebäude bei → **Wien** dar, dem zwar die Rolle eines Lusthauses zukam, zumal es in einem großen Gartenareal lag und keine Schlafräume enthielt, aber auf Grund seiner Größe und auffallenden Form weit über die Dimensionen eines Lusthauses hinausging. WL

die Gemahlin Graf Eberhards III., Antonia Visconti, zurückgehende Lustgarten wurde seit dem 16. Jh. Herzogin-Garten genannt. Zusammen mit dem Umbau der Burg hatte Herzog Christoph um 1550 die Anlage eines neuen Lustgartens nordöstlich des Schlosses in Angriff genommen. Dieser lag, ohne axialsymmetrischen Bezug zum Schloss, rings um das 1553 vom Mömpelgarder Baumeister Pietro Cuci errichtete sog. Alte Lusthaus und wurde Ende der 1570er Jahre nochmals umgestaltet.

1584 legte man in diesem Lustgarten den Grundstein zu einem neuen → **Lusthaus**, dessen Entwurf der Hofbaumeister Georg Beer lieferte. Ein arkadengesäumter Unterbau trug einen Saalbau mit hoch aufragendem Dach und Schmuckgiebeln. Die vor den Langseiten liegenden Freitreppen führten über den altan-

Stuttgart, Grabmonument der Württembergischen Grafen in der Stiftskirche

artigen Umgang direkt in den Festsaal, der sich ringsum zum Garten hin öffnete. Alle vier Ecken des Bauwerks waren von Rundtürmen mit spitzen Kegeldächern besetzt. Während der Bau möglicherweise von dem um 1570 entstandenen Kasseler Lusthaus des Landgrafen Wilhelm IV. von Hessen-Kassel inspiriert wurde, geht die Gestaltung des Saals zeitgenössischen Quellen zufolge auf den Festsaal im Ottheinrichbau des → **Neuburger Schlosses** zurück, der ebenfalls von einer Holztonne überwölbt und dessen Dach mit hohen, reich geschmückten Giebeln versehen war. Das Stuttgarter Lusthaus sollte sich zum gesellschaftlichen Zentrum des württembergischen Hoflebens entwickeln und war als »irdisches Paradies« bald schon in ganz Europa berühmt. Heute ist von dem Bau nur noch der stark einsturzgefährdete Torso einer Freitreppe zu sehen, der 1904 als spätromantische Ruine an verändertem Standort im Mittleren Schlossgarten aufgestellt wurde. 1744 war das Areal des Lustgartens zum Bauplatz für das neue Residenzschloss bestimmt worden.

Grabmonument der Württembergischen Grafen in der Stiftskirche

Im Auftrag Herzog Ludwigs schuf Sem Schlör in den Jahren von 1578/79 bis 1584 an der nördlichen Chorwand der mittelalterlichen Stiftskirche das Grabmonument der Grafen von Württemberg. Die lebensgroßen, annähernd vollplastischen Standbilder sind vor einer antikisierenden Nischenarchitektur mit

Hermenpilastern aufgereiht und werden von Wappenaufsätzen bekrönt. Bei dem ersten der elf dargestellten Grafen handelt es sich um Ulrich den Stifter (1234–1265), bei dem letzten um Heinrich von Mömpelgard (gest. 1519). Die Figuren ersetzten die schadhaften mittelalterlichen Grabplatten der seit dem frühen 14. Jh. hier im Chorboden bestatteten Grafen. (1323 war die Grablege vom Chorherrenstift Beutelsbach nach Stuttgart verlegt worden.)

Bereits 1574 hatte Ludwig den Historiografen Andreas Rüttel d. Ä. mit genealogischen Studien beauftragt, um für die »alten Herren von Württemberg« individuelle Bildnisse in zeitgenössischer Kleidung und Bewaffnung schaffen zu können. Dieses bemerkenswerte, von antiquarischem Interesse zeugende Konzept wurde für Stuttgart letztlich verworfen, sollte aber bei der Gestaltung der → **Tübinger Grablege** – gleichsam Fortsetzung der Stuttgarter Ahnenreihe – wieder aufgegriffen werden. An beiden Orten zelebrierten die Landesherren des ausgehenden 16. Jh. das Andenken und ruhmvolle Nachleben ihrer Vorfahren und legitimierten damit ihren eigenen Herrschaftsanspruch (→ **Ahnengalerie**).

Württembergisches Landesmuseum

Das Württembergische Landesmuseum ist seit 1969 mit einem Großteil seiner Bestände im Alten Schloss untergebracht; zu sehen sind u. a. einzelne Stücke der ehemaligen → **Kunst- und Wunderkammer** der württembergischen Herzöge. Der bedeutende Sammlungskomplex wurde bereits im Dreißigjährigen Krieg auseinander gerissen. So finden sich einige Teile heute im Kunsthistorischen Museum in Wien wieder, andere in der Münchener Schatzkammer.

Musikinstrumenten-Sammlung im Fruchtkasten

Klein, aber erlesen ist der Bestand an Renaissance-Instrumenten der Musikinstrumentensammlung im Stuttgarter Fruchtkasten (Schillerplatz): Neben drei Elfenbein-Zinken aus der Kunstkammer der württembergischen Herzöge lohnen u. a. ein Tiroler Kabinettschrank mit eingebautem Orgelwerk (Ende 16. Jh.) und eine möglicherweise für König James (Jacob) I. von England (reg. 1603–1625) gebaute Theorbe (Basslaute) mit einem reich verzierten Korpus aus vergoldetem Kupfer den Besuch.

Theorbe mit vergoldetem Korpus, 1593 (Stuttgart, Musikinstrumentensammlung im Fruchtkasten)

AUSFLÜGE

Tübingen

(ca. 45 km südlich von Stuttgart)

In der württembergischen Nebenresidenz Tübingen am Neckar gründete Graf Eberhard V. im Barte 1477 eine Universität. Herzog Ulrich (reg. 1503–1550) begann bald nach seinem Regierungsantritt mit dem Bau einer mächtigen Festung oberhalb der Stadt. 1514 verlegte er das Hofgericht aus Stuttgart hierher und gründete 1536 ein evangelisches Stift zur Pfarrerausbildung.

Schloss Hohentübingen

An der Stelle der mittelalterlichen Pfalzgrafenburg ließ Herzog Ulrich ab 1507 die Landesfestung Hohentübingen errichten. Die mit vier zylindrischen Ecktürmen konzipierte Rechteckanlage war jedoch bei der Exilierung des Herzogs 1519 noch nicht vollendet. 1534 wurden die Baumaßnahmen und mit ihnen der Ausbau zur schlossartigen Vierflügelanlage wieder aufgenommen, wobei der Innenausbau überwiegend erst unter Ulrichs Sohn Christoph (reg. 1550–1568) erfolgte. Während des Dreißigjährigen Kriegs und im Zuge der seit dem 19. Jh. andauernden Nutzung durch die Universität ist der Bau vor allem im Innern stark verändert worden.

Von der Stadt kommend führt der Weg zum Schloss durch ein Torhaus, das sog. Äußere Tor, das in den Jahren 1606/07 entstanden ist. Den Entwurf lieferte vermutlich → **Heinrich Schickhardt** in Zusammenarbeit mit Hans Braun, der in diesen Jahren an der Erweiterung der Festung arbeitete. Mit ihrer Dreiteilung ist die Tordurchfahrt in der Art antiker Triumphbögen angelegt, wobei das rechte Seitenfeld keine Öffnung zeigt. Stadtseitig ist das Tor oberhalb des Architravs mit reichem Roll- und Beschlagwerk und dem vom Hosenbandorden gerahmten Wappen Herzog Friedrichs (reg. 1593–1608) versehen. Die Dekoration schuf der aus Schwäbisch Hall stammende, seit 1577 in Tübingen nachweisbare Christoph Jelin. Deutlich wird hier der Einfluss des niederländischen Bildhauers und Architekten Cornelis Floris spürbar, dessen Motivschatz in Form von → **Vorlagenblättern** weite Verbreitung gefunden hatte. Mythologische Figuren auf den Säulenpostamenten und in den Zwickeln des großen Bogens rahmen die Durchfahrt: Die gerüstete Siegesgöttin Nike (linkes Pfeilerpostament), der mit erhobenem Dreizack über die Meere gebietende Poseidon sowie die Jagdgöttin Artemis mit ihren unfehlbaren Pfeilen (beide in den Bogenzwickeln) huldigen mit Siegeskränzen der Athene (rechtes Pfeilerpostament). Sie artikulieren das zentrale, auf den fürstlichen Bauherrn bezogene Thema der Komposition: Herrschertugenden wie militärische Macht und Stärke, aber auch List, Klugheit und Verstand. Athene, antike Göttin des Kriegs, des Handwerks und der Künste, scheint dabei zugleich die Universitätsstadt Tübingen zu ehren, das »Neckar-Athen« des 16. und 17. Jh.

Weiter führt die Auffahrt über die Schlucht des Burggrabens hinweg, vorbei an der ehemaligen Fünfeckbastion von 1667 und durch das Hauptportal im Ostflügel des Schlosses hindurch in den Innenhof. Die Portale im Schlosshof lassen oberitalienische Vorbilder vermuten. Die Obergeschosse der vier Flügelbauten wurden größtenteils in Fachwerk errichtet. Nur am Südflügel ist heute noch die ehemals umlaufende hölzerne Galerie erhalten.

Den gegenüberliegenden Nordflügel errichteten in den Jahren von 1534 bis 1537/38 die Baumeister Heinz von Lutter und Balthasar von

Tübingen, Schloss Hohentübingen, Äußeres Tor

Darmstadt. Er nimmt in seinem auffallend hohen, massiven Erdgeschoss den sog. Rittersaal - vermutlich die ehemalige Hofstube - auf. Obwohl von beträchtlichen Ausmaßen, wird er von keiner einzigen Stütze verstellt. Ein solcher Raum, vergleichbar etwa dem Saal des Ottheinrichflügels in → **Neuburg a. d. Donau**, musste aus konstruktiven Gründen entweder unmittelbar unter dem Dachwerk liegen, was jedoch seinen Zugang erschwert hätte, oder aber - wie in Tübingen - eine selbsttragende Deckenkonstruktion (Sprengwerk) aufweisen, welche die Baumeister hier in einem Zwischengeschoss unterbrachten. Ein dreiteiliger, in die Tiefe gestaffelter Erker mit Sterngewölben über antikisierenden Säulen ist auf der Mitte der zum Tal gerichteten Langseite des Raums platziert. Sowohl der durch ihn inszenierte Panoramablick als auch die regional untypischen Vorhangbogenfenster geben einen Hinweis auf die offenkundig vorbildhaft wirkenden Bauten des wettinischen Hofs in Sachsen, so auf den 1533 fertig gestellten Saalbau in → **Torgau**.

Grablege der Herzöge von Württemberg in St. Georg

Bereits 1496 hatte die Universität ihrem Gründer Eberhard ein Epitaph für den Chor der Stiftskirche St. Georg am Holzmarkt gestiftet. Als der Chor mit Einführung der Reformation 1534 seine liturgische Funktion verlor, nutzte ihn die Universität als Aula. Herzog Ulrich ließ 1537 die Gebeine Eberhards, der 1495 zum ersten württembergischen Herzog erhoben worden war, aus dem nahe gelegenen Einsiedel hierher umbetten. Er bestimmte schließlich 1550 - in Nachfolge der → **Stuttgarter Stiftskirche** - die Tübinger Georgskirche zur Grablege des gesamten württembergischen Herrscherhauses. An beiden Orten entstanden in der Folgezeit Memorialstätten - in Stuttgart für die Grafen, in Tübingen für die Herzöge von Württemberg und deren Angehörige -, die bemerkenswerterweise nicht ihren Initiator und dessen Andenken in den Mittelpunkt stellen, sondern sich retrospektiv in der Art von → **Ahnengalerien** auf das Haus Württemberg beziehen.

Unter den insgesamt 14 dicht gesetzten Tumben- und Tischgräbern verdient besonders das Denkmal für die Gemahlin Herzog Ulrichs, Sabina von Bayern (gest. 1564), im Osten ganz links (nördlich) Beachtung, von der Sem Schlör (um 1530-1597) ein ausdrucksstarkes Altersporträt schuf. Das prunkvolle Hochgrab für Herzog Ludwig (reg. 1568-1593) an der Lettnerseite stellt das jüngste der Tübinger Herzogsdenkmäler dar und bildet zugleich den Höhepunkt der württembergischen Grabmalskunst des 16. Jh. Christoph Jelin arbeitete seit 1588 an den Grabtumben für Ludwig und dessen erste Gemahlin Dorothea Ursula von Baden (gest. 1583) (zu seiner Linken). Helden aus Antike und Christentum sowie Tugendallegorien fungieren als Grabwächter, die sich in Gestalt von frei stehenden Plastiken zu den Liegefiguren gesellen. Die Kombination von dunklem Marmor für den architektonischen Rahmen und hellem Alabaster für die Skulpturen findet ihre Parallele im Materialwechsel einer Reihe niederländischer Kleinarchitekturen (vgl. die Lettner in St. Maria im Kapitol in → **Köln** und in der Kathedrale in Tournai).

Collegium Illustre

Gegenüber der Nordseite der Stiftskirche führt die Lange Gasse hinunter in die Unterstadt zu dem (seit 1817 sog.) Wilhelmsstift. Herzog Ludwig (reg. 1568-1593) gründete hier am Ort eines ehemaligen Franziskanerklosters eine Bildungsstätte für höhere Verwaltungsbeamte und Räte als Pendant zum 1536 initiierten evangelischen Stift. Zwischen 1588 und 1592/93 wurde der Bau gemeinsam von Georg Beer und seinem Schüler → **Heinrich Schickhardt** errichtet.

Über den ungegliederten Fassaden setzen die drei mächtigen Rundtürme und der aufragende Giebel mit eingerollten Voluten prägnante Akzente im Stadtbild. Bis zu seiner Schließung 1628 hatte sich das Collegium Illustre zu einer bevorzugten Akademie des protestantischen Adels in Europa entwickelt.

Heilbronn - Der Turm der Kilianskirche

(ca. 50 km nördlich von Stuttgart)

Nördlich von Stuttgart, neckarabwärts, liegt die ehemalige Freie Reichsstadt Heilbronn. Die originelle Bekrönung des Westturms der Kilianskirche stellt ein frühes und äußerst eindrucksvolles Beispiel von Rezeption und Transformation antikisierender Formen dar. Den Turm (1507/08-1513) wie den Steinhelm (1513-1529) schuf der aus Weinsberg stam-

Heilbronn, Bekrönung des Westturms der Kilianskirche

mende Baumeister Hans Schweiner (gest. 1534).

Der oktogonale Helm ist in vier Geschossen aufgebaut, die sich nach oben in Durchmesser und Höhe verjüngen. Er wird im Nordwesten von einer frei stehenden feingliedrigen Spindeltreppe flankiert, die ebenso wie der Helm selbst von der Statue eines bannertragenden kaiserlichen Landsknechts bekrönt wird. Neben den der mittelalterlichen Bildwelt zugehörigen Wasserspeiern und Fratzen des Turmhelms zeigen die paarweise einander zugeordneten Medaillons - Bildnisse in der Art antiker Münzen - Motive, die kritisch die gesellschaftliche Situation zur Reformationszeit kommentierten, so z. B. ein Mönchskopf mit Vogelschnabel und gespaltener Zunge.

Nicht das einzelne tektonische Element (Arkade, Säule, Gesims oder Balustrade) ist hier am antiken Vorbild geschult; vielmehr ist der gesamte Helm überzogen mit reichem Blattdekor und Ornamenten, die man um diese Zeit nördlich der Alpen - vermittelt über Grafik oder Möbel - als antik ansah. Der von Dürer 1515/17 geschaffene Holzschnitt mit der Darstellung eines Triumphbogens für Maximilian I. stellt eine der hierfür infrage kommenden Vorlagen dar.

Mit dem Ziel einer antikischen Anmutung könnte der Planleger der Kilianskirche auch die romanisierenden Elemente am Helm sowie an den Arkaden und Fenstern des Westturms eingesetzt haben. Wo ein unmittelbares Studium antiker Architekturen ausbleiben musste, war es mitunter nahe liegend, im Ansinnen einer Renaissance antiker Formen die heimische romanische Baukunst wiederzubeleben. Dass Schweiner vor dem Baubeginn des Helms u. a. nach Frankfurt und Mainz gesandt wurde, um dort die Bauten der Alten kennen zu lernen, ist durch Quellen belegt.

Leonberger Pomeranzengarten

(ca. 20 km nordwestlich von Stuttgart)

Unweit von Stuttgart liegt die ehemalige württembergische Amtsstadt Leonberg. Hier errichtete → **Heinrich Schickhardt** 1609 einen »fürstlichen Lustgarten sampt Pomeranzenhaus und Brunnenkasten«, der einst zu den bedeutenden Zeugnissen württembergischer Gartenkunst zählte.

Die ehemalige herzogliche Burg (heute Finanzamt und Amtsgericht), mit der Altstadt auf einer Anhöhe über dem Glemstal gelegen, war zwischen 1560 und 1570 von Silvester

Leonberg, Pomeranzengarten

Berwart d. J. im Auftrag von Herzog Christoph neu erbaut worden und diente zwischen 1609 und 1614 der Mutter von Herzog Johann Friedrich, Sibylla von Anhalt, als Witwensitz. Heinrich Schickhardt stand den bis 1610 andauernden Renovierungsarbeiten im Schloss vor, welche die neue Nutzung einleiteten. Er legte zudem auf der steil nach Südwesten abfallenden Talseite in dem damals schon über hohen Stützmauern terrassierten und mit Obstbäumen bestandenen Schlosshang den Lustgarten an - vermutlich mit Unterstützung der alten Herzogin, die selbst eine ausgezeichnete Gärtnerin und Pflanzenkennerin war. Von ihrem Appartement aus hatte Sibylla Zugang zu einem heute noch in Resten erhaltenen

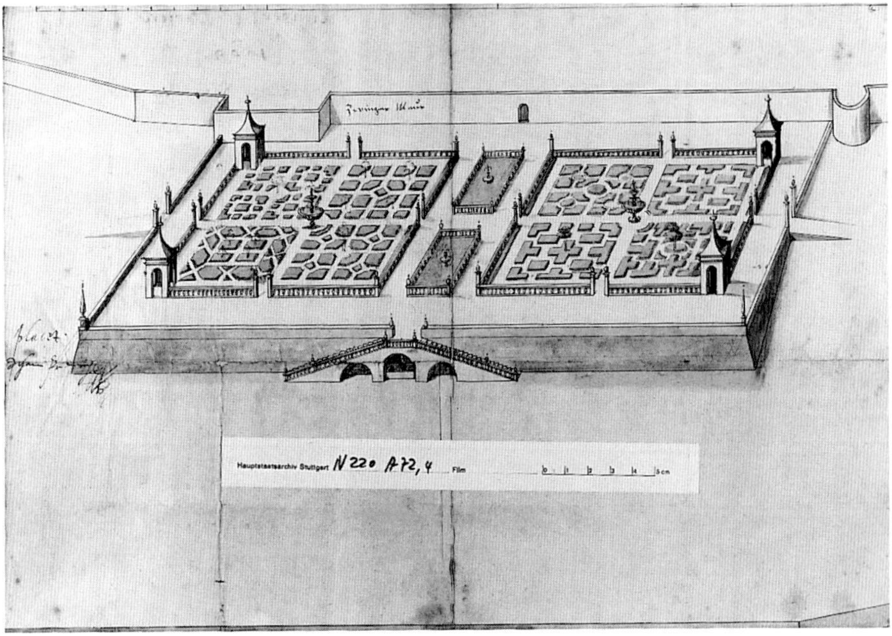

Heinrich Schickhardt, Idealplan des Leonberger Pomeranzengartens, 1609

Altan, von dem sich ein reizvoller Blick über den → **Garten** und in die seinerzeit noch unbebaute Flussaue bot.

Die ursprüngliche Anlage bestand aus zwei gleich großen, längsgerichteten Kompartimenten, die von Holzgeländern eingefasst waren; zwischen ihnen lag ein Brunnen mit achteckigem Becken und Obelisk. Die vier Eckpunkte des Gartens waren durch Pavillons betont, während die niedrige Brüstungsmauer der Gartenterrasse den ungestörten Blick in die Landschaft freigab. Das vermutlich als Fachwerkbau errichtete Pomeranzenhaus stand östlich oberhalb der zum Schloss hin gelegenen kleinen Terrassenmauer. In diesem überwinterten die aus dem Süden Europas importierten kostbaren und frostempfindlichen Pomeranzen (Orangenbäume), Feigen- und Granatapfelbäume, die auf der mittleren Wegachse und auf der oberen Terrasse in Kübeln gezogen wurden.

Nach der Aufgabe des fürstlichen Wohnsitzes um die Mitte des 18. Jh. holte sich die Natur das pflege- und kostenaufwändige »Paradies« zurück. In den Jahren von 1976 bis 1980 erfolgte nach eingehenden Voruntersuchungen die Rekonstruktion der Anlage. Auf der Grundlage der Befunde vor Ort und angelehnt an Schickhardts überlieferten Idealplan konnte so ein umfassender Eindruck von Sibyllas Lustgarten wiedergewonnen werden. Orientierungshilfen bei der Auswahl der Pflanzen boten zeitgenössische Pflanzbücher sowie die verbriefte Leidenschaft der Herzogin, Pflanzen für die Hofapotheke zu züchten und zu sammeln.

Deutlicher als ehemals der Herzogin-Garten des Stuttgarter Schlosses verrät die vereinheitlichende und streng axial angelegte, zudem auf die Wohnung der Hausherrin ausgerichtete Leonberger Anlage die Bezugnahme auf italienische Vorbilder. Sie ist vor dem Hintergrund der nur wenige Jahre zurückliegenden Italienreise Schickhardts zu sehen, auf der dieser u. a. die Gärten der Villa Medici in Florenz, die herzoglichen Gärten in Mantua sowie die päpstlichen Gärten in Rom besucht hatte. Ganz offensichtlich inspiriert von Bramantes Cortile del Belvedere im Papstpalast ist die zweiläufige Treppenrampe, die der Terrassenmauer mittig vorgelagert ist. Wie die prominente römische Anlage sollte auch die hohe Rundbogennische in Leonberg eine aufwändig gestaltete Brunnengrotte aufnehmen; diese Pläne wurden jedoch nicht mehr realisiert.

Auf den Spuren Heinrich Schickhardts

Der im württembergischen Herrenberg geborene Heinrich Schickhardt (1558–1636) gilt, wie sein Augsburger Kollege Elias Holl, als eine bedeutende Architektenpersönlichkeit der deutschen Spätrenaissance und verkörpert in mancherlei Hinsicht das Ideal des neuzeitlichen Baumeisters. Zum Topos des universal gebildeten und weit gereisten Architekten trug u. a. ein von Schickhardt verfasstes *Inventarium* – eine Art Werkverzeichnis – bei, das sowohl die Fähigkeit als auch den Willen des Autors unter Beweis stellt, über das eigene Wirken Rechenschaft abzulegen. Von Schickhardts theoretischer Bildung zeugt auch seine 1631 eigenhändig verzeichnete Bibliothek, die zahlreiche → **Architekturtraktate** aufzuweisen hatte, aber auch Titel zur Theologie, Ökonomie, Haushaltskunde und Jurisprudenz, dazu Landesbeschreibungen und Volksbücher. Seine vielseitigen praktischen Fähigkeiten und Kenntnisse in den Betätigungsfeldern Architektur, Ingenieurwesen und Mechanik belegt das umfangreiche Werk dieses »Baumeisters in Krieg und Frieden«, das neben öffentlichen Gebäuden, Bürgerhäusern, Kirchen und Gartenanlagen auch Vermessungswesen und Städtebau, Bergbau und Flussregulierungen sowie zahlreiche technische Einrichtungen umfasst.

Schickhardt war als gelernter Schreiner zunächst bei dem herzoglich-württembergischen Landbaumeister Georg Beer in → **Stuttgart** tätig. Innerhalb des Herzogtums, zu dem auch Grafschaften im heutigen Elsass gehörten, emanzipierte er sich zunehmend von seinem Lehrmeister. Herzog Friedrich (reg. 1593–1608) sollte Schickhardt in den 1590er Jahren verstärkt in Mömpelgard (Montbéliard) einsetzen, um durch den Ausbau der Hauptstadt den Fortbestand dieser Grafschaft zu untermauern.

Von der Reichsstadt Esslingen erhielt Schickhardt 1585 seinen ersten eigenständigen Auftrag, die Erweiterung und Modernisierung des als Fachwerkbau errichtenen mittelalterlichen Kauf- und Steuerhauses. Im Zuge der Baumaßnahme wurde bis 1589 der zum Markt ausgerichtete Nordteil um ein Stockwerk erhöht, mit einem in Voluten einschwingenden Stufengiebel versehen und mit einer astronomischen Uhr von Jakob Diehm ausgestattet (Darstellung der Planeten sowie die Figuren der Justitia und Temperantia von Schickhardt, heute Kopien); den Abschluss bildet ein zweistöckiger Glockenturm. Die Werk-

Esslingen, Rathaus

steinfassade des massiven Erdgeschosses zeichnet eine flache Pilastergliederung aus. Die verputzten Fachwerkgeschosse dieser marktseitigen Schaufront (Fensteröffnungen später verändert) waren wie der Giebel ursprünglich mit aufwändigen Architekturmalereien (→ **Fassadenmalerei**) versehen. Die im zweiten Obergeschoss neu entstandene Stuckhalle imitiert im namengebenden Material eine über antikisierenden Säulen gewölbte, zweischiffige Vorhalle zu den marktseitigen Stuben. Hier diente die Brunnenhalle des Stuttgarter Lusthauses, das Hauptwerk von Schickhardts Lehrmeister Georg Beer, als Vorbild, welches offensichtlich auch für den Prospekt des Rathausgiebels Pate stand.

Eine bemerkenswerte Quelle für die Auseinandersetzung des Baumeisters mit der Baukunst des italienischen Cinquecento stellen die Zeichnungen, Beschreibungen und Tagebuchnotizen von Schickhardts Italienreisen in den Jahren 1598 und 1599 dar. Die erste, allein unternommene Reise führte ihn u. a. in die oberitalienischen Städte Vicenza, Padua, Venedig, Verona, Mantua und Mailand. Ein wesentliches Augenmerk lag dabei – neben öffentlichen Gebäuden und dem Werk des verehrten Andrea Palladio – auf technischen und sozialen Einrichtungen. Im darauf folgenden Jahr reiste Schickhardt als einer von acht Begleitern seines Gönners und Förderers Herzog Friedrich über Pisa und Siena auf direktem Weg nach Rom, wo er u. a. den Cortile del Belvedere des Papstpalastes und die kurz zuvor fertig gestellte Jesuitenkirche Il Gesù skizzierte. Wie seine erste Italienreise galt auch die zweite nur am Rande den antiken Bauwerken und noch weniger der italienischen Malerei und Plastik; vielmehr standen wiederum moderne Bau- und Ingenieurleistungen mit Blick auf landeseigene Bauvorhaben im Vordergrund.

Als frühabsolutistisches Gemeinschaftswerk von Herzog Friedrich und seinem Baumeister sowie als Krönung von Schickhardts Lebenswerk darf die Idealstadt Freudenstadt auf den Höhen des Schwarzwalds gelten (→ **Ideal- und Planstädte**). In der Grundrissgestalt einem Mühlbrettspiel ähnlich, wurde sie 1599 nahe den Christophstaler Silbergruben als Handelszentrum und militärischer Stützpunkt für die oberrheinischen Besitzungen gegründet, blieb aber unvollendet. In ihrem Zentrum sollte das Herzogsschloss, im Grundriss ein auf

Heinrich Schickhardt, Großer Schauplan von Freudenstadt, um 1604

die Spitze gestelltes Quadrat, errichtet werden. Seine Fassaden waren auf die öffentlichen Gebäude (Kirche, Rathaus, Spital und Kaufhaus) bezogen, die als Winkelhakenbauten die Platzecken markieren sollten. Der Tod Friedrichs im Jahr 1608 verhinderte das Schlossprojekt. Nach der Zerstörung Freudenstadts im Zweiten Weltkrieg folgte der Wiederaufbau nur partiell der alten Grundrissstruktur. Die Kirche wurde nur in ihrem Äußeren dem historischen Vorbild getreu wieder aufgebaut. Die ausgesprochen originelle Raumlösung, resultierend aus den beiden im rechten Winkel aufeinander treffenden Schiffen, blieb jedoch erlebbar: Im Schnittpunkt befindet sich auch das liturgische Zentrum des protestantischen Gotteshauses mit Kanzel, Altar, Taufstein und Orgel.

Dem vielseitigen Schaffen des über 50 Jahre wirkenden »schwäbischen Leonardo«, der von 1608 bis zu seinem Tod das Amt des herzoglich-württembergischen Landbaumeisters innehatte, kann auf der »Europäischen Kulturstraße Heinrich Schickhardt« nachgereist werden. Diese verbindet zahlreiche württembergische und elsässische Orte, die mit Werken des Baumeisters aufwarten können, darunter Montbéliard, Horbourg-Wihr, Schiltach, Vaihingen a. d. Enz, Metzingen, Backnang, → **Leonberg**, → **Stuttgart**, → **Tübingen** und → **Esslingen.** CE / DS (Musik)

TORGAU

Die Stadt Torgau ist mit ihrem auf Parallelstraßen und auf dem großen Rechteckmarkt aufbauenden Grundriss, der an ältere Siedlungskerne anschließt, eine typische Gründung des 12. Jh. im ehemals slawischen Herrschaftsgebiet der Markgrafen von Meißen. Hier kreuzte eine in westöstlicher Richtung verlaufende Landstraße die Elbe, über die wahrscheinlich im 14. Jh. eine erste Brücke geschlagen wurde.

Schloss Hartenfels

Bereits die mittelalterliche Burg von Torgau war ein bevorzugter Aufenthaltsort der wettinischen Markgrafen von Meißen, der späteren sächsischen Kurfürsten. Sie nutzten die Burg für große Feiern und Hoflager. Von dieser Anlage sind im heutigen Schlossgebäude nur noch die alte Hofstube im Nordosten, der spätere Kapellenturm und einige Substruktionen (Unterbauten) erhalten.

Von der Leipziger Teilung 1485, bei der das wettinische Territorium unter den beiden Brüdern Kurfürst Ernst und Herzog Albrecht von Sachsen aufgeteilt wurde, bis zur Abtretung der Stadt und des Umlandes an die albertinische Linie im Jahr 1547 hielten die ernestinischen Kurfürsten in der Regel jeweils halbjährlich in Torgau und Weimar Hof. Das Torgauer Schloss wurde in jener Zeit in vier Hauptbauphasen zu einer der architektonisch bedeutendsten Residenzen im damaligen Mitteleuropa ausgebaut. Es präsentiert sich heute als unregelmäßige vierflügelige Anlage, deren Westflügel Anfang des 17. Jh. erneuert wurde.

In einer ersten Bauphase errichtete man zwischen 1483 und 1485 den dreigeschossigen Südflügel (Abb. S. 299, D), den sog. Albrechtsbau. Er folgt mit seinen belvedereartig konzipierten Prunkappartements und dem großen Festsaal im zweiten Obergeschoss den neuen, für die Albrechtsburg oberhalb von → **Meißen** entwickelten Architekturkonzepten. Heute wird dieser Flügel im Wesentlichen durch einen Treppenturm aus dem Jahr 1538, den veränderten Zwerchhäusern des beginnenden 17. Jh. sowie durch weitere Umbauten geprägt.

Weitgehend verändert bzw. nicht mehr erhalten sind die bedeutenden Ausbauten, die in einer zweiten Bauphase Kurfürst Friedrich der Weise (reg. 1486–1525) vornehmen ließ, der nicht die von ihm sehr geförderte → Lutherstadt **Wittenberg**, sondern vielmehr Torgau als Residenz bevorzugte. Seit 1516 ließ Friedrich an den älteren, im Norden liegenden Hofstubenbau einen neuen Nordflügel (Abb. S. 299, B) als Wohnbau anfügen, von dem in Höhe des Obergeschosses 1518 ein galerieartiger Gang zur Torgauer Stadtkirche geführt wurde. Nördlich des Schlosses wurde ein Lustgarten angelegt, in dem man 1521 ein zweigeschossiges → **Lusthaus**, das »hohe grosse Summerhaus«, errichtete. Zusammen mit den Gärten der benachbarten → **Lochau** und dem → **Münchener**

Lucas Cranach d. Ä., Eine Hirschjagd (mit Schloss Hartenfels im Hintergrund), 1545 (Madrid, Museo del Nacional Prado)

Hofgarten gehörte er zu den ersten größeren fürstlichen Lustgärten in Deutschland.

1533 begann der Neffe Friedrichs des Weisen, Kurfürst Johann Friedrich der Großmütige (reg. 1532–1547), kurz nach seinem Regierungsantritt mit dem Bau des Neuen Saalbaus (Abb. S. 299, C), dem sog. Johann-Friedrich-Bau. Dessen spektakuläre Schaufassade auf der Ostseite des Schlosshofs beeindruckt damals wie heute (dritte Bauphase). Ursprünglich besaß dieser Flügel drei Vollgeschosse und einen abschließenden Kranz von Zwerchhausgiebeln, der im 19. Jh. zu einem vierten Vollgeschoss umgebaut wurde. Als Zugang zu den Obergeschossen dient ein offener Wendeltreppenturm auf zweiarmigem Freitreppenpodest, mit dem hier noch einmal die Architektur der Schautreppentürme in der Tradition Arnolds von Westfalen (→ **Meißen**) zu höchster gestalterischer und technischer Virtuosität gesteigert wurde. Seine skelettartigen Pfeiler sind nun aber nach der neuesten nördlich der Alpen aufkommenden Mode mit antikisierenden Kandelabermotiven geschmückt; der abschließende Volutengiebel erinnert mit seiner Gitterstruktur an eine antike Säulenfassade. Zudem werden an der Loggia auf der rechten Seite der Hoffassade zum ersten Mal in Mitteldeutschland antikisierende Säulenarkaden verwendet.

Im ersten Obergeschoss erstreckte sich ein weitläufiger Festsaal. Seine für die damalige

Zeit beträchtliche Breite von elf Metern mit einer stützenlosen Flachdecke zu überspannen, erforderte eine aufwändige Konstruktion. Man hängte die Decke an sechs Hängesäulen, die durch die darüber liegenden Räume geführt wurden, an einem Sprengwerk im Dach auf. Neben dem Saal hatte sich der Bauherr, einem neuen Hofzeremoniell folgend, eine besondere Tafelstube für die fürstliche Mahlzeit einrichten lassen.

Der Festsaal, die Tafelstube und ein Wohnappartement im Elbturm waren nach dem für die Meißener Albrechtsburg entwickelten Konzept so angelegt, dass die Räume nach möglichst vielen Seiten unterschiedlichste Ausblicke boten. Nicht allein der Landschaftsgenuss war dabei das Ziel, sondern ebenso der Anblick des Treibens im Schlosshof, auf die benachbarte Elbe und die Flussbrücke. Dies erreichte der Baumeister, indem er den recht-

Torgau, Schloss Hartenfels, Innenhof mit Treppenturm

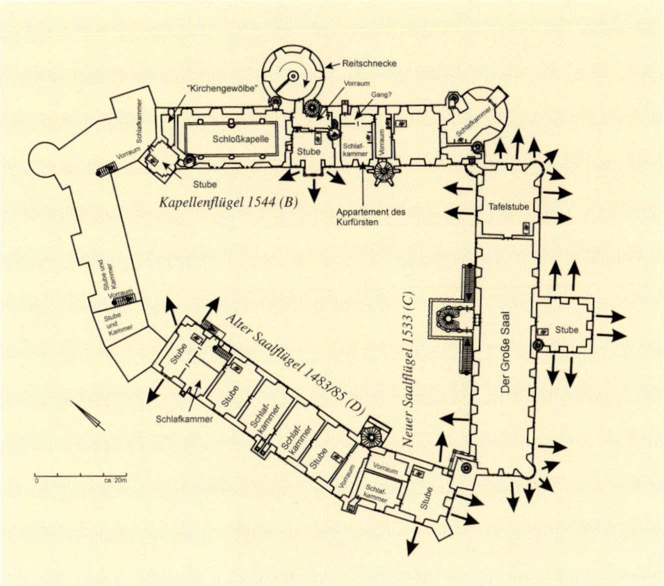

Torgau, Andeutung der wichtigsten Blickfächer aus den Repräsentationsräumen von Schloss Hartenfels

eckigen Grundkörper des Saalbaus weit vor die Nachbarflügel hinausrückte und durch den Elbturm und die turmartigen Eckerker weiter aufgliederte. Innenraumstruktur und äußere Gestalt waren eng miteinander verwoben. Die scheinbare Willkür und turmartige Zerklüftung des Baugefüges, die das Torgauer Schloss von einem nur wenig jüngeren Bau wie der → **Dresdener Residenz** unterscheidet, ist also wohl kalkuliert. Von der ehemals reichen und politisch programmatischen Innenausstattung des Saalbaus sind im Wesentlichen leider nur noch zwei Prunkportale, die Ziergewölbe der Eckerker und – in der Stube auf dem Großen Treppenturm – Wandmalereireste der Cranachwerkstatt (→ Lutherstadt **Wittenberg**) erhalten.

Der Johann-Friedrich-Bau zu Torgau von 1533 bis 1538 stellt neben den Bauten Ottheinrichs von der Pfalz in → **Neuburg a. d. Donau** ab 1530, der Neuen Residenz in Halle a. d. Saale ab 1531 und der Stadtresidenz in → **Landshut** von 1536 bis 1543 wohl den künstlerisch anspruchsvollsten und bedeutendsten Schlossneubau der 1530er Jahre in Deutschland dar. Er wurde 1538 fast identisch in der Residenz der brandenburgischen Kurfürsten in Berlin wiederholt (nicht erhalten) und im selben Jahr auch im Bernburger Schloss in wesentlichen Motiven zitiert. Zahlreiche bürgerliche Bauten in Mitteldeutschland übernahmen in der Folgezeit so markante Motive wie die Runderker oder die Giebelformen der Zwerchhäuser (vgl. z. B. das Torgauer Rathaus).

Über den künstlerischen Werdegang des Torgauer Architekten, den wahrscheinlich aus Hessen stammenden Konrad Krebs (1492–1540), ist wenig bekannt. Stolz brachte er sein steinernes Porträt und wahrscheinlich jenes von Ehefrau und Tochter im obersten Gewölbe

Torgau, Schlosskapelle

des Treppenturms an. Ausgangspunkt für Krebs' Entwurf war neben der Albrechtsburg und dem neuen Dessauer Schloss vermutlich der heute nur noch fragmentarisch erhaltene Georgenbau des → **Dresdener Schlosses**, der sich ab 1530 im Bau befand. Hier war Schlossarchitektur als bildtragendes Monument formuliert, waren die Lisenen der Fassaden mit reichem antikisierendem Ornament geschmückt und lag den italianisierenden Ziergiebeln erstmals ein geschweifter Umriss anstelle der frühen Kreissegmentformen zu Grunde. Anders als beim Bau der Albrechtsburg zwei Generationen zuvor besaß Torgau keine eigene Bauhütte. Als Steinmetz des prunkvollen Saalportals lässt sich z. B. Michel Mauth nachweisen, der schon an den Portalen des Georgenbaus gearbeitet hatte; auch die anspruchsloseren Fenstergewände mit den charakteristischen Vorhangbögen wurden nicht etwa am Ort, sondern in Dresden in Serie hergestellt und auf der Elbe verschifft.

Seit den späten 1520er Jahren führten der sächsische Kurfürst Johann und in der Folge sein Sohn Johann Friedrich zusammen mit Landgraf Philipp von Hessen (reg. 1509–1547) die protestantischen Reichsstände an, die sich 1531 zum → **Schmalkaldischen Bund** zusammenschlossen. Mit dem Bau einer eigens für den protestantischen Gottesdienst konzipierten und durch Martin Luther am 5. Oktober 1544 geweihten Schlosskapelle demonstrierte Johann Friedrich seine Beschützerrolle für die erneuerte Religion. Nach dem Abriss des Nordflügels, der erst 1516 unter Friedrich dem Weisen errichtet worden war, schuf der Baumeister Nikolaus Grohmann (erwähnt 1537–1574) – Konrad Krebs war bereits gestorben – 1544 einen gewölbten Saalraum mit zwei Emporengeschossen, den sog. Kapellenflügel (vierte Bauphase, Abb. S. 299, B). Die Kapelle fügt sich bündig in die Flucht des profanen nördlichen Flügels ein. In der Predigt anlässlich der Weihe, an die eine große Bronzewandtafel von 1545 aus der Freiberger Werkstatt von Wolf und Oswald Hillger erinnert, nannte Luther den Neubau programmatisch »Haus«. Entgegen der katholischen Tradition besitzt der Raum keinen eigenen Altar- oder Chorbereich; zwei Symmetrieachsen heben sowohl den tischartigen Altar im Westen als auch die Kanzel in der Mitte der Nordwand hervor. Die drei Reliefs des Torgauer Bildhauers Simon Schröter d. Ä. (gest. 1568) an der Kanzel verdeutlichen reformatorische Hauptgrundsätze: Auf den Altar ausgerichtet, weist die Szene mit Christus und der Ehebrecherin auf die Vergebung hin; der den Gläubigen zugewandte zwölfjährige Jesus vor den Schriftgelehrten auf dem mittleren Relief steht für die Bedeutung der Lehre und Predigt; in der auf die Fürstenempore ausgerichteten Darstellung Jesu, der die Händler aus dem Tempel vertreibt, findet der Grundsatz der Wahrung der Reformation Ausdruck. Ursprünglich waren weitere belehrende Tafelgemälde an den Emporenbrüstungen angebracht.

Die beiden Emporengeschosse waren bewusst im Osten direkt neben den neuen Wohnappartements der landesherrlichen Familie angeordnet worden. Im ersten Obergeschoss lag neben der Kapelle die Stube des Kurfürsten, zu der auch der Prunkerker auf der Hofseite gehörte; weiter östlich befand sich seine Schlafkammer. Im zweiten Obergeschoss stand der Kurfürstin unmittelbar über den Gemächern ihres Ehemanns die gleiche Raumfolge zur Verfügung. Treppen und Gänge verbanden die Wohnungen miteinander und ermöglichten einen direkten Zugang zu den Kapellenemporen.

Wie der Neue Saalbau ist auch die Torgauer Schlosskapelle in der Folgezeit mehrfach kopiert worden. Da der Torgauer Prototyp auf die Anforderungen des protestantischen Hofgottesdienstes zugeschnitten war und darüber hinaus eine direkte Verbindung zu Martin Luther bestand, wurde er zum programmatischen und identitätsstiftenden Kapellentypus für den Schlossbau protestantischer Fürsten, so im bereits 1567 geschleiften Gothaer Schloss, in Schwerin, → **Dresden**, → **Meißen** und → **Schmalkalden.**

Die Niederlage des ernestinischen Fürsten 1547 im Schmalkaldischen Krieg hatte zur Folge, dass die Kurwürde an die Albertiner

Verwandten in → **Dresden** überging und das Torgauer Gebiet an den neuen Kurfürsten Moritz von Sachsen (reg. 1547–1553) abgetreten werden musste. 1771 wurde das Torgauer Schloss aus der Nutzung des sächsischen Hofs entlassen und in ein Zucht- und Arbeitshaus, ab 1780 in ein Armen- und Waisenhaus umgewandelt. Nach dem Übergang Torgaus an Preußen 1815 baute man das Schloss schließlich zur befestigten Kaserne um, wobei in erheblichem Maße in die historische Substanz eingegriffen wurde. Diese ehemalige Funktion prägt auch heute noch die derzeit als Landratsamt und Museum genutzte Anlage. Bedauerlicherweise sind die wenigen erhaltenen Innenräume nur zum Teil zu besichtigen, u. a. die Schlosskapelle.

Hofmusik

Während der Regierungszeit Friedrichs des Weisen erreichte die Hofmusik in den ernestinischen Residenzen ein so hohes Niveau, dass sogar der kaiserliche Hofkapellmeister Heinrich Isaac 1497 und 1499 nach Torgau reiste – offenbar hatte Maximilian I. ihn nach Sachsen »ausgeliehen«, was einem Gnadenerweis gleichkam. Seinen Platz in der Musikgeschichte nimmt Torgau jedoch durch ein Ereignis ein, das am 13. April 1627 anlässlich der Hochzeit von Georg II. von Hessen-Darmstadt mit der sächsischen Prinzessin Sophie Eleonore stattfand: Heinrich Schütz (1585–1672) führte im Theatersaal des Schlosses die erste deutsche Oper *Dafne* auf. Schütz' Musik ist verschollen; nur das gedruckte Textbuch blieb erhalten.

Bürgerliche Bauten

Torgau besitzt zahlreiche steinerne Bürgerhäuser aus der Zeit der Renaissance (z. B. im Bereich des Markts, in der Bäckerstraße und in der Leipziger Straße). Sie sind zwar bis auf die Portale, die Giebelformen und vereinzelte Erker an den Fassaden relativ schmucklos, deuten aber durch ihre eindrucksvollen Dimensionen auf den damaligen Wohlstand der Stadt hin. Besonders hervorzuheben ist das Rathaus, das mit seiner Fassade die Westseite des Marktplatzes dominiert. Es entstand anstelle einer losen Zeilenbebauung wahrscheinlich nach einem Entwurf des Dresdener Malers Andreas Bretschneider zwischen 1563 und 1579 in zwei Abschnitten. Deutlich ist die Übernahme von repräsentativen Motiven wie Erker und Zwerchhauskranz der benachbarten landesherrlichen Schlossbauten zu erkennen.

Ausstattung der Stadtkirche

Während die Bürgerschaft in ihrer Architektur die Symbolsprache der Landesherren aufgriff, nutzten die Mitglieder der landesherrlichen Familien wiederum vom Bürgertum initiierte Einrichtungen: So wurde in der gegen 1500 fertig gestellten Stadtkirche nahe des Schlosses die Grablege für Sophia von Mecklenburg, der Mutter des Kurfürsten Johann Friedrich, mit einem Altar der 14 Nothelfer (ursprünglich im Hauptchor) eingerichtet. Die Messinggrabplatte von 1504 stammt aus der Nürnberger Werkstatt Peter Vischers d. Ä. und wurde wohl nach einem Entwurf Jacopo de' Barbaris angefertigt; das Altargemälde, ein bedeutendes Frühwerk → **Lucas Cranachs d. Ä.**, entstand 1505/06, also bald nach seiner Niederlassung als kursächsischer Hofmaler in Wittenberg. In der Kirche befinden sich heute auch die Grabsteine des Konrad Krebs und der 1552 während einer Reise verstorbenen Witwe Martin Luthers, Katharina von Bora.

JOHANN WALTER (vermutlich Kahla 1496–1570 Torgau)

Mit der Adoption des mittellosen, aber begabten Schuljungen durch einen wohlhabenden Bürger der thüringischen Stadt Kahla begann die Laufbahn des bedeutendsten Musikers aus dem Umkreis Martin Luthers: Johann Walter erhielt Musikunterricht, konnte von 1521 bis 1525 in Leipzig studieren und diente gleichzeitig als Bassist in der kurfürstlich-sächsischen Hofkapelle. Spätestens 1524 lernte er Luther kennen und beriet den Reformator bei der deutschen Fassung des lateinischen Messtextes. 1526 trat Walter als Schulmeister und Stadtkantor in den Dienst der Stadt Torgau, blieb aber dem Hof verbunden und leitete zwischen 1548 und 1554 die → **Dresdener Hofkapelle.** Seinen Lebensabend verbrachte er wiederum in Torgau.

Walters größte Leistung für die Entwicklung der lutherischen Kirchenmusik war die Herausgabe des ersten bedeutenden protestantischen Gesangbuchs (1524, mit einem Vorwort von Luther). Sein heute noch bekanntestes Lied »Wach auf, du deutsches Land« entstand erst 1561 als Kampflied gegen die Gegenreformation. DS

AUSFLUG

Schloss Annaburg, gen. Die Lochau
(ca. 25 km nördlich von Torgau)

Schloss Annaburg wurde ab 1571 durch Christoph Tendler für Anna von Dänemark, die Gemahlin Kurfürst Augusts, errichtet und ist gewissermaßen das Gegenstück zur → **Augustusburg.** Damals wurde auch der heute noch gültige Name geprägt. Die Anlage gliedert sich in das Vorschloss und das unregelmäßige Kernschloss, das jedoch nicht zugänglich ist, da es seit einigen Jahrzehnten mit Privatwohnungen belegt ist.

Das heutige Schloss erhebt sich auf den Grundmauern des ehemals »Die Lochau« genannten Jagd- und Lustschlosses Kurfürst Friedrichs des Weisen. Hier, vor den Toren seiner Hauptresidenz Torgau, hielt er sich seit seinem Rückzug vom Kaiserhof 1498 häufig auf; hier starb Friedrich am 5. Mai 1525. Von den anderen Jagdschlössern auf dem Lande unterschied sich Die Lochau durch ihre ausgedehnten Gärten und Parks. 1523 stellte der dänische König sie lobend und dabei sicherlich etwas übertreibend »über alle Häuser in den beiden Königreichen Engelland und Hispanien«. Nach einer Beschreibung des süddeutschen Adeligen Hans Herzheimer aus dem Jahr 1519 wurden in den Gärten und Parks eine Vielfalt von Tieren gehalten und exotische Pflanzen gezogen, »die Ir Churfl. gn. durch die fugkher [Fugger] und ander aus den walischen landen sein uze geschickt«. Neben Fischteichen und Vogelhäusern gab es mehrere kleine → **Lusthäuser**, darunter ein mehrräumiges, mit Malereien ausgestattetes Gebäude sowie eine erhöht gelegene Trinkstube mit Aussichtsaltan. Heute sind diese Gartenanlagen wie auch der Kernbau Friedrichs des Weisen – in ihrer Gesamtheit eine der frühesten neuzeitlichen Villenanlagen nördlich der Alpen – auf Grund von Vernachlässigung oberirdisch verschwunden. StH / DS (Musik)

WEIKERSHEIM

Ein bescheidenes Territorium im Dreieck von Schwäbisch Hall, Crailsheim und Tauberbischofsheim bildete im 16. Jh. das Hoheitsgebiet der Herren von Hohenlohe.

Wegen seiner regen Bautätigkeit und persönlichen Verdienste sticht besonders Graf Wolfgang II. von Hohenlohe (1546–1610) hervor. Er residierte zunächst in Schloss Langenburg, bis er im Jahr 1586 in den Besitz von Amt Weikersheim gelangte und sich ab 1587 die dortige Burg zu seiner neuen Residenz ausbaute. Als Landesherr erließ er eine Vielzahl von Verordnungen, die ihn als gewissenhaften und fürsorglichen Herrscher auszeichneten, so 1577 eine neue lutherische Kirchenordnung für die Grafschaft Hohenlohe.

Schloss

Auf dem Gelände der staufischen Wasserburg in Weikersheim plante Graf Wolfgang II. einen Neubau. Zunächst ließ er jedoch bis 1588 ältere Gebäudeteile der mittelalterlichen Burg, den sog. Beamtenbau (13.–15. Jh.), in einen bewohnbaren Zustand bringen. In diesem vorläufigen Domizil lebte der Graf mit seiner Gemahlin Magdalena von Nassau-Katzenelnbogen, einer Schwester Willems I. van Oranije, dem Führer der niederländischen Generalstaaten im Unabhängigkeitskrieg gegen die Spanier (→ **Delft**).

Graf Wolfgang beauftragte vermutlich den niederländischen Architekten Georg Robin (um 1520/25 – um 1595), Hofbaumeister des Mainzer Kurfürsten und in Diensten des Würzburger Fürstbischofs stehend, mit der Planung. Das nicht erhaltene Holzmodell lieferte der Stuttgarter Hofbaumeister Georg Stegle, Schüler von Alberlin Tretsch.

Der Entwurf sah einen dreiflügeligen Bau vor, dessen drei gleich langen Trakte sich um einen Binnenhof zu einem gleichseitigen Dreieck zusammenfügen sollten. Schloss Weikersheim steht damit in der Tradition der auf geometrischen Prinzipien basierenden Bauten, wie sie in der italienischen Theorie und Baupraxis (z. B. mit Schloss Ancy-le-Franc, ab etwa 1546 nach Plänen von Sebastiano Serlio errichtet) Ausdruck gefunden hatten. Zur Entstehung dieses eigenwilligen und konsequent mathematisch berechneten Grundrisses wird der Bauherr selbst einen wesentlichen Anteil geleistet haben. Schon Erzherzog Ferdinand hatte seine Residenz Schloss Stern (1556–1558) bei → **Prag** in Form eines sechsstrahligen Sterns erbauen lassen. Die Dreiecksform gehört allerdings in den Kontext des → **Festungsbaus**, in dem sie als Dreiecksbastion das Ideal einer Verteidigungsanlage verkörperte.

So wie das Schloss heute vor uns steht, erinnert nur wenig an seine originelle Planung, was in erster Linie damit zu tun hat, dass der Bau unvollendet blieb. Der der Stadt zugewandte Flügel ist uneinheitlich aus drei Gebäudeteilen zusammengesetzt: aus dem zwischen 1595

Schloss Weikersheim von Nordosten

bis 1596 errichteten sog. Langenburger Bau (im 17. Jh. verändert) mit einer herrschaftlichen Reittreppe im Innern, dem mittelalterlichen Bergfried und dem nördlich anschließenden Prinzessinnenbau, der im Kern aus der ersten Hälfte des 15. Jh. stammt und kurz vor Beendigung der gesamten Baumaßnahme von 1601 bis 1603 umgebaut wurde. Einzig der südliche, dem Garten zugewandte sog. Saalbau - ein schmuckloses, dreigeschossiges Bruchsteingebäude mit Kreuzstockfenstern und einem Altan an der Hofseite - wurde während des zweiten Bauabschnitts mit seinen sechs reich verzierten Rollwerkgiebeln (1596-1598) und der Ausstattung bis 1605 zu Ende geführt. Der dritte, westlich angefügte sog. Küchenflügel kam über einen kurzen Ansatz, den heute eine Fachwerkwand abschließt, nicht hinaus. Zwischen Beamtenbau und äußerer mittelalterlicher Zwingermauer im Nordwesten war seit 1598 auch ein zweigeschossiges alchemistisches Laboratorium entstanden (→ **Alchemie**). Seit Mai 2000 ist in der ehemaligen Schlossküche eine Dauerausstellung eingerichtet, die das heute nicht mehr vorhandene Laboratorium in einem Modell vor Augen führt und über die Experimentierfreude des Hohenloher Grafen sowie seine wissenschaftliche Bibliothek informiert.

ALCHEMIE

Der Name »Alchymia« setzt sich aus dem arabischen Artikel *al* und dem griechischen Wort *chymia* für Metallguss zusammen. Der Charakter der Alchemie als Geheimwissenschaft scheint durch Mumifizierungen und Vergoldungen im ägyptischen Totenkult begründet zu sein. Kultische Verschleierungen alchemistischer Verfahren führten seit der Antike zum Verdacht des Betrugs und der Scharlatanerie, zugleich aber ebenfalls dazu, dass alchemistische Rezepte wie Geheimoffenbarungen angesehen wurden, die gesucht, mit göttlicher Hilfe gefunden und für den nächst Würdigen wieder verborgen werden müssen.

Die Alchemie, wie sie in europäischen Gelehrtenkreisen der Renaissance betrieben wurde, ist eine »hermetische« Geheimwissenschaft, deren Erfindung auf den legendären ägyptischen Priesterkönig Hermes Trismegistos zurückgeführt wurde.

Wer jener Hermes war, was die antiken Autoren über ihn schreiben, fasst Marsilio Ficino 1463 im Vorwort seiner Übersetzung religiös-philosophischer Schriften zusammen, die als »hermetische Schriften« gelten. Hermes Trismegistos vereinigt in sich Eigenschaften des römisch-griechischen Götterboten Hermes-Mercurius und des ägyptischen Mondgottes Thot. Wie jener galt er als Erfinder der Schrift, der Sprache, der Alchemie, selbst der Religion. Er habe vor der Sintflut gelebt und gehöre zu den außerbiblischen Auserwählten, die göttlicher Offenbarung für würdig erachtet worden seien.

Ficino lässt das Interesse anklingen, die Lehren des »heidnischen Weisen« dem christlichen Weltbild einzugliedern. So erhält das bereits seit dem 11. Jh. im lateinischen Sprachraum bekannte alchemistische Vermächtnis des Hermes, die *Tabula Smaragdina,* einen neuen, christianisierten Hintergrund. Die *Tabula Smaragdina* lehrt die wechselseitige Entsprechung von Mikrokosmos und Makrokosmos in einem sexualisierten Weltbild. Dem alchemistischen Suchtopos entsprechend wurde die *Tabula Smaragdina* im Grab des Hermes in seinen Händen gefunden.

Paracelsus (eigentlich Theophrastus von Hohenheim, 1493/94–1541) machte die hermetische Alchemie zur Grundlage seiner Forschungen. Er verstand ihre Lehrsätze als göttliche Offenbarung, fasste sie in der ersten deutschen Übersetzung als Ergänzung zum Alten und Neuen Testament, als Handlungsanweisung zum alchemistischen Prozess auf und verknüpfte sie mit dem Schöpfungsbericht. Er begründete gewissermaßen eine christlich-alchemistische – »paracelsische« – Alternativreligion, die als »spekulative Alchemie« im 17. Jh. besonders von den Rosenkreuzern vertreten wurde. Das »Goldmachen« ist in diesem Sinn nicht Ziel, sondern Zeichen des erfolgreichen alchemistischen Prozesses. Wandlung der Materie und persönliche Läuterung des Adepten sind gleichermaßen Voraussetzung und Ziel des Prozesses. Begriffe wie »Sohn der Philosophen«, »Stein der Weisen«, »Elixier«, »Wasser des Lebens« oder »Quintessenz« sind oft austauschbar und werden in der alchemistischen Traktatliteratur auf Christus bezogen.

Die alchemistische Tradition bediente sich seit der Antike der griechisch-römischen Götterlehre und der Astrologie, um den alchemistischen Prozess als Geschlechterkampf der mit Götternamen bezeichneten alchemistischen Wirkprinzipien zu beschreiben. Als feurig rauchige Substanz steht Sulphur (Schwefel) für das männliche, aktive, formgebende Prinzip; Mercurius (Quecksilber) als flüssige, dampfende Substanz für das weibliche, die passive Materie. Sulphur und Mercurius werden als »Samen« der Metalle gedacht, die im Innern der Erde unter dem

Matthias Merian d. Ä., Illustration zum Verhältnis Mikrokosmos und Makrokosmos, aus Johann Daniel Mylius' *Opus medico chymicum,* 1618

Einfluss der Gestirne »wachsen«. Mercurius gilt auch als hermaphroditisches Prinzip und ist dann Gestaltungskraft schlechthin.

Da Mikro- und Makrokosmos einander entsprechen, »wachsen« die sieben Metalle (Gold, Silber, Quecksilber, Kupfer, Zinn, Eisen, Blei) im Innern der Erde wie in einem Uterus als Widerspiegelung der sieben Planeten (Sonne, Mond, Merkur, Venus, Jupiter, Mars, Saturn) am Himmel. Mit der Kunst der Alchemie wiederholt und läutert der Adept im Laboratorium das Geschehen in der Natur. Das mit hermetischem Leim *(lutus hermeticum)* verschlossene Gefäß entspricht dem Leib der Erde, in dem die Metalle wachsen.

Paracelsus fügte den beiden Wirkprinzipien Sulphur und Mercurius noch ein Drittes hinzu: das Salz als das Feste, Unverbrennliche und setzte so der göttlichen Trinität die alchemistische Trias gegenüber. Die Verknüpfung religiöser Aspekte und naturwissenschaftlicher, durchaus empirischer Versuche charakterisieren die hermetische Alchemie seit der Renaissance. HK

Schloss Weikersheim, Ansicht des Südflügels

Beim Jagdsaal in den beiden Obergeschossen des Gartenflügels, über den der hofseitige Altan (1602 fertig gestellt) betreten werden kann, wurde der ursprüngliche Zustand weitgehend bewahrt. Die hier eingefügte freitragende Decke wurde durch den Einbau eines Hängesprengwerks im Dachstuhl ermöglicht, ein Werk des Baumeisters und Zimmermanns Elias Gunzenhäuser, der sein Können bereits beim Bau des Neuen Lusthauses in → **Stuttgart** gezeigt hatte. Die Decke besteht aus stuckgerahmten vier- oder achteckigen Kompartimenten, deren zwischengespannte Leinwände von dem Würzburger Maler Balthasar Katzenberger in den Jahren 1601/02 bemalt wurden. Jede Kassette ist mit einer Jagddarstellung gefüllt: Die Achtecke zeigen Großwildjagden auf dem Land, in den Vierecken sind Vogelfangszenen dargestellt und die angeschnittenen Kassetten schildern Fischfangszenen. Nachweislich wurden die Jagdkompositionen nach Stichvorlagen des Niederländers Jan van der Straet, gen. Stradanus (1523–1604), angefertigt. Dessen Jagdzyklen, z. B. das 1600 gestochene Werk *Venationes Ferarum, Avium, Piscium,* dienten auch bei der Gestaltung der Stuckdecke des Festsaals auf Schloss Güstrow als Vorlage. Wolfgang verwies mit der Ausstattung des Jagdsaals auf eine seiner größten Passionen, die Jagd, die seit dem Mittelalter zu den Herrscherprivilegien gehörte. In diesem Kontext stehen auch die an die Längsseiten des Saals zwischen die Fensterbahnen applizierten Tierfiguren, die von üppigem Rollwerkstuck umgeben sind. Aus den flach reliefierten Körpern ragen lebensgroße Hirsch- und Rehköpfe mit echten Geweihen hervor. Darüber hinaus erhielten ein Elefant, ein Bär, ein Auerochse und ein Löwenpaar ihren Platz zwischen den oberen Rundfenstern. Neben dem Saal in Weikersheim zeigten zu dieser Zeit auch die Festsäle von → **Schloss Güstrow** und → **Schloss Gottorf** bei Schleswig eine Wandgestaltung mit plastisch modellierten Hirschkörpern. Letztlich ist das Motiv des Hirschsaals auf französische Vorbilder zurückzuführen. Bereits um 1500 hatte sich König Ludwig XII. auf Schloss Blois eine »galérie des cerfs« (Hirschgalerie) einrichten lassen, durch die er in den Garten gelangte.

Das monumentale Eingangsportal von 1603 an der Ostseite des Jagdsaals spielt mit gerüsteten Figuren und der Reliefdarstellung einer Türkenschlacht darauf an, dass Graf Wolfgang II. 1566 selbst an einem Feldzug gegen die Türken teilgenommen hatte. Der bekrönende drachentötende hl. Georg, der nicht nur Schutzpatron der Stadt Weikersheim ist, sondern auch als Helfer im Kampf gegen das Heidentum gilt, unterstreicht die Botschaft des Portals, die Ungläubigen zu bekämpfen. Einzelheiten dieser Kalkschneidearbeit, etwa die Soldaten, die anstelle von Säulen den Durchgang flankieren, oder der Trophäenfries, sind aus dem → **Architekturtraktat** des Wendel Dietterlin (1589) entnommen.

Der auf der Westseite des Jagdsaals gelegene Kamin aus Tuffstein wurde 1602 von dem Miltenberger Bildhauer Michael Juncker und seinem Sohn Hans, der später als Bildhauer in → **Aschaffenburg** tätig war, gefertigt. Nach Wolfgangs genauen Vorgaben zeigt der von überlebensgroßen Figuren flankierte dreizonige Aufbau »bildtwerk, histori und wappen«. Die auf den übereinander liegenden Friesen dargestellten Trophäen (Waffen und Siegeszeichen) sprechen eine martialische Sprache. Rätselhaft erscheint das Hauptfeld: Zwischen dem weisen Urteil Salomos und einer Schlachtszene thront der Weltenrichter mit abgelegtem Helm auf einer Weltkugel. In den Händen trägt er ein flammendes Herz und eine gespaltene Säule, um die sich eine Schlange windet.

Neben dem Kamin sind in der oberen Wandzone die überlebensgroßen, in antikisierende Gewänder gekleideten Liegefiguren von Graf Wolfgang und seiner Gemahlin Magdalena angebracht. Aus ihren Körpern steigen weit verzweigte Wappenbäume auf, die ihre jeweilige, fünf Generationen zurückreichende Vorfahrenreihe präsentieren. Während das Motiv der christlichen Wurzel-Jesse-Thematik (Stammbaum Christi) entlehnt ist, diente der so vor Augen geführte Adelsnachweis der Legitimation des Paars (→ **Ahnengalerie**).

Im selben Geschoss wie der Jagdsaal befindet sich das große Tafel- oder Speisezimmer, das 1837 in drei kleinere Räume aufgeteilt wurde. Erhalten blieben die Rollwerkstuckierungen der Fenster- und Türlaibungen, die dem Kalkschneider Gerhard Schmidt zugeschrieben werden. Dieser war zuvor für den Markgrafen Georg Friedrich I. von Brandenburg-Ansbach in Königsberg, der Residenz der Herzöge von Preußen, tätig gewesen. Der Markgraf ließ dort an das Residenzschloss durch den Baumeister Blasius Berwart d. Ä. ab 1584 einen neuen Flügel anfügen. Im Schloss befand sich auch ein mit Figurenschmuck versehener Jagdsaal, an dem Schmidt gearbeitet hatte. Graf Wolfgang, der freundschaftlich und politisch mit dem Markgrafen in Kontakt stand, mag bei seinem Besuch in Königsberg anlässlich der Einweihungsfeierlichkeiten zahlreiche Anregungen für sein Schloss erhalten haben.

Westlich des Jagdsaals befindet sich die zweigeschossige Kapelle mit Herrscherloge,

Schloss Weikersheim, Jagdsaal

die in den Jahren von 1596 bis 1600 ausgestattet wurde. Sie steht ganz in der Tradition der protestantischen Schlosskapellen der ersten Hälfte des 16. Jh. (→ **Torgau**). Auf zehn Doppelfeldern zeigen die Stuckreliefs an der Emporenbrüstung Szenen aus dem Alten und Neuen Testament. Der Kalkschneider Schmidt schuf wenige Jahre später einen ähnlichen typologischen Zyklus für die (im Zweiten Weltkrieg zerstörte) Emporenbrüstung der Stadtkirche in Freudenstadt (→ **Heinrich Schickhardt**).

Ende des 17. Jh. kam es erneut zu einer regen Bautätigkeit am und im Schloss. Nach Vollendung und Einrichtung des Langenburger Flügels im Jahr 1708 wurde der um 1600 angelegte Garten im Süden des Schlosses neu gestaltet, axialsymmetrisch auf das Schloss bezogen und aufwändig mit Skulpturen bestückt. Erst mit der Anlage des städtischen Marktplatzes ab 1710 und den Arkadenbauten vor dem Schlossgraben im Osten um 1729 wurde der Renaissancebau zum Zentrum eines städtebaulichen Ensembles. IK

WOLFENBÜTTEL

Seit dem 14. Jh. entwickelte sich Wolfenbüttel, das seit dem Mittelalter eine Grenzfeste gegen das Bistum Hildesheim war, zunehmend zum Residenzsitz für das sog. Mittlere Haus des Herzogtums Braunschweig-Lüneburg. Die Herzöge Heinrich d. J. (reg. 1514-1568), Julius (reg. 1568-1589), Heinrich Julius (reg. 1589-1613) und Friedrich Ulrich (reg. mit Unterbrechungen 1613-1634) von Braunschweig-Wolfenbüttel prägten die Politik, die kulturelle Entwicklung und das Bild der Stadt Wolfenbüttel in der Zeit zwischen Konfessionalismus und Dreißigjährigem Krieg.

Unter ihrer Regentschaft wurde die vor dem Schloss gelegene Siedlung zur Stadt ausgebaut und durch ein großzügiges Befestigungssystem gesichert. Dieser Dammfestung vorgelagert war ein kleines Kirchspiel, das sich um die Marienkapelle Zu unseren Lieben Frauen gebildet hatte. Nicht zuletzt auf Grund der Handelsbeziehungen, die Herzog Julius in die Niederlande unterhielt, verbinden sich mit der Anlage dieser Stadt, die heute noch zu den eindrucksvollsten städtebaulichen Leistungen des frühen Absolutismus in Deutschland zählt, Namen wie die des niederländischen Festungsbaumeisters Wilhelm de Raet und Hans Vredemann de Vries, Johann Pasqualini (Sohn des Baumeisters Alessandro Pasqualini), Adam Liquier, Paul Francke, Christoph Tendler und Philipp Müller sowie des kurfürstlich-brandenburgischen Festungsbaumeisters Rochus Graf zu Lynar.

Unter Heinrich Julius, einem engen Vertrauten Kaiser Rudolfs II. und zeitweise Direktor des kaiserlichen Geheimen Rats, erlebte das Herzogtum eine kulturelle Blüte. Durch seine Aufenthalte am Prager Hof kam der Herzog mit zahlreichen Künstlern in Kontakt und verfügte seit 1611 in Prag über ein Wohnhaus, das er von Graf Simon VI. zur Lippe (→ **Lemgo**) erworben hatte. Heinrich Julius war neben Landgraf Moritz von Hessen-Kassel der gelehrteste Fürst seiner Zeit im deutschen Sprachraum, obwohl er einzig in Helmstedt studiert und nie eine Kavalierstour unternommen hatte; so war er nie in den Niederlanden, Frankreich oder Italien gewesen. Wissbegierig eignete er sich immer wieder Neues an, beherrschte mehrere Sprachen und war ein guter sowie gefürchteter Jurist. Der Herzog verfasste selbst Dramen alltäglicher Thematik für seine Hofkomödianten und engagierte zeitweise englische Schauspieler. In Wolfenbüttel erschien u. a. die älteste periodisch erscheinende Zeitschrift, der *Aviso* (Erstausgabe 1604). Von den Künsten schätzte Heinrich Julius besonders die Malerei; er pflegte eine enge Beziehung zum kaiserlichen Hofmaler → **Hans von Aachen.** Obwohl das Territorium unter Heinrich Julius seine größte Ausdehnung hatte, setzte während seiner Regierung ein wirtschaftlicher Niedergang ein. Mit dem Tod Friedrich Ulrichs, 1634, starb das Mittlere Haus Braunschweig aus, woraufhin Herzog August d. J. die Regierung über-

MICHAEL PRAETORIUS (Creuzberg 1569/71–1621 Wolfenbüttel)

Komponist, Hofkapellmeister, Organist, Orgelsachverständiger, Berater, Reisender und Schriftsteller in Sachen Musik – Michael Praetorius, der Universalmusiker, war eine der einflussreichsten Künstlerpersönlichkeiten der deutschen Spätrenaissance. Schon im Alter von 16 oder 17 Jahren fand er seine erste Anstellung als Organist in Frankfurt a. d. Oder und bildete sich autodidaktisch so erfolgreich weiter, dass Herzog Heinrich Julius von Braunschweig-Wolfenbüttel ihn 1595 an seinen Hof rief. Mit dem Aufstieg zum Hofkapellmeister begann 1604 die arbeitsreichste Phase seines Lebens: Er besuchte die Nachbarhöfe, gab Ratschläge für die Organisation der Hofkapellen und den Orgelbau, veröffentlichte mehr als ein Dutzend Sammelwerke mit geistlicher und weltlicher Musik und begann, sein dreibändiges musiktheoretisches Werk *Syntagma musicum* (mit einer hervorragenden Dokumentation der zeitgenössischen Musikinstrumente) zu schreiben.

Nach dem plötzlichen Tod von Heinrich Julius (1613) zog Praetorius zunächst für mehrere Jahre nach → **Dresden** an den Hof von Kurfürst Johann Georg, in dessen Diensten seit 1614 auch Heinrich Schütz stand. Danach führte er ein Wanderleben zwischen Wolfenbüttel, Kassel, Magdeburg und anderen deutschen Musikzentren. Einige Monate nach seiner krankheitsbedingten Entlassung starb er 1621 an Erschöpfung. Er hinterließ allein über 1.000 Werke, die auf protestantischen Chorälen basieren und zum Teil noch heute zum Chor-Repertoire gehören. In seinen letzten Lebensjahren sorgte er mit großen mehrchörigen Werken und dem systematischen Gebrauch des Basso continuo für die Übermittlung des modernen italienischen Frühbarockstils, den er durch Schütz in Dresden kennen gelernt hatte, nach Nord- und Mitteldeutschland.

Das Wohnhaus von Praetorius in Wolfenbüttel (Großer Zimmerhof 20) blieb erhalten. DS

nahm und das Neuere Haus Braunschweig begründete.

Entwurf und Bau von Festung und Stadt Wolfenbüttel

Gegen Herzog Heinrich d. J., den letzten katholischen Fürsten Norddeutschlands und entschiedenen Gegner der Reformation, führten die im → **Schmalkaldischen Bund** vereinigten Fürsten und Städte 1542 einen Kriegszug, wobei sie die Stadt belagerten und weitgehend zerstörten. Nach der Rückeroberung Wolfenbüttels 1547 wurde noch im selben Jahr mit dem Wiederaufbau von Stadt, Schloss und Stadtbefestigung begonnen. Über verwandtschaftliche Beziehungen und enge Kontakte zum kaiserlichen Hof gelangte 1559 der Festungsbaumeister Francesco Chiaramella di Gandino nach Wolfenbüttel. Er konzipierte in altitalienischer Manier Bastionen für die Dammfeste, die den Sitz der Landesverwaltung, die Residenz und eine kleine Siedlung beherbergte.

Als Herzog Julius 1568 die Regentschaft übernahm, führte er den Ausbau der Festung fort und integrierte sie in den groß angelegten

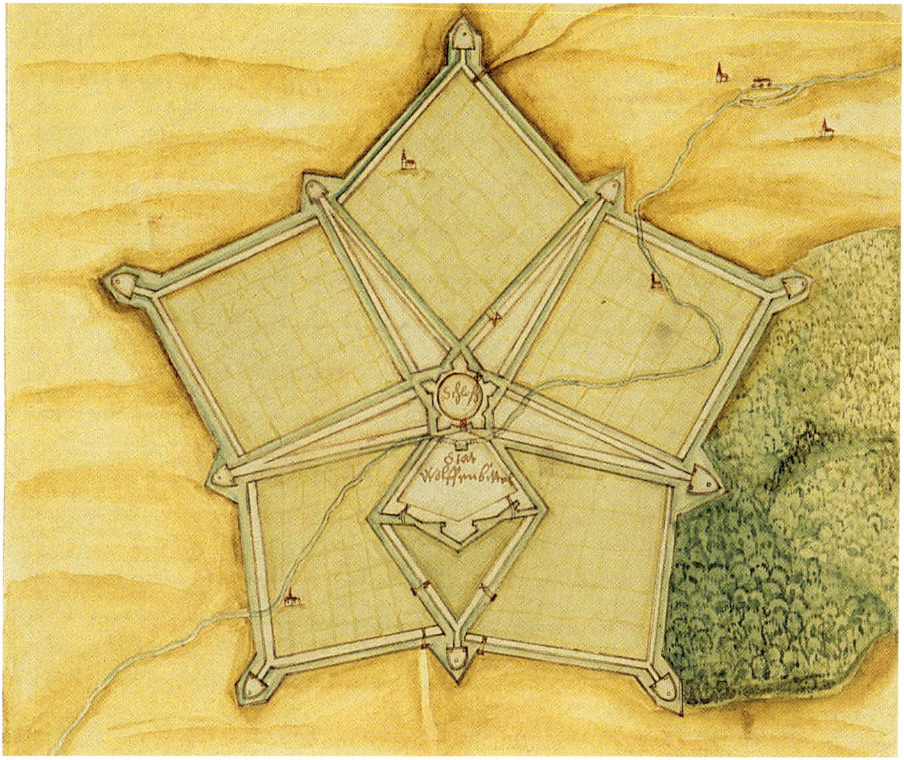

Daniel Specklin, Ausbauplan von Wolfenbüttel, 1538

Idealplan der Stadt. Die nahe der Festung in der Okerniederung gelegene unregelmäßige Siedlung Zu unseren Lieben Frauen hingegen sollte der neuen, durch betonte Regelmäßigkeit konzipierten Stadtanlage weichen. Zum Gedenken an seinen Vater sollte die am Reißbrett entworfene Stadt - einer der ersten frühneuzeitlichen Idealstadtentwürfe - den Namen Heinrichstadt erhalten (→ **Ideal- und Planstädte**).

Die Stadt war in Form eines regelmäßigen Fünfecks mit leicht eingezogenen Seiten geplant, dem ein fünfzackiger Stern einbeschrieben war, so dass fünf Rauten entstanden. Im Zentrum des Sterns sollte die mit fünf Bastionen bewehrte Zitadelle, das Schloss, liegen. Eine der Zacken des Sterns weitete sich rautenförmig und sollte etwa auf der Hälfte abermals unterteilt werden, so dass ein dem Schloss vorgelagertes Kronwerk entstand, das als »Stat Wolfenbittel« bezeichnet wurde. Geradlinige und geräumige Straßen mit Häusern von gleicher Höhe und Breite liefen laut Plan innerhalb der Rauten auf das Schloss zu.

Dieser Plan vereinigt zwei Idealstadtsysteme: das Radial-System und das System Mehreck mit Kastell. Nach architekturtheoretischen

IDEAL- UND PLANSTÄDTE

Das 15. und 16. Jh. waren von einem neuen städtebaulichen Bewusstsein geprägt, das ein Stadtgefüge als ganzheitlichen Körper auffasste. Die Grundrissstruktur der Stadt, öffentliche Platzanlagen, Bauvolumen und Fassadenwirkung rückten in den Mittelpunkt des Interesses und verlangten nach neuen gestalterischen Lösungen. Die Entwicklung der Zentralperspektive führte außerdem zu einer Sensibilisierung für Blick- und Achsenbeziehungen, die oftmals durch die Errichtung von Denkmälern und Brunnen unterstrichen wurden.

Hinzu kam ein neues Interesse an sozialutopischen Vorstellungen. Angelehnt an das antike Vorbild Platons entstanden literarische Fiktionen von idealen Gesellschaftsformen wie etwa 1516 die *Utopia* von Thomas Morus (1477–1535). Auch Künstler und Baumeister begaben sich auf die Suche nach der vollkommenen Stadt, die sowohl in ihrer funktionalen Struktur den Bedürfnissen der Bewohner optimal gerecht werden als auch in ihrem Grundrissentwurf größtmögliche Harmonie und geometrische Regelmäßigkeit ausdrücken sollte.

Den Anfang machte Antonio Averlino, genannt Filarete, der 1464 in seinem Francesco Sforza gewidmetem Traktat die Idealstadt *Sforzinda* entwarf, die mit ihrem zentralisierenden Grundriss, Radialstraßen und einem sternförmigen Umriss an die Stelle Mailands treten sollte. Im Mittelpunkt der Stadt konzentrierten sich an großen Plätzen als Symbole der kirchlichen und weltlichen Macht der Dom und das Schloss. Eine Idealstadt auf rechteckigem Grundriss mit orthogonalem Straßenraster zeichnete 1527 → **Albrecht Dürer**.

Unter dem Einfluss der Entwicklung beim → **Festungsbau** entstanden im 16. Jh. Konzepte, die Idealstadtentwürfe mit wirksamen Verteidigungsanlagen

Schriften, z. B. von Leon Battista Alberti (1404–1472), spiegeln geometrisch konzipierte Stadtentwürfe die vollkommen geordnete Gemeinschaft wider. In Anlehnung an die pythagoreische Lehre, in der Zahlen und Zahlenverhältnisse die Harmonie und Ordnung des Kosmos repräsentieren, verstand man das Fünfeck als Abbild des Kosmos. Das System Mehreck mit Kastell symbolisiert den politischen Körper als Stadtkörper, wobei das Kastell als Sitz des Fürsten die Stelle des Kopfes einnimmt, während der Leib von der Stadt gebildet wird.

Geistesgeschichtlicher Hintergrund dieses anthropomorphen Schemas war Platons Auffassung der Welt als körperliches Wesen, das in seiner Struktur dem Menschen ähneln würde. Bereits der Sieneser Maler und Architekturtheoretiker Francesco di Giorgio Martini (1439–1502) hatte diese Idee aufgegriffen und die Stadt in Form einer menschlichen Figur dargestellt. Zwar hatte er dazu lediglich ein Manuskript hinterlassen, doch Pietro Cataneo (gest. 1569) kopierte und publizierte dessen Abhandlung über den Festungsbau. Herzog Julius kannte diese Schriften, waren sie doch Bestandteil seiner Bibliothek. Heute zählen sie zu den Schätzen der nach Julius' Neffen, Herzog August d. J., benannten Herzog-August-Bibliothek.

Das Festungsprojekt sollte allerdings nur teilweise realisiert werden. Der Nachfolger von Herzog Julius, Heinrich Julius, setzte nur etwa

kombinierten. Bedeutende Vertreter dieser Richtung waren die Italiener Francesco de Marchi (1504–1576) und Vincenzo Scamozzi (1548–1616), der Straßburger Daniel Specklin (1536–1589) und der Niederländer Simon Stevin (1548–1620).

Allerdings kam es relativ selten zu konkreten Neugründungen von Städten oder zu Stadterweiterungen, sog. Planstädten, mit einem einheitlichen Stadtbild auf geordnetem Grundriss. Im Unterschied zu mittelalterlichen Stadtgründungen und -erweiterungen, deren Anlage im Gelände abgesteckt wurde, entstanden diese neuen Stadtplanungen zunächst am Reißbrett. Es handelte sich hierbei um Neugründungen von Residenzen, bei denen sich eine befestigte Zitadelle und eine umgebende Siedlung ergänzten (→ **Jülich**, ab 1548; Dömnitz, 1559; → **Wolfenbüttel**, 1570; Mannheim, ab 1606, 1622 zerstört), um Städte zur Aufnahme von Religionsflüchtlingen (Hanau, 1597; → **Freudenstadt**, 1599; Friedrichstadt, 1619) sowie um Handelsstädte (Palmanuova bei Udine, 1593; Glückstadt, 1616; Mühlheim am Rhein, 1612, das 1615 auf Betreiben der Konkurrenzstadt Köln abgebrochen wurde) oder auch um Bergarbeiterstädte (→ **Annaberg**; 1496, → **Marienberg**, 1521). In den heutigen Niederlanden und in Belgien entstanden im Zusammenhang mit dem lang andauernden Unabhängigkeitskrieg zahlreiche Festungsstädte (Mariembourg, 1542; Philippeville, 1555; Willemstadt, ab 1565; Coevorden, 1597; → **Festungsbau**). Bereits zuvor war es in der Neuen Welt zu Stadtgründungen gekommen, die an europäische Idealstadtentwürfe angelehnt waren (Santo Domingo, 1496). Umgekehrt wirkten auch Reisebeschreibungen der in der Neuen Welt entdeckten, regelhaft angelegten Städte, z. B. der Azteken, auf die Entwürfe der Ideal- und Planstädte ein. UV

ein Zehntel des Plans um und Herzog Friedrich Ulrich schloss dann die Anlage unvollendet ab. Realisiert wurde lediglich der dem Typus Mehreck mit Kastell entsprechende Bereich von Schloss und Stadt, wie er ähnlich in → **Jülich** zur Ausführung gelangt war.

So ist das mit dem Entwurf der Idealstadtanlage eng verbundene politische Konzept, auf das Julius mit dem Bau der Festung abzielte, nur in reduzierter und variierter Form umgesetzt worden: Entsprechend der anthropomorphen Auffassung bildet die befestigte Residenz das Haupt, die dem Schloss vorgelagerte Heinrichstadt ist der Körper dieser menschlichen Figur, ihr Herz die Hauptkirche der Stadt, Beatae Mariae Virginis, während die Vorstadt Gotteslager, heute als Juliusstadt bezeichnet, die Beine dieses Körpers darstellt. Gleich einem Abbild der politischen Ordnung wurden die Bewohner der Stadt entsprechend ihrer sozialen Zugehörigkeit angesiedelt: die Hofbeamten nahe dem Schloss, die Handwerker, Gewerbetreibende und Soldaten in den Randzonen.

Grundgedanke der gebauten Stadt ist das politische Modell eines zweckmäßigen Zusammenwirkens aller Teile der Gemeinschaft im Sinne einer geordneten christlich-reformierten Gesellschaft. Insofern kann die Anlage der Stadt als Ausdruck der neuen, von Julius 1569 eingeführten Religion des Protestantismus betrachtet werden.

Die Festungsbauten sind weitgehend zerstört, aber als Wallanlagen heute noch zu erkennen. Die zahlreich im Zuge der Idealstadtanlage entstandenen Verwaltungsgebäude, wie beispielsweise das Rathaus, die Neue Kanzlei und die Kommisse (herzogliches Kauf- und Lagerhaus), sind zwar im Laufe der Zeit verändert worden, prägen aber noch heute das Stadtbild. Auch die Bürgerhäuser des späten 16. Jh. zeugen trotz einiger Veränderungen von der Bauvorschrift Herzog Julius', Häuser von gleicher Gestalt und Höhe zu errichten; besonders sichtbar wird dies in der Reichsstraße und am Kornmarkt gegenüber der Hauptkirche. Der Name Heinrichstadt wurde zu Beginn des Dreißigjährigen Kriegs zu Gunsten der früher nur auf das Schloss bezogenen Bezeichnung Wolfenbüttel aufgegeben.

Schloss

Das ehemalige herzogliche Residenzschloss, in dessen Räumlichkeiten heute u. a. ein Gymnasium sowie das Schlossmuseum untergebracht sind, ist eine über mehrere Jahrhunderte gewachsene Architektur. Nach Zerstörung einer Vorgängerburg ließ Herzog Heinrich der Wunderliche 1283 eine neue Burg errichten, deren unregelmäßig um einen vierseitig geschlossenen Hof gruppierten Einzelgebäude für den Grundriss der Anlage maßgebend waren.

Nachdem die Burg im Schmalkaldischen Krieg zwischen 1542 und 1547 schwer beschädigt worden war, ließen Herzog Heinrich d. J. und später sein Sohn Julius die Reste der Anlage großzügig zum Schloss ausbauen. Maßgeblich am Bau beteiligt waren bis 1559 die Baumeister Francesco Chiaramella di Gandino und Paul Francke (1537/38–1613). Selbst wenn die Bausubstanz des 16. Jh. im Kern erhalten ist, so wird das äußere Erscheinungsbild des Schlosses heute weitgehend durch Um- und Anbauten des 17. und 18. Jh. geprägt, die den Außenbau wie ein regelmäßiges Barockschloss erscheinen lassen. Trotz dieser Veränderungen ist die aufwändige Gestaltung des Renaissanceschlosses anhand einzelner Baubefunde und alter Stiche nachvollziehbar. Verloren gegangen ist die 1558 unter Heinrich d. J. entstandene Schlosskapelle an der Südecke. Als optisches Gegengewicht zu der laternenbekrönten Kapelle entstand nach Plänen des Architekten Paul Francke 1614 der Hausmannsturm an der Nordostecke des Schlosses; er ist heute im unteren Teil durch die Fachwerkummantelung des 18. Jh. verdeckt.

Von der Innenausstattung des Renaissanceschlosses haben sich insbesondere Wandteppiche erhalten; diese sind, wie auch Teile der ehemaligen herzoglichen Kunstsammlungen, heute im Schlossmuseum zu sehen.

Zeughaus

Als Reaktion auf die größere Reichweite und Durchschlagskraft der Feuerwaffen ließen die Herzöge Heinrich Julius und Friedrich Ulrich an der Nordseite des Schlossplatzes ein monumentales Zeughaus errichten. Der zweigeschossige Bau mit seinem viergeschossigen Giebel wurde zwischen 1613 und 1619 nach Plänen des Architekten Paul Francke errichtet. Das Obergeschoss wurde im 20. Jh. zum Lesesaal der Herzog-August-Bibliothek umgebaut. Im Erdgeschoss blieb die dreischiffige Geschützhalle, eine der größten Hallen in Niedersachsen, erhalten. Die Südseite des Zeughauses ist durch drei Zwerchgiebel akzentuiert. Über dem Westportal mit toskanischen Säulen ist das herzogliche Wappen in einer üppigen Rollwerkrahmung mit Kanonenläufen und

Wolfenbüttel, Zeughaus

zahlreichen Löwenköpfen angebracht. Diese Ornamentik ist ein gelungenes Beispiel für das *decorum* im Sinne Vitruvs und damit für eine dem Zweck angemessene Ausschmückung des Gebäudes. Die einzelnen Formen sind zeitgenössischen → **Vorlagenblättern** wie jenen des Wendel Dietterlin oder des Hans Vredeman de Vries entnommen.

Kirche St. Beatae Mariae Virginis

In der Heinrichstadt begann man 1608 auf Veranlassung von Herzog Heinrich Julius an der Stelle der Marienkapelle Zu unseren Lieben Frauen die erste protestantische Stadtkirche Deutschlands zu errichten. Die Kirche Beatae Mariae Virginis wurde zum Vorbild sowohl protestantischer als auch katholischer Hallenkirchen des 17. Jh. nördlich der Alpen.

Ein mächtiger Turm an der Westseite ist Kennzeichen der dreischiffigen Hallenkirche, deren Architekt Paul Francke war. Ein polygonaler Chor in der Breite des Mittelschiffs schließt die Kirche im Osten ab. Steinerne Standbilder von Evangelisten, Aposteln, Heiligen und personifizierten Tugenden bekrönen die mächtigen Strebepfeiler, die den Außenbau

Wolfenbüttel, Hauptkirche Beatae Mariae Virginis, Blick von Nordwesten

gliedern. Die Zwerchgiebel sind überaus reich mit Beschlagwerk verziert.

Die Marienkirche diente als Pfarrkirche mit fürstlicher Grablege und als Bischofskirche, da der Landesherr seit der Reformation zugleich Summus Episcopus (Haupt der Landeskirche) des Herzogtums war. Bei der Bestattung von Heinrich Julius 1613 in der Gruft der Kirche waren lediglich deren Ostteile gewölbt und die Nordwand des Langhauses errichtet. 1625 war die Innenausstattung nahezu vollendet.

Die Kirche weist drei Portale auf. Das Hauptportal von 1618 im Westen wurde 1657 barockisiert und erinnert formal an einen Triumphbogen. In die Nischen seitlich des Portalbogens sind die Figuren von Moses und Aaron eingestellt. Auf den Säulen, die den mittleren Bogen säumen, stehen die Figuren der Herzöge Heinrich Julius und Friedrich Ulrich; auf einem Attika-Aufsatz oberhalb des Portals ist Christus als Salvator mundi dargestellt. Ursprünglich sollte in der zweiten Zone des Portals lediglich die Figur von Heinrich Julius stehen. In dem geänderten Entwurf dokumentierte auch Herzog Friedrich Ulrich, unter dem die Kirche vollendet wurde, neben seinem Vater seine landesherrliche und bischöfliche Gewalt.

Wolfenbüttel, Hauptkirche Beatae Mariae Virginis, Innenansicht

Der Innenraum der Kirche wird von sechs schlanken Achteckpfeilern bestimmt, die auf hohen Postamenten stehen. Die quadratischen Kapitelle der Pfeiler sind mit Beschlagwerk und mit Engelsköpfen auf Rollwerkkartuschen verziert. Der ursprüngliche Plan Paul Franckes sah statt der Achteckpfeiler komposite Termen vor, wie sie in ähnlicher Form im Juleum in → **Helmstedt** zur Ausführung gelangten.

Der Hochaltar der Kirche, gefertigt von dem aus Freiberg stammenden Bernhard Ditterich (1585–1640), war ursprünglich für die von Heinrich Julius gestiftete Dreifaltigkeitskirche der Prager Kleinseite vorgesehen. Der dreizonige Altar wurde 1623 für die Wolfenbütteler Kirche zum Epitaphaltar für Heinrich Julius umgebaut. An der Predella zeigt ein Relief die Abendmahlszene; in der Hauptzone ist eine vollplastische Kreuzigungsgruppe zu sehen. Reliefs mit der Ecce-Homo-Szene, Christus am Ölberg sowie der Kreuzabnahme an den Seiten und die bekrönende Figur des Auferstandenen vervollständigen das Bildprogramm.

Die zwischen 1619 und 1623 vom Quedlinburger Georg Steyger gefertigte Kanzel wurde 1626 von einem Mittelpfeiler an ihren heutigen Standort an der südwestlichen Vierungsecke versetzt. Der Korb wird von der Gestalt des Moses getragen. Die Kassettenreliefs zeigen Szenen aus dem Leben Christi. Weitere Ausstattungsstücke wie die Messingtaufe, die 1517 für die Schlosskapelle gefertigt worden war, das Chorgestühl sowie die Gemälde an den Emporen des Chors und des Langhauses stammen noch aus der Renaissance. An der Südwand des Langhauses befindet sich der Grabstein Paul Franckes mit seinem Porträt und einer umlaufenden Inschrift, die auf seine Tätigkeit in Wolfenbüttel hinweist.

Kurz vor seinem Tod plante → **Michael Praetorius** eine Orgel mit 35 Registern auf drei Manualen und Pedal für die neue Hauptkirche. Sie wurde zwischen 1620 und 1624 von dem Meißener Orgelbauer Gottfried Fritzsche errichtet und gehörte zu den bedeutendsten Orgeln aus der Zeit des beginnenden Dreißigjährigen Kriegs (heutiges Werk von 1960). Typisch für die Spätrenaissance ist die kontrastreiche Bemalung des Prospekts, dessen Grundform aus gleichschenkligem Dreieck und Quadrat entwickelt wurde. BU / EU / DS (Musik)

AUSFLUG

Helmstedt

(ca. 40 km östlich von Wolfenbüttel)

Der Ort »Helmonstedi« wurde 952 erstmals erwähnt. 1490 erhielten die welfischen Herzöge, die kontinuierlich an Einfluss gewonnen hatten, die Stadtherrschaft. Das Stadtbild wird noch heute von zahlreichen Fachwerkhäusern des 16. und 17. Jh. geprägt.

Academia Julia (ehemalige Universität)

Da in dem reichsunmittelbaren Stift Gandersheim keine Expansionsmöglichkeiten bestanden, ließ Herzog Julius von Braunschweig-Lüneburg (reg. 1568–1589) das dortige Pädagogium 1574, fünf Jahre nach Einführung der Reformation, nach Helmstedt verlegen; die Erhebung zur Universität erfolgte 1576. Nach kurzer Zeit hatte sich hier eine Zufluchtsstätte der Philippisten, der Anhänger des Reformators Philipp Melanchthon, und der Späthumanisten entwickelt. Die Helmstedter Universität war die erste Braunschweigische Landesuniversität, an der Jura, Medizin, Philosophie und Theologie gelehrt wurden. Sie war der erste deutsche Universitätsneubau der Neuzeit und entwickelte sich bald zur zweitgrößten Universität im Heiligen Römischen Reich, verlor aber mit der Gründung der Göttinger Universität 1734 an Bedeutung und wurde schließlich 1810 aufgelöst.

Zunächst wurden 1577/78 nach Entwürfen des Architekten Paul Francke (1537/38–1613) zwei schlichte Collegiengebäude auf den Grundmauern eines mittelalterlichen Klosters errichtet, die u. a. die Fakultät der Sieben Freien Künste (Grammatik, Rhetorik, Dialektik, Geometrie, Musik, Arithmetik, Astronomie). aufnahmen. In den Jahren von 1593 bis 1597 ließ Herzog Heinrich Julius nördlich dieses Komplexes ein zweigeschossiges Hauptgebäude errichten, das 1612 eingeweihte sog. Juleum, das mit seinen zahlreichen Giebeln und aufwändig gestalteten Zwerchhäusern einen sehr reichen Bauschmuck aufweist. Im Erdgeschoss waren die zweischiffige Aula und im Obergeschoss die Bibliothek und zwei Hörsäle untergebracht.

Die seitlichen Giebel und die der südlichen Zwerchhäuser sind mit Figuren in antikisierenden Rüstungen geschmückt. Die Darstellungen der Fides, Spes, Justitia und Prudentia (Glaube, Hoffnung, Gerechtigkeit, Klugheit) zieren die Giebelspitzen; sie versinnbildlichen die theologische, philosophische, juristische und medizinische Fakultät. Voraussetzung für den Zugang zum Studium dieser Fakultäten war das Studium der *septem artes liberales*, der Sieben Freien Künste. Ihre Personifikationen - es haben sich lediglich fünf Figuren erhalten - schmücken das Hauptportal am Treppenturm der Südfassade.

Mit der Verteilung der Neben- und Verwaltungsbauten um einen gemeinsamen Innenhof wurde ein Funktions- und Bautypus bevorzugt, der in Italien und England für Collegien gebräuchlich war. Bis etwa 1590 entstand eine Anlage, wie sie bereits im Collegio di Spagna in Bologna (1365–1367) und im New College in Oxford (1380–1386) vorgebildet war. Die Anordnung der Gebäude erinnert u. a. an die 1577 publizierten Architekturfantasien des Hans Vredemann de Vries.

Der Südflügel des Helmstedter Collegiengebäudes wurde im 19. Jh. durch ein Gymnasium in Neorenaissanceformen ersetzt. Heute ist nur der ehemalige Weinkeller, der genauso wie die Mensa zur Universität gehörte, öffentlich zugänglich; die Gewölbe beherbergen das Heimatmuseum. EU

Helmstedt, Blick auf das Juleum der ehemaligen Universität

JULIUS ECHTER VON MESPELBRUNN ALS BAUHERR IN WÜRZBURG

Julius Echter von Mespelbrunn (reg. 1573–1617) übte in seiner Amtszeit als Fürstbischof von Würzburg eine auf *reformatio,* die Rekatholisierung des Bistums und die Neuordnung der Verwaltung (vor allem der Finanzen) bedachte Herrschaft aus. Er war jesuitisch erzogen worden, hatte an den bedeutendsten Universitäten der Zeit (u.a. Paris, Löwen, Pavia) studiert und war dort zu einem energischen Verfechter der Gegenreformation geworden. Als geistlicher Reichsfürst »frühabsolutistischer« Prägung demonstrierte er in seinen auch außerhalb Würzburgs zahlreichen Bauprojekten die Macht der katholischen Kirche. Dem über der Stadt liegenden und von Echter ausgebauten Bergschloss stellte er mit dem Juliusspital (1576–1580, im 18. Jh. mehrfach umgebaut), der Universität sowie der Universitätskirche ein wohl kalkuliertes Ensemble repräsentativer Bauwerke gegenüber. Diesen Ansatz zur städtebaulichen Neuordnung und Vereinheitlichung Würzburgs kann man mit der geplanten Neuorganisation des Dombezirks in → **Salzburg** unter Fürstbischof Wolf Dietrich von Raitenau (reg. 1587–1612) sowie mit den älteren städtebaulichen Tendenzen unter Kardinal Albrecht von Brandenburg (reg. 1513–1545) in Halle und mit den Plänen des Papstes Sixtus V. (reg. 1585–1590) vergleichen, der Rom mit Hilfe von Nutz- und Prachtbauten sowie etlichen Straßendurchbrüchen ein neues Gepräge verlieh.

Bergschloss Marienberg

Den linksmainischen, an drei Seiten steil abfallenden Höhenzug dominiert die außerhalb der Stadt liegende und bis ins 18. Jh. bewohnte fürstbischöfliche Residenz, die bereits kurz nach ihrer Gründung durch Bischof Konrad von Querfurt (reg. 1198–1202) zu einer mächtigen Burganlage mit Bergfried ausgebaut wurde. Unter Wahrung der mittelalterlichen Bauteile wurde die Burg durch die Fürstbischöfe Rudolf von Scherenberg (reg. 1466–1495), Lorenz von Bibra (reg. 1495–1519) und schließlich durch Julius Echter in zwei Bauphasen (ab 1572 und ab 1600) erweitert, so dass 1604 eine Vierflügelanlage um einen geräumigen Innenhof entstand, wobei die Errichtung der drei Ecktürme auf die Ansicht von der Stadt aus berechnet worden war. Die westliche dreiflügelige Vorburg wurde erst zwei Jahre später vollendet. Heute sind diese Bauten durch den bis 1750 entstandenen mehrteiligen Befestigungsgürtel umschlossen, der als Reaktion auf die Eroberung der Festung während des Dreißigjährigen Kriegs errichtet wurde. Für den Entwurf des Kernschlosses war vermutlich der niederländische Architekt Georg Robin (um 1520/25 – um 1595) verantwortlich, für die Errichtung der Vorburg der Stadtbaumeister Jakob Wolff d. Ä. aus → **Nürnberg**.

Den Innenhof dominiert die Marienkirche, ein um 1000 entstandener Rundbau, an den Echter 1603 einen Rechteckchor mit fürstlichem Oratorium und einen Verbindungsgang zum Schlossnordflügel anbauen ließ. Außen erhielt der Zentralbau ein Portal aus Rotsandstein (zwischen 1600 und 1604, 1893 erneuert), an dem in mehreren Zonen u. a. die Figuren der Apostel Petrus und Paulus, des ersten Bischofs von Würzburg, Burkhard, sowie des Märtyrers St. Kilian und der Muttergottes angebracht sind. Die herausragende Stuckausstattung im Inneren der Marienkirche von 1610/12 zeigt auf der Tambourwand die sieben Werke der Barmherzigkeit und oberhalb des Chorbogens die Verkündigung an Maria. In den von Rippen eingefassten Kompartimenten der Kuppel werden der Schmerzensmann und die Engel mit Leidenswerkzeugen jeweils innerhalb eines Wolkenkranzes dargestellt. Diese z. T.

vollplastischen Stuckfiguren sind von der Wandfläche gelöst und erzeugen die Illusion eines Himmelsgewölbes.

Seine fürstliche Wohnung hatte Echter wie seine Vorgänger im stadtseitigen Ostflügel, dem sog. Fürstenbau, eingerichtet. Vom Hof aus gelangt man über eine Prunkwendeltreppe, die sog. Bibratreppe (1511), die von drei um eine Hohlspindel angeordneten Säulen getragen wird und in einem kunstvollen Gewölbe endet, in den Fürstensaal des ersten Obergeschosses. Dieser zu Echters Privatgemächern gehörige Raum zeigt als sichtbaren Rest des alten staufischen Palas (um 1240) eine Wandgliederung aus Säulen und Dreiecksgiebeln, die durch die Jahrhunderte von allen Bewohnern wertschätzend erhalten wurde. In räumlicher Verbindung zum Fürstenbau lag im ersten Obergeschoss des Nordflügels der sog. weiße Saal (Teile davon heute im sog. Paramentensaal aufgegangen), der für seine Stuckausstattung berühmt war: Die Wände zierten teilplastische, stuckierte Hirschkörper mit echten Geweihen (zu weiteren Hirschsälen → **Schleswig**, → **Weikersheim**, → **Güstrow**).

Alte Universität und Universitätskirche

Da für Echter die Universität der Ort war, an dem der Nachwuchs im rechten, d. h. tridentinischen Glauben für Staat und Kirche herangezogen werden sollte, setzte er sich seit dem Beginn seiner Regierungszeit für ihren Bau ein. Neben der jesuitisch geführten Akademie in Dillingen an der Donau (1551/54) und der Universität in → **Graz** (1586) war die Würzburger Universität eine der wenigen katholischen Gründungen des 16. Jh. Sie wurde in den Jahren zwischen 1583 und 1591, sehr wahrscheinlich ebenfalls nach einem Entwurf von Georg Robin, als Vierflügelanlage neu errichtet.

Während die Kolleggebäude im Verlauf der Jahrhunderte nur unwesentlich verändert wurden, ist die Geschichte der Universitätskirche, die einen direkten Achsen- und Sichtbezug zum Bergschloss aufweist, komplexer: Die von 1586 bis 1591 errichtete dreischiffige, querschifflose Hallenkirche mit eingezogenen Emporen und eingestelltem Turm im Westen musste bereits in den Jahren zwischen 1627 und 1631 umgebaut werden, da die südlichen Außenmauern durch den Gewölbedruck seitlich ausgewichen waren. Erst von 1696 bis 1703 wurde der Turm durch den oberitalienischen Baumeister Antonio Petrini neu errichtet. Im Rahmen dieser Maßnahme wurde auch die Südfassade (Straßenfassade) der Kirche mit geschossübergreifenden Pilastern neu gestaltet und die Farbfassung des Inneren verändert. Vom ursprünglichen Äußeren der Kirche sind demnach lediglich die dem Hof zugewandte Nordseite mit Ädikulaportal und drei übereinander liegende Reihen mit Maßwerkfenstern erhalten.

Im Inneren der ehemals mit einem aufwändigen Netzgewölbe versehenen Kirche, die heute als Aula genutzt wird, ist der Zustand der Erbauungszeit noch erfahrbar. Die Seitenschiffe weisen zweigeschossige Emporen auf, so dass eine dreigeschossige Arkadenwand entsteht, die den lokal verbreiteten Bautypus der Hallenkirche, den Julius Echter für den Bau wählte, im Innenraum kaum ersichtlich macht. Vor die Pfeiler der Arkatur sind kannelierte Halbsäulen gelegt, die, getrennt durch verkröpfte Gebälke, in der hierarchischen Ordnung toskanisch-ionisch-korinthisch aufsteigen und so eine Superposition bilden. Diese Gliederung bestimmt auch die westliche Wand, bei der jedoch der mittlere Bogen des dritten Arkadengeschosses zu einem Triumphbogen erhöht ist. IK

DER ABLÖSUNGSPROZESS DER VEREINIGTEN NIEDERLANDE VOM HEILIGEN RÖMISCHEN REICH

Zwischen 1381 und 1451 hatten die Burgunderherzöge durch Heirat, Erbschaften und Eroberungen ein zusammenhängendes Territorium in den Niederlanden geschaffen, bestehend aus mehreren Grafschaften und Herzogtümern, die zum Teil unter französischer Herrschaft, zum Teil unter Reichshoheit standen. Die Herzöge Philipp der Gute und vor allem dessen Sohn, Karl der Kühne (reg. 1467–1477), waren bestrebt, ihre verschiedenen Besitztitel zu einem souveränen Königreich Burgund auszubauen. Nach dem Tod Karls vor Nancy im Krieg gegen die Eidgenossen 1477 fiel der größte Teil seiner Lande an den Gemahl seiner

Leiden, Stadhuis

Erbtochter Maria, den Römischen König und späteren Kaiser Maximilian I. (reg. 1493/1508–1519). Dessen Nachfolger, Karl V. (reg. 1519–1556), vermehrte seine niederburgundischen Erblande um die nordöstlichen Provinzen, die noch nicht zum Burgunderreich gehört hatten: Von 1515 bis 1523 wurde Friesland angegliedert, 1528 Utrecht und Overijssel. Groningen und die Ommelanden folgten 1536, und 1543 führte der kurze Krieg gegen Herzog Wilhelm V. von Kleve-Jülich-Berg zur habsburgischen Erwerbung des Herzogtums Geldern. Auch Karls Rechte über Flandern, die ihm vom französischen König Franz I. lange streitig gemacht worden waren, wurden 1529 endgültig anerkannt.

Karls Interessen als Kaiser waren nicht unbedingt identisch mit denen seiner habsburgischen Dynastie, die das burgundische Erbe absichern und möglichst von Reichssteuern frei halten wollte. Im Burgundischen Vertrag von 1548 gelang es Karl, die Familieninteressen des Hauses Habsburg gegen den Widerstand der Reichsstände durchzusetzen und die Niederlande zu freien und souveränen Fürstentümern zu erheben, auf welche die Reichsgesetze keine Anwendung fanden. 1555 übergab Karl die Herrschaft über die Niederlande seinem Sohn Philipp II., den er bereits 1549 als zukünftigen spanischen König und damit als seinen Nachfolger in den Niederlanden eingeführt hatte.

Nach der Abdankung Karls im Jahr 1556 zu Gunsten seines Bruders Ferdinand I. als Kaiser (reg. 1556–1564) und seines Sohns Philipp II. als König von Spanien (reg. 1556–1598) kam es in den Niederlanden zunehmend zu Konflikten zwischen Philipp und den freiheitlich-ständischen Kräften des Adels und Bürgertums. Religiöse Unruhen vor dem Hintergrund der forcierten Durchsetzung der Inquisition führten 1566 zum Bildersturm der Calvinisten. Sowohl Philipp, der 1567 den Herzog von Alba mit einem starken Heer in die aufständischen Provinzen entsandte, als auch Willem I. van Oranje (1533–1584), der Führer des Aufstands gegen die spanische Herrschaft, beriefen sich auf den Burgundischen Vertrag und erwarteten Unterstützung vom römisch-deutschen Kaiser Maximilian II. (reg. 1564–1576). Um den Religionsfrieden im Reich nicht zu gefährden, vermied der Kaiser jedoch jede direkte Parteinahme. Mit der 1568 erfolgten Hinrichtung der aufständischen Grafen Egmond und Horn durch den Herzog von Alba spitzte sich der Konflikt weiter zu, was dazu führte, dass sich die Provinzen Holland und Zeeland unter Führung Willems I. 1572 zum Kampf gegen Spanien zusammenschlossen.

1579 vereinigten sich sieben nördliche Provinzen durch die Union von Utrecht zu den sog. Generalstaaten, während die südlichen Provinzen unter die spanische Herrschaft zurückkehrten. Als Folge des Aufstands entstanden zwei »Niederlande«, im Norden ein calvinistisch-oranisches und im Süden ein katholisch-spanisches, mit der weitgehenden Festlegung der heute noch bestehenden Nord-Süd-Grenze zwischen Belgien und den Niederlanden. 1609 erkannte König Philipp III. von Spanien die Selbstständigkeit der Generalstaaten an. Nachdem dessen Nachfolger Philipp IV. 1621 einen letzten erfolglosen Versuch unternommen hatte, die abtrünnigen Provinzen zurückzuerobern, beendete die internationale Anerkennung der Vereinigten Niederlande im Westfälischen Frieden von 1648 schließlich den Achtzigjährigen Unabhängigkeitskrieg.

RS

AMSTERDAM

»Die Luft, das Wasser, die Lage, die Gemächlichkeit, die zahlreichen Kanäle, die man an nahezu allen Straßen findet, und viele andere Gründe lassen diese Stadt zu Recht als ein zweites Venedig erscheinen.«

Ludovico Giucciardini, 1567

Die Stadt verdankt ihren Ursprung einem kleinen Dorf an der Amstel-Mündung in die Bucht der IJ, die den südlichsten Teil der Zuiderzee (heute IJselmeer genannt) bildete. Im Jahr 1306 verlieh der Bischof von Utrecht Amsterdam das Stadtrecht (der Name Amsterdam ist abgeleitet von dem Damm, der gegen die häufig drohenden Hochwasser der Amstel errichtet wurde). Schon in den Jahren vor dem Bildersturm, der 1566 auch hier wütete, hatten vor allem der Getreidehandel und der Fischfang zu einem nachhaltigen wirtschaftlichen Aufschwung geführt, der die Errichtung zahlreicher öffentlicher Gebäude zur Folge hatte.

Die große wirtschaftliche und kulturelle Zeit der Stadt begann während des Freiheitskampfs der sieben nördlichen Provinzen der Niederlande gegen die spanische Herrschaft,

Job Adriaenz. Berckheyde, Innenhof der Amsterdamer Börse, 1668 (Amsterdams Historisch Museum)

als Amsterdam sich 1578 dem Aufstand (Satisfactie van Amsterdam) anschloss. Da die Generalstaaten in der Union von Utrecht 1579 für kurze Zeit die Glaubensfreiheit garantierten, wurden sie, allen voran Amsterdam, zum wichtigsten Anziehungspunkt für Glaubensflüchtlinge aus den südlichen Landesteilen. Zudem leitete die Sperrung der Schelde den bedeutenden Handelsstrom aus Südeuropa von → **Antwerpen** nach Amsterdam um. In der Mitte des 16. Jh. lebten etwa 60.000 Menschen in der Stadt; zwischen 1585 und 1595 verdoppelte sich ihre Einwohnerzahl. Diese Bevölkerungsexplosion stand in Verbindung mit dem überaus erfolgreichen Überseehandel, der 1602 zur Gründung der Verenigde Oost-Indische Compagnie führte.

1594 wurde der aus Utrecht stammende Hendrick de Keyser (1565-1621) zum städtischen Bildhauer und Stadtbaumeister ernannt. In dieser Funktion hat er wie kein Zweiter das Gesicht der rasch wachsenden Stadt geprägt. Durch ihn gelangte der sog. Floris-Stil, der in den südlichen Niederlanden entstanden war (→ **Vorlagenblätter**), in den nördlichen Niederlanden zu einer letzten großen Blüte. Vermutlich wird De Keyser schon in der Schreinerwerkstatt seines Vaters in Utrecht die Entwürfe von Hans Vredeman de Vries (1526-1609) kennen gelernt haben. Während seine profanen Bauten mit überreichem plastischen Schmuck versehen sind, heben sich seine Kirchenbauten durch eine klare und eher schlichte Gliederung der Fassaden deutlich davon ab. Damit entsprach er dem Willen der protestantischen bzw. calvinistischen Auftraggeber, die keine prunkvollen Kirchen wünschten. Neben seiner Tätigkeit als Architekt schuf De Keyser mit seiner großen Bildhauerwerkstatt, die selbst aus dem skandinavischen Raum Aufträge erhielt, bedeutende Werke, wie z. B. das Grabdenkmal für Willem I. van Oranje in → **Delft.**

Der über Jahrhunderte währende Reichtum der Stadt hatte eine rege Bautätigkeit zur Folge, die auch bewirkte, dass einige bedeutende Bauten des 16. und frühen 17. Jh. abgerissen wurden, so z. B. das Paalhuis (Akzisehuis) von 1558, die Waage von 1566 und das Kinderwaisenhaus von 1598. Die von De Keyser zwischen 1608 und 1611 errichtete Börse musste 1835 auf Grund von Senkungsschäden abgerissen werden. Als Vorbild diente die Börse in London, die De Keyser 1607 persönlich in Augenschein genommen hatte. Das vierflügelige, rechteckige Gebäude, das sich im Erdgeschoss zum Innenhof mit einer Arkadenanlage öffnete, hatte man über den Rokin-Kanal gebaut; ein etwa 40 m hoher Turm hob es im Stadtbild hervor.

Oude Kerk St.-Niclaas

Um 1300 begann man, den romanischen Vorgängerbau durch die heutige Kirche zu ersetzen. Zwischen dem 14. und 16. Jh. vergrößerte man die Kirche durch Kapellen und einen Chorumgang. Die reiche Ausstattung u. a. mit Altären von → **Jan van Scorel** und → **Maarten van Heemskerck** ging durch den Bildersturm verloren.

Seitlich neben dem um 1525 in spätgotischen Formen errichteten Nordportal entstand in der ersten Hälfte der 1540er Jahre die Heilig Grafkapel in antikisierender Formensprache. Der Giebel der Kapelle schließt mit einer Blindnische, die von einer Ädikula gerahmt wird. Zwischen den Pilastern der Ädikula und den flankierenden Kandelabern sind Voluten gespannt, die in Delfinköpfen und Blattranken enden.

Jan Pietersz. Sweelinck, Kupferstich von Jan Muller, 1624

JAN PIETERSZ. SWEELINCK (Deventer 1562–1621 Amsterdam)

Schon Jahrhunderte vor Einrichtung der ersten Musikhochschulen im 19. Jh. gab es einzelne, international bekannte Instrumentalvirtuosen, die Schüler aus vielen Ländern unterrichteten. Jan Pietersz. Sweelinck, den man den »Orpheus von Amsterdam« nannte, war zu Beginn des 17. Jh. der bedeutendste Orgellehrer in Nordeuropa. Vor allem die reichen Hansestädte, die stolz auf gute Kirchenmusik waren, schickten viele begabte junge Spieler mit städtischen Stipendien zur Ausbildung nach Amsterdam. Zu Sweelincks Schülern gehörten – mit Samuel Scheidt (1587–1654), Jacob Praetorius (1586–1651) und Heinrich Scheidemann (um 1596–1663) – die Begründer der norddeutschen Orgelkunst, die rund 100 Jahre später in den Werken von Dietrich Buxtehude und Johann Sebastian Bach ihren Höhepunkt erreichte.

Im Gegensatz zu vielen anderen zeitgenössischen Musikern unternahm Sweelinck keine Reisen und wechselte auch nicht den Anstellungsort, sondern versah von 1580 (möglicherweise schon früher) bis zu seinem Tod das Organistenamt an der Oude Kerk.

Da die Calvinisten den Einsatz der Orgel im Gottesdienst nicht zuließen, stand Sweelinck im Dienst der Stadtverwaltung und gab zu festgesetzten Zeiten öffentliche Konzerte. Sweelincks freie Fantasien, Fugen und Improvisationen zu beliebten Liedern galten als Attraktion für die Besucher Amsterdams, doch trotz seines Ruhms führte der große Virtuose ein zurückgezogenes Leben im Kreis seiner Familie. Aus dieser ging ein weiterer Künstler hervor: Einer seiner Brüder, Gerrit Sweelinck, war Maler und bildete den jungen Pieter Lastman aus, der wiederum Lehrmeister Rembrandts (1606–1669) wurde.

Sweenlinck hinterließ nicht nur Cembalo- und Orgelwerke, sondern auch französische Chansons, italienische Madrigale, lateinische Motetten und eine einzigartige Sammlung französischer Psalmvertonungen. An Sweelincks Grabstätte in der Oude Kerk erinnert heute eine Gedenktafel an einem der rechten Chorpfeiler. DS

**Amsterdam, Oude Kerk,
Fenster von Lambert van Noort,
Verkündigung und Heimsuchung, 1555**

1553 wurde an der Nordseite des Chors eine Marienkapelle angebaut. Für deren Fenster lieferten die Glasmaler Digman Meynaert und Hans Scrivers Glasfenster nach Vorlagen, die 1555 entworfen wurden und Dirck Crabeth (tätig in Gouda um 1540–1574) sowie Lambert van Noort (um 1520–1571) zugeschrieben werden. Das Fenster nach Crabeth zeigt Maria im Sterbebett, das von Van Noort die Verkündigung und die Heimsuchung Mariens. Ein weiteres Fenster zeigt die Anbetung der Hirten. Lambert van Noorts Arbeit zeichnet sich durch die souveräne Verwendung einer antikisierenden Architektur aus, die eine große räumliche Tiefe suggeriert. Zahlreiche Restaurierungen vom 17. bis zum 20. Jh. haben die Originalsubstanz der Glasmalereien stark beeinträchtigt.

Zuiderkerk

1602 wurde der Bau der Zuiderkerk beschlossen, die auf einen Entwurf des Stadtbaumeisters Hendrick de Keyser zurückgeht. In der ersten neu gebauten protestantischen Kirche in Amsterdam wurde 1611 erstmals gepredigt. Das Kirchenschiff hat einen pseudobasilikalen Aufbau, der an eine gotische Hallenkirche erinnert. Besonders eindrucksvoll ist die fünfzonige Bekrönung des 68 m hohen Turms, der 1614 vollendet wurde: Über dem rechteckigen Rumpf erhebt sich ein achteckiger Aufbau mit über Eck gestellten ionischen Pilastern und Rundnischen. Vor den vier Ecken des Rumpfs steht jeweils eine ionische Säule, deren Gebälk mit dem Oktagon verbunden ist. Im darüber liegenden Geschoss ist ein Uhrwerk untergebracht. Seit 1929 wird die Kirche zu kulturellen Zwecken genutzt.

Westerkerk

Im Zuge der nordwestlichen Stadterweiterung wurde 1620 der Grundstein für die 29 m breite und 52 m lange Westerkerk gelegt, deren Entwurf ebenfalls De Keyser geliefert hatte. Als der Stadtbaumeister bereits ein Jahr nach der Grundsteinlegung starb, übernahm sein Sohn Pieter die Bauleitung. 1631 konnte die Kirche geweiht werden.

Der ca. 88 m hohe Turm, erst 1638 vollendet, ist bis heute als höchster Turm Amsterdams das Wahrzeichen der Stadt. Die Turmspitze schließt mit einer Kaiserkrone ab, deren Gestaltung sich an die Krone von Kaiser Rudolf II. anlehnt. Sie erinnert daran, dass Maximilian I. Amsterdam 1489 das Recht verliehen hatte, die Kaiserkrone im Stadtwappen zu führen, nachdem die Stadt ihn während des Aufstands einiger südniederländischer Städte unterstützt hatte. Der Kirchturm wurde somit Teil der städtischen Repräsentation.

Die insgesamt vier Fassaden der beiden Querhäuser weisen links und rechts als seitlichen Abschluss eine Kolossalordnung auf: Auf den dorischen Pilastern erheben sich ionische Säulen. Die gotisierenden Fenster des Kirchenschiffs sind im Erdgeschoss jeweils von Dreiecksgiebeln überfangen. Im Kirchenbau der Zeit um 1600 griff man häufig auf gotische Gestaltungselemente zurück, da diese als typisch für sakrale Bauten galten.

Noorderkerk

Ebenfalls im Zuge der Stadterweiterung wurde 1620 der erste Stein zu diesem Kirchenbau gelegt, der bereits drei Jahre später vollendet war. Den Plan für die in Form eines gleichschenkligen griechischen Kreuzes angelegte Kirche lieferte wiederum De Keyser. Die ungewöhnliche Form ermöglicht die optimale Sicht- und Hörbarkeit des Pfarrers in der Kanzel, ein wichtiges Kriterium für den protestantischen Gottesdienst.

Die Kirche erscheint wie aus fünf Vierecken zusammengesetzt, wobei das innere Viereck kreuzgratüberwölbt ist, während die Querschiffe von hölzernen Tonnen überfangen werden. Das Innere gleicht mit den mächtigen Wandpfeilern der Gestaltung der Zuiderkerk. Die zwischen den Kreuzarmen eingespannten Baukörper sind niedriger als der Kirchenraum und verleihen der Kirche ein oktogonales Erscheinungsbild. Die Noorderkerk wird von einem Turm mit Uhrwerk bekrönt.

Oostindisch Huis

Das Haus der V.O.C. (Verenigde Oost-Indische Compagnie) entwickelte sich aus dem städtischen Zeughaus, das in der Mitte des 16. Jh. an der Ecke Oude Hoogstraat und Kloveniersburgwal errichtet worden war. Da das Zeughaus durch die notwendig gewordenen Stadterweiterungen zu weit vom Stadtwall entfernt lag, wurde es der V.O.C. als Lagerhaus und Kontor überlassen.

Während die Seitengiebel relativ schlicht gehalten waren, wiesen die schmaleren Vorder- und Hintergiebel reiche Verzierungen und Voluten auf. 1606 wurde das Haus unter der Leitung von De Keyser um zwei im rechten Winkel anschließende Flügel erweitert. 1633 fügte sein Sohn Pieter einen Eingangsflügel entlang der Hoogstraat hinzu, so dass sich nun der Komplex um den Innenhof schloss. Diese Erweiterungen sind heute noch erhalten, während das alte Zeughaus 1891 niedergelegt wurde. Die Gebäudeteile zeichnen sich durch den Wechsel von Natur- und Backsteinen aus. Die äußere Gestaltung der Seitenflügel zum Innenhof hin zeigt deutlich den Einfluss von → **Vorlagenblättern** des Hans Vredeman de Vries: In den Bögen über den Kreuzstockfenstern befindet sich z. B. ornamentaler Bauschmuck mit Rollwerk. Die Fassade des Eingangsflügels ist durch monumentale Pilaster aus Backstein gegliedert.

Huis Bartolotti

Das prunkvolle Haus in der Herengracht 170-172 entstand zwischen 1618 und 1620 für die Familie Bartolotti vermutlich nach Plänen Hendrick de Keysers. Der Auftraggeber Willem van den Heuvel (gest. 1634) wurde 1560 als Kind niederländischer Glaubensflüchtlinge in Hamburg geboren. Seine Tante, die den Italiener Jan Baptista Bartolotti geheiratet hatte, vermachte Willem ihr Vermögen mit der Auflage, von nun an den Familiennamen Bartolotti zu führen. Nach seiner Rückkehr nach Amsterdam 1608 eröffnete Willem ein Bankhaus, das u. a. den Statthalter von Oranje-Nassau und den sog. Winterkönig Friedrich V. von der Pfalz zu seinen Kunden zählte.

Amsterdam, Huis Bartolotti (Herengracht 170–172)

Die mit sechs Fensterachsen versehene Fassade entspricht weitgehend dem Erbauungszustand, während das Innere 1689, 1735 und 1755 stark verändert und erweitert wurde. Einen besonderen Reiz erhält die Front durch ein zweifaches Abknicken, um die Kurve der Herengracht auszugleichen. Über dem natursteinernen Kellersockel erhebt sich das Erdgeschoss mit Pilastern dorischer Ordnung zwischen den Kreuzstockfenstern. Im zweiten und dritten Geschoss sind Pilaster ionischer Ordnung ausgebildet, wobei die oberen Kapitelle aufwändiger gestaltet sind. Die Fassade ist zudem reich mit Rollwerkkartuschen, Engels- und Löwenköpfen verziert. Über den vier mittleren Fensterachsen erhebt sich ein Volutengiebel. Die zwei Eingänge im Erdgeschoss stammen von einem der späteren Umbauten. Heute wird das Haus als Theatermuseum genutzt.

Rijksmuseum

Die Sammlung des Rijksmuseums war im Jahr 1800 zunächst als Nationale Kunstgalerie in Den Haag eröffnet worden, zog aber bald nach Amsterdam um. Obgleich das Haus im Allgemeinen mit Meisterwerken der nordniederländischen Maler des 17. Jh. in Verbindung gebracht wird, gehören auch Gemälde des 16. Jh. - z. T. auch der südlichen Niederlande - zu den Höhepunkten der Sammlung. So bietet sie, zusammen mit den kunstgewerblichen Sammlungsstücken wie Gläsern *à la façon de Venise,* Goldschmiedearbeiten sowie Skulpturen und Grafik, einen umfassenden Überblick über die Kunst- und Kulturgeschichte der Niederlande im 16. Jh.

In der Sammlung sind Werke von → **Lucas van Leyden** vertreten. Sein Gemälde mit der Darstellung des Tanzes um das Goldene Kalb aus der Zeit um 1530 ist ein Triptychon für den häuslichen Gebrauch. Das Selbstporträt des Jacob Cornelisz. van Oostsanen, der seine Werkstatt in Amsterdam führte, wendet sich in direktem Blickkontakt an den Betrachter. Maria Magdalena ist in dem Gemälde von → **Jan van Scorel** vom Ende der 1520er Jahre als venezianische Kurtisane dargestellt. Die zusammengehörenden Porträts eines Mannes und einer Frau aus dem Jahr 1529 von → **Maarten van Heemskerck** sind schöne Beispiele für die bürgerliche Porträtkunst dieser Zeit. Die Darstellung von Abraham und Melchisedek auf einem Wandteppich aus dem Leidener Atelier von Willem Andriesz. de Raet ist einem entsprechenden Teppich nach einem Entwurf von → **Barent van Orley** entlehnt. Mit der Kleinbronze eines nackten Kriegers begegnen wir einem Werk von Willem Danielsz. van Tetrode aus der Zeit um 1570. Der aus Delft stammende Künstler hielt sich von 1545 bis 1551 in der Florentiner Werkstatt Benvenuto Cellinis auf, ehe er nach Rom ging und 1567 nach Delft zurückkehrte. Schließlich sind in dem Museum auch Werke der sog. → **Haarlemer Manieristen** zu bewundern.

Amsterdams Historisch Museum

Das Museum ist in einem Gebäude aus dem 17. und 18. Jh. untergebracht, das an der Stelle des alten Kinderwaisenhauses von 1598 errichtet wurde. Die Dauerausstellung illustriert u. a. die Sozial-, Wirtschafts-, Kunst- und Kulturgeschichte Amsterdams im 16. und frühen 17. Jh. Besonders hervorzuheben ist das Fragment eines Altarbilds mit der Anbetung der Hirten von → **Pieter Aertsen.** Es ist das einzige von einem Amsterdamer Maler erhaltene Altargemälde aus der 1578 umgestalteten Nieuwe Kerk in Amsterdam. GvB

Albrecht Altdorfer, Alexanderschlacht, 1529 (München, Alte Pinakothek)

DIE GATTUNGEN DER MALEREI

In der Renaissance begannen die Maler, sich auf bestimmte Sujets zu konzentrieren und verlegten sich damit innerhalb der Malerei auf verschiedene Fächer. Bei dieser Spezialisierung bildeten sich fünf Disziplinen heraus, die unterschiedlich bewertet wurden. So hielt man es z. B. für schwieriger, einen lebenden Menschen zu malen als etwa einen Baum. Weit mehr als einen Landschaftsausblick, der lediglich die Natur nachahmt, schätzte man die Rekonstruktion vergangener Ereignisse im Bild, weil dieses Bildung und Einbildungskraft des Malers verlangte. So entstand eine Rangordnung der Bildgattungen vom Stillleben über Landschaft, Genre und Porträt bis hinauf zur Historienmalerei. Diese Trennung der Arbeitsfelder wurde bereits praktiziert, bevor sie auch in der beruflichen Organisation der Künstler im 17. Jh. vollzogen wurde.

Den theoretischen Schriften des Humanisten, Künstlers und Gelehrten Leon Battista Alberti (1404–1472; *Della pittura libri tre*) und anderen neuzeitlichen Theoretikern zufolge thematisiert die **Historienmalerei** historische Ereignisse, Geschichten des Alten und Neuen Testaments und der Mythologie. Ihre Darstellung verlangte vom Maler nicht grundsätzlich eine authentische Wiedergabe der Ereignisse, sondern eine aus Überlieferung und Erfindung rekonstruierte Darstellung mit dem Anspruch maximaler Wahrscheinlichkeit. Wurde die Historienmalerei im Mittelalter von der Darstellung der biblischen Geschichte und der Heiligenlegenden dominiert, so entstanden seit dem 14. Jh. im Umkreis der Höfe vermehrt Ereignisbilder, die Schlachten dokumentierten, etwa Paolo Uccellos *Schlacht bei S. Romano* (um 1456/57, Florenz, Galleria degli Uffici). Einen Höhepunkt erreichte das auf politische Ereignisse bezogene Historienbild im 16. Jh. z. B. mit → **Albrecht Altdorfers** *Alexanderschlacht* (1528/29, München, Alte Pinakothek) oder mit der Ausstattung des Dogenpalastes in Venedig (zweite Hälfte 16. Jh.) durch Tizian, Jacopo Tintoretto und Paolo Veronese. Mit der Reformation änderte sich das Verständnis der biblischen Historie. Losgelöst aus dem kultischen Bereich dienten die biblischen Stoffe vor allem bei den Reformatoren als Leitfaden für die Lebensführung des Einzelnen – eine Entwicklung, die besonders in der niederländischen Kunst in den lebendigen und anschaulichen Erzählstil eines Pieter Lastman (1583–1633) oder Peter Paul Rubens (1577–1640) mündete.

Das **Porträt** zählt neben der Historie zu den ältesten Fächern der Malerei. Es zeigt einen Menschen (oder auch ein Tier) mit der ihm eigenen individuellen Physiognomie, seiner Persönlichkeit und seinen Eigenschaften. Das Porträt vertritt den Dargestellten, bewahrt über den Tod hinaus Andenken und Nachruhm des Abgebildeten. Seit dem 14. Jh. gewann die individuelle Ähnlichkeit als künstlerisches Gestaltungsprinzip mehr und mehr an Bedeutung. Das durch den Humanismus geweckte Interesse für das Individuum ließ über das damals vorherrschende strenge Profilbildnis hinaus eine zunehmend größere Typenvielfalt entstehen. Bei Raffael und Michelangelo finden sich klassische Halbfiguren und Brustporträts; Tizian verwendete als Erster das bis dahin dem Grabmal vorbehaltene Ganzfigurenporträt. Im 16. Jh. zeichneten sich in Deutschland mit Hans Holbein d. J. und Lucas Cranach d. J., in Italien mit Giovanni Battista Moroni und in Holland mit Anthonis Mor die Anfänge eines Spezialistentums ab, das erst im 17. Jh. im Gefolge verstärkten psychologischen Interesses (Rembrandt) und barocken Repräsentationsbedürfnisses (Antonis van Dyck) zur Blüte gelangte.

Der Gattung des **Genre** werden Gemälde zugerechnet, die Szenen aus dem Alltag oder Sitten verschiedener Gesellschaftsschichten abbilden. Erste Schilderungen, die Menschen in ihrer alltäglichen

Albrecht Altdorfer, Donaulandschaft mit Schloss Wörth bei Regensburg, 1520-1525 (München, Alte Pinakothek)

Umgebung zeigen - Bauern bei der Feldarbeit, höfische Feste oder Jagddarstellungen -, finden sich nördlich der Alpen vor allem in der Grafik (→ **Kleinmeister**), in der burgundisch-französischen Buchmalerei des 15. Jh. oder auch im Hintergrund religiöser Szenen auf niederländischen Altartafeln. Mit Beginn des 16. Jh. tauchen immer häufiger Darstellungen ständischer Berufe, moralisierende Druckgrafiken sog. lockerer Gesellschaften (→ **Lucas van Leyden**) und scheinbar realistische Darstellungen alltäglicher Szenen auf (→ **Pieter Aertsen, Joachim Beuckelaer**), deren unterschiedliche Lesarten und Deutungsmöglichkeiten der zeitgenössische Betrachter zu entschlüsseln wusste. Geprägt hat das Genre als eigenständige Gattung vor allem → **Pieter Bruegel d. Ä.**, in dessen Jahreszeiten- und Kirmesschilderungen der Figur des Bauern und dem bäuerlichen Leben besondere Bedeutung zukommen. Seine Entwürfe waren für die Genremalerei des 17. Jh. folgenreich.

War die abendländische Malerei des Mittelalters ausschließlich Figurenmalerei, die alles Nichtfigürliche durch formelhafte Abkürzung nur andeutete, so entstanden in der zweiten Hälfte des 14. Jh. infolge eines neuen Interesses an der sichtbaren Welt erste **Landschaftsdarstellungen.** Anfang des 15. Jh. finden sich in den niederländisch-burgundischen Miniaturen Landschaften als Naturausschnitte. 1444 schuf Konrad Witz in seinem Genfer Altar die erste bestimmbare Landschaft auf einem Tafelbild als Hintergrund für den *Fischzug Petri* (Genf, Musée d'Art et d'Histoire). Leonardo da Vinci wagte es als Erster, eine Landschaft ohne Figuren zeichnerisch darzustellen (1473, Florenz, Uffizien). Ihm folgend schuf → **Albrecht Altdorfer** mit seiner *Donaulandschaft bei Regensburg* (1520/25, München, Alte Pinakothek) ein figurenloses Landschaftsgemälde. Neben diesen wirklichkeitsnahen Landschaften entstanden in den Niederlanden konstruierte atmosphärische Weltlandschaften, die den Betrachter z. B. Kälte und Wärme der verschiedenen Jahreszeiten miterleben lassen (→ **Pieter Bruegel d. Ä.**). Adam Elsheimer (1578-1610) gelang es schließlich, die Kontinuität des Landschaftsraums durchzugestalten und szenische Darstellungen mit diesem zu verschmelzen - eine Raumauffassung, die für die niederländische Landschaftsmalerei des 17. Jh. wegweisend sein sollte.

Als **Stillleben** bezeichnet man eine abgeschlossene Darstellung mehrerer still stehender Gegenstände, deren Auswahl und Anordnung fern ihrer natürlichen Umgebung und in naturgetreuer Wiedergabe unter inhaltlichen, oft symbolischen und ästhetischen Gesichtspunkten erfolgt. Entsprechend den dargestellten Gegenständen unterscheidet man z. B. Blumen- und Obststillleben, Darstellungen gedeckter Tische oder Vanitasstillleben (lat., Vergänglichkeit). Dem Stillleben als eigener Bildgattung gingen verschiedene Vorstufen voraus. Von der zunehmend schärferen Beobachtung der Wirklichkeit zeugen im 15. Jh. z. B. Heiligenattribute oder Accessoires in Porträts sowie Natur- und Sachstudien in Altargemälden. Bereits im beginnenden 16. Jh. gab es das Stillleben zwar als eigene, aber seltene Bildgattung. Das belegt Jacopo de' Barbaris 1504 entstandene *Tafel mit einem toten Vogel* (München, Alte Pinakothek). Auch → **Albrecht Dürers** Zeichnungen und Deckfarbenmalereien sind stark stilllebenhaft, aber noch nicht im Sinn eines vollgültigen Tafelbildes. Ab Mitte des 16. Jh. finden sich allegorisch deutbare Küchenstillleben von der Hand → **Pieter Aertsens,** deren biblische Szenen im Hintergrund als Bild im Bild einen weiteren Schritt in Richtung des autonomen Stilllebens markieren (*Christus bei Maria und Martha,* 1559, Rotterdam, Museum Boijmans Van Beuningen). Im 17. Jh. widmeten sich zahlreiche Spezialisten dieser nun vielseitig gepflegten Bildgattung. UG

Pieter Aertsen, Christus im Haus von Maria und Martha, 1559 (Rotterdam, Museum Boijmans Van Beuningen)

BREDA

Im Jahr 1504 erbte Hendrik III. van Nassau-Dillenburg (1483-1538) von seinem Onkel Engelbrecht II. Stadt und Herrschaft Breda, die seit Anfang des 15. Jh. dem Hause Nassau gehörten.

Nach einem Stadtbrand im Jahr 1534, der mehr als drei Viertel der Gebäude zerstörte, kam es zu einer großen Neubauwelle. Mitte des 16. Jh. verfügte Breda über eine Bebauung, die seine Funktion als Residenz angemessen repräsentierte. Eine moderne Stadtbefestigung mit Bastionen in italienischer Manier (→ **Festungsbau**), errichtet zwischen 1531 und 1543 (nach 1867 geschleift), umfasste die Stadt. Die gotische Kapitelkirche diente den Nassauern, wie schon ihren Vorgängern aus dem Hause Polanen, als Grablege. Der Hafen (heute verfüllt) ermöglichte einen florierenden Handel im Schatten des Einflussbereichs der Stadt → **Antwerpen.**

Kasteel Breda

Das heutige Erscheinungsbild des Schlosses, das in einer ersten Bauphase unter Hendrik III. und dessen Sohn René de Chalon (reg. 1538-1544) errichtet wurde, ist das Ergebnis einschneidender Umbauten zu Beginn des 19. Jh., die im Zuge der Umnutzung zur königlichen Militärakademie seit 1826 durchgeführt wurden.

Hendrik III. hatte eine glänzende Karriere am Hof Karls V. (reg. 1519-1556) gemacht, den er seit Kindestagen kannte. Als Feldherr begleitete er den Kaiser bis nach Italien und Spanien. 1530 nahm er schließlich an der Kaiserkrönung in Bologna teil. Zeitgenössische Abbildungen des Triumphzugs anlässlich der Krönung verdeutlichen seine einflussreiche Stellung; ist er doch direkt hinter Kaiser und Papst dargestellt. Durch seinen weiten Erfahrungshorizont und seine umfassende humanistische Bildung wurde Hendrik in den Niederlanden zu einer Schlüsselfigur für die Vermittlung der italienischen Renaissance. Im Zusammenhang mit der Heirat seiner dritten Gemahlin Mencía de Mendoza in Spanien im Jahr 1524 und inspiriert vom italienischen und spanischen Schlossbau, vor allem von dem Palast seiner Gemahlin in La Calahorra, beschloss Hendrik Mitte der 1520er Jahre den Ausbau des Residenzschlosses in Breda. Bis zu dieser Zeit stand ihm hier nur ein Wohnturm mit anschließendem Wohntrakt aus dem 14. Jh. zur Verfügung.

Mit der Bauleitung wurde der Mechelener Stadtbaumeister Rombout II. Keldermans (gest. 1531) beauftragt. Es entstand ein weiterer Wohntrakt in spätgotischer Formensprache, an dem die Arbeiten jedoch schon mit dem Tod Keldermans zum Erliegen kamen. Kurz darauf wurde damit begonnen, den Schlosskomplex und die Stadt durch Bastionen - möglicherweise nach Plänen Alessandro Pasqualinis (1493-1559; → **Jülich**) - zu ver-

Niederländischer Künstler, Hendrik III. van Nassau-Dillenburg und seine Gemahlin Mencía de Mendoza, um 1550 (Berlin, SMPK Gemäldegalerie)

stärken. 1534/35 setzte man dem heute noch erhaltenen stadtseitigen Eingangsbereich des Schlossareals - einem mit Backsteinen bekleideten Wall, dem ein Wassergraben vorgelagert ist - einen offenen Galeriegang (heute vermauert) auf. Das natursteinerne Portal mit flankierenden Säulen und einem Dreiecksgiebel (nicht mehr im ursprünglichen Zustand) weist bereits antikisierende Formen auf.

Mitte der 1530er Jahre reifte der Entschluss, die kurz zuvor errichteten Gebäudeteile und die mittelalterlichen Bauten durch einen vollständigen Neubau in den Formen *all'antica* zu ersetzen. Für diese Aufgabe griff Hendrik III. auf Tommaso Vincidor (um 1495-1534/36) zurück, der bereits 1531 auf der Suche nach Aufträgen mit ihm in Kontakt getreten war. Der Bologneser Künstler, ehemals Mitarbeiter der Werkstatt Raffaels in Rom, war 1520 in die Niederlande gekommen. Hier betreute er die Herstellung von Tapisserien für Papst Leo X., die nach Entwürfen Raffaels in den Werkstätten des Pieter van Edingen, gen. van Aelst, in Brüssel gefertigt wurden (→ **Bildteppiche**). In Vincidor fand Hendrik einen Künstler, der mit der antikisierenden Formenwelt der italienischen Hochrenaissance vertraut war.

1536 wurde schließlich der Grundstein für das neue Schloss gelegt. Vincidor hatte vermutlich einen vierflügeligen, rechteckigen Bau mit den Seitenlängen 52,5 x 85 m

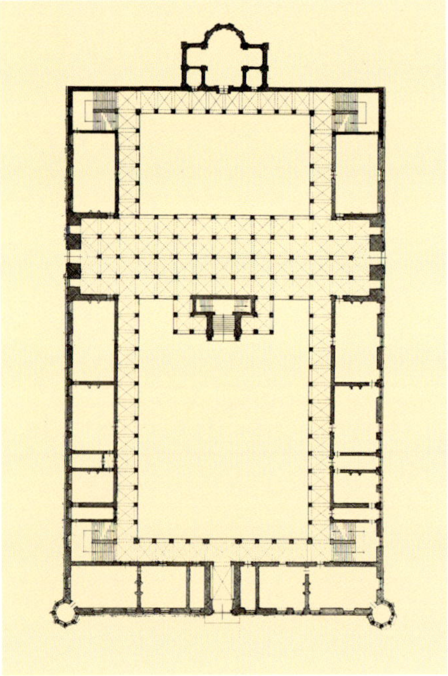

Kasteel Breda, Rekonstruktionszeichnung von G. W. C. van Wezel

geplant. Ein Mittelflügel mit einer offenen Säulenhalle im Erdgeschoss sollte den Innenhof etwa im Verhältnis 2:3 teilen. Letztendlich wurde jedoch nur der größere, östliche Innenhof realisiert, so dass der geplante Mittelflügel schließlich den Westflügel bildete.

Nachdem Hendrik III. 1538 verstorben war, ließ sein Sohn René de Chalon die Bauarbeiten fortsetzen. Als nach dessen Tod 1544 die Arbeiten vorerst eingestellt wurden, waren der nördliche Teil des Ostflügels einschließlich des Eingangsrisalits, der Nordflügel und der Westflügel mit der aufwändigen Freitreppenanlage im Innenhof und dem Kapellenvorbau an der Außenseite vollendet. Vor dem Westflügel, außerhalb des unvollständigen Quadrums, blieb der Wohnturm des 14. Jh. bestehen. Im Süden wurde der Komplex durch die Bauten geschlossen, die unter Keldermans errichtet worden waren. Erst zwischen 1686 und 1695 wurden unter Willem III. van Oranje diese älteren Bauteile durch den Neubau des Südflügels ersetzt, der Ostflügel vollendet und damit schließlich weitere Teile der ursprünglichen Pläne realisiert.

Die sich seit dem Ende des 17. Jh. als vierflügelig und dreigeschossig darstellende Anlage war von einem Wassergraben umschlossen, der heute verfüllt ist. Die östliche Eingangsfront ist an den Ecken jeweils mit einem kleinen achteckigen Turm besetzt. Das Eingangsportal mit dorischen Halbsäulen und Pilastern zeigt in den Metopenfeldern des Gebälks zwischen den Triglyphen die Inschrift »HENRICVS«. Ursprünglich war es Teil eines Risalits, der von einem über die Traufe hinausragenden Giebel bekrönt wurde. Die beiden Schmalseiten des Westflügels im Norden und im Süden, von denen sich nur die beiden unteren Geschosse erhalten haben, sind aufwändig gestaltet: Vier Superpositionen bilden drei Achsen, in deren mittlerer sich ein Rundbogenportal befindet. Das darüber liegende querrechteckige Feld, das durch die Postamente der im ersten Geschoss folgenden Pilaster eingerahmt wird, ist mit einem Relief aus Bukranien und Fruchtgehänge gefüllt.

Der Anfang der 1990er Jahre aufgedeckte Grundriss der Schlosskapelle, die unter René de Chalon mittig an der Außenseite des Westflügels angebaut wurde, ist durch eine entsprechende Pflasterung kenntlich gemacht.

Der Innenhof ist an drei Seiten (Süden, Osten und Norden) von einer Arkadenanlage umstellt. Die Säulenhalle im Erdgeschoss des

Westflügels war ebenfalls ursprünglich offen, da sie als Verbindung zu dem nie ausgeführten westlichen Hof dienen sollte. Die dorischen Säulen sind durch Rundbögen miteinander verbunden. In den Zwickeln oberhalb der Arkaden sitzen insgesamt 34 Medaillons aus Terrakotta, die durch Beischriften gekennzeichnete Porträts historischer und mythologischer Gestalten der Antike zeigen. Als Vorlagen dienten entsprechende Darstellungen auf antiken Münzen. Das ursprüngliche Programm dürfte dem Werk *Vitae parallelae* von Plutarch entlehnt worden sein, in dem Helden der griechischen und römischen Geschichte einander gegenübergestellt werden, wie - links und rechts des Eingangs - mit den Porträts von Theseus und Romulus.

Im ersten Obergeschoss ist die Galerie geschlossen. Auf den ionischen Säulen sitzen Volutenkonsolen, die den waagerechten Abschluss tragen. Für das zweite Obergeschoss ist eine ähnliche Gestaltung mit korinthischen Säulen anzunehmen, von der jedoch nichts erhalten geblieben ist, da dieses Geschoss bei dem Umbau zur Kaserne vollständig erneuert wurde. Den Abschluss bildeten auf der Traufe in Jochbreite aufsitzende Volutengiebel mit Engelsköpfen; ein solcher Giebel ist aus Fragmenten rekonstruiert in der nördlichen Galerie aufgestellt.

Durch den Umbau nach 1826 hat das Schloss viel von seinem ehemaligen Erscheinungsbild eingebüßt: Die Fenster wurden durchgehend erneuert, alle Giebel und Dachgauben sowie die Kapelle und die Freitreppenanlage niedergelegt. Dennoch vermittelt der Bau auch heute noch etwas von dem Repräsentationswillen eines der wichtigsten Adelshäuser in den habsburgischen Niederlanden.

Pieter des Swart, Schloss Breda, 1743 (Breda's Museum)

In die Architektur des Schlosses Breda sind Anregungen spanischer und italienischer Schlossarchitektur eingeflossen, die Hendrik III. während seiner Aufenthalte außerhalb der Niederlande gesammelt hatte. Deutliche Parallelen lassen sich zum vierflügeligen Palast der Mendoza in La Calahorra festmachen, wo sich Hendrik im Sommer 1526 mit seiner Gemahlin aufgehalten hatte. Die geradläufigen Treppenhäuser im Nordflügel des Schlosses Breda, so das in der Nordostecke gelegene, wurden von den Zeitgenossen als italienisch und damit als innovativ empfunden.

Die Grundstruktur aus Schlossquadrum, Ecktürmen und eingefügter Schlosskapelle erinnert an andere Residenzbauten in den habsburgischen Niederlanden und dem angrenzenden Rheinland, namentlich an Boussu, Diest und → **Jülich.**

Interessant ist in diesem Zusammenhang der Blick zur Breda benachbarten Stadt Bergen op Zoom, wo es im Spätmittelalter zu

Breda, Innenhof des Schlosses

einer vergleichbaren Residenzbildung kam. Sie fand ihren noch heute sichtbaren Ausdruck in einer großzügigen Stadtresidenz, dem Markiezenhof, der Herren von Bergen op Zoom aus dem Hause Glymes. Hatte Hendrik III. für den Ausbau seiner Residenz in Breda die gerade in Mode kommenden antikisierenden Formen gewählt, entstand der etwas ältere Markiezenhof als Residenz- und Administrationsbau in spätgotischer Formensprache, eingebettet in die städtische Bebauung (ähnlich darf man sich die burgundische Ausbaustufe des Palastes auf dem Coudenberg in → **Brüssel** vorstellen). Der Stadtpalast gehört neben dem Hof der Margarethe von Österreich (1480–1530) in → **Mechelen** zu den bedeutendsten Beispielen adeliger städtischer Wohnkultur in den Niederlanden.

Ausstattung der Grote Kerk

Das Stadtbild von Breda wird beherrscht von der Grote Kerk (Onze-Lieve-Vrouwekerk), die an der Stelle einer älteren Kapitelkirche ab 1410 errichtet wurde. Nachdem im 15. Jh. Chor, Querhaus, Schiff und Turm fertig gestellt worden waren, begann man im zweiten Viertel des 16. Jh. mit dem Bau eines Chorumgangs, der an der Außenseite bereits eine antikisierende Ornamentik der Renaissance zeigt. Traditionell wurden in der Kirche die Herren von Breda beigesetzt. 1526 ließ Hendrik III. eine Familien- und Grabkapelle, die sog. Prinzenkapelle, errichten. Die Ausstattung wurde möglicherweise von Tommaso Vincidor Anfang der 1530er Jahre entworfen. Die Gewölbemalereien und die Glasfenster zeigen antikisierende Formen mit Delfinen und Sphinxen, die sich ursprünglich auch im skulpturalen Schmuck des Schlosses wieder fanden. Wohl für diese Kapelle entstand um 1540 ein **Altar** in der Utrechter Werkstatt von → **Jan van Scorel.** Die Mitteltafel zeigt die Auffindung des Heiligen Kreuzes durch Helena, die Mutter Kaiser Konstantins.

In der Prinzenkapelle befindet sich zudem das von Hendrik III. gestiftete **Grabmal** Engelbrechts II. (gest. 1504) und dessen Gemahlin Cimburga van Baden (gest. 1501), das zwischen 1526 und 1538 aus schwarzem Marmor und weißem Alabaster errichtet wurde. Trotz der hohen Qualität der bildhauerischen Gestaltung konnte der ausführende Künstler bzw. die Werkstatt bisher nicht überzeugend identifiziert werden. Das Grabdenkmal wurde anscheinend nach den Vorstellungen Hendriks III. geschaffen. Auf dem mächtigen Marmorsockel liegen nahezu lebensgroß, aus Alabaster gefertigt, die in Tücher gehüllten Figuren der Verstorbenen. Die vier Ecken sind mit knienden Figuren besetzt, auf deren Schultern die Deckplatte ruht. Drei der Figuren tragen sorgfältig gearbeitete, antikisierende Rüstungen, die mit Grotesken, Ranken, Engelsköpfen und Halbwesen besetzt sind. In den Figuren sieht man - ausgehend von zwei erhaltenen Inschriftentafeln - am Fußende Julius Caesar und Attilus Regulus sowie am Kopfende Hannibal und Philipp von Mazedonien, die für die Tugenden Stärke, Großmut, Ausdauer und Klugheit stehen. Der Rückgriff auf die Antike dient hier der Verherrlichung des Verstorbenen als Kriegsherr und Staatsmann.

1540 wurde bei dem Antwerpener Kupfergießer Joos de Backer ein über 4 m hohes **Taufbecken** nach einem Entwurf des Glasmalers Hans in Auftrag gegeben, das in Mechelen gegossen wurde. Das Becken, mit seinem hoch aufragenden Aufbau aus Pfeilern und Kandelabern, zeigt antikisierende Formen der Frührenaissance.

Die Kirche bewahrt neben zahlreichen Grabmalen eine stattliche Anzahl **Epitaphe** des 16. Jh., was vor dem Hintergrund des 1566 wütenden Bildersturms eine Besonderheit darstellt. Die Verstorbenen gehörten meist dem Hofadel der Nassauer oder der städtischen Oberschicht an, wie etwa Dirk van Assendelft (gest. 1553) und dessen Gemahlin Adriana van Nassau. Gänzlich spurlos ist der Bildersturm jedoch nicht an den Skulpturen vorübergegangen, wie das Frührenaissance-Grabdenkmal für Frederik van Renesse (gest. 1538) und dessen Gemahlin Anna van Hamale van Elderen (gest. 1550) zeigt; den liegenden Figuren wurden die Beine bzw. die Füße und die Hände abgeschlagen.

Vier Epitaphe an der nördlichen Seite des Chorumgangs entstanden in den 1550er Jahren in der angesehenen Werkstatt des Cornelis Floris (1514-1575) in Antwerpen. Der Aufbau findet sich mit leichten Abweichungen in einer Stichserie von Floris aus dem Jahr 1557 wieder (→ **Vorlagenblätter**). Es handelt sich um die Epitaphe für den Bürgermeister Jan van Hulten und für Nicolaas Vierling, Jan van Dendermonde-Borgnival sowie für einen Unbekannten.

Adelshöfe

Für das Stadtbild von Breda sind Adelshöfe charakteristisch, die als Hofhäuser bezeichnet werden, da sie sich meist mit mehreren Flügeln um einen Innenhof gruppieren. Bewohnt wurden die aufwändig gebauten Häuser von Mitgliedern des nassauischen Hofs. Ältestes Beispiel ist das nur von außen zu besichtigende **Haus Brecht** (Cingelstraat 1-3), das im 15. Jh. zu einem L-förmigen Gebäudekomplex her-

Breda, Grabmonument für Engelbrecht II. und Cimburga von Baden in der Grote Kerk, 1526–1538

anwuchs. Zum Hof hin baute man anscheinend für den damals neuen Besitzer Govaert van Brecht um 1530 eine Galerie, deren Bogenstellungen heute zugesetzt sind. Erhalten hat sich auch das **Haus Ocrum** (St.-Janstraat 18), das nach 1537 für Johan van Ocrum gebaut wurde. Der Komplex setzt sich heute aus Bauteilen des 16. bis 19. Jh. zusammen, wobei die straßenseitige Fassade 1887/88 im Stil der Neorenaissance neu gestaltet wurde. Zu den ältesten Bauteilen aus der Zeit um 1538/40 gehört ein geradläufiges Treppenhaus mit Wendepodest auf halber Geschosshöhe im Straßenflügel.

Breda's Museum

Das Museum befasst sich eingehend mit der Stadtgeschichte von Breda. Es bewahrt u. a. zahlreiche historische Ansichten des Schlosses und ein instruktives Modell des Schlosskomplexes, das den Zustand um 1590 zeigt. GvB

AUSFLUG

Dordrecht

(ca. 30 km nördlich von Breda)

Die Stadt Dordrecht, an der Oude Maas gelegen, gewann im frühen 15. und 16. Jh. an wirtschaftlicher und politischer Bedeutung. Seit 1572 war sie ein wichtiges Zentrum des niederländischen Unabhängigkeitskampfes; hier kamen die Abgeordneten der zwölf sich unabhängig erklärenden Städte zusammen. Auf dieser Versammlung wurde Willem I. van Oranje (1533–1584) zum Statthalter Hollands erklärt und die Vereinigten Provinzen gegründet. In den Jahren 1618 und 1619 fand hier die sog. Dordrechter Synode statt, die innerhalb der reformierten Kirche die existenzielle Frage, wie die Erwählung des Menschen durch Gott zu verstehen sei, zum Inhalt hatte.

Onze-Lieve-Vrouwekerk: Chorgestühl

Das Chorgestühl in der ehemaligen Kollegiatskirche Onze-Lieve-Vrouwekerk, die in den Jahren nach dem großen Brand von 1457 errichtet wurde, ist eines der wenigen Ausstattungsstücke aus vorreformatorischer Zeit. Von den 47 Altären, die sich ehemals in der Kirche befanden, hat kein Einziger den Bildersturm von 1572 überstanden. Auch das Gestühl hat dabei großen Schaden erlitten, so dass u. a. deshalb mehrmals durchgreifende Instandsetzungen durchgeführt werden mussten.

Das Dordrechter Chorgestühl ist das prächtigste in den Niederlanden und wurde zwischen 1538 und 1541 errichtet. 1677 schrieb es Matthijs Balen in seinen *Beschrijvinge der Stadt Dordrecht* dem nicht weiter bekannten Jan Terwen Aertszoon (1511-1589) zu. In jüngster Zeit wird aber auch Jean Mone (um 1485-1550) als Künstler in Erwägung gezogen, der in → **Mechelen** am Hof Margarethes von Österreich als Bildhauer arbeitete.

An beiden Seiten des Chors befindet sich ein zweiteiliges Gestühl mit einem hohen Dorsale und einem die hintere Sitzreihe überdachenden Baldachinabschluss. Während die östlichen Teile des Gestühls, die für die Kapitelherren bestimmt waren, reich mit figürlichen Szenen und floralen Ornamenten versehen sind, wurden die westlichen Teile für die Sängerknaben nur einreihig und ohne figürliche Reliefs ausgeführt.

Die Relieffriese in Augenhöhe zeigen auf der nördlichen Seite von Ost nach West den Triumphzug des antiken römischen Feldherrn Mucius Scaevola (→ **Kampener Rathaus**) und den Einzug Kaiser Karls V. in Dordrecht im Jahr 1540, auf der südlichen Seite den Siegeszug Christi mit zahlreichen religiösen Figuren und Tugenden und eine Prozession mit dem Heiligen Sakrament. Der Fries im Gebälk des nördlichen Baldachins zeigt eine Kinderprozession. Die Seitenwangen schmücken Darstellungen aus dem Alten und Neuen Testament; die Miserikordien (Gesäßstützen für stehende Mönche) geben u. a. Sprichwörter, alltägliche Szenen und Drôlerien (drollige Darstellungen von Menschen, Tieren, Fabelwesen) wieder. Auf der westlichen Seitenwange der Nordseite befindet sich ein Medaillon mit dem Doppelporträt Karls V. und seiner Gemahlin Isabella von Portugal.

Die Gegenüberstellung des → **triumphalen Einzugs** Karls V. in Dordrecht mit dem Siegeszug eines römischen tugendhaften Helden und dem von Jesus in Jerusalem wird aber auch im Sinn eines Fürstenspiegels zu lesen sein, bei dem weltliche und religiöse Tugenden aufgezeigt werden, um den Herrscher zu ehren, ihn aber auch gleichzeitig an die Pflichten einer guten Regierung zu erinnern. Dass sich die Stadt und das Kollegiat zum Kaiser bekannten, mag mit der Tatsache zusammenhängen, dass dem jungen Erzherzog Karl 1515 in Dordrecht von den holländischen Staaten feierlich die Treue geschworen worden war.

Die Reliefs und die Ornamente sind auf grafische Vorlagen von → **Albrecht Dürer,** Hans Holbein d. J. (1497/98-1543) und Jacob von Straßburg (erwähnt 1494-1530) zurückzuführen, wobei Letzterer wiederum Stiche von Tizian und Mantegna kopiert hatte. Es ist augenscheinlich, dass die Bearbeitung der Reliefs auf italienische Vorbilder zurückgeht, denn die perspektivische Darstellungsweise, die Tiefe suggeriert, indem die Holzflächen eher »zeichnerisch« bearbeitet werden, statt sie zu hinterschneiden, geht auf Donatello (um 1386-1466) zurück. DG

HAARLEM

Das im 9. Jh. gegründete Haarlem erhielt 1245 von Graf Willem II. von Holland die Stadtrechte. Die Stadt unterstand direkt den Grafen von Holland, die ihre Rechte nicht an eine lokale Herrschaft abtraten. Seinen stetigen wirtschaftlichen Aufschwung verdankte Haarlem nicht zuletzt der günstigen Lage an einer Handelsroute. Zudem war die Stadt durch die Spaarne und IJ mit der Nordsee verbunden. Neben der Bierbrauerei und der Textilherstellung florierte insbesondere der Schiffbau. Die 1559 zum Bischofssitz erhobene Stadt blieb zwar vom Bildersturm verschont, wurde aber 1573 während der Belagerung und Einnahme durch spanische Truppen stark zerstört und büßte vorerst ihre Privilegien, ihre weit reichende Autonomie und wirtschaftliche Stärke ein. 1578 schloss sich die Stadt offiziell der Reformation an und der reiche Besitz der römisch-katholischen Kirche wurde bis 1581 vollständig säkularisiert. 1585 bot das erneut unabhängige Haarlem tausenden von Glaubensflüchtlingen aus Brabant und Flandern Zuflucht, so dass sich bis 1622 die Bevölkerungszahl verdoppelte, wovon vor allem die Tuchindustrie profitierte. Innerhalb weniger Jahre wurde Haarlem zu einem Zentrum der Leinen- und Damastherstellung von europäischem Rang.

Der wirtschaftliche Aufschwung zog zahlreiche bedeutende Künstler in die Stadt, was dem künstlerischen Austausch Vorschub leistete (→ **Haarlemer Manieristen**). Vom Wohlstand jener Zeit zeugt auch die Bautätigkeit um 1600. Für diese das Stadtbild noch heute prägenden Bauten lieferte Lieven de Key (um 1560–1627) zahlreiche Entwürfe. Der in Gent geborene Steinmetz und Baumeister ließ sich nach seinem Londoner Exil in Haarlem nieder, wo er zwei Jahre später, 1593, zum Stadtbaumeister ernannt wurde.

Stadhuis

Das Rathaus ist aus der alten Residenz der Grafen von Holland hervorgegangen. Der älteste Teil des historisch gewachsenen Gebäudes – ein querrechteckiger Backsteinbau – stammt aus dem 14. Jh. und bildet heute den Ostflügel (Gravenzaal). Die Außentreppe des Ostflügels auf der Marktseite und der Nordflügel (an der Zulstraat) entstanden zwischen 1620 und 1622 unter dem Stadtbaumeister De Key. Zwischen 1630 und 1633 überarbeitete Salomon de Bray die Fassaden und errichtete im Stil De Keys an der Marktseite des Ostflügels einen zweigeschossigen, dreiachsigen Vorbau, der mit einem Volutengiebel abschließt. Wie bei dem Gebäude, in dem die städtische Waage untergebracht war, sind die Kreuzstockfenster im ersten Geschoss des Vorbaus und des Nordflügels mit Segmentbogen und Dreiecksgiebeln bekrönt.

Haarlem, Stadhuis

De Waag

Für den Neubau der städtischen Waage lieferten die Maler → **Cornelis Cornelisz.** und Willem Thybault 1596 drei Pläne, vermutlich Kopien von Vorlagen des Stadtbaumeisters Lieven de Key. Das über nahezu quadratischem Grundriss 1597/98 aus großen Natursteinblöcken errichtete Gebäude erinnert an Bauten Andrea Palladios in Norditalien (z. B. Palazzo Porto, Vicenza, um 1549). Weit auskragende, horizontale Gesimse gliedern die Fassaden. Bossen rahmen die Portale im Erdgeschoss, die von Rundbogenfenstern flankiert sind. Segmentbögen und Dreiecksgiebel überfangen alternierend die Kreuzstockfenster im ersten Geschoss. Im Mezzaningeschoss rahmen Biforien das Wappen der Grafschaft Holland bzw. das der Stadt Haarlem. Letzteres lässt den Wahlspruch »Vicit vim virtus« (lat., Die Tugend besiegt die Gewalt) erkennen, der auf die militärischen Auseinandersetzungen mit den Spaniern Bezug nimmt.

Vleeshal

Die in den Jahren 1602 bis 1604 nach Plänen De Keys errichtete städtische Fleischhalle, schon von den Zeitgenossen bestaunt, gehört zu den herausragenden Bauwerken der Renaissance in den nördlichen Niederlanden. Das querrechteckige Gebäude erhebt sich über dem Kellergeschoss, das durch sechs Zugänge erschlossen wird. Das Erdgeschoss, das etwas höher als das Straßenniveau liegt, wird vollständig von einer großen Halle eingenommen. Diese wird durch sechs Säulen toskanischer Ordnung längs in zwei Schiffe geteilt und von flachen Kreuzgratgewölben überspannt. Während der Keller als Lagerraum an Markthändler vermietet wurde, befanden sich in der Halle die Verkaufsstände der Fleischer. Das über ein eigenes, außen liegendes Treppenhaus erschlossene Obergeschoss wurde zeitweilig von der Stadt als Getreidespeicher genutzt. Das Gebäude ist mit einem hohen Satteldach gedeckt, so dass die Schmalseiten in entsprechend große Treppengiebel münden.

Haarlem, Vleeshal (Grote Markt 18)

Die Längsseiten sind jeweils mit drei Zwerchhäusern geschmückt. Charakteristisch für die reiche Gliederung der Fassaden, die sich an → **Vorlagenblättern** von Hans Vredeman de Vries (1526–1609) orientiert, ist der Wechsel von Natur- und Backsteinen. Wie beim Rathaus in → **Leiden** lieferte der Bremer Steinhauer und Steinhändler Lüder von Bentheim (nach 1550–1612/13) den Bauschmuck aus Obernkirchener Sandstein. Zwei große Rundbogenportale an den Schmalseiten gewähren Zugang in die Fleischhalle, die heute als Ausstellungshalle genutzt wird. Neben den die beiden Eingänge flankierenden Fenstern befindet sich in einer Rahmung aus Rollwerk jeweils ein nahezu vollplastisch gearbeiteter Rinderkopf, der auf die Nutzung des Gebäudes verweist. In den großen Treppengiebeln ist oben das von Satyrn gehaltene Wappen der Stadt Haarlem mit der Jahreszahl 1603, die auf die Vollendung des Rohbaus verweist, eingelassen.

Frans-Hals-Museum im ehemaligen Oudemannenhuis

Das nach einem bedeutenden Haarlemer Maler des 17. Jh. benannte Frans-Hals-Museum befindet sich seit 1913 im ehemaligen Oudemannenhuis (Altmännerstift), das De Key 1608 errichtet hatte. Das Museum präsentiert Meisterwerke der sog. → **Haarlemer Manieristen.** Möbel und Spolien niederländischer Bauten aus der Zeit der Renaissance sind im ehemaligen Speisesaal ausgestellt. Zu den Werken, die sich ursprünglich in der St.-Bavokerk befanden, zählen die Gemälde von Pieter Pietersz. und → **Maarten van Heemskerck.**

Die *Lukasmadonna* (1532), ein Meisterwerk der frühen Schaffensperiode Van Heemskercks, spiegelt die Auseinandersetzung des Malers mit dem Werk seines Lehrers → **Jan van Scorel** wider. Die jugendliche Maria thront mit dem Jesuskind im Arm auf einem steinernen Sockel gegenüber dem als alten Mann dargestellten Maler, der vor seiner Staffelei sitzt. Hinter ihm steht ein junger, bärtiger Mann, dessen Haupt mit Efeu bekränzt ist. Er scheint als Versinnbildlichung göttlicher Inspiration die Hand des Malers zu führen. Ein meisterhaft gemalter, täuschend echt aussehender Zettel, der an den Sockel geheftet ist, verweist auf den Wettstreit zwischen Malerei und Plastik, die beide für sich beanspruchten, die Wirklichkeit am besten abbilden zu können. Die antikisierenden Details, wie das Relief auf dem Sitz des Malers mit der Darstellung der vom Stier geraubten Europa, werden Van Heemskerck, der erst später nach Italien reiste, wohl durch Van Scorel vermittelt worden sein.

Auch Van Scorel, der zwischen 1527 und 1530 in Haarlem tätig war, ist in der Sammlung des Museums mit einer *Taufe Christi im Jordan* (1530) vertreten. GvB

Maarten van Heemskerck, Selbstporträt vor dem Colosseum, 1553 (Fitzwilliam Museum, Cambridge)

MAARTEN VAN HEEMSKERCK (Heemskerck 1498–1574 Haarlem)

Nach seiner Ausbildung in Delft und Haarlem trat Maarten van Heemskerck 1527 zunächst in das Atelier des Malers → **Jan van Scorel** in Haarlem ein, an dessen Arbeiten sich sein Frühwerk stilistisch stark anlehnt. 1529 eröffnete er dann in Haarlem eine eigene Werkstatt. Wohl angeregt durch die Reise Van Scorels nach Italien, brach Van Heemskerck 1532 ebenfalls dorthin auf. Mit wissenschaftlicher Genauigkeit fertigte er Zeichnungen antiker Vorbilder, die auf Grund ihrer Detailhaftigkeit und Realitätstreue noch heute für die Forschung große Bedeutung haben (erhalten in zwei Bänden im Kupferstichkabinett, Berlin). Auf diesen Fundus griff Van Heemskerck während seiner gesamten Schaffenszeit immer wieder zurück. Obwohl keine Zeichnungen des Niederländers nach Arbeiten italienischer Zeitgenossen überliefert sind, lässt sich Van Heemskercks eingehende Beschäftigung mit diesen anhand vielfältiger Übernahmen aus Werken vornehmlich Michelangelos, Giulio Romanos und Polidoro da Caravaggios belegen.

Die Auseinandersetzung mit der italienischen Malerei seiner Zeit zeigt sich in der Wiedergabe der am Körperideal der Antike orientierten kraftvollen Gestalten sowie der üppigen und muskulösen Körper. Van Heemskercks zumeist vielfigurige Andachtsbilder und mythologische Darstellungen zeichnen sich durch lebhaft bewegte, kraftvolle Figuren aus, die mitunter in extremer perspektivischer Verkürzung dargestellt sind. Nach der Jahrhundertmitte werden die Kompositionen ausgewogener und die Figuren strahlen Würde und stärker verinnerlichte Emotionen aus. Neben zahlreichen Porträts lieferte Van Heemskerck eine Vielzahl an Vorlagen für die Grafik, die er ab 1548 in enger Zusammenarbeit mit Haarlemer Humanisten, wie dem Kupferstecher Dirck Volkertsz. Coornhert und Hadrianus Junius, erstellte. Coornhert, Cornelis Bos und Philipp Galle fertigten nach Van Heemskercks Vorlagen Kupferstiche, die vielfach als Bildfolgen mit moralisch-ethischer Intention und zumeist mit lateinischen Bildunterschriften konzipiert waren. MF

DIE SOG. HAARLEMER MANIERISTEN
HENDRICK GOLTZIUS, CORNELIS CORNELISZ. UND KAREL VAN MANDER

Die Belagerung Haarlems durch die spanischen Truppen 1572/73 hatte nicht nur den wirtschaftlichen Niedergang der Stadt an der Spaarne zur Folge, auch das Kunstschaffen verlor zunehmend an Bedeutung. Mit dem Tod des lange Zeit die Kunstproduktion dominierenden Haarlemer Meisters Maarten van Heemskerck 1574 erreichte diese Entwicklung einen Tiefpunkt. Die Situation änderte sich mit dem Ende der Besetzung 1576. Als die Wirtschaft im ausgehenden 16. Jh. wieder florierte, ließen sich drei Künstlerpersönlichkeiten in der Stadt nieder: Hendrick Goltzius (1558–1617), Cornelis Cornelisz. (1562–1638) und Karel van Mander (1548–1606).

Vermutlich auf Anregung Van Manders, der 1573 für mehr als drei Jahre nach Italien gegangen und dort mit der Akademie des Giorgio Vasari und der römischen Accademia di San Luca in Berührung gekommen war, haben diese drei um 1586/88 eine Akademie in Haarlem gegründet, deren Mitglieder sich dem gemeinschaftlichen Zeichnen nach dem lebenden (Akt-)Modell widmeten. Die in Haarlem ansässigen Maler, die an der Akademie arbeiteten – die sog. Haarlemer Manieristen –, erlangten internationale Bedeutung, indem sie Zeichnungen und Gemälde eigener Produktion und anderer Künstler der Zeit als Kupferstiche von hohem künstlerischem Wert nachstachen. Enge Verbindungen der Haarlemer Manieristen lassen sich zu Künstlern am Hof Rudolfs II. in → **Prag** aufzeigen. Insbesondere das Werk → **Bartholomäus Sprangers** war zeitweilig für die Stilbildung der Haarlemer Manieristen von Bedeutung.

Hendrick Goltzius kam nach seiner Ausbildung bei dem Stecher und Moralphilosophen Dirck Volkertsz. Coornhert (1522–1590) 1577 nach Haarlem. Er arbeitete zunächst für den Antwerpener Verleger Philipp Galle (1537–1612) und besaß ab 1582 eine eigene Druckerei, in der er namhafte Stecher beschäftigte: Jacob Matham, Jaques de Gheyn II. und ab 1591 auch Jan Pietersz. Saenredam. Waren Goltzius' Werke bis Mitte der 1580er Jahre an den pathetisch-monumentalen Figuren eines → **Maarten van Heemskerck** und eines → **Frans Floris** orientiert, so entwickelte der Stecher um 1585, angeregt durch Sprangers Werk, raffinierte Kompositionen mit eleganten Figuren von höchst erotischer Ausstrahlung, wie z. B. den Kupferstich *Mars und Venus überrascht von Vulkan.* Kennzeichen seines Stils sind ferner Figuren mit überlängten Proportionen, kleinen Köpfen sowie expressiven Körper- und Handhaltungen, die der Stecher vielfach in gewagten Verkürzungen wiedergab.

Nachdem der junge **Cornelis Cornelisz.** nach seiner Lehrzeit in Amsterdam und Antwerpen sich in Paris den höfischen Stil der manieristischen Maler angeeignet hatte, kehrte er zu Beginn der 1580er Jahre in seine Heimatstadt zurück, wo er sich mit Goltzius und Van Mander anfreundete. Er malte großformatige Historienbilder mit zahlreichen, scheinbar ineinander verschlungenen Figuren sowie Porträts. Im Wettstreit mit Sprangers *Hochzeit von Amor und Psyche* schuf er das seinerzeit sicher größte profane Gemälde in den nördlichen Niederlanden, *Die Hochzeit von Peleus und Thetis* (Haarlem, Frans-Hals-Museum). Es gilt als Quintessenz der holländischen Malerei dieser Zeit.

Mit **Karel van Mander** wurde in Haarlem weniger ein Maler als vielmehr ein weit gereister Kunstschriftsteller ansässig, der Kunstgeschmack und -theorie seiner Zeit maßgeblich prägte. Er übersetzte Vergil und Homer und verfasste u. a. eine Interpretation der *Metamorphosen* des Ovid, die das erste ikonologische Handbuch in niederländischer Sprache darstellt. Es ist Teil seines umfangreichen *Schilderboecks* (publ. 1604), das auch eine Sammlung von Biografien hauptsächlich niederländischer Maler nach dem Vorbild der 1550 erschienenen Künstlerviten Vasaris enthält. In dieser noch heute bedeutenden Quelle für die Kenntnis der niederländischen Kunst jener Zeit propagierte Van Mander das Ideal des freien Künstlers, der seine Fertigkeiten nicht durch Nachahmung, sondern durch das Studium der Natur und an lebenden Modellen schulen sollte. Auch andere Künstler in den nördlichen Niederlanden gerieten lang anhaltend unter den Einfluss der Haarlemer Manieristen, so in Utrecht Abraham Bloemaert (1566–1651) und Joachim Anthonisz. Wtewael (1566–1638) sowie Cornelis Ketel (1548–1616) in Amsterdam. MF

Cornelis Cornelisz., Die Hochzeit von Peleus und Thetis, 1592-1593 (Haarlem, Frans-Hals-Museum)

KAMPEN

Die Stadt Kampen liegt am linken Ufer der IJssel, kurz vor deren Mündung in den Atlantik. Die um 1100 entstandene Siedlung erlangte in der Mitte des 13. Jh. städtische Selbstständigkeit. Ihre Händler beherrschten im 14. Jh. die Seefahrt in Nordwesteuropa. 1448 errichtete man eine Brücke über die IJssel, die damit zu den ersten Brücken in den Niederlanden gehörte. Die zunehmende Versandung des IJssel-Flussbetts und die Konkurrenz zu Städten wie Amsterdam brachen im 15. Jh. die Vormachtstellung Kampens. Der ausgedehnte Landbesitz und die Leinenweberei sorgten auch im 16. und 17. Jh. für eine meist florierende städtische Wirtschaft. Bauten jener Zeit prägen noch heute weitgehend das Stadtbild, wenngleich sich ihre Entstehungszeit nach Umbauten nicht mehr unbedingt an den Fassaden ablesen lässt.

Oude Stadhuis: Prachtkamin im Schöffensaal

Das Rathaus, das am Vispoort (Fischtor) liegt, entstand um 1350 im gotischen Stil. An den zweigeschossigen, überwiegend aus Backstein errichteten, zurückhaltend geschmückten Bau über rechteckigem Grundriss fügt sich an der Ostseite ein Turm. Der nur zur Hälfte eingetiefte Keller bildet ein Sockelgeschoss. Im Obergeschoss liegt der Schöffensaal, in dem die Stadtregierung Recht sprach. Im Februar 1543 brannte das Rathaus aus. Rasch sorgte man für eine Neuausstattung des Schöffensaals, die ihren Höhepunkt in einem reich mit Figuren geschmückten Sandsteinkamin des in Utrecht tätigen Bildhauers Colijn de Nole (gest. 1553/58) fand. Der Kamin ist die einzige belegte Arbeit dieses Meisters, die erhalten blieb. Wie der einige Jahre früher entstandene Prunkkamin im Landhaus des → **Brügger Freiamts** diente er vorrangig zur Verherrlichung Kaiser Karls V. und des Hauses Habsburg.

Vor den Wangen des Kamins steht links eine Karyatide und rechts eine Herme. Darüber befindet sich ein Fries mit vier Reliefs, zwei auf der Front und jeweils eines seitlich. Die hohe Mittelzone wird durch vier Nischen gegliedert, in denen (von links nach rechts) die Allegorie der Prudentia (Klugheit), ein Löwe mit einer Fahne mit dem Wappen der Stadt Kampen, ein anderer mit einer Fahne mit dem Wappen des Bistums Utrecht sowie die Allegorie der Fortitudo (Stärke) steht. Mittig befindet sich eine Tafel mit der lateinischen Inschrift: »Die Königreiche gehen an Überfluss unter, die Städte blühen dadurch auf; dem allgemeinen Wohlstand wird mit Frieden gedient, aber er geht durch Leichtsinn verloren.« In der Nische an der linken Außenseite steht die Allegorie Pax (Frieden); die rechte Seite ist durch das Schöffengestühl verdeckt. Über dieser Mittelzone erhebt sich vor der Kaminhaube ein Aufsatz mit einer Ädikula, in die die

Kampen, Stadhuis, Kamin im Schöffensaal

Allegorie der Justitia (Gerechtigkeit) eingestellt ist. Der lateinische Sinnspruch unterhalb der Figur lautet: »Die Gewalt fügt sich der Gerechtigkeit durch das Schwert des Mars«. An der Spitze der Kaminhaube befinden sich das Porträt des Kaisers und darunter sein Wappen, das von den Säulen des Herkules und seinem Wahlspruch »PLVS OVLTRE« (frz., Noch weiter) gerahmt wird. Als kleinere Figuren erkennt man neben Putten und Satyrn noch die Allegorien von Fides (Glaube), Caritas (Nächstenliebe) und Temperantia (Mäßigkeit), die auf dem Gesims über dem Bildfries stehen.

Die Reliefdarstellungen in der Frieszone zeigen von rechts nach links Coriolanus vor Rom, Salomos Urteil, Mucius Scaevola vor König Porsena und Manlius Curius Dentatus. Während das salomonische Urteil allgemein bekannt war, weist die Auswahl der übrigen Themen den Entwerfer des Bildprogramms als Kenner der römischen Antike und ihrer Legenden aus. Er dürfte deshalb dem Kreis von Humanisten angehört haben, die sich in Kampen niedergelassen hatten.

Nach seiner Verbannung aus Rom hielt sich Coriolanus, ein Feldherr der römischen Sage, angeblich bei den Volskern auf. 489/488 v. Chr. kehrte er mit einem Heer dieser erbitterten Feinde Roms zurück, um seine gekränkte Ehre an seiner Vaterstadt zu rächen. Auf Bitten seiner Mutter und seiner Gemahlin gab er die Belagerung auf und ging zurück ins Exil, was im Relief festgehalten ist. Er wurde von den Volskern, die sich verraten fühlten, anschließend umgebracht.

Auch Mucius Scaevola war in diesem Sinn ein Held. Im Krieg der Römer gegen die Etrusker unter König Porsenna im Jahr 507 v. Chr. schlich sich Mucius in das feindliche Lager, um den König zu ermorden. Er erstach jedoch den Schreiber des Königs. Im Verhör gestand er seine eigentliche Absicht, und als Beweis für die Unerschrockenheit und bedingungslose Vaterlandsliebe eines jeden Römers ließ er, wie die dargestellte Szene zeigt, seine rechte Hand über Flammen verbrennen, ohne einen Laut von sich zu geben. Die Etrusker baten angesichts dieses Heldentums um Friedensverhandlungen.

Manlius Curius Dentatus schließlich zeigte sich im Jahr 290 v. Chr. im Kampf gegen die Samniten als unbestechlich. Einer Gesandtschaft der Samniten, die ihm reiche Schätze anbot, entgegnete er, dass er lieber über Leute herrsche, die Gold besäßen, als selbst über dieses zu verfügen.

Zusammen mit den Allegorien der sieben Kardinaltugenden sollten die Darstellungen der biblischen und antiken Helden die Schöffen ermahnen, in ihrer Urteilsfindung unbestechlich, gerecht, tapfer und weise zu sein. Die sorgfältige bildhauerische Ausarbeitung mit Putten, Satyrn und Arabesken nach Vorlagen von Cornelis Bos und Cornelis Floris lässt den Kamin zu einem renaissancezeitlichen Meisterwerk der Plastik in den Niederlanden werden.

Im ganzen Saal ist überwiegend die Ausstattung des 16. Jh. erhalten, so auch das prachtvolle Schöffengestühl aus Eichenholz, das vom Stadtzimmermann Meister Frederik angefertigt wurde. Das mit reichen Schnitzereien versehene Gestühl besteht aus einer Bank mit 24 Sitzen, die ein geschlossenes Viereck um den Kamin bildet. Der Schöffensaal ist dadurch zweigeteilt und Zuschauer konnten außerhalb des Gestühls den Prozessen folgen. Die beiden Sitze der Bürgermeister neben dem Kamin sind besonders aufwändig gestaltet. An der Rückwand befinden sich Reliefdarstellungen weiblicher Allegorien der

Gerechtigkeit und der Nächstenliebe: Tugenden, denen auch die Bürgermeister in ihrer Urteilsfindung entsprechen sollten. Oberhalb der Bürgermeistersitze hängt in einer Ädikularahmung ein Gemälde von 1545 mit der Darstellung des Jüngsten Gerichts, das der Kampener Maler Ernst Maeler anfertigte.

Vleeshuis

Unweit des Alten Rathauses befindet sich in der Oudestraat Nr. 119 das ehemalige städtische Vleeshuis (Fleischhaus). Hier hatte die Gilde der Fleischer ihren Sitz und ihre Verkaufsräume. Seit dem 14. Jh. ist ein Fleischhaus in Kampen belegt, seit Ende des 15. Jh. an dem Platz, wo es heute noch steht. Nach einem Niedergang des Fleischhandels in der ersten Hälfte des 16. Jh. erholte sich der Handel wieder und die Stadt begann als äußeres Zeichen dieser Wiederbelebung 1557 mit der Erneuerung des alten Fleischhauses. Bei der Fassade handelt es sich um ein schönes Beispiel der frühen Verwendung italienischer Renaissanceformen in den Niederlanden. Sie wurde von dem Kampener Steinmetz Lambert Stuurman aus Bentheimer Sandstein, den er über den Zwischenhandel in Deventer bezog, gefertigt. In der Rechnung für die Fassade ist ausdrücklich vermerkt, dass auch ihre Gestaltung mit »... ytlicke antiken cronamenten« (= Ornamenten) auf Stuurman zurückgeht, der sich dabei an der Vitruv-Edition von Cesare Cesariano aus dem Jahr 1521 orientierte (→ **Architekturtraktate**). Die Fassade hat mit einer Reihe von Bauten in den nördlichen Niederlanden gemeinsam, dass hier die Superposition Anwendung fand. Die flachen Pilaster tragen in der Abfolge korinthische, ionische und nochmals ionische Kapitelle. Das scheint zwar nicht regelgerecht zu sein, ist aber in der frühen italienischen Renaissance und auch zeitversetzt nördlich der Alpen öfter anzutreffen, da die Hierarchie der Ordnungen noch nicht kanonisiert war. Die dreiachsige Fassade hat im Erdgeschoss durch den späteren Einbau eines Geschäfts ihr ursprüngliches Erscheinungsbild verloren, in den drei oberen Geschossen aber trotz des Umbaus von 1844 und einer Restaurierung im Jahr 1939 noch ihren ursprünglichen Charakter bewahren können. Der abschließende Volutengiebel wurde bei der Restaurierung 1939 fälschlicherweise mit der Jahreszahl 1596 versehen. GvB

Kampen, Vleeshuis (Oudestraat 119)

LEIDEN

Die Ursprünge der Stadt Leiden reichen in das 10. Jh. zurück, als am Zusammenfluss von zwei Rheinarmen, dem Alten und dem Neuen Rhein, eine Befestigung entstand. Mitte des 11. Jh. errichteten hier die Grafen von Westfriesland einen Hof, an den sich bald eine Siedlung namens Leython (= am Strom) anschloss. Zählte Leiden, dessen wirtschaftliche Prosperität auf der Tuchherstellung beruhte, 1514 etwa 13.000 Einwohner, so waren es 1560 nahezu doppelt so viele. Die Wirren des Niederländischen Freiheitskampfs gegen die spanische Herrschaft seit 1568 führten allerdings dazu, dass sich die Zahl der Einwohner in wenigen Jahren wieder halbierte. Nachdem die Stadt 1574 einer fast viermonatigen spanischen Belagerung standgehalten und damit ihre Souveränität bewahrt hatte, erlebte sie Ende des 16. Jh. wiederum eine Blütezeit, die bis weit in das 17. Jh. reichte. Mit den Glaubensflüchtlingen aus den südlichen Niederlanden nahm die Tuchherstellung einen neuen Aufschwung. 1575 wurde in Leiden die erste Universität der nördlichen Niederlande gegründet. Diese zog auch Studenten aus protestantischen Gebieten des Deutschen Reichs an. Die wirtschaftliche Prosperität und das gewachsene Ansehen Leidens im ausgehenden 16. Jh. schlugen sich in zahlreichen Bauprojekten nieder.

Leiden, Stadhuis

Stadhuis

Das bedeutendste Leidener Bauprojekt des 16. Jh. war die Erneuerung der Fassade des Rathauses an der Breestraat aus dem Jahr 1410. Für die zu errichtende repräsentative Prunkfassade, die dem bestehenden Bau vorgeblendet werden sollte, fertigten verschiedene Baumeister Entwürfe, wie zwei erhaltene Pläne belegen. Beide stimmen allerdings nicht mit der ausgeführten Fassade überein. Der schließlich realisierte Entwurf geht auf Lieven de Key (um 1560–1627) zurück. Vermittelt durch den Diplomaten Daniel van der Meulen, der als flämischer Emigrant in Bremen lebte, beauftragte man 1595 den Bremer Steinhauer und Steinhändler Lüder von Bentheim (nach 1550–1612/13) mit der Umsetzung der Pläne und der Lieferung der Fassade. Ausgeführt in Obernkirchener Sandstein, trafen die Einzelteile der Fassade zwischen Frühjahr 1597 und Sommer 1598 in Leiden ein. Die Verwendung von auswärtigen Steinen erklärt sich aus dem Mangel an Natursteinvorkommen in den Niederlanden. Die Lieferung von vorgefertigten Fassadenteilen ist darauf zurückzuführen, dass diese preiswerter zu transportieren waren als vor Ort zu behauende Steinblöcke. Die weit gespannten Handelsbeziehungen führten auch zu einem künstlerischen Austausch, der sich gerade zwischen den Niederlanden und dem Weserraum sehr gut nachweisen lässt.

Das Rathaus brannte 1929 vollständig aus, nur die Fassade des 16. Jh. konnte noch restauriert werden. Sie ist zweigeschossig angelegt und in 13 Achsen gegliedert. Über drei Achsen erstreckt sich der Mittelrisalit, der von einem prächtigen Volutengiebel bekrönt ist. Vor dem Risalit erschließt eine zweibahnige Freitreppe das Hauptportal im ersten Obergeschoss. Der mächtige Treppenaufgang und der Risalit bilden durch die Superposition eine gestalterische Einheit. In den Nischen links und rechts des von ionischen Säulen gerahmten Eingangsportals befinden sich Allegorien der Gerechtigkeit und des Friedens. Den Treppenaufgang zieren zwei liegende Jünglinge, die sich auf ein Stundenglas bzw. einen Totenschädel stützen und damit auf die Vergänglichkeit alles Irdischen verweisen. Die Eingänge, die im Erdgeschoss zu beiden Seiten der architektonisch betonten Mitte angelegt sind, werden im Traufenbereich durch Zwerchhäuser mit Volutengiebeln akzentuiert. Die Fassade ist von → **Vorlagenblättern** des Hans Vredeman de Vries (1526–1609) inspiriert, was z. B. an den mit Obelisken besetzten Volutengiebeln deutlich erkennbar ist.

Die prunkvolle Erneuerung des Leidener Rathauses war das erste städtische Bauprojekt dieser Art in den nördlichen Niederlanden seit dem Bruch mit der spanischen Krone. Kann man das Figurenprogramm des in den 1560er Jahren entstandenen Rathauses in → **Antwerpen** noch als gebauten Fürstenspiegel ansehen, welcher der spanisch-habsburgischen Herrschaft vor Augen führen sollte, dass eine gute Regierung für Frieden und Wohlstand zu sorgen hat, so demonstrierte der Leidener Rat mit dem Fassadenprogramm seines Rathauses – nicht zuletzt durch das Fehlen landesherrlicher Hoheitszeichen – nun die erlangte Unabhängigkeit von fürstlicher Herrschaft.

Rijnlandshuis

1578 kaufte der hoogheemraadschap van Rijnland (Wasser- und Bodenverband des Rheinlands) ein Haus in der Breestraat und veränderte es in den folgenden Jahren entsprechend dem Zeitgeschmack. Noch im Jahr der Erwerbung baute man rückwärtig den *yseren compoir* an, einen einbruchsicheren Raum für die Lagerung wichtiger Unterlagen und Gelder. Die bis heute erhaltenen Stuckverzierungen seiner beiden Gewölbejoche suchen ihresgleichen in den Niederlanden, haben sich solche Arbeiten doch nur selten erhalten. Die Fassade der Hauptfront wurde 1597/98 nach einem der drei Entwürfe errichtet, die der Haarlemer Stadtbaumeister Lieven de Key lieferte. Im 18. Jh. wurde der Giebel erneuert und von 1963 bis 1971 restauriert.

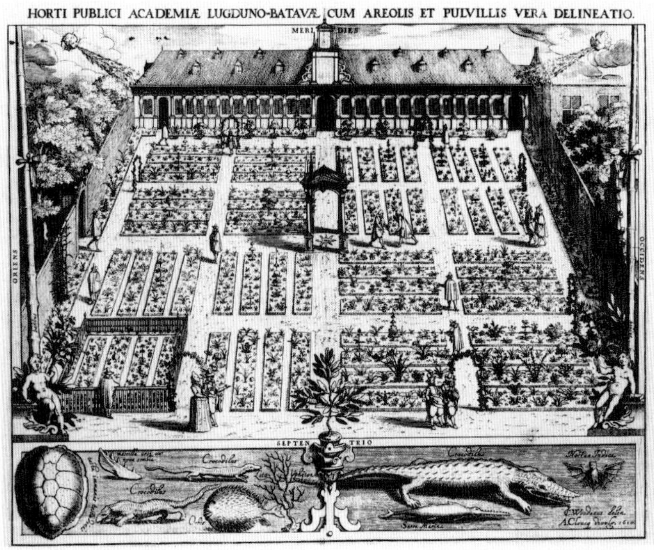

Jan Cornelisz. Woudanus, Garden van de Clusiustuin Leiden (Universitätsgarten), um 1610

Hortus Botanicus

Der zur Universität gehörende Hortus Botanicus zeigt heute Pflanzen aus aller Welt. Der Hortus als Einrichtung wurde 1590 gegründet. Doch erst 1594 legte der Botaniker Carolus Clusius - eig. Charles de l'Escluse - (1526-1609) den ersten Garten an. Zwei sich in einem kleinen hölzernen Pavillon kreuzende Hauptwege bildeten vier quadratische Felder, die durch Wege wiederum in vier quadratische Kompartimente mit jeweils vier langrechteckigen Hochbeeten unterteilt waren.

1932 hat man den von Clusius gestalteten Garten entsprechend einem Stich jener Zeit in verkleinertem Maßstab wiederhergestellt. Diese Anlage wurde 1990 anlässlich des 400-jährigen Jubiläums vollständig erneuert; sie gibt die oben beschriebene Grundstruktur wieder. Die Bepflanzung erfolgte in Anlehnung an die ursprünglich den Garten zierenden Pflanzen, die Clusius im Zusammenhang mit der Anlage des Gartens in ca. 1.700 Aquarellen, die sich heute in Krakau befinden, hatte dokumentieren lassen.

Als Clusius den Ruf nach Leiden erhielt, war er bereits ein viel gereister und berühmter Botaniker. In Arras geboren, hatte er im Herzogtum Württemberg und in Montpellier Medizin studiert. Seine botanischen Studien führten ihn nach Spanien, Portugal, Frankreich, Österreich und Ungarn. Seit 1573 war er Leiter der kaiserlichen → **Gärten** in → **Wien** (Neugebäude). Durch seine weit reichenden Beziehungen erhielt er Pflanzen aus den entferntesten Regionen.

Bemerkenswert ist, dass nur etwa ein Drittel der Pflanzen im Leidener Hortus eine medizinische Bedeutung hatte. Im Vordergrund standen eindeutig botanische Interessen, ein Novum in Europa. Zwei Drittel aller heute in Europa gebräuchlichen Gartenpflanzen haben hier ihren Ursprung.

LUCAS VAN LEYDEN (Leiden um 1494–1533 Leiden)

Lucas van Leyden zählt neben Marcantonio Raimondi und → **Albrecht Dürer** zu den großen Meistern der grafischen Künste der Renaissance. Er galt – den Kunsthistoriografen Giorgio Vasari und → **Karel van Mander** zufolge – während des gesamten 16. Jh. als bedeutendster Repräsentant der niederländischen Kunst, den man auch noch – so Rembrandt – im 17. Jh. sehr schätzte.

Lucas van Leyden, der – von den Zeitgenossen als Wunderkind bezeichnet – schon früh über seinen Lehrer Cornelis Engebrechtsz. (1468–1535) hinauswuchs, schuf ab 1505 über 170 Holzschnitte, Kupferstiche, Radierungen sowie Zeichnungen und Gemälde, von denen aber nur ein gutes Dutzend erhalten sind. Er gilt als der erste Niederländer, der um 1520 mit der damals neuen Technik der Radierung experimentierte. Vorreiter war er auch bei der Einführung neuer, profaner Bildthemen wie z. B. Wirtshausszenen, Schachpartien oder Darstellungen von Bauern und Bettlern, die man zuvor als nicht bildwürdig abgetan hatte (→ **Gattungen**).

Van Leydens frühe Grafiken mit ihren differenzierten Landschaftshintergründen beeindruckten italienische Künstler wie Marcantonio Raimondi, Andrea Del Sarto, Jacopo da Pontormo und Francesco Ubertini gen. Bacchiacca. Während seines gesamten Schaffens, vor allem in den Jahren zwischen 1510 und 1522, setzte er sich intensiv mit der Grafik Dürers auseinander, mit dem er 1521 in Antwerpen Grafiken tauschte. Ab 1523 zeigt sich der Einfluss → **Jan Gossaerts** in Van Leydens Werk, insbesondere in der plastischen Wiedergabe nackter Körper und des Faltenwurfs. Um 1527 sollen Gossaert und Van Leyden gemeinsam durch Brabant und Flandern gereist sein und andere Künstlerkollegen aufgesucht haben. In Van Leydens Spätwerk, ab 1527/28, spiegelt sich seine Kenntnis der italienischen Renaissancekunst wider; in Anlehnung an Raffael entstanden Ornamentstiche. Im Wettstreit mit und angeregt durch Werke Raimondis schuf Van Leyden darüber hinaus Stiche, die sich durch ausgewogene Kompositionen, klassische Proportionen und ihre außergewöhnliche Wiedergabe des menschlichen Körpers auszeichnen. Meisterwerke wie *Adam und Eva beweinen den toten Abel* (1529/30) zeigen nicht nur, dass Van Leyden mit den Werken der Italiener wetteiferte, sondern auch, dass er sein eigenes Figurenideal gefunden hatte. MF

An den Garten schloss sich ein 1599 nach Plänen von Hans Vredeman de Vries errichtetes eingeschossiges Ambulacrum (Wandelhalle) an, in dem nicht winterfeste, exotische Pflanzen untergebracht wurden. Diese bildeten mit weiteren Sammlungsgegenständen eine → **Kunst- und Wunderkammer.** Das in den Niederlanden große Interesse an Botanik führte dazu, dass schon 1601 ein Führer durch den öffentlich zugänglichen Hortus erschien.

Stedelijk Museum De Lakenhal

Das Museum bietet einen Überblick über die Geschichte und Kultur der Stadt seit dem 16. Jh. und besitzt u. a. eine Sammlung von Gemälden der aus Leiden stammenden Künstler wie → **Lucas van Leyden,** Rembrandt und Jan Steen.

Museum Boerhaave

Das nach dem bedeutenden Professor der Medizin, Chemie und Botanik Hermann Boerhaave (1668–1738) benannte Museum ist das niederländische Reichsmuseum für die Geschichte der Naturwissenschaften und der Medizin. Die bedeutende Sammlung ging u. a. aus Stiftungen der Universität Leiden hervor. Zahlreiche kunstvoll gestaltete Instrumente illustrieren die Geschichte der Physik, Astronomie, Biologie und Medizin im Europa des 16. Jh.

AUSFLÜGE

Den Haag

(ca. 20 km südwestlich von Leiden)

Den Haag ('s-Gravenhage), der heutige Sitz der niederländischen Regierung, war seit dem 15. Jh. das politische und administrative Zentrum der Grafschaft Holland. Willem II., Graf von Holland, hatte 1247 in der Nähe seines Jagdschlosses Haghe (nl., Gehege) eine Burg errichten lassen, aus der sich mit der Zeit ein weitläufiger Gebäudekomplex, der sog. Binnenhof, entwickelte. Unter seinem Sohn Floris V. entstand zwischen 1285 und 1295 der Große Saal, der noch heute das Zentrum des Binnenhofs bildet. Der unbefestigt an die Burganlage anschließende Ort – eine Ackerbürgersiedlung – wird erstmals 1370 erwähnt. 1528 wurde er durch die Truppen des Geldrischen Feldmarschalls Marten van Rossum zerstört (→ **Die Bauten der Familie Van Rossum**). 1585 richtete Prinz Maurits van Nassau seine Hofhaltung im Binnenhof ein, der 1588 schließlich Sitz der niederländischen Generalstaaten wurde. Den Haag blieb in rechtlicher Hinsicht ein Dorf, obgleich es durchaus städtischen Charakter besaß.

Den Haag, Stadhuis

Oude Stadhuis

Die habsburgische Regierung in Brüssel ermahnte in der Mitte des 16. Jh. den Rat von Den Haag, den Neubau des Rathauses anzugehen. Da der Ort durch den Wiederaufbau nach 1528 immer noch finanziell geschwächt war, konnte das Gebäude erst 1564/65 fertig gestellt werden. Unklar bleibt die Art der Finanzierung genauso wie die Frage nach dem Architekten. Seit dem Bau eines neuen Rathauses nach dem Zweiten Weltkrieg dient das alte Rathaus der Stadt zu Repräsentationszwecken.

Das am Groenmarkt errichtete Gebäude zeigt zur Grote Kerk (St.-Jacobskerk) einen einfach gestalteten Giebel mit Voluten. Die aufwändigere Südfassade bildet die Hauptseite. Der Entwurf orientiert sich – bei bescheideneren Dimensionen – deutlich am Rathaus von → **Antwerpen,** das zur gleichen Zeit entstand.

Über einem Sockel erhebt sich das zweigeschossige Gebäude. Der heutige Zugang über eine Freitreppe und die Rahmung der Eingangstür stammen erst aus dem 17. Jh. Die vier hochrechteckigen Kreuzfenster der Südfassade werden im Erdgeschoss von Dreiecksgiebeln bekrönt, im Obergeschoss sind die Fenster von flachen dorischen Pilastern eingefasst. Oberhalb der Pilaster tragen auskragende Konsolsteine ein dorisches Gebälk mit Triglyphenfries, über dem sich eine Balustrade erhebt. Die beiden mittleren Achsen der Fassade setzen sich in einem Giebel mit ionischen Halbsäulen fort. Dort zeigen zwei Rollwerkkartuschen die Inschriften »VIGILATE DEO / CONFIDENTES« (lat., Seid wachsam im Vertrauen auf Gott) und »ANNO / 1565«. Darüber befindet sich ein Gebälk mit der Inschrift »NE IUPITER QUIDEM OMNIBUS [placet]« (lat., Selbst Jupiter kann nicht immer alle zufrieden stellen). Dieser Sinnspruch ist der *Adagia* (Sprichwortsammlung) des Erasmus von Rotterdam entnommen, deren Erstausgabe im Jahr 1500 erschien und als ironischer Kommentar auf die um fast 40 Jahre verspätete Fertigstellung des Rathauses zu verstehen. Zuoberst ist zwischen zwei korinthischen Halbsäulen das Wappen der Grafschaft Holland angebracht. Auf dem Giebel stehen fünf Figuren als Allegorien der Gerechtigkeit, des Glaubens, der Liebe, der Hoffnung und der Stärke.

Das Rathaus von Den Haag steht am Anfang einer Reihe von Rathausneubauten in den nördlichen Niederlanden, die in zunehmendem Maße Ausdruck städtischen bzw. republikanischen Selbstbewusstseins gegenüber der spanisch-habsburgischen Regierung waren. Obgleich der Bau von König Philipp II. (reg. 1556–1598) veranlasst wurde, zeigt sich dennoch auch am Den Haager Rathaus diese Gesinnung. Nicht wie in Antwerpen sind hier die Allegorien von Weisheit und Gerechtigkeit in Verbindung mit dem Wappen Philipps II. zu finden, sondern Stärke und Gerechtigkeit zusammen mit dem Wappen der Grafschaft Holland, was einer offenen Demonstration des Strebens nach Selbstbestimmung und Unabhängigkeit gleichkommt. Entsprechend gewählt sind weitere Motive in der Dekoration der Fassade, wie Herkules mit der Keule, das Haupt der Medusa und eine unbekleidete Frau, die von einem Bischof, der den Körper einer Ziege hat, begleitet wird. Letzteres ist eine antikatholische Satire, die vermutlich gegen die Einführung der spanischen Inquisition in den Niederlanden Stellung bezieht. Das hässliche, schlangenbesetzte Haupt der Medusa könnte als »wahres« Antlitz der spanisch-habsburgischen Herrschaft verstanden werden.

Mauritshuis

Im Mauritshuis, einem an den Binnenhof anschließenden Stadtpalast, der für Prinz Maurits van Nassau-Siegen (1604–1679) errichtet wurde, befindet sich seit 1822 die berühmte königliche Gemäldegalerie. Die Sammlung geht mehrheitlich auf den niederländischen Statthalter Willem V. van Oranje (1748–1806) zurück und hat ihren Schwerpunkt im 17. Jh., einer besonderen künstlerischen und wirtschaftlichen Blütezeit der Niederlande – daher auch Goldenes Jahrhundert genannt. Gleichwohl verfügt das Museum über hochrangige Gemälde des 15. und 16. Jh. Vertreten sind u. a. → **Jan Gossaert,** Gerard David, → **Quentin Massys,** Hans Holbein d. J., → **Lucas Cranach d. Ä.** und Bartholomäus Bruyn d. Ä.

Delft, Grabdenkmal Willems I. van Oranje in der Nieuwe Kerk, 1623 vollendet von Pieter de Keyser

Delft

(ca. 20 km südwestlich von Leiden)

Die Geschichte Delfts reicht bis in das 10. Jh. zurück. Im 11. Jh. errichteten die Grafen von Holland hier einen befestigten Stützpunkt. Die Verleihung des Stadtrechts 1246 ließ Delft mit seiner Tuchindustrie aufblühen. Im 16. und 17. Jh. war die Stadt wichtiger Handelsplatz für überseeische Güter und bedeutender Militärstützpunkt der niederländischen Generalstaaten im Achtzigjährigen Krieg gegen Spanien. Delft wurde durch Willem I., Prinz van Oranje, zum Inbegriff des niederländischen Aufstands. Nachdem ihn der spanische König Philipp II. 1580 für vogelfrei erklärt hatte, wurde der bis heute als Begründer der holländischen Unabhängigkeit gefeierte Willem am 10. Juli 1584 in seiner Delfter Residenz, dem ehemaligen Kloster St.-Agatha, von dem Katholiken Balthasar Gérard ermordet. Im später an dieser Stelle von den Oraniern ausgebauten Prinzenhof befindet sich heute das Stedelijk Museum, das u. a. die Geschichte des Achtzigjährigen Kriegs dokumentiert. In diesem Zusammenhang ist auch auf das Delfter Koninklijk Nederlands Leger- en Wapenmuseum zu verweisen.

Nieuwe Kerk:
Grabmal Willems I. van Oranje

In der Nieuwe Kerk (1384–1496) wurde über der Gruft des Hauses Oranien, an der Stelle des früheren katholischen Hochaltars, das Grabmal Willems I. (1533–1584) errichtet. Von den Generalstaaten im Jahre 1614 in Auftrag gegeben, wurde diese beeindruckende Grabanlage von dem Amsterdamer Stadtbaumeister Hendrick de Keyser (→ **Amsterdam**) begonnen und –

bedingt durch seinen Tod – von dessen Sohn Pieter 1623 vollendet. Das Grabmal selbst, das zuletzt in den Jahren zwischen 1997 und 2000 aufwändig restauriert wurde, ist ein monumentales Zeugnis des beginnenden Goldenen Jahrhunderts der Niederlande.

Unter einem von Marmorsäulen getragenen zweijochigen Baldachin ist Willem in zwei lebensgroßen Statuen präsent. Während die zentral positionierte Liegefigur aus weißem Marmor den Prinzen als Toten wiedergibt, zeigt die kupferne Statue an der Vorderseite den Monarchen in Gestalt des Triumphators, in repräsentativ-majestätischer Pose auf einem Stuhl sitzend. Bildplastischer Verweis auf seine ruhmreichen Taten ist Fama, die geflügelte, Trompete blasende Allegorie des Ruhms, die sich hinter ihm niedergelassen hat. Die Ecken der Grabanlage markieren vier vollplastisch gearbeitete Figuren aus Kupfer in antikisierender Manier, welche die Allegorien der Freiheit, des Glaubens, der Stärke und der Gerechtigkeit darstellen.

Das aufwändige Grabmonument diente der posthumen Verherrlichung Willems I. Unzählige in der Folgezeit entstandene Gemälde des Kircheninneren mit dem Grabmal zeigen, dass es dieser propagandistischen Funktion vollauf gerecht wurde.

Stadhuis

Das Rathaus steht der am Marktplatz gelegenen Nieuwe Kerk gegenüber. Der gewachsene Komplex gruppiert sich um den Nieuwe Steen, einem Turm aus dem späten 13. Jh., der zum gräflichen Hof gehörte und 1438 in den Besitz der Stadt gelangte. Seine Turmuhr und das Glockenspiel von 1566/67 waren wesentliche Elemente innerhalb der städtischen Signalsysteme und machten den Turm dadurch zum Träger kommunaler Identität. Nach Bränden in den Jahren 1536 und vor allem 1618 entschied sich die Stadt für einen Rathausneubau unter Berücksichtigung der noch vorhandenen Bausubstanz. Die Pläne von Hendrick de Keyser wurden 1631 posthum in seiner *Architectura Moderna* veröffentlicht. Das besondere Augenmerk des Amsterdamer Baumeisters galt der dem Markt zugewandten Fassade, der er ein repräsentatives Erscheinungsbild gab. Die Ausführung dieser Fassade übernahm der Steinmetz und -lieferant Adriaen Willeboortz Spierinxhoeck, der eigenmächtig Veränderungen am Entwurf De Keysers vornahm, wie beispielsweise die abschließende Balustrade. Nachdem 1966 die Eingriffe späterer Jahrhunderte rückgängig gemacht werden konnten, entspricht das heutige Erscheinungsbild wieder weitgehend dem ursprünglichen Fassadenriss.

Die Fassade ist nach dem von Vitruv abgeleiteten Prinzip der Superposition gegliedert (→ **Architekturtraktate**). Während das Erdgeschoss durch rustizierte Pilaster dorischer Ordnung gekennzeichnet ist, folgen im Obergeschoss Pilaster ionischer Ordnung auf Postamenten. Der Giebelaufsatz zeigt drei Nischen, die von Pilastern korinthischer Ordnung eingerahmt werden. Nur in die mittlere dieser Nischen ist ein Standbild der Justitia (Gerechtigkeit) gestellt, das ebenfalls in der Amsterdamer Werkstatt De Keysers angefertigt wurde. Die Wappen der Stadt Delft und des seit 1625 amtierenden niederländischen Statthalters Frederik Hendrik demonstrieren die offizielle Funktion des Gebäudes. Im Rahmen der Restaurierung des Gebäudeinneren zu Beginn der 1980er Jahre wurde die ursprüngliche Raumaufteilung so weit wie möglich wiederhergestellt. GvB

UTRECHT

Ihre zunehmende Bedeutung seit dem Spätmittelalter verdankte die Stadt Utrecht, die auf eine römische Vergangenheit blickt, einer florierenden Backstein- und Töpferindustrie. Das Verhältnis zwischen dem Magistrat der Stadt und dem Bischof von Utrecht als Landesherrn war auf Grund der Frage der städtischen Souveränität traditionell angespannt. 1528 übernahm Karl V. (1500–1558) die weltliche Herrschaft über das Bistum und damit auch über die Stadt von Heinrich von Bayern, der dem prunkliebenden Bischof → **Philipp von Burgund** gefolgt war.

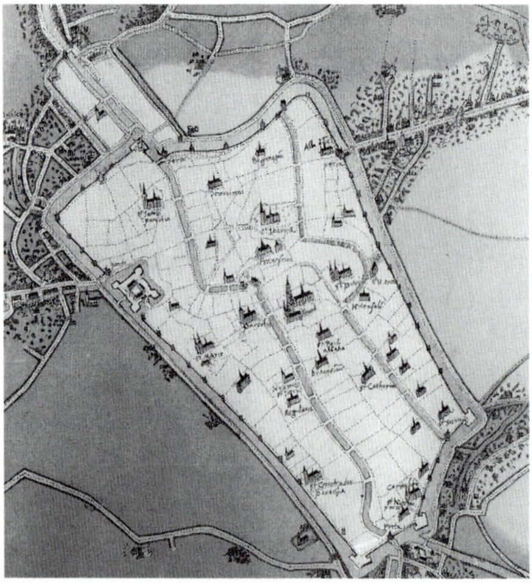

Jacob van Deventer,
Plan der Stadt Utrecht, um 1570

Da Karl V. einen Aufstand der Bevölkerung befürchtete, ließ er ab 1528 innerhalb der Stadt eine Zwingburg errichten, die den programmatischen Namen Vredenburg (Friedensburg) erhielt. Diese Zitadelle wurde beim Aufstand der Stadt gegen die spanische Herrschaft im Winter 1576/77 belagert, eingenommen und anschließend weitgehend geschleift.

Zwischen 1545 und 1558 verstärkte man schließlich die Stadt mit vier Bastionen in italienischer Manier, deren Errichtung durch den aus Italien stammenden kaiserlichen Ingenieur Donato Bono (gest. um 1557) beaufsichtigt wurde. Von diesen vier aus der Stadtmauer hervorspringenden Bastionen haben sich die drei südlichen erhalten.

Stadhuis

Als neuer Stadtherr bestimmte Karl V. zu Beginn seiner Herrschaft, dass der Rat und die Schöffen in einem gemeinsamen Gebäude tagen sollten, um der Idee der Regierungseinheit Ausdruck zu verleihen. Zu diesem Zweck kaufte man mehrere nebeneinander liegende Häuser (u. a. Het Keyserreyk, Leeuwensteyn, Lichtenberch und Hasenberch), deren Um- und Ausbauten den landesherrlichen Vorstellungen entsprechen sollten. Obgleich Karls Statthalter Anthonis van Lalaing (gest. 1568), Graf von Hoogstraten, Druck auf die Stadtregierung ausübte, wurde erst Anfang 1546 mit dem tief greifenden Umbau begonnen.

Utrecht, Stadhuis, Zeichnung aus dem 19. Jh. (vor dem Abbruch von 1820)

JAN GOSSAERT, GEN. MABUSE,

(Maubeuge um 1478–1532 wahrscheinlich Middelburg)

UND

PHILIPP VON BURGUND

(1465–1524)

Jan Gossaert, der aus Maubeuge im Hennegau im heutigen Frankreich stammt, wurde unter dem Namen »Jennyn van Hennegouwe« 1503 Meister in der Antwerpener Lukasgilde; bis 1507 findet er in den Antwerpener Gildelisten als Lehrmeister Erwähnung.

In jener Zeit wird Gossaert mit Philipp von Burgund, dem jüngsten unehelichen Sohn des burgundischen Herzogs Philipp III., in Kontakt gekommen sein. Philipp von Burgund, der in Diensten von Philipp dem Schönen und Margarethe von Österreich stand, war Ritter des Ordens vom Goldenen Vlies, Admiral der habsburgisch burgundischen Flotte, Gouverneur von Zeeland und Zutphen und leitete als *grant et premier maistre d'hotel* den fürstlichen Haushalt. Er hatte eine umfassende humanistische Ausbildung genossen, besaß darüber hinaus Kenntnisse im Zeichnen, in der Malerei und der Goldschmiedekunst und war außerordentlich an Wissenschaften und Künsten interessiert.

Als einer der ersten niederländischen Künstler überhaupt kam Jan Gossaert als Begleitung einer diplomatischen Mission Philipps von Burgund 1508 nach Rom. Er hatte den Auftrag, die antiken Monumente zeichnerisch festzuhalten.

Nach seiner Rückkehr aus Rom versuchte Philipp, sich von dem betriebsamen Leben am habsburgischen Hof zurückzuziehen und seinen eigenen Renaissancehof nach italienischem Vorbild auf Schloss Souburg in Zeeland zu schaffen. Als großer Mäzen der Künste und der *bonae literae* beschäftigte er den jungen Humanisten Gerrit Geldenhauer van Nijmegen (um 1482–1542), latinisiert als Noviomagus bekannt, als Historiografen und war bemüht, Gelehrte wie Johannes Paludanus (1538–1615) und Erasmus von Rotterdam (1466/69–1536) an seinen Hof zu holen. Neben Jan Gossaert arbeiteten dort Künstler wie der zuvor an deutschen Fürstenhöfen tätige Jacopo de' Barbari (1440/50–1516) oder Conrad Meit (um 1480– 1550/51; → **Brügge,** Gruuthusemuseum), der spätere Hofbildhauer Margarethes von Österreich.

Nach 1514 wandte Gossaert in seinen Gemälden nachweislich erstmals nördlich der Alpen die mathematisch-konstruierte Perspektive an, deren Kenntnis ihm vermutlich durch Jacopo de' Barbari vermittelt worden war. Auch finden sich in seinen Bildern gemalte antike römische Münzen (*Lukasmadonna,* Prag, Nationalgalerie), die ihre Vorbilder möglicherweise in der Münzsammlung Philipps hatten. 1516 begleitete Gossaert Philipp nach Brüssel, wo er anlässlich der Begräbnisprozession Ferdinands von Aragon gemeinsam mit Philipp einen glänzenden Triumphwagen mit illusionistischen Effekten entworfen haben soll. Der Wagen zeigte ein für den Norden völlig neues humanistisches Bildprogramm, mit Anleihen aus der klassischen Literatur und aus Francesco Colonnas Buch *Hypnerotomachia Poliphili* (*Traumliebesstreit des Poliphilus,* 1499), von dem sich ein Exemplar vermutlich im Besitz Philipps befand.

In dieser Zeit ließ Philipp sein Schloss Souburg mit Darstellungen antiker Mythen ausschmücken, von denen sich lediglich Gossaerts Gemälde *Neptun und Amphitrite* aus dem Jahr 1516 (Berlin, SMPK, Gemäldegalerie) erhalten hat. Gossaert, der bis dahin als Maler religiöser Werke in spätgotischem Stil hervorgetreten war, widmete sich hier erstmals einem mythologischen Thema in neoantikem Stil. Er wagte mit den lebensgroßen Aktfiguren des Götterpaars etwas für die Niederlande Spektakuläres. In dem Bild manifestiert sich das Bestreben, die Kunst des Klassischen Altertums mittels antiker Schriftquellen und erhaltener Zeugnisse der Skulptur und Architektur zu neuem Leben zu erwecken. Die in einer der Antike nachgebildeten Architektur präsentierten Figuren zeigen die von Vitruv empfohlenen Proportionen des menschlichen Körpers. Ihre Haltungen sind inspiriert vom antik-römischen *Apoll der Casa Sassi* (Neapel, Museo Nazionale), den Gossaert in Rom gezeichnet hatte, sowie von zeitgenössischen Werken von → **Albrecht Dürer** und Jacopo de' Barbari. Mit dem kühlen, elfenbeinfarbenen Kolorit und der klassischen Schönheit dieser beiden Figuren gelang es Gossaert, sich dem Körperideal der antiken Plastik anzunähern.

Jan Gossaert,
Neptun und Amphitrite, 1516
(Berlin, SMPk, Gemäldegalerie)

Nachdem Philipp von Burgund auf Druck von Karl V. 1517 zum Bischof von Utrecht ernannt worden war, verlegte er seine Residenz nach Schloss Duurstede bei Wijk nahe Utrecht. Gossaert, der weiterhin für Philipp tätig war, erhielt auch hier ein eigenes Atelier. Zugleich führte er bis 1521 eine Werkstatt in Utrecht, in der um 1518 → **Jan van Scorel** als Mitarbeiter beschäftigt war.

Nach dem Tod Philipps im Jahre 1524 ging Jan Gossaert nach Middelburg und trat dort in die Dienste Adolfs von Burgund, Graf von Veere, der ein Halbbruder Philipps war. Hier entstand das *Bildnis der Kinder König Christians II. von Dänemark* (Hampton Court), ein Beispiel für die bedeutende Stellung Gossaerts, die er auch auf dem Gebiet der Porträtmalerei innehatte. Gegen Ende seines Lebens war Jan Gossaert für die kunstliebende Gräfin Mencía de Mendoza, die dritte Gemahlin Graf Henriks III. van Nassau, mit der Austattung ihres Schlosses in → **Breda** betraut.

Jan Gossaert, der als erster Künstler antikes Formengut und Themen des Klassischen Altertums in die Niederlande importierte, war für zahlreiche Künstler seiner Heimat wegweisend. MF

Zuständig für die Bauarbeiten war der Stadtbaumeister Willem van Noort (gest. 1556), doch ist unklar, ob von ihm auch die Entwürfe stammten. Mit großer Wahrscheinlichkeit wurde er von Donato Bono beraten, welcher der Fassade des Hauses Hasenberch ihren strengen Aufbau gegeben haben könnte. Die Pilaster der fünfachsigen Fassade zeigten Kapitelle dorischer, ionischer und kompositer Ordnung mit entsprechendem Gebälk. Dieser Fassadenaufbau nach Maßgabe der zeitgenössischen Architekturtheorie (→ **Architekturtraktate**) stand allerdings im Widerspruch zu seiner bildplastischen Gestaltung mit Grotesken und floralem Rankenwerk. Das Haus Lichtenberch erhielt eine aufwändige Portalrahmung, deren Pilaster mit Reliefs verziert sind, die nach Vorlagen von Cornelis Bos entstanden. An der bildhauerischen Ausführung war vermutlich der seit 1530 in Utrecht ansässige Künstler Colijn de Nole (gest. 1553/58) mit seiner Werkstatt beteiligt, der auch den Prachtkamin im → **Kampener Rathaus** anfertigte.

Das Utrechter Rathaus, das 1826 in neoklassizistischem Stil umgestaltet wurde und von dem Fassadenfragmente des 16. Jh., wie z. B. die Portalrahmung des Hauses Lichtenberch, heute im Centraal Museum der Stadt zu besichtigen sind, ist ein bemerkenswert frühes Beispiel für die Verwendung antikisierender Formen an öffentlichen Gebäuden in den Niederlanden. Nicht weniger bemerkenswert als die sicherlich auf den unmittelbaren Einfluss Karls V. bzw. seines Hofs zurückzuführende Rezeption antiken Formenrepertoires ist die Genese der Rathausplanung selbst. Haben sich doch im Rijksarchief Utrecht Entwurfszeichnungen erhalten, die die Grundrissentwicklung vom ursprünglichen Entwurf bis hin zur tatsächlichen Ausführung dokumentieren. Am Anfang des Entwurfsprozesses, der auf den älteren Baubestand keine Rücksicht nahm, stand als ideale Planung ein um einen quadratischen Innenhof gelegter vierflügeliger Baukomplex mit Galerie und geradläufigen Treppenhäusern. Die realisierte Bauausführung kam dem nach zwei Zwischenstufen zu Stande gekommenen Ausführungsplan sehr nahe. Während die Planbeschriftung der Sprache und Schreibweise nach zweifelsfrei von einem Niederländer stammt, ist der Entwurf von einem Italiener, vielleicht sogar von Donato Bono oder einem in Italien geschulten Architekten angefertigt worden.

AUSFLUG

IJsselstein

(ca. 10 km südwestlich von Utrecht)

Die Stadt IJsselstein war Zentrum einer kleinen Herrschaft gleichen Namens, die seit dem 15. Jh. der Familie Van Egmond, den Grafen von Buren, gehörte. Ende des 15. Jh. begannen die Van Egmonds mit dem Wiederaufbau der 1417 geschleiften Burg als Residenz. Von der einst stattlichen Anlage - sie war mit dem Markiezenhof in Bergen op Zoom (→ **Breda**) vergleichbar und gehörte zu den frühen schlossartigen Residenzen in den Niederlanden - steht heute nur noch ein Treppenturm von 1528, den man Rombout II. Keldermans zuschreibt. Der Turm überragte als Statussymbol das aus mehreren Teilen bestehende Bauensemble.

Hervormde Kerk

Einen Steinwurf von der Residenz entfernt steht die Reformierte Kirche, ehemals St.-Niklaas-Kerk, die nach 1466 neu errichtet wurde. Floris van Egmond (1469-1539) nahm

IJsselstein, Westturm der Hervormde Kerk (Reformierte Kirche)

als Graf von Buren und Leerdam eine bedeutende Rolle am habsburgischen Hof in den Niederlanden ein. Sein Sohn Maximilian (1509–1548) stieg zum kaiserlichen Statthalter von Holland, Zeeland, Gelderland und Westfriesland auf. Als Feldherrn engagierten sich beide vor allem in der Auseinandersetzung um das Herzogtum Geldern bzw. im Schmalkaldischen Krieg.

Floris van Egmond erhielt 1524 das Patronatsrecht über die Kirche und ließ den Westturm der Kirche als unverputzten Backsteinbau neu errichten. Der viereckige, dreigeschossige Unterbau ist mit einer sandsteinernen Pilasterordnung geschmückt, wodurch sich ein reizvoller Wechsel von Bentheimer Sandstein und Backstein ergibt. In den beiden oberen Geschossen des Unterbaus entsteht durch die Kombination einer größeren mittleren mit zwei kleineren Rundbogenöffnungen ein sog. Triumphbogenmotiv, das in der Architektur der Renaissance als besonderes Hoheitszeichen eingesetzt wurde. Über dem Turmunterbau erheben sich drei oktogonale Geschosse, von denen lediglich das untere zum ursprünglichen Bau gehört. Der originale Abschluss des Turms ist unbekannt, da das Gebäude bereits 1568 durch einen Brand stark in Mitleidenschaft gezogen und im 19. Jh. tief greifend verändert wurde. Die heutige Turmbekrönung wurde Mitte der 1920er Jahre nach einem Entwurf von Michel de Klerk geschaffen.

Die flache Pilastergliederung seiner Fassade entspricht der Superposition, dem sich in der italienischen Hochrenaissance entwickelnden Formenkanon der Säulenordnungen mit ihrer übereinander gestaffelten Abfolge: dorisch, ionisch, korinthisch bzw. komposit. Der Turm ist dadurch das älteste bekannte Bauwerk in den Niederlanden, an dem Formen der Renaissance regelgerecht verwendet wurden. Er erinnert an den in den 1520er Jahren konzipierten, frei stehenden Ostturm der Kirche Madonna di San Biagio bei Montepulciano, dessen Entwurf von Antonio da Sangallo d. Ä. stammt, jedoch erst in der Mitte des 16. Jh. realisiert wurde. Auch der Ende der 1530er Jahre von Antonio da Sangallo d. J.

Hof des Jan van Rossum in Zaltbommel (Nach einer verlorenen Federzeichnung aus dem Gemeente Archief Arnheim)

DIE BAUTEN DER FAMILIE VAN ROSSUM IM HERZOGTUM GELDERN

Bis 1543 widersetzten sich die Regenten des Herzogtums Geldern, Karl van Egmond und sein Nachfolger Wilhelm V. von Kleve-Jülich-Berg, sowie die Stände erfolgreich den Habsburgern, die das Territorium ihren burgundischen Besitzungen einverleiben wollten (→ **Jülich**). Dies lag nicht zuletzt an den militärischen Erfolgen des Söldnerführers und geldrischen Edelmanns Marten van Rossum (1487–1555). Seine militärische Tätigkeit, die ihm beachtliche Gewinne einbrachte, führte ihn an den Hof des französischen Königs und später, nach 1543, sogar an den kaiserlichen Hof. Vor diesem Hintergrund erklären sich die von ihm initiierten, repräsentativen Bauten in Arnheim, Vaasen und Zaltbommel, für die erstmals in Gelderland antikisierende Dekorationsformen verwendet wurden. Um 1535 ließ Van Rossum in seinem Geburtsort Zaltbommel einen Hof erbauen, der hinsichtlich Struktur und Bauform noch ganz in der mittelalterlichen Bautradition steht. Lediglich das mit Kandelabern

stammende, in einem Holzmodell überlieferte Entwurf für St. Peter in Rom zeigt ähnliche Türme. Im Vergleich mit den italienischen Beispielen wird aber auch deutlich, dass die Fassaden in IJsselstein weitaus weniger plastisch durchgestaltet sind.

Entwurf und Bauleitung lagen wahrscheinlich in den Händen des Bologneser Architekten Alessandro Pasqualini (1493–1559; → **Jülich**). Als Vorlage für die Gestaltung der Kapitelle nutzte Pasqualini die Illustrationen aus der 1521 in Italien erschienenen Vitruv-Ausgabe von Cesare Cesariano (→ **Architekturtraktate**), wie sich an den erhaltenen originalen dorischen und ionischen Kapitellen nachweisen lässt.

geschmückte Eingangsportal, die bogenförmigen Fensterbekrönungen und ein Wandkamin zeigen antikisierende Formen.

Ungefähr zehn Jahre später ließ Van Rossum in Arnheim drei mittelalterliche, hinter dem Chor der St.-Eusebiuskerk gelegene Wohnhäuser geschickt durch eine imposante Fassade aus Baumberger Sandstein (aus dem Münsterland) zu einem Gebäudekomplex zusammenfassen. Dieser sollte später wegen seines Bauschmucks, der u. a. auch Satyrn und Atlanten umfasste, als »Teufelshaus« bezeichnet werden. Pilasterstellungen, Fenster- und Fassadenbekrönungen lassen die Verwendung antikisierender Formen erkennen, die – durch Gemälde, Zeichnungen und Stiche vermittelt – in den Niederlanden bekannt geworden waren. Für die Bildhauerarbeiten griff Marten van Rossum, neben lokalen Handwerkern, auch auf Arnt van Tricht (gest. 1570), einen der prominentesten Vertreter der Kalkarer Bildschnitzer, zurück, der neben sakralen Kunstwerken ein beachtliches Œuvre im profanen Bereich vorweisen konnte.

1543 kaufte Van Rossum in Vaasen Schloss Cannenburch. Dort versah man den fünfgeschossigen Eingangsturm mit Pilastern, deren Proportionen ebenso wie die Kapitelle nicht den Vorgaben der Architekturtheoretiker folgten und somit auf lokale Handwerker zurückzuführen sein dürften, welche die Wünsche des gebildeten Auftraggebers umzusetzen hatten. Bemerkenswert ist eine 1978 vor Ort gefundene, in den Putz geritzte Entwurfszeichnung für die Volutengiebel des Turms im Maßstab 1:2. Der Entwurf zeigt eine deutliche Übereinstimmung mit dem Giebel eines weiteren Gebäudes der Familie Van Rossum, dessen vollständiges Erscheinungsbild nur durch eine zeitgenössische Abbildung dokumentiert ist.

Es handelt sich um den in Zaltbommel südlich der St.-Maartenskerk gelegenen Hof des Jan van Rossum (um 1490–1568), einem Bruder Martens, aus der Zeit um 1550. Nur ein bescheidener Rest des einst großen Gebäudes ist heute noch erhalten. Einige Bauelemente – nahezu vollplastische Engel und Pilaster mit Arabesken – sind als Spolien für die Fassade eines Bürgerhauses in Zaltbommel (Waterstraat 26) wieder verwendet worden und lassen erahnen, welch qualitätvolle Steinmetzarbeiten einst diesen Zaltbommeler Hof auszeichneten.

Am Beispiel der von Van Rossum initiierten Bauten wird das überregionale Netzwerk aus Steinlieferanten und Bildhauern deutlich, die dem Wunsch der Auftraggeber nach den Modeformen *all'antica* entsprachen. Da sie bei der Umsetzung aber auch aus ihren Traditionen schöpften, kam es dabei häufig zu äußerst unkonventionellen Lösungen. GvB

Im Gegensatz zur niederländischen Gepflogenheit, die Architekturmasse durch den Bauschmuck zu überspielen, setzen die Zierformen am IJsselsteiner Turm hingegen sparsame Akzente, die den Baukörper geschickt betonen. Im dreiachsigen Fassadenaufbau lehnt sich der Turm an die typischen gotischen Kirchtürme der Region an, orientiert sich aber in seiner Gliederung an Formen der römischen Hochrenaissance. Da das antikisierende Formengut den Habsburgern als Medium der Herrschaftsdarstellung diente, ist die Rezeption dieser Formen durch den Hochadel als Loyalitätsbekundung gegenüber dem Kaiser und Landesherrn zu verstehen. GvB

JAN VAN SCOREL (Schoorl 1495–1562 Utrecht)

Nach dem Besuch der Lateinschule in Alkmaar trat Jan van Scorel, unehelicher Sohn eines Geistlichen, im Alter von vierzehn Jahren als Lehrling wahrscheinlich in die Werkstatt des Cornelis Buys I. in Alkmaar ein. Nach drei Jahren wechselte er 1512 in das Atelier des Jacob Cornelisz. van Oostsanen in Amsterdam, das er um 1517 verließ, um in Utrecht bei → **Jan Gossaert** zu arbeiten.

1519 brach Van Scorel zu Reisen auf, die ihn nach Nürnberg zu → **Albrecht Dürer,** nach Österreich, Italien und schließlich als Pilger nach Jerusalem führten. In Rom, dem Höhepunkt seiner Reise, trat Van Scorel, nachdem der Niederländer Adriaen Florisz. Boeyens (1459–1523) zum Papst Hadrian VI. gewählt worden war, 1523 in dessen Dienste und folgte als Kustos der päpstlichen Kunstsammlungen im Belvedere Raffael im Amt. Nach dem Tod Hadrians kehrte Van Scorel 1524 in die Heimat zurück. Er ließ sich in Utrecht nieder, da ihm dort, noch dank Hadrian, das erste frei werdende Kanonikat zustand. Als Stiftsherr der Marienkirche war Van Scorel seinen Malerkollegen nicht nur gesellschaftlich überlegen, sondern finanziell so unabhängig, dass er nicht in die Malerzunft eintrat.

Steht das früheste von Van Scorel bekannte Gemälde, der auf dem Weg nach Italien entstandene *Sippenaltar* in Obervellach, noch der Malerei seines Lehrers Jan Gossaert nahe, so wurde seine Arbeit

Jan van Scorel,
Sippenaltar in der Pfarrkirche St. Martin, Obervellach, 1519-1520

Jan van Scorel,
Triptychon für die Grabstätte der Familie Lockhorst, 1526 (Utrecht, Centraal Museum)

danach durch die Werke seiner italienischen Malerkollegen wie auch der Antike geprägt. Seine Landsleute schätzten ihn außerordentlich, so bezeichnete ihn der Kunsthistoriograf → **Karel van Mander** im Jahr 1604 als »Lichtbringer und Wegbereiter« der niederländischen Kunst, der eine völlig »neue Manier« eingeführt habe.

Der Einfluss der italienischen Malerei auf das Werk Van Scorels zeigt sich in dem um 1526 entstandenen *Triptychon für die Grabstätte der Familie Lockhorst* (Utrecht, Centraal Museum). Die biblische Szene der Haupttafel wird nicht mehr von einer additiv komponierten Landschaft hinterfangen, sondern ist in eine Weltlandschaft eingebettet, die unterschiedliche Landschaftselemente vereint. In diese Komposition integrierte Van Scorel – erstmalig für die nordniederländische Kunst – kartografisch genau und auf eigener Anschauung basierend den Ort, an dem sich die im Vordergrund dargestellte Szene abspielt: Jerusalem. Mit einer an der Antike geschulten Körperauffassung, komplizierten Körperdrehungen, farbenfrohen Kostümen und starken Hell-Dunkel-Kontrasten, einer aber insgesamt lichten atmosphärischen Raumwirkung schuf Van Scorel ein für die Niederlande gänzlich neuartiges Werk.

Van Scorel arbeitete für die habsburgischen Fürsten, den hohen niederländischen Adel und den Klerus. Er entwarf die Dekorationen für den → **triumphalen Einzug** sowohl von Kaiser Karl V. 1540 als auch von dessen Sohn Philipp II. 1549 in Utrecht. Er besuchte die Höfe in Breda, Mechelen und Brüssel und genoss hohes Ansehen bei König Franz I. von Frankreich und König Gustav Wasa von Schweden.

Durch den Besuch der Lateinschule und seine zahlreichen Reisen scheint Van Scorel einen hohen Bildungsgrad erreicht zu haben; er sprach neben Latein mehrere Fremdsprachen; verschiedene Humanisten gehörten zu seinen Freunden.

Zu Van Scorels Schülern zählten → **Maarten van Heemskerck** und Anthonis Mor. MF

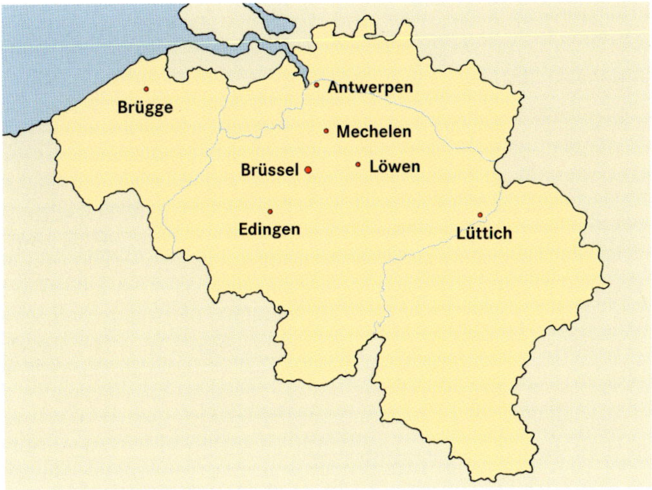

ANTWERPEN

Seine Lage an der Schelde, 88 km von der Nordseeküste entfernt, machte Antwerpen zur Schnittstelle des kontinentalen und überseeischen Handels. Diese Rolle übernahm Antwerpen von → **Brügge,** das seine wirtschaftliche Dominanz seit dem späten 15. Jh. zunehmend verlor. In einer ersten Konjunkturphase zwischen 1495 und 1525 kam es zum Aufblühen einer exportorientierten Kunstproduktion. So gelangten in dieser Zeit Schnitzaltäre mit dem Gütesiegel der Antwerpener St.-Lukasgilde beispielsweise nach Süd-, West- und Nordeuropa.

Im Zusammenhang mit der Auseinandersetzung um das Herzogtum Geldern zu Beginn der 1540er Jahre bekam die Stadt die Abhängigkeit von der Schelde zu spüren: 1542 gelang es dem geldrischen Feldherrn Marten van Rossum für kurze Zeit, Antwerpen einzuschließen und den Fluss zu sperren (→ **Die Bauten der Familie Van Rossum**). Nach der raschen Befreiung musste die Stadt auf Druck der habsburgischen Regierung dem Ausbau der Festungsanlagen mit Bastionen durch den kaiserlichen Festungsbaufachmann Donato Bono (gest. um 1557) zustimmen (→ **Festungsbau**). Die zu der neuen Befestigung (im 19. Jh. niedergelegt) gehörenden, aufwändig gestalteten Stadttore, u. a. das 1545 vollendete Kaisertor, bildeten die frühesten

Brügge, Burgerlijke Griffie (Stadtkanzlei)

Beispiele der italienischen Hochrenaissancearchitektur in den Niederlanden.

Zum Zeitpunkt des → **triumphalen Einzugs** Philipps II. gemeinsam mit seinem Vater Karl V. 1549 in Antwerpen stand die Stadt in der Blüte ihrer wirtschaftlichen und kulturellen Entwicklung. Die zahlreichen ausländischen Händler und die internationalen Handelsbeziehungen verliehen der Stadt einen kosmopolitischen Charakter. In den 1560er Jahren siedelte auch die Hanse von Brügge nach Antwerpen über und man errichtete das sog. Oosterhuis (Hansehaus), das zu den prächtigsten Renaissancebauten der Stadt zählte; es wurde 1893 nach einem Brand niedergelegt.

Die religiös und politisch motivierten Spannungen zwischen der spanisch-habsburgischen Landesherrschaft und Teilen der Bevölkerung sowie des Hochadels hatten auch für Antwerpen negative Auswirkungen. Im August 1566 wütete der Bildersturm drei Tage in der Stadt. In der Folgezeit ließ der Herzog von Alba (1507–1582) als Machtdemonstration eine fünfbastionäre Zitadelle an der Südseite Antwerpens von italienischen Spezialisten errichten. Die Stadt, die um 1570 etwa 110.000 Einwohner zählte, verlor zunehmend ihre politische Souveränität. Ein einschneidendes Ereignis war Anfang November 1576 die Spanische Furie, bei der meuternde, in spanischen Diensten stehende Söldner Antwerpen mit Mord, Vergewaltigung, Brandstiftung und Plünderung überzogen. Die städtische Obrigkeit schloss sich daraufhin dem Kampf der nördlichen Provinzen unter Führung von Willem I. van Oranje (1533–1584) gegen die spanische Herrschaft an. Die beiden stadtzugewandten Bastionen der landesherrlichen Zitadelle wurden

Jan Massys, Flora mit der Ansicht von Antwerpen, 1559 (Hamburger Kunsthalle)

Unbekannter Maler, Osterhuis in Antwerpen, 18. Jh. (Rathaus Bremen)

niedergelegt, um das Areal in die Stadt einzubeziehen. Da Antwerpen die künftige Hauptstadt der Niederlande werden sollte, wurde dort ein neues Residenzschloss nach Plänen von Hans Vredeman de Vries errichtet.

Nachdem es 1585 Alessandro Farnese gelungen war, Antwerpen für die Spanier zurückzuerobern, flohen tausende von Calvinisten, Lutheranern und Mennoniten in den Norden des Landes. Durch den rapiden Bevölkerungsrückgang und die dauerhafte Blockade der Schelde verlor die Stadt ihre wirtschaftliche Vorrangstellung. In dieser Situation gelang es den Städten der nördlichen Niederlande, allen voran → **Amsterdam,** zu den für Nordeuropa zentralen Wirtschafts- und Finanzplätzen aufzusteigen. Erst der 1609 auf zwölf Jahre geschlossene Waffenstillstand zwischen den Spaniern und den nördlichen Niederlanden schuf erneut Rahmenbedingungen für einen wirtschaftlichen und kulturellen Aufschwung Antwerpens.

Die Stadt blieb das bedeutendste Handelszentrum der südlichen Niederlande und erschloss sich durch die Produktion von Luxuswaren neue Märkte. Ein wichtiger Erwerbszweig wurde dabei der Buchdruck. Neben dem Musikdruck, vertreten durch die Verlegerfamilien Plantijn, Phalèse u. a., gelangte der Antwerpener Tasteninstrumentenbau im 16. / 17. Jh. zu höchstem internationalen Ansehen. 1579 trat mit Hans Ruckers d. Ä. (um 1540–1598) das erste Mitglied der berühmtesten Familie von Cembalo- und Virginalbauern in die

Schauwagen mit Musikanten bei einem Festumzug der Erzherzogin Isabella, aus einem Gemälde von Denis van Alsloot, 1615 (London, Victoria & Albert Museum)

St.-Lukas-Gilde ein, der zunftähnlichen Vereinigung von Künstlern. Ruckers-Instrumente waren auf Grund ihrer herausragenden Qualität bald bei Bürgern wie Fürsten gleichermaßen begehrt und galten auch später noch als derart kostbar, dass im 18. Jh. in Paris serienmäßig erstklassige Fälschungen angefertigt wurden (Originale der Ruckers-Werkstatt können im Antwerpener Vleeshuis-Museum besichtigt werden).

Zu den spektakulärsten Ereignissen in der Musikgeschichte der Stadt zählten die Festumzüge (ommegangen) mit aufwändig dekorierten Schauwagen, Reiter- und Musikergruppen, wie sie unter dem Erzherzogspaar Albrecht und Isabella seit etwa 1600 abgehalten wurden. Die allegorisch-mythologischen Themen der Wagen führten dabei der Öffentlichkeit immer wieder den Ruhm und die Herrschaftstradition des Hauses Habsburg vor Augen.

ORNAMENTALE VORLAGENBLÄTTER

Cornelis Floris, aus einer Folge von *Philosophensprüchen*, 1554

Ornamentale Vorlagenblätter sind druckgrafische Produkte, die durch ihre schnelle und weite Verbreitung zur Vermittlung von Stilformen in Architektur, Bildhauerei und den angewandten Künsten beigetragen haben. Baumeister und Handwerker bedienten sich dieser Musterblätter in gleicher Weise wie der Bauherr und setzten sie in das zweidimensionale (z. B. Gemälde, Textilien, Porzellan) oder dreidimensionale (z. B. Architektur, Skulptur, Möbel, Goldschmiedearbeit) Objekt um.

Nördlich der Alpen sind die Vorlagenblätter des 16. Jh. durch die Rezeption der Groteske geprägt, die eine der Antike entlehnte Dekorationsform ist: Um 1480 wurde in Rom die Domus Aurea freigelegt, das Goldene Haus Kaiser Neros, in dem sich zahlreiche ornamentale Wandmalereien befanden. Da der Bau an eine Grotte erinnerte, nannte man die durch diese Malereien inspirierten Ornamente »Grotesken«. Sie kombinieren menschliche, tierische und pflanzliche Formen zu Mischwesen, die durch ein architektonisches und florales Gerüst verbunden sind.

Vor allem → **Kleinmeister** wie Daniel Hopfer, Heinrich Aldegrever oder die Brüder Beham entwickelten in Abhängigkeit von italienischen Stechern (z. B. Zoan Andrea, Agostino Veneziano) antikisierende Ornamente wie Kandelaberkonstruktionen oder Akanthusranken, die als Füllornamente verwendet wurden.

Seit den 1530er Jahren werden nördlich der Alpen eigenständige Motive in den Vorlagenblättern verwendet. Zunächst waren es niederländische Künstler, die ein eigenes Ornament, das Rollwerk, entwickelten. Vermittelt durch italienische Künstler (Rosso Fiorentino, Francesco Primaticcio) trat das Rollwerk erstmals in den Stuckdekorationen der Galerie von König Franz I. in Schloss Fontainebleau um 1535/40 auf. Besonders die Niederländer Cornelis Bos und Cornelis Floris variierten es mit antikisierenden Grotesken vielfältig zu neuartigen Erfindungen. Diese niederländische Ornamentgroteske ist gekennzeichnet durch ein symmetrisches Rahmengerüst mit aufgebogenen oder volutenförmig eingerollten Leisten, das mit Kartuschen, Masken, Mischwesen, Tieren oder Frucht- bzw. Blütenkörben und Volutenspangen durchsetzt ist. Dieses Repertoire ist Bestandteil von Serien wie den *Veeldeerley niewe inventien van antycksche sepultueren* (1557) des Cornelis Floris und wird daher auch oft als Floris-Groteske bezeichnet.

Der Niederländer Hans Vredeman de Vries nahm 1565 die grotesken Variationen zusammen mit dem sog. Beschlagwerk in seine → **Architekturtraktate** auf. Dieses ist ein reines Flächenornament aus Bändern oder Stegen, auf denen als Beschläge Nieten, Perlen und Steine angebracht sind. Diese Architektur- und Ornamentvorlagen hatten großen Einfluss auf die Bauornamentik und kamen vor allem in Nordeuropa zur praktischen Anwendung, etwa an Säulenschäften, Postamenten, Erkern und Giebeln.

Gegen Ende des 16. Jh. fanden teigig modellierte Fantasieformen wie das Knorpel- oder das Ohrmuschelwerk Eingang in die ornamentalen Vorlagen. IK

DER TRIUMPHALE EINZUG

Philipps II. in die Niederlande 1549

Seit dem späten Mittelalter hielten europäische Fürsten nach ihrer Krönung bzw. Inthronisation feierlich Einzug in die wichtigsten Städte ihres Herrschaftsbereichs, um dem Volk ihre Macht und ihr Selbstverständnis zu demonstrieren.

In den Niederlanden spielte der *Blijde Inkomst* (nl., Froher Einzug) eine besondere Rolle, da es im Herzogtum Brabant, dem Kerngebiet der burgundischen bzw. habsburgischen Niederlande, ein Privileg der Städte war, den Einzug auszurichten. Der Huldigung durch eine Stadt ging stets die Anerkennung der alten städtischen Rechte durch den Fürsten voraus. Anlässlich dieser Feierlichkeit wurde der Weg des Souveräns durch die Stadt aufwändig geschmückt. Triumphbögen und *tableaux vivants* (lebende Bilder bzw. Statuen nach berühmten Gemälden oder für den Anlass geschaffenen Vorlagen) zeigten dem Fürsten, welche Wünsche und Erwartungen die Untertanen mit ihrem neuen Landesherrn verbanden. Der Einzug diente somit der Bevölkerung als Sprachrohr. Thematisiert wurden meist Spannungen zwischen der Stadt und dem Herrscher, der bestrebt war – oft zu Lasten städtischer Rechte –, seine Macht auszuweiten. Zugleich zeigten diese Inszenierungen die Loyalität und Dienstbereitschaft der Untertanen. Die Ausgestaltung und Inszenierung der Festzüge übertrug man Künstlern und Humanisten, die für ein anspruchsvolles Gesamtbild zu sorgen hatten, das sich an biblischen und antiken Themen orientierte. Schon das Ereignis als solches erinnerte an den umjubelten Einzug Jesu in Jerusalem und zugleich an Triumphzüge siegreicher Feldherren der Antike.

Im Jahr 1549 führte Kaiser Karl V. seinen Sohn Philipp II. als zukünftigen spanischen König und damit als seinen Nachfolger in den Niederlanden ein. Stationen waren u. a. die Städte Breda, Rotterdam, Delft, Leiden und Amsterdam sowie Brüssel, Löwen, Brügge, Lüttich und Tournai. Höhepunkt war der Einzug in das wirtschaftlich prosperierende Antwerpen, damals die bedeutendste Handelsstadt Europas. Unter der künstlerischen Leitung von → **Pieter Coecke van Aelst** gestalteten 895 Zimmerleute, 234 Maler und 498 weitere Handwerker den 260.000 Florin teuren Einzug am 10. September 1549. Die Stadt führte dem zukünftigen Herrscher ihren Reichtum vor Augen, den sie als Ergebnis der weitgehenden städtischen Souveränität darzustellen wusste.

Beurs

1531 entstand nach einem Entwurf von Domien de Waghemakere (1460–1542) die Börse. Der vierflügelige Bau, der um einen Innenhof mit umlaufender offener Galerie im Erdgeschoss angeordnet ist, wurde zum Vorbild vieler Börsenbauten in Europa, wie z. B. der Börse in London. Der nach einem Brand im Jahr 1853 wiederhergestellte Bau wurde durch einen weiteren Brand 1858 nochmals zerstört. Der 1872 vollendete Neubau übernahm einen vom Brand verschonten Rundturm und orientierte sich in seiner Fassadengestaltung am Ursprungsbau, der spätgotische und antikisierende Elemente vereinte, so dass die mit reichem Maßwerk geschmückten Arkaden im Innenhof noch einen Eindruck des ursprünglichen Erscheinungsbildes vermitteln.

Der Bogen des Friedens, aus der Festbeschreibung von Cornelis Grapheus von 1550

An das Antwerpener Fest erinnert ein 1550 erschienenes, aufwändig illustriertes Buch, das in einer lateinischen, einer französischen und einer flämischen Ausgabe *(De seer wonderlijcke, schoone, Triumphelijcke Incompst van den hooghmogenden Prince Philips...)* vorgelegt wurde. Der Text stammt von dem Antwerpener Stadtsekretär Cornelis Grapheus, der auch für die inhaltliche Gestaltung des Einzugs verantwortlich war. Derartige Publikationen hatten vor allem den Zweck, den Rechtsakt des Einzugs in das Herrschaftsgebiet zu dokumentieren.

Der architektonische Aufbau der zwölf Antwerpener Triumphbögen orientierte sich an Entwürfen des Bolognesers Sebastiano Serlio, dessen → **Architekturtraktat** Van Aelst auszugsweise 1539 durch die Übersetzung ins Niederländische bekannt gemacht hatte. Die temporären Architekturen waren zudem mit Roll- und Beschlagwerk dekoriert, das in der Folgezeit zu einem Charakteristikum niederländischer Ornamentik der Renaissance wurde; die Motive selbst waren italienischen Ursprungs. Die Kupferstiche der den Festzug dokumentierenden Schrift erlangten auch als → **Vorlagen** für die Bauornamentik Bedeutung. GvB

Stadhuis

Ende der 1530er Jahre plante man einen Neubau des Rathauses am Großen Markt. Der Entwurf – ebenfalls von Domien de Waghemakere – konnte jedoch nicht realisiert werden, da die finanziellen Mittel fehlten. Als sie Ende der 1550er Jahre gesichert waren, wurde 1560 ein Architektenwettbewerb durchgeführt, zu dessen Expertenkommission u. a. der ehemalige habsburgische Hofarchitekt Jacques Du Broeucq gehörte. Da Cornelis Floris (1514–1575) die Leitung des 1561 begonnenen Baus übernahm, wird vermutet, dass er den Wettbewerb für sich entschied. Bereits 1565 war das Rathaus fertig gestellt. Die immensen Baukosten von über 150.000 Karolus Gulden finanzierte die Stadt über Erb- und Leibrenten.

Schon 1576 brannte das Rathaus infolge der Spanischen Furie aus, wobei der bildhauerische Schmuck stark in Mitleidenschaft gezogen wurde. Das Innere ist nach Restaurierungen des 19. Jh. weitgehend verändert; z. B. wurde der schmale Innenhof überbaut.

Die 21 Fensterachsen umfassende Hauptfassade, deren Einzelformen den → **Architekturtraktaten** Serlios entlehnt sind, wird zum Marktplatz hin in der Mitte durch einen mächtigen, dreiachsigen Risalit durchbrochen. Die Superposition der Säulen (dorisch, ionisch, korinthisch und komposit), die Nischen und die rundbogigen Fenster nehmen Bezug auf antike Triumphbogenarchitektur. Die Gestaltung des Risalits, der sich deutlich über die Firsthöhe des Dachs erhebt, ist den temporären Festarchitekturen der Zeit entlehnt. Das Rathaus sollte die Kulisse für den Höhepunkt der → **triumphalen Einzüge,** für Huldigungen und die Bestätigung der Privilegien bilden. Im vierten Geschoss des Risalits ist zentral das Wappen des damals regierenden Landesherrn Philipp II. angebracht, flankiert von den Wappen Brabants und Antwerpens. Die Nischen des Risalits sind gefüllt mit Skulpturen, u. a. Allegorien der Weisheit und Gerechtigkeit, die auf die Tugenden des Landesherrn und des Magistrats anspielen. In der obersten Nische stand ursprünglich die

Melchisedech van Hooren, Stadhuis in Antwerpen, 1565 (Wien, Albertina)

Figur des Silvius Brabo, des mythischen Namengebers des Herzogtums Brabant und der Stadt Antwerpen, welcher der Sage nach das Gebiet um Antwerpen von einem tyrannischen Riesen befreite. Die Figur Brabos wurde von den späteren spanischen Machthabern als Zeugnis des Strebens nach Unabhängigkeit gewertet und 1587 unter Alexander Farnese durch ein gegenreformatorisch inspiriertes Bildwerk, eine Madonna, ersetzt.

Wohnhäuser

In der Zeit der wirtschaftlichen Prosperität im 16. Jh. wurden viele Privathäuser errichtet bzw. schon bestehende neu ausgestattet. Etliche dieser Gebäude haben die letzten Jahrhunderte nicht überdauert, wie auch das Haus des Malers → **Frans Floris** in der Arenbergstraat, das von seinem Bruder Cornelis Floris entworfen worden war; die Fassadenmalerei hatten Frans und seine Werkstatt nach eigenen Entwürfen ausgeführt. Am Großen Markt befinden sich heute noch Häuser, die mit ihren reichen Renaissance-Fassaden vom Wohlstand des 16. Jh. zeugen, z. B. **De Balans** (Haus der Tuchhersteller) von 1541, **De gulde Mouwe** von 1579/1628 und **Spaengien**, erbaut zwischen 1580 und 1582. In der Everdijstraat steht das **Haus St.-Joris,** das Cornelis Floris 1549 gekauft und in der Folgezeit ausgebaut hatte. Leider ist es später so stark verändert worden, dass es heute nur einen unvollkommenen Eindruck vom ursprünglichen Erscheinungsbild vermittelt.

Von der Innenausstattung der Häuser haben sich vor allem qualitätvolle Wand- und Deckenmalereien erhalten, die allerdings in der Regel nicht zu besichtigen sind. Eine Vorstellung vom Reichtum des 16. Jh. können aber die Antwerpener Prunkkamine geben, die sich heute im Nationalen Schifffahrtsmuseum Steen befinden.

Museum Plantijn-Moretus

Der Franzose Christoffel Plantijn (um 1520-1589) ließ sich Ende der 1540er Jahre als Buchbinder in Antwerpen nieder. 1555 gründete Plantijn eine Druckerei, die rasch zum größten und angesehensten Verlagshaus in den Niederlanden aufstieg. Mit 16 Druckerpressen und 80 Mitarbeitern belieferte er zu Beginn der 1570er Jahre exklusiv die spanischen Kolonien in Übersee mit liturgischen Werken. Nach dem Anschluss Antwerpens an die nördlichen Niederlande war der katholische Plantijn aus wirtschaftlichen Gründen zur Produktion von Büchern für die protestantischen Aufständischen gezwungen. In Zusammenarbeit mit seinem Schwiegersohn Jan I. Moretus (1543-1610) machte er die Officina Plantiniana nach 1585 zum bedeutendsten Verlag der Gegenreformation in den Niederlanden. In den über 40 Jahren seines Wirkens druckte und verlegte Plantijn etwa 2.450 Titel, darunter mehr als ein Drittel humanistischen Inhalts. Der berühmte Humanist Justus Lipsius (1547-1606), der immer wieder für längere Zeit bei Plantijn wohnte und arbeitete, gehörte zu den vornehmsten Autoren des Verlags.

Plantijns ehemaliges Wohn- und Geschäftshaus am Vrijdagmarkt ist bereits seit 1877 ein Museum. Die reiche Sammlung an Druckerpressen und Setzkästen sowie die Verkaufs-, Büro- und Druckerräume mit historischer Ausstattung veranschaulichen den → **Buchdruck** in der Frühen Neuzeit. Zu den Schätzen des Museums gehört neben den Erstdrucken aus den Officina Plantiniana ein kolorierter Holzschnitt aus dem Jahr 1565, der Antwerpen aus der Vogelperspektive zeigt.

BUCHDRUCK

Die Erfindung des Buchdrucks mit beweglichen Lettern durch den Mainzer Johannes Gutenberg (1394/1404–1468) um 1450 markiert einen Wendepunkt im Schriftwesen am Übergang vom Spätmittelalter zur Frühen Neuzeit. Die sich schnell verbreitende Technologie, mit der Texte in unveränderter Form unbegrenzt vervielfältigt werden konnten, veränderte das politische, geistige, gesellschaftliche und religiöse Leben. Um 1500 gab es etwa 1.120 Druckereien an 260 Orten Europas. Bis dahin waren ungefähr 27.500 Bücher mit einer Gesamtauflage von etwa 20 Millionen Exemplaren gedruckt worden. Allein die Zahl der im 16. Jh. im Römischen Reich gedruckten Buchtitel wird auf etwa 120.000 geschätzt. Hinzu kommt das Massenschriftgut wie amtliche Verlautbarungen, Kalender und Flugschriften. Die Flugblätter spielten vor allem in der Reformation eine wichtige Rolle, als ihr Anteil 1523/24 vorübergehend auf ein Sechstel aller Druckwerke stieg. Erst sie verliehen der reformatorischen Bewegung ihre enorme Durchschlagskraft: »Ohne Buchdruck keine Reformation«.

Wie lange Gutenberg an seiner Erfindung arbeitete und wann genau die ersten Druckwerke erschienen, ist umstritten. Angesichts der Komplexität des Herstellungsablaufs muss eine lange Entwicklungszeit angenommen werden. Zwar gab es bereits seit Beginn des 15. Jh. gedruckte Bücher, doch bei diesen sog. Blockbüchern wurden Text und Bilder einer Seite in Holz geschnitten und in einem Block gedruckt. Das Neue an Gutenbergs Entwicklung war der Drucksatz in einzelnen Lettern. Pro Buchstabe und Satzzeichen gab es einen wieder verwendbaren Druckstempel aus Metall. Für den Guss der Lettern (Typen) erfand Gutenberg einen Automaten, das Handgießgerät. Beim Entwurf der Druckerpresse konnte er nur bedingt auf das Vorbild von Öl-, Wein- oder Papierpressen zurückgreifen. Die Zusammensetzung einer drucktauglichen Tinte musste er ebenso finden wie eine passende Legierung für die Lettern und zahlreiche weitere Details. Angesichts der technischen Reife von Gutenbergs Erfindung verwundert es nicht, dass bis zum Ende des 16. Jh. an den Apparaten nur Details – z. B. metallene Pressglieder anstelle von hölzernen – verbessert wurden.

Die Officinen (Druckereien) erreichten beachtliche Größen: Der Nürnberger Anton Koberger (um

Rubenshuis

Das einstige Wohn- und Arbeitshaus von Peter Paul Rubens (1577–1640) entstand nach dessen Rückkehr aus Italien, wo er sich von 1600 bis 1608 aufgehalten hatte. 1610 kaufte er am Wapper (Nr. 9-13) ein L-förmiges Haus mit einem Treppengiebel aus dem 16. Jh., das überwiegend aus Backsteinen errichtet war. Horizontale Natursteinbänder und Kreuzstockfenster gaben ihm das für die Niederlande typische Erscheinungsbild eines Hauses dieser Zeit. Rubens hatte sich bei seinem Italien-Aufenthalt intensiv mit der Renaissance-Architektur in Genua beschäftigt, was er in einem aufwändig gestalteten, 1622 aufgelegten Buch dokumentierte. Bald nach dem Kauf des Anwesens ließ er nach eigenen Entwürfen einen Atelierbau errichten, der sein Haus zu einer Dreiflügelanlage ergänzte. Ein imposanter Portikus, der sich mit drei Durchgängen zum Garten hin öffnet, verband schließlich Alt- und Neubau. Das ursprünglich aufwändig gestalte-

Antwerpen, Museum Plantijn-Moretus, Druckerwerkstatt

1445–1513) beschäftigte fast 100 Mitarbeiter an 24 Pressen. Eine ähnlich große Belegschaft hatte die Officina Plantiniana von Christoffel Plantijn (um 1520–1589) in → **Antwerpen.**

Die frühen Drucke bis 1500 werden als Wiegendrucke (Inkunabeln) bezeichnet. Sie orientieren sich gestalterisch noch weitgehend an Handschriften. Bald jedoch ging die Typografie eigene Wege. Seit etwa 1480 ist eine zunehmende Vereinheitlichung der Typen zu beobachten. Als lateinische Druckschrift setzt sich die Antiqua durch, während Vorläufer der bald verbreiteten Fraktur erstmals in den von Kaiser Maximilian I. veranlassten großen Prachtdrucken – u. a. dem *Theuerdank* – kurz nach 1500 auftauchen. Nachdem anfangs die Angaben über Verfasser, Titel sowie Erscheinungsort und -jahr noch am Ende des Buchs (Kolophon) gestanden hatten, erhielten Bücher mit der Einführung des Titelblatts um 1500 weitgehend das heute bekannte Aussehen. ChrS

te Gebäude wurde im Laufe der Zeit stark verändert und verlor jeglichen äußeren Schmuck. Allein der Portikus, der an antikisierende Festarchitekturen der → **triumphalen Einzüge** erinnert, blieb nahezu unverändert.

Zwischen 1937 und 1946 wurde mithilfe historischer Ansichten aus dem späten 17. Jh. das Anwesen wiederhergestellt. Die Fassaden des Atelierflügels waren zum Innenhof und zum Garten hin reich mit illusionistischer Wandmalerei verziert, die Rubens selbst entworfen und wohl auch ausgeführt hatte. Die Porträts berühmter antiker Persönlichkeiten, wie Platon, Sokrates, Seneca, Homer und Caesar, waren ehemals möglicherweise als Skulpturen gebildet. Der umlaufende Relieffries, dessen Motive u. a. auf berühmte Maler der Antike wie Apelles und Zeuxis Bezug nehmen, war ursprünglich jedoch aufgemalt. Neben der Absicht, durch den Antiken-Bezug die Gelehrsamkeit des Künstlers und Hausherrn herauszuheben, sollte hier die Malerei

Antwerpen, Portikus des Rubenshuis'

in Wettstreit (Paragone) mit der Plastik treten. Die heute vollständig in Werkstein nachgebildete Fassadendekoration entspricht nicht der historischen Situation.

Das Innere ist als Patrizierhaus des frühen 17. Jh. eingerichtet. Mit der Rekonstruktion von Rubens' Privatsammlung an Büchern, Kunstwerken und anderen Gegenständen veranschaulicht das Museum den frühneuzeitlichen Bildungskanon, der seit der Renaissance als verbindlich galt.

Koninklijk Museum voor Schone Kunsten Antwerpen

Die Geschichte des Königlichen Museums der Schönen Künste, das sich in einem Prachtbau des späten 19. Jh. befindet, reicht weit zurück. Die 1382 gegründete St.-Lukasgilde übergab 1773 ihre eigene Kunstsammlung an die Städtische Akademie der Schönen Künste. An der Wende zum 19. Jh. wuchs der Bestand stark an, da durch die Säkularisierung der Kirchen und Klöster viele Werke ihren angestammten Platz verloren. Auf diese Weise gelangten die Altargemälde, die den Bildersturm 1566 überstanden hatten oder aus der Zeit der Gegenreformation stammten, in das Museum. 1927 ist die Sammlung in Staatsbesitz übergegangen. Das Museum ermöglicht einen einzigartigen Überblick über die Kunstproduktion vor allem des 16. Jh. in der Scheldestadt und den südlichen Niederlanden.

Eine Schlüsselfigur für die Einführung italienischer Elemente in die Malerei Antwerpens ist → **Quentin Massys,** der im Museum mit sechs Gemälden und dem **Altar der Tischlergilde** (1508–1511) aus der Onze-Lieve-Vrouwekathedraal vertreten ist. Während die Komposition des Triptychons sich noch stark an den Flämischen Primitiven orientiert, zeigen die Landschaftsblicke, Architekturdarstellungen und die Figuren eine Auseinandersetzung mit der italienischen Kunst der Zeit.

Der **Altar der städtischen Almosenempfänger** (um 1524) ist ein Werk von → **Barent van Orley.** Die Darstellung der Wiederauferstandenen des Jüngsten Gerichts auf der Mitteltafel des Triptychons ist Gemälden der römischen Hochrenaissance entlehnt, die durch Zeichnungen und Druckgrafik in den Niederlanden bekannt geworden waren.

Der **Altar der St.-Lukasgilde** zeigt auf der Mitteltafel selbstredend den hl. Lukas, die Madonna malend. Das Gemälde schuf → **Marten de Vos** im Jahr vor seinem Tod für die Antwerpener Kathedrale. Wie sein Lehrer Frans Floris hatte er in Italien bedeutende Kunstwerke studiert, was seine Souveränität bei der Wiedergabe von Figuren und antikisierender Architektur erklärt. Die Figur des Heiligen ist möglicherweise ein Selbstporträt des Malers. GvB / DS (Musik)

DIE ANTWERPENER MALEREI DES 16. JAHRHUNDERTS

Als Antwerpen im ausgehenden 15. Jh. wirtschaftlich aufblühte und für eineinhalb Jahrhunderte bedeutendster Knotenpunkt für Handel und Schifffahrt in Westeuropa wurde, zog die prosperierende Wirtschaft auch zahlreiche Künstler an.

1491 ließ sich **Quentin Massys** (Löwen 1465/66–1530 Antwerpen), der neben Hieronymus Bosch bedeutendste niederländische Künstler an der Wende zum 16. Jh., in die dortige Lukasgilde einschreiben. Seine Rolle als Stammvater der Antwerpener Malerei wird in Willem van Haechts Gemälde *Kunstkabinett des Cornelis van der Geest* (1628, Antwerpen, Rubenshuis) deutlich, in dem Massys' *Madonna mit Kind* (vor 1490, Brüssel, Musées Royaux des Beaux-Arts de Belgique) ins Zentrum der Betrachtung gerückt ist. Massys verschmolz den flämischen Detailrealismus eines Dieric Bouts oder eines Hans Memling mit italienischen Einflüssen, vor allem Leonardo da Vincis. Dieses spiegelt sich u. a. in seinen charakterisierend gestalteten Porträts wider, so im *Bildnis eines Mannes* (um 1530, Frankfurt a. M., Städelsches Kunstinstitut), das dem italienischen Menschenbild der Zeit verpflichtet ist. Von überragender Bedeutung war Massys für die Entwicklung des Sittenbilds in Halbfigur (→ **Gattungen**), dessen Einfluss auf die niederländische Kunst das berühmte Gemälde *Der Goldwäger und seine Frau* (1514, Paris, Musée National du Louvre) deutlich macht.

Neben Massys prägte **Joos van Cleve,** eigentlich Joos van der Beke (vermutlich Kleve um 1485 - um 1540 Antwerpen), die Antwerpener Malerei jener Zeit. Er vermittelte entwicklungsgeschichtlich zwischen den spätniederländischen Meistern des 15. Jh. und den nachfolgenden Romanisten - den an der klassischen römischen Antike und der damals in ganz Europa als vorbildlich geltenden italienischen Kunst orientierten, außerhalb Italiens tätigen Künstlern. Ein Beispiel für diese Symbiose ist seine *Kirschenmadonna* (um 1525, Aachen, Suermondt-Ludwig-Museum), die eine Auseinandersetzung mit dem Schaffen Leonardo da Vincis erkennen lässt. Dessen Werk hatte Van Cleve bei seinem Aufenthalt als Porträtmaler am Hof des französischen Königs Franz I. zwischen 1530 und 1535 kennen gelernt.

1527 zog es **Pieter Coecke van Aelst** (Aelst 1502–1550 Brüssel) nach Antwerpen. Kurz zuvor von einer Italienreise zurückgekehrt, verbreitete er als Maler und Architekturtheoretiker in seiner Heimat neue, den Geschmack seiner Zeit treffende Ideen. Als Herausgeber der Übersetzung von Vitruvs Schriften über die Architektur (1539) und einzelner

Joos van Cleve, Kirschenmadonna, um 1525 (Aachen, Suermondt-Ludwig-Museum)

Pieter Bruegel d. Ä., Die Heimkehr der Herde/ Herbst, 1565 (Wien, KHM)

Teile des → **Architekturtraktats** (1539) von Serlio leistete Coecke van Aelst einen bedeutsamen Beitrag für die Architekturentwicklung.

Die Organisation seiner Werkstatt, der damals größten in Antwerpen, war Vorbild für die Werkstatt des **Frans Floris** (Antwerpen 1516–1570 Antwerpen). Dieser war aus der von → **Lambert Lombard** gegründeten Akademie hervorgegangen. Floris, der 1540 in Venedig und Rom weilte und die Vollendung von Michelangelos Fresko *Jüngstes Gericht* erlebte, war einer der Hauptmeister des Romanismus. Kühne und originelle Einfälle, theatralische Bewegtheit und Übersteigerung im Ausdruck zeichnen vor allem seine Historiengemälde aus, so beispielsweise den aus dicht geballten Figurengruppen komponierten *Höllensturz* (1554, Antwerpen, Koninklijk Museum voor Schoone Kunsten), eines der Hauptwerke des in seiner Heimatstadt damals äußerst geschätzten Malers. Seine schnelle wie treffsichere Pinselführung und das warme venezianische Kolorit weisen Floris als einflussreichsten Vorläufer Peter Paul Rubens' aus.

Mit **Pieter Bruegel d. Ä.** (Breda 1525/30–1569 Brüssel), Schüler des Coecke van Aelst, verbindet sich noch immer weithin die Vorstellung vom »Bauern-Bruegel«, dem Maler des einfachen Volkes und seiner oft derben Freuden. Als er kurz nach seinem Eintritt in die Antwerpener Malergilde (1551) zu einer Italienreise aufbrach, pilgerte er weniger zu den antiken Monumenten und den berühmten Werken der Renaissance, sondern ließ sich von der Landschaft, besonders der Gebirgswelt der Alpen, beeindrucken. Dem zeitgenössischen Kunsthistoriografen → **Karel van Mander** zufolge »schluckte er die Berge und Felsen und spie sie nach seiner Rückkehr auf Leinwand und Holztafeln wieder aus. So nah vermochte er der Natur zu kommen.« Das Schema der Monatsdarstellungen durchbrechend, zeigt Bruegel in einer Folge von sechs Tafeln die Charakteristika des Wandels der Jahreszeiten. In der *Heimkehr der Herde/Herbst* (1565, Wien, KHM) verweist die Herde, die aus der von aufziehenden Wolken und Sturm beherrschten Landschaft rechts im Bild in den noch sonnigen Teil links im Bild zieht, auf diesen Wandel. Solche aus verschiedenen Topografien zusammengesetzten Weltlandschaften wirkten in Flandern und in den nördlichen Niederlanden lange nach. Häufig setzte Bruegel niederländische Spruchweisheiten ins Bild, so bei der *Elster auf dem Galgen* (1568,

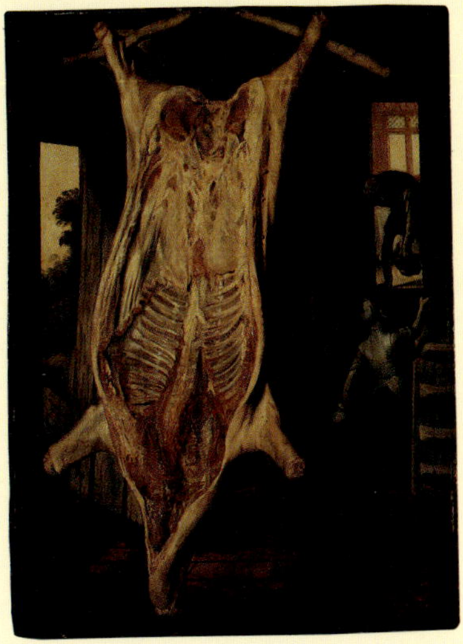

Joachim Beuckelaer, Ein geschlachtetes Schwein, 1563 (Köln, Wallraf-Richartz-Museum)

Darmstadt, Hessisches Landesmuseum) oder bei *Bauer und Vogeldieb* (1568, Wien, KHM), deren Lesarten bis heute Rätsel aufgeben.

Schon die Quellen des 16. Jh. rühmen **Pieter Aertsen** (Amsterdam 1507/08–1575 Amsterdam), weil er die Kunst beherrschte, Dinge des täglichen Lebens täuschend echt wiederzugeben. Aertsen, der von 1535 bis 1555 in Antwerpen tätig war, bereitete mit seinen naturalistischen Marktdarstellungen die → **Gattung** der Stilllebenmalerei vor. Seinen kräftig gemalten, dicht an den Betrachter herangerückten vordergründigen Darstellungen ist oftmals eine biblische Szene im Hintergrund als Kontrast gegenübergestellt, so auch in dem 1553 entstandenen Gemälde *Christus bei Maria und Martha* (Rotterdam, Museum Boijmans Van Beuningen).

Neben Pieter Aertsen schuf auch sein Nachfolger und Neffe **Joachim Beuckelaer** (Antwerpen um 1533 – um 1574 Antwerpen) Werke, deren monumentale Darstellung angesichts des alltäglichen Gegenstands unerwartet und überraschend erscheint. Einige der sog. Markt- und Küchenstücke des getreu im Stil seines Onkels arbeitenden, seit 1560 in der Antwerpener Malerzunft registrierten Meisters gelangten nach seinem Tod sogar in die Sammlung Kaiser Rudolfs II.

In der väterlichen Werkstatt ausgebildet, ließ sich **Marten de Vos** (Antwerpen 1531–1603 Antwerpen) nach einem mehrjährigen Italienaufenthalt 1558 als Freimeister der Malerzunft in seiner Heimatstadt nieder. Seine florierende Werkstatt ergänzte oder stellte Ende der 1560er Jahre zahlreiche im Bildersturm zerstörte Altäre wieder her. Setzte De Vos sich in Italien zunächst mit der florentinischen Malerei auseinander und kombinierte diese mit flämischen Stilelementen (z. B. *Immaculata,* 1551, Rom, S. Francesco a Ripa), so fanden in den 1560er Jahren die warmen, leuchtenden Farben der venezianischen Malerei, die De Vos während seiner Mitarbeit in der Werkstatt Tintorettos kennen gelernt hatte, Eingang in sein Werk. Spätere akademische Kompositionen mit pathetischen Figuren erinnern an die Michelangelo-Schule. Neben Gemälden religiöser und mythologischer Thematik (z. B. *Der hl. Paulus in Ephesus,* 1568, Brüssel, Musées Royaux des Beaux-Arts) schuf De Vos Bildnisse, die sich durch wenig plastische Darstellungen der Porträtierten bei einer minuziösen Behandlung ihrer physiognomischen Feinheiten auszeichnen. UG

ARCHITEKTURTRAKTATE UND SÄULENBÜCHER

Die architekturtheoretischen Schriften der Renaissance basieren auf dem einzigen überlieferten Architekturtraktat der Antike, den *De architectura libri decem* des römischen Baumeisters Vitruv (um 84–20/10 v. Chr.). In diesen *Zehn Büchern über die Architektur* werden nicht nur die Anforderungen an einen universal ausgebildeten Architekten und dessen Bauten formuliert, es wird auch das Grundwissen über Baumaterial, Bautypen, Städtebau, Astronomie und vieles mehr vermittelt. Von Vitruv stammt auch die erste systematische Beschreibung der Säulenordnungen: dorisch (keine Basis, kannelierter Schaft, schlichtes Kapitell), ionisch (Basis, kannelierter Schaft, Volutenkapitell) und korinthisch (Basis, kannelierter Schaft, Kapitell mit Akanthusblättern).

1486 wurde Vitruvs in Latein geschriebener Traktat erstmals in gedruckter Form publiziert, 1521 ins Italienische, 1526 ins Spanische, 1547 ins Französische und 1548 durch Walter Rivius *(Vitruvius Teutsch)* ins Deutsche übersetzt. Seit 1511 entstanden aufwändig illustrierte Exemplare, die den praktisch tätigen Architekten Informationen über antike Bauwerke vermittelten.

Einer der Ersten, der sich systematisch mit Vitruv auseinander setzte, war der Italiener Leon Battista Alberti (1404–1472), der über eine umfassende humanistische Ausbildung zur theoretischen Beschäftigung mit der Baukunst kam und erst am Ende seines Lebens selbst zum Baumeister wurde. Er verarbeitete den antiken Traktat in seinem zehnbändigen Werk *De re aedificatoria,* das 1485 gedruckt wurde. Während sowohl Vitruv als auch Alberti das Bauwesen auf theoretischem Niveau abhandelten, schuf der Italiener Sebastiano Serlio (1475–1554) mit seinem neunbändigen (in unregelmäßiger Folge, teilweise erst nach seinem Tod publizierten) Traktat eine praxisnahe Anleitung für den Architekten. Es handelt sich um eine umfassend bebilderte Schrift zu unterschiedlichen Bereichen der Baukunst, z. B. zur Rekonstruktion antiker Bauten, zur Geometrie und Perspektive, zum Kirchenbau, zum Bau von Villen und Palästen, aber auch zu Einzelformen wie Portalen, Fenstern, Kaminen, die vor allem Unkundigen Hilfestellung bieten sollte. Mit diesen Schriften hatte Serlio großen Erfolg, wie man an den sehr bald folgenden Übersetzungen ablesen kann.

Den 1537 erschienenen vierten Band seines Werks, den er selbst als den wichtigsten bezeichnete, widmete Serlio der Säulenlehre. Er bot erstmals ausführliche Anleitungen zur Konstruktion der *Dorica, Ionica, Corinthia* und erweiterte diese drei klassischen Ordnungen um die *Toscana* (Basis, glatter Schaft, schlichtes Kapitell) und die *Composita* (Kapitell als Kombination aus Voluten und Akanthusblättern). Auch die praktische Anwendung der Säulenordnungen, die bereits Vitruv mit menschlichen Eigenschaften in Verbindung gebracht hatte, wurde in dem Traktat erörtert.

Mit der monografischen Behandlung der Säulen war Serlio Initiator der Entwicklung einer eigenen Gattung des Architekturtraktats, nämlich des Säulenbuchs. Bedeutsame Säulenbücher in der Tradition Serlios sind häufig reich illustrierte Werke, wie etwa das von → **Pieter Coecke van Aelst** (*Die Inventie der Colommen,* 1539), von Hans Blum (*Quinque Columnarum ....,* 1550) oder von Giacomo Barozzi da Vignola (*La Regola delle cinque ordini d'architettura,* 1562).

1570 erschienen Andrea Palladios *I quattro Libri dell'Architettura,* die sich weniger an Vitruv als direkt am Vorbild der antiken Bauten orientierten, aber auch – den neuen Bauaufgaben entsprechend – innovative Lösungen boten, bei denen funktionale und ästhetische Bedürfnisse eine große Rolle spielten.

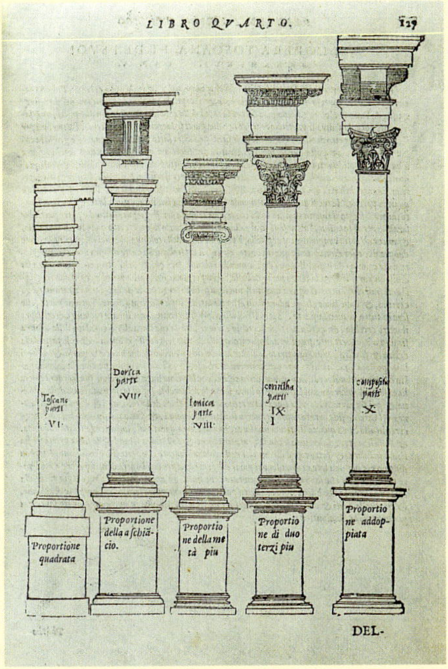

Die fünf Säulenordnungen, aus: Sebastiano Serlio, *Regole generali architettura* (Buch IV), 1537, ed. 1566

Während nördlich der Alpen zunächst die italienischen Traktate übersetzt wurden, entstanden ab der zweiten Hälfte des 16. Jh. in ganz Europa eigenständige Architekturbücher. In Frankreich publizierte Jacques Androuet Ducerceau d. Ä. das *Livre d'architecture* (1559), das die Typologie des Schloss- und Hausbaus behandelt. Der Architekt Philibert Delorme veröffentlichte 1567 sein neunteiliges Opus *Le premier tome de l'architecture,* eine umfassende Abhandlung über die Architektur von der Wahl des Baugrunds über die Geometrie bis zu den Säulenordnungen. Vor allem in den Niederlanden und in Deutschland wurden die Schriften von Hans Vredeman de Vries (1526–1609) genutzt. In seiner *Architectura* (1577) wurde die klassische Säulenlehre variiert, »denn es schickt sich nicht ubel, wenn man das alte mit dem newen maeßiglich schmucket«. Eine ins Fantastische gesteigerte Weiterentwicklung der Erfindungen Vredemans und ein Beispiel für den gegen Ende des 16. Jh. immer freier werdenden Umgang mit den Ordnungen ist die Säulenlehre von Wendel Dietterlin (*Architectura,* 1598), die neben Erfindungen zu den fünf Säulenordnungen auch Beispiele für deren Verwendung an Fenstern, Türen, Kaminen oder Brunnen vorgibt.

Die Lehre von der Befestigung von Städten und Schlössern war zunächst meist Bestandteil der Architekturtraktate. Nachdem in Italien Anfang des 16. Jh. verschiedene Festungsbautechniken durch Versuch und Irrtum getestet worden waren, begann eine verstärkte Theoretisierung des → **Festungsbaus,** die ab Mitte des 16. Jh. eine Flut von Publikationen auslöste. Zu den bekanntesten nördlich der Alpen zählen der 1527 von → **Albrecht Dürer** vorgelegte erste Festungstraktat und die *Architectura von Vestungen* des Daniel Specklin aus dem Jahr 1589. IK

BRÜGGE

Allgemein verbindet man die Stadt Brügge mit dem »Herbst des Mittelalters«, jener künstlerisch-kulturellen Blüte unter den burgundischen Herzögen im 14. und 15. Jh. Die pauschalisierende Sichtweise, nach der das 16. Jh. für die einstige Welthandelsstadt eine Zeit des wirtschaftlichen und kulturellen Niedergangs gewesen sei, greift sicherlich zu kurz.

Die Lebensader der Stadt war der Zwin, ein Meeresarm, der Brügge mit der Nordsee verband. Als Tor für Waren aus dem Süden, die für den nordeuropäischen Markt bestimmt waren, festigte Brügge seine Bedeutung als Handelsmetropole. Da die Stadt innerhalb Burgunds eine herausragende Stellung einnahm, fanden hier bedeutende Feierlichkeiten der Landesherren statt: 1430 heiratete hier Philipp der Gute Isabella von Portugal und 1468 wurde die Hochzeit Karls des Kühnen mit Margarethe von Yorck gefeiert. Die wirtschaftliche Macht führte Ende des 15. Jh. zu einer Politik der Konfrontation mit den Landesherren, zunächst mit Herzog Karl dem Kühnen und später mit Maximilian I. Nach 1500 arrangierte sich die Stadt zunehmend mit den Landesherren, denen man anlässlich der → **triumphalen Einzüge** Loyalität zusicherte.

Mit der zunehmenden Versandung des Zwin seit dem 15. Jh. wurde der Zugang zum Meer erschwert. Das rivalisierende → **Antwerpen** löste Brügge als Tor für Waren aus dem Süden ab, zog Handel und Privilegien an sich und übernahm schließlich die Rolle der führenden Handelsmetropole. 1578 schloss sich Brügge dem Aufstand der nordniederländischen Provinzen gegen die spanische Herrschaft an; die Stadtregierung wurde nun von Calvinisten dominiert. 1584 eroberte Alexander Farnese die Stadt für die Spanier zurück. Brügge wurde wieder katholisch, so dass Calvinisten und Protestanten mehrheitlich die Stadt verließen. Am Ende des 16. Jh. gehörte die wirtschaftliche Zukunft endgültig den Küstenstädten in den nördlichen Niederlanden.

Trotz des wirtschaftlichen Niedergangs blieb Brügge ein namhafter Ort der Buchherstellung und ein bedeutendes kulturelles Zentrum, das eine Vielzahl von Humanisten anzog. Im 16. Jh. fertigten zahlreiche Werkstätten in Brügge vor allem Gemälde für den freien Markt, in die das antikisierende Formenrepertoire der Renaissance früh Eingang fand. Durch die weit reichenden Handelsbeziehungen der Brügger Kaufleute gelangten auch bedeutende Kunstwerke der italienischen Renaissance in die Stadt.

Brugse Vrije: Der Kaiser-Karl-Kamin im Schöffensaal

Am Burgplatz im Zentrum Brügges befand sich einst die Burg der Grafen von Flandern, deren Ursprung bis in das 9. Jh. zurückreicht. Seit 1434 diente sie den Brügger Bürgern

Brügge, Kaiser-Karl-Kamin im Schöffensaal der Brugse Vrije (Brügger Freiamt)

lediglich als Steinbruch. Um den Platz wurden im Laufe der Zeit repräsentative öffentliche Bauten gruppiert, wie etwa das Rathaus oder das Landhaus des Brügger Freiamts (Brugse Vrije).

An der Ostseite des Burgplatzes steht das Landhaus des Freiamts, das zwischen dem 15. und 18. Jh. in mehreren Bauphasen errichtet wurde. Das Freiamt, vom Landesherrn mit rechtlichen und finanziellen Befugnissen ausgestattet, verwaltete nicht das Gebiet der Stadt Brügge, sondern das der Brügger Burggrafschaft.

Der 1524 vollendete Bauabschnitt des Landhauses umfasste auch einen neuen Schöffensaal, der mit einem Prunkkamin

BRÜGGER KIRCHENMUSIK

Brügges Wohlstand im 15. Jh. spiegelte sich auch im Reichtum seiner Kirchenmusik wider. So stand der weithin gerühmte Chor von St.-Donaas stets unter der Leitung bekannter Komponisten; zwischen 1467 und 1500 wurden allein für diese Kirche 150 neue Messen, Motetten und andere geistliche Werke geschrieben. Für das hohe Ansehen, das die Musik an der Kathedrale von Brügge genoss, spricht auch die Verleihung von Präbenden (Stipendien) an zwei der führenden Komponisten der Frührenaissance, nämlich den am Hof des Papstes und später in Cambrai tätigen Franzosen Guillaume Dufay (um 1400–1474) und den Flamen Gilles Binchois (um 1400–1460), der von 1427 bis 1453 zur burgundischen Hofkapelle gehörte. Zusammen mit dem Engländer John Dunstable (um 1380/90–1453) galten beide schon bei ihren Zeitgenossen als Hauptmeister einer »neuen Kunst«, d. h. einer melodisch und rhythmisch fließenden, harmonisch reichen und zum intensiven Gefühlsausdruck fähigen Musik, die sich von den mittelalterlichen mathematisch-abstrakten Kompositionsprinzipien gelöst hatte. DS

ausgestattet wurde. Nach dem Entwurf und unter der Leitung von Lanceloot Blondeel (1498–1561) entstand zwischen 1528 und 1531 eines der frühesten Meisterwerke der Renaissanceskulptur in den Niederlanden. Da man bestrebt war, ein qualitätvolles Werk zu schaffen, verpflichtete man neben ortsansässigen Handwerkern den in Mechelen tätigen Bildhauer Guyot de Beaugrant (gest. 1549/50) mit seiner Werkstatt. Auch bat man den Bildhauer Jean Mone (um 1485–1550) um Rat. Die Wappenentwürfe für den Kamin des Saals, in dem im Namen des Landesherrn Recht gesprochen wurde, stimmte man mit dem landesherrlichen (kaiserlichen) Hof in Brüssel ab. 1531 war das aufwändige Werk vollendet und der Kamin wurde an der Westwand des Schöffensaals aufgestellt. Im Jahr 1847 wurde er einer gründlichen Restaurierung unterzogen.

Über der Feuerstelle erhebt sich, die ganze Wand einnehmend, der schmuckreiche Aufbau aus Eichenholz, der in die Kassettendecke übergeht. Die Wangen des Kamins sind aus schwarzem Marmor gefertigt. Der auf dem Kaminsturz angebrachte Alabasterfries zeigt in vier Reliefs die Geschichte der keuschen Susanna, jeweils mit lateinischen Inschriften versehen (Dan 13,9: »Ihre Gedanken gerieten auf Abwege, und ihre Augen gingen in die Irre; sie sahen weder zum Himmel auf, noch dachten sie an die gerechten Strafen Gottes«; Mt 7,2a: »Denn wie ihr richtet, so werdet ihr gerichtet werden«; Spr 22,23: »Denn der Herr führt den Rechtsstreit für sie und raubt denen das Leben, die sie berauben«; 2 Chr 19,6c: »Er steht euch in der Rechtsprechung zur Seite«). Susanna wäre von zwei alten Richtern als Ehebrecherin verurteilt worden, wenn die göttliche Gerechtigkeit in Person des jungen Daniel nicht auf den Plan getreten wäre. Beim Verhör stellte sich nämlich heraus, dass die beiden Richter ihr Amt und ihr Ansehen dazu benutzen wollten, Susanna zum Ehebruch mit ihnen selbst zu zwingen. So kam es, dass nicht die unschuldig Angeklagte, sondern die beiden Richter, die falsches Zeugnis abgelegt hatten, zum Tode verurteilt wurden. »Denn wie ihr richtet, so werdet ihr gerichtet werden« (Mt 7,2a) heißt es in der Inschrift des zweiten Reliefs als Mahnung an die Richter und Schöffen des Brügger Freiamts.

Über dem Kaminsims erhebt sich das risalitartig hervortretende Mittelstück des hölzernen Aufbaus. In dessen Zentrum steht, hinterfangen von einer Ädikula, Kaiser Karl V. (1500–1556) in einer Prunkrüstung mit der Kette des Ordens vom Goldenen Vlies – des 1430 gestifteten burgundischen bzw. habsburgischen Hausordens –, dem zum Eidesschwur erhobenen Schwert und dem Reichsapfel. Hinter der Skulptur des Kaisers befinden sich vier Medaillons. Die unteren beiden zeigen seine Eltern Philipp den Schönen (1478–1506) und Johanna von Kastilien (1479–1555). Die oberen beiden, von der Figur Karls verdeckt, geben seine Tante Margarethe von Österreich (1480–1530) und Charles de Lannoy (1487–1527), den Gewinner der Schlacht von Pavia, wieder. Über der Figur Karls befindet sich schließlich der Doppeladler als Symbol für das Kaiserreich in einem Wappenschild, das umrahmt wird von der Kette des Ordens vom Goldenen Vlies. Das Mittelstück des hölzernen Aufbaus wird durch reich verzierte Pilaster begrenzt, an deren Vorderseite jeweils zwei Putten ein Medaillon in die Höhe halten, das links die Schwester Karls V., Eleonore (1498–1558), und rechts ihren Ehemann, den französischen König Franz I. (1494–1547), zeigt. Über Letzterem befindet sich eine Kartusche mit der Jahreszahl 1529, die auf den von Margarethe von Österreich ausgehandelten Damenfrieden von Cambrai verweist, in dem der französische König Franz I. endgültig die Rechte Karls V. über Flandern anerkannt hatte. Damit war eine langjährige Streitfrage zwischen Karl und seinem Schwager Franz beigelegt worden, der 1525 nach der verlorenen Schlacht von Pavia schon einmal auf Flandern verzichtet hatte, aber nur, um kurz darauf seine alten Ansprüche erneut geltend zu machen.

Links vom Mittelstück stehen die Figuren der Großeltern Karls väterlicherseits, Kaiser Maximilian I. (1459–1519) und Maria von Burgund (1457–1482). Maria hält mit der linken Hand einen Falken, als Hinweis auf ihr unglückliches Ende infolge eines Jagdunfalls. In einer Kartusche zwischen den beiden Figuren steht der Wahlspruch Maximilians I. »HALT MAS«. Dass nicht die Devise des regierenden Kaisers Karl V., »Plus Oultre« (frz., Noch weiter), auf dem Kamin erscheint, mag als versteckte Anspielung an den Landesherrn verstanden worden sein, seine jüngst gefestigte Herrschaft über Flandern maßvoll zu gestalten. Rechts vom Mittelstück sind korrespondierend die Großeltern Karls mütterlicherseits angebracht, die katholischen spanischen Könige Ferdinand von Aragon (1452–1516) und Isabella von Kastilien (1451–1504). Außer den Figuren ist der Aufbau mit vegetabilen und figuralen Ornamenten sowie zahlreichen Wappen versehen, die für die Herrschaftsgebiete der Dargestellten stehen.

Das ausgefeilte ikonografische Programm des Kamins hat zwei Bedeutungsebenen. Zum einen handelt es sich um eine Verherrlichung Kaiser Karls V. und eine Legitimation seiner Herrschaft über Flandern. Zum anderen sollten die Schöffen, die hier zu Gericht saßen, angesichts der Darstellungen weltlicher und göttlicher Macht zu gerechten Urteilen angehalten werden. In diesem Zusammenhang ist auch zu beachten, dass sich an der gegenüberliegenden Wand ein Gemälde mit der Darstellung des Jüngsten Gerichts von Pieter Pourbus aus dem Jahr 1551 befand; es ist heute im Brügger Groeningemuseum ausgestellt.

Burgerlijke Griffie

Zwischen dem Landhaus des Brügger Freiamts und dem Rathaus aus dem 14./15. Jh. befindet sich am Burgplatz das Gebäude der Stadtkanzlei. Es wurde nach Plänen des Steinmetzen Jean Wallot vom städtischen Maurer Christiaan Sixdeniers zwischen 1534 und 1537 errichtet. Die fünfachsige Fassade, die von 1877 bis 1882 grundlegend restauriert wurde, ist aus spätgotischen und antikisierenden Formen gebildet und durch Halbsäulen gegliedert, welche die Vertikale betonen. Drei s-förmig geschwungene Volutengiebel, ein großer mittlerer und zwei kleinere an den Seiten, bilden den Abschluss. Die vollplastischen Figuren der Justitia und von Moses und Aaron bekrönen die Giebel. Zwischen den Geschossen akzentuieren Friese mit phantasievollen Arabesken die Horizontale. Der malerische Giebel wurde im Flamboyantstil, dem französischen spätgotischen Stil, errichtet, der bis in die 1530er Jahre - ausgehend von den Höfen - als äußerst modern galt, ehe er durch eine antikisierende Formensprache abgelöst wurde.

Brügge, Burgerlijke Griffie (Stadtkanzlei)

Hl.-Bloedkapel

Ebenfalls am Burgplatz befindet sich die Hl.-Bloedkapel, die aus der einstigen romanischen Doppelkirche der Burg hervorgegangen ist. 1533 entstand der Zugang vom Burgplatz in die im 15. Jh. modernisierte Oberkirche. Wie die Fassade der Stadtkanzlei weist der Zugang, den Christiaan Sixdeniers ausführte, überwiegend gotische Formen auf. Die Entwürfe für die zahlreich angebrachten Figuren lieferte Lanceloot Blondeel (1498-1561). Der Ende des 18. Jh. zerstörte Zugang wurde in den Jahren von 1819 bis 1839 rekonstruiert; die Figuren konnten 1893 in Bronze wiederhergestellt werden, wobei es zu einer veränderten Aufstellung kam.

Das Regentenpaar der südlichen Niederlande, Albrecht (reg. 1596-1621) und Isabella (reg. 1598-1633), stiftete für die Blutreliquie - einen angeblichen Blutstropfen Christi, der um 1230 nach Brügge gekommen war -

ein neues, turmförmiges Reliquiar. Die Renaissance-Zierarchitektur wurde von dem Brügger Goldschmied Jan Crabbe zwischen 1614 und 1617 geschaffen. Über einem sechseckigen Sockel und der reich geschmückten Reliquienlade erhebt sich eine von drei Türmchen bekrönte Miniaturarchitektur. Die Türmchen sind mit Figuren besetzt; im mittleren stehen übereinander Christus, Maria mit dem Kind und an der Spitze der Pelikan, der mit seinem eigenen Blut seine Kinder ernährt; seit alters her symbolisiert er den Opfertod Christi, der sein Blut für die Menschen hingegeben hat.

Michelangelo, Madonna von Brügge in der Onze-Lieve-Vrouwekerk, 1501-1504

Ausstattung der Onze-Lieve-Vrouwekerk

Als Nachfolgebau einer romanischen Kirche begann man im zweiten Viertel des 13. Jh. die Onze-Lieve-Vrouwekerk neu zu errichten; im 15. Jh. war der Bau vollendet. Das Kapitel der Kirche gestattete dem Kaufmann Jan Moscroen, einen Altar mit Aufsatz zu errichten, der die Erinnerung an seine hier begrabenen Eltern wach halten sollte. Teil dieses nicht mehr erhaltenen Altars war vermutlich eine Marienfigur mit Kind, die heute noch in einer Retabelnische eines aus dem 18. Jh. stammenden Seitenaltars steht. Ein an Michelangelo adressierter Brief aus dem Jahr 1506 belegt, dass eine Madonnenfigur auf Kosten von Jan Moscroen und dessen Vater nach Brügge geliefert werden sollte. Obgleich die Materialfrage in diesem Brief offen bleibt und in späteren italienischen Quellen in diesem Zusammenhang von einer bronzenen Figur die Rede ist, dürfte es sich bei der Marmorstatue dennoch um die in dem Brief erwähnte Madonna von der Hand Michelangelos handeln. Schon Albrecht Dürer, der die Skulptur auf seiner Reise in die Niederlande 1521 sah, hielt die **Madonna von Brügge** für ein Werk Michelangelos. Entwurfszeichnungen sprechen dafür, dass sie ursprünglich für den sog. Piccolomini-Altar des Doms von Siena bestimmt war, der zwischen 1501 und 1504 entstand.

Im Hochchor der Kirche stehen die **Grabmonumente** für Maria von Burgund und ihren Vater, Karl den Kühnen. Das 1502 vollendete Grabmonument für Maria von Burgund (1457–1482) entwarf vermutlich der

Brüsseler Bildhauer Jan Borman. Auf einer Tumba aus schwarzem Marmor ruht Maria als lebensgroße Bronzefigur, ein Meisterwerk der Plastik, das sich durch die sehr naturalistische Wiedergabe des Gesichts auszeichnet und zu dessen Fertigung vermutlich eine Totenmaske verwendet wurde. Am Kopfende ist eine Inschrift, am Fußende das Wappen der Verstorbenen angebracht. Auf den Längsseiten sind in Form von Wappen die Stammbäume der Linie des Vaters wie der Mutter der Toten zu sehen. An den Ecken der Tumba stehen auf kleinen Säulchen und jeweils unter einem Baldachin die vier Evangelisten.

Das Grabmonument für Karl den Kühnen (1433–1477) entstand mehr als ein halbes Jahrhundert später als das für Maria. 1553 waren die im Jahr 1550 gehobenen Gebeine Karls auf Befehl Kaiser Karls V. nach Brügge überführt worden. Philipp II. gab schließlich 1558 den Auftrag für das Grabdenkmal, das formal dem Grab der Tochter angeglichen werden und ausdrücklich *à l'antique* gehalten sein sollte. Die Tumba fertigten die Brügger Steinhauer Joos Aerts und Jean de Smet; die Verzierungen und die ruhende Karlsfigur schuf der Antwerpener Gießer Jacob Jonghelinck.

Ebenfalls im Hochchor befindet sich ein **Triptychon** von → **Barent van Orley,** das Margarethe von Österreich (1480–1530), Tochter der Maria von Burgund und Statthalterin der Niederlande, kurz vor ihrem Tod ursprünglich für die Grabkirche St.-Nicolas in Brou bei Bourg-en-Bresse in Auftrag gegeben hatte. Es zeigt auf drei Tafeln fünf Stationen der Passion Christi.

Einen Höhepunkt im Werk des Brügger Künstlers Adriaan Isenbrant (um 1480–1551) bildet das 1521 entstandene zweiflügelige **Altarbild,** das Joris van der Velde stiftete. Während sich die Tafel mit der Darstellung der Sieben Schmerzen Mariens noch heute in der Kirche befindet, wird die Tafel mit dem Stifter in Brüssel im Musées Royaux des Beaux-Arts de Belgique aufbewahrt.

Ausstattung der St.-Jacobskerk

Die um 1250 begonnene St.-Jacobskerk baute man von 1459 bis 1478 zur Hallenkirche aus. Die reiche Ausstattung stammt zu einem großen Teil aus dem 16. Jh. Hinsichtlich der Gemälde sei hier auf das **Triptychon** mit der Darstellung der Heiligen Cosmas und Damian von 1523 hingewiesen, das zu einem der Hauptwerke Lanceloot Blondeels gehört. Von Pieter Pourbus (1523/24–1584) stammt das durch Joos van Belle gestiftete **Triptychon,** dessen Mitteltafel die *Sieben Schmerzen Mariens* zeigt.

An den rechten Nebenchor ist eine **Grabkapelle** angefügt, eine Stiftung von Ferry de Gros (gest. 1544), dem Schatzmeister des Ordens vom Goldenen Vlies. Dieser ist in einem Grab in der Südwand der Kapelle zusammen mit seinen beiden Gemahlinen Philippine Wielant (gest. 1521) und Françoise d'Ailly (gest. 1530) bestattet. Auf der oberen der beiden Grabplatten befinden sich die Liegefiguren des verstorbenen Stifters und seiner ersten Gemahlin; auf der unteren ruht die Figur seiner zweiten Gemahlin. Das aufwändige Grabdenkmal mit antikisierendem Dekor wird anlässlich des Todes von Françoise d'Ailly in Auftrag gegeben worden sein.

Über dem spätgotischen Altar der Grabkapelle hängt ein polychromiertes **Medaillon** aus Terrakotta, das die Muttergottes, das Jesuskind nährend, zeigt. Das Medaillon, das der angesehenen Werkstatt von Luca della

Robbia (1399/1400–1482) in Florenz zugeschrieben wird, stammt aus der zweiten Hälfte des 15. Jh. Es könnte ursprünglich zur Stiftung einer Kapelle durch den Florentiner Bankier Tommaso Portinari gehört haben.

Hof van Bladelin

Im zweiten Viertel des 15. Jh. ließ Pieter Bladelin (um 1410–1472) – Ratgeber Philipps des Guten und Schatzmeister des Ordens vom Goldenen Vlies – in der Naaldenstraat das gotische Wohnhaus mit Arkadenhof errichten. 1466 erwarb der Florentiner Piero de' Medici – Herrscher über Florenz – das Haus. Er richtete hier die Brügger Niederlassung der Medicibank ein, die als eines der wichtigsten Bankhäuser Europas damit auch an diesem damals bedeutendsten Handelsplatz Nordeuropas vertreten war. 1469 vermachte Piero die Niederlassung seinem Sohn Lorenzo il Magnifico. Im Innenhof befinden sich in demselben Jahr angebrachte Medaillons mit den Brustbildern von Lorenzo und seiner Gemahlin Clarice Orsini. Die antikisierenden Medaillons gehören zu den frühesten Renaissancekunstwerken der habsburgischen Niederlande. Die Herkunft des Kalksteins aus Frankreich lässt jedoch offen, ob die Medaillons tatsächlich in einem niederländischen Atelier geschaffen wurden. Der Florentiner Tommaso Portinari leitete seit 1464 die Brügger Filiale der Medicibank. Im Jahr 1480 übernahm er auf eigene Rechnung die Niederlassung zusammen mit dem Haus.

Groeningemuseum

Schwerpunkt der Städtischen Gemäldesammlung ist die Malerei der Flämischen Primitiven des 15. Jh., die sich mit Namen wie Jan van Eyck, Rogier van der Weyden und Hans Memling verbindet. Die Tradition der Brügger Malerei setzten im 16. Jh. Adriaan Isenbrant und Ambrosius Benson fort. Maler einer jüngeren Generation waren Jan Provoost, Lanceloot Blondeel und Pieter Pourbus. Sie führten in verstärktem Maß die antikisierende Formensprache der Renaissance in die Malerei ein und lassen eine an der Antike geschulte Wiedergabe des menschlichen Körpers erkennen.

Gruuthusemuseum

Das Städtische Museum für angewandte Kunst befindet sich seit 1905 im ehemaligen Wohnhaus der Familie Gruuthuse aus dem 15. Jh., das zu den größten und sehr gut erhaltenen gotischen Privathäusern der Niederlande gehört. Die Sammlung umfasst u. a. Tapisserien des 16. und 17. Jh. aus Brügger Werkstätten. Ein bemerkenswertes Stück der Sammlung ist die in mehreren zeitgenössischen Fassungen überlieferte Porträtbüste von Karl V., die ihn als Herzog von Burgund zeigt. Die polychromierte Tonbüste aus der Zeit um 1520 geht auf ein heute verlorenes Werk von Conrad Meit (um 1480–1550/51) zurück. Der aus Worms stammende, einige Jahre für Kurfürst Friedrich III. von Sachsen in Wittenberg tätige Bildhauer war 1512 in die Niederlande übergesiedelt. Als Künstler am Hof Margarethes von Österreich lebte er anfangs in → **Mechelen.** 1534 zog er nach Antwerpen. Meits in der deutschen Spätgotik wurzelnde Kunst verband sich – angeregt durch seine Auftraggeber aus dem Hause Habsburg – mit den Bestrebungen der Wiederbelebung der Antike und übte in der Folgezeit einen nachhaltigen Einfluss auf die Kunst der Renaissance in den Niederlanden aus.

GvB

BRÜSSEL

Im 7. Jh. erstmals als »Bruocsella« erwähnt, ließen sich in dem verkehrsgünstig an der Handelsroute zwischen Brügge und Köln gelegenen Ort am Flusslauf der Senne Händler nieder. 1312 erhielt Brüssel die Stadtrechte. Ende des 14. Jh. wurde es Sitz der Herzöge von Brabant und im 15. Jh., als der Herzog von Burgund die Herrschaft von Brabant übernahm, zog der burgundische Hof in die Stadt. In der Folgezeit entwickelte sich Brüssel, das durch den Tuchhandel und im 16. Jh. vor allem durch die Tapisserieherstellung Reichtum erlangte, zu einem bedeutenden politischen und kulturellen Zentrum. Nach der Zeit der glanzvollen Hofhaltung unter Kaiser Karl V. und seiner Statthalterin und Schwester Maria von Ungarn (reg. 1531–1555) litt die Stadt seit Ende der 1560er Jahre unter dem Kampf der nördlichen Niederlande um Unabhängigkeit von der spanischen Herrschaft. Erst unter der souveränen Herrschaft des Erzherzogspaars Albrecht und Isabella erlebte Brüssel seit 1598 wieder ruhigere Zeiten und einen allgemeinen Aufschwung.

In dieser Zeit entwickelte sich auch die Brüsseler Hofmusik zu ihrer größten Blüte. In der Hofkapelle, die unter der Leitung des am Hof Philipps II. von Spanien ausgebildeten Komponisten Géry Ghersem stand, wirkten Musiker aus vielen Nationen, darunter berühmte englische Virtuosen wie die Organisten Peter Philips und John Bull. Der Katholik Philips, der England 1582 verlassen und Reisen durch Italien, Frankreich und Spanien unternommen hatte, ließ sich aus Glaubensgründen in Antwerpen nieder, wo er von 1590 bis 1597 Organist an der Kathedrale war. Er wurde ein bedeutender Vermittler der englischen Variationskunst.

Der Palast auf dem Coudenberg

Auf dem Coudenberg, wo die Herzöge von Brabant im 14. Jh. eine Burg hatten errichten lassen, befand sich seit dem 15. Jh. ein Wohn- und Residenzkomplex der Herzöge von Burgund. 1531 übernahm Maria von Ungarn von ihrer Tante Margarethe von Österreich im Auftrag ihres Bruders Karl V. die Statthalterschaft über die habsburgischen Niederlande. Sie ließ den Palast um ein Prunkappartement und eine Galerie erweitern, wobei – wie auch an anderen Bauten des Adels in Brüssel – Formen der italienischen Renaissance verwendet wurden. Da der Palast auf dem Coudenberg 1732 ausbrannte und anschließend weitgehend niedergelegt wurde, vermitteln heute nur noch historische Ansichten einen Eindruck von der Größe und Pracht der Anlage.

In den letzten Jahren haben Ausgrabungen Reste des Palastes, vor allem die Keller der Kapelle und des großen Saals, zum Vorschein gebracht.

Adelshöfe

Die Präsenz der burgundischen Herzöge und ihrer habsburgischen Nachfolger in Brüssel

Jan Bruegel d. J., Der Königspalast von Brüssel, erstes Viertel 17. Jh. (Madrid, Museo Nacional del Prado)

führte dazu, dass sich zahlreiche adelige Familien in der Nähe des Palastes ansiedelten. Diese herrschaftlichen Stadthäuser waren u. a. im Besitz der Familien Croy, Egmond, Hoogstraten, Kleve-Ravenstein und Nassau oder von Einzelpersonen wie Kardinal Antoine Perrenot de Granvelle sowie Maximilian Transsylvanus, dem Geheimrat des Kaisers. Sie sind heute wie ein Großteil der Bebauung aus dem 16. und 17. Jh. nach dem Beschuss der Stadt durch französische Truppen im Jahr 1695 und infolge der architektonischen Veränderung vieler Gebäude weitgehend aus dem Stadtbild verschwunden.

Waren die Adelshöfe in der Zeit der burgundischen Herzöge spätgotische Anlagen, wie sie heute noch mit dem Hôtel Clèves-Ravenstein (rue Ravenstein) und anderenorts mit dem Markiezenhof in Bergen op Zoom (→ **Breda**) zu sehen sind, wandelte sich ihr Erscheinungsbild seit den 1530er Jahren. So kamen 1529 an dem heute nur noch in bildlichen Darstellungen überlieferten Hof des Maximilian Transsylvanus erstmals in Brüssel antikisierende Formen zur Ausführung: Das Eingangsportal wurde durch einen Triumphbogen mit Säulen korinthischer Ordnung gebildet. Eine Zeichnung dieses Portals in einem Album des Jacques Androuet Ducerceau d. Ä. lässt auf den hohen Stellenwert schließen, den die Zeitgenossen dieser Architektur beimaßen.

Der bedeutendste Palast seiner Zeit in Brüssel war das **Palais Granvelle** des großzügigen Mäzens Kardinal Granvelle, des Ersten Ministers unter Kaiser Karl V. Granvelles Aufstieg am Hof fand in dem Bemühen um eine angemessene repräsentative Ausstattung seines Palastes eine Entsprechung. So erwarb er vor allem Arbeiten von namhaften Hofkünstlern wie Tizian, Anthonis Mor und Leone Leoni. Die Architektur seines Palastes ist in zwei historischen Ansichten und einem Plan überliefert. Die Hof- und die Gartenfassade bestachen durch ihren regelgerechten Aufbau im Stil der römischen Hochrenaissance (Superposition). Die zwischen 1551 und 1564 entstandene Anlage wurde Anfang des 20. Jh. abgerissen.

Ähnlich verhält es sich mit dem **Palais d'Egmond** (rue des Petites Carmes), das

Lamoral I. van Egmond (1522–1568) erbauen ließ. Der noch bestehende Ostflügel zeigt den Repräsentationswillen des Auftraggebers. Der zweigeschossige Flügel verfügt über einen dem Palais Granvelle vergleichbaren Aufriss. Die neunachsige Fassade besitzt im Erdgeschoss eine einst offene, inzwischen zugesetzte Galerie mit Rundbögen und dorischen Halbsäulen, auf denen ein Gebälk mit einem Triglyphenfries ruht. Die durch Dreiecksgiebel betonten Fenster des ersten Geschosses, des Piano nobile, werden von ionischen Halbsäulen gerahmt.

St.-Michel / St.-Michielskathedraal: Die Glasmalereien des 16. Jahrhunderts

In der gotischen St.-Michielskathedraal, der ehem. Stiftskirche St.-Goedele, haben sich bedeutende monumentale Glasfenster aus der ersten Hälfte des 16. Jh. erhalten. Sie wurden von den Habsburgern gestiftet, die – wie schon die Herzöge von Burgund – in der Kirche wichtige Hofzeremonien abhielten.

Die fünf Chorfenster, gefertigt um 1520 von dem Antwerpener Glasmaler Nicolaes Rombouts, zeigen die Mitglieder der Stifterfamilie: Kaiser Maximilian I. (1459–1519), seine Tochter Margarethe (1480–1530) und deren zweiten Ehemann Philibert von Savoyen (1480–1504) sowie seine Enkel Karl V. (1500–1558) und Ferdinand I. (1503–1564).

Von 1537 bis 1538 entwarf → **Barent van Orley** die Fenster im nördlichen Querhaus. Hier sind Karl V. und seine Gemahlin Isabella von Portugal (1503–1539) – vor ihren Namensheiligen knieend – dargestellt, hinterfangen von einer aufwändigen, antikisierenden Triumphbogenarchitektur. Die Ornamentik der Frührenaissance erinnert an die Gemälde des Brügger Malers Lanceloot Blondeel. Nahezu identisch ist das Fenster im südlichen Querhaus gestaltet, das Maria von Ungarn (1505–1558) und ihren verstorbenen Ehemann Lajos II. von Ungarn (1506–1526) zeigt.

An der linken Seite des Chors wurde auf Veranlassung Karls V. von 1533 bis 1539 die Kapelle des hl. Sakraments errichtet, um die sog. Wunderbare Hostie aufzunehmen. Die Darstellung des mit ihr verbundenen Eucharistiewunders, das sich 1369 ereignet haben soll, befindet sich – in fünf Sequenzen unterteilt – jeweils im unteren Bereich der fünf hochrechteckigen Kapellenfenster. Zu sehen ist der wohlhabende Jude Jonathas aus Edingen, der eine geweihte Hostie aus einer katholischen Kirche stiehlt. Er zeigt sie seiner Familie. Kurz darauf wird er von drei Banditen ermordet. Seine Familie flieht nach Brüssel, um Schutz bei Glaubensgenossen zu finden. Als sie die Unglück bringende Hostie zerstören wollen, beginnt diese jedoch zu bluten.

Der obere Teil der Fenster zeigt ihre jeweiligen Stifter – Regentenpaare des Hauses Habsburg – in ewiger Anbetung des Göttlichen. Entwarf Barent van Orley das erste Fenster, auf dem König Franz I. von Frankreich (1494–1547) und seine Gemahlin Eleonora von Österreich (1498–1558) dargestellt sind, so übernahm → **Michiel Coxcie** (um 1497–1592) die künstlerische Planung der übrigen vier Fenster. Dessen Entwürfe, die der Antwerpener Glasmaler Jan Hack II. ausführte, lassen einen deutlichen stilistischen Wandel gegenüber jenen von Barent van Orley erkennen. So ist der Triumphbogen des unter Coxcie 1542 entstandenen Fensters, auf dem Johann III. von Portugal (1502–1557) und seine Gemahlin Katharina von Österreich (1507–1578) zu sehen sind, in italienischer Manier gehalten, vergleichbar einer Darstellung in

MICHIEL COXCIE (Mechelen um 1497–1592 Mechelen)

Als Schüler → **Barent van Orleys** war Michiel Coxcie bereits vor seinem langen Italienaufenthalt (1530 bis 1538 in Rom) mit Raffaels Kunst vertraut. Im Auftrag des holländischen Kardinals Willem van Enckevoirt schuf er zwischen 1532 und 1534 für die Barbara-Kapelle der Kirche der deutschen Gemeinschaft S. Maria dell'Anima in Rom eine Freskenfolge in raffaelitischem Stil. Coxcie war somit vermutlich der erste nordische Künstler, der in Italien Wandgemälde in Freskotechnik ausführte. In S. Maria dell'Anima hat sich auch ein Altargemälde Coxcies erhalten, das Raffaels *Madonna di Foligno* variiert. 1534 wurde Coxcie die Ehre zuteil, in die römische Accademia di San Luca aufgenommen zu werden. Der Kunsthistoriograf Giorgio Vasari, der Coxcie 1532 in Rom traf, lobte dessen Beherrschung der *maniera italiana* und schrieb ihm in seinen Künstlerviten von 1568 das Verdienst zu, diese in die Niederlande gebracht zu haben. Coxcies an den großen Meistern der italienischen Hochrenaissance geschulter Stil sollte sich für annähernd ein halbes Jahrhundert als sehr erfolgreich erweisen.

Brüssel, St.-Michielskathedraal, Fenster mit Johann III. von Portugal und Katharina von Österreich, Entwurf von Michiel Coxcie, 1542

Nach seiner Rückkehr in die Niederlande trat Coxcie 1539 in die Lukasgilde in Mechelen ein und wurde 1542 Mitglied der Malergilde in Brüssel. Dort vollendete er nach dem Tod Van Orleys im Auftrag des Habsburger Fürstenhauses die groß angelegten Kirchenfenster in der → **Brüsseler St.-Michielskathedraal.** In den von Coxcie geschaffenen Fenstern zeigt sich eine von italienischen Architekturtheorien inspirierte Architekturdekoration, während die Gesichter und Haltungen der Figuren direkt von Raffael, Leonardo und Michelangelo beeinflusst sind.

1546 wurde Coxcie erstmals als Hofmaler Marias von Ungarn (reg. 1531–1555) erwähnt, für die er seit 1549 mit Ausstattungsarbeiten im Schloss in Binche befasst war (→ **Die zerstörten Schlösser der Maria von Ungarn**). Dort beschäftigte er sich auch mit Gemälden Tizians, die in der dortigen Sammlung vertreten waren, und vertiefte so vermutlich seine Kenntnis des venezianischen Meisters. Coxcie wurde später von Philipp II. (reg. 1556–1598), für den er u. a. Kopien nach dem Genter Altar anfertigte, zum »Maler des Königs« ernannt. MF

den *Generale[n] reglen der Architecturen...* des → **Pieter Coecke van Aelst** aus dem Jahr 1539. Dieser Wandel der Formensprache wird dem Wunsch der Habsburger entsprochen haben, da sich die eng an der Antike orientierten Formen der italienischen Hochrenaissance besonders gut für die imperiale Machtdarstellung eigneten. Nicht von ungefähr erinnert die in den Fenstern dargestellte Architektur an die → **triumphalen Einzüge** des Herrschers in die Städte, die zunehmend den Charakter antiker Triumphzüge erhielten.

Musées Royaux des Beaux-Arts de Belgique

Das Königliche Museum der Schönen Künste geht auf eine Privatinitiative am Ende des 18. Jh. zurück, als im Zuge der französischen Besatzung und Säkularisierung zahlreiche Kunstwerke ihren angestammten Platz in Kirchen und Klöstern verloren. Anfang des 19. Jh. übernahm die Stadt Brüssel die Sammlung, seit 1842 ist sie in Staatsbesitz. Das Museum verfügt u. a. über eine repräsentative Auswahl an Gemälden des 16. Jh., wobei der Schwerpunkt auf der Malerei der südlichen Niederlande liegt. Pieter Pourbus und Adriaan Isenbrant vertreten die Brügger Malerei. → **Quentin Massys**, → **Barent van Orley**, → **Joos van Cleve** und → **Pieter Bruegel d. Ä.** stehen für das Kunstzentrum Antwerpen. Werke von Jacob Grimmer, Paul Bril und → **Marten de Vos** repräsentieren die Kunst des späten 16. Jh. → **Jan Gossaert** und → **Marten van Heemskerk** vertreten die qualitätvolle Malerei der nördlichen Niederlande. Mit mehreren Gemälden von → **Lucas Cranach d. Ä.** ist zudem die deutsche Malerei des 16. Jh. prominent vertreten.

Maison d'Erasme / Erasmushuis

Im Brüsseler Stadtteil Anderlecht befindet sich das zu Beginn des 16. Jh. errichtete Erasmushuis, in dem im Sommer 1521 der bedeutende Humanist Erasmus von Rotterdam (1466/69–1536) wohnte. In den mit Möbeln und Wandbehängen der Entstehungszeit ausgestatteten Räumen ist eine umfassende Sammlung von Erstdrucken der Werke jenes Autors ausgestellt, der das *Lob der Torheit* verfasste.

Eine kleine, aber qualitätvolle Gemäldesammlung enthält Werke u. a. von →**Albrecht Dürer** und Hans Holbein d. J..

Musikinstrumentenmuseum

Eine der größten Instrumentensammlungen der Welt, ehemals dem Königlichen Konservatorium angegliedert, wird im renovierten Jugendstil-Kaufhaus Old England gezeigt. Unter den zahlreichen Exponaten aus der Renaissancezeit verdient Raymundo Truchados Geigenwerk (1625) besonderes Interesse. Auf diesem kombinierten Tasten- und Streichinstrument konnte ein einzelner Spieler den Klang eines ganzen Gamben-Ensembles imitieren. Mit Plänen für eine ähnliche Konstruktion hatte sich bereits Leonardo da Vinci beschäftigt. Truchados Instrument geht auf das Nürnbergische Geigenwerk des Organisten Hans Haiden (1536–1613) zurück. GvB/DS (Musik)

AUSFLUG

Löwen

(ca. 20 km östlich von Brüssel)

Löwen war vom 12. bis zum 15. Jh. politisches Zentrum des Herzogtums Brabant, ehe die Herzöge von Burgund ihre Hofhaltung nach → **Brüssel** verlegten.

BARENT VAN ORLEY (Brüssel um 1488–1541 Brüssel)

Barent van Orley spielte als Wegbereiter der Renaissance in den Niederlanden eine wichtige Rolle. Schon von seinen Zeitgenossen wurde er als »niederländischer Raffael« gefeiert. Er hatte vermutlich bei seinem Vater Valentijn die Malerei erlernt und wurde 1518 Hofmaler der Statthalterin Margarethe von Österreich (reg. 1507–1530), die ihm schon seit 1515 Aufträge für Porträts erteilt hatte. Nach ihrem Tod trat er in die Dienste ihrer Nachfolgerin Maria von Ungarn (reg. 1531–1555). Van Orley, der auch für das wohlhabende Bürgertum arbeitete, leitete in Brüssel ein großes Atelier. Sein Werk umfasst Gemälde mit religiösen Themen, Porträts (z. B. das *Bildnis des Arztes Joris van Zelle,* 1519, Brüssel, Musées Royaux des Beaux-Arts de Belgique) sowie Entwürfe für Tapisserien und Kirchenfenster (→ **Brüssel**).

Das Frühwerk Van Orleys ist noch stark von der niederländischen Malerei des 15. Jh., etwa vom Stil eines Rogier van der Weyden (um 1400–1464), geprägt, wandelte sich jedoch unter dem Einfluss → **Jan Gossaerts,** → **Albrecht Dürers** und von Vertretern der italienischen Renaissance in streng aufgebaute, klassische Kompositionen. Wenngleich sich Van Orley vermutlich nie in Italien aufgehalten hat, konnte er sich mit dem Stil Raffaels vertraut machen. Dazu studierte er die seit 1517 in Brüssel befindlichen Raffael-Kartons, Vorlagenzeichnungen von Raffael für die Tapisserien der Apostelgeschichte, die für die Sixtinische Kapelle gewoben wurden. Darüber hinaus wird der Raffaelschüler Tommaso Vincidor, der sich seit 1520 in Brüssel aufhielt, in hohem Maß zur Vermittlung von Raffaels Stil beigetragen haben.

Van Orley entwickelte sich zum führenden Entwurfszeichner von → **Bildteppichen** des frühen 16. Jh. nördlich der Alpen. Für seine höfischen Auftraggeber schuf er viele monumentale Bildteppichserien wie z. B. die *Szenen aus dem Leben des Tobias* (Wien, KHM) oder die *Szenen aus dem Leben Abrahams* (Wien, KHM und Madrid, Patrimonio Nacional Español); letztere gelten als beispielhafte Schöpfungen niederländischer romanistischer Tapisseriekunst. Auch die *Jagden Kaiser Maximilians* (um 1525–28, Paris, Musée National du Louvre) und die *Schlacht bei Pavia* (um 1530, Neapel, Museo di Capodimonte) zeichnen sich durch neue Formen der Bildfindung aus. Im Auftrag von Graf Hendrik III. van Nassau fertigte Van Orley um 1528 bis 1530 Vorlagen für Wandteppiche mit der nassauischen Genealogie.

Großen Einfluss hatte Van Orley auf die nachfolgende Künstlergeneration; zu seinen Schülern zählen → **Michiel Coxcie,** → **Pieter Coecke van Aelst** und Peter de Kempener. MF

Barent van Orley, König Adolph von Nassau und seine Gemahlin, Entwurfskarton für einen Bildteppich, 1528-1530 (München, Graphische Sammlung)

KARTOGRAFIE

Die Erweiterung des geografischen Horizonts im Zeitalter der Entdeckungen und das von den Humanisten geweckte Interesse für Landeskunde führten im 16. Jh. zum Fortschritt im Vermessungswesen und in der Kartografie. Um die neu entdeckten Gebiete und Kontinente in Überblickskarten einfügen zu können, bedurfte es neuer Methoden, die Oberfläche der Erdkugel in die Ebene zu projizieren. Die aus der Antike überlieferten Methoden, etwa die von Claudius Ptolemaeus, waren für die Darstellung großer Gebiete nur bedingt geeignet, weil sie an den Rändern überproportionale Verzerrungen erzeugten.

Peter Apian (1495/1501–1552) verwendete 1520 als Erster die sog. Stabius-Werner-Projektion, die zu einem herzförmigen Bild der Weltkarte führt. Seine 1524 veröffentlichte *Cosmographia* mit einer derartigen Weltkarte wurde zum verbreitetsten Lehrbuch der Geografie an den Universitäten des 16. Jh. In der von dem Löwener Professor Rainer Gemma Frisius (1508–1555) überarbeiteten und ergänzten Fassung erreichte es bis 1600 über vierzig Auflagen. In erster Linie für nautische Zwecke entwickelte der Frisius-Schüler Gerhard Mercator (1512–1594) eine winkeltreue Projektion. Bei den Planigloben (kreisförmige Karten einer Erdhalbkugel) wurden die entlang einem Längengrad getrennten Erdhälften nebeneinander abgebildet und berührten einander nur am Äquator. Eine andere Methode war die ovale Projektion, bei der die Erdkugel in der Ebene oval dargestellt und die Pole abgeflacht wurden. Abraham Ortelius (1527–1598) brachte 1570 ein Buch mit den damals besten erhältlichen Karten der bekannten Welt heraus. Gerard de Jode (1509–1591) stellte ein ähnliches Konvolut zusammen. Als »Atlas« wurde diese Art der Sammlung gleich großer Karten erstmals in Gerhard Mercators Werk von 1585 bezeichnet. Zahlreiche kartografische Drucke, u. a. von Gemma Frisius, bewahrt das Museum Plantijn-Moretus in → **Antwerpen.**

Hatte es schon seit der Antike Himmelsgloben gegeben, so wurden am Ende des 15. Jh. auch Erdgloben beliebt. Auf dem ältesten, 1491/92 im Auftrag von Martin Behaim (1459–1506/07) in Nürnberg hergestellten Erdglobus (Nürnberg, GNM) fehlt noch Amerika – Kolumbus kam von seiner ersten Reise

Im Mittelalter erlebte die Stadt durch die Tuchindustrie und als Handelsplatz eine Blütezeit, wovon das spätmittelalterliche Stadtbild mit dem von 1448 bis 1468 errichteten Rathaus Zeugnis ablegt. 1425 wurde die Universität gegründet, die schon bald über einen ausgezeichneten Ruf verfügte. Im 16. Jh. nahmen die Löwener Kartografen eine führende Stellung in Europa ein. Seit 1530 lehrte hier Rainer Gemma Frisius (1508–1555), einer der bedeutendsten Theoretiker der frühen → **Kartografie;** er bildete auch den später in Duisburg lebenden Gerhard Mercator (1512–1594) aus.

Zwischen 1551 und 1581 entstanden in Löwen einige der schönsten Musikdrucke der Renaissance. Angeregt vom Erfolg des Antwerpener Verlegers Tilman Susatos, gründete der Universitätsbuchhändler Pierre Phalèse d. Ä. eine Druckerei mit eigenem Verlag, der schon bald nicht nur niederländische, sondern auch französische und italienische Kompositionen herausbrachte. Je nach Verwendungszweck und Art der Musik benutzte Phalèse

Anton Eisenhoit, Trigonometrische Höhenmessung, um 1600, aus: Benjamin Bramer, *Benjamin Brameri Bericht zu M. Jobsten Burgi seligen Geometrischen Triangular Instruments,* 1648

nach Westen erst 1493 zurück. Hingegen sind die Entdeckungen der Portugiesen, in deren Diensten Behaim in Lissabon stand, entlang der afrikanischen Küste bereits genau verzeichnet. Ein von Johannes Schöner (1477–1547) 1520 hergestellter Globus stellt Südamerika erstaunlich genau dar.

Ungleich schwieriger als die Projektion von ausgemessenen Punkten auf ebene Karten war die Vermessung dieser Punkte selbst. Das Problem der Längengradbestimmung auf See konnte zwar theoretisch gelöst werden, doch scheiterte die Umsetzung bis zum 18. Jh., da es keine genau gehenden Uhren gab. Einfacher war die Vermessung an Land. Für die Aufnahme kleinerer Gebiete wurde nach 1533 eine Methode von Gemma Frisius verwendet, bei der auf der Basis von Winkelmessungen nach der Methode ähnlicher Dreiecke vorgegangen wurde.

Mitte des 16. Jh. setzte als wichtige Grundlage für eine Verbesserung der landesherrlichen Verwaltung auch die systematische Vermessung einzelner Territorien ein. Über ihren praktischen Nutzen hinaus konnten Karten auch eine repräsentative Funktion haben. So erstellte Philipp Apian (1531–1589) nach siebenjähriger Vermessungsarbeit 1563 eine monumentale, nicht mehr erhaltene Karte des Herzogtums Bayern. Ebenfalls einen repräsentativen Zweck erfüllte die kunstvoll in einen Kalkschiefertisch geätzte Karte von Hessen für Landgraf Moritz den Gelehrten (Kassel, Museum für Astronomie und Technikgeschichte). ChrS

Notentypen von unterschiedlicher Größe; manchmal wurden die Notensysteme »gegenständig« gedruckt, so dass mehrere Personen gleichzeitig aus einem Notenbuch musizieren konnten. Sein Sohn Pierre d. J. verlagerte die prosperierende Firma 1581 nach Antwerpen.

Kasteel van Arenberg (Kasteel Heverlee)

Westlich vor den Toren der Stadt Löwen befindet sich das Schloss der Herren von Heverlee, das heutige Schloss Arenberg, in dem seit 1918 die Katholische Universität Löwen ansässig ist. Es hat seinen Ursprung in einem befestigten Wohnturm (Donjon), den Rasse de Grez, Herr von Heverlee, Anfang des 15. Jh. errichten ließ. In der zweiten Hälfte des 15. Jh. fügte man im Süden an den Turm einen Wohntrakt an. Ausgehend von diesem Komplex wurde die Anlage am Beginn des 16. Jh. zu einem Residenzschloss ausgebaut. Zwischen 1494 und 1505 begann man mit den Bauarbeiten, die 1520 zu einem ersten Abschluss kamen. Bauherr war Willem van Croy, Oberkämmerer Kaiser Karls V. Die Van Croys gehörten zu den ein-

Heverlee, Kasteel van Arenberg (Kasteel Heverlee)

flussreichsten Adeligen in den Niederlanden. Vor allem Willem machte als Mitglied des Staatsrats, als Erzieher Philipps des Schönen, von dessen Kindern und schließlich als Statthalter der Niederlande eine beachtliche Karriere.

Der ursprüngliche Bauplan von Schloss Heverlee sah eine L-förmige Zweiflügelanlage vor, wobei der 70 m lange Südflügel entlang des Flusses Dijle die von zwei Ecktürmen flankierte Hauptfassade bildete. Der 1520 vollendete rechtwinklig anschließende Westflügel, der 1644 durch einen Brand erheblich zerstört wurde, enthielt wohl noch Gebäudeteile des Wohntrakts aus dem 15. Jh. Die Fertigstellung des südlichen Galerieflügels zog sich bis in das beginnende 17. Jh. hin.

Um den wachsenden Anforderungen an eine Residenz gerecht werden zu können, sollte das Schloss Ende des 16. Jh. zu einer geschlossenen Vierflügelanlage erweitert werden. Dafür wurde ab 1596 unter Karl III. van Croy (1574–1612) der Donjon, ungeachtet seines herrschaftlichen Symbolwerts, niedergelegt. Das heutige Erscheinungsbild als Quadrum um einen Innenhof ist erst das Ergebnis von Um- und Ausbauten des 18. und 19. Jh.

Schloss Heverlee ist eines der wichtigsten Beispiele einer adligen Residenz der Frühen Neuzeit in den südlichen Niederlanden. Unabhängig vom Erscheinungsbild, das weitgehend spätgotisch geprägt ist, begegnen wir hier einem unbefestigten Adelssitz, der Wohn- und Repräsentationszwecken diente und auf verteidigungstechnische Belange keine Rücksicht mehr nahm.

Edingen

(ca. 30 km südwestlich von Brüssel)

Einen Hinweis verdient das damals nahe Schloss Heverlee gelegene Coelestinerkloster, dessen Gründung auf eine testamentarische Stiftung Willem van Croys (1458–1521) zurückgeht. Das Kloster wurde zwischen 1521 und 1526 nach Plänen Rombout II. Keldermans' errichtet, wobei die zugehörige Kirche der Familie Van Croy als Grablege diente. Das Kloster bildete somit ein wichtiges Element der Residenzbildung der Van Croys. Nachdem der Orden der Coelestiner 1783 aufgelöst worden war, wurde das Kloster 1816 niedergelegt und die qualitätvolle Einrichtung der Kirche weitgehend zerstört. Lediglich das Grabmal Kardinal Willem van Croys (1500–1521), Neffe des Klostergründers, wurde in die St.-Pieterskerk in Edingen gebracht. Das monumentale Wandgrab aus Marmor und Alabaster zeichnet sich durch eine frühe Verwendung antikisierender Formen aus. GvB/DS (Musik)

BILDTEPPICHE (TAPISSERIEN)

Bildteppiche sind Wandbehänge, deren bildliche Darstellungen aus farbigen Fäden eingewirkt, appliziert oder aufgestickt sein können. Gefertigt werden die Motive nach zeichnerischen Vorlagen in Originalgröße, sog. Kartons. Höchste künstlerische Entfaltung erreichten die Bildteppiche in der Technik der Bildwirkerei. Diese besitzt, anders als die Stickerei, kein Grundgewebe, sondern wird aus Schuss- und Kettfaden gebildet. Im Gegensatz zur Webtechnik wird der farbige Schussfaden nicht über das gesamte Gewebe geführt, sondern bleibt entsprechend der Vorlage auf bestimmte Bereiche beschränkt.

Wandteppiche dienten nicht nur dem Schutz gegen Kälte, sondern hatten auch eine repräsentative und nobilitierende Funktion. Die auf Grund teurer Rohmaterialien und einer arbeitsintensiven Produktion nahezu unerschwinglichen Kostbarkeiten schmückten nicht nur die Innenräume der Residenzen, sondern auch Kirchen und Rathäuser. Das Spektrum der Bildthemen war entsprechend der Auftraggeberwünsche weit gefasst. Vornehmlich wurden religiöse, historische, mythologische und allegorische Inhalte sowie detailreiche Landschaftsdarstellungen umgesetzt.

Im 16. Jh. hatte Brüssel, namentlich vertreten durch die Familien Van Aelst (erste Hälfte des 16. Jh.), Pannemaker (zweites Drittel des 16. Jh.) und Guebels (letztes Drittel des 16. Jh.), die Vorrangstellung innerhalb der flandrischen Tapisserieproduktion inne. Aber auch Städte wie Löwen, Antwerpen, Brügge, Lille und Tournai besaßen ansehnliche Manufakturen. Die flandrischen Wirker entwickelten eine besonders feine, reich mit Gold, Silber und Seide arbeitende Technik. Maler wie Raffael, → **Barent van Orley,** Jan Cornelisz. Vermeyen, → **Michiel Coxcie** und später auch Peter Paul Rubens und David Teniers d. J. entwarfen die Vorlagen für diese *Belgarum ars suprema,* die höchste Kunst der Belgier. Die flandrischen Wirker verloren ihre Vorrangstellung erst im 17. Jh. an die königliche Gobelinmanufaktur in Paris. MS

Pieter van Aelst, Die Predigt des Paulus zu Athen, Bildteppich nach Raffael, 1517-1519 (Dresden, Staatliche Kunstsammlung)

LÜTTICH

Im Herbst des Jahres 1467 gelang es dem burgundischen Herzog Karl dem Kühnen, die an der Mündung der Ourthe in die Maas gelegene Stadt Lüttich einzunehmen. Damit ging die jahrhundertelange politische Eigenständigkeit des Fürstbistums Lüttich vorerst verloren. Als es 1468 zu einem Aufstand der Bevölkerung gegen die neue Herrschaft kam, wurde dieser von den burgundischen Truppen niedergeschlagen und die Stadt nahezu vollständig zerstört. Die Folgen dieses einschneidenden Ereignisses konnten erst unter Erard de la Marck (1472–1538) überwunden werden, als er 1506 mit Unterstützung des französischen Königs Ludwig XII. und von Papst Julius II. zum Fürstbischof von Lüttich gewählt wurde. Er stand in lebhafter Korrespondenz mit Erasmus von Rotterdam und zeigte anfangs – vor allem auf dem Reichstag 1518 in Augsburg – offen Sympathien für Martin Luther. Dennoch blieb De la Marck der römisch-katholischen Kirche treu.

Politisch orientierte sich De la Marck bis 1518 an Frankreich. Er folgte damit einer alten Tradition der Lütticher Bischöfe, die beim französischen König Schutz vor den burgundischen Herzögen gesucht hatten. Die angestrebte Unabhängigkeit von Burgund – nach dem Tod Karls des Kühnen 1477 war Lüttich wieder eigenständig geworden – kommt auch darin zum Ausdruck, dass das Fürstbistum Lüttich bei der Einteilung der Reichskreise im Jahr 1500 zum Niederländisch-Westfälischen und nicht zum Burgundischen Kreis gerechnet wurde.

Die Wende in De la Marcks politischer Orientierung stand in Zusammenhang mit seiner angestrebten Position als Kardinal. Da vom französischen Hof wenig Rückhalt zu erwarten war, schloss er sich der Politik Kaiser Karls V. (reg. 1519–1556) an, den er finanziell großzügig unterstützte. Der Reichtum des Fürstbischofs stammte aus der konsequenten Ausbeutung der um Lüttich gelegenen Steinkohle- und Erzvorkommen, die vor allem für die Herstellung von Kanonen und Handfeuerwaffen genutzt wurden. Durch das Einwirken Karls V. wurde er schließlich 1521 zum Kardinal von Valencia in Spanien ernannt.

Erard de la Marck war zugleich ein großer Förderer der Künste und ist eine Schlüsselfigur für die Anfänge der Antikenrezeption in den Niederlanden, was am eindrucksvollsten in seinem Palast in Lüttich zum Ausdruck kommt. Die Anregungen für sein Mäzenatentum und seine prachtvolle Hofkultur gingen auf den Hof des französischen Königs in Blois und in Mailand zurück, wo er sich lange Zeit aufgehalten hatte. In den 1530er Jahren berief er → **Lambert Lombard** zu seinem Hofmaler.

Das historisch gewachsene Stadtbild von Lüttich hat in den letzten 200 Jahren viele Veränderungen hinnehmen müssen. Am schmerzhaftesten ist der Verlust der gotischen Kathedrale St.-Lambert, die einst das Herz der Stadt

Lüttich, Palais Princes-Evêques (Fürstbischöflicher Palast), Innenhof

bildete. Anfang des 19. Jh. wurden die imposanten Reste der 1794 zerstören Kathedrale zu Gunsten der Anlage eines großen Platzes vollständig niedergelegt. Der wenig pflegliche Umgang mit der historischen Bausubstanz setzt sich leider noch in jüngster Zeit fort. So ist der Hof von Louis de Cortenbach, Kanzler de la Marcks, erst nach dem Zweiten Weltkrieg aus dem Stadtbild verschwunden. Er lag in direkter Nachbarschaft zum fürstbischöflichen Palast und war wie dieser im zweiten Viertel des 16. Jh., vermutlich von den Bauleuten des Bischofs, errichtet worden.

Palais Princes-Evêques

Der groß angelegte, etwa 185 x 100 m messende, nahezu rechteckige ehemalige Palast der Fürstbischöfe mit zwei Innenhöfen wurde zwischen 1526 und 1538 unter der Leitung des aus der Umgebung von Tongeren stammenden Baumeisters Arnold van Mulcken errichtet. Bereits 1533 konnte Erard de la Marck seine Residenz beziehen. Es ist anzunehmen, dass der umfassend humanistisch gebildete Bauherr auf die Gestaltung des Baus in großem Maß eingewirkt hat und zahlreiche Anregungen seiner Frankreich- und Italienaufenthalte

Lüttich, St.-Jacques, Nordportal

darin eingeflossen sind. Allein auf Leonardo da Vincis Entwurf des Schlosses Romorantin für den französischen König als Quelle der Inspiration hinzuweisen, wie es häufig geschieht, reicht nicht aus.

Der vordere, größere Hof ist vollständig von Säulen umstellt, während der trapezförmige hintere Hof nur an der Nord- und Südseite mit einer Galerie versehen ist. An diesem intimeren Hof lagen die Privaträume des Fürstbischofs.

Die Spitzbögen der Galerie im vorderen Hof werden durch sechzig verschieden gestaltete Säulen getragen, die eine für die Frührenaissance typische kandelaberartige Form aufweisen. Die Ornamentik der Säulen mit Figuren, Laubwerk und Masken ist spätgotisch. Einige Fratzen erinnern an Masken aus Südamerika, die durch die ersten Entdeckungsfahrten an den habsburgischen Hof gekommen waren. Die zahlreich dargestellten Narren verweisen auf die seinerzeit sehr populäre Satire *Das Narrenschiff* von Sebastian Brant, die mit entsprechenden Illustrationen erstmals 1494 erschien. Als weitere Vorlage diente wohl auch eine Ausgabe des Werks *Lob der Torheit* des Erasmus von Rotterdam, das, mit Illustrationen von Hans Holbein d. J. ausgestattet, erstmals 1515 in Basel erschien.

Nachdem im 19. Jh. eine Wiederherstellung des im Barock veränderten Palastes vorgenommen worden war, wurde der Bau in den 1960er und 1970er Jahren grundlegend restauriert, wobei die Säulen der Galerie vollständig erneuert wurden. Der Palast wird heute als Gerichtsgebäude und von der Provinzverwaltung genutzt und ist daher nur eingeschränkt zugänglich.

St.-Jacques

Turm und Vorhalle der ehemaligen Abteikirche St.-Jacques stammen noch von dem romanischen Ursprungsbau des 12. Jh. Das Kirchenschiff und der Chor sind dagegen spätgotisch und wurden zwischen 1513 und 1538 unter der Leitung von Arnold van Mulcken errichtet. Eindrucksvoll ist das farbig gefasste Netzgewölbe mit den reich geschmückten Schlusssteinen, welches das Langhaus und den Chor überfängt. Im Chor befinden sich fünf monumentale Fenster aus den 1520er

Lambert Lombard, Selbstporträt (Musée de l'Art wallon de la Ville de Liège)

LAMBERT LOMBARD (Lüttich 1505/06–1566 Lüttich)

Lambert Lombard, der vermutlich Schüler des Antwerpener Malers Jan de Beer (um 1480 – vor 1528) war, soll auch bei → **Jan Gossaert** in die Lehre gegangen sein. Er war als Zeichner und Maler in seiner Geburtsstadt Lüttich tätig. Auf Grund seiner umfassenden Bildung ist anzunehmen, dass er auch Architekturentwürfe angefertigt hat; so wird ihm u. a. das Portal an St.-Jacques in Lüttich zugeschrieben. Im Auftrag des dortigen Bischofs, Erard de la Marck, reiste Lombard 1537/38 zu Studienzwecken nach Italien, wo er auch Ausstattungsstücke für den Lütticher Bischofspalast erwarb. Nur wenige seiner dort entstandenen Zeichnungen sind überliefert; sie lassen Einflüsse Baccio Bandinellis erkennen, den Lombard in Rom kennen gelernt hatte. Nach seiner Rückkehr in die Heimat gründete er nach Bandinellis Vorbild eine Künstlerakademie. Aus dieser gingen → **Frans Floris,** Willem Key (um 1520–1568) und Hubert Goltzius (1526–1583) hervor.

Lombards Interesse an der römischen Antike zeigt sich in einer Vielzahl von Zeichnungen, von denen ein Großteil im *Album d'Arenberg* (Lüttich, Cabinet des Estampes et des Dessins) zusammengefasst sind. Darunter sind u. a. Kopien nach Stichen anderer Künstler und Zeichnungen nach antiken Münzen, so dass der Humanist Lampsonius (1532–1599) ihn als den Begründer der belgischen Numismatik rühmte. Aber auch erhaltene antike Monumente in Lombards Heimat sowie in Deutschland fanden sein Interesse. Seine besondere Wirkung auf die Kunst seiner Zeitgenossen liegt in diesem wohl vor allem zu Studienzwecken erstellten Material. MF

Jahren, die teilweise mit antikisierenden Formen der Frührenaissance versehen sind. In den Zwickeln der Arkaden der Hochschiffwand befinden sich Tondi mit nahezu vollplastischen Porträtköpfen. Darüber angebrachte Inschriften identifizieren die 24 Dargestellten als biblische Personen. In den beiden Seitenschiffen sind über den äußeren Wandpfeilern insgesamt acht Halbfiguren weiterer biblischer Personen angebracht, die sich jedoch nicht alle zuordnen lassen. Die qualitätvollen Plastiken, die zwischen 1532 und 1540 zu datieren sind, werden dem Ulmer Bildhauer Daniel Mauch (1477–1540; in St.-Jacques beigesetzt) zugeschrieben.

Die aufwändig gestaltete Chorschranke von 1538, möglicherweise ebenfalls von Mauch geschaffen, bei der sich spätgotische Formen mit solchen der Frührenaissance mischen, bildet seit dem frühen 17. Jh. die Orgelempore im Westwerk. Hinter dem blaugoldenen, 1600/02 entstandenen Prospekt der großen Orgel erklingt seit 1999 ein neues Werk, das dem ursprünglichen Charakter der vielfach umgebauten Orgel entspricht. Ihr Erbauer ist unbekannt, häufig wird sie jedoch Nicolaas Niehoff (um 1525–1604) zugeschrieben, einem der Hauptmeister des rheinisch-brabantischen Orgelbaus im späten 16. Jh.

Der Giebel des Nordportals der Kirche entstand in zwei Bauphasen: von 1558 bis 1560 und 1588; zu Beginn des 20. Jh. fand eine umfassende Restaurierung statt. Den Entwurf für die reich gegliederte, natursteinerne Fassade spricht man überzeugend → **Lambert Lombard** zu. Der Aufbau ist antiken Triumphbögen entlehnt. Das rundbogige Zugangsportal wird jeweils von zwei kannelierten Säulen korinthischer Ordnung auf Postamenten flankiert, zwischen denen eine Rundbogennische und darüber ein Relieffeld mit dem Wappen des damaligen Abts Herman Rave und der Jahreszahl 1558 eingespannt sind. Im ersten Geschoss wiederholt sich dieser Aufbau, wobei nun die Säulen ein ovales Relieffeld mit der Darstellung von Jakobs Traum (Gen 28,12–15) flankieren. Den Abschluss bilden drei Ädikulen, deren Segmentbögen durchbrochen sind.

Palais Curtius

Der ehemalige Stadtpalast von Jean Curtius (1551–1628) entstand im ersten Jahrzehnt des 17. Jh. Curtius war durch die Lieferung von Kriegsmaterial an die Spanier, Geldgeschäfte und den Bergbau zu großem Reichtum gelangt. Das Gebäude wurde zwischen 1904 und 1909 umfangreich restauriert. Der viergeschossige Bau (drei Voll- und ein Mezzaningeschoss) aus Backsteinen auf einem natursteinernen Sockel erhält sein charakteristisches Erscheinungsbild durch die waagerechten Natursteinbänder und die Kreuzstockfenster. Das hoch aufragende Dach ist mit zahlreichen Gauben besetzt. Aus der Schmalseite über dem Torgebäude erwächst ein dreigeschossiger Turm, der mit einer von Balustern eingefassten Plattform abschließt. Durch das niedrige Torgebäude mit seinem rustizierten Portal gelangt man in den Hof.

Cabinet des Estampes et des Dessins

Das 1951 ins Leben gerufene Kupferstichkabinett umfasst heute 27.000 Drucke und zahlreiche Zeichnungen aus dem 16. bis 20. Jh. Neben Lütticher Künstlern sind in der Sammlung Deutsche, Flamen, Holländer, Italiener und Franzosen vertreten. Allein 736 Zeichnungen stammen aus dem Atelier des → **Lambert Lombard** (sog. *Album d'Arenberg*). GvB / DS (Musik)

Mechelen, Palais der Margarethe von Österreich (Keizerstraat)

MECHELEN

Unter Karl dem Kühnen (reg. 1467-1477) wurde Mechelen, das 870 an der Dijle gegründet worden war, 1473 offiziell Sitz der burgundischen Zentralregierung, was zum Zuzug zahlreicher Adelsfamilien führte (Nassau, Hoogstraten, Egmond u. a.). Nach dem Tod Karls verlieh die dauerhafte Hofhaltung seiner Witwe, Margarethe von York (1446-1503), Mechelen Residenzcharakter. Aus dieser Zeit hat sich der um 1480 errichtete Eingangsflügel des Hofkomplexes in der Keizerstraat erhalten, den Margarethe bewohnte.

Mit der Ernennung Margarethes von Österreich (reg. 1507-1530) zur Statthalterin wurde Mechelen politisches und kulturelles Zentrum der habsburgischen Niederlande. In diesen kulturell fruchtbaren Jahren förderte der Hof Künstler wie → **Barent van Orley,** Conrad Meit, Jean Mone, → **Pieter Coecke van Aelst** und → **Jan Gossaert.** Die Kinder des Erbprinzen von Burgund, Philipps des Schönen, darunter der spätere Kaiser Karl V. (1500-1558), wuchsen in dieser vom Gedankengut des Humanismus geprägten Hofgesellschaft auf. Von der fruchtbaren Zusammenarbeit von Gelehrten und Künstlern am Hof zeugt die neunteilige, später *Los Honores* (span., die Ehre) genannte Tapisserie-Serie, die Margarethe anlässlich der Königs- und Kaiserwahl Karls V. 1519 bei Pieter von Edingen, gen. van Aelst, in Brüssel hatte anfertigen lassen (Madrid, Patrimonio Nacional

Español). Die großformatigen, vielfigurigen und -farbigen → **Bildteppiche** bilden einen Fürstenspiegel, der den jungen König und Kaiser zu einer tugendhaften Regierung anhalten sollte. Die überregionale Bedeutung Mechelens als Kunstzentrum zu dieser Zeit zeigt sich in einem von der Familie Hackeney zu Beginn der 1520er Jahre an Mechelener Künstler in Auftrag gegebenen Lettner für die Kirche St. Maria im Kapitol in → **Köln.**

Mit dem Tod der Margarethe von Österreich und dem Regierungsantritt Marias von Ungarn (reg. 1531-1555) verlor Mechelen seine Bedeutung als Residenz, da die neue Statthalterin den Hof nach Brüssel verlegte. Zu dem für die städtische Wirtschaft schwer wiegenden Verlust der Hofhaltung kam 1546 die Explosion eines Munitionslagers, die große Schäden in der Innenstadt verursachte. 1559 wurde Mechelen Bischofssitz und damit bedeutendes religiöses Zentrum der Niederlande. Der erste Erzbischof war Antoine Perrenot de Granvelle (1517-1586), dessen Hofhaltung kurzzeitig erneut Glanz in die Stadt brachte. Die Wirren der Auseinandersetzung zwischen der spanischen Herrschaft und den nach Unabhängigkeit strebenden nördlichen Provinzen ließen innerhalb von zehn Jahren zwei Drittel der Einwohner die Stadt verlassen. Erst die Zeit nach 1596/98, dem Regierungsantritt von Erzherzog Albrecht und seiner Gemahlin Isabella, brachte wieder eine Phase ökonomischer Konsolidierung.

Palais der Margarethe von Österreich (heute Palais de Justice)

Das große, vierflügelige Palais der Margarethe von Österreich liegt zwischen Keizer- und Voochtstraat. Ende des 15. Jh. hatte Hieronymus Lauweryn, ein hoher Beamter am Hof Philipps des Schönen, damit begonnen, an dieser Stelle einen Wohnkomplex zu errichten. Als Margarethe von Österreich sich 1507 entschloss, als Statthalterin der Niederlande in Mechelen dauerhaft Hof zu halten, erwarb die Stadt den Gebäudekomplex, den Lauweryn bereits hatte erweitern lassen. Den weiteren Ausbau leiteten in den folgenden Jahren nacheinander Mitglieder der Keldermans-Familie: Anthonis I. (gest. 1512), Anthonis II. (gest. 1515) und Rombout II. (gest. 1531). Ähnlich dem Markiezenhof in Bergen op Zoom (→ **Breda**) entstand eine in spätgotischen Formen und überwiegend aus Backsteinen errichtete Residenzanlage mit Fenster-, Tür- und Portalrahmungen aus Naturstein sowie Natursteinbändern als horizontale Fassadengliederung. Der Ankauf weiterer angrenzender Parzellen ermöglichte schließlich die Errichtung eines geschlossenen Gebäudekomplexes um einen Hof. Während der Regierungszeit Margarethes befand sich der Haupteingang an der Voochtstraat. Der Südflügel enthielt im ersten Geschoss ihr Privatappartement. Der der Renaissance verpflichtete bauplastische Schmuck an der Fassade zur Keizerstraat wurde wahrscheinlich erst nach 1530 angebracht; Architekt und genauer Entstehungszeitpunkt sind unbekannt. Für die weit verbreitete Annahme, es handele sich hier um die früheste Renaissancearchitektur in den Niederlanden und der Entwurf gehe auf Guyot de Beaugrant (gest. 1549/50) zurück, gibt es keine Belege. Nachdem das Palais durch die Explosion des Munitionslagers 1546 beschädigt worden war, gab es die auf Margarethe folgende Statthalterin Maria von Ungarn 1547 der Stadt zurück. Diese überließ es später Kardinal Granvelle, der hier von 1563 bis 1565 wohnte. Nachdem die Stadt 1609 wieder in den Besitz des Palais, gelangt war, baute sie zwischen 1611 und 1615 einen Audienzsaal für den Großen Rat ein. Seit dessen Auflösung im Jahr 1695 wurde das Gebäude als Gericht genutzt. In den 1840er Jahren baute man das Palais um, wobei man die ursprüngliche Raumaufteilung stark veränderte. Schließlich wurden in den 1880er Jahren die Fassaden wiederhergestellt und auch die Zwerchhäuser mit den Volutengiebeln an der Keizerstraat erneuert.

Der antikisierende Bauschmuck der zur Keizerstraat gelegenen Fassade aus der Zeit nach 1530 ist im unteren Bereich des Torgebäudes noch original erhalten. Das rundbogige Eingangsportal wird von je zwei dorischen Säulen flankiert, zwischen denen sich übereinander gestellt je zwei schmale Rundbogennischen befinden. Die Kreuzstockfenster werden von Dreiecksgiebeln überfangen. Hinter der Giebelfront neben dem Torgebäude liegt der von Margarethe genutzte Große Saal, auf den vier zum Innenhof gelegene Kreuzstockfenster verweisen. Trotz der im Laufe der Zeit erfolgten Veränderungen und Wiederherstellungen bietet der Hof einen guten Einblick in die hochadelige Wohnkultur des frühen 16. Jh.

Grote Raad (heute Stadhuis)

Das Rathaus befindet sich in einem Gebäude, das man ab 1311 als Tuchhalle errichtet hatte. Für den 1477 aufgelösten und 1504 wieder begründeten Groten Raad (Großen Rat) sollte an dieses Gebäude ein repräsentativer Flügel angebaut werden.

Um 1525 lieferte Rombout II. Keldermans einen ersten Entwurf, der möglicherweise mit dem Fassadenaufriss der nördlichen Längsseite identisch ist; er wird heute im Stadsmuseum Hof van Busleyden aufbewahrt. 1526 begann man mit der Errichtung des Flügels, an dessen Baukosten sich als Landesherr Karl V. beteiligte. Die Bauleitung übernahm Laureijs Keldermans, ein Neffe Rombouts. Obgleich der Steinhauer Staessen de Prince zahlreiche Teile für die Fassade baufertig geliefert hatte, ruhten die Arbeiten nach der Explosion des Munitionslagers 1546. Das Gebäude war zu diesem Zeitpunkt im Rohbau fertig gestellt. 1551 gab man diesen für den Einbau von Wohnungen und Geschäften frei. In der zweiten Hälfte des 19. Jh. reifte die Idee, den Bau nach dem damals noch erhaltenen Entwurf Keldermans' als Erweiterung des Rathauses zu vollenden. Die Bauarbeiten zogen sich von 1900 bis 1911 hin. Bei zahlreichen Details wich man jedoch von dem historischen Entwurf ab. So zeigt das gotische Maßwerk in den Zwickeln der Arkatur im Erdgeschoss historisierende Porträtmedaillons, die ursprünglich nicht vorgesehen waren.

Mechelen, De Zalm (Zoutwerf 5)

Häuser

Der allgemeine Wohlstand Mechelens in der ersten Hälfte des 16. Jh. führte zu einer regen Bautätigkeit. Bei den Neubauten wurde sowohl die gotische Bautradition fortgeführt als auch antikisierende Formen der Renaissance eingesetzt.

Das seit 1519 von der Mechelener Zunft der Fischhändler genutzte Haus **De Zalm** (Zoutwerf 5) wurde von 1530 bis 1535 von dem ortsansässigen Architekten Willem van Wechtere mit einer neuen Frontseite versehen. Die vierachsige Fassade ist vertikal durch eine regelgerechte Superposition aus Halbsäulen dorischer, ionischer und korinthischer Ordnung gegliedert. Da die Fassade nicht klassisch proportioniert ist, kommt es zu einer Überlängung der Säulen. Neben den Säulen bieten allein der Sockelbereich, die korbbogigen Felder über den Fenstern und das zu den Säulen gehörende horizontal durchlaufende Gebälk Platz für bauplastischen Schmuck. Die Relieffelder mit Löwenköpfen, mythologischen Szenen und floralem Rankenwerk stammen ursprünglich von Jean Mone (um 1485-1550); sie sind heute jedoch weitgehend erneuert. Der Giebelabschluss ist 1610 stark verändert worden. Eine Restaurierung erfolgte 1850; das Haus wurde im Zweiten Weltkrieg beschädigt und Ende der 1940er Jahre wiederhergestellt.

Das in die Jahre 1545 bis 1550 datierte giebelständige **Duivelshuis** (Haverwerf 21) zeigt eine gotische Holzkonstruktion mit Schmuckelementen der Frührenaissance auf natursteinernem Sockel. Die Satyrn auf den Knaggen über dem Türsturz gaben dem Haus seinen Namen. Der Türsturz zeigt ein Relief mit der Darstellung der Geschichte vom Verlorenen Sohn (Lk 15,11-32). Unterhalb des abschließenden Dreiecksgiebels befinden sich zwischen den Fenstern Konsolen mit Allegorien der Tugenden und Laster (Mut, Treue, Stärke, Geschick, Vorsicht, Stolz etc.).

Der im Bauschmuck überwiegend spätgotischen Formen verpflichtete sandsteinerne Giebel des Hauses **Het Paradijs** (Haverwerf 22) zeigt Elemente der Frührenaissance. Er wird in die erste Hälfte der 1520er Jahre datiert und Rombout II. Keldermans zugeschrieben. Der Bau ist zweigeschossig und verfügt über zwei Fensterachsen. Die Fenster werden von Tudorbögen überspannt, die mit Krabben verziert sind und auf Säulchen mit Blattkapitellen ruhen. Im ersten Geschoss sind die Felder zwischen Fenster und Tudorbogen mit Reliefs gefüllt, die links den Sündenfall und rechts die Vertreibung aus dem Paradies zeigen.

Der prächtige **Hof van Busleyden** (Minderbroedersgang 5) entstand zwischen 1503 und 1508 im Auftrag des Hieronymus van Busleyden. Der Bauherr war einer der Räte Margarethes von Österreich und stand im diplomatischen Dienst ihres Vaters, Kaiser Maximilians I. Er war nicht nur wohlhabend, sondern auch umfassend gebildet und spielte in Gelehrtenkreisen eine bedeutende Rolle. Vermutlich stammte der Entwurf für den Hof, den schließlich Rombout II. Keldermans umsetzte, von dem Stadtbaumeister Anthonis I. Keldermans. Der Hof vermittelt einen Eindruck sowohl von der adeligen Wohnkultur in den niederländischen Städten zu Beginn des 16. Jh. als auch von deren Bebauung, die sich durch die Mischung von Formen der Gotik und der Renaissance auszeichnet. Nach einem Brand wurde der Hof zwischen 1930 und 1938 wiederhergestellt und wird seitdem als Museum genutzt. Um einen gepflasterten

Mechelen, Hof van Busleyden (Minderbroedersgang 5)

rechteckigen Innenhof gruppieren sich das Torgebäude im Osten und drei Flügel im Norden, Süden und Westen. Vom ursprünglichen Interieur haben sich Fragmente von Wandmalereien erhalten, die das Gastmahl Belsazars (Dan 5,1-6,1) und das Gastmahl vom reichen Mann und dem armen Lazarus (Lk 16,19-31) zeigen; sie werden → **Jan Gossaert** zugeschrieben.

Königliche Teppichmanufaktur De Wit

Im ehemaligen Hof der aufgelösten Abtei Tongelo, einem prächtigen spätgotischen Backsteinbau, befindet sich heute die königliche Teppichmanufaktur De Wit, die nach alten und zeitgenössischen Kartons (Vorlagen) → **Bildteppiche** anfertigt. Das angeschlossene Museum zeigt an qualitätvollen Beispielen die reiche Geschichte der flandrischen Tapisserieherstellung seit dem 15. Jh. und ermöglicht Einblicke in den Herstellungsprozess.

Stadsmuseum Hof van Busleyden

Der Klang von Glockenspielen (Carillons), die von Hand über eine Tastatur (heute auch automatisch) gespielt werden, gehört seit dem 16. Jh. zur Geräuschkulisse belgischer und niederländischer Städte. Zunächst als Zeitmelder eingerichtet, entwickelten die Glockenspiele sich mit zunehmender Größe - bis zu 40 Glocken - zu Statussymbolen wohlhabender Gemeinden. Ihren Höhepunkt erreichte die Kunst des Glockengießens und -spielens im 17. Jh. mit den Carillons der Familie Hemony. Im Turm von St.-Rumold erklingen 49 Glocken aus dem 15., 17. und 20. Jh. Eine Abteilung im Stadsmuseum informiert über die Geschichte der Carillons und ihre Wiederbelebung in jüngerer Zeit. GvB / DS (Musik)

Jan Bruegel d. Ä., Erzherzog Albrecht und Isabella vor Schloss Mariemont, 1611 (München, Alte Pinakothek)

DIE ZERSTÖRTEN SCHLÖSSER DER MARIA VON UNGARN

Maria von Ungarn (1505–1558), die zusammen mit ihrem Bruder, dem späteren Kaiser Karl V. (1500–1558), am Hof ihrer Tante, der niederländischen Statthalterin Margarethe von Österreich (1480–1530), erzogen worden war, wurde 1531 Statthalterin in den habsburgischen Niederlanden. Mit großer Energie widmete sich die gerade verwitwete Königin von Ungarn den Regierungsgeschäften, die nachhaltig durch kriegerische Auseinandersetzungen mit Frankreich und dem Herzogtum Geldern geprägt waren. Zu ihren Aufgaben gehörte auch die regelmäßige Inspektion der zahlreichen Festungsbauten entlang der Grenze zu Frankreich, die ihr Bruder im Rahmen eines Festungsbauprogramms mithilfe italienischer Spezialisten zu errichten begonnen hatte (→ **Festungsbau**).

Besonderes Augenmerk richtete Maria auf die Erhaltung und den Bau bzw. Ausbau von Residenzschlössern innerhalb des niederländischen Herrschaftsgebiets. Damit schuf sie einerseits die Voraussetzungen für eine standesgemäße Hofhaltung, andererseits unterstrich sie die Präsenz und Bedeutung der habsburgischen Herrschaft. Zudem wollte Maria nicht hinter der repräsentativen Hofhaltung ihres Schwagers, des französischen Königs Franz I., zurückstehen. Sie ließ den alten burgundischen Palast in → **Brüssel** in weiten Teilen erneuern und die Schlösser Binche (1545–1549) und Mariemont (1546–1549) ausbauen, wofür sie große Bewunderung erntete. Als Hofarchitekten berief sie den wohl aus Mons stammenden Bildhauer Jacques Du Broeucq (um 1505–1584), Meister des *disegno all'antica,* der sich anscheinend zu Studienzwecken länger in Italien aufgehalten hatte.

Die Innenausstattung der Schlösser war sehr aufwändig und kostbar. Für das Schloss in Binche schuf u. a. der venezianische Maler Tizian großformartige Gemälde. Maria begeisterte sich jedoch nicht nur für die zeitgenössische Kunst, sondern schätzte auch die flämischen Meister des 15. Jh. So erwarb sie beispielsweise das Gemälde der *Kreuzabnahme Christi* (Madrid, Museo Nacional del Prado) von Rogier van der Weyden (um 1400–1464) für die Schlosskapelle in Binche.

Den Höhepunkt der Prachtentfaltung am Hof der Statthalterin erlebten die Residenzen im Jahr 1549. Damals hielt Philipp II. seinen → **triumphalen Einzug** in die Niederlande. Das Fest im Schloss zu Binche vom 22. bis zum 30. August 1549, das Maria zu diesem Anlass ausrichtete, wurde sprichwörtlich: »Más brava que las fiestas de Bains« (sp., Großartiger als die Feste von Binche) hieß es in der Folgezeit.

Schon 1554 zerstörten französische Truppen die Schlösser Binche und Mariemont. Teile der Innenausstattung von Binche, so die → **Bildteppiche** (heute zum Teil in Madrid, Patrimonio Nacional Español) und die Gemälde Tizians (zwei davon – *Prometheus* und *Sisyphos* – sind heute noch erhalten; Madrid, Museo Nacional del Prado), konnten in Sicherheit gebracht werden; die Wandgemälde von Michiel Coxcie wurden, wie weitere wertvolle Kunstgegenstände, jedoch vernichtet.

Maria beauftragte Du Broeucq sofort mit neuen Plänen; als sie 1555 abdankte, wurde der Wiederaufbau der Schlösser zunächst nicht weiter verfolgt. Erst zu Beginn des 17. Jh. wurde lediglich das Jagdschloss Mariemont unter den spanischen Regenten der Niederlande, Albrecht und Isabella, ausgebaut. Auch von diesem Bau ist nichts erhalten.

Die Residenzen der Maria von Ungarn waren wichtige Bezugspunkte für den Hochadel, dem hier die Formen und die an der Antike orientierten Bildthemen der italienischen Renaissance als Demonstration der Macht des Hauses Habsburg vor Augen geführt wurden. GvB

Unbekannter Künstler, Innenraum von Schloss Binche, 1549 (Brüssel, Bibliotheque Royale Albert I.)

DIE ENTSTEHUNG UND ENTWICKLUNG ÖSTERREICHS BIS 1600

955 bildete sich zwischen den Flüssen Enns und Raab die bayerische Ostmark heraus, eine der Grenzmarken, die das ostfränkische Reich sichern sollten. 976 wurde das Markgrafengeschlecht der Babenberger mit diesem als »Ostarrîch« bezeichneten Gebiet belehnt. 1156 erzwang Heinrich II. Jasomirgott, Markgraf von Ostarrîch und Bayern, als Entschädigung für die Aufgabe Bayerns die Erhebung Österreichs zum Herzogtum. Als die Linie der Babenberger 1246 ausstarb, beanspruchte König Ottokar II. von Böhmen dieses Herzogtum.

Ihn löste Rudolf I., der Begründer der Dynastie der Habsburger-Dynastie, 1273 nach seiner Wahl zum deutschen König ab. Als Ottokar sich weigerte, entfremdete Reichsgüter zurückzugeben, suchte Rudolf 1278 die Entscheidung in der Schlacht. Ottokar fiel, seinen Söhnen blieben Böhmen und Mähren. Österreich, die Steiermark, Kärnten und Krain, mit denen Rudolf seine Söhne belehnte, zählten nun neben den Besitzungen in Schwaben, im Elsass und in der Schweiz zum habsburgischen Territorium. Durch die Teilungen 1379 und 1406/11 entstanden drei habsburgisch-österreichische Länder: Niederösterreich (Österreich ob der Enns, Österreich unter der Enns = Albertinische Linie), Innerösterreich (Steiermark, Kärnten, Krain, Istrien, Triest = Leopoldinische Linie) und Vorderösterreich (Tirol, Vorarlberg und die Vorlande = Tiroler Linie seit 1406/11).

1491 gelang es dem späteren Kaiser Maximilian I., die drei Länder wieder in einer Hand zu vereinen. Durch Erbvertrag fielen Böhmen und Ungarn 1526 ebenfalls an die Habsburger, die von 1438 bis 1806 die Könige bzw. Kaiser des Heiligen Römischen Reichs stellten. Durch geschickte Heiratspolitik erweiterten die Habsburger ihr Territorium um die Niederlande, den größten Teil Burgunds und Spaniens mitsamt seinen Kolonien in Übersee. Als Kaiser Karl V. 1556 abdankte, kam es erneut zur Reichsteilung: Karls Bruder Ferdinand I. erhielt als neuer Kaiser die österreichischen Erblande sowie Böhmen und Ungarn und begründete damit die Österreichische Linie der Habsburger. Die Österreichischen Lande zerfielen 1564 noch einmal in die Tiroler Linie mit Vorderösterreich und Tirol und die Steirische Linie mit Innerösterreich. EH

Graz, Mausoleum Kaiser Ferdinands II., Westfassade

GRAZ

Die steirische Hauptstadt Graz, die aus einer um 800 gegründeten Siedlung hervorgegangen ist, erhielt 1281 das Stadtrecht und stand seit Ende des 13. Jh. unter der Herrschaft der Habsburger. Als mit der ersten Erbteilung der habsburgischen Lande 1379 ein selbstständiges innerösterreichisches Territorium mit den Ländern Steiermark, Kärnten, Krain und Istrien geschaffen worden war, wurde Graz Residenz der Leopoldinischen Linie der Habsburger. Seit 1544 war die Stadt wichtiges Glied der von Wien bis an die Adria reichenden Festungskette gegen das Osmanische Reich. Ferdinand I., seit 1531 römischer König (reg. Kaiser 1556-1564), ließ den Schlossberg und die Stadt neu befestigen.

Nach der Erbteilung 1564 in eine Tiroler und eine Steirische Linie wurde Graz erneut Residenzstadt von Innerösterreich. 1570 berief Erzherzog Karl II. (reg. 1564-1590) die Jesuiten nach Graz, um dem seit 1525 vor allem unter den Landständen zunehmenden Protestantismus Einhalt zu gebieten. Von einer gegenreformatorischen Haltung zeugt auch die Bautätigkeit unter Karls Sohn Ferdinand II. (reg. 1596-1637, seit 1619 Kaiser), der das Jesuitenkonvikt errichten ließ. Als Hofarchitekt kam Giovanni Pietro Felice de Pomis (1569-1633), der zunächst Hofmaler in Innsbruck gewesen war, eine zentrale Rolle zu.

Musikleben zur Zeit der Gegenreformation

In den letzten Jahrzehnten des 16. Jh. stand die evangelische Stiftskirche von Graz im Mittelpunkt regen Musiklebens. Dort nahm der Schwabe Erasmus Widmann 1596 eine Organistenstelle an, musste die Stadt aber bald verlassen, weil Erzherzog Ferdinand 1598 im Zuge der Gegenreformation alle protestantischen Gemeinden auflöste. Zur gleichen Zeit erreichte die mit Niederländern und Italienern besetzte Hofkapelle, gefördert durch einen intensiven Austausch mit Venedig und unterstützt durch die Jesuiten, höchstes Niveau. Doch nicht nur deren Ordenstheater, sondern auch die Aufführungen der Wandertruppe des englischen Prinzipals John Greene begeisterten den Hof, an dem im Winter 1607/08 u. a. Christopher Marlowes *Doctor Faustus* gespielt wurde. Mit der Übersiedlung des Erzherzogs - nunmehr Kaiser Ferdinand II. - nach Wien im Jahr 1619 verlor Graz auf lange Zeit auch seine Bedeutung als Musikstadt.

Grazer Burg

Die Grazer Burg liegt, durch die Hofgasse getrennt, dem Dom gegenüber, mit dem sie ursprünglich durch einen Gang verbunden war. Der aus verschiedenen Baukörpern bestehende Komplex umschließt mehrere Höfe. Die Burg wurde im Spätmittelalter als kaiserliche und landesherrliche Stadtresidenz erbaut, im 16. Jh. verstärkt genutzt und entscheidend erweitert. Die Gebäude an der Hofgasse wurden 1853 wegen Baufälligkeit niedergelegt. Im Zweiten Weltkrieg blieben die bis dahin noch bestehenden Bauten nicht verschont. Heute ist die Burg Sitz der steiermärkischen Landesregierung.

Der spätere Kaiser Friedrich III. ließ ab 1438 zwei Flügel an der mittelalterlichen Stadtmauer errichten. Diese sog. Friedrichsbauten, von denen sich nur der nordöstliche erhalten hat, wurden unter dem nachfolgenden Kaiser Maximilian I. durch einen schmalen Trakt mit Durchfahrt in den zweiten Burghof und einen Treppenturm mit einer Doppelwendeltreppe miteinander verbunden. Die Treppe aus der Zeit um 1500 ist eine architekturhistorische Besonderheit: Ihre beiden Läufe sind jeweils als eigenständige Wendeltreppen ausgeführt, die regelmäßig wieder zu einer Treppe verschmelzen. Der Treppenturm dokumentiert zudem die Antikenbegeisterung Maximilians, der an der Außenfassade römische Grabsteine einmauern ließ. Das aus Bossenquadern gestaltete Portal von Domenico dell'Allio (um 1505/15-1563) geht auf einen Entwurf aus den → **Architekturtraktaten** Sebastiano Serlios zurück.

Erzherzog Karl II. erweiterte den Gebäudekomplex 1570/71 im Südosten um den sog. Karlsbau nach Plänen des Hofbaumeisters Pietro Ferabosco (1512/13-1588/89) und im Norden um den von Marco Antonio Tade erbauten bedeutenderen Registraturtrakt. Er wies ursprünglich in den beiden unteren Geschossen offene Arkadengänge auf, deren oberer heute vermauert ist. Seine Bedeutung erhält der Flügel durch das Sgraffito in den Arkadengeschossen (→ **Fassadenmalerei**).

Nachdem Karls Sohn Ferdinand 1619 zum Kaiser gewählt worden war und seine Hofhaltung nach Wien verlegt hatte, verlor die Anlage ihre Bedeutung als landesfürstliche Residenz.

Mausoleum Kaiser Ferdinands II.

Ferdinand II. plante 1614 noch als Erzherzog Innerösterreichs die Errichtung eines Mausoleums in Graz; 1615 erfolgte die Grundsteinlegung. Die Pläne stammen von dem oberitalienischen Hofbaumeister de Pomis. Das Mausoleum wurde an Stelle der abgetragenen romanischen Rundkapelle St. Katharina im Süden des Grazer Doms (ehemalige Jesuitenkirche) errichtet. Nach dem Tod de Pomis' im

Graz, Mausoleum Kaiser Ferdinands II., Westfassade

Jahr 1633 vollendete Pietro Valnegro den Bau, so dass Ferdinand 1637 hier beigesetzt werden konnte. Das 1638/39 innen nur im Rohbau vollendete Mausoleum erhielt zwischen 1687 und 1699 eine Stuckausstattung nach Entwürfen von Johann Bernhard Fischer von Erlach, die das Haus Habsburg und den Triumph der Gegenreformation verherrlicht. Geweiht wurde das Gebäude schließlich 1714.

Das Mausoleum setzt sich aus zwei Baukörpern zusammen: der in Form eines lateinischen Kreuzes erbauten Katharinenkirche und der eigentlichen Grabkapelle, die an den südlichen Querarm der Kirche grenzt. Der Grundriss der Grabkapelle ist als Ellipse ausgebildet, für deren allgemeine Berechnung der ehemals in Graz tätige Mathematiker Johannes Kepler 1604 die Formel veröffentlicht hatte.

An der reich gegliederten Westfassade der Kirche lassen sich unterschiedliche Einflüsse und Planänderungen ablesen. Die schon aus der ersten Planung hervorgegangenen Giebelfiguren – die hl. Katharina, Namenspatronin von Dom und Mausoleum, gerahmt von zwei Engeln – stehen auf dem oberen, scheinbar alles erdrückenden Bogen, der ebenso Ergebnis zweier von de Pomis selbst vorgenommener Planänderungen ist, wie der Segmentbogen über dem Portal in der erhöhten Attikazone. Diese Änderungen von 1619/20 und 1620/21 bewirkten eine starke Verunklarung des ursprünglichen Plans, der sich eng an die ausgewogenen und streng proportionierten venezianischen Kirchenfassaden Andrea Palladios (1508–1580) anlehnte, die de Pomis während seiner Lehrjahre hatte studieren können. Die beiden die Portalachse flankierenden Figuren der römischen Kaiserin Maxentia und des Hauptmanns Porphyrius, die beide von der hl. Katharina zum katholischen Glauben bekehrt worden waren, deuten schon darauf hin, dass das Mausoleum nicht nur ein dynastisches Monument darstellt, sondern auch als Sinnbild der erfolgreichen Gegenreformation zu verstehen ist.

Das Grazer Mausoleum ist in zwei Geschosse aufgeteilt: Von der Grabkapelle im Erdgeschoss, in der rechts vom Altar Ferdinand II. bestattet ist, führt eine Treppe in die Kaisergruft im Untergeschoss. In der Raummitte steht der Rotmarmor-Sarkophag für Erzherzog Karl II. und seine Gemahlin Maria von Bayern (nur sie wurde hier bestattet). Der Sarkophag ist möglicherweise ein Werk Sebastiano Carlones, der gemeinsam mit Alessandro de Verda die Grablege von Erzherzog Karl II. in → **Seckau** schuf.

Landhaus

Das Landhaus der steirischen Landstände, seit 1494 bezeugt, war die erste Einrichtung dieser Art in den österreichischen Ländern. Seine prunkvoll gestalteten Fassaden spiegeln deutlich das Selbstbewusstsein der Landstände wider. Aus zwei einzelnen, im 15. Jh. umgebauten Häusern entstanden, ist das Landhaus

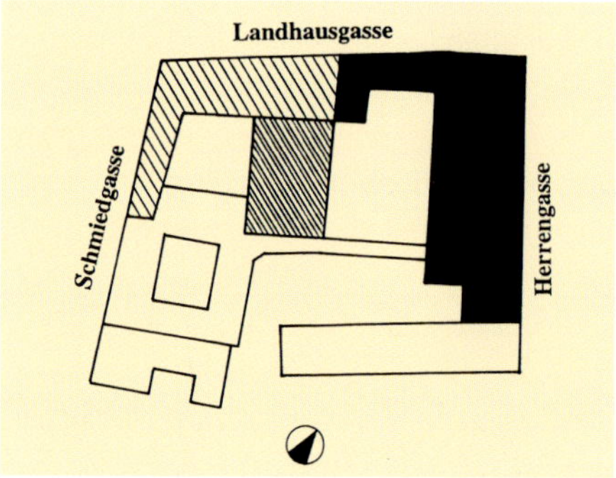

Graz, Lageplan des Landhauses

Graz, Arkadenhof des Landhauses (Ecke Haupt-/ Landstubentrakt)

heute das Ergebnis mehrerer Bauphasen. Aus der Zeit der Renaissance stammen der zweiflügelige Haupttrakt an der Herren-/Landhausgasse, der anschließende, ebenfalls zweiflügelige Rittersaaltrakt an der Landhaus-/ Schmiedgasse und der auf der Hofseite liegende Landstubentrakt, der die zwei Höfe der beiden Komplexe voneinander trennt. Alle weiteren Bautrakte wurden erst in späterer Zeit errichtet; Ende des 19. Jh. kam es zu einschneidenden Umbauten.

Der von 1557 bis 1564 von dem italienischen Festungsbaumeister Domenico dell' Allio erbaute Haupttrakt wurde zunächst zwischen 1581 und 1584 um vier Fensterachsen und nochmals 1645 nach Süden um ein zweites Portal erweitert. Dabei wurde die Fassadengliederung weitgehend beibehalten. Der Rittersaaltrakt wurde von Benedict della Porta de Riva, Pietro Tade und dem Steinmetzen Giovanni Antonio de Verda ab 1564 nach dem Tod dell'Allios fertig gestellt.

Die Fassade des Haupttrakts weist drei Geschosse und ein Mezzaningeschoss auf. Sie war ursprünglich symmetrisch mit je drei Achsen mit Doppelarkadenfenstern zu beiden Seiten der breiten Portalachse konzipiert. Oberhalb des Portals betont ein Drillingsfenster zwischen Doppelarkadenfenstern die Mittelachse, dem - ähnlich venezianischen Palastfassaden - ein Balkon mit Steinbalustrade im zweiten Obergeschoss entspricht. Die für dell'Allios Bauten typischen rechteckig gerahmten Arkadenfenster mit seitlichen Pilastern und abgeschnürter Mittelsäule waren für den Schloss- und Bürgerhausbau der gesamten Steiermark und auch Kärntens in der zweiten Hälfte des 16. Jh. vorbildhaft. Diese Form übernahmen auch die Baumeister des sich südlich anschließenden Gebäudes, Antonio Marmoro und im 17. Jh. Antonio Solari. Die Fassadengliederung des Haupttrakts wurde an der dreiachsigen Giebelfront des Rittersaaltrakts erneut aufgegriffen.

Die Erneuerung der Innenhoffassaden zwischen Haupt- und Landstubentrakt war dell'Allios letzte Baumaßnahme. Die Nordostwand des Haupttrakts sowie der Nordwestflügel wurden über alle drei Geschosse durch Arkaden neu gegliedert, denen Halbsäulen mit reich profilierten Basis- und Kapitellplatten vorgestellt wurden. Eine formal vergleichbare, offene zweigeschossige Galerie mit abschließenden Obelisken entstand 1890 als Verbindungsgang zwischen Haupttrakt und dem 1889 erbauten Kanzleigebäude. Kapelle, Stiege und Anbau an das Zeughaus wurden im 17. Jh. errichtet.

Die Brunnenlaube (1589/90) im Hof, die ursprünglich bemalt war, zählt zu den bedeutenden österreichischen Bronzegussarbeiten des 16. Jh. Fünf Baluster mit Satyrreliefs umgeben den Brunnenkranz und dienen als Auflager für die ornamentierten Kandelabersäulen. Diese werden von Nereiden (antike Meergottheiten) bekrönt, deren Schwänze zusammen mit Fischen eine Kuppel aus Weinlaub tragen. Die Vielfalt der Motive bildet ein Gitterwerk komplizierter Verschränkungen.

Im Innern des Landstubentrakts (vor 1510) befindet sich die 1740 umgestaltete Landstube, die als erste Einrichtung ihrer Art das gewachsene Selbstbewusstsein der Stände dokumentierte (→ **Linz**, Landhaus) und als Versammlungsort diente. Der im 18. und 19. Jh. weitgehend veränderte Rittersaaltrakt lässt an der Schmiedgasse noch ein Steinportal erkennen, das »welsche« Bauleute um 1530 ausführten. Die Zwickel seiner schlicht profilierten Rahmung sind mit für die oberitalienische Renaissance charakteristischen Scheibenmotiven gefüllt; es ist damit das früheste Zeugnis italienischer Bauformen in Graz.

Einziger, in seinem ursprünglichen Bauzustand weitgehend erhaltener Innenraum des Landhauses ist der sog. Steinerne Saal über der vierjochigen Hofdurchfahrtshalle des Haupttrakts. Das Stichkappengewölbe auf marmornen Wandpfeilern, die steinernen Gewände der Innen- wie der Außenseite des Portals und der offene Steinkamin mit Arabeskengesims und seitlichen Volutenkonsolen vermitteln einen Eindruck von der Schlichtheit der Räumlichkeiten des Landhauses im 16. Jh.

Ehem. Jesuitencollegium (Priesterseminar)

Nach der Berufung der Jesuiten im Jahr 1570 durch Erzherzog Karl II. nach Graz entstand zwischen 1572 und 1597 das vierflügelige Jesuitencollegium (Bürgergasse 2), das ursprünglich mit dem Dom (damals Jesuitenkirche) durch einen mehrgeschossigen Trakt verbunden war. Bis 1587 unterstand die Bauleitung Vincenzo de Verda. Von 1714 bis 1718 wurde das Gebäude um ein weiteres Geschoss erhöht. Der Innenhof des Collegiums weist im Erdgeschoss heute zum Teil vermauerte Arkaden mit mächtigen quadratischen Pfeilern auf. Diesen sind Doppelarkaden in den Obergeschossen zugeordnet. Aus der Erbauungszeit stammt weitgehend auch die Raumstruktur mit den hofseitigen Korridoren. Die Außen- und die Hoffassaden spiegeln heute noch den Wunsch der Bauherren nach einer schlichten Architektur wider. Trotz der zahlreichen Veränderungen Ende des 18. Jh. und im 19. Jh. stellt der vierflügelige Bau ein wichtiges Baudenkmal der Jesuiten in Österreich dar. Es wuchs durch den Anbau eines eigenständigen Universitätsgebäudes in den Jahren von 1607 bis 1609 zu einem mächtigen Gebäudekomplex. Dessen Fassaden wurden 1780 überarbeitet, so dass sich von dem Renaissancebau nur das Diamantquaderportal an der Bürgergasse erhalten hat. In seinen Bogenzwickeln sind die Allegorien von Theologie (mit Kreuz) und Wissenschaft (mit Weltkugel) wiedergegeben.

Graz,
Schloss Eggenberg

Schloss Eggenberg

Der enge Vertraute Kaiser Ferdinands II., Johann Ulrich von Eggenberg (1568–1634), wurde auf dem Regensburger Reichstag von 1623 in den reichsunmittelbaren Fürstenstand erhoben; 1625 erhielt er die Herzogswürde und wurde vom Kaiser mit Gütern ausgestattet. Entsprechend seinem Rang ließ er ab 1625 am Stadtrand von Graz Schloss Eggenberg unter Einbeziehung älterer Bauteile neu errichten. Die Bauleitung übertrug er Giovanni Pietro de Pomis, vollendet wurde das Schloss samt Ausstattung jedoch erst Mitte des 18. Jh. Aus jener Zeit stammt auch die Schlosskirche zwischen den beiden parallel angeordneten westlichen Flügeln.

Die rechteckige Schlossanlage mit großem Innenhof ist von einem Wassergraben umgeben. Mächtige, turmartige Aufbauten betonen die Ecken. Der Außenbau ist äußerst schlicht gehalten: Lediglich horizontale Gesimse, durch Lisenen betonte Kanten, Fenstergesimse und ein vertikal gegliedertes Mezzaningeschoss sind neben dem reicher geschmückten Mittelrisalit die einzigen Elemente, welche die dreigeschossigen Fassaden gliedern.

Die Innenhöfe sind auf drei Seiten in allen drei Geschossen von gleichförmigen Arkaden umgeben, denen toskanische Dreiviertelsäulen vorgelegt sind. Dieses Motiv findet sich schon bei dem in den frühen 1560er Jahren errichteten Innenhof des Grazer Landhauses. Da Architekt und Auftraggeber des Schlosses 1626 eine gemeinsame Spanienreise unternommen hatten, liegt es nahe, die Gestaltung des Innenhofs mit den monumentalen Arkaden auf spanische Vorbilder wie den Escorial oder die Universität Alcalà de Henares (ebenfalls bei Madrid) zurückzuführen.

AUSFLÜGE

Ehrenhausen: Mausoleum für Ruprecht von Eggenberg

(ca. 45 km südlich von Graz)

Das Mausoleum für Ruprecht von Eggenberg (1546–1611), einem Vetter des Johann Ulrich von Eggenberg, liegt südlich unterhalb des Schlosses Ehrenhausen. Ruprechts militärische Verdienste im Kampf gegen die Türken führten um 1600 zu seiner Erhebung in den Freiherrenstand. 1606 zog er sich nach Graz zurück und ließ um 1610 wahrscheinlich nach Plänen von Pietro de Pomis das Mausoleum errichten, das nach jahrzehntelanger Bauunterbrechung und lange nach dem Tod Ruprechts erst zwischen 1680 und 1693 vollendet wurde. Formal erinnert das Mausoleum an ein Gebäude, das Jacques Androuet Ducerceau d. Ä. in seinem Werk *Temples et habitations fortifiée* von 1550 abgebildet hat. Am Außenbau erweckt die kleine rechteckige Kapelle auf Grund der an den Langseiten hinzugefügten Rundgiebel und der rustizierten Strebepfeiler den Eindruck einer kreuzförmigen Anlage.

Die auf Fernsicht angelegte und auf den Markt Ehrenhausen ausgerichtete Westfassade zeigt ein vielfältiges Bildprogramm. Einerseits verherrlichen die reliefierten Darstellungen auf den Sockeln der kolossalen Wächterstatuen Ruprechts kriegerische Verdienste, andererseits verweisen mythologische und biblische Darstellungen auf Vergänglichkeit und Auferstehung. Grabwächter, Wappen haltende Engel und die auf dem Rundbogenabschluss sitzende Figur des hl. Rupert, Namenspatron des ersten Bauherrn, sowie der Großteil der Innenausstattung des Mausoleums stammen aus der letzten Bauphase; der übrige bauplastische Dekor der Fassade und die Sockel der Grabwächter gehören noch zur ersten Bauphase (um 1610 bis 1614) des Mausoleums.

Seckau: Kloster und Grabkapelle für Erzherzog Karl II. von Innerösterreich

(ca. 75 km nordwestlich von Graz)

Die Gebäude des Klosters Seckau (bis 1782 Augustiner-Chorherrenstift und Sitz des Bischofs, seit 1883 Benediktinerkloster) stammen aus unterschiedlichen Zeiten. An die mittelalterlichen Gebäude wurde zunächst ab 1579 ein neuer Kreuzgang angefügt. 1587 beauftragte dann Erzherzog Karl II. von Innerösterreich (reg. 1564–1590) den oberitalienischen Architekten Alessandro de Verda (erwähnt 1576–1601) mit der Planung seiner Begräbnisstätte im Ostteil des nördlichen Seitenchors der mittelalterlichen Klosterkirche. Unter de Verdas und seit 1592 unter der Leitung des vom Comer See stammenden Bildhauers Sebastiano Carlone (erwähnt 1589–1614) wurde die Grabkapelle 1611 vollendet.

Eine Schrankenarchitektur mit Rundbogenportal trennt die Kapelle von der Klosterkirche. Die südliche Wand zwischen den letzten beiden östlichen Jochen im Mönchschor demonstriert prunkvoll das Wappen des Hauses Habsburg, die Wappen seiner 23 Erbländer sowie die Funeralwaffen des Erzherzogs. Die Kapelle ist im Inneren überreich mit figuralem Schmuck und Malereien ausgestattet; der Fußboden ist mit drei Marmorarten ausgelegt. Der ausladende, von vier knienden Engeln umgebene marmorne Kenotaph an der Nordwand wurde von de Verda und Carlone geschaffen. Auf der Deckplatte sind die rundplastischen Liegefiguren Erzherzog Karls und seiner Frau Maria von Bayern dargestellt. Putten tragen die Wappen Österreichs und Bayerns. Die umlaufenden Relieffelder thematisieren Passion und Auferstehung Christi. Die deutlich auf das Jenseits und die göttliche Erlösung konzentrierte Thematik der Ausstattung ist ein Ausdruck der gegenreformatorischen Bestrebungen des Erzherzogs. In der unterirdischen Gruft, die Bestattungsort mehrerer Mitglieder der Habsburger Dynastie ist, wurde Erzherzog Karl 1590 beigesetzt, während seine Gemahlin im → **Grazer Mausoleum** ruht.

Zwischen 1619 und 1661 entstanden unter einem neuen Abt weitere Stiftsgebäude, die als Vierflügelanlage um die bestehenden Gebäude gruppiert wurden. Den vorspringenden Eckbauten sind Türme aufgesetzt. Die gleichmäßig gereihten Fenster der Außenfassade verleihen dem Bau eine gewisse monotone Strenge. Eine ähnliche Wirkung wird durch die dreigeschossigen, gleichförmigen Arkaden im Hof erzeugt. Die architektonische Nähe des Klosters Seckau zum Escorial in Spanien ist nicht von der Hand zu weisen, zumal beide als herrschaftliche Residenzen und Zentren der Gegenreformation ähnliche Funktionen innehatten. Details, wie die Zwillings- und Drillingsfenster am Außenbau, waren zu dieser Zeit bereits weit verbreitet, wie das in den 1560er Jahren erbaute → **Grazer Landhaus** zeigt.

Kloster Seckau, Grabkapelle von Erzherzog Karl II. von Innerösterreich

Feste Riegersburg
(ca. 50 km östlich von Graz)

Die Festung liegt auf einem Felsmassiv oberhalb der Ortschaft Riegersburg. Sie bestand im 13. Jh. aus zwei Burgen, die wahrscheinlich als Gegenburgen erbaut worden waren: Burg Kronegg am äußersten Rand der Steilwand und südlich davon Burg Lichtenegg. Seit Anfang des 14. Jh. in einer Hand, waren sie im 15. und 16. Jh. die bedeutendsten Grenzburgen des Landes Steiermark. Während der Türkenbedrohung 1526 lagerten angeblich 5.000 Reiter in der als »größte Feste der abendländischen Christenheit« bezeichneten Burg. Im Zuge von Um- und Ausbauten von Burg Kronegg in den Jahren von 1570 bis 1670 ließ man Burg Lichtenegg abtragen und bastionäre Befestigungen zur Sicherung des Berges errichten, so dass die Festung bis zur zweiten Türkenbelagerung Wiens im Jahr 1683 als uneinnehmbar galt.

Von Süden verläuft ein Weg über natürliche Geländestufen durch die Festungswerke: Fünf Tore führen durch die Bastionen an der ehemaligen Burg Lichtenegg vorbei; das sechste Tor mit einem in den Fels gesprengten tiefen Graben sichert die Vorburg, die

Riegersburg von Westen

unmittelbar vor Kronegg liegt. Das Terrain zwischen den Torwerken bot der Bevölkerung Zuflucht. Der durch Tore und Zugbrücken gesicherte sog. Eselssteig diente der Notversorgung in Belagerungszeiten.

Burg Kronegg besteht aus mehreren Gebäuden, die um zwei enge Höfe gruppiert sind. Die Hoffassaden sind teilweise durch Arkaden und gekuppelte Zwillingsfenster gegliedert. West- und Nordflügel sind auf Schwibbögen über die Felswände gebaut. Besondere Aufmerksamkeit verdient der große Festsaal, auch Fürstenzimmer genannt. Man betritt ihn durch das Westportal, das mit prunkvoller architektonischer Rahmung und ornamentalem Schnitzwerk des späten 16. Jh. versehen ist. Wappen, Inschriftentafeln und sinnbildliche Anspielungen dienen der Verherrlichung der Geschichte der Familie von Stadl, den damaligen Besitzern. Dieses Fürstenzimmer, das sich auch in seiner Höhe von den anderen Räumen abhebt, liegt quer zur Zimmerflucht und ragt im Osten mit je zwei Fensterachsen über die Front hinaus. Die helle Fensterfront gibt den Blick in die weite Landschaft frei. EH / DS (Musik)

INNSBRUCK

Das erst 1180 gegründete Innsbruck liegt an einem wichtigen Verkehrsknotenpunkt, der Schnittstelle zwischen Inntal und Brennerstraße. Im beginnenden 15. Jh. verlegten die Grafen von Tirol (die Tiroler Linie der Habsburger) ihren Regierungssitz von Schloss Tirol bei Meran auf die Andechser Burg nach Innsbruck. Die Bedeutung der Stadt als Residenz des Landesherrn unterstrich Herzog Friedrich IV., indem er 1420 seinen Sitz von der Stadtburg in den Neuhof verlegte. Auch Erzherzog Sigismund (reg. 1446–1490) und Kaiser Maximilian I. (reg. 1493/1508–1519) zogen Innsbruck Meran als Residenz vor.

Sigismund, der Künstler, Literaten und Musiker an seinen Hof rief, ließ mit dem Umbau eine weitere Residenz errichten, den Mitterhof, der etwa dem Haupthof der heuti-

Innsbruck, Schloss Ambras

gen Hofburg entspricht. Nach der Hofburg in Wien war die Innsbrucker Hofburg, die unter Kaiser Maximilian I. ausgebaut und reich ausgestattet wurde, die bedeutendste habsburgische Residenz. Als Kaiser Ferdinand I. 1564 starb und sein Herrschaftsgebiet geteilt wurde, fielen Tirol und die Vorlande an seinen Sohn, Erzherzog Ferdinand II. (reg. 1564–1595), der die Bedeutung Innsbrucks als Residenzstadt festigte. Auch musikalisch erlebte der Hof unter Ferdinand eine Blütezeit: Zwei Gruppen überwiegend niederländischer Sänger bzw. italienischer Instrumentalisten mit insgesamt bis zu 47 Personen fungierten als Hofkapelle. Von 1584 bis zu ihrer Auflösung 1595 stand diese Kapelle unter der Leitung von Jacobus Regnart (um 1540–1599), einem am Prager Kaiserhof und in Italien ausgebildeten Komponisten.

Schloss Ambras

Schloss Ambras, das bedeutendste Bauwerk der Renaissance in Innsbruck, liegt wenige Kilometer vom Stadtkern entfernt auf einer Anhöhe am rechten Innufer. Das Schloss geht auf eine mittelalterliche Höhenburg der Grafen von Andechs zurück, die im 14. und 15. Jh. erweitert wurde. Bergfried und Palas der mittelalterlichen Burg sind teilweise erhalten.

Erzherzog Ferdinand II., zuvor Statthalter von Böhmen mit Sitz auf dem Hradschin in Prag und seit der Erbteilung 1564 Landesherr von Tirol und den Österreichischen Vorlanden, ließ die Burganlage zwischen 1564 und etwa 1585 zum fürstlichen Landsitz erweitern. Das Schloss sollte Wohnsitz für ihn und seine Frau, die Augsburger Patriziertochter Philippine Welser (gest. 1580), werden, der es auf Grund ihrer bürgerlichen Herkunft verwehrt blieb, in der offiziellen Residenz des Landesfürsten, der Innsbrucker Hofburg, zu wohnen. Schloss Ambras wurde nach und nach Stätte landesherrlicher Repräsentation und Zentrum der Kunstsammlung des Herzogs. Das Schloss besteht aus zwei Komplexen: aus dem Hochschloss mit Vorschloss, Spanischem Saal und ursprünglich auch dem Ballhaus sowie aus dem Unterschloss. Erzherzog Ferdinand ließ ebenfalls einen großen Renaissancegarten anlegen.

Innsbruck, Schloss Ambras, aus: Matthias Merian, *Topographia Provinziarum Austriacarum*, 1677

Innsbruck, Schloss Ambras, Innenhof des Hochschlosses mit Grisaillemalerei

Das zwischen 1564 und 1566 von dem italienischen Architekten Alberto Luchese (gest. nach 1600) umgebaute **Hochschloss** ist eine vierflügelige, viergeschossige Anlage. Ihre kubisch geschlossene Form, der unregelmäßige Grundriss und die polygonal gebrochene Nordfassade mit den kleinen, unregelmäßig verteilten Fenstern lassen noch Teile des mittelalterlichen Vorgängerbaus erkennen. Die Geschlossenheit des Außenbaus verleiht dem Gebäude einen wehrhaften Charakter. Der Bauschmuck des Schlosses ist auf eine Vielzahl dekorativer Schornsteine (vgl. z. B. → **Schloss Schallaburg**) und die → **Fassadenmalereien** des Innenhofs beschränkt, wobei die illusionistische Architekturmalerei polychrom, die figürlichen Szenen sowie die Einzelfiguren in ihrem architektonischen Rahmen in Grisaille ausgeführt sind. Das Erdgeschoss ist mit einer gemalten Diamantquaderung gestaltet; Fenster und Portale sind mit scheinarchitektonischen Rahmungen versehen. In den darüber liegenden Geschossen teilt die Malerei die Wände umlaufend in fünf Streifen: Gemalte Rundbogennischen zeigen zwischen den Fenstern weibliche, auf

Grund des schlechten Erhaltungszustands schwer identifizierbare Figuren wie antike Göttinnen und Musen, aber auch Personifikationen der Tugenden und der Sieben Freien Künste. Die Flächen zwischen den drei Fensterreihen sind durchlaufend mit Szenen aus der Bibel, der römischen Geschichte und der antiken Mythologie gefüllt; eine vielfigurige Szenerie eines Festzugs (Bacchantenzug) umläuft die vier Fassaden. Das gesamte Bildprogramm dient der Verherrlichung der Familiengeschichte.

Von der Innenausstattung des Schlosses sind vor allem die Fresken der Baderäume im Südtrakt des Schlosses sehenswert. Vorlage für eine vielfigurige Badeszene war Hans Sebald

Innsbruck, Schloss Ambras, Spanischer Saal

Behams Kupferstich *Der Jungbrunnen*. Zudem schmücken Darstellungen einer Diana im Bade und einer Gesellschaft bei Tisch sowie zarte Arabesken und Grotesken die Wände. Von der Prachtentfaltung während der Regentschaft des Erzherzogs zeugen verschieden gestaltete Holzdecken, Vertäfelungen, Wandmalereien und reich geschnitzte Türen.

Da Ferdinand einen großen Festsaal wünschte, dieser jedoch auf Grund der mittelalterlichen Gebäudestruktur nicht im Schloss einzurichten war, ließ er in den Jahren von 1570 bis 1572 ein daran angrenzendes separates Gebäude errichten. Der Zugang lag ursprünglich im Osten und war durch kleinere, überdachte Treppen mit dem Schloss verbunden. Durch einen kleinen Vorraum (Antecamera) betrat man den im Hauptgeschoss gelegenen **Spanischen Saal**. Baumeister war möglicherweise Ferdinands Hofbaumeister Giovanni Luchese (gest. 1581). Der Spanische Saal ist der erste frei stehende Saal nördlich der Alpen. Die südliche Schauseite erhebt sich mit zwei unterschiedlich hohen Geschossen über einem geschlossenen Unterbau. Über einem Sockelgeschoss (tonnengewölbter Keller) mit schießschartenartigen Fensteröffnungen und gemalter Rustika ist das Hauptgeschoss durch Rechteckfenster und darüber liegende Rundfenster (Oculi) in 17 Achsen gegliedert. Eine heute rekonstruierte Architekturmalerei ergänzt die Gliederung: Illusionistisch gemalte kannelierte Säulen zwischen den Fenstern tragen scheinbar das abschließende Gebälk.

Das Innere des Saals zeichnet sich durch eine beachtliche Größe und eine reiche künstlerische Gestaltung mit Wandmalereien und Porträtbüsten aus. Da die Hanglage eine Durchfensterung an der Nordseite unmöglich machte, der Saal jedoch einheitlich gestaltet sein sollte, übertrug man die architektonischen Elemente der Südseite – die Hauptgesimse und Fenster mit den darüber liegenden runden Öffnungen – in gemalter Form auf die Nordseite und die beiden Schmalseiten des Raums. Im Gegensatz zu den Fassadenmalereien des Schlosshofs wurde hier jedoch keine perspektivische Wirkung erzielt. An den Wänden befinden sich von unbekannter Hand gemalte Porträts aller Tiroler Landesherren, mit denen Ferdinand einerseits die Legitimation seiner Regierung unterstrich (→ **Ahnengalerie**) und sich andererseits ein Denkmal setzte. Die ganzfigurig abgebildeten, in der Sockelzone inschriftlich benannten Fürsten, die jeweils von einem Landschaftsgrund hinterfangen sind, lassen in Korrespondenz mit den gegenüberliegenden realen Fenstern den Eindruck entstehen, der Besucher befinde sich in einer allseitig durchfensterten Galerie. Die Trophäen in den Rechteckfeldern zwischen den Fenstern und an der Nordwand hat der Maler und Stecher Giovanni Battista Fontana ausgeführt. Die Grotesken sind auf → **Vorlagenblätter** Antwerpener Stecher aus der Zeit um 1560 zurückzuführen, die sich wohl schon damals in der Kunstkammer des Erzherzogs befanden. Die zum Teil vergoldete Kassettendecke ist aus verschiedenen Hölzern zusammengesetzt und symmetrisch aufgeteilt. Im Osten schließt sich an den Spanischen Saal das Kaiserzimmer (ehemals Vorraum) an; die seit 1858 gebräuchliche Bezeichnung bezieht sich auf seine malerische und vollplastische Ausstattung vor allem mit Kaiserporträts. Die Bildnisse sind denen des Spanischen Saals angeglichen, wurden aber erst 1719 ausgeführt; sie zeigen zehn ganzfigurige Porträts von Nachfolgern Ferdinands.

Franz Francken d. J., Kunst- und Raritätenkammer (Wien, KHM)

KUNST- UND WUNDERKAMMER

Als Kunst- und Wunderkammern werden fürstliche und bürgerliche Sammlungen der Frühen Neuzeit bezeichnet, in denen *artificialia* (Kunstwerke aller Art), *naturalia* (naturkundliche Objekte), *scientifica* (naturwissenschaftlich-technische Gegenstände) sowie *mirabilia* (Kuriositäten aller Art) zusammengefasst sind.

Erste bürgerliche Sammlungen kamen in Italien in der zweiten Hälfte des 14. Jh. aus humanistischem Interesse auf (z. B. Petrarca, 1304–1374). Nördlich der Alpen war z. B. die Sammlung des Jean Duc de Berry (1340–1416) ein früher Typus der Kunst- und Wunderkammer. Die meisten fürstlichen Sammlungen entstanden jedoch erst in der zweiten Hälfte des 16. Jh. Viele von ihnen erlangten große Berühmtheit. Im Gegensatz zu ihren Vorläufern, den mittelalterlichen Schatzkammern, in denen kirchliche und fürstliche Kostbarkeiten aufbewahrt wurden, liegt den Kunst- und Wunderkammern ein breit angelegtes Sammlungsfeld und ein meist systematisches Ordnungsprinzip zu Grunde. Ein weiterer Unterschied besteht darin, dass sie im Besitz eines Sammlers sind und nicht einer Institution gehören. Vor allem unterscheiden sie sich aber in ihrer Funktion.

Die Kunst- und Wunderkammern stellen ein Abbild der natürlichen Welt mit dem Anspruch enzyklopädischer Vielfalt dar. Sie repräsentieren die Welt im Kleinen und schaffen damit einen Mikrokosmos im Makrokosmos. Das Interesse des Sammlers konnte sowohl wissenschaftlicher, als auch ästhetischer Natur sein, wobei diese beiden Motive im Falle fürstlicher Sammlungen hinter staatspolitische Beweggründe zurücktraten. Der Fürst herrschte über seinen Mikrokosmos und konnte dadurch seine allumfassende Macht demonstrieren. Die Funktion der bürgerlichen Kunst- und Wunderkammern ist weniger klar fassbar. In vielen Fällen dienten auch sie Repräsentationszwecken, d. h. zur Darstellung der gesellschaftlichen Stellung des Besitzers. Bei anderen Sammlungen lag der Schwerpunkt eindeutig auf ihrem wissenschaftlichen Aspekt.

Gemäß dem enzyklopädischen Prinzip der Kunst- und Wunderkammern, wurden die einzelnen Gegenstände in Schränken oder Regalen nach bestimmten Kriterien sortiert. An den Wänden waren Gemälde, Reliefs und fremdartige Waffen angebracht; von der Decke hingen häufig weitere Kuriositäten, etwa ausgestopfte Tiere. Zeitgenössische Kupferstiche vermitteln heute noch ein eindrucksvolles Bild dieser Räume.

Eine bedeutende Kunst- und Wunderkammer stellte die ehemalige Sammlung von Erzherzog Ferdinand II. (reg. 1564–1595) auf → **Schloss Ambras** dar (Inventar von 1596), wo Ende des 16. Jh. erstmals seit der Antike eigens ein Gebäude zu diesem Zweck errichtet wurde. Weitere große Sammlungen, die heute noch zu besichtigen sind, besaßen Kaiser Rudolf II. (reg. 1576–1612) in → **Prag,** die sächsischen Fürsten in → **Dresden,** die bayrischen Herzöge in → **München,** die Württembergischen Herzöge in → **Stuttgart,** aber auch die Landgrafen von Hessen-Kassel (Kassel, Hessisches Landesmuseum). Als Beispiele bürgerlicher Kunst- und Wunderkammern seien die des Nürnberger Kaufmanns Willibald Imhoff d. Ä. und die des Basilius Amerbach in Basel genannt.

Die Kunst- und Wunderkammern, die nur ausgewählten Gästen zugänglich waren, stellen die Vorstufe der öffentlichen Museen dar. Ab 1593 stellte die Republik Venedig eine gestiftete Antikensammlung öffentlich aus. In Zürich wurde 1631 in der Wasserkirche eine Bibliothek und Kunstkammer eröffnet, 1661 kauften Stadt und Universität Basel die private Sammlung Amerbach an, so dass beide Institutionen zu den ersten öffentlich zugänglichen Museum nördlich der Alpen wurden. Im 18. Jh. intensivierte sich das Bestreben, Kunstsammlungen öffentlich zugänglich zu machen: 1734 wurden antike Skulpturen und einige Porträts in den Kapitolischen Museen durch Papst Clemens XII. der Öffentlichkeit zugänglich gemacht, nachdem es erste Versuche schon seit dem 15. Jh. gegeben hatte; 1739 vermachte Anna Maria de'Medici ihre Haussammlung dem toskanischen Staat (1743 wurden daraufhin die Uffizien in Florenz eröffnet); 1750 wurde in Paris die Rubensgalerie eröffnet; seit 1759 (1753 gegründet) wurden im British Museum in London zuvor angekaufte private Kunstsammlungen sowie Stiftungen öffentlich ausgestellt; 1793 zeigte das Musée National du Louvre in Paris Stücke aus dem ehemaligen königlichen Besitz.

Schon im 16. Jh. entstanden theoretische Schriften zu den Ordnungsprinzipien dieser Sammlungen. Samuel Quicche[l]berg (1529–1567) verfasste 1565 eine Schrift *(Inscriptione, vel Tituli Theatri Amplissimi ...),* die sich auf die Münchener Sammlung Herzog Albrechts V. (reg. 1550–1579) bezog, ohne dabei inventarischen Charakter zu haben. Quicche[l]berg entwarf das Idealbild einer enzyklopädischen Sammlung und klassifizierte die Gegenstände in fünf Unterabteilungen. Darüber hinaus regte er die Zusammenlegung von Bibliothek und Kunst- und Wunderkammer an, um eine Verbindung von Theorie und praktischer Anschauung zu ermöglichen. ASR

Innsbruck, Schloss Ambras, Antiquarium in der Kornschütt

Im Südwesten, unterhalb des Burgfelsens, entstand in den Jahren von 1572 bis 1583 das mehrflügelige, unregelmäßig ausgebildete **Unterschloss** als selbstständige, deutlich vom Hochschloss getrennte Anlage. Zu dem Komplex gehörten die Kornschütt, drei Gebäude für Sammlungen und ursprünglich ein Beamtenhaus. In der Kornschütt waren Stallungen, eine Wohnung, die Bibliothek (heute Kunstkammer), die kleine Rüstkammer sowie das Antiquarium untergebracht. Es ist bis heute nicht geklärt, ob die Einrichtung des Antiquariums auf Ferdinand zurückgeht. Träfe dies zu, wäre es das älteste Gebäude zur Aufbewahrung antiker Skulpturen nördlich der Alpen (→ **München**, Residenz). Die Kunstkammer des Herzogs, die Schloss Ambras schon zu seinen Lebzeiten berühmt machte, war in einem einzigen Raum im Gebäude neben der Kornschütt beherbergt (→ **Kunst- und Wunderkammer**). In 18 großen, vom Boden bis zur Decke reichenden Kästen in der Hauptachse des Raums waren die Gegenstände nach Materialien geordnet und für den Betrachter wirkungsvoll präsentiert. Zu Studienzwecken konnten Objekte auf großen Tischen abgestellt werden. Die Wände waren mit Gemälden (Porträts) geschmückt, von der Decke hingen Tiere, Fische, Reptilien, Knochen etc. herab.

Nach dem Tod Erzherzog Ferdinands II. 1596 verkaufte sein Sohn und Erbe Karl von Burgau große Teile der Ambraser Sammlung an Kaiser Rudolf II., der sie zunächst mit seinen Prager Sammlungen vereinigen wollte, sie dann aber doch in Ambras beließ. Erst 1806 wurden große Teile nach Wien gebracht, wo sie heute im Kunsthistorischen Museum zu sehen sind.

In den Museumstrakten von Schloss Ambras sind heute noch Objekte der Sammlungen Ferdinands ausgestellt, so die Waffensammlung, Teile der Kunst- und Wunderkammer und die Münzsammlung. Die Räume des Unterschlosses sind noch ebenso schlicht und schmucklos wie zur Erbauungszeit; lediglich die Decke ist bemalt. Dort brachte 1586 Giovanni Battista Fontana die Darstellung des Himmelsglobus mit Planetengöttern, vier Elementen, Tierkreiszeichen und Sternbildern an, wodurch thematisch an die Kunst- und Wunderkammer als Abbild der Welt angeknüpft wurde.

Im Hochschloss haben seit 1974 Porträts der Gemäldesammlung des Kunsthistorischen Museums Wien ihren Platz, welche die österreichische Geschichte widerspiegeln.

Schloss Ambras ist von → **Gärten** umgeben, die Ferdinand anlegen ließ. Da der Renaissancegarten unter seinen Nachfolgern nicht mehr gepflegt bzw. später anderweitig genutzt wurde, lässt sich die ursprüngliche Anlage nur noch mit Hilfe historischer Quellen erschließen. Im 16. Jh. gab es drei unterschiedliche Bereiche: einen Wildpark mit künstlichem Wasserfall, den sog. Keuchengarten unterhalb des Spanischen Saals und einen nicht mehr rekonstruierbaren Bereich. Heute vermittelt am ehesten der Keuchengarten mit seinen Architekturen ein Bild der ursprünglichen Anlage.

Goldenes Dachl

Im Jahr 1420 zog Herzog Friedrich IV. von der alten Innsbrucker Stadtburg (heute Innkaserne) in den sog. Neuhof am Hauptplatz der Stadt (heute Herzog-Friedrich-Straße), ein ehemaliges Bürgerhaus, das bis 1460 Residenz der Tiroler Landesfürsten war. Erzherzog Sigismund wählte den Neuhof nach seiner Abdankung 1490 als Alterssitz. Kaiser Maximilian I. setzte sich anlässlich seiner Vermählung mit Bianca Maria Sforza aus Mailand 1494 mit dem Umbau des Erkers am Neuhof ein Denkmal.

Die sechs Brüstungsreliefs an der Loggia im zweiten Obergeschoss des Prunkerkers zeigen eine auf das höfische Leben bezogene Szenerie (Originale im Tiroler Landesmuseum Ferdinandeum). Im Zentrum ist Maximilian mit Bianca Maria Sforza und seiner bereits 1482 verunglückten ersten Gemahlin Maria von Burgund dargestellt. Die seitlichen Reliefs lassen Trommler und sog. Moriskentänzer (→ **München**, Stadtmuseum) erkennen. Der Fries am ersten Erkergeschoss mit den Wappen Tirols, der Steiermark, Österreichs, Ungarns, Burgunds und Mailands ist als Darstellung der umfassenden Herrschaftsansprüche Maximilians zu verstehen. Nach dessen Kaiserproklamation im Jahr 1508 wurden die Wappen teilweise zu Gunsten des kaiserlichen Doppeladlers ausgetauscht. Das Bildprogramm des Innsbrucker Prunkerkers ist eines der frühesten Beispiele für die öffentliche Zurschaustellung habsburgischer Machtpolitik, deren expansiver Charakter die Geschicke Europas im 16. Jh. nachhaltig bestimmen sollte.

Um 1500, als der Bau Amtsgebäude der Finanzkammer war, schmückte der Hofmaler Jörg Kölderer (gest. vor 1540) den Erker mit → **Fassadenmalerei.** In jener Zeit erfolgte auch die Neueindeckung des Dachs mit feuervergoldeten Kupferschindeln, denen das Gebäude seinen Namen verdankt.

Innsbruck, Goldenes Dachl, Fassadenerker

Das Goldene Dachl beherbergt seit 1996 ein Museum, das Maximilianeum, das an Kaiser Maximilian und dessen Einfluss auf die europäische Politik und Kultur an der Wende zur Frühen Neuzeit erinnert.

Hofkirche

Die Innsbrucker Hofkirche, eine übereck an die Hofburg überwiegend in gotischen Formen angebaute Hallenkirche, ließ Kaiser Ferdinand I. als Gedächtnisort für seinen Großvater Kaiser Maximilian I. errichten. Den Plan für die Kirche lieferte der Trienter Architekt Andrea Crivelli (erwähnt 1525-1557); Niklas Türing d. J. und der aus Oberitalien stammende Marco della Bolla setzten ihn um. In Kontrast zu den spätgotischen, spitzbogigen Fenstern und schlanken Strebepfeilern stehen der ins Achteck überführte Turm und die u. a. in Formen der italienischen Renaissance (wie die ionischen Kapitelle, die Tondi und der Muschelaufsatz oberhalb des Portals) gestaltete einjochige Vorhalle, die unmittelbar in der Trientiner Bautradition steht. Das im Zweiten Weltkrieg zerstörte Westportal wurde 1948 nachgebildet. Der hohe dreischiffige Innenraum mit angrenzendem einschiffigem Chor wurde mit Stuckaturen barockisiert.

Die Innsbrucker Hofkirche ist der sakralen Bautradition der Spätgotik verpflichtet und orientiert sich u. a. an der Georgskirche, der habsburgischen Familienkirche in der kaiserlichen Burg in Wiener Neustadt. Bezeichnend für die katholischen Kirchen des 16. Jh. im habsburgischen Herrschaftsgebiet ist, dass man zwar grundsätzlich an gotischen Formen des Spätmittelalters festhielt, für dekorative Details hingegen Renaissancemotive aufgriff. Erst im Zuge der Gegenreformation reduzierten sich die retrospektiven Tendenzen und italienische Formen der Hochrenaissance wurden für die repräsentativen und sakralen Bauaufgaben des habsburgischen Hofs bestimmend.

Zu den originalen Ausstattungsstücken zählen u. a. das **Chorgestühl** von 1562/63 und das **Grabmal des Weihbischofs Johannes Nafs** von Alexander Colin aus dem Jahr 1590. Der **Fürstenchor** für Erzherzog Ferdinand an der westlichen Chorwand aus den Jahren von 1567 bis 1571 gehört wegen seiner kunstvollen Intarsien und Schnitzereien zu den bedeutenden Tischlerarbeiten seiner Zeit.

Zwischen 1558 und 1561, also vor der Weihe der Hofkirche, erbaute Jörg Ebert aus Ravensburg an der Südseite des Altarraums die **Orgel.**

Als einzige fast vollständig in ihrer Grundsubstanz erhaltene Orgel des 16. Jh. nördlich der Alpen gehört sie zu den großen Denkmälern der europäischen Musikgeschichte. In den »Säulen« zu beiden Seiten des U-förmig eingezogenen Mittelfelds wirkt das Vorbild der Fugger-Orgel von St. Anna in → **Augsburg** nach. Domenico Pozzos Gemälde auf den Schutzflügeln und der Emporenbrüstung zeigen Szenen aus dem Leben Christi.

Im Mittelschiff der Hofkirche zu Innsbruck steht das **Grabmal Kaiser Maximilians I.** (reg. 1493/1508–1519). In Erz gegossen, verkörpert es in großartiger Weise das Selbstverständnis des Habsburgers, der sein Grabmal als Ausdruck der Verherrlichung seiner Person verstanden wissen wollte und zugleich auch eine die Zeit überdauernde Erinnerung an seine Person zu bewahren beabsichtigte. Maximilian wollte an einem von ihm nicht klar bestimmten Ort, möglicherweise unter dem Grabmonument bestattet werden.

Das ausgeführte Grabmal entspricht keinesfalls den Vorstellungen seines Stifters. Es geht vielmehr auf die veränderte Konzeption seines Enkels, Ferdinand I. (reg. 1556–1564), zurück, die durch dessen Sohn, Erzherzog Ferdinand (reg. 1564–1595), vollendet wurde. Auch Maximilians Wunsch, seinen Sarg unter keinen Umständen von den Figuren zu trennen, kam Ferdinand nicht nach; so ruht der Leichnam Maximilians bis heute in der Georgskirche in Wiener Neustadt.

Obwohl das Grabmonument im Vergleich mit dem geplanten maximilianischen Entwurf als unvollendet bezeichnet werden muss, ist es von beeindruckender Größe. Mittelpunkt ist eine von Maximilian selbst nicht vorgesehene Tumba, die mehr als 40 Jahre nach seinem Tod nach Entwürfen des niederländischen Bildhauers Alexander Colin (1527/29–1612) entstand. Sie ist mit 24 Marmorreliefs verziert, die Szenen aus dem Leben Maximilians zeigen. Die 28 (geplant waren 40) überlebensgroßen Bronzefiguren, die zu beiden Seiten der Tumba in der Flucht der Kirchenpfeiler stehen, gehen hingegen auf den maximilianischen Plan zurück. Auf der Tumba ist die kniende Figur Maximilians im Zentrum der vier Kardinaltugenden (Fortitudo, Temperantia, Justitia, Prudentia) zu sehen. Die 23 Heiligenstatuetten (geplant waren 100) sind heute auf der Empore aufgestellt. Die beim Tod Maximilians bereits fertig gestellten 20 Büsten römischer Kaiser (geplant waren 34) ließ Ferdinand nicht in das Grabmonument integrieren. Sie werden heute in Schloss Ambras bewahrt.

Der komplizierte Entwurfsprozess ist heute nicht mehr bis ins Detail nachvollziehbar. Fest steht jedoch, dass mit der Ausführung des Projekts zur Zeit Maximilians zahlreiche, seinerzeit berühmte Künstler beschäftigt waren: 1502 mit dem Entwurf beauftragt, begann der Maler Gilg Sesselschreiber 1508 in Innsbruck gemeinsam mit Peter Löffler die Statuen zu gießen. Zeitgleich fertigte Jörg Muskat in Augsburg die Büsten an. Ab 1514 nahmen auch der Erzgießer Stefan Godl, der mit der Anfertigung der Heiligenstatuetten beauftragt worden war, der Maler Jörg Kölderer und der Bildschnitzer Leonhard Magt die Arbeit auf. Zwei weitere Statuen wurden in der Vischer-Werkstatt in Nürnberg gegossen. Ferner lieferten Künstlerpersönlichkeiten wie → **Albrecht Dürer,** Ulrich Tiefenbrunn, → **Christoph Amberger** sowie Hans Polhammer d. Ä. Entwürfe für das ambitionierte Projekt, während die Bildhauer Veit Arnberger und später auch Veit Stoß sowie Hans Leinberger die Modelle anfertigten. Die Abstimmung der beteiligten Künstler und

Innsbruck, Grab Kaiser Maximilians I. in der Hofkirche

Handwerker untereinander scheint jedoch so kompliziert gewesen zu sein, dass eine Fertigstellung zu Lebzeiten des Kaisers nicht gelang.

Der Konzeption des Grabdenkmals mag ursprünglich die Idee zu Grunde gelegen haben, die heute die Tumba säumenden Figuren so anzuordnen, dass sie dem Toten das letzte Geleit geben, wie es bei römisch-antiken Begräbnissen üblich war, anlässlich derer wächserne Ahnenbilder des Verstorbenen beim Leichenzug mitgetragen wurden. Die Auseinandersetzung mit dieser Tradition geht vermutlich auf den Augsburger Humanisten Konrad Peutinger (1465–1547) zurück, unter dessen Leitung auch die in Anlehnung an römische Vorbilder entstandenen Kaiserbüsten gegossen wurden. Die Idee eines skulptierten Leichenzugs findet sich im Grabmal Kaiser Maximilians mit der Vorstellung Trauernder am Grab kombiniert, die wiederum ihren Ursprung in der burgundischen Tradition der um einen Toten gruppierten Klagefiguren (Pleurants) findet. Im Gegensatz zu den anonymen Pleurants der burgundischen Tradition handelt es sich bei den Figuren des Maximilians-Grabs um die Ahnen des Kaisers, seine Vorgänger im Amt und seine Vorbilder.

Die Ahnenreihe (→ **Ahnengalerie**) umfasst die Albertinische und die Tiroler Linie, die engere Familie sowie die durch Heirat mit den Habsburgern verbundenen Dynastien. Damit sollte vor dem Hintergrund der konstruierten genealogischen Verbindungen – nach dem im Dienst des Kaisers stehenden Genealogen Dr. Jakob Mennel stammen die Habsburger über die Franken von den Trojanern ab – der hohe Rang des Hauses Habsburg und dessen Erbanspruch auf mehrere Länder Europas ins Bild gesetzt werden. Die Büsten der römischen Kaiser dienten dazu, die Tradition des deutschen Kaisertums in der römischen Antike zu betonen.

Silberne Kapelle

Die sog. Silberne Kapelle besteht aus zwei kleineren Kapellenräumen, die Erzherzog Ferdinand II. nacheinander an der Westseite der Hofkirche als Begräbnisstätte seiner Familie errichten ließ (Zugang durch die Hofkirche).

Zunächst entstand von 1577 bis 1579 der von Giovanni Luchese erbaute nördliche Kapellenraum, der ursprünglich als Grabstätte für Ferdinand und seine erste Gemahlin Philippine Welser (gest. 1580) vorgesehen war. In der nördlichen Wandnische befindet sich jedoch nur die Grablege Philippines, die größere Wandnische daneben sollte das ursprünglich geplante Doppelgrabmal beherbergen. Hier hängen Porträts, die den Bildhauer Alexander Colin, der einen Großteil der Ausstattung der Hofkirche und der Silbernen Kapelle schuf, und seine Gemahlin zeigen.

1580/81 schuf Colin das **Grabmal der Philippine Welser.** Der weiße Marmorsarkophag, auf dem die Verstorbene liegend abgebildet ist, weist auf der Schauseite eine Dreiteilung auf. Die beiden seitlichen Reliefs mit der Erschaffung Evas, der hl. Fides und den Werken der Barmherzigkeit, die auf die Wohltätigkeit der Verstorbenen hinweisen, rahmen die zentrale Grabinschrift. Die sehr bewegt dargestellten Relieffiguren im Vordergrund zählen zu den bedeutendsten Arbeiten Colins.

Nach der Hochzeit Ferdinands mit Anna Katharina Gonzaga und in der Annahme, dass auch seine Söhne möglicherweise ihre letzte Ruhestätte in der Silbernen Kapelle finden würden, ließ er diese 1586/87 von Alberto Luchese in gleicher Breite durch zwei Joche nach Süden verlängern. In diesem Teil befindet sich das **Grabmal Erzherzog Ferdinands II.** (gest. 1595), das Alexander Colin unter Beteiligung seines Sohns Abraham und des niederländischen Bildhauers Roman Vlieschauer d. J. zwischen 1588 und 1596 schuf. Die Figur des Erzherzogs ruht auf dem leicht erhöhten und mit schwarzem Marmor ausgelegten Nischenboden, der mit den Wappen der 26 Erbländer intarsiert ist. Die Embleme der Wissenschaft, der Kunst, der Wirtschaft, des Krieges und des Todes zieren die Frontseite. In der unteren Zone der das Grabmal hinterfangenden Wandflächen sind Reliefs angebracht, die Ereignisse aus dem Leben Ferdinands schildern, darüber die entsprechenden Inschriften in schwarzem Marmor. Am rechten Wandpilaster, neben der Wandnische, ist der Harnisch Ferdinands angebracht, in der nördlichen Kapelle sein Totenschild.

Grabmal für Erzherzog Maximilian III. in St. Jakob

Die erdbebengeschädigte gotische Propsteipfarrkirche St. Jakob wurde zwischen 1717 und 1722 in barocken Formen neu errichtet. Das Grabmal Erzherzog Maximilians, das ursprünglich an der linken Chorseite stand, war zuvor abgetragen und ausgelagert worden. Nachdem es 1728 geteilt und vor den Sakristeizugängen neu aufgestellt worden war, kam es nach dem Zweiten Weltkrieg zu einer Rekonstruktion im nördlichen Querhaus.

Als Erzherzog Ferdinand II. 1595 starb und keine erbberechtigten Söhne hinterließ, folgte ihm sein Neffe Erzherzog Maximilian III. (reg. 1602–1618) im Amt. Maximilian, Großmeister des Deutschen Ordens und zwischen 1593 und 1595 Statthalter von Innerösterreich, war der Sohn Kaiser Maximilians II. und Bruder Kaiser Rudolfs II. 1602 erhielt er als Landesfürst die Statthalterschaft von Tirol. Als er im November 1618 in Wien starb, wurde er laut testamentarischer Verfügung in Innsbruck im nördlichen

Querhaus von St. Jakob beigesetzt. Das Grabdenkmal, seit 1608 geplant und in Auftrag gegeben, war beim Tod Maximilians noch nicht vollendet und wurde erst ein Jahr später aufgestellt. Die Zuschreibung des Grabdenkmals lässt sich nicht mit Sicherheit klären. Möglicherweise war an der Planung und Ausführung der niederländische Bildhauer → **Hubert Gerhard** oder der württembergische Bossierer und Erzgießer Caspar Gras beteiligt, die beide im Dienst des Landesfürsten standen und mit diesem 1602 vom Deutschordensschloss in Mergentheim nach Innsbruck gekommen waren.

Das über sechs Meter hohe, baldachinartige Grabdenkmal erhebt sich auf vier gedrehten, weinlaubumrankten Bronzesäulen über einem rechteckigen Marmorsockel. Die Deckplatte trägt die lebensgroße bronzene Figur des Verstorbenen. Der Erzherzog ist mit porträthaften Zügen dargestellt und kniet barhäuptig und mit gefalteten Händen auf einem Kissen. Zu seiner Linken steht in aufrechter Haltung der hl. Georg mit Lanze, während sich rechts von ihm, als Zeichen der Überwindung des Teufels, der besiegte Drache windet. Die idealisierte Figur des Heiligen in einem spätgotischen Harnisch legt als Fürsprecher seine Hand auf Maximilians Schulter. Georg war Schutzheiliger und Vorbild der habsburgischen Ahnen Maximilians und gilt als Patron des Deutschen Ordens.

Ein Grabdenkmal in Form eines Ziboriums (Baldachin) mit bekrönender Figurengruppe war neu. Eine Besonderheit sind die monumentalen Spiralsäulen nicht zuletzt auf Grund ihrer frühen Entstehungszeit. 1619 aufgestellt, entstanden sie somit noch vor Errichtung des von Lorenzo Bernini (1598–1680) geschaffenen Ziboriums des 1633 geweihten Papstaltars über dem Petrusgrab in Rom. Beide Kunstwerke weisen den gleichen Säulentyp auf und greifen die bereits über dem Grab Petri aufgestellten gewundenen Säulen der altchristlichen Petrusbasilika in Rom auf.

Tiroler Landesmuseum Ferdinandeum

Das Museum folgt der Idee, eine Sammlung von Tiroler Kunstwerken zusammenzustellen, die im Jahr der Gründung des Hauses, 1823, »zum Muster für die übrigen Erbstaaten dienen sollte« (Erzherzog Johann während der Eröffnungsfeierlichkeiten 1845). Neben wichtigen Objekten zur Kultur- und Geistesgeschichte Tirols im ehemaligen Zeughaus Maximilians I. besitzt das Ferdinandeum u. a. eine Altdeutsche Galerie mit Werken bedeutender Künstler der Renaissance wie Hans Baldung gen. Grien, → **Lucas Cranach d. Ä.** und Bernhard Strigel, ferner eine Niederländische Galerie sowie Musikinstrumente des 16. und 17. Jh.

AUSFLUG

Schloss Tratzberg

(ca. 35 km nordöstlich von Innsbruck)

Schloss Tratzberg liegt am Steilhang des Stanerjochs hoch über dem Inntal. Seit 1407 in Eigenverwaltung der Herzöge Österreichs, brannte die im 13. Jh. entstandene Sperr- und Schutzburg gegen Bayern wahrscheinlich 1490/91 ab. 1499 erwarben die 1502 in den Adelsstand erhobenen, reichen Bergbauunternehmer Veitjakob (gest. 1530) und Simon Tänzl (gest. 1525) die Ruine auf dem Tauschweg von Kaiser Maximilian I. Sie ließen von 1500 bis 1515 durch den Tiroler Werkmeister Christoph Reichartinger einen Neubau errichten: Es entstanden der zum Tal gelegene Südflügel und der Ostflügel; der Westtrakt blieb

Schloss Tratzberg, Innenhof mit Stiegenturm

hingegen unvollendet. Der Wunsch der Bauherren nach repräsentativer Prachtentfaltung verdrängte beim Neubau den einstigen Wehrcharakter. Von 1554 bis 1589 war das Schloss im Besitz von Georg Ritter von Ilsung, der den Westtrakt vollenden und die Anlage durch den Bau des Nordflügels zu einem mächtigen, vierseitigen Schloss mit Innenhof ergänzen ließ.

An der Westseite des Außenbaus liegt das durch Säulen und Dreiecksgiebel gegliederte und mit dem Ilsunger Wappen geschmückte Eingangsportal, dessen Bauinschrift mit der Jahreszahl 1571 den Abschluss des Umbaus unter Georg Ilsung anzeigt. Säulen, Portale, Bögen und Fenstergewände sind aus rotem Marmor. Alle vier Hofseiten wurden um 1600 mittels Malereien vereinheitlicht, die florale Motive sowie Beschlagwerk, Kartuschen und Architekturmotive zeigen. Auf der Eingangsseite des großen, viereckigen Treppenturms in der Südostecke ist eine Wappentafel der Brüder Tänzl angebracht mit der Inschrift »1500 Veit Jakob und Symon Tentzl geprider haben gepaut das Schlos«.

Das Schloss besticht durch die kunstvolle Innenausstattung des 16. Jh. und zeugt zugleich von der hohen Wohnkultur seiner damaligen Besitzer, die sich u. a. an Marmorsäulen, Wandvertäfelungen und reich dekorierten Türen ablesen lässt. Den bedeutendsten Raum des Schlosses, den Habsburgersaal, ließen die Brüder Tänzl zu Ehren Kaiser Maximilians, der sich zur Jagdzeit gerne auf Schloss Tratzberg aufhielt, mit dem Stammbaum der Habsburger ausgestalten. Diese gemalte, mit Spruchbändern und Rankenwerk verzierte → **Ahnengalerie** aus 148 Figuren umfasst alle vier Wände. Der von 1506 bis 1508 von einem unbekannten Künstler geschaffene Stammbaum reicht von Rudolf I. von Habsburg (reg. 1273–1291) bis zu den Enkeln Maximilians I. Für die porträtnahen, lebensgroßen Darstellungen der Halbfiguren soll der Kaiser Bildnisse seiner Familie zur Verfügung gestellt haben. Die Bekleidung der abgebildeten Personen ist ein bedeutendes Zeugnis für die Kostümgeschichte der Renaissancezeit.

EH / DG (Maximiliansgrab) / DS (Musik)

LINZ

Aus dem Römerkastell Lentia entwickelte sich unterhalb einer mittelalterlichen Burg die Siedlung Linze, die 1236 unter babenbergischer Herrschaft die Stadtrechte erhielt. Unter Kaiser Friedrich III. (reg. 1452–1493) wurde Linz vorübergehend Residenzstadt und erfuhr dadurch einen allgemeinen Aufschwung. Seit 1490 ist es die Hauptstadt Oberösterreichs, das einst als »Land ob der Enns« bezeichnet wurde. Da die von Christoph Canevale (gest. vor 1597) schon 1585 geplante Stadterweiterung nach schweren Bränden in der südlichen Vorstadt 1592 keine Umsetzung fand und der Dreißigjährige Krieg das Projekt endgültig zum Scheitern brachte, finden sich in der Linzer Altstadt heute vornehmlich Bauten bzw. Fassaden des späten 17., 18. und 19. Jh.

Schloss

Auf dem nach Osten steil abfallenden Ausläufer des Freinbergs hoch über der Donau befand sich schon im Mittelalter eine Burg. Im Jahr 1600 veranlasste Kaiser Rudolf II. (reg. 1576–1612), diese durch einen Neubau zu ersetzen, ein Vorhaben, das seine Vorgänger zwar beabsichtigt, aber nie realisiert hatten. Mit der Planung beauftragte er den aus Flandern stammenden und in Wien lebenden Baumeister Anton de Moys (gest. 1611), möglicherweise war auch → **Josef Heintz d. Ä.** daran beteiligt. Nach dem weitgehenden Abriss der alten Burg begann man im Jahr 1605 mit dem Neubau, der im Wesentlichen 1614 abgeschlossen war.

Nach einem Brand im Jahr 1800 besteht die einst geschlossene Vierflügelanlage des Linzer Schlosses heute nur noch aus drei Flügeln unterschiedlicher Länge. An den Nordflügel auf der Donauseite schließen jeweils im rechten Winkel der Westflügel und ein heute kürzerer, auf die Stadt ausgerichteter Ostflügel an. Parallel zum Ost- und Westflügel ist mittig an den Nordflügel als Querriegel der sog. Kapellentrakt angefügt, der den dreiseitig umschlossenen Hof in zwei kleinere Höfe teilt und eine mittelalterliche, 1599 auf Veranlassung Kaiser Rudolfs II. abgetragene Schlosskapelle ersetzt. Der kompakte, dreigeschossige, schmucklose Bau weist, bedingt durch die Hanglage, an der zur Donau gelegenen Nordfassade vier Geschosse auf. Die schlichten Fassaden des Schlosses sind durch horizontale Gesimsbänder und gleichförmig gereihte Fenster gegliedert. Eine solche, auf Bauschmuck weitgehend verzichtende gestalterische Lösung für eine Palastarchitektur widersprach der weit verbreiteten Vorstellung, ein Bauwerk sei um so bedeutender, je reicher gestaltet es sei. Hier sollte vielmehr durch Schlichtheit und strenge Proportionen eine monumentale, majestätische Wirkung erzielt werden. Dieses Prinzip war in Rom schon mit dem von Domenico Fontana 1586

Linz, Schloss von Nordosten

erbauten Lateranspalast und dem 1590 von Martino Longhi d. Ä. begonnenen Palazzo Borghese umgesetzt worden. Italienischen Vorbildern, die eine klassisch-antike Strenge zum Ausdruck bringen - wie sie sich z. B. bei Giacomo da Vignolas Bauten findet -, sind auch die rechteckigen Fenster mit geradem Sturz und Konsolen unter der Sohlbank verpflichtet. Diese Elemente waren bereits vom italienischen Hofbaumeister Pietro Ferabosco am Bau des Prager Belvedere (um 1534-1560) sowie des Schweizer Trakts und der Stallburg der → **Wiener Hofburg** in den Formenschatz kaiserlicher Bauten aufgenommen worden. Durch die Zerstörung des Südflügels infolge eines Brands im Jahr 1800 rückte das dreiteilige Rustikaportal aus Granit mit den darüber befindlichen Doppelfenstern aus der Mittelachse der Schaufassade des Ostflügels. Im gesprengten Giebel dieses sog. Rudolfsportals präsentiert der Bauherr sein Wappen mit der Kaiserkrone. Formal folgt das Portal, dessen größere Öffnung von zwei Durchgängen flankiert wird, italienischen Vorbildern, die auf das antike Triumphbogenmotiv anspielen, und ist somit Hoheitszeichen kaiserlicher Macht und Würde.

Eine steile Rampe führt durch das Rudolfsportal in den Hof des Linzer Schlosses, der an der Ostseite im Erdgeschoss mit Arkaden versehen ist, die sich entlang des donauseitigen Flügels fortsetzen.

Durch den Brand und die teilweise Zerstörung des Ost- sowie den Verlust des Südflügels ging der ehemals monumentale Charakter des Schlosses verloren. Auch die renaissancezeitliche Ausstattung der Räumlichkeiten wurde vernichtet. Das Schloss, das derzeit im Besitz des Bundes ist, wurde im Jahr 1952 einer Restaurierung unterzogen. Seine heutige Raumaufteilung geht in weiten Teilen auf die Jahre 1960 und 1963 zurück.

Landhaus

Landhäuser waren politische, religiöse und geistige Zentren der Stände (Klerus, Adel, Volk). Mindestens einmal jährlich tagten diese mit dem Landesherrn, wobei zumeist finanzielle Forderungen des Fürsten oder außenpolitische Angelegenheiten beraten wurden. Landesherr und Stände standen in einem gegenseitigen Treueverhältnis. Als Gegenleistung für Steuern und das Stellen von Truppen an den Landesherrn, hatte dieser den Ständen Schutz zu gewähren.

Dem Beispiel der steirischen und niederösterreichischen Stände folgend, die in → **Graz** bzw. Wien repräsentative Landhäuser als Neubauten errichten ließen, entstand zwischen 1564 und 1571 das Linzer Landhaus. Dessen Baumeister war wahrscheinlich der kaiserliche Hofbaumeister Pietro Ferabosco (1512/13-1588/89), möglicherweise war auch Christoph Canevale (gest. vor 1597) beteiligt.

Dem Linzer Landhaus waren eine Bibliothek, eine Gemäldesammlung und die sog. Landschaftsschule, eine humanistische und protestantische Bildungseinrichtung für junge Adelige, eingegliedert.

Das Landhaus ist eine dreigeschossige, mehrflügelige Anlage, deren drei Innenhöfe sich im Wesentlichen um den mittleren Saaltrakt gruppieren. Nach Zerstörungen durch einen Brand im Jahr 1800 haben sich von den

Linz, Landhaus, Nordportal des Saalbaus

renaissancezeitlichen Bauteilen lediglich der ehemalige Südflügel, der südwestliche Arkadenhof und der Saaltrakt erhalten, der mittig an den Südflügel anschließt. Im ersten Obergeschoss des zwischen 1564 und 1568 erbauten Südflügels befindet sich der sog. Steinerne Saal, dessen Portal auf die Renaissance zurückgeht. Die Personifikationen von Liebe und Tapferkeit an seiner Außenseite zeugen ebenso vom Patriotismus der Stände wie die für ihre Vaterlandsliebe und Opferbereitschaft berühmten Römer Marcus Curtius und Horatius Cocles, die auf den Reliefs über dem Türsturz auf der Innenseite dargestellt sind.

Die schmale Nordfassade des Saalbaus beherrscht ein prunkvolles Renaissanceportal aus dem Jahr 1570, in das die Wappen des Landes unter der Enns (links), des Landes ob der Enns (rechts) und das österreichische Bindenschild eingebracht sind. Nach oben wird das Portal mit einem Drillingsfenster und einem leeren Kartuschenfeld abgeschlossen. Diese Portal-Fenstergruppe, die sich auf venezianische Vorbilder zurückführen lässt, schuf möglicherweise der venezianische Künstler Caspar Toretto.

Dreigeschossige Laubengänge umfangen drei Seiten des an den Südflügel grenzenden südwestlichen Hofs, der von 1564 bis 1571 von einem Baumeister aus der Gegend um Como, möglicherweise von Christoph Canevale, erbaut wurde. Durch den Stützenwechsel vom Erdgeschoss zum ersten Obergeschoss sowie durch die geringere Höhe der Stützen und durch die flacheren Bögen im Obergeschoss scheint die Fassade mit zunehmender Höhe leichter zu werden.

Im Hof steht der 1582 errichtete und 1648 erneuerte sog. Planetenbrunnen, dessen mittlere Bronzesäule sieben Statuetten trägt, welche die Planeten des ptolemäischen Sonnensystems darstellen (Luna, Merkur, Venus, Sol, Mars, Saturn, Jupiter). Die zu Ehren des Astronomen Johannes Kepler (1571–1630), der auch Lehrer an der Landschaftsschule war, aufgestellten Figuren nehmen auf die von ihm entdeckten und nach ihm benannten Gesetze der Planetenbewegung Bezug.

AUSFLUG

Schloss Parz

(ca. 35 km westlich von Linz)

Schloss Parz liegt im Trattnachtal östlich von Grieskirchen in Oberösterreich. 1514 erwarb der in Diensten Kaiser Maximilians I. stehende Protestant Sigmund Ludwig von Polheim (1494–1544) die mittelalterliche Wasserburg und Herrschaft Parz. Er begann mit ihrem Um- und Ausbau zum sog. Inselschloss über einem fast quadratischen Grundriss und ließ südöstlich des Grabens ein Gebäude über einem L-förmigen Grundriss errichten. Ein weiteres Gebäude südwestlich des Grabens initiierte vielleicht sein Sohn Andreas (1528–1589). Dessen Bruder Sigmund (1531–1598) ergänzte die beiden jenseits des Grabens gelegenen Gebäude 1557 durch den langen, repräsentativen Südflügel, so dass das dreiflügelige sog. Landschloss entstand. 1618 verband man das Landschloss, und zwar das Obergeschoss des Ostflügels, durch einen geschlossenen, heute niedergelegten Gang über den Graben hinweg mit dem Inselschloss. An dem repräsentativen, triumphbogenartigen Portal des Ostflügels sind die Wappen der Familien Polheim und Hohenfeld – Sigmunds Gemahlin entstammte dieser Familie – angebracht.

Den Hoffassaden des Süd- und Westtrakts setzte man eine dreigeschossige Arkatur vor, die erst in den frühen 1580er Jahren vollendet war. Ihr besonderes Kennzeichen ist, dass sich die Anzahl der Arkadenöffnungen pro Achse vom ersten zum zweiten Obergeschoss verdoppelt. Untersuchungen zufolge waren die Fassaden des Dreiflügelbaus ursprünglich vollständig mit ornamentalen, heraldischen, figuralen und scheinarchitektonischen Malereien geschmückt. Davon zeugt heute noch die Süd-

Schloss Parz, Fresken an der Südfassade

fassade, die den größten im Originalzustand erhaltenen Zyklus von Außenfresken der Renaissance nördlich der Alpen bewahrt. Diese → **Fassadenmalereien** wurden über einer älteren Schicht Sgraffito aufgetragen und Anfang des 17. Jh. mit einer Putzschicht bedeckt. Der protestantische Auftraggeber hatte gemäß der pädagogischen Forderung Luthers von 1529, »die gantze Bibel ynnwendig und auswendig an den heusern fur yedermans augen [zu] malen«, ein Bildprogramm anbringen lassen, das als seine Stellungnahme zu brisanten theologischen Fragen der Zeit zu verstehen ist. So wählte der Maler nicht ein der römisch-katholischen Tradition verpflichtetes Motivrepertoire, sondern griff vielmehr neu entwickelte, dem reformatorischen Gedankengut nahe stehende Bildmotive auf, wie sie auch die Illustrationen verschiedener Lutherbibeln aus dem süd- und mitteldeutschen Raum zeigen. Als Vorlagen dienten dem Maler in Parz grafische Blätter von Nürnberger → **Kleinmeistern,** ferner die *Icones* (1538) von Hans Holbein d. J. sowie Drucke des Niederländers → **Maarten van Heemskerck** aus dem Jahr 1565. Die Szenen sind in illusionistisch gemalte Elemente wie Blendbögen, Balkone und Nischen eingefügt und lassen die Südfassade als Bühnenarchitektur mit drei Bildebenen (Vordergrund, Mittelgrund, Hintergrund) erscheinen. Diese die Fassade gliedernde, gemalte Architektur steht formal der Fassadenmalerei Johann Melchior Bocksbergers am → **Regensburger Rathaus** von 1573/74 nahe. Die Malweise ist der Malerei Oberitaliens des 16. Jh. verpflichtet.

Die Malereien wurden in zwei Arbeitsphasen ausgeführt, wobei die jüngere u. a. durch die stärkere Betonung der Scheinarchitektur charakterisiert ist und den ikonografischen Zusammenhang des Bildprogramms stört.

Für den Ausbau des Schlosses nach 1514 wurde das Abbruchmaterial der ebenfalls im Besitz der Polheimer befindlichen Feste Tegernbach verwendet. Aus diesem Grund nannte Kaiser Maximilian I. das Landschloss »Neu-Tegernbach«. Dieser Name, der auch in der Inschrift über dem Portal zu lesen ist, konnte sich jedoch nicht gegen die herkömmliche Bezeichnung »Landschloss Parz« durchsetzen. EH

SALZBURG

Salzburg, das auf eine römische Vergangenheit zurückblickt, wurde 798 zum Erzbistum erhoben. Bereits im Hochmittelalter als Handelszentrum bezeugt, gelangte die Stadt jedoch erst im Spätmittelalter zu wirtschaftlicher Prosperität.

Erzbischof Burkhard II. von Weißpriach (reg. 1461-1466) plante eine erste durchgreifende Neugestaltung der Stadt, die erst unter Erzbischof Wolf Dietrich von Raitenau (reg. 1587-1611) umgesetzt werden sollte. Der aus einer angesehenen Familie aus dem Bodenseeraum stammende Wolf Dietrich hatte in Rom studiert. Sein absolutistischer Regierungsstil und seine eigenwillige Territorialpolitik machten ihn zum Gegner von Kaiser und Reich, zumal auch seine Einstellung zur Gegenreformation durch Widersprüche gekennzeichnet war. Nach kriegerischen Auseinandersetzungen mit Herzog Maximilian I. von Bayern (reg. 1597-1651) wurde er 1611 gefangen genommen und zur Abdankung gezwungen. Er blieb bis zu seinem Tod 1617 in seiner eigenen Festung Hohensalzburg in Arrest.

Sein Nachruhm gründet sich u. a. auf zahlreiche Bauvorhaben, bei denen er zum Teil von dem aus Italien nach Salzburg berufenen Vicentiner Vincenzo Scamozzi (1548-1616) beraten wurde. Für die Neuplanung des Salzburger Dombezirks ließ er die mittelalterliche Bausubstanz des Doms samt den angrenzenden Straßenzügen fast vollständig niederlegen. Nahezu 60 Wohnhäuser fielen seiner Stadterneuerung zum Opfer (→ **Idealstädte**). Realisiert wurden außer dem Neugebäude das Kapitelhaus (1602-1605/06), die Domdechanei (1605-1613, spätere Veränderungen) und die Dompropstei (Umbau 1591, spätere Veränderungen), die alle östlich des Doms an der damals neu angelegten Kapitelgasse liegen. Auch mit dem Bau des Doms und dem Umbau der erzbischöflichen Residenz wurde in seiner Regierungszeit begonnen. Ihre Umsetzung erfuhren die mittlerweile geänderten Pläne erst unter seinem Neffen Erzbischof Markus Sittikus von Hohenems (reg. 1612-1619) sowie dessen Nachfolger Paris Lodron (reg. 1619-1653), die auch das Universitätsgebäude und die neue bastionäre Stadtbefestigung errichten ließen. Baumeister war zumeist der aus der Gegend von Como stammende Santino Solari (1576-1646). EH

Musikleben am erzbischöflichen Hof

Während sich die Musikförderung des Erzbischofs Matthäus Lang (reg. 1519-1540) und seiner Nachfolger vor allem auf Chorgesang, Orgelbau und -spiel konzentriert hatte, gründete Erzbischof Wolf Dietrich eine von italienischen Musikern dominierte Hofkapelle nach dem Vorbild der Höfe von → **Innsbruck**, → **München** und → **Wien.** Sein Neffe und Nachfolger Markus Sittikus, mit guten Beziehungen zum Musik liebenden Mantuaner Hof, förderte den Austausch mit Italien in noch stärkerem Maß: Die revolutionär moderne, im Florentiner Humanistenkreis entstandene Monodie wurde durch den berühmten Sänger Francesco Rasi (1574 -1621) in Salzburg eingeführt. 1614 fand in der Residenz mit einer *Hoftragicomoedia* die erste Opernaufführung außerhalb Italiens statt, noch im selben Jahr wurde zwei Wochen später die Pastoraloper *Orfeo* gespielt, wahrscheinlich mit der Musik Claudio Monteverdis (1567-1643). DS

Neugebäude (sog. Neue Residenz)

Gleich im zweiten Regierungsjahr (1588) begann Erzbischof Wolf Dietrich mit dem Bau eines monumentalen, vierstöckigen Palastgebäudes. Die Arbeiten zogen sich bis 1594 hin; die farbigen Stuckdecken im Hauptgeschoss wurden erst um 1603 vermutlich durch Elia Castello ausgeführt. Sie zeigen Feldherren, die sich um das Christentum und den katholischen Glauben verdient gemacht haben, vorbildliche Persönlichkeiten aus der römischen und mittelalterlichen Geschichte sowie personifizierte Tugenden und biblische Themen. Erweiterungen des Gebäudes sind für die Jahre 1610 und 1611 sowie die Zeit zwischen 1674 und 1683 bezeugt, als man den Bibliotheksflügel anfügte. Durchgreifende Veränderungen erfuhr das Bauwerk im 18. und 19. Jh., als man die charakteristischen Fenstergiebel abschlug und die ursprüngliche Raumdisposition veränderte.

Residenz (sog. Alte Residenz)

Nachdem Erzbischof Wolf Dietrich den Gedanken, das Neugebäude als neue Residenz zu nutzen, anscheinend verworfen hatte, begann er im Oktober 1597 mit dem Umbau der damals noch weitgehend mittelalterlichen Bischofsresidenz. Während ursprünglich die Wohnräume und Prunksäle (Rinderholz und Türnitz) auf den Markplatz ausgerichtet waren, erbaute Wolf Dietrich seine Privaträume zwischen 1605 und 1607 in unmittelbarer Nähe der Franziskanerkirche, die damals - da der Dom eine Bauruine war - als Bischofskirche diente. 1606 wird mittels fünf Bogenöffnungen der sog.

Salzburg, Groteskenfresken in der Sala terrena im Toskanatrakt der sog. Alten Residenz, 1607–1611

Wallistrakt auf der gegenüberliegenden Straßenseite der Residenz angeschlossen, in den der Erzbischof 1607 vorübergehend einzog. 1610 ließ Wolf Dietrich die Flügel am Marktplatz, den sog. Toskanatrakt (jetzt Juristische Fakultät der Universität Salzburg), beginnen. Die Baumaßnahmen sowie die Ausstattung der Säle mit Fresken (u. a. der einzige nördlich der Alpen erhaltene Landkartensaal mit kartografischen Darstellungen) wurden erst unter seinem Nachfolger Markus Sittikus vollendet. Aus der Zeit Wolf Dietrichs stammen noch die Groteskenfresken in der Sala terrena (um 1607–1611; 1986 wieder freigelegt).

Gleichzeitig wurden die um den Haupthof gelegenen Prunksäle unter Verwendung älterer Bausubstanz neu gestaltet – vor allem der für die hochfürstliche Leibwache bestimmte, über zwei Stockwerke reichende Karabinierisaal im Hauptgeschoss. Dieser Bauflügel, der erst unter Erzbischof Paris Lodron fertig gestellt wurde, ist durch Baumaßnahmen im ausgehenden 17. und 18. Jh. stark verändert worden. Im Rahmen dieser Umbauten wurde auch das unter Markus Sittikus im Toskanatrakt errichtete Theater zerstört. Es war eines der ersten in eine Residenz integrierten Theater nördlich der Alpen, das zudem eine für damalige Verhältnisse äußerst moderne Verwandlungsbühne besaß.

Dom

Nachdem der romanische, in wesentlichen Bestandteilen noch aus dem 12. Jh. stammende Dom im Dezember 1598 ausgebrannt war, begann Wolf Dietrich bereits wenige Wochen später mit der Instandsetzung, die auch zum Ziel hatte, den tief gelegenen Boden anzuheben und den Chorbereich neu zu gestalten. Zudem sollte die Kirche modernisiert und zahlreiche mittelalterliche Gräber entfernt werden – ähnlich wie es kurz zuvor Carlo Borromeo für den Mailänder Dom angeordnet hatte. Aus den anfänglich kleinen Reparaturarbeiten wurde – vielleicht hervorgerufen durch den Einsturz einiger Gewölbe – ein vollständiger Neubau des Doms. Von den Plänen sind lediglich zwei zwischen 1606 und 1607 überarbeitete Zeichnungen von Vincenzo Scamozzi erhalten, die einen Grundriss, einen Schnitt durch das Querhaus und eine Ansicht der Westfassaden zeigen. Sie waren als Illustrationen für seinen bereits 1591 konzipierten und 1615 nur in Teilen herausgegebenen Traktat *Idea dell'architettura universale* vorgesehen. Diese Pläne zeigen eine zentralbauähnliche, tonnengewölbte Kirche, deren Vierung von einer palladianischen Kuppel bestimmt gewesen wäre und deren Haupt- und Querschiff gekuppelte Säulen aufgewiesen hätten. Über den Seitenschiffen waren Emporen geplant, die sich mittels Serliana zum Schiff hin öffnen sollten.

Mit den Bauarbeiten wurde erst im Jahr 1611 begonnen. Inwieweit noch Scamozzis Entwürfe berücksichtigt wurden, kann nicht festgestellt werden, da allein bekannt ist, dass der Dom anders ausgerichtet war und eine Vierungskuppel sowie seitliche Kapellen aufweisen sollte; ferner war eine Doppelturmfassade vorgesehen, die man nicht auf Scamozzis Pläne zurückführen kann.

Als Erzbischof Markus Sittikus an die Macht kam, wurde der soeben begonnene Neubau des Doms niedergelegt. Im April 1614 erfolgte eine erneute Grundsteinlegung. Wohl vorrangig theologische Gründe waren dafür ausschlaggebend, dass der Bau nun in der ursprünglichen Ausrichtung nach Osten begonnen wurde. Architekt war seit 1612/14 Santino Solari, der auf Grundlage der vorangegangenen Pla-

Salzburg, Westfassade des Doms

nung neue Entwürfe vorlegte. Die Bauarbeiten wurden zügig vorangetrieben, so dass der Dom bereits nach fünf Jahren eingedeckt werden konnte. 1626 - unter Erzbischof Paris Lodron - wurde die Kuppel vollendet und 1628 geweiht. Die Fassade konnte allerdings erst 1655 fertig gestellt werden; die Innenausstattung zog sich noch bis ca. 1675 hin.

Während Scamozzi als Vorlage für seine Entwürfe vor allem Michelangelos Pläne der Peterskirche in Rom sowie Palladios venezianische Kirchen gedient hatten, orientierte sich Solari vorrangig an einem von Sebastiano Serlio in seinem fünften Buch publizierten Kirchengrundriss sowie an der Bischofskirche seiner Heimatdiözese, dem damals noch im Bau befindlichen Dom von Como. Ferner kann man Verbindungen zu lombardischen Kirchen wie auch zur römischen Jesuitenkirche Il Gesù nachweisen. Was aber die ausgefallenen balkonartigen Emporen vor den Oratorien anbelangt, muss man wohl von einem spanischen

Einfluss ausgehen, der allein durch den Bauherrn, Erzbischof Markus Sittikus, zu erklären ist, der in den Jahren 1593 und 1594 Spanien bereist hatte. Spanische Einflüsse sind ebenfalls an der Fassade zu erkennen, die offensichtlich in Anlehnung an die 1585 vollendete Fassade der Kirche S. Lorenzo el Real im Escorial bei Madrid erbaut wurde.

Der Dom besaß an den Kuppelpfeilern Musikeremporen, von denen aus mehrchörig musiziert wurde. Nach der Rekonstruktion der Emporen und der zugehörigen Pfeilerorgeln in den 1990er Jahren lässt sich dieses beeindruckende Klangerlebnis heute wieder nachvollziehen. WL

Gabrielskapelle

Im Zentrum des Sebastianfriedhofs steht die Gabrielskapelle, die der Salzburger Erzbischof Wolf Dietrich von Raitenau ab 1597 als Mausoleum errichten ließ. Der 1603 geweihte zylindrische Zentralbau mit geschweiftem Helmdach und Rechteckapsis zählt zu den wenigen, noch während der Regierungszeit des Raitenauers vollendeten Bauten. Die Kapelle, an deren Gestaltung der Tessiner Bildhauer und Stuckateur Elia Castello (vor 1572–1608) beteiligt war, lässt italienische Einflüsse erkennen.

Toskanische Pilaster gliedern den Außenbau, dessen risalitartig vortretende Schauseite ein marmorumrahmtes Portal mit erzbischöflichem Wappen schmückt. In den vier reich mit stuckierten Architekturelementen gerahmten Nischen des zylindrischen Hauptraums stehen Statuen der vier Evangelisten. Wände, Kuppel und Altarraum sind mit kleinen, polychromen Keramikfliesen ausgestattet, wie sie sich auch in norditalienischen Kapellen, z. B. in Mailand, finden. Da die Keramiken am Ort – damals war Salzburg bedeutendes Zentrum der Hafnerkunst – hergestellt wurden, ist ihre Verwendung als Versuch zu werten, lokale Handwerkstraditionen in den Vordergrund zu rücken.

Im Tonnengewölbe des Altarraums rahmen in Stuck gearbeitete Darstellungen der Kirchenväter und der Kardinaltugenden (Klugheit, Mäßigung, Tapferkeit und Gerechtigkeit) das Wappen Wolf Dietrichs. Beiderseits der rundbogigen Öffnung zum Altarraum vermerken die Inschriften zweier Bronzetafeln von 1605 bzw. 1607, wie Wolf Dietrich zu bestatten sei.

Wolf Dietrich von Raitenau, der eigens verfügt hatte, dass ihm kein prachtvolles Grabmal errichtet werden solle, wurde nach seinem unrühmlichen Ende von seinem Rivalen und Nachfolger Markus Sittikus von Hohenems in der Gabrielskapelle mit großem Aufwand beigesetzt. EH / WL

Schloss Hellbrunn

Nach seinem Amtsantritt 1612 beschloss der Erzbischof von Salzburg, Markus Sittikus von Hohenems (1574–1619), ein Lustschloss mit einem Garten und Wasserspielen errichten zu lassen – eine heute noch im Wesentlichen erhaltene Anlage, die einen Eindruck vom fürstlichen Repräsentationswillen des frühen 17. Jh. vermittelt. Als Standort wählte er eine quellenreiche Ebene am Hellbrunner Berg vor den Toren der Stadt Salzburg. Den Bauauftrag erteilte der Erzbischof, der wohl auch eigene Vorstellungen in die Konzeption mit einbrachte, dem damaligen Salzburger Hofbaumeister Santino Solari.

Baubeginn war laut einer Inschrift über dem Portal des Schlosses das Jahr 1613. Während das Schloss bereits 1615 fertig gestellt war, zogen sich die Arbeiten an den Garten-

Arsenio Mascagni, Markus Sittikus vor einem Gemälde von Hellbrunn mit einem Gemälde von dem im Bau befindlichen Salzburger Dom, 1618 (Schloss Hellbrunn)

anlagen und den Wasserspielen bis kurz nach dem Tod des Erzbischofs 1619 hin.

Den Zugang zum Schlossgelände gewährt eine schmale, von Mauern eingefasste Zufahrt, die den Blick auf die Fassade des einflügeligen zweigeschossigen Gebäudes freigibt. An dieses schließen beidseitig niedrige Bauten an, die zusammen mit den einstöckigen Eckbauten einen u-förmigen Hof bilden. Die Hauptfassade wird in der Vertikalen durch zweiachsige Eckrisalite, das mittig angeordnete Portal, das über eine doppelläufige Freitreppe zu erreichen ist, und das Zwerchhaus gegliedert.

Möglicherweise war ursprünglich ein siebenachsiges Gebäude ohne Eckrisalite geplant, eine Idee, die wahrscheinlich auf einen Entwurf in den → **Architekturtraktaten** Sebastiano Serlios zurückgeht. Solari hob die Mittelachse hervor und erweiterte den Bau um den Giebel und die Freitreppe. Auf Serlio geht auch die rückwärtige, auf den Garten ausgerichtete Fassade zurück, wie der stark hervortretende Mittelrisalit, das Rustikaportal und das darüber platzierte ovale Fenster deutlich machen. Entsprechend der Hauptfassade griff Solari das Motiv des Giebels und der Fensterädikulen auch an der Gartenfassade auf.

Über die Freitreppe vor dem Hauptportal gelangt man in die Eingangshalle. Die Räume des Hauptgeschosses sind mit Spiegelgewölben versehen. Über dem Eingang befindet sich das Speisezimmer. Darin hängt eins der wenigen erhalten Gemälde, die früher das Schloss schmückten. Es zeigt Markus Sittikus in ganzer Figur vor einem Prospekt von Hellbrunn, auf den noch im Bau befindlichen Salzburger Dom weisend. Zwei Jagdzimmer leiten in den sog. Fest- oder Marmorsaal an der Nordflanke des Schlosses über, der – wie auch das angrenzende Oktogon – vollständig mit illusionistischen Architekturmalereien, Grotesken und gemalten Kaiserporträts des Servitenmönchs Fra Arsenio Mascagni (1579–1637) ausgestaltet ist. Scheinarchitektur und reale Architekturelemente, die sinnfällig miteinander kombiniert sind, strukturieren den Festsaal. So rahmen gemalte Pilaster real existierende Türen und Fenster. Vor diesen sind, perspektivisch täuschend echt, die Standbilder von zwölf römischen Kaisern dargestellt. Die

Schloss Hellbrunn, Gartenfassade

gemalten Säulen der Längsseite tragen einen ebenfalls nur vorgetäuschten Architrav, auf dem eine Brüstung zu sehen ist. Hinter den Balustraden sind auf den Längsseiten zwölf gestikulierende weibliche Figuren dargestellt, die anhand ihrer Attribute als Tugenden zu identifizieren sind und die Eigenschaften des Bauherrn rühmend hervorheben. Vor allem zu den Schmalseiten hin ist die Brüstung mit exotischen Tieren versehen – darunter vermutlich seltene, damals geschätzte und im Hellbrunner Garten gehaltene Vogelarten. Die Scheinarchitektur findet ihren Abschluss in einem von Säulen getragenen Gesims. Als Hintergrund dient ein wolkiger Himmel; fliegende Vögel sollen die Fresken in der Gewölbemitte besonders realistisch erscheinen lassen.

Während die Fenster einen Blick auf den Garten mit seinen Wasserspielen erlauben, bietet die gegenüberliegende Längsseite zwischen den gemalten Säulen perspektivische Ausblicke auf eine urbane Kulisse mit Straßen und Plätzen: Auf der einen Seite sind die Uffizien in Florenz dargestellt, auf der anderen Seite die Markuskirche in Venedig. Zugleich sind Bezüge zu zeitgenössischen Theaterkulissen erkennbar, wie sie noch heute im Teatro Olimpico in Vicenza zu bewundern sind.

Ebenso lenken im angrenzenden Musikzimmer illusionistisch-perspektivische Raum- und Stadtarchitekturen den Blick scheinbar nach draußen; gemalte runde Deckenöffnungen geben die Sicht in den imaginären Himmel frei. Verstärkt wird diese Realitätsnähe durch die gemalten Figuren und Personen der Salzburger Gesellschaft aus dem Umkreis des Bauherrn. Sie sind mit individuellen Zügen dargestellt, wie beispielsweise Maria Cleophe Prechtin von Constanz, die erste Opernsängerin nördlich der Alpen.

Schloss Hellbrunn, Festsaal

Bei den Malereien handelt es sich um eine Zusammenstellung verschiedener Zitate, wobei die dekorative Wirkung im Vordergrund steht. So kombinierte Mascagni für die Gestaltung des Festsaals Elemente der berühmtesten Beispiele venezianischer und mittelitalienischer Malerei, wie z. B. die *Sala dell'Olimpo* in der Villa Barbaro in Maser (1561) oder die *Sala delle Colonne* in der Villa Farnesina in Rom. Diese Lösungen entwickelte Mascagni, indem er Innenraum und fiktiven Außenraum miteinander verschmelzen ließ und die Rundöffnung oben im Oktogon als zentrales, den Eindruck eines Pavillons hervorrufendes Element einbrachte.

Über Wendeltreppen in der Eingangshalle hinter dem Mittelrisalit gelangt man in das Sockelgeschoss des Schlosses, dessen fünf symmetrisch angelegte Räume nach italienischen Vorbildern als Grotten gestaltet sind. Das Gewölbe des größten dieser für die Öffentlichkeit nur teilweise zugänglichen Räume reicht bis in das erste Geschoss hinein. Diese nach der den Raum beherrschenden Neptunstatue benannte Grotte ist reich mit Skulpturen und Muschelmosaiken ausgestattet. Neben künstlichem Regen, der mittels eines Röhrchensystems erzeugt werden konnte, bestaunten die Zeitgenossen die mit Wasserkraft betriebenen Automaten, wie z. B. eine Blechmaske, die dem Betrachter in kurzen Intervallen die Zunge herausstreckt, oder Meeresrosse, aus deren Mäulern Wasserstrahlen spritzen. Beidseitig der Neptungrotte schließen sich reich ornamentierte Räume an, die weiteren optischen Effekten Rechnung tragen: die Spiegelgrotte, oder am anderen Ende des Erdgeschosses die Ruinengrotte, in der durch malerische Stilmittel der Eindruck eines in sich zusammenstürzenden Raums erweckt wird. In der hinter der Spiegelgrotte gelegenen sog. Vogelsanggrotte versetzen hydraulisch simulierte Vogelstimmen und ein im 19. Jh. ergänztes Fabelwesenkarussell den Besucher in Erstaunen.

Der sich anschließende Lustgarten war einst nur durch die Grotten zugänglich. Sein Charakter entspricht im Wesentlichen dem ursprünglichen Zustand des 17. Jh. Der bedeutendste Brunnen der Anlage, axial zur Gartenfassade angelegt, präsentiert die vier Jahreszeiten. Ursprünglich drei hydraulisch betriebene Automaten am unteren Becken setzen einzelne Elemente des Brunnens in Bewegung, z. B. eine umherlaufende, Wasser speiende Schildkröte. Die Bauanleitung für den hydraulischen Mechanismus entnahm der Brunnenbaumeister u. a. Giovanni Battista Aleottis' Traktat *Gli artificiosi et curiosi molti spirali di Herone* (1589), eine italienische Erläuterung der Schriften von Hieron von Alexandria (1. Jh. n. Chr.) über hydraulisch betriebene Maschinen.

Nördlich des Schlosses liegt eine lang gestreckte Drei-Weiher-Anlage mit der Figur eines liegenden Flussgottes. Das Hauptaugenmerk wird auf die abschließende rundbogige Architektur gelenkt, das sog. Römische Theater. Im Zentrum steht eine steinerne Tafel, durch deren Mitte eine Quellwasserrinne führt – hier konnte Wein gekühlt werden. Über ein Ventil in Tischnähe war es dem Gastgeber möglich, den Wasserstrahl umzuleiten und ihn aus den präparierten Stühlen seiner Gäste aufsteigen zu lassen; gleichzeitig erschwerte aus dem Boden spritzendes Wasser die Flucht. Diese Idee entsprang italienischen Vorläufern, u. a. der Villa von Bagnaia.

Ein kleines steinernes Gebäude südlich des Römischen Theaters ist im Innern mit Tuff und Tropfstein als Grotte gestaltet. Die in ihr aufgestellte Figurengruppe gab ihr den Namen »Orpheusgrotte«. Wahrscheinlich wurde die Grotte nicht ohne Grund in unmittelbarer Nachbarschaft des mehrfach umgestalteten Fasanengartens angelegt. Orpheus, dem berühmten Künstler der Sagenwelt, dem hier stellvertretend für die Tiere, die er mit seinem Saitenspiel bezauberte, Steinbock und Löwe, die Wappentiere des Erzbischofs, an die Seite gestellt sind, ist die Figur seiner schlafenden Gemahlin Eurydike zugeordnet. Ihre Ähnlichkeit mit dem Porträt der Opernsängerin im Musikzimmer zusammen mit dem ihr um den Hals gelegten Medaillon, das Markus Sittikus darstellt, verweist nicht nur auf die Rolle des Bauherrn als Mäzen der Künste.

Schloss Hellbrunn, Steinerne Tafel im Römischen Theater

Unterhalb des Sternweihers erstreckt sich entlang eines schmalen Kanals ein Spazierweg, der sog. Fürstenweg. An diesem liegt u. a. auch das große, mit Wasserkraft betriebene mechanische Theater aus dem 18. Jh., das aus etwa 240 teils beweglichen, teils starren Figuren besteht.

An der Nordostseite des Waldemsbergs befindet sich das Steintheater, eine nördlich der Alpen einzigartige Felsenbühne. Der Fels, ursprünglich als Steinbruch genutzt, wurde zu einer hoch überwölbten Bühne und einem offenen Zuschauerraum umgestaltet. Balkenlöcher in den Felswänden und -kulissen lassen vermuten, dass der Bühnenraum ursprünglich mit Einbauten und Maschinerie ausgestattet war. Am 31. August 1617 eingeweiht, u. a. mit einer Aufführung von Monteverdis *Orfeo*, ist das Steintheater nicht nur das älteste erhaltene Gartentheater im deutschen Sprachraum, sondern auch eine der ersten Opernspielstätten nördlich der Alpen. Für das Steintheater wird der künstlerische Reiz der Natur als Theaterbühne ebenso Vorbildcharakter gehabt haben wie zeitgenössische italienische Bühnendekorationen.

Im Bereich des heutigen Tier- und Vogelgartens entstand um 1616 eine nach italienischem Muster konzipierte Weganlage mit Kapellen, Eremitenklausen und einem Kreuzweg, von dem seit den Veränderungen des 19. Jh. jedoch nur wenig erhalten ist. Realistisch wirkende Terrakottafiguren in den Stationskapellen ließen die dargestellten Szenen authentisch erscheinen. Skulpturen meditierender Einsiedler forderten den Betrachter auf, den Leidensweg Christi nachzuvollziehen. Der Hellbrunner Kreuzweg, der eine Pilgerreise nach Jerusalem ersetzen konnte, folgte nördlich der Alpen als Einziger in Konzept und Anlage den norditalienischen Sacri Monti (ital., Heilige Berge). Über deren Planung oder Bau war Markus Sittikus informiert, da sein Onkel, der 1610 heilig gesprochene Kirchenreformer und Erzbischof von Mailand, Carlo Borromeo, den Bau einer ganzen Reihe solcher Kreuzweganlagen in Norditalien ausgelöst hatte.

Schloss Hellbrunn, die einzige nach dem Muster eines italienischen Landsitzes, einer *Villa suburbana*, konzipierte Anlage im deutschen Sprachraum ist keinem konkreten Vorbild verpflichtet (→ **Lusthäuser**). Die Nähe zu Italien erklärt sich aus der Biografie des Erzbischofs, der seine Jugendjahre in Rom verbracht und als Geheimkämmerer Papst Clemens VIII. Villen und Gärten in Frascati, Nordlatium und Tivoli kennen gelernt hatte. Die Kuriositäten der enzyklopädisch ausgerichteten Sammlung – die Vielfalt der Wasserkünste, Skulpturen, exotischen Gewächse und seltenen Tiere – lässt Schloss und Garten zu einer Wunderkammer werden, die heute in großen Teilen noch erhalten ist (→ **Kunst- und Wunderkammer**). UG/DS (Steintheater)

AUSFLUG

Schloss Goldegg

(ca. 65 km südlich von Salzburg)

Über dem Salzachtal, südwestlich von Bischofshofen, liegt die Goldegger Hochterrasse, über die bis 1527 die einzige Straße führte, die den Pongau mit dem Pinzgau verband. Am strategisch wichtigsten Ort der Goldegger Hochterrasse bauten die Herren von Pongau, das bedeutendste Ministerialengeschlecht des inneren Salzachtals, eine erste Schutzburg, die 1323 zu Gunsten eines Neubaus abgebrochen wurde. Mit der Verlegung der Verbindungs-

Goldegg, Rittersaal des Schlosses

straße vom Berg in das Salzachtal verlor die mittelalterliche Burg ihre Bedeutung.

1527 wurde die Burg als Pfleg- und Urbaramt Goldegg an Christoph Graf d. J. von Schernberg verliehen, der sich im Kampf gegen die aufständischen Bauern verdient gemacht hatte. Er ließ seinen Amtssitz ausbauen und zu diesem Zweck die mittelalterlichen Kernbauten der Burg - den dreigeschossigen Palas im Norden und zwei Ecktürme im Süden - durch zweigeschossige Anbauten zu einem vierflügeligen Komplex um einen unregelmäßigen Hof erweitern. Der ehemals zinnenbewehrte Palas birgt im zweiten Obergeschoss den Ritter- bzw. Wappensaal, der mit Temperamalereien ausgestattet ist, die sowohl profane als auch sakrale Bildthemen aufgreifen. Alles überspannend nimmt die in verschiedene Felder unterteilte Holzdecke eine dominierende Stellung ein. Sie ist mit 137 Wappen bemalt: Ihre Darstellung folgt den sog. Quaternionen, wonach jeweils vier Repräsentanten eines Standes von den Herzögen bis zu den Bauern für die Gesamtheit des Deutschen Reichs stehen. Die Decke des Goldegger Wappensaals ist somit ein wichtiges Dokument der Rechtsgeschichte des Landes Salzburg.

Das Bildprogramm auf der durch zwei Fenster gegliederten, holzvertäfelten Ostwand des Saals knüpft an das Thema der Decke an. In einer Scheinarchitektur sind das Kaiserwappen sowie das des Bauherrn und seiner Ahnen zu erkennen. Die Darstellungen von Helden, Planetengottheiten und Tugenden unterhalb des Wappenfelds sind in Anlehnung an kolorierte Holzschnitte Hans Burgkmairs d. Ä. entstanden und veranschaulichen das Ideal einer vorbildlichen Regierung. Die Fresken der Westwand beziehen sich auf den Auftraggeber: Das Doppelbildnis von ihm und seiner Frau schmückt den Scheitel des Fenstersturzes; links vom Fenster ist David als Sieger über den Riesen Goliath im Kampf gegen die Philister wiedergegeben, u. a. eine Anspielung auf den siegreich aus dem Bauernaufstand hervorgegangenen Bauherrn; rechts vom Fenster ist dessen Namenspatron, der hl. Christophorus, zu sehen. Tugenddarstellungen in den Fensterlaibungen ergänzen das Bildprogramm der Westwand.

Die Südwand zeigt Jagd- und Badeszenen, eine gemalte Musikantenempore sowie Themen des Alten Testaments, die als Mahnung zu tugendhaftem Handeln verstanden werden können. Auch die mit Tempera bemalten Holztafeln der Nordwand zeigen biblische Szenen. Diese wurden nach Vorlagen von → **Albrecht Dürer**, → **Lucas Cranach d. Ä.**, → **Hans Burgkmair d. Ä.**, → **Hans Sebald Beham** und Jörg Breu d. J. ausgeführt. Die Darstellungen weltlicher und religiöser Themen haben neben einer repräsentativen Funktion auch die Aufgabe, das politische und religiöse Verständnis des Auftraggebers sowie allgemein gültige Ideale zu verbildlichen. EH

SCHLOSS SCHALLABURG

Im 12. Jh. gründeten die Herren von Schala auf einer Geländekuppe südlich der Pielachtalebene die »Burg Schala«, die der Abriegelung des Donautals gegen Angriffe aus dem Osten, der Kontrolle der Verkehrswege sowie verwaltungspolitischen Aufgaben diente. Teile dieses Wohn- und Wehrbaus haben sich bis heute erhalten, so die Ringmauer, die Ruine der Wohnburg und die Burgkapelle.

Um die Mitte des 16. Jh. begann Christoph II. von Losenstein (gest. 1558) mit dem Umbau der Burg. Dadurch sollte zum einen ein effektiver Schutz gegen die neuen Feuerwaffen mit größerer Durchschlagskraft erreicht werden, zum anderen strebte man den Bau einer zeitgemäßen repräsentativen Anlage an. Durch den fast vollständigen Abriss der Vorburg in den Jahren zwischen 1540 und 1550 wurde ein ebener Platz geschaffen, auf dem ein frei stehender, eingeschossiger Saalbau errichtet wurde. Diesen ergänzte man wenig später durch Anbauten, so dass um einen großen Hof eine dreiflügelige Anlage mit steilen Dächern und hohen, nach venezianischer Art verzierten Kaminen entstand. Um die ehemalige Burg in eine wehrtechnisch zweckmäßige Anlage zu verwandeln, legte man dem Hauptbau Wehranlagen vor, wie es in italienischen Traktaten über den → **Festungsbau** empfohlen wurde. Die Südostseite befestigte man mit einem Zwinger, der durch Rondelle verstärkt wurde; an der Nordseite wurde eine halbrunde Bastei zur Aufstellung von Pulvergeschützen errichtet – eine Lösung, die in Anlehnung an → **Albrecht Dürers** Überlegungen zur Rundbastei in seinem Werk *Etliche underricht zu befestigung der Stett, Schlosz und flecken* (1527) entstand.

In der Vielfalt und der Thematik der qualitätvollen bauplastischen Ausstattung von Schloss Schallaburg manifestiert sich vor allem die umfassende humanistische Bildung des protestantischen Bauherrn Hans Wilhelm von Losenstein (gest. 1601), der nach dem Tod seines Vaters Christoph II. die Burg übernahm. Die durch Hans Wilhelm initiierte Drucklegung einer Schulordnung (1574), die Gründung eines Gymnasiums und der Bau einer der wenigen evangelischen Kirchen des Landes im nahe gelegenen Loosdorf, bezeugen sein humanistisches Engagement. Hans Wilhelm wurde in der Loosdorfer Kirche beigesetzt; eine Rekonstruktion seines Hochgrabs, das 1587 entstand, befindet sich heute in der Kapelle von Schloss Schallaburg.

Man betritt die weitläufige Anlage durch einen quadratischen Vorturm mit Rondell. Über einen schmalen Grabenweg (Vorhof) gelangt man in den schrägwinkeligen Großen Arkadenhof. Jene Fassadenpartien, die im Blickfeld des eintretenden Betrachters liegen, ließ Hans Wilhelm zwischen 1572 und 1578 durch zweigeschossige, repräsentative Arkaden akzentuieren. Den rustizierten Rundbogen

Schloss Schallaburg von Südwesten

des Erdgeschosses sind - die Fassade rhythmisch gliedernd - jeweils zwei Bogen im Obergeschoss zugeordnet. Die Hofarkaden sind überreich mit kunstvoll geformten Terrakotten geschmückt.

Der Fassadenschmuck verdichtet sich mit zunehmender Höhe. Im Erdgeschoss ist die Baukeramik auf masken- und groteskenverzierte Konsolgesimse beschränkt, die Mauerbrüstung des ersten Obergeschosses wird durch Reliefs rhythmisiert. Darüber erhebt sich die reich verzierte obere Arkatur mit Hermen, Atlanten und Karyatiden, die den Stützen vorgestellt sind. Die dritte Wandzone lässt aus der Fassade hervorkragende, typisierte Büsten erkennen.

Die bildlichen Darstellungen sind als Aufforderung zu verstehen, eine gute Regierung zu führen. So schildern die Reliefs oberhalb des Konsolgesimses die Parabel vom Müller, seinem Sohn und dem Esel, die den Betrachter mahnt, tugendhaften Leitbildern zu folgen, wie sie auf den folgenden Reliefs ins Bild gesetzt sind: allen voran Herkules als Wohltäter der Menschheit und Inbegriff herrschaftlicher Tugenden, dann Musen, Künste und Wissenschaften als Anspielung auf die Bildung der Regenten, ferner antike und alttestamentliche Personen wie Lukretia, die vorbildliche Ehefrau, oder Marcus Curtius, der römische Patriot, der sich im Moment höchster Gefahr für Rom in einen Erdspalt stürzt, um den Zorn der

Großer Hof der Schallaburg, nach einer Federzeichnung von Georg Niemann, 1888

Götter abzuwenden. Vorbilder idealer Herrschaft sind ferner antike Kaiser, deren Porträts in Medaillons in die Rückwand des Arkadengangs im Ostflügel eingelassen sind.

Bemerkenswert sind die 20 in die Bogenzwickel der oberen Arkatur angebrachten Wappenschilde der Familie Losenstein. Die Konzeption aneinander gereihter Wappen findet sich im österreichischen Schlossbau kein zweites Mal; annähernd vergleichbar sind die 105 Steinwappen umfassende Wand an der Ostfassade der Georgskapelle in der ehemaligen Burg in Wiener Neustadt von 1453, die in Malerei ausgeführte Wappenwand der adeligen Familie von Trapp auf der Churburg in Südtirol sowie die Wappenwand des Goldenen Dachls in → **Innsbruck.** Die Wappen dokumentieren jeweils im Sinn einer Ahnenreihe (→ **Ahnengalerie**) das hohe Ansehen und die altehrwürdige Abkunft der Vorfahren, die den Herrschaftsanspruch begründen.

Vorlagen für den Bauschmuck des Großen Arkadenhofs waren weit verbreitete Kupferstiche der sog. → **Kleinmeister.** So sind beispielsweise die Herkulestaten auf den Reliefs den Kupferstichen Heinrich Aldegrevers entlehnt, wobei oftmals ein Blatt als Vorlage für zwei Reliefs diente. Auf grafische → **Vorlagenblätter** geht auch das Beschlagwerk an den Bogenwangen zurück.

Wurde Terrakotta bereits in der italienischen Architektur des Quattrocento verwendet, so griff man im 16. Jh. bevorzugt in natursteinarmen Gegenden auf dieses Material als Ersatz zurück. Beispiele dafür sind u. a. in Süddeutschland der Arkadenhof des → **Heidelberger Ottheinrichsbaus** und der → **Wismarer Fürstenhof.** Wer die Terrakotten für Schloss Schallaburg entwarf, ist bislang nur unzureichend geklärt. Wenngleich der auf dem Kopf stehende Formstein des rechten Gewändes am südlichen Arkadenaufgang die Signatur »Jacob Bernecker« trägt und sich an anderer Stelle das Monogramm »PR« findet, so ist davon auszugehen, dass es sich bei diesen Namen um die der ausführenden Handwerker handelt.

Mit Malerei sind jene Fassadenteile des Großen Hofs versehen, denen keine Arkaden vorgestellt sind. Schlanke Frauengestalten sowie Hermen, Beschlagwerk, Ranken, Putti und Tiere in Grisaille rahmen die Fenster. Die zwischen die Fenster gesetzten Wappenfelder sind erst im 19. Jh. hinzugefügt worden.

Arkadengang im Großen Hof der Schallaburg

Der sog. Exzellenztrakt verbindet den Großen Arkadenhof mit dem etwa zwanzig Jahre älteren, noch unter Christoph II. entstandenen Kleinen Arkadenhof, an den sich rückwärtig die mittelalterliche Wohnburg anschloss. Zwei seiner Flügel sind zweigeschossige Arkaden vorgestellt. Diese weisen - vergleichbar mit dem Konzept des Großen Hofs - im Sockelgeschoss gedrückte, auf Mauerpfeilern ruhende Rundbögen auf, denen jeweils zwei Bögen im Obergeschoss entsprechen. Die weiße und graue → **Fassadenmalerei** des kleinen Hofs soll Sgraffitodekor imitieren (sog. Pseudosgraffito).

Im Südwesten grenzt ein hoher Turm an den Kleinen Arkadenhof. Dieser repräsentative Bau mit welscher Haube und Laterne, den man wohl aus ästhetischen Gründen anstelle des abgetragenen mittelalterlichen Bergfrieds erbaute, ist weithin sichtbares Wahrzeichen. Seine Wände sind ebenfalls mit dunkelgrauweißer Bänderung in Pseudosgraffitomanier bemalt.

Anstelle des mittelalterlichen Nutzgartens südöstlich der Burg und jenseits des Ringgrabens ließ Hans Wilhelm 1588 einen von Mauern umfriedeten neuen → **Garten** anlegen. Da Abbildungen oder Beschreibungen der Schallaburger Gartenanlage des 16. Jh. nicht überliefert sind, griff man für seine Rekonstruktion in den Jahren 1973/74 auf allgemeine Konzepte frühneuzeitlicher Gartenkunst zurück und unterteilte das Areal in Ziergarten, Krautgarten und Baumgarten.

AUSFLUG

Krems an der Donau

(ca. 60 km nördlich von Schloss Schallaburg)
Krems a. d. Donau und das benachbarte Stein waren Kristallisationspunkte der Kunst der sog. Donauschule, die in den österreichischen Ländern um 1500 einsetzte. Einer ihrer frühen Vertreter, der Augsburger Maler → **Jörg Breu d. Ä.,** war von 1496 bis 1502 in Krems tätig.

Heinrich Aldegrever, Herkules besiegt Anthäus, 1550, Vorlage und ihre Umsetzung im Arkadenhof der Schallaburg

In der zweiten Hälfte des 16. Jh. überwog in Krems die protestantische Bevölkerung, deren aufkommendes Selbstbewusstsein seinen Ausdruck insbesondere im Profanbau und dessen Fassadendekoration fand. Noch heute vermittelt ein Gang durch die Kremser Innenstadt ein anschauliches Bild jener Zeit. Kennzeichnend ist ein vorwiegend blockartiger, hofloser Wohnhaustyp, dessen Baugestalt noch in einer spätmittelalterlichen Tradition wurzelt. Dem Repräsentationsbedürfnis der Zeit entsprechend, wurden diese Bauten zur Straße hin mit künstlerisch gestalteten Fassaden versehen, die durch Flach- und Runderker, Sgraffito und plastische Dekorationen auf sich aufmerksam machen (→ **Fassadenmalerei**).

Das 1548/49 errichtete Rathaus weist die für den deutschen Rathausbau der Renaissance typische Zweischiffigkeit auf und ist mit einem Eckerker aus dem Jahr 1548 geschmückt. In der Rathaushalle befinden sich Stützen, deren Formen weniger an antike als an romanische Vorbilder erinnern, ein Umstand, der in der Renaissancearchitektur nördlich der Alpen gelegentlich zu beobachten ist. Dies lässt sich möglicherweise damit erklären, dass die Zeitgenossen mangels eigener Anschauung antiker Bauwerke die romanischen Formen für antik hielten.

Das **Große Sgraffitohaus** (Althangasse 2) wurde 1550 mit alttestamentarischen Szenen und Darstellungen nach Augustin Hirschvogels (1503–1553) Illustrationen zu einer Reisebeschreibung des Sigismund Freiherr von Herberstein (1486–1566) versehen (→ **Reisen**). Der Fassade des 1539 entstandenen **Mauthauses** (Landstraße 84) mit seinem geschwungenen Giebel ist ein Flacherker auf zwei Kandelabersäulen vorgesetzt. Seine Fenster sind mit Rundbogengiebeln bekrönt; der Reliefschmuck mit Muscheln, Delfinen und vegetabiler Ornamentik entspricht Motiven der süddeutschen Renaissance. Der **Kleine Passauer Hof** (Landstraße 76, 78) wurde Mitte des 16. Jh. mit halbrunden, hier als reines Ziermotiv angewandten Zinnen ausgebaut. Der Laubengang des **Gattermannhauses** (Untere Landstraße 52) wurde dem um 1552 errichteten Stadtpalais eines Handelsherrn in einer zweiten Bauphase ebenfalls im späteren 16. Jh. angefügt. EH

Krems an der Donau, Kaiserliches Mauthaus

SPITTAL AN DER DRAU

1191 gründeten die Grafen von Ortenburg unweit ihres Stammsitzes, der heute nur noch als Ruine erhaltenen Ortenburg, nahe der Mündung der Lieser in die Drau und an der Kreuzung zweier Handelswege ein Hospital. Dieses »spittl« gab der Ortschaft, die sich auf dem gegenüberliegenden Lieserufer entwickelte, ihren Namen. Nachdem die Ortenburger und auch ihre Nachfolger, die Grafen von Cilli, ausgestorben waren, fiel der Besitz an den Landesherrn, den späteren Kaiser Ferdinand I. (reg. 1556-1564). Dieser vermachte die Grafschaft Ortenburg 1524 seinem Vertrauensmann, Sekretär und Kanzler, dem spanischen Adeligen Gabriel von Salamanca (1489/90-1539).

Schloss Porcia

Um 1533 begann Graf Gabriel von Salamanca, Generalschatzmeister des Kaisers, in Spittal ein repräsentatives Schloss zu errichten. Von Salamanca verpflichtete seine Nachkommen, das Schloss nach dem bestehenden Konzept, das er in einem heute nicht mehr erhaltenen Holzmodell hatte festhalten lassen (→ **Architekturmodelle**), zu vollenden.

Nach fast 70-jähriger Bauzeit wurde das Schloss unter seinem Enkel Hans Georg von Ortenburg (gest. 1602) um 1597 vollendet. Die Bezeichnung Schloss Porcia geht auf seine späteren Besitzer, das friaulische Fürstengeschlecht der Porcia, zurück, das zwischen 1662 und 1918 in Spittal residierte.

Die nahezu quadratische Vierflügelanlage umschließt einen längsrechteckigen Innenhof. Ein Blick auf den Grundriss macht deutlich, dass die einander gegenüberliegenden Flügel im Westen und Osten in sich geschlossene Baukörper bilden, zwischen die zwei kürzere Verbindungstrakte eingefügt sind. Kleine Fenster gliedern die Fassaden im Außenbau, der mit einem Mezzaningeschoss abschließt. Vergleichsweise reicher Bauschmuck zeichnet die Fassade des Nordflügels als Hauptfassade aus. Ihre Gliederung wird durch die Ausgewogenheit vertikaler und horizontaler Schmuckelemente bestimmt. So grenzen Gurtgesimse die Geschosse gegeneinander ab, während geschossweise übereinander angeordnete Pilaster die Vertikale betonen. Interessanterweise korrespondiert die Pilasteranordnung der Außenfassade mit der Breite des Schlosshofs. Ein von Säulen flankiertes, in eine Rahmenarchitektur eingestelltes Rundbogenportal und dreiteilige Fenster mit vorgelagerten Balkonen zeichnen die Mittelachse der Fassade aus.

Entsprechend der Gliederung des Außenbaus weist auch die Hoffassade drei Geschosse auf. Ihr Mezzaningeschoss verschwindet hingegen unter dem tief heruntergezogenen Dachansatz. Drei Seiten des Hofs, der zu den schönsten des 16. Jh. nördlich der Alpen zählt, sind Arkaden vorgestellt.

Für die Konzeption des Spittaler Schlosses sind zwei verschiedene Bautypen miteinan-

Spittal an der Drau, Schloss Porcia, Eingangsfassade

der verschmolzen. Das allseitig frei stehende Gebäude lässt den Rückgriff auf den Bautypus eines Fürstenpalastes erkennen. Die repräsentative Gestaltung der zur Straße gelegenen Hauptfassade und die baukünstlerische Betonung des verhältnismäßig kleinen Innenhofs verweisen hingegen auf den Typus eines städtischen Palazzos. Ferner geht die regelmäßige, ursprünglich in allen Geschossen identische Raumaufteilung auf Idealentwürfe italienischer Architekturtheoretiker zurück.

Da der Bauherr Gabriel von Salamanca in seiner Position als Generalschatzmeister viele Feinde hatte, war eine Befestigung des Schlosses erforderlich. Da die »moderne« italienische Bauart für einen solchen Palast eine ausgeprägte Befestigung nicht vorsah, ordnete man zwei einander diagonal gegenüberstehende Rundtürme auf den Ecken an.

Der entwerfende Architekt war wohl mit der Architektur Oberitaliens vertraut. Die zwischen die Flügel eingefügten Verbindungstrakte finden eine Parallele in der Villa Trissino in Cricoli (1530–1538); auch die Gliederung der Fassade durch Pilaster, die die Baustruktur aufgreifen, hat ihr Vorbild in venezianischen Villen. Hingegen weisen die mehrteiligen Fensteröffnungen, wie sie an der Spittaler Hauptfassade zu sehen sind, motivisch nach Ferrara. Der Architekt isolierte dieses Motiv aus oberitalienischen Vorbildern und stellte es in einen neuen Zusammenhang, indem er es nicht, wie an Villen Biagio Rossettis (um 1447–1516) nachzuvollziehen, jeweils an die Außenkanten einer Fassade heranrückte, sondern die dreiteiligen Fenster mittig in die Fassade einfügte.

In zwei Ecken des Hofs sind Treppenhäuser untergebracht: im Nordwesten zwei offene, in die Arkaturen eingefügte, übereinander liegende Aufgänge, im Südosten befindet sich der Zugang zur Treppe hinter den Arkaden im

Schlossinnern. Charakteristisch für die Anlage der Treppenläufe ist, dass sie die einzelnen Geschosse nicht durchgehend miteinander verbinden, sondern dass man nach jedem Treppenabsatz zunächst durch einen Saal gehen muss, um zum Aufgang in das nächst höhere Geschoss zu gelangen.

Wenngleich Gabriel von Salamanca seine Kinder und Enkel verpflichtete hatte, das Schloss nach bestehendem Modell zu realisieren, kam es bis zur Vollendung 1597 unter mindestens drei einander ablösenden Baumeistern zu Planänderungen. Darauf verweisen z. B. die unterschiedlichen Gewölbeformen der Treppenläufe in der Nordwestecke. Die Kreuzgratgewölbe, die den unteren Treppenlauf abschließen, gehen auf den ersten Baumeister und somit auf die Bauphase von 1533 bis 1539 zurück. Wahrscheinlich war ein weiterer Baumeister für das zweite Obergeschoss verantwortlich. Von einem dritten sollen die Tonnengewölbe des oberen Aufgangs der Nordwesttreppe und die schlichten Säulenpostamente im zweiten Obergeschoss stammen.

Auch der Reliefschmuck lässt unterschiedliche Steinmetzen vermuten, nicht zuletzt wegen der sich über ein halbes Jahrhundert erstreckenden Bauzeit. Exemplarisch sei hier auf zwei Reliefs an der Stirnwand des Unterbaus der Nordwesttreppe verwiesen: Der reliefierte Kandelaberbaum rechts von der Treppe mit den ihm zugeordneten Tieren und Masken geht auf einen 1510 datierten Ornamentstich des venezianischen Malers und Zeichners Giovanni da Brescia zurück.

Spittal an der Drau, Schloss Porcia, Arkadenhof mit Blick auf die Westtreppe

Gleich einem Zitat sind alle Einzelheiten der Vorlage in das Relief übertragen worden. Diesen von heimischen Steinmetzen gefertigten Reliefs stehen die weniger strengen, von italienischen Künstlern geschaffenen Arbeiten gegenüber, die sich durch einen schöpferischen Umgang mit den → **Vorlagenblättern** auszeichnen.

Am ornamentalen Bauschmuck der Hoffassaden, der beispielsweise an dem 1562 veröffentlichten → **Architekturtraktat** des Giacomo da Vignola, den Vorlagen des Flamen Cornelis Floris oder jenen des Niederländers Hans Vredemann de Vries orientiert ist, lässt sich der Fortgang der Bautätigkeit ablesen. Geht der Bauschmuck im Erdgeschoss, wie dargelegt, auf eine erste Bauphase zurück, war der Wandschmuck im ersten Obergeschoss wohl 1570, als Gabriels Sohn Ferdinand starb, fertig gestellt. Die Ausschmückung des zweiten Obergeschosses wurde in der Regierungszeit von Gabriels Sohn aus zweiter Ehe, Ernfried (gest. 1587), eingebracht.

Die Porträtmedaillons antiker Kaiser seitlich der Nordwesttreppe folgen Ornamentstichen des Giovanni da Brescia, die dieser nach Vorlagen antiker Münzen fertigte. An der Ostwand sind abwechselnd männliche Figuren mit Brustpanzern und die Tugenden Fortitudo (Tapferkeit) und Justitia (Gerechtigkeit) zu erkennen. Letztere verweisen auf die Eigenschaften, die zum guten Regieren befähigen. Amt und Person des Gabriel von Salamanca und seine Beziehung zu Kaiser Ferdinand I. werden im Bildprogramm der Obergeschosse aufgegriffen. Protagonisten dieser ausgefeilten Konzeption mit zahlreichen mythologischen Figuren aus der Antike sind Zeus und sein Sohn Herakles, der auf den Olymp erhoben wurde, weil er seinen göttlichen Vater im Kampf gegen die Giganten, die Aufständischen gegen Recht und Ordnung, unterstützt hatte. Mit dem Rückgriff auf dieses Motiv beanspruchte Gabriel von Salamanca auch für sich einen Platz auf dem Olymp, d. h. an der Seite von Kaiser Ferdinand I., weil er diesem in seiner Funktion als Generalschatzmeister treu zur Seite gestanden und den Unmut des Volks auf sich gezogen hatte.

Trotz der Kombination von Wehr- und Repräsentationsbau hat Schloss Porcia, eines der frühesten Bauwerke mit italienischen Renaissanceformen nördlich der Alpen, weniger den Charakter eines Bollwerks, sondern stellt in erster Linie den repräsentativen Landsitz eines selbstbewussten Bauherrn dar. UG

Das ehemalige Vicedomhaus (heute Rathaus)

Etwa zeitgleich mit dem Bau des Schlosses zu Spittal wurde 1537 in dessen unmittelbarer Nähe das Vicedomhaus errichtet. Christoph Khevenhüller (→ **Hochosterwitz**), der Amtmann von Ortenburg und Vicedom (oberstes Amt der fürstlichen Finanzverwaltung) Gabriels von Salamanca, ließ es als Amtshaus der Grafschaft Ortenburg erbauen. Zugleich diente es Khevenhüller und seiner Gemahlin Elisabeth von Manstorff als Wohnsitz, worauf das Allianzwappen an der Fassade verweist. Heute beherbergt es das Spittaler Rathaus.

Der dreigeschossige Bau umschließt einen Hof und weist an der Platzfassade einen Turm auf. Die Schaufassade ist stilistisch dem lombardisch geprägten Bauschmuck des Schlosses verwandt, allerdings schlichter in der Ausführung. Offensichtlich zeichnete der Baumeister des Schlosses auch für das Vicedomhaus verantwortlich. EH

Burg Hochosterwitz von Südwesten

AUSFLUG

Burg Hochosterwitz

(90 km östlich von Spittal an der Drau)

Die Burg Hochosterwitz, seit etwa 1200 als Schutz- und Zufluchtsort erwähnt, liegt auf einem Bergkegel. Matthäus Lang von Wellenburg, Bischof von Gurk und später Erzbischof von Salzburg, ließ die Burg 1509 ausbauen. 1541 wurde sie als Pfand an Christoph Khevenhüller, Amtmann der Grafschaft Ortenburg, gegeben, der erste Arbeiten an den Festungsbauten bei dem kaiserlichen Baumeister Domenico dell'Allio (1505/15–1563) in Auftrag gab (→ **Festungsbau**).

Das ursprünglich aus dem fränkisch-bayrischen Grenzgebiet stammende protestantische Adelsgeschlecht der Khevenhüller, dessen Mitglieder unter den Habsburgern einflussreiche Ämter bekleideten, spielte für Kärnten und Niederösterreich politisch eine bedeutende Rolle. Als Kaiserlicher Rat und Landeshauptmann von Kärnten fungierte etwa Georg Khevenhüller (1533–1587) als Vermittler zwischen seinen protestantischen Standesgenossen und dem katholischen Hof in Graz. In der Zeit der Gegenreformation blieb die Familie protestantisch, aber kaisertreu, und war mit hohen Ämtern betraut.

Nach dem Kauf der Burg durch Georg Khevenhüller im Jahr 1571 benannte sich die Familie nach der Burg Hochosterwitz, obwohl ihre Hauptresidenz vermutlich Schloss Wernberg in der Nähe von Villach war. Vor dem Hintergrund der Bedrohung durch die Türken ließ Georg Khevenhüller Burg Hochosterwitz bis 1586 zur Festung ausbauen, wie sie sich heute noch darstellt. Rund um den Bergkegel ließ man einen serpentinenartig angelegten Weg als Aufgang zur Hochburg in das felsige Terrain schlagen. Zur Talseite hin sicherte man ihn mit einer Wehrmauer und bastionären Befestigungen, die Schutz vor direktem Beschuss aus der Talebene bieten sollten. Der

Aufgang ist mit vierzehn großen Torbauten gesichert, die von 1580 bis 1583 errichtet wurden. Bedeutsam sind die individuell gestalteten Tore aus rotem Sandstein oder grünem Chloritschiefer. Ihr reiches Dekor aus weißem Kalkstein oder Marmor, ihre Wandmalereien, Sgraffiti (→ **Fassadenmalerei**) und Inschriften lassen auf eine über die Wehrfunktion hinausgehende Bedeutung der Anlage schließen. So manifestiert sich in den religiösen Motiven der unteren fünf Tore der protestantische Glaube der Familie Khevenhüller. Die weiteren Tore versah man mit Darstellungen weltlicher Herrschaft (u. a. Bildnisse von Erzherzog Karl und Georg Khevenhüller im Harnisch), mit Inschriften zur Vaterlandsliebe (»Kämpfe für Glauben und Vaterland. Keine Gefahr ist schrecklicher als jene, die dem Vaterland droht«) und Vergänglichkeitssymbolen (Sanduhr und Waage), die dazu auffordern, zu Lebzeiten im Sinne des Glaubens zu handeln. Drei der Tore (das achte, elfte und vierzehnte Tor) sind mit Zugbrücken gesichert. Zwischen das letzte Tor und die Hochburg schob man einen Zwinger mit breiten Eckbastionen. Mit dieser festungstechnisch interessanten und charakteristischen Erweiterung der Anlage reagierte der Bauherr auf Neuerungen im Bereich der Waffentechnik, insbesondere die größere Reichweite und Durchschlagskraft der Feuerwaffen. Derart ausgefeilte Festungsanlagen machten die Burg in ihrer ohnehin schon exponierten Lage nahezu uneinnehmbar.

Vom Zwinger führt eine steile Treppe zur Hochburg, einer unregelmäßigen, vierflügeligen Anlage, die mit runden Ecktürmen und einer Wehrmauer an der Ostflanke ausgestattet ist. Sie wurde im Wesentlichen in der zweiten Hälfte des 16. Jh. umgestaltet. Um 1683 erweiterte man die Hochburg um einen Anbau auf der Südseite, den kleinen Burghof, der einen alten Ziehbrunnen und im Erdgeschoss Arkaden aufweist. Arkadengänge im Erdgeschoss befinden sich ebenso am West- und Südflügel des großen Burghofs; sie sind inschriftlich in die Jahre 1575 und 1576 datiert. Bemerkenswert sind die an der Nordseite des Kastellanhauses befindlichen Spolien aus römischer Zeit: der Grabaltar des am Ort ansässigen Ehepaars Bassus und Camulia vom Magdalensberg und ein figurales Relieffragment, das Achill auf Skyros zeigt. An der den Hof im Osten abschließenden Mauer befindet sich eine kleine, 1321 erstmals urkundlich erwähnte Kapelle. Unter Georg Khevenhüller im Jahr 1568 umgebaut, birgt sie u. a. Wand- und Deckenmalereien, Stifterbildnisse von 1576 sowie ein um 1580 entstandenes Tafelbild, das Georg mit seinen beiden Frauen und seinen Kindern zeigt. EH

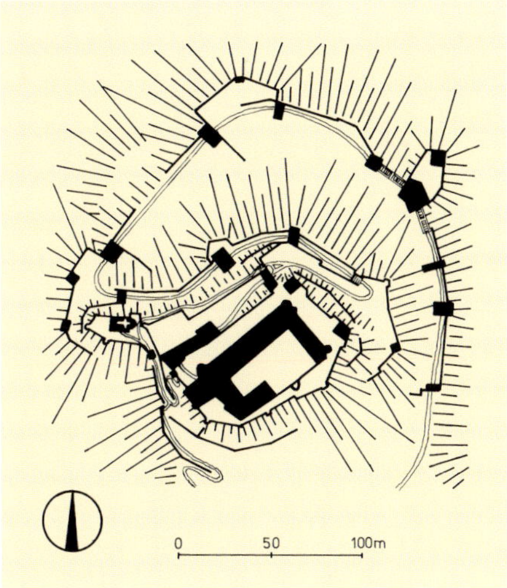

Burg Hochosterwitz, Lageplan

WIEN

Wien entwickelte sich aus dem am Limes gegründeten römischen Legionslager Vindobona. Als 1135 die Babenberger die Herrschaft über Wien übernahmen, wurde die Stadt Mittelpunkt der südöstlichen Grenzmark. Abgesehen von kurzzeitigen Unterbrechungen, war es zwischen 1438 und 1806 Sitz der regierenden Habsburger.

Das Leben im Wien des 15. und 16. Jh. war geprägt von Bedrohungen durch die Ungarn und Türken (1529 standen die Türken unter Sultan Süleyman vor Wien), durch Pest, Stadtbrände sowie konfessionell bedingte Unruhen. Gegen die Bedrohung aus dem Osten errichtete man ab 1531 im Südwesten, auf der ehemaligen Feldseite der Burg, eine Bastion zum Schutz der Stadt. Als weitere Schutzmaßnahme beschloss König Ferdinand (Kaiser 1556–1564), der 1533 seine Residenz von Prag nach Wien verlegt hatte, die mittelalterliche Stadtbefestigung zu erneuern und berief dazu italienische und deutsche Fachleute nach Wien. Der Nürnberger Kartograf und Geometer Augustin Hirschvogel schuf im Jahr 1547 mit einem auf Vermessungen fußenden Plan die Grundlage für den Bau der neuen Stadtbefestigung.

Das große Interesse für die Kultur Burgunds, der Niederlande und Norditaliens ließ Kaiser Maximilian I. (reg. 1493/1508–1519), der fortschrittlichste der habsburgischen Herrscher, schon früh Humanisten und Künstler aus verschiedenen Ländern nach Wien rufen. Er förderte den → **Buchdruck** und ließ Münzen und Medaillen mit Bildnissen der Herrscherfamilie prägen. Auch Maximilians Nachfolger im 16. Jh. – Karl V., Ferdinand I., Maximilian II. und Rudolf II. – versuchten mit den künstlerischen und architektonischen Mitteln der neuen Zeit ihren imperialen Anspruch auszudrücken.

Zu den wenigen erhaltenen Renaissancebauwerken Wiens gehört das nach 1546 für die Grafen von Salamanca-Ortenburg errichtete Palais Porcia (Herrengasse 13). Es umschließt einen Innenhof mit einem zweigeschossigen, ehemals offenen Arkadengang, der sich an italienischen Vorbildern orientiert. Bürgerhäuser finden sich vorzugsweise in dem Gebiet des Fleischmarkts, der sich vom ältesten Marktplatz Wiens zum Wohnort vermögender Patrizier wandelte (z. B. Bäckerstraße Nr. 7, 9, 12, Griechengasse Nr. 7, 9, Singerstraße 9–11). Die Baulust im 17. und 18. Jh. veränderte jedoch das Bild Wiens und sorgte zusammen mit den historistischen Bauten des 19. Jh. für das charakteristische Gesicht der Stadt heute.

Da Wien vor 1619 nur eine von mehreren habsburgischen Residenzen war, spielte die dortige Hofmusik international noch keine so bedeutende Rolle wie im späteren 17. und 18. Jh. Zwar dienten während der Renaissancezeit hervorragende Komponisten wie Heinrich Isaac (um 1450–1517) und Ludwig

Wien, Arkadenhof der Stallburg

Senfl (um 1486–1542/43) als Hofkapellmeister Maximilians I., doch da beide den Kaiser auf seinen Reisen begleiteten, hielten sie sich nur selten längere Zeit in Wien auf. Nach einer von konservativen niederländischen Hofmusikern dominierten Epoche begann 1619 mit dem Regierungsantritt Ferdinands II. eine neue Ära der Wiener Musik: Unterstützt von seiner Gemahlin Eleonora Gonzaga aus Mantua, einer Hochburg der damals modernen Musik und Wirkungsstätte Claudio Monteverdis (1567–1643), versammelte der Kaiser progressive italienische Musiker um sich und ließ in den 1620er Jahren die ersten Hofopern aufführen – Vorboten jener großartigen Barockoperntradition, die zwei Generationen später Wien zum musikalischen Zentrum des Reichs machte.

Hofburg

Ottokar II. Premysl begann spätestens 1275 mit dem Bau einer befestigten Burg, die in der Folgezeit zur Wiener Hofburg ausgebaut wurde. Obwohl sich die Baugeschichte der Hofburg über mehrere Jahrhunderte erstreckte, ist der weitläufige Gebäudekomplex mit seinen Höfen und Plätzen von überraschender Harmonie. 1533 wählte Ferdinand I. die Hofburg zu seiner Hauptresidenz.

Der älteste Teil dieser Burg ist der sog. **Schweizerhof,** benannt nach der hier im 18. Jh. untergebrachten Schweizer Garde. Um 1550 ließ der österreichische Erzherzog und römische König Ferdinand (1503–1564) diesen systematisch ausbauen und modernisieren. Der vom Comer See stammende Architekt und Maler Pietro Ferabosco (1512/13–

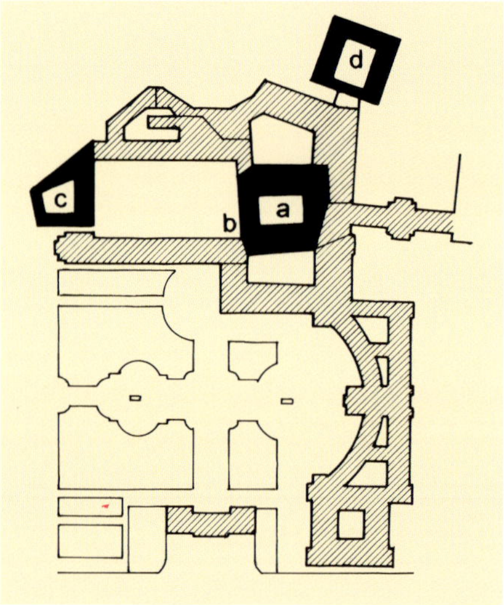

Wien, Grundriss der Hofburg (a: Schweizerhof, b: Schweizertor, c: Stallburg, d: Amalienburg)

1588/89) ergänzte die mittelalterliche Burg zu einer Vierflügelanlage. Die Vereinheitlichung der Fassaden und die neuen schlichten Fensterrahmungen ließen die Burg repräsentativer erscheinen. Da dem Bau eine moderne Bastion vorgelagert wurde, hatten der Graben und die Wehrtürme nun zwar keine militärische Funktion mehr, blieben aber dennoch in reduzierter Form erhalten.

Eine steinerne Brücke führt über den zum Teil überbauten Burggraben zum sog. Schweizertor (1552/53), das Ferabosco entsprechend den Vorlagen aus den → **Architekturtraktaten** Sebastiano Serlios zu einem prunkvollen, bossierten Renaissanceportal umgestaltete. Die Gliederung des Innenhofs durch Arkaden geht ebenfalls auf die Mitte des 16. Jh. zurück.

Das schlichte, nur wenig Raum bietende Gebäudeinnere des Schweizerhofs kritisierten die Zeitgenossen als anspruchslos – einem Vergleich mit der Prager oder der → **Grazer Burg** konnte es trotz baulicher Erweiterungen nicht standhalten. Der Schweizerhof birgt die Bestände der sog. Weltlichen und Geistlichen Schatzkammer: Schmuck, Erinnerungsstücke und andere Kostbarkeiten aus habsburgischem Besitz, welche die Kaiser seit dem 16. Jh. zusammengetragen haben.

Ferdinands Sohn Erzherzog Maximilian, der 1552 zu den Verhandlungen der Reichsnachfolge aus Spanien nach Wien zurückgekehrt war, ließ zwischen 1559 und 1569 nordöstlich des Schweizerhofs die heute sog. **Stallburg** (ehemals Maximilianburg genannt) errichten. Sie gehört zu den bedeutendsten Wiener Bauwerken dieser Zeit. Die ursprünglich frei stehende, vierflügelige und dreigeschossige Anlage, deren Außenfassaden ungegliedert sind, erhebt sich über nahezu quadratischem Grundriss (der Arkadendurchgang entlang der Reitschulgasse wurde erst 1948 gebaut). Durch das wappengeschmückte Tor im südlichen Trakt gelangt man in den monumentalen Innenhof, dessen dreigeschossige Arkaden wohl nach einem Plan des Pietro Ferabosco ausgeführt wurden. Als Maximilian 1564 zum Kaiser ernannt wurde, verlegte er seinen Regierungssitz – gemäß der Tradition – in den Schweizerhof, und ließ die Maximilianburg in das kaiserliche Hofstallgebäude, die Stallburg, umwandeln. Im Erdgeschoss befinden sich die Stallungen der 1572 als Winterreitschule gegründeten Spanischen Reitschule. Zudem diente die Stallburg der Unterbringung der Kunstsammlungen des Kaisers. Als → **Kunst- und Wunderkammer** und zugleich als Wohnraum nutzte auch Maximilians Sohn, der spätere Kaiser Rudolf II., die Räumlichkeiten der Stallburg.

BARTHOLOMÄUS SPRANGER (Antwerpen 1546–1611 Prag)

Der Maler, Zeichner und Kupferstecher Bartholomäus Spranger wurde 1546 in Antwerpen geboren, wo er bis zum Ende seiner Lehrzeit blieb, die er bei den Meistern Jan Mandijn, Franz Mostaert und Cornelis van Dalem absolvierte. Neuem sehr aufgeschlossen, reiste Spranger 1565 über Paris, Lyon, Mailand und Parma nach Rom, wo er u. a. in den Diensten von Papst Pius V. stand. Aus Rom wurde er 1575 von Kaiser Maximilian II. nach Wien berufen und von dessen Nachfolger Kaiser Rudolf II. 1581 zum Hofmaler am Prager Hof ernannt. In → **Prag** wirkte er bis zu seinem Tod 1611. Hier kam er mit Künstlern wie → **Hans von Aachen,** → **Josef Heintz d. Ä.,** Aegidius Sadeler d. J. sowie Hans und Paul Vredeman de Vries zusammen.

Bartholomäus Spranger,
Minerva als Siegerin über die Unwissenheit,
um 1595 (Wien, KHM)

Fast eklektizistisch verbindet Spranger in seinem komplizierten Figurenstil und seiner ornamentalen Kompositionsweise italienisch-venezianische und niederländische Einflüsse. Wie zahlreiche Künstler seiner Zeit vielseitig begabt, arbeitete er in Prag nicht nur als Maler, sondern auch als Bildhauer (z. B. *Neptun und Caelis,* um 1580/81, Privatbesitz). Neben wenigen Porträts und sakralen Gemälden überwiegen mythologische Darstellungen, oftmals in Umsetzungen der *Metamorphosen* des antiken Dichters Ovid. Dabei unterwirft er die Figuren sakraler wie mythologischer Szenen dem gleichen Formen-, Haltungs- und Gestenkanon: Ein auferstehender Christus (*Epitaph des Goldschmieds Nicolaus Müller,* 1592, Prag, Nationalgalerie) wird in der gleichen Pose dargestellt wie eine *Minerva als Siegerin über die Unwissenheit* (um 1595, Wien, KHM).

Mit den sehr dynamisch und in variantenreichen Körperverschlingungen dargestellten Liebespaaren aus dem Zyklus der *Metamorphosen* stattete Spranger in den 1580er Jahren die Räume des kaiserlichen Palastes zu Prag aus. Sein später entstandener *Venus*-Zyklus erscheint dagegen beruhigter durch die betont statuarische Nacktheit der Götterfiguren (*Venus in der Schmiede des Vulkan,* nach 1607, Wien, KHM).

Durch die Kupferstiche der Grafiker → **Hendrick Goltzius,** Aegidius Sadeler d. J. und Jan Muller wurden Sprangers Werke europaweit bekannt und übten großen Einfluss auf die Schule von Fontainebleau und die → **Haarlemer Manieristen** aus. MS

Als Rudolf II. seinem Vater auf den Thron folgte, mangelte es in der Hofburg nach wie vor an Platz. (Kaiser Maximilian II. hatte beispielsweise anlässlich der Vermählungsfeierlichkeiten von Erzherzog Karl mit Maria von Bayern 1571 eine provisorische Bühne errichten lassen, da es keinen ausreichend großen Saal in der Burg gab.) Rudolf schuf mit dem Bau des später als **Amalienburg** bezeichneten Gebäudes Abhilfe. Sie entstand zwischen 1575 und 1577 nordöstlich des Schweizerhofs an der Stelle eines älteren Adelssitzes, dessen Quadersteine heute noch im Hof der Amalienburg zu sehen sind. Das Innere des für die Hofhaltung bestimmten Baus schmückten Giovanni de Monte und → **Bartholomäus Spranger** mit Gemälden aus. Als Rudolf nach seiner Ernennung zum König von Böhmen 1575 und seiner Wahl zum Kaiser im darauf folgenden Jahr seine Residenz nach Prag verlegte, übernahm sein Bruder Erzherzog Ernst (1553–1595) die Amalienburg. Zwischen 1581 und 1583 erweiterte Pietro Ferabosco den Bau, der in den Jahren von 1600 bis 1611 durch die Baumeister Anton de Moys und Hans Schneider umgestaltet wurde. Noch im 17. Jh. erhöhte man das ursprünglich zweigeschossige Gebäude um ein weiteres Geschoss. Das vierflügelige Gebäude über annähernd trapezförmigem Grundriss verfügt über rustizierte Außenfassaden. Die Arkaden des Innenhofs sind heute vermauert.

Schloss Neugebäude

Kaiser Maximilian II. ließ ab 1569 im Osten vor den Toren der Stadt Wien ein Lustschloss anlegen. Während die Grundkonzeption des → **Gartens** zur Ausführung gelangte, wurde das Schloss, das bis heute seinen provisorischen Namen »neues Gebäude« behielt, nie ganz vollendet. Dennoch galt das Neugebäude als eines der berühmtesten Lustschlösser seiner Zeit (→ **Lusthäuser**). Heute, in Wien-Simmering nahe dem Zentralfriedhof gelegen, zeugen nur noch Ruinen vom einstigen Prachtbau.

Künstlerischer Berater und entwerfender Architekt des Neugebäudes war vermutlich der bereits unter Kaiser Ferdinand I. als Hofbaumeister tätige Universalkünstler Jacopo de Strada (1507–1588). Sein Entwurf ist an den oberitalienischen Villen (z. B. denen der mit den Habsburgern verwandten Familie der Gonzaga in Stradas Geburtsstadt Mantua) sowie an französischen Königs- und Gartenschlössern orientiert. Hinsichtlich des architektonischen Gesamtcharakters könnte auch das Lustschloss des Prager Belvederes (→ **Prag**) mit seinen umliegenden Ziergärten Vorbild gewesen sein. Stradas Vorschlägen zufolge sollten in dem 183 m langen, einflügeligen Lusthaus ein Fest- und Bankettsaal und Grotten integriert werden und wohl auch die Kunstsammlung Raum finden. Vor und hinter dem Schloss befand sich ursprünglich je ein symmetrisch konzipierter Garten. Die größere vordere Anlage bestand aus einem Ziergarten, einem »Spazierfeld« und einem Tiergarten, der von einer Mauer umgeben war. Rings um den Ziergarten verliefen Arkadengänge, von deren Flachdächern aus man den Blick auf die Anlage genießen konnte. Die Dächer waren über vier Ecktreppentürme zugänglich, die u. a. auch ein Studiolo des Kaisers und eine Badeanlage bargen. An den unteren zur Donau gelegenen Garten grenzte ein großes rechteckiges Wasserbecken, das anlässlich höfischer Feste mit Booten befahren werden konnte.

An der Anlage der Gärten waren die berühmtesten Botaniker ihrer Zeit beteiligt: der niederländische Humanist und Gesandte

Augier Ghislain de Busbeq, der die ersten Importe von Tulpen aus Istanbul nach Europa veranlasst hatte, und sein Nachfolger im Amt des Hofbotanikers, Charles de l'Escluse, der im Anschluss an seine Tätigkeit in Wien als anerkannter Gelehrter ganz Europa bereiste und u. a. den botanischen Garten der → **Universität Leiden** gestaltete.

Die Baumaßnahmen Kaiser Maximilians II. an Schloss Neugebäude ließ sein Sohn Rudolf II. bis in das Jahr 1596 fortsetzen, dann wurden sie eingestellt und die Gebäude verfielen. Teile der monumentalen nördlichen Säulengalerie ließ Kaiserin Maria Theresia 1775 im Park von Schloss Schönbrunn aufstellen (Gloriette). Seit einigen Jahren wird erneut an Sanierungskonzepten gearbeitet.

Ausstattungsstücke des 16. Jh. in Wiener Kirchen

Auf Grund der umfangreichen Baumaßnahmen nach dem 16. Jh. blieben in Wiener Kirchen nur einige wenige sakrale Ausstattungsstücke aus der Renaissance erhalten.

In dem in gotischen Formen errichteten Stephansdom befindet sich das **Grabmal Konrad Celtis'** (1459–1508). Der Humanist und lateinische Dichter, der sich für die gleichwertige Betrachtung der nationalen Historie und der antiken Kultur Italiens einsetzte, war 1497 von Kaiser Maximilian I. nach Wien berufen worden, um humanistisches Gedankengut an der Universität durchzusetzen. Das Epitaph unterhalb der Orgelempore, das über einer Inschriftentafel das Brustbild Celtis'

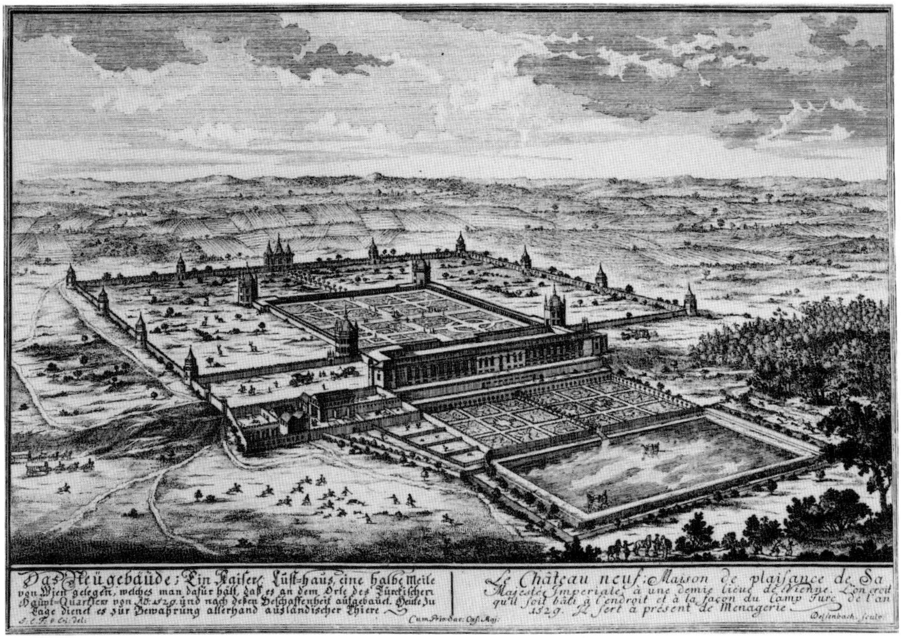

Josef Emmanuel Fischer von Erlach/Johann Adam Delsenbach, Das Neugebäude vor Wien, um 1715 (Museen der Stadt Wien)

JAKOB SEISENEGGER (Linz um 1505–1567 Linz)

Über Lehrzeit und Frühwerk des in Linz geborenen Malers Jakob Seisenegger ist nichts überliefert. Seine ersten bekannten Werke sind die Kinderporträts für die Habsburger, die er auf dem Reichstag in Augsburg 1530 anfertigte (z. B. *Elisabeth, Max und Anna,* 1530, Den Haag, Mauritshuis). Hier machte er auch Bekanntschaft mit → **Barthel Beham** (1502–1540) und der Porträtkunst des Niederländers Jan Vermeyen (um 1500–1559). Mit dem Regierungsantritt König Ferdinands 1531 in Wien, dem späteren Kaiser Ferdinand I., wurde Seisenegger dessen Hofmaler und blieb es bis zum Tod des Kaisers 1564. Im Gefolge Ferdinands, der ihn in den erblichen Adelsstand erhob, wie zuvor schon im Dienste Kaiser Karls V., reiste er als ausgesprochen gefragter Porträtmaler des Hofadels durch Europa und war auf zahlreichen Reichstagen anwesend, so auch 1550/51 in Augsburg, wo er neben → **Lucas Cranach d. Ä.** auch dem damals schon berühmten Tizian persönlich begegnet sein muss.

Von den wenigen Bürgerbildnissen haben sich u. a. das des Wiener Ratsherrn Hans Kleplat und seiner jungen Gemahlin Anna aus dem Jahr 1536/37 sowie mehrere in Augsburg entstandene Fuggerporträts erhalten (z. B. *Georg Fugger,* Privatbesitz).

Seiseneggers ganzfiguriges Repräsentationsbild *Karl V. mit Ulmer Dogge* von 1532 (Wien, KHM), das nach Tizians berühmtem Gemälde entstanden ist, gehört zu den herausragenden Werken der Porträtkunst des 16. Jh. (→ **Gattungen**). MS

links: Tizian, Kaiser Karl V. mit Ulmer Dogge (Museo Nacional del Prado, Madrid)

rechts: Jakob Seisenegger, Kaiser Karl V. mit Ulmer Dogge, 1532 (KHM, Wien)

zeigt, deutet auf die Gelehrtheit des attributiv mit Büchern ausgestatteten Verstorbenen hin. Die in einem Kranz zu lesende Inschrift »VIVO« (lat., Ich lebe) verweist darauf, dass Celtis in seinen Werken weiterleben wollte.

Das **Grabmal des Johannes Cuspinian** (1473-1529), eines Celtis-Schülers, befindet sich am Eingang der Kreuzkapelle des Wiener Stephansdoms. Cuspinian war als Arzt und Historiograf in Wien tätig. An der dortigen Universität lehrte er Poetik und verfasste ein Werk über die österreichische Landesgeschichte mit dem Titel *Austria;* sein Kaiserbuch *De Caesaribus atque Imperatoribus Romanis* umfasst den Zeitraum von den römischen Caesaren bis zu Kaiser Maximilian I.

In der Deutschordenskirche (1326-1375) befindet sich neben dem für die Renaissancekunst bedeutsamen **Hochaltar** und dem sog. **Cuspinian-Altar** das **Epitaph für Jobst Truchseß von Wetzhausen** (gest. 1536). Der Ordensritter und hohe Verwaltungsbeamte des Deutschritterordens aus einem alten und weit verzweigten fränkischen Adelsgeschlecht gab es noch zu Lebzeiten in Auftrag. Das Mittelbild des 1524 von dem Bildhauer Loy Hering (um 1485-1554) gefertigten Alabaster-Triptychons zeigt den Abschied Christi von Maria. Ein vergleichbares Epitaph findet sich in der Jakobskirche in Nürnberg. In der **Schatzkammer** sind Teile der Kunstkammer des Deutschmeisters Erzherzog Maximilian III. (reg. 1590-1618) untergebracht.

In der Taufkapelle der Votivkirche (1856-1879) steht der vermutlich ebenfalls von Loy Hering 1530/33 im Auftrag Kaiser Ferdinands I. geschaffene **Sarkophag für Niklas Graf von Salm** (1459-1530), der im 19. Jh. aus der Dorotheerkirche hierher gebracht wurde. An den Seitenwänden des Sarkophags sind zwölf Reliefs zum Ruhm des Verstorbenen angebracht, der sich als siegreicher Feldherr und Verteidiger Wiens gegen die Türken im Jahr 1529 verdient gemacht hatte.

Nicht Ausstattungsstück im eigentlichen Sinn, aber baukünstlerisch von besonderer Bedeutung ist das **Portal der Salvatorkapelle,** die zwischen 1520 und 1546 an die Salvatorkirche angebaut wurde. Zwei frei stehende Säulen flankieren das Portal, das zu den frühesten Zeugnissen italienisch beeinflusster Renaissancekunst in Wien gehört. Die korinthischen Kapitelle wie auch die Trophäen, welche die Säulenschäfte schmücken, leiten sich aus italienischen → **Architekturtraktaten** ab. Über dem weit ausladenden Architrav liegt ein rundbogiges Tympanon, in dem Christus Salvator und Maria als Halbfiguren zu sehen sind.

Kunsthistorisches Museum Wien

Die Sammlungen des Kunsthistorischen Museums Wien sind aus dem Besitz des Kaiserhauses hervorgegangen. Kaiser Maximilian I., Ferdinand I., Maximilian II. und besonders Rudolf II. hatten die mittelalterliche Schatzkammer der Habsburger zu einer bedeutenden Kunstsammlung erweitert. Erzherzog Karl II. (Landesherr der Steiermark) und Erzherzog Ferdinand II. (Landesherr von Tirol mit einer besonderen Leidenschaft für Waffen, Rüstungen und Porträts) bauten eigene Sammlungen auf. Die auf die Residenzen in Wien, Prag, Graz und → **Innsbruck** (Schloss Ambras) verteilten Sammlungen umfassten u. a. Gemälde, Münzen und eine Rüstkammer. Für die Unterbringung der habsburgischen Sammlungen wurde von 1870 bis 1891 das Kunsthistorische Museum an der Wiener Ringstraße erbaut.

Tartölte – Schreckinstrument für Theaterteufel? (Wien, KHM)

Grundstock der Gemäldegalerie ist die Sammlung des Statthalters der Niederlande, Erzherzog Leopold Wilhelm (1614–1662). Die Objekte der → **Kunst- und Wunderkammern** wurden bei der Eingliederung in das Kunsthistorische Museum in Spezialsammlungen unterteilt: So befinden sich die naturwissenschaftlichen Objekte heute in den naturhistorischen Sammlungen, die antiken Skulpturen in der ägyptisch-orientalischen Sammlung und in der Antikensammlung. Der Hauptbestandteil der Kunstkammern gelangte in die Sammlung für Plastik und Kunstgewerbe. Die Musikinstrumentensammlung des Kunsthistorischen Museums nimmt auf dem Gebiet der Renaissance-Instrumente weltweit den ersten Rang ein und umfasst sowohl eine Raritäten- als auch eine Gebrauchssammlung des 16. Jh., wie sie so geschlossen an keinem anderen Ort erhalten geblieben sind. Wie die Waffensammlung (Hofjagd- und Rüstkammer) ist sie in der Neuen Burg untergebracht, die auch das Museum österreichischer Kultur beherbergt.

Dem Kunsthistorischen Museum sind die Weltliche und Geistliche Schatzkammer in der Wiener Hofburg unterstellt; ferner die Tapisserien-Sammlung, das Monturdepot mit Hofkleidung, die Jagd- und Gewehrkammer in den Hofstallungen, die Wagenburg auf Schloss Schönbrunn, Teile der erzherzoglichen Privatsammlung Este-Obizzi und die Kunst-, Waffen- und Münzsammlungen auf Schloss Ambras.

Staatliche Graphische Sammlung Albertina

Kaiser Rudolf II. erweiterte zwischen 1580 und 1610 die kaiserliche Sammlung der Grafiken und Kupferstiche des 16. Jh. um wertvolle Zeichnungen → **Albrecht Dürers,** die seit 1918 in der Staatlichen Graphischen Sammlung Albertina bewahrt werden. Die ständige Ausstellung der *Albertina-Facsimile* (Grafiken), die um 1900 in einem aufwändigen technischen Verfahren hergestellt wurden, bietet einen Überblick über die qualitätvolle Sammlung. EH

KUNST UND KULTUR AM PRAGER HOF

Kaiser Karl IV. erhob die Donaumetropole Prag 1344 zum Erzbistum und wählte sie 1346 zur Residenz (ab 1355 auch Hauptstadt des Heiligen Römischen Reichs). Mit der Gründung der Neustadt und der Universität 1348 wuchs die Bedeutung Prags, das im 14. Jh. nach Paris die zweitgrößte Stadt Europas war. Mit dem Tod König Wenzels IV., Sohn Karls IV., eskalierten die Glaubenskonflikte und in Prag begann mit dem ersten Prager Fenstersturz 1419 der Hussitenkrieg.

Zu einer neuen kulturellen Blüte kam es unter dem böhmischen König Wladislaw II. (reg. 1471–1516), der seine Residenz auf dem Prager Hradschin 1486 ausbauen ließ. Als Vorbild diente ihm das um 1480 von italienischen Handwerkern in Formen der italienischen Frührenaissance errichtete Schloss von Buda (Budapest), die Residenz der ungarischen Könige. Mit dem wohl aus Niederösterreich stammenden Benedikt Ried (1454–1534) berief Wladislaw einen der bedeutendsten Architekten des deutschsprachigen Raums an seinen Hof. Dieser erweiterte ab 1493 das königliche Schloss um einen riesigen Festsaal, den Wladislawsaal (1502 vollendet), und um herrschaftliche Wohnräume, den Ludwigstrakt (1501–1509). Das stützenlose Schlingrippengewölbe des Wladislawsaals ist nicht nur in technischer Hinsicht ein architektonisches Meisterwerk, dessen virtuose formale Lösung vom Versuch zeugt, die Mittel der Gotik in den Dienst der neuen Geisteshaltung der Renaissance zu stellen. Die Fenster- und Türöffnungen mit ihren kannelierten Pilastern und den die Horizontale bestimmenden Gebälken entsprechen Renaissanceformen, die ihre Vorbilder z. B. in Budapest haben.

Verstärkt treten italienische Renaissanceelemente in Prag unter den Habsburgern auf, die seit 1526 Böhmen und Ungarn regierten. Der König von Böhmen und spätere Kaiser Ferdinand I. (reg. 1556–1564) ließ im Schlossgarten gegenüber dem Burgberg für seine Gemahlin Königin Anna ein Lustschloss, das sog. Belvedere, errichten (→ **Lusthaus**). Für den Bau des zweigeschossigen Gebäudes berief man zwischen 1535 und 1538 ausschließlich italienische Steinmetzen. Noch bevor das Belvedere um 1560 vollendet war, kam es im deutschsprachigen Raum zu einer nachhaltigen Rezeption.

Ein äußerst originelles Bauwerk stellt das sechsstrahlig konzipierte Schloss Stern (tschech. Hvězda) dar, das damals in einem Jagdgebiet außerhalb der Stadt lag und von seinem Bauherrn Ferdinand (ab 1564 Erzherzog von Tirol), dem Sohn Kaiser Ferdinands I., 1555 entworfen worden war. Nicht nur das unkonventionelle Erscheinungsbild (vor allem die Dachformen, nachträglich verändert), sondern auch die Dominanz geometrischer Formen, die der Militärarchitektur entnommen scheinen, charakterisieren Schloss Stern als Werk eines Dilettanten. In den Gewölben des Erdgeschosses sind heute noch vorzügliche Stuckarbeiten erhalten, die mythologische Szenen zeigen. Wahrscheinlich wollte Ferdinand in einigen Räumen seine Sammlungen unterbringen, die dann in Schloss Ambras ihren Platz fanden (→ **Innsbruck**).

Rudolf II. (reg. 1576–1612), der seine Residenz von Wien nach Prag verlegte, betätigte sich zwar ebenfalls als Bauherr, indem er Jagd- und Lustschlösser anlegen ließ, Kirchen gründete und die Burg durch prachtvolle Säle erweiterte; Berühmtheit erlangte er allerdings wegen seiner Sammlungen, die ca. 3.000 Gemälde umfassten sowie antike und zeitgenössische Skulpturen, wertvolle Kunstgegenstände, botanische, anatomische und zoologische Objekte, Waffen und Automaten (→ **Kunst- und Wunderkammer**). Für diese Sammlungen ließ

Hans von Aachen, Kaiser Rudolf II., 1606-1608 (Wien, KHM)

Rudolf II. lange Gänge und feuersichere Gewölbe, einen sog. Mathematischen Turm mit dem kaiserlichen Observatorium und die fast 30 m lange Hintere Kunstkammer erbauen. Der Kaiser beschäftigte eigene Agenten, Künstler, Wissenschaftler und Techniker zur Beschaffung und Fertigung neuer Objekte. Seine umfassende Sammlung brachte wie keine Zweite den universellen Anspruch des 16. Jh., den Makrokosmos im Mikrokosmos abzubilden, zum Ausdruck. Rudolf II. knüpfte damit an eine Tradition an, denn schon sein Vater, Kaiser Maximilian II., und sein Onkel, Erzherzog Ferdinand II. von Tirol, hatten große Sammlungen angelegt. Nicht ohne Grund bezeichnete der Zeitgenosse und Kunsthistoriograf → **Karel van Mander** Rudolf II. als größten Mäzen seiner Zeit.

Am Prager Hof wirkten hochrangige Künstler unterschiedlicher Herkunft - vor allem Flamen, Deutsche und (Nord-)Italiener. Einige von ihnen waren bereits am Hof Ferdinands I. angestellt, so seit 1556 der Hofantiquarius und Architekt Jacopo de Strada und Giuseppe Arcimboldo, der 1564 unter Maximilian II. »Hofconterfeier« war. Die Mehrzahl der Künstler gelangte jedoch erst unter Rudolf II. in kaiserliche Dienste. Wenngleich Rudolf gelegentlich an anderen Höfen wirkende Künstler abwarb, kamen viele aus eigenem Antrieb an seinen Hof, angezogen von der Gelegenheit, sich dort verstärkt künstlerisch entfalten zu können. Außerdem bot der Prager Hof den Künstlern Gelegenheit, sich mit den Naturwissenschaften und der Astrologie vertraut zu machen oder humanistische Studien zu betreiben.

Zu den Künstlern, die zuvor an anderen Höfen gearbeitet hatten, gehörte → **Bartholomäus Spranger,** der allerdings schon unter Maximilian II. am Neugebäude in Wien tätig war und nun als Hofmaler in den Dienst Rudolfs II. eintrat. Vor allem ist aber → **Hans von Aachen** zu nennen. Letzterer hatte bereits für die Wittelsbacher in München mehrere Porträts und Historienbilder geschaffen, bevor er als Hofmaler nach Prag kam und dort geadelt wurde. Der Künstler genoss das besondere Vertrauen des Kaisers und reiste als sein Botschafter durch Europa, um aus Sammlungen anderer Fürsten Kunstwerke für Rudolf II. zu erwirken.

Ein Schwerpunkt der rudolfinischen Sammlung lag auf Darstellungen mythologisch-allegorischer Thematik, oftmals verbunden mit einer erotischen Konnotation. Neben Bartholomäus Spranger und Hans von Aachen waren vor allem → **Josef Heintz d. Ä.** und Dirck de Ouade van Ravesteyn bedeutende Vertreter dieser Richtung. Eine große Vorliebe hatte Rudolf für Werke von → **Pieter Bruegel d. Ä.**, weshalb er vermutlich auch Roelandt Savery nach Prag berief, der als dessen Nachfolger galt. Ganz besonders schätzte der Kaiser jedoch die Arbeiten des längst verstorbenen → **Albrecht Dürer,** für die er hohe Summen zahlte. Die Sammlung enthielt darüber hinaus bedeutende Bronzeskulpturen, allen voran die von → **Adriaen de Vries** gefertigten eindrucksvollen Büsten Rudolfs II.

Kaiser Rudolf II. wusste seine Sammlungstätigkeit auch politisch zu nutzen. Indem er Künstler an befreundete Höfe vermittelte, bekundete er seine Verbundenheit mit diesen und demonstrierte zugleich seinen Anspruch auf die uneingeschränkte Führungsposition - auf künstlerischer wie auf politischer Ebene.

Man wird dem Wirken Rudolfs II. nur gerecht, wenn man auch seine Förderung der Musik und der Wissenschaften, der Astrologie, Zoologie und Alchemie, erwähnt. Bedeutende Astronomen wie Tycho Brahe oder der Mathematiker Johannes Kepler verfassten in Prag ihre Schriften über die Planeten unseres Sonnensystems und die Optik. Eine in der Wissenschaft nicht unumstrittene Rolle spielt der Leibarzt Rudolfs II., Johannes Jessenius, der einige medizinische Kompendien sowie ein neuplatonisch inspiriertes Werk über die → **Astronomie** schrieb.

Nach dem Tod Rudolfs 1612 begann sein Nachfolger Kaiser Matthias (reg. 1612–1619), die Sammlung aufzulösen. Vieles wurde nach Wien gebracht, das seit 1617 wieder Residenz war. Anderes diente der Entlohnung von Söldnern im Dreißigjährigen Krieg bzw. wurde in den Kriegswirren heimlich entwendet; vor allem aber wurden Kunstgegenstände von den in Prag einfallenden sächsischen und schwedischen Truppen abtransportiert. Die verbliebenen Werke wurden 1782 versteigert. WL

REISEN UND REISELITERATUR

Reisen waren in der Frühen Neuzeit, einer Zeit wachsender Mobilität, für den kulturellen Austausch und den Wissenstransfer von besonderer Bedeutung. Die Motivationen der Reisenden waren ebenso vielfältig wie die Informationen, die sie über ihre Ziele und Wegstrecken benötigten oder selbst in Erfahrung brachten. Handwerker, Künstler und Gelehrte reisten, um ihre Kenntnisse zu vertiefen und Kontakte zu knüpfen. Auf wirtschaftlicher, wissenschaftlicher und diplomatischer Ebene fand ein intensiver Austausch statt. Seefahrer brachen zu Entdeckungsreisen auf, neu erschlossene Gebiete wurden missioniert und Glaubensflüchtlinge suchten eine neue Heimat.

Das Spektrum der Reiserouten und -ziele umfasste nicht mehr vornehmlich, wie noch im Mittelalter, die Pilgerstätten in Rom, im Heiligen Land und in Spanien, sondern alle europäischen Länder. Geschätztes Reiseziel war Italien, das wegen seiner antiken Stätten Ziel eines neuen Typs von Bildungsreisenden wurde. Bereits 1518 verlegte der Franzose Jacques Signot einen ersten Italienreiseführer. Zu den ersten Künstlern, die zu Studienzwecken nach Italien reisten, gehörten → **Albrecht Dürer** (1494/95 und zwischen 1505 und 1507) und → **Jan Gossaert** (1508).

Die Sperrung wichtiger Handelswege für den Import indischer Luxusgüter durch das sich ausbreitende Osmanische Reich veranlasste die großen europäischen Handelshäuser, die Suche nach neuen Seewegen zu intensivieren. Im Gefolge der Seefahrer befanden sich Berichterstatter, die die Geldgeber ausführlich über den Verlauf der Entdeckungsreisen informierten.

Für Reisende gab es ein umfangreiches Angebot an Reiseliteratur. So war alles bekannte Wissen über die Länder der Erde in Kosmografien wie jenen eines Sebastian Franck (1534) oder Sebastian Münster (1550) zusammengestellt. Darin waren ebenso Genealogien europäischer Herrscherhäuser wie Städte- und Landschaftsbeschreibungen, historische Informationen, Sehenswürdigkeiten, Besonderheiten der Flora und Fauna oder trachtenkundliche Hinweise enthalten. Auch Schilderungen der neu entdeckten Länder und Kontinente wurden aufgenommen, wobei diese heute mitunter fantastisch anmuten. Daneben gab es Straßenkarten, Routenbeschreibungen sowie spezielle Kaufmannshandbücher, die besondere Informationen über Währungen und Zahlungsbräuche an verschiedenen Orten enthielten. Das älteste deutsche Reisehandbuch, Jörg Gails *Neues nützliches Raißbüchlin,* erschien 1563 in der Handelsmetropole Augsburg. Dieses Routenhandbuch, das auf Grund seines kleinen Formats bequem auf Reisen mitgenommen werden konnte, beschreibt die wichtigsten von Augsburg ausgehenden Handelswege. Für Italienreisende aus Mitteleuropa waren beispielsweise Alpenführer nützlich. Josias Simlers 1574 publizierter Alpenkommentar informiert u. a. über gebirgsspezifische Schwierigkeiten wie Wettereinbrüche oder Lawinen. Wegen der langen Dauer der Reisen entstand eine besondere Form der Unterhaltungsliteratur, die sich

Illustration aus Jörg Wickrams *Rollwagenbuechlein*, 1555 (hg. v. Heinrich Kurz, Leipzig, 1865)

zum Vorlesen in einer Reisegesellschaft eignete. Eines der frühesten Werke dieser Art ist das *Rollwagenbuechlein* von Jörg Wickram, das erstmals 1555 in Straßburg erschien und viele Neuauflagen erfuhr. Eine zunehmende Zahl von Reisenden hielt ihre Eindrücke in Briefen und Tagebüchern fest, so z. B. der Augsburger Kunstagent Philipp Hainhofer (1578–1647), dessen Notizen ein lebendiges Bild vom Leben an den europäischen Höfen zu Beginn des 17. Jh. zeichnen. UV

REISEINFORMATIONEN

Deutschland

(Vorwahl 0049)

Deutsche Zentrale
für Tourismus e.V. (DZT)
Beethovenstraße 69
60325 Frankfurt am Main
Tel.: 069 / 97 46 40
www.deutschland-tourismus.de

Deutscher Tourismusverband e.V.
(DTV)
Bertha-von-Suttner-Platz 13
53111 Bonn
Tel.: 0228 / 98 52 20
www.deutschertourismusverband.de

Bundeseinheitliche touristische
Service-Hotline:
Ortsvorwahl / 1 94 33

Bayerische Verwaltung
der staatlichen Schlösser,
Gärten und Seen
Postfach 380120
80614 München
Tel.: 089 / 17 90 80
www.schloesser.bayern.de

Sächsische
Schlösserverwaltung
Stauffenbergallee 2
01099 Dresden
Tel.: 0351 / 8 27 46 32
www.sachsen.de/schloesser

Weitere Internetadressen:

www.webmuseen.de
www.kunst-und-kultur.de
www.stmwfk.bayern.de/kunst/
museen.html

Annaberg-Buchholz (Sachsen)
Tourist-Information
Markt 1
09456 Annaberg-Buchholz
Tel.: 03733 / 42 51 39

St. Annen
Kleine Kirchgasse 23
Tel.: 03733 / 2 31 90
Mo–Fr 10–16, Sa 10–11.30 u. 14–16,
So 14–16 Uhr

Erzgebirgsmuseum
Große Kirchgasse 16
Tel.: 03733 / 2 34 97
Sa–Do 10–17 Uhr

Annaburg (Sachsen)
Stadtverwaltung Annaburg
Torgauer Straße 52
06925 Annaburg
Tel.: 035385 / 70 20
www.annaburg.de

Schloss Annaburg –
Museum im Hinterschloss
Schloss 22
Tel.: 035385 / 2 12 05
Febr.– Nov.: Mi–So 10–12 Uhr
Stadt- u. Museumsführungen nach
Vereinbarung

Aschaffenburg (Bayern)
Tourist-Information
Schlossplatz 1
63739 Aschaffenburg
Tel.: 06021 / 39 58-00/-01
www.info-aschaffenburg.de

Schloss Johannisburg
Schlossplatz
Tel.: 06021 / 2 24 17

Städtisches Schlossmuseum
Schlossplatz
Tel.: 06021 / 33 04 46
Apr.– Okt.: Di–So 9–11.30/13–16.30
Uhr, Nov.– März: Di–So 11–15.30 Uhr

Augsburg (Bayern)
Tourist- und Kongress-Service
Bahnhofstraße 7
86150 Augsburg
Tel.: 0821 / 50 20 70
www.regio-augsburg.de

Rathaus und Goldener Saal
Rathausplatz
tägl. 10–18 Uhr

Perlachturm
Rathausplatz
Turmbesteigung:
Mai– Mitte Okt. 10–18 Uhr

Neuer Bau (heute Geschäftshaus)
Rathausplatz 8

Fuggerei
Tore schließen um 22 Uhr
Fuggereimuseum
Mittlere Gasse 13
1. März–23. Dez.: tägl. 9–18 Uhr
www.fugger.de
Führungen unter Tel.:
0821 / 5 02 07-35

Fuggerhäuser am Weinmarkt
Maximilianstraße 36/38, Zeugplatz 7
Tel.: 0821 / 3 19 88 10

Fuggerkapelle in St. Anna
Im Annahof 2
Tel.: 0821 / 3 02 37
Di–So 10–12.30 u. 15–18 Uhr

Zeughaus
Zeugplatz 4
Tel.: 0821 / 32 4-39 60

Ehem. Gymnasium bei St. Anna
(Annahof)
Im Annahof 6
Tel.: 0821 / 34 43 80

Maximilianmuseum
Städtische Kunstsammlungen
Philippine-Welser-Straße 24
Tel.: 0821 / 3 24-41 11

Augustusburg (Sachsen)
Fremdenverkehrsamt
Marienberger Straße 24
09573 Augustusburg
Tel.: 037291 / 3 95 50

Schloss Augustusburg
Tel.: 037291 / 38 00
www.augustusburg-schloss.de
Mai-Okt.: tägl. 9-18 Uhr,
Nov.-Apr.: tägl. 10-17 Uhr

Bremen (Bremen)
Bremer Touristik-Zentrale (BTZ)
Findorffstraße 105
28215 Bremen
Tel.: 0421 / 30 80 0-0
Service-Hotline: 01805 / 10 10 30
www.bremen-tourism.de

Rathaus
Am Markt
Führungen Obere Halle:
Mo-Sa 11, 12, 15, 16 Uhr,
So 11, 12 Uhr

Schütting
(Handelskammer Bremen)
Am Markt 13
Tel.: 0421 / 36 37-0

Gewerbehaus (ehem. Gildehaus)
(Handwerkskammer Bremen)
Ansgaritor Straße 24
Tel.: 0421 / 30 50 00

Stadtwaage
Langenstraße 13
Tel.: 0421 / 1 79 20 91

St. Martini (Altstadt)
Martinikirchhof 3
Mai-Sept.: Mo-Sa 10.30-12.30 Uhr,
Okt.-Apr.: nach Voranmeldung unter
Tel.: 324835

Bückeburg (Niedersachsen)
Städt. Verkehrsbüro
Marktplatz 4
31675 Bückeburg
Tel.: 05722 / 20 61 81
www.bueckeburg.de

Fürstliches Schloss
Schlossplatz 1
Tel.: 05722 / 50 39
Besichtigung nur mit Führung
tägl. 9-12 u. 13-18,
in den Wintermonaten bis 17 Uhr

Stadtkirche
Lange Straße
Tel.: 05722 / 95 77-14
15. Apr.- 15. Okt.: tägl. 15-17 Uhr,
Di-Fr auch 10.30-12 Uhr
16. Okt.-14. Apr.:
So u. Mo 14.30-16.30 Uhr

Celle (Niedersachsen)
Tourismus Region Celle GmbH
Markt 6
29221 Celle
Tel.: 05141 / 12-12
www.celle.de
Stadtführungen (Treffpunkt Schlossbrücke):
Mai-Okt. u. Dez:
Mo-Sa 14.30, So 11 Uhr,
Apr. u. Nov.: nur Sa 14.30, So 11 Uhr
Gruppenführungen nach Anmeldung
unter Tel.: 55 07 14 o. 1 23 73

Altes Rathaus
Markt 14-16
Besichtigung nach Voranmeldung
unter Tel.: 05141 / 12-0

Stadtkirche St. Marien
Markt
Tel.: 05141 / 77 35
Di-Sa 10-18,
So nach dem Gottesdienst bis 14 Uhr
Führungen im Rahmen der Stadtführung und nach Voranmeldung

Schloss Celle
Schlossplatz 1
Tel.: 05141 / 55 07 14 u. 1 23 73
Führungen: Apr.-Okt.: tägl. 11, 12, 13, 14, 15 Uhr, Nov.-März: tägl. 11, 15 Uhr

Dachau (Bayern)
Informationsbüro Dachau
Konrad-Adenauer-Straße 1
85221 Dachau
Tel.: 08131 / 8 45 66
www.dachau-info.de

Schloss Dachau
Schlossstraße 7
Tel.: 08131 / 8 79 23
Sommer: 10-17, Winter: 10-16 Uhr,
Führungen nach Anmeldung

Detmold (Nordrhein-Westfalen)
Tourist Information
Rathaus am Markt
32754 Detmold
Tel.: 05231 / 97 7-327/-328
www.detmold.de

Residenzschloss Detmold
Besichtigung nur mit Führung
tägl. 10, 11, 12, 14, 15, 16 Uhr,
Apr.-Okt. auch 17 Uhr,
auch nach Vereinbarung
Medienschau: „Schloss Detmold und die Weserrenaissance"
Auskunft beim Pförtner oder unter
Tel.: 05231 / 70 02-0

Dresden (Sachsen)
Dresden-Werbung und Tourismus GmbH
Ostra-Allee 11
01067 Dresden
Tel.: 0351 / 4 91 92-0
www.dresden-tourist.de

Staatliche Schlösser und Gärten Dresden
Geschäftsstelle Brühlsche Terrasse / Zwinger / Stallhof
Zwinger / Theaterplatz
01067 Dresden
Tel.: 0351 / 4 91 46 01

Staatliche Kunstsammlungen Dresden
Zwinger / Theaterplatz 1
01067 Dresden
Tel.: 0351 / 4 91 46 22

Stadtbefestigung und Kasematten
Georg-Treu-Platz
Tel.: 0351 / 4 91 47 86
Apr.-Okt.: tägl. 10-17 Uhr,
Nov.-März: tägl. 10-16 Uhr,
Führungen stündlich
Sonderführungen unter
Tel.: 4 91 46 01

Residenzschloss Dresden
Schlossplatz
Tel.: 0351 / 4 91 46 22
Sonderausstellungen zum
Wiederaufbau im Georgenbau

Mathematisch-Physikalischer Salon
Zwinger
Tel.: 0351 / 4 91 46 60
tägl. 10–18 Uhr,
Do geschl.

Stallhof
Zwinger / Theaterplatz
Tel.: 0351 / 4 91 46 01
von Sonnenauf- bis
Sonnenuntergang geöffnet

Gemäldegalerie Alte Meister
Theaterplatz 1
Tel.: 0351 / 4 91 46 22
www.staatl-kunstsammlungen-dresden.de
Di–So 10–18 Uhr

Grünes Gewölbe
(Albertinum, Brühlsche Terrasse)
Tel.: 0351 / 4 91 46 22
www.staatl-kunstsammlungen-dresden.de
tägl. 10–18 Uhr,
Do geschl.

Eichstätt (Bayern)
Fremdenverkehrsamt Eichstätt
Kardinal-Preysing-Platz 14
85072 Eichstätt
Tel.: 08421 / 98 80-0
www.eichstaett.de

Dom
(Unsere Liebe Frau und St. Willibald)
Domplatz
frei zugänglich

Willibaldsburg
(Jura-Museum)
Burgstraße 19
Tel.: 08421 / 29 56
Apr.–Sept.:
Di–So 9–12 u. 13–17 Uhr,
Okt.–März:
Di–So 10–12 u. 13–16 Uhr

Bastionsgarten auf der Willibaldsburg
Tel.: 08421 / 29 56
Ostern bis Mitte Okt.:
Di–So 9–18 Uhr

Erfurt (Thüringen)
Tourismus GmbH Erfurt
Benediktsplatz 1
99084 Erfurt
Tel.: 0361 / 66 40-0
www.erfurt-tourist-info.de

Kaufmannskirche St. Gregorius
Anger
Tel.: 0361 / 5 62 08 18
www.erfurt-kirche.de/kaufmann
15. März–15. Nov.:
werktags 9–19,
So u. feiertags 11–17 Uhr

Esslingen am Neckar
(Baden-Württemberg)
Esslinger Stadtmarketing & Tourismus GmbH
Marktplatz 2
73728 Esslingen am Neckar
Tel.: 0711 / 39 69 39 69
www.esslingen.de

Altes Rathaus
Rathausplatz 1
Innenbesichtigung nicht möglich

Freiberg (Sachsen)
Freiberg-Information
Burgstraße 1
09599 Freiberg
Tel.: 03731 / 2 36 02

Dom (Fürstengrablege)
Domführungen unter Tel.:
03731 / 2 25 98
So u. feiertags: 11.30 mit Orgelspiel
(Dompfarramt, Untermarkt 1,
09599 Freiberg,
Tel.: 03731 / 2 30 17)

Stadt- und Bergbaumuseum Freiberg
Am Dom 1
Tel.: 03731 / 2 31 97
Di–So 10–17

Freudenstadt (Baden-Württemberg)
Kongresse-Touristik-Kur (KTK)
Am Promenadenplatz 1
72250 Freudenstadt
Tel.: 07441 / 8 64-0
www.freudenstadt.de

Gelsenkirchen (Nordrhein-Westfalen)
Verkehrsverein (Hans-Sachs-Haus)
Ebertstraße 15
45879 Gelsenkirchen
Tel.: 0209 / 1 47 40 22
www.gelsenkirchen.de

Schloss Horst
Turfstraße 21
Tel.: 0209 / 1 69 61 62
Mo–Do 8.30–15.30, Fr 8.30–12.30 Uhr

Museum im Schloss
So 15–17.30 Uhr

Görlitz (Sachsen)
Görlitzinformation
Obermarkt 29
02826 Görlitz
Tel.: 03581 / 47 57-57
www.touristinformation.goerlitz.de
Führungen durch die hist. Altstadt:
Nov.–Febr.: Mi, Fr, Sa 14 Uhr,
März–Okt.: Mo–Sa 14 Uhr,
So u. feiertags 10.30 Uhr

Rathaus
Stadtverwaltung Görlitz
Untermarkt 6–8
Tel.: 03581 / 67-0

Güstrow (Mecklenburg-Vorpommern)
Güstrow-Information
Domstraße 9
18273 Güstrow
Tel.: 03843 / 68 10 23
www.guestrow.de

Staatl. Museum Schwerin – Schloss Güstrow
Franz-Parr-Platz 1
Tel.: 03843 / 75 20
Di–So 9–17 Uhr

Dom (Fürstengrablege)
Domplatz
Tel.: 03843 / 68 24 33
www.dom-guestrow.de
Apr.– 14. Mai u. Mitte Okt.–14. Nov:
tägl. 14–16 Uhr, Di–Sa auch 10–12 Uhr,
15. Mai–Mitte Okt.: Mo–Sa 10–17,
So 14–16 Uhr, 15. Nov. – März: tägl.
14–15 Uhr, Di–Sa auch 10–12 Uhr

Hameln (Niedersachsen)
Hameln Marketing und Tourismus GmbH
Deisterallee 3
31785 Hameln
Tel.: 05151 / 202-617/-618
www.hameln.de/touristinfo

Schloss Hämelschenburg
Tel.: 05155 / 97 08 41
Führungen: Apr.-Okt.: tägl. außer Mo 10, 11, 12, 14, 15, 16, 17 Uhr
Gruppenführungen nach Anmeldung

Heidelberg (Baden-Württemberg)
Verkehrsverein Heidelberg e.V.
Postfach 105860
69048 Heidelberg
Tel.: 06221 / 14 22-0/-11
www.heidelberg.de/verkehrsverein

Schloss Heidelberg
Tel.: 06221 / 53 84-31
(Service-Center am Schloss)
Schlosshof, Großes Fass und Deutsches Apotheken-Museum: tägl. 8-17 Uhr, Schlossinnenführung zu den üblichen Öffnungszeiten

Heilbronn (Baden-Württemberg)
Verkehrsverein Heilbronn e.V.
Rathaus, Marktplatz
74072 Heilbronn
Tel.: 07131 / 56 22 70/71 u. 8 07 74
www.heilbronn.de
Stadtführungen unter Tel.: 56 22 68

Kilianskirche
Kiliansplatz
Tel.: 07131 / 8 68 69
tägl. 9.30-17 Uhr

Heiligenberg (Baden-Württemberg)
Fremdenverkehrsamt
Schulstraße 5
88633 Heiligenberg
Tel.: 07554 / 99 83 12

Schloss Heiligenberg
Tel.: 07554 / 242
Apr.-Okt.:
tägl. 9-11.30 u. 13-17.30 Uhr

Helmstedt (Niedersachsen)
Fremdenverkehrsamt
Rathaus, Markt 1
38350 Helmstedt
Tel.: 05351 / 17-333

Juleum - Kreisheimatmuseum
Collegienplatz 1
Tel.: 05351 / 12 12 47
Mo-Fr 9-11 u. 15-17, Sa 15-17, So 11-12.30 Uhr

Ingolstadt (Bayern)
Tourist-Information
Rathausplatz 2
85049 Ingolstadt
Tel.: 0841 / 3 05-10 98
www.ingolstadt.de

Bayerisches Armeemuseum
im Neuen Schloss
Paradeplatz 4
Tel.: 0841 / 9 37 70
www.bayerisches-armeemuseum.de
Di-So 8.45-16.30 Uhr

Jülich (Nordrhein-Westfalen)
Jülich Information e.V.
Kleine Rurstraße 20
52428 Jülich
02461 / 34 63 63
www.juelich.de

Schlossfestung Zitadelle
Museum Zitadelle
52428 Jülich
Tel.: 02461 / 6 32 28
Apr.-Okt.: Mo-Fr 14-17, Sa, So, feiertags 11-18 Uhr, Nov.-März: Sa 14-17, So 11-17, Zitadellen-, Stadt-, Museumsführungen nach Anmeldung:
Stadtgeschichtliches Museum Jülich
Kleine Rurstraße 20
52428 Jülich
Tel.: 02461 / 6 32 28
www.juelich.de/museum

Kirchheim in Schwaben (Bayern)
Verwaltungsgemeinschaft Kirchheim
Marktplatz 6
87757 Kirchheim
Tel.: 08266 / 86 08-0

Schloss Kirchheim
Marktplatz 1
87757 Kirchheim / Schwaben
Tel.: 08266 / 86 00-20
tägl. 9-12, 14-18 Uhr

Köln (Nordrhein-Westfalen)
Verkehrsamt
Unter Fettenhennen 19
50667 Köln
Tel.: 0221 / 221-3 33 45
www.stadt-koeln.de/koelntourismus
www.koeln.de

Rathaus (Rathauslaube)
Rathausplatz
Tel.: 0221 / 221-0

Dom St. Peter und Maria
Tel.: 0221 / 92 58 47 40
(Dompfarramt, Domkloster 3)
www.koelner-dom.de
tägl. 6-19.30 Uhr
Domführungen: Mo-Sa 11, 12.30, 14, 15.30, So 14, 15.30 Uhr
www.domforum.de

St. Maria im Kapitol
Marienplatz 19
Tel.: 0221 / 21 46 15
Mo-So 9.30-18 Uhr

Wallraf-Richartz-Museum
Martinstraße 39
Tel.: 0221 / 221-2 23 72
www.museenkoeln.de
Di 10-20, Mi-Fr 10-18, Sa-So 11-18 Uhr

Kulmbach (Bayern)
Tourist-Information
Sutte 2 (Stadthalle)
95326 Kulmbach
Tel.: 09221 / 9 58 80
www.stadt-kulmbach.de

Plassenburg ob Kulmbach
Festungsberg 26
Tel.: 09221 / 82 20-0
Apr.-Sept.: tägl. 9-18, Do 9-20 Uhr, Okt.-März: tägl. So 10-16 Uhr
Führungen stündlich

Landshut (Bayern)
Verkehrsverein Landshut e.V.
Altstadt 315
84028 Landshut
Tel.: 0871 / 9 22 05-15
www.landshut.de
Stadtführungen
(Treffpunkt vor dem Rathaus):
Mai-Okt.: Mi u. Sa 15 Uhr,
Nov.-Apr.: Sa 14 Uhr
Themen u. a.: Landshuter Hochzeit,
Auf den Spuren der Renaissance

Stadtresidenz
Altstadt 79
Tel.: 0871 / 9 24 11-0
Besichtigung nur mit Führung
Apr.-Sept.: Di-So 9-18 Uhr,
Okt.-März: Di-So 10-16 Uhr

Burg Trausnitz
Schlossverwaltung Burg Trausnitz
Burg Trausnitz 168
84036 Landshut
Tel.: 0871 / 9 24 11-0
Besichtigung nur mit Führung:
Apr.-Okt.: 9-12 u. 13-16.30 Uhr,
Nov.-März: 9-12 u. 13-15.30 Uhr

Landschaftshaus
Altstadt 28 (heute Geschäftshaus)

Lauenstein (Sachsen)
Geising Ortsverwaltungen
Bahnhofstraße 4
01778 Lauenstein
Tel.: 035054 / 2 83 62

Ev. Stadtkirche
Kirchgasse 1
Tel.: 035054 / 2 52 65
www.kulturfoerderverein-lauenstein.de
Besichtigung nur mit Führung
Mo-Sa 11 u. 14, So 14 Uhr oder nach
Vereinbarung unter Tel.: 2 56 84

Lemgo (Nordrhein-Westfalen)
Lemgo Marketing e.V.
Am historischen Marktplatz
(Kramerstraße 8)
32657 Lemgo
Tel.: 05261 / 98 87-0
www.lemgo.de

Schloss Brake
Weserrenaissance-Museum
Schloß Brake
Schlossstraße 18
Tel.: 05261 / 94 50-0
www.wrm.lemgo.de
Di-So 10-18 Uhr, feiertags auch Mo
Führungen nach Anmeldung
kostenlose Sonntagsführung jeden
1. So im Monat um 11.30 Uhr

Apothekenerker am Rathaus
Marktplatz 1
Tel.: 05261 / 213-0 u. 98 87-0

Städtisches Museum
Hexenbürgermeisterhaus
Breite Straße 19
Tel.: 05261 / 21 34 63
(bis Anfang 2003 wg. Renovierungsarbeiten geschl.)

St. Marien
Stiftstraße 21
Tel.: 05261 / 20 07
Di-So 9-17 Uhr

St. Nicolai
Papenstraße 16
Tel.: 05261 / 40 75
www.nicolai-lemgo.de
Di-So tagsüber geöffnet

Leonberg
(Baden-Württemberg)
Stadtmarketing
Bahnhofstraße 57
71229 Leonberg
Tel.: 07152 / 9 90 22 10
www.leonberg.de

Pomeranzengarten Leonberg
Der Garten ist unterhalb des
Schlosses gelegen und ganzjährig
tagsüber frei zugänglich.
Führungen nach Anmeldung unter
Tel.: 07152 / 9 90 22 10
Im Schloss befinden sich Finanzamt
und Amtsgericht. Es kann daher
nicht besichtigt werden.
Infos beim Staatlichen
Liegenschaftsamt Stuttgart
(0711 / 66 73-79 23)

Lichtenau (Bayern)
Gemeindeverwaltung Lichtenau
Ansbacher Straße 11
91586 Lichtenau
Tel.: 09827 / 92 11-0

Festung Lichtenau
Von Heydeck-Straße 1
Tel.: 09827 / 12 35
Besichtigung u. Führung nach
Voranmeldung

Lutherstadt Wittenberg
(Sachsen-Anhalt)
Wittenberg-Information
Schlossplatz 2
06886 Lutherstadt Wittenberg
Tel.: 03491 / 49 86 10
www.wittenberg.de

Schloss
Museum für Natur und Völkerkunde
Julius Riemer
Schlossplatz
Tel.: 03491 / 4 33 49 20
Di-So 9-17 Uhr

Schlosskirche Allerheiligen
Schlossplatz
Tel.: 03491 / 40 25 85
Mai-Okt.: Mo 14-17,
Di-Sa 10-17, So 11.30-17 Uhr,
Nov.-Apr.: Mo 14-16, Di-Sa 10-16,
So 11.30-16 Uhr,
Führung nach Anmeldung beim
Küster

Stadtkirche St. Marien
Jüdenstraße 35
Tel.: 03491 / 40 32 01
Mai-Okt.: Mo-Sa 9-17, So 11.30-17,
Nov.-Apr.: Mo-Sa 10-16,
So 11.30-16 Uhr

Lutherhaus
Collegienstraße 54
Tel.: 03491 / 40 20 30
www.martinluther.de
(z. Zt. wg. Umbauarbeiten geschl.)

Augusteum (Predigerseminar)
Collegienstraße 54
Tel.: 03491 / 40 21 96

Melanchthon-Haus
Collegienstraße 60
Tel.: 03491 / 40 32 79
Apr.-Okt.: tägl. 9-18 Uhr,
Nov.-März: Di-So bis 17 Uhr

Altes Collegium u. Neues Collegium
(1842 durch Kaserne ersetzt)
Stiftung Leucorea (Universität)
Collegienstraße 62
Tel.: 03491 / 46 61 00

Lateinschule (Altes Gymnasium)
(heute Wohnhaus)
Jüdenstraße 38

Cranachhaus
Markt 4
Tel.: 03491 / 4 20 19 11
Di, Mi, Fr 10-17, Do 10-18,
Sa u. So 13-17 Uhr

Cranachhof
Schlossstraße 1
Tel.: 03491 / 41 09 12

Marienberg (Sachsen)
Fremdenverkehrsamt
Am Frischen Brunnen 1
09496 Marienberg
Tel.: 03735 /9 05 14

Meißen (Sachsen)
Tourist-Information
Markt 3, 01662 Meißen
Tel.: 03521 / 41 94-17/-16
www.touristinfo-meissen.de

Albrechtsburg Meißen
Domplatz 1
Tel.: 03521 / 4 70 70
www.albrechtsburg-meissen.de
März-Okt.: tägl. 10-18 Uhr,
Nov.-Febr.: 10-17 Uhr
Sammlung zur sächsischen Plastik
und Meißener Porzellan

Meßkirch (Baden-Württemberg)
Tourist-Information
Schlossstraße 1
88605 Meßkirch
Tel.: 07575 / 206-46
www.messkirch.de

Schloss
Schlossstraße 1
Führungen und Besichtigung
des restaurierten Saals nach
Voranmeldung unter
Tel.: 07575 /2 06-46

Mönchengladbach
(Nordrhein-Westfalen)
Verkehrsverein Mönchengladbach e.V.
Bismarckstraße 23-27
41061 Mönchengladbach
Tel.: 02161 / 2 20 01
www.moenchengladbach.de

Städtisches Museum Schloß Rheydt
Schlossstraße 508
Tel.: 02161 / 9 28 90-0
Okt.-März: Di-Sa 11-16, So 11-18
Uhr, Apr.-Sept.: Di-So 11-19 Uhr,
an Feiertagen auch Mo

München (Bayern)
Fremdenverkehrsamt München
Sendlinger Straße 1
80331 München
Tel.: 089 / 2 33 03 00
www.muenchen-tourist.de

Domkirche zu Unserer Lieben Frau (Liebfrauenkirche)
Frauenplatz 1
Tel.: 089 / 2 90 08 20
Sa-Mi 7-19, Do 7-20.30, Fr 7-18 Uhr

St. Michael
Neuhauser Straße 52
Tel.: 089 / 2 31 70 60
tägl. 8-19 Uhr

Residenz
mit Residenzmuseum und
Schatzkammer
Max-Joseph-Platz 3
Tel.: 089 / 2 90 67-1
Apr.-15. Okt.: tägl. 9-18, Do 9-20 Uhr,
16. Okt.-März: tägl. 10-16 Uhr

Alte Münze
(heute Bayerisches Landesamt für
Denkmalspflege)
Hofgraben 4
Tel.: 089 / 21 14-0

Alte Pinakothek
Bayerische Staatsgemälde-
sammlungen
Barer Straße 27
Tel.: 089 / 2 38 05-216
www.pinakotheken-muenchen.de
Di-So 10-17, Do bis 22 Uhr

Glyptothek
Königsplatz 3
Tel.: 089 / 28 61 00
Di-So 10-17, Do bis 20 Uhr

Staatliche Antikensammlung
Königsplatz 1
Tel.: 089 / 59 83 59
Di-So 10-17, Mi bis 20 Uhr

Bayerisches Nationalmuseum
Prinzregentenstraße 3
Tel.: 089 / 2 11 24-01
www.bayerisches-nationalmuseum.de
Di-So 10-17 Uhr

Münchner Stadtmuseum
Sankt-Jakobs-Platz 1
Tel.: 089 / 233-2 23 70
www.stadtmuseum-online.de
Di-So 10-18 Uhr

Neuburg a. d. Donau (Bayern)
Gästeinformation
Residenzstraße A 65
86633 Neuburg an der Donau
Tel.: 08431 / 55-240/-241
www.neuburg-donau.de

Rathaus
Karlsplatz A 12
Tel.: 08431 / 55-0

Hofkirche
Karmelitergasse 88
Tel.: 08431 / 25 09
ganztags geöffnet

Schloss Neuburg an der Donau
Residenzstraße 2
Tel.: 08431 / 88 97

Schlossmuseum
Di-So 10-16 im Winter,
9-18 Uhr im Sommer

Nürnberg (Bayern)
Congress- und Tourismus-Zentrale
Frauentorgraben 3
90443 Nürnberg
Tel.: 0911 / 23 36-0
www.tourismus.nuernberg.de
Altstadtführungen:
tägl. 13.30 Uhr
(Treffpunkt Tourist Information am Hauptmarkt/Rathaus)

Altes Rathaus
Rathausplatz 2
Tel.: 0911 / 231-26 90
Innenhof frei zugänglich
Besichtigung der Lochgefängnisse im Alten Rathaus:
Di-So 10-16.30 Uhr,
während des Christkindlmarkts tägl.,
im Winter an Wochenenden geschl.

St. Sebald
Albrecht-Dürer-Platz 1
Tel.: 0911 / 2 14 25 00
tägl. 9.30-18,
Pfingsten - Sept. bis 20 Uhr,
Jan.-Feb. bis 16 Uhr

St. Lorenz
Lorenzer Platz
Tel.: 0911 / 20 92 87
Mo-Sa. 9-17, So 13-16 Uhr

St. Johannis-Friedhof
Johannisstraße 55
Tel.: 0911 / 33 05 16
Apr.-Sept.: 7-19 Uhr,
Okt.-März: 8-17 Uhr

Friedhof St. Rochus
Beim Rochuskirchhof
Tel.: 0911 / 26 35 16
Apr.-Sept.: 7-19 Uhr,
Okt.-März: 8-17 Uhr

Kaiserburg
Burgverwaltung Nürnberg, Burg 13,
90403 Nürnberg,
Tel.: 0911 / 22 57 26
Apr.-Sept.: tägl. 9-18, Do bis 20 Uhr,
Okt.-März: tägl. 10-16 Uhr
Historischer Burggarten:
Öffnungszeiten saisonbedingt

Fembohaus - Stadtmuseum
Burgstraße 15
Tel.: 0911 / 231-25 95
Di-So 10-17, Do bis 20 Uhr

Albrecht-Dürer-Haus
Museen der Stadt Nürnberg
Albrecht-Dürer-Straße 39
Tel.: 0911 / 2 31 25 68
März-Okt.:
Di-So 10-17, Do 10-20 Uhr,
Nov.-Feb.:
Di-Fr 13-17, Sa, So 10-17 Uhr,
während des Christkindlmarkts Sommeröffnungszeiten
Führungen; nach tel. Rückfrage

Germanisches Nationalmuseum
Kartäusergasse 1
Tel.: 0911 / 1 33 10
www.gnm.de
Di-So 10-17, Mi bis 21 Uhr
Graphische Sammlung, Münzkabinett, Archiv und Glockenarchiv:
Di-Fr 9-16 Uhr

Tucherschloss und Hirschvogelsaal
Museum Tucherschloss
Hirschelgasse 9-11
Tel.: 0911 / 231-54 21
Di 10-13, Do 10-16, Sa u. So 13-17 Uhr

Oberschleißheim (Bayern)
Schloss Schleißheim (Altes Schloss)
85764 Oberschleißheim
Tel.: 089 / 3 15 52 72
Di-So 10-17 Uhr

Paderborn / Schloß Neuhaus
(Nordrhein-Westfalen)
Verkehrsverein Paderborn
Marienplatz 2a
33098 Paderborn
Tel.: 05251 / 88 29 80
www.paderborn.de

Schloß Neuhaus
Museum für Baugeschichte der ehem. fürstbischöflichen Residenz
Residenzstraße
33104 Paderborn-Schloss Neuhaus
Tel.: 05251 / 88-10 62
Di-Fr 13-18, Sa u. So 10-18 Uhr

Regensburg (Bayern)
Tourist-Information - Altes Rathaus
Rathausplatz 3
93047 Regensburg
Tel.: 0941 / 507-44 10
www.regensburg.de

Altes Rathaus
Rathausplatz 3
Tel.: 0941 / 507-0
Besichtigung nur mit Führung:
werktags 9.30-11.30, 14-16 Uhr,
So u. feiertags 10-12 Uhr,
Apr.-Okt. So auch 14-16

Neupfarrkirche
Neupfarrplatz
Tel.: 0941 / 5 92 01-12

Historisches Museum
Dachauplatz 2-4
Tel.: 0941 / 507-14 42
Di-So 10-16 Uhr

Diözesanmuseum St. Ulrich
Domplatz 2
Tel.: 0941 / 595-32 25 30
Apr.-Okt.: Di-So 10-17 Uhr

Schleswig (Schleswig-Holstein)
Touristeninformation Schleswig
Plessenstraße 7
24837 Schleswig
Tel.: 04621 / 98 16 16
Stadtführungen Anfang Mai bis Ende Sept., Gruppenführungen ganzjährig auf Anfrage

Schloss Gottorf
Schleswig-Holsteinische Landesmuseen
24837 Schleswig
Tel.: 04621 / 813-0 u. 813-222
März-Okt.: tägl. 9-17 Uhr,
Nov.-Febr.: tägl. 9.30-16 Uhr

St.-Petri-Dom
Süderdomstraße 13
Tel.: 04621 / 96 30-54
Apr.-Sept.: Mo-Sa 9-17, So 13.30-17 Uhr, Okt.-März: Mo-Sa 10-16,
So 13.30-16, Fr nur bis 15 Uhr,
Führungen Juni-Aug. 14 Uhr

Schmalkalden (Thüringen)
Tourist-Information Schmalkalden
Mohrengasse 1a
98574 Schmalkalden
Tel.: 03683 / 40 31 82

Museum Schloss Wilhelmsburg
Schlossberg 9
Tel.: 03683 / 40 31 86
Feb.-Okt.: Di-So 9-17 Uhr,
Nov.-Jan.: Di-So 10-16 Uhr
Führungen nach tel. Anmeldung
Konzerte auf der Renaissance-Orgel in der Schlosskirche, Kammermusik in den Festsälen

Stadthagen (Niedersachsen)
Tourist-Information Stadthagen
Markt 1
31655 Stadthagen
Tel.: 05721 / 92 60 70
www.stadthagen.de

Schloss (Finanzamt)
Tel.: 05721 / 705-0
Besichtigung nur an Wochenenden nach frühzeitiger Anmeldung

St. Martini u. Mausoleum
Am Kirchhof 3
Tel.: 05721 / 78 07-0
Mi u. Fr 15-17 Uhr
Mausoleum nach telefonischer Anmeldung

Rathaus
Markt 1
Tel.: 05721 / 782-0 u. 92 60 70

Stuttgart (Baden-Württemberg)
Stuttgart Marketing GmbH
Lautenschlagerstraße 3
70173 Stuttgart
Tel.: 0711 / 22 28-200/-201
www.stuttgart-tourist.de

Württembergisches Landesmuseum im Alten Schloss und Musikinstrumentensammlung im Fruchtkasten
Schillerplatz 6
Tel.: 0711 / 279-34 00/-34 07
www.landesmuseum-stuttgart.de
Di 10-13, Mi-So 10-17 Uhr

Stiftkirche
Stiftstraße 12
Tel.: 0711 / 29 42 92
tägl. 9-17.30 Uhr,
Do ab 12 Uhr

Torgau (Sachsen)
Torgau-Informations-Center-TIC
Schlossstraße 11
04860 Torgau
Tel.: 03421 / 71 25 71
www.tic-torgau.de

Schloss Hartenfels
Kreismuseum Torgau
Schlossstraße 27
Tel.: 03421 / 73 90 36
Mo-So 10-17 Uhr

Stadtkirche St. Marien
Wintergrüne 1
Tel.: 03421 / 90 26 71
Sommer:
Mo-Sa 10-12 u. 13-16.30,
So 13-16.30 Uhr,
Winter:
Mo-Fr 9-11.30 u. 14-16 Uhr,
Sa u. So nach Voranmeldung in der Schlosskirche

Tübingen (Baden-Württemberg)
Bürger- und Verkehrsverein
An der Neckarbrücke 1
72072 Tübingen
Tel.: 07071 / 91 36-0
www.tuebingen-info.de
Stadtführungen
(Treffpunkt am Rathaus):
Apr.-Okt.: Mi 10 Uhr,
Sa, So u. feiertags 14.30 Uhr
Gruppenführungen nach Vereinbarung

Schloss Hohentübingen
Burgsteige 11
Tel.: 07071 / 2 97 73 84
(heute Uni)

Archäologisches Museum
Mai-Sept.: Mi-So 10-18 Uhr,
Okt.-Apr.: Mi-So bis 17 Uhr
Führungen nach Vereinbarung

St. Georg
Holzmarkt
Tel.: 07071 / 4 31 51
www.stiftskirche-tuebingen.de
tägl. 9-17, im Winter bis 16 Uhr
Chor u. Turm von Ostern bis Erntedank:
Fr, Sa, So, ab 11.30 Uhr,
in den Sommerferien tägl.
Führungen unter Tel.: 4 20 46

Collegium Illustre (Kath. Wilhelmsstift)
Collegiumsgasse 5
Tel.: 07071 / 569-0

Ulm (Baden-Württemberg)
Tourist-Information
Stadthaus, Münsterplatz 50
89073 Ulm
Tel.: 0731 / 161-28 30
www.ulm.de

Ulmer Münster
Münsterplatz
tägl. 9-17 Uhr, im Sommer länger
Führungen nach Voranmeldung unter
Tel.: 07071 / 161-28 30

Weikersheim (Baden-Württemberg)
Städt. Kultur- und Verkehrsamt
Marktplatz 7
97990 Weikersheim
Tel.: 07934 / 99 25 -74 / -75

Schloss Weikersheim
Marktplatz 11
Tel.: 07934 / 83 64
Apr.-Okt.: 9-18 Uhr,
Nov.-März: 10-12 u. 13.30-16.30 Uhr
Gruppen- u. Sonderführungen nach Vereinbarung

Weißenburg i. Bayern (Bayern)
Amt für Kultur und Touristik
Martin-Luther-Platz 3
91781 Weißenburg i. Bayern
Tel.: 09141 / 90 71 24

Festung Wülzburg
Auf der Wülzburg
Tel.: 09141 / 90 71 24
Führungen nach telef. Voranmeldung

Wismar
(Mecklenburg-Vorpommern)
Tourist Information
Stadthaus, Am Markt 11
23966 Wismar
Tel.: 03841 / 251-30 25
www.wismar.de

Fürstenhof
Vor dem Fürstenhof
wird z. Zt. restauriert;
danach Sitz des Amtsgerichts

Wolfenbüttel (Niedersachsen)
Tourist-Information
Stadtmarkt 7
38300 Wolfenbüttel
Tel.: 05331 / 86-280/-282
www.wolfenbuettel.de
Stadtführungen
(Treffpunkt am Schlossportal):
Apr.-Sept.: Sa 14.30, So 11 Uhr,
Okt.-Dez.: nur So 11 Uhr
Gruppenführungen n. Voranmeldung

Museum im Schloss
Schlossplatz 13
Tel.: 05331 / 9 24 60
Di-So 10-17 Uhr
Gruppenführungen n. Voranmeldung

Herzog August Bibliothek
Lessingplatz 1
Tel.: 05331 / 80 82 14

Hauptkirche (Beatae Mariae Virginis)
Kornmarkt
Di-Sa 10-12 u. 14-16 Uhr
Gruppenführungen n. Voranmeldung
unter Tel.: 05331 / 28 92

Würzburg
Congress & Tourismus Zentrale
Würzburg
Am Congress Centrum
97070 Würzburg
Tel.: 0931 / 37 23 35
www.wuerzburg.de

Festung Marienburg
Schloss und Gartenverwaltung
97070 Würzburg
Tel.: 0931 / 35 51 70

Alte Universität und Neubaukirche
Neubaustraße
Tel.: 0931 / 4 38 38
Außenanlagen jederzeit zugänglich

Konzerte und Musikfestivals

Mai / Juni

Aschaffenburger Schlosskonzerte
Tel.: 06021 / 33 04 25 u. 2 70 78

Meißen, Albrechtsburg
Dresdener Musikfestspiele
Tel.: 03521 / 4 78 56 24

Regensburg, Minoritenkirche
Spectaculum Musicae
Tel.: 0941 / 5 07 44 10

Regensburg, In der Altstadt
Tage Alter & Neuer Musik
Tel.: 0941 / 5 26 87

Juni / Juli

Festspiele
Mecklenburg-Vorpommern
Eröffnungskonzert -
Wismar, Hl.-Geist-Kirche
Tel.: 0385 / 5 91 85-66

Torgau, Stadtkirche
Festwoche der Kirchenmusik
Tel.: 03421 / 71 25 71 u. 90 40 38

Güstrower Orgeltage
Güstrow, Pfarrkirche / Dom
Tel.: 03843 / 68 10 23 u. 68 10 63

Landshuter Hofmusiktage
Stadtresidenz
Tel.: 0871 / 92 20 50

Musica Franconia -
Internationale Festtage
Alter Musik in Nürnberg
Tel.: 0911 / 2 33 61 35

Musica Sacra Nürnberg
Internationale Orgelwoche
Tel.: 0911 / 2 33 61 35
u. 2 14 44-66/-88

Sächsisch-Böhmisches
Musik Festival
Dresden, Kreuzkirche;
Meißen, Dom u. a.
Tel.: 0351 / 4 72 10 90

Juli

Musikfest auf Schloss Weikersheim
Tel.: 07934 / 1 02 55

Juli / August

Aschaffenburg, Schlossturm
Carillon-Fest (Glockenspiele)
Tel.: 06021 / 39 58 00 u. 33 04 25

Schlossfestspiele Heidelberg
Tel.: 06221 / 58 35 21

Feste

April/Mai

Torgau, Markt
Auszug der Torgauer Geharnischten
Tel.: 03421 / 71 25 71 u. 71 40 06

Meißen, Albrechtburg
Walpurgisnacht & Markgrafenfest
Tel.: 03521 / 4 19 40 u. 4 70 70

Mai-Oktober

Schloß Neuhaus / Paderborn
Schlosssommer
Tel.: 05251 / 88-10 96

Juni

Lutherstadt Wittenberg
Luthers Hochzeit
Tel.: 03491 / 49 86 10

Annaburg, Schloss
Schloss- und Heimatfest
Tel.: 035385 / 70 20

Bückeburg, Schlossinnenhof
Shakespeare's
Mittsommernachtstraum
(Theater in englischer Sprache)
Tel.: 05722 / 20 61 81 u. 50 39

Juli

Eichstätt, Willibaldsburg
Burgfest
Tel.: 08421 / 9 77 50

Güstrow, Renaissancegarten
des Schlosses
Sommertraum am alten Schloss
Tel.: 03843 / 68 10 23 u. 75 20

Wolfenbüttel, Seeliger Park
Viva la Musica
Tel.: 05331 / 86-280 u. 92 58 88

August / September

Wolfenbüttel, Innenstadt
Historisches Altstadtfest
Tel.: 05331 / 86-280 u. 92 58 88

Lemgo,
Weserrenaissance-Museum
Schloß Brake
Schlossfest
Tel.: 05261 / 94 50-0

Meißen, Albrechtsburg
Burgfestspiele
Tel.: 03521 / 4 19 40

Oktober

Schloss Annaburg
Stifelfest
Tel.: 035385 / 70 20

Niederlande

(Ländervorwahl 00 31)

Niederländisches Büro
für Tourismus (NBT)
Postfach 270580
D-50511 Köln
Tel.: 01805 / 34 33 22
(Mo–Fr 9–19 Uhr)
www.niederlande.de

für Österreich:
Tel.: 0800 / 88 85 80

für die Schweiz:
Tel.: 0800 / 88 05 80

Nederlandse Kastelenstichting
(Niederländische Burgenstiftung)
Markt 24
NL-3961 BC Wijk bij Duurstede
Tel.: 0343 / 57 89 95
www.kastelen.nl

Weitere Internetadressen:

www.vvv.nl
www.visitholland.com
www.hollandmuseums.nl

Amsterdam
(Noord-Holland)
Amsterdam Tourist Board
Postbus 3901
1001 AS Amsterdam
Tel.: 020 / 5 51 25 12
www.visitamsterdam.nl

Kantoor Stationsplein
Stationsplein 10
1012 AB Amsterdam
Tel.: 0900 / 4 00 40 40
www.amsterdamtourist.nl

Oude Kerk - St.-Nicolaas
Ouderkerksplein 23
Tel.: 020 / 6 25 82 84
www.oudekerk.nl
Apr.-Okt.:
Mo–Sa 11–17, So 13–17 Uhr,
Nov–März: Fr–So 13–17 Uhr
Turmbesteigung empfehlenswert

Noorderkerk
Noordermarkt 48
Tel.: 020 / 6 26 64 36
So 10–19 Uhr

Westerkerk
Prinsengracht 281
Tel.: 020 / 6 24 77 66
Mo–Sa 10–16 Uhr

Zuiderkerk
(heute Kultur- und
Ausstellungszentrum)
Zuiderkerkhof 72
Tel.: 020 / 5 52 79 87
www.zuiderkerk.amsterdam.nl
Mo 11–16, Di–Fr 9–16, Do 9–20 Uhr

Het Oostindisch Huis
(heute Fakultät der Universität)
Oude Hoogstraat 24
Tel.: 020 / 5 25 22 58
(nach der Renovierung für die
Öffentlichkeit zugänglich)

Huis Bartolotti
(heute Theatermuseum)
Eingang Herrengracht 168
Tel.: 020 / 5 51 33 00
www.tin.nl
Di–Fr 11–17, Sa u. So 13–17 Uhr

Amsterdam Historisch Museum
Kalverstraat 92 /
Nieuwezijds Voorburgwal 357
Tel.: 020 / 5 23 18 22
www.ahm.nl
Mo–Fr 10–17,
Sa u. So 11–17 Uhr

Rijksmuseum
Stadhouderskade 42
Tel.: 020 / 6 74 70-00/-47
www.rijksmuseum.nl
tägl. 10–17 Uhr

Arnhem / Arnheim (Gelderland)
VVV Arnhem,
De Zuid Veluwe & de Liemers
Willemsplein 8
6811 KB Arnhem
Tel.: 0900 / 2 02 40 75
www.vvvarnhem.nl

Oude Stadhuis („Duivelshuis")
Östlich gegenüber der Grote Kerk
Tel.: 026 / 3 77 47 74
Mo–Fr 9–16, Do bis 20 Uhr

Breda (Noord-Brabant)
VVV Breda
Willemstraat 17–19
4811 AJ Breda
Tel.: 0900 / 5 22 24 44
www.bredadigitaal.nl/vvv

Grote Kerk (Onze Lieve Vrouwekerk)
Grote Markt
Mo–Fr 10–17 Uhr,
Mai–Okt.: auch Sa u. So ab 13–17 Uhr
Führung u. Turmbesteigung auf
Anfrage unter Tel.: 076 / 5 21 82 67

Kasteel Breda
(heute Koninklijke
Militaire Academie)
Kasteelplein 10 / Cingelstraat
Besichtigung nur im Rahmen des
VVV-Stadtrundgangs
Individualführungen während der
Schulferien
Anmeldungen: VVV Breda,
Tel.: 0900 / 5 22 24 44

Breda's Museum
Parade 12–14,
Chassépark Breda
Tel.: 076 / 5 29 93 00
Di–So u. feiertags 10–17 Uhr

Delft (Zuid-Holland)
VVV Delft
Markt 83–85
2611 GS Delft
Tel.: 0900 / 3 35 38 88
www.vvvdelft.nl

Stadhuis (Rathaus)
Markt 87
Mo–Fr 8–16.30 Uhr

Nieuwe Kerk
Markt 80
Tel.: 015 / 2 12 30 25
Jan.–März u. Nov.–Dez.:
Mo–Fr 11–16, Sa 11–17 Uhr,
Apr.–Okt.: Mo–Sa 9–18 Uhr

Den Haag / 's-Gravenhage
(Zuid-Holland)
Stichting Promotie Den Haag/VVV
Nassaulaan 25
2514 JT Den Haag
Tel.: 070 /3 61 88 88
www.denhaag.com
Kantoor Winkelcentrum Babylon
Koningin Julianaplein 30
2595 AA Den Haag
Tel.: 0900 / 3 40 35 05

Oude Stadhuis (Altes Rathaus)
Dagelijkse Groenmarkt

Mauritshuis
Het Koninklijk Kabinet van
Schilderijen
(Königliche Gemäldegalerie)
Korte Vijverberg 8
Tel.: 070 / 3 02 34 56
www.mauritshuis.nl
Di–Sa 10–17, So 11–17 Uhr

Dordrecht (Zuid-Holland)
Regio VVV Zuid-Holland-Zuid
Kantoor Dordrecht
Stationsweg 1
3311 JW Dordrecht
Tel.: 0900 / 4 63 68 88
www.zhz.nl, www.dordrecht.nl

Grote Kerk
(Onze Lieve Vrouwekerk)
Lange Geldersekade 2
Tel.: 078 / 6 14 46 60
Apr.–Okt.: Di–Sa 10.30–16.30,
So 12–16 Uhr,
Nov.–Dez.: 1. u. 3. Sa. 14–16 Uhr

Haarlem (Noord-Holland)
VVV Haarlem
Stationsplein 1
2011 LR Haarlem
Tel.: 0900 / 6 16 16 00
www.haarlem.nl

Vleeshal (Fleischhalle)
Grote Markt 18
Tel.: 023 / 5 31 91 80
Mo–Sa 11–17, So 12–17 Uhr
Im Keller befindet sich das
Archäologische Museum Haarlem

De Waag (Stadtwaage)
Ecke Damstraat 29 /
Spaarne

Stadhuis (Rathaus)
Grote Markt 2
Tel.: 023 / 5 11 37 50

Frans-Hals-Museum
Groot Heiligland 62
Tel.: 023 / 5 11 57 75
www.franshalsmuseum.nl
Mo–Sa 11–17, So 12–17 Uhr

IJsselstein (Utrecht)
VVV IJsselstein
Benschopperstraat 41a
3401 DG IJsselstein
Tel.: 030 / 6 88 72 73
www.ijsselstein.net

Kasteeltoren Ijsselstein
(Treppenturm des Kasteel)
Kronenburgplantsoen 9
Juli bis Anf. Sept:
Sa–So 13–17 Uhr
Informationen unter Tel.:
030 / 6 88 68 00

Hervormde Kerk
Kronenburgplantsoen 2
Mai–14. Sept.: 14–16 Uhr
u. nach Vereinbarung

Kampen (Overijssel)
Stichting VVV/ANWB Hanzestad
Kampen
Oudestraat 151
8261 CL Kampen
Tel.: 038 / 3 31 35 00
www.kampen.nl

Oude en Nieuwe Raadhuis
(Rathaus)
Oudestraat 133
Tel.: 038 / 3 39 29 99

Schepenzaal (Schöffensaal):
Mo–Do 10–12, 14–16,
Apr.–Sept. auch Sa 14–17 Uhr

Vleeshuis (Fleischhaus)
Oudestraat 119

Leiden (Zuid-Holland)
Leiden Promotie VVV
Stationsplein 2d
2312 AV Leiden
Tel.: 0900 / 2 22 23 33
www.leidenpromotie.nl

Stadhuis (Rathaus)
Stadhuisplein
Tel.: 071 / 5 16 51 65

Rijnlandshuis (Rheinlandhaus)
Breestraat 59

Hortus Botanicus (der Rijksuniversiteit)
Rapenburg 73
Tel.: 071 / 5 27 72 49
www.hortus.leidenuniv.nl
März–Okt.: tägl. 10–18 Uhr,
Nov.–Feb.: So–Fr 10–16 Uhr

Stedelijk Museum De Lakenhal
Oude Singel 28–32
Tel.: 071 / 5 16 53 60
www.lakenhal.demon.nl
Di–Fr 10–17, Sa, So u. feiert. 12–17 Uhr

Museum Boerhaave
Lange Sint Agnietenstraat 10
Tel.: 071 / 5 21 42 24
www.museumboerhaave.nl
Di–Sa 10–17, So u. feiertags 12–17 Uhr

Utrecht (Utrecht)
VVV Utrecht
Vinkenburgstraat 19
3512 AA Utrecht
Tel.: 0900 / 4 14 14 14
www.12utrecht.nl

Centraal Museum
Agnietenstraat 1
Tel.: 030 /2 36 23 62
www.centraalmuseum.nl
Di–Sa 10–17, So u. feiertags 12–17 Uhr

Rijksmuseum Het Catharijneconvent
Nieuwegracht 63
u. Lange Nieuwstraat 38
Tel.: 030 / 2 31 72 96, 2 31 38 35
www.catharijneconvent.nl
Di–Fr 10–17, Sa u. So 11–17 Uhr,
montags an Feiertagen geöffnet

Vaassen (Gelderland)
VVV-Agentschap Vaassen
Jan Mulderstraat 18
8171 CD Vaassen
Tel.: 0578 / 57 22 00
www.vvv-vaassen.nl

Kasteel de Cannenburgh
Maarten van Rossumplein 4
8171 EB Vaassen
Tel.: 0578 / 57 12 92
15. Apr.–Okt.: Di–Fr 10–17, Sa u. So
13–17 Uhr, feiertags 10–17 Uhr

Zaltbommel (Gelderland)
VVV Rivierenland Kantoor Zaltbommel
Markt 15 (Waagebouw)
5301 AL Zaltbommel
Tel.: 0418 / 51 81 77
www.rivierenland.nl

Maarten van Rossumhuis
(Historisches Museum)
Nonnenstraat 5
Tel.: 0418 / 51 26 17
Di–Fr 10–12.30, 13.30–16.30,
So 14–16.30 Uhr,
Apr.–Sept. auch Sa 14–16.30 Uhr

Hof des Johan van Rossum
Waterstraat 26

Feste und Festivals

Juli

Internationaal Orgelfestival Haarlem
Oude Groenmarkt 23
Tel.: 023 / 5 32 43 99

August / September

Utrecht:
Holland Festival Oude Muziek
Musik des Mittelalters, der
Renaissance und des Barock
Tel.: 030 / 2 30 38 38

Dordrecht:
Dordt Monumenteel
(Denkmalfest in Dordrecht,
hist. Musik und Theater)
Tel.: 0900 / 4 63 68 88

Belgien

(Ländervorwahl 0032)

Belgisches Verkehrsamt
Cäcilienstraße 46
D-51667 Köln
Tel.: 0221 / 27 75 90
www.ardennen-bruessel.de
www.flandern.com

Antwerpen (Antwerpen)
Antwerpen - Dienst voor Toerisme
Grote Markt 15
2000 Antwerpen
Tel.: 03 / 2 32 01 03
www.visitantwerpen.be,
www.antwerpen.be,
www.dma.be

Stadhuis (Rathaus)
Grote Markt
Tel.: 03 / 2 21 13 33
Mo 9–12, Di–Fr 9–15, Sa 12–16 Uhr

Rubenshuis (Rubenshaus)
Wapper 9–11
Tel.: 03 / 2 01 15 55
www.dma.be/cultuur/rubenshuis
Di–So 10–17 Uhr

Museum Plantin-Moretus
Vrijdagmarkt 22–23
Tel.: 03 / 2 21 14 50
www.dma.be/cultuur/
museum_plantinmoretus
Di–So 10–17 Uhr

Koninklijk Museum voor
Schone Kunsten
Plaatsnijdersstraat 2
Tel.: 03 / 2 38 78 09
www.dma.be/cultuur/kmska
Di–So 10–17 Uhr

Beurs (Handelsbeurs)
Twaalfmaandenstraat
Tel.: 03 / 5 44 41 73

Brügge (West-Vlaanderen)
Toerisme Brugge
Burg 11, 8000 Brugge
Tel.: 050 / 44 86 86
www.brugge.be

Civiele Griffie (Stadtkanzlei)
Burg 11A
Tel.: 050 / 44 87 11
tägl. 9.30–12.30 u. 13.30–17 Uhr
(Saal)

Palais van het Brugse Vrije
(Brügger Freiamt)
Burg 11
Tel.: 050 / 44 86 86

Hl.-Bloedbasiliek
Burg 10
Apr.–Sept.: tägl. 9.30–12, 14–18 Uhr,
Okt.–März: 10–12, 14–16 Uhr
Verehrung der Reliquie
jeden Fr. 8.30–10, 10–11, 15–16 Uhr

Onze-Lieve-Vrouwekerk
Guido Gezelleplein /
Mariastraat
Apr.–Sept.: Mo–Fr 10–12, 14–17,
Sa bis 16 Uhr,
Okt.–März: Mo–Sa bis 16 Uhr,
So u. feiertags vormittags geschl.

St.-Jakobskerk
St.-Jakobsplein
Tel.: 050 / 33 18 45
Mo–Fr, So 14–17.30, Sa 14–16

Hof van Bladelin
Naaldenstraat 19

Groeningemuseum
Stedelijk Museum voor
Schone Kunsten
Dijver 12
Tel.: 050 / 44 87 11
tägl. 9.30–17 Uhr,
Okt.–März: Di geschl.

Gruuthusemuseum
Stedelijk Museum voor Oudheidkunde
en Kunstnijverheid
Dijver 17
Tel.: 050 / 44 87 11
tägl. 9.30–17 Uhr,
Okt.–März: Di geschl.

Brüssel (Bruxelles)
Office de Tourisme /
Dienst voor Toerisme (T.I.B.)
Hôtel de Ville / Stadhuis
Grand' Place / Grote Markt
1000 Bruxelles
Tel.: 02 / 5 13 89 40
www.tib.be

Musées Royaux des Beaux-Arts
en Belgique/
Koninklijke Musea voor
Schone Kunsten van België
Musée d'Art Ancien /
Museum voor Oude Kunst
3, Rue de la Régence /
Regentschapsstraat 3
Tel.: 02 / 5 08 32 11
www.fine-arts-museum.be
Di–So 10–17 Uhr

Musikinstrumentenmuseum
(KMKG) - MIM
2, Rue Montagne de la Cour /
Hofberg 2
Tel.: 02 / 5 45 01 30
www.mim.fgov.be
Sa u. So 10–17,
Do 9.30–20,
Di–Fr 9.30–17 Uhr,
an Feiertagen geschl.

St.-Michel /
St.-Michielskathedraal
Place Ste-Gudule /
St.-Goedelevoorplein
Tel.: 02 / 2 17 83 45
Mo–Fr 8–18 Uhr,
Sa, So 8.30–18 Uhr

Löwen
(Flämisch-Brabant)
Leuven - Dienst voor Toerisme
Leopold-Vanderkelenstraat 30
3000 Leuven
Tel.: 016 / 21 15 39
www.leuven.be

Kasteel van Arenberg /
Kasteel Heverlee
(heute Institut der Katholischen
Universität)
Kardinaal Mercierlaan 94
3001 Heverlee
www.asro.kuleuven.ac.be
Tel.: 016 / 32 40 10

Liège / Luik / Lüttich
(Liège)
Office du Tourisme
de la Ville de Liège
92, Féronstrée
4000 Liège
Tel.: 04 / 2 21 92 21
www.liege.be

Palais des Princes-Évêques
(Fürstbischöflicher Palast)
Place St-Lambert
nur Außenbesichtigung möglich

St.-Jacques
Place St-Jacques
Tel.: 04 / 2 23 60 21
15. Juni–15. Sept. u. um Ostern:
Mo–Fr 10–12, 14–18, Sa bis 16,
So u. feiertags 14–18 Uhr, 16.
Sept.–14. Juni: tägl. 8–12 Uhr

Palais Curtius
(Haus Curtius)
13, Quai de Maestricht
Tel.: 04 / 2 21 94 04
(z. Zt. wg. Ausbauarbeiten geschl.)

Cabinet des Estampes
et des Dessins
3, Parc de la Boverie
4020 Liège
Tel.: 04 / 3 42 39 23
www.mamac.org
Di–Sa 13–18, So 11–16.30 Uhr

Mechelen / Malines
(Antwerpen)
Dienst Toerisme Stad Mechelen
Stadhuis
Grote Markt 21
2800 Mechelen
Tel.: 015 / 29 76 55
www.mechelen.be

Huis De Zalm
Zoutwerf 5

Hof van Savoye /
Paleis van Margaretha
van Oostenrijk
(heute Justizpalast)
Keizerstraat 21

Hof van Busleyden
Stedelijk Museum
Minderbroedersgang 5
Tel.: 015 / 29 40 30
Di–So 10–17 Uhr

Grote Raad (Stadhuis)
Grote Markt 21
geöffnet zu den üblichen Bürozeiten

Königliche Teppichmanufaktur De Wit
Schoutetstraat 7
Tel.: 015 / 20 29 05
www.dewit.be
Führung Sa 10.30, außer Juli
u. zwischen Weihnachten u. Neujahr

St.-Rombout
Juni bis Mitte Sept.
Glockenspielkonzerte
Mo 11.30, 20.30–21.30, Sa 11.30,
So 15 Uhr

Feste und Festivals

Mai

Brügge
Hl. Blutprozession
Tel.: 050 / 44 86 86

Anfang Juli

Brüssel
Ommegang
historisch-folkloristischer Umzug
Tel.: 02 / 5 13 89 40

Mitte August

Antwerpen
Rubensmarkt
Tel.: 03 / 2 32 01 03

Österreich

(Ländervorwahl 0043)

Österreich-Information
Rotwandweg 4
D-82024 Taufkirchen bei München
Tel.: 089 / 66 67 01 00
www.austria-tourism.at

in Österreich:
Urlaubsinformation Österreich
Margarethenstraße 1
A-1040 Wien
Tel.: 01 / 58 86 60

in der Schweiz:
Österreich-Information
Zweierstrasse 146, Wiedikerhof
CH-8036 Zürich
Tel.: 01 / 4 51 15 51

Weitere Internetadressen:

www.austria.gv.at
www.aeiou.at
www.austrianmuseums.net
www.volkskulturnoe.at/museen.htm
www.salzburg.at/kultur/museen

Ehrenhausen (Steiermark)
Gemeinde Ehrenhausen
Hauptplatz 2
8461 Ehrenhausen
Tel.: 03453 / 25 07
www.ehrenhausen.steiermark.at

Mausoleum – Schloss Ehrenhausen
Schlossweg 1
8461 Ehrenhausen
Innenbesichtigung nur auf Anfrage
bei der Gutsverwaltung Ehrenhausen,
Tel.: 03453 /23 56

Schloss Goldegg (Salzburg)
5622 Goldegg im Pongau
Hofmark 1
Tel.: 06415 / 82 13
www.members.aon.at/schlossgoldegg
Besichtigung: Juli, Aug.: Do–Di 15–18 Uhr; Führung: Mai, Juni, Sept.: Do, So 15, 16 Uhr, Juli, Aug.: Di, Do 10.30, 15, 16 Uhr, So 15, 16 Uhr

Graz (Steiermark)
Touristeninformation
Herrengasse 16
8010 Graz
Tel.: 0316 / 80 75-0
www.graztourismus.at

Burg
Hofgasse
(gegenüber dem Dom)
Innenhöfe tägl. von 8–20 Uhr
geöffnet
Tel.: 0316 / 877-43 21

Landhaus
Herrengasse 16
Innenhöfe tägl. von 8–20 Uhr
geöffnet

Mausoleum Ferdinands II.
Bürgergasse, beim Dom
Tel.: 0316 / 82 16 83
Mai–Okt.: Mo–Sa 11–12 u. 14–15 Uhr,
Nov.–Apr.: Mo–Sa 11 Uhr

Schloss Eggenberg
Eggenberger Allee 90
8020 Graz
Tel.: 0316 / 58 32 64-0
Besichtigung nur im Rahmen
der Führungen
Ostern–Okt.:
Di–So 10, 11, 12, 14, 15, 16 Uhr
oder nach Voranmeldung

Hochosterwitz (Kärnten)
Touristeninformation
Neuer Platz 1
9020 Klagenfurt
Tel.: 0463 / 53 72 23
www.klagenfurt.gv.at

Burg Hochosterwitz
9314 Lausdorf-Hochosterwitz
Tel.: 04213 / 20-10, -20, 25 07
Ostern–Sept.: tägl. 9–18 Uhr

Innsbruck (Tirol)
Innsbruck Tourismus
Burggraben 3
6020 Innsbruck
Tel.: 0512 / 59 85-0
www.tiscover.com/innsbruck

Dom St. Jakob
Domplatz
Tel.: 0512 / 58 31 23

Hofkirche mit Silberner Kapelle
Universitätsstraße 2
Tel.: 0512 / 58 43 02
Mo–Sa 9–17 Uhr,
So u. feiert. geschl.

Goldenes Dachl
Herzog-Friedrich-Straße 15
Tel.: 0512 / 58 11 11
Mai–Sept.: tägl. 10–18 Uhr,
Okt.–Apr.: Di–So 10–12.30
u. 14–17 Uhr

Schloss Ambras
Schlossstraße 20
Tel.: 0512 / 34 84 46
Mai–Sept.: Mi–Mo 10–16 Uhr

Kunsthistorisches Museum
Burgring 5
1010 Wien
www.khm.at
Mi–Mo 10–17 Uhr

Ferdinandeum
(Tiroler Landesmuseum)
Museumstraße 15
Tel.: 0512 / 5 94 89
www.tiroler-landesmuseum.at
Mai–Sept.: tägl. 10–17,
Do zusätzl. 19–21 Uhr,
Okt.–Apr.: Di–Sa 10–12 u.
14–17, So 10–13 Uhr

Krems a. d. Donau
(Niederösterreich)
Tourismusinformation Krems
Undstraße 6
3504 Krems
Tel.: 02732 / 8 26 76
www.tiscover.com/krems

Linz
(Oberösterreich)
Touristinformation Linz
Hauptplatz 1
4020 Linz
Tel.: 0732 / 70 70-17 77
www.linz.at

Schloss
Schlossmuseum Linz
Tummelplatz 10
Tel.: 0732 / 77 44 19-31
www.schlossmuseum.at
Di–Fr 9–18, Sa, So u. feiert. 10–17 Uhr

Landhaus
(Sitz der oberösterreichischen
Landesregierung)
Klosterstraße 11
Tel.: 0732 / 77 20-0

Schloss Parz
(Oberösterreich)
Stadtplatz 9
4710 Grieskirchen
Tel.: 07248 / 6 22 55-0
www.grieskirchen.at
Besichtigung nur von außen möglich

Riegersburg
(Steiermark)
Tourismusverbands Riegersburg
8333 Riegersburg
Tel.: 03153 / 86 70

Prinz Liechtenstein'sche
Gutsverwaltung, Riegersburg
Riegersburg 21
8333 Riegersburg
Tel.: 0 3153 / 83 46, 82 13-0
Apr.–Okt.: tägl. 9–17 Uhr
www.riegersburg.com

Salzburg
(Salzburg)
Touristeninformation
Mozartplatz 5
5020 Salzburg
Tel.: 0662 / 84 75 68
www.salzburginfo.at

Residenz (Alte Residenz)
Neugebäude (Neue Residenz)
Residenzplatz 1
Tel.: 0662 / 80 42-26 90 u. 27 61
www.salzburg-burgen.at
tägl. 10–17 Uhr,
zwei Wochen vor Ostern geschl.
Führungen nach Vereinbarung
Neugebäude nur bei Veranstaltungen
zugänglich

Residenzgalerie Salzburg
Salzburger Landessammlungen
Residenzplatz 1
Tel.: 0662 / 84 04 51
www.salzburg.gv.at/residenzgalerie
tägl. 10–17 Uhr, Okt.–März: Mi geschl.

Dom
Domplatz
Tel.: 0662 / 84 14 72
tägl. 6.30–17, im Sommer bis 19 Uhr

Gabrielskapelle auf dem Friedhof
St. Sebastian
Linzergasse 41
5020 Salzburg
Tel.: 0662 / 87 52 08-0
tägl. 9–19, im Winter 9–16 Uhr

Museum Carolino Augusteum
Instrumentensammlung
Museumsplatz 6
Di–So 9–17, Do bis 20 Uhr

Schloss Hellbrunn
Fürstenweg 37
5020 Hellbrunn
Tel.: 0662 / 82 03 72-0
www.hellbrunn.at
geöffnet März bis Okt.;
Führungen tägl. ab 9 Uhr

Schallaburg
(Niederösterreich)
Schloss Schallaburg
3382 Loosdorf / Schallaburg
Tel.: 02754 / 63 17
www.schallaburg.at
Mai–Anfang Nov.: Mo–Fr 9–17,
Sa, So u. feiertags 9–18 Uhr

Seckau (Steiermark)
Marktgemeinde Seckau
Seckau 63
8732 Seckau
Tel.: 03514 / 52 05
www.seckau.steiermark.at

Benediktinerabtei Seckau/
Habsburger Mausoleum
Tel.: 03514 / 52 34-0
www.abtei-seckau.at
Basilika frei zugänglich

Spittal a. d. Drau (Kärnten)
Tourismusbüro und Kulturamt Spittal
Burgplatz 1
9800 Spittal an der Drau
Tel.: 04762 / 34 20
www.spittal-drau.at

Schloss Porcia
Museum für Volkskultur
Burgplatz 1
9800 Spittal a. d. Drau
Tel.: 04762 / 3 31 23, 28 90
www.buk.ktn.gv.at/museumspittal/start.htm
Innenhof und Laubengänge frei zugänglich

Rathaus
Burgplatz 5
Tel.: 04762 / 34 20
Besichtigung nur von außen möglich

Schloss Tratzberg (Tirol)
6135 Stans/Tirol
Tel.: 05242 / 6 35 66 20
www.schloss-tratzberg.at
Besichtigung nur mit Führung
Apr.-Okt.: tägl. 10-16 Uhr

Wien (Wien)
Wien-Information
Obere Augartenstraße 40
1010 Wien
Tel.: 01 / 21 11 40
www.info.wien.at

Amalienburg/Hofburg
Kaiserappartements u. Silberkammer
Innerer Burghof,
Eingang unter der Michaelerkuppel
Hofburg, 1010 Wien
Tel.: 01 / 5 33 75 70
www.schoenbrunn.at
www.kaiserappartements.at
(in Vorber.)
tägl. 9-16.30 Uhr

Stallburg/Hofburg
Lipizzaner Museum
Reitschulgasse 2
Hofburg, 1010 Wien
Tel.: 01 / 5 33 78 11
tägl. 10-18 Uhr

Schweizerhof mit Schatzkammer/Hofburg
Hofburg, 1010 Wien
Tel.: 01 / 5 33 79 31
tägl. außer Di 10-18, Do bis 21 Uhr

Landhaus
Herrengasse 13
(z. Zt. leerstehend)

Schloss Neugebäude
Simmeringer Hauptstraße 337

Stephansdom
Stephansplatz 1
Tel.: 01 / 5 15 52-35 30
www.st.stephan.at
Führungen: Mo-Sa 10.30, 15,
So u. feiertags 15 Uhr

St. Salvator
Wipplingerstraße 6
Tel.: 01 / 5 33 71 33

Deutschordenskirche
Singerstraße 7
Tel.: 01 / 5 12 10 65-15

Schatzkammer des Deutschen Ordens
Mo, Do, Sa 10-12, Mi, Fr, Sa 15-17 Uhr

Votivkirche
Rooseveltplatz
Tel.: 01 / 4 06 11 92
Di-Sa 9-13 u. 16-18,
So 9-13.30 Uhr

Museum in der Votivkirche
Di-Sa 10-13, Fr 16-18,
So 10.30-13.30 Uhr

Albertina - Graphische Sammlung
Augustinerstraße 1
Tel.: 01 / 5 34 83
www.albertina.at
Di-So 10-17 Uhr

Kunsthistorisches Museum
Maria-Theresien-Platz
Tel.: 01 / 5 25 24-0
www.khm.at
Di-So 10-18, Do bis 21 Uhr

Feste und Festivals

Juni/Juli

Graz
Styriarte
(Festival für alte Musik)
Tel.: 0316 / 80 75-0

Juli

Wien
Spectaculum in der Universitätskirche
(Festival alter Opern)
Tel.: 01 / 21 11 40

August

Innsbruck
Festwochen der Alten Musik
Tel.: 0512 / 59 85-0

LITERATUR

(Auswahl, vollständige Literaturliste unter www.wrm.lemgo.de)

Grundlegende Werke

Adel im Wandel. Politik · Kultur · Konfession 1500-1700. Ausstellungskatalog zur niederösterreichischen Landesausstellung auf der Rosenburg. Wien 1990.

Aikema, Bernard; Brown, Beverly Louise (Hg.): Renaissance Venice and the North. Crosscurrents in the time of Bellini, Dürer and Titian. Ausstellungskatalog Palazzo Grassi, Venedig 1999. Mailand 1999.

Arasse, Daniel; Tönnesmann, Andreas: Der europäische Manierismus 1529 - 1610. München 1997.

Arndt, Johannes: Das Heilige Römische Reich und die Niederlande 1566 bis 1648. Köln 1998.

Baxandall, Michael: Die Kunst der Bildschnitzer. München 1985.

Bierende, Edgar: Lucas Cranach d. Ä. und der deutsche Humanismus. Tafelmalerei im Kontext von Rhetorik, Chroniken und Fürstenspiegel. Berlin, München 2002.

Bott, Gerhard (Hg): Martin Luther und die Reformation in Deutschland. Ausstellung zum 500. Geburtstag Martin Luthers. Veranstaltet v. Germanischen Nationalmuseum Nürnberg in Zusammenarbeit mit dem Verein für Reformationsgeschichte. Frankfurt/M. 1983.

Burckhardt, Jacob: Die Baukunst der Renaissance in Italien. Nach der Erstausgabe der „Geschichte der Renaissance in Italien“. Hg. v. Maurizio Ghelardi. München, Basel 2000.

Burckhardt, Jacob: Die Kultur der Renaissance in Italien. Neuausgabe. Essen 1996.

Burke, Peter: Die europäische Renaissance. Zentren und Peripherien. München 1998.

Campana, Augusto: The origin of the word ‘Humanist’. In: Journal of the Warburg and Courtauld Institute 9, 1946. S. 60-73.

Cassanelli, Roberto (Hg.): Künstlerwerkstätten der Renaissance. Zürich, Düsseldorf 1997. (= Geschichte der europäischen Kunst, Bd. 5).

Castelfranchi Vegas, Liana: Die Kunst der Renaissance im 15. Jahrhundert. Zürich, Düsseldorf 1997. (= Geschichte der europäischen Kunst, Bd. 3).

De Winter, Patrick M.: European Decorative Arts 1400-1600. An annotated bibliography. Boston 1988.

Die Renaissance im Deutschen Südwesten zwischen Reformation und Dreißigjährigem Krieg. Ausstellungskatalog des Badischen Landesmuseums Karlsruhe 1986. 2 Bde. Karlsruhe 1986.

Die Weser. EinFluss in Europa. Aufbruch in die Neuzeit. Ausstellungskatalog des Weserrenaissance-Museums Schloß Brake, Lemgo 2000. Holzminden 2000.

Eichberger, Dagmar: Leben mit Kunst - Wirken durch Kunst. Sammelwesen und Hofkunst unter Margarethe von Österreich, Regentin der Niederlande. Turnhout, London 2002.

Euskirchen, Claudia; Hoppe, Stephan; Nußbaum, Norbert (Hg.): Wege zur Renaissance. Aktenband des Kölner Kolloquiums. *In Vorbereitung.*

Fleischhauer, W.: Renaissance im Herzogtum Württemberg. Stuttgart 1971.

Franke, Birgit; Welzel, Barbara: Die Kunst der burgundischen Niederlande. Berlin 1997.

Gerstenberg, Kurt: Deutsche Sondergotik. Eine Untersuchung über das Wesen der deutschen Baukunst im späten Mittelalter. München 1913.

Geschichte der klassischen Bildgattungen in Quellentexten und Kommentaren, Bd. 1-5. Hg. v. Kunsthistorischen Institut der Freien Universität Berlin. Berlin 1996-2001.

Ginhart, Karl: Die bildende Kunst in Österreich. „Renaissance“ und Barock. Wien 1993.

Großmann, Georg Ulrich: Renaissance entlang der Weser. Kunst und Kultur in Nordwestdeutschland zwischen Reformation und Dreißigjährigem Krieg. Köln 1988.

Grossmann, Maria: Humanism in Wittenberg 1486-1517. Nieuwkoop 1975.

Guillaume, Jean (Hg.): Actes du colloque tenu à Tours ... . Mehrere Bde.; Paris 1983 ff.

Günther, Hubertus: Die deutsche Spätgotik und die Wende vom Mittelalter zur Neuzeit. In: Kunsthistorische Arbeitsblätter 7/8, 2000. S. 49-68.

Harbison, Craig: Eine Welt im Umbruch. Renaissance in Deutschland, Frankreich, Flandern und den Niederlanden. Köln 1995.

Heckner, Ulrike: Im Dienst von Fürsten und Reformation. Fassadenmalerei an den Schlössern in Dresden und Neuburg an der Donau im 16. Jahrhundert. München 1995. (= Kunstwissenschaftliche Studie, Bd. 64). S. 136-137.

Hehl, Erhard; Schukraft, Harald: Renaissance in Baden-Württemberg. Perspektiven einer Baukunst. Leinfelden-Echterdingen 1996.

Hitchcock, Henry-Russell: German Renaissance Architecture. Princeton 1981.

Hofkunst der Spätrenaissance. Braunschweig-Wolfenbüttel und das kaiserliche Prag um 1600. Ausstellungskatalog des Herzog Anton Ulrich-Museums. Braunschweig 1998.

Hoppe, Stephan: Die funktionale und räumliche Struktur des frühen Schlossbaus in Mitteldeutschland. Untersucht an Beispielen landesherrlicher Bauten der Zeit zwischen 1470 und 1570. Köln 1996.

Janse, H[erman] u. a. (Hg.): Keldermans. Een architectonisch netwerk in de Nederlanden. 's-Gravenhage 1987.

Kadatz, Hans-Joachim: Deutsche Renaissancebaukunst von der frühbürgerlichen Revolution bis zum Ausgang des Dreißigjährigen Krieges. Berlin 1983.

Kaiser Karl V. (1550-1558). Macht und Ohnmacht Europas. Ausstellungskatalog Bonn, Wien 2000. Bonn 2000.

Kaufmann, Thomas DaCosta: Höfe, Klöster und Städte. Kunst und Kultur in Mitteleuropa 1450-1800. Köln 1998.

Kaufmann, Thomas DaCosta in collaboration with Heiner Borggrefe and Thomas Fusenig: Art and Architecture in Central Europe, 1550-1620 - an annotated bibliography. Marburg 2002. (= Studien zur Kultur der Renaissance, Bd. 2).

Kienzl, Barbara; Deuer, Wilhelm: Renaissance in Kärnten. Klagenfurt 1996. (= Die Kunstgeschichte Kärntens).

King, Margaret L.: Venetian Humanism in an Age of Patrician Dominance. Princeton 1986.

Klotz, H.: Der Stil des Neuen. Die europäische Renaissance. Stuttgart 1997.

Köbler, Gerhard: Historisches Lexikon der deutschen Länder. München 1999.

Kolman, Chris; Olde Meierink, Ben; Stenvert, Ronald: Monumenten in Nederland. Utrecht, Zwolle 1996.

Kunst der Reformationszeit. Hg. v. d. Staatlichen Museen zu Berlin. Berlin 1983.

Kunst voor de beeldenstorm. Noordnederlandse kunst 1525-1580. Ausstellungskatalog des Rijksmuseums Amsterdam. 's-Gravenhage 1986.

Kuyper, W[outer]: The Triumphant Entry of Renaissance Architecture into the Netherlands. The Joyeuse Entré of Philip of Spain into Antwerp 1549. Renaissance and Mannerist Architecture in the Low Countries from 1530 to 1630. Alphen aan den Rijn 1994.

Maria van Hongarije 1505-1558. Koningin tussen keizers en kunstenaars. Ausstellungskatalog Rijksmuseum Het Catharijneconvent Utrecht, Noordbrabants Museum. 's-Hertogenbosch. Zwolle 1993.

Moritz der Gelehrte. Ein Renaissancefürst in Europa. Ausstellungskatalog Lemgo 1997/98, Kassel 1998. Hg. v. Heiner Borggrefe, Vera Lüpkes, Hans Ottomeyer. München 1997.

Müller, Gregor: Bildung und Erziehung im Humanismus der italienischen Renaissance. Wiesbaden 1969.

Müller, Matthias: Spätmittelalterliches Fürstentum im Spiegel der Architektur. Überlegungen zu den repräsentativen Aufgaben landesherrlicher Schloßbauten um 1500 im Alten Reich. In: Principes. Dynastien und Höfe im späten Mittelalter. Hg. v. Cordula Nolte, Karl-Heinz Spieß, Ralf-Gunnar Werlich Stuttgart 2002. (= Residenzenforschung).

Panofsky, Erwin: Die Renaissancen der europäischen Kunst. Frankfurt/M. 1979.

Parshall, Linda B.; Parshall, Peter, W.: Art and the Reformation. An annotated bibliography. Boston 1986.

Perier-d'Ieteren, Catheline; Vandevivere, Ignace: Belgique Renaissance. Architecture, art monumental. Brüssel 1973.

Prag um 1600. Kunst und Kultur am Hofe Rudolfs II. Ausstellungskatalog Kulturstiftung Villa Hügel. Freren 1988.

Reformation, Emigration. Protestanten in Salzburg. Ausstellung Schloß Goldegg 1981. Hg. v. Amt der Salzburger Landesregierung - Kulturabteilung. Salzburg 1981.

Reinle, Adolf: Italienische und deutsche Architekturzeichnungen: 16. und 17. Jahrhundert. Die Plansammlungen von Hans Heinrich Stadler (1603-1660), Johann Ardüser (1585-1665) und ihre gebauten Gegenstücke. Basel 1994.

Renaissance im Weserraum, 2 Bde. Hg. v. Georg Ulrich Großmann. München, Berlin 1989. (= Schriften des Weserrenaissance-Museums Schloß Brake, Bd. 1; 2).

Renaissance in Nord-Mitteleuropa I. Hg. v. Georg Ulrich Großmann. München, Berlin 1990. (= Schriften des Weserrenaissance-Museums Schloß Brake, Bd. 4).

Renaissance in Österreich. Niederösterreichische Landesausstellung, Schloß Schallaburg. Ausstellungskatalog 1974. Wien 1974. (= Katalog des Niederösterreichischen Landesmuseums, N.F. Nr. 57).

Rohlmann, Michael: Auftragskunst und Sammlerbild. Altniederländische Tafelmalerei im Florenz des Quattrocento. Alfter 1994.

Rudolf II. and Prague. The court and the city. Hg. v. Eliška Fučíková. Ausstellungskatalog Prag 1997. London 1997.

Rüegg, Walter: Cicero und der Humanismus. Formale Untersuchungen über Petrarca und Erasmus. Zürich 1946.

Rüegg, Walter: Studium Generale und Studia Humanitatis in Deutschland. Genf 1954.

Schmarsow, August: Barock und Rokoko. Das Malerische in der Architektur. Eine kritische Auseinandersetzung. Mit einem Nachwort zur Neuausgabe von Jasper Cepl. Berlin 2001 (zuerst Leipzig 1897).

Schück, Julius: Aldus Manutius und seine Zeitgenossen in Italien und Deutschland. Berlin 1862.

Schütte, Ulrich: Das Schloß als Wehranlage. Befestigte Schloßbauten der frühen Neuzeit. Darmstadt 1994.

Skalecki, Georg: Deutsche Architektur zur Zeit des Dreißigjährigen Krieges. Der Einfluß Italiens auf das deutsche Bauschaffen. Regensburg 1989.

Smith, Jeffrey Chipps: German Sculpture of the Later Renaissance c. 1520-1580. Art in an Age of Uncertainty. Princeton 1994.

Sricchia Santoro, Fiorella: Die Kunst der Renaissance im 16. Jahrhundert. Zürich, Düsseldorf 1997. (= Geschichte der europäischen Kunst, Bd. 4).

Strong, Roy: Feste der Renaissance 1450-1650. Kunst als Instrument der Macht. Freiburg, Würzburg 1991.

Suckale, Robert: Kunst in Deutschland. Köln 2000.

Tijs, Rutger: Renaissance- en Barockarchitetectuur in België. Tielt 1999.

Von allen Seiten schön. Bronzen der Renaissance und des Barock. Ausstellungskatalog der Skultpurensammlung Staatliche Museen Preussischer Kulturbesitz. Berlin 1995.

Vos, Rik; Leeman, Fred: Het nieuwe ornament. Gids voor de renaissancearchitectuur en -decoratie in de 16de eeuw in Nederland. 's-Gravenhage 1986.

Warnke, Martin: Geschichte der deutschen Kunst. Bd. 2: Spätmittelalter und Frühe Neuzeit 1400-1750. München 1999.

Warnke, Martin: Hofkünstler. Zur Vorgeschichte des modernen Künstlers. Köln 1996.

Wood, Christopher S.: Albrecht Altdorfer and the Origins of Landscape. London 1993.

Musik

Apel, Willi: Geschichte der Orgel- und Klaviermusik bis 1700. Kassel 1967.

Blankenburg, Walter (Hg.): Heinrich Schütz in seiner Zeit. Darmstadt 1985.

Braun, Werner: Die Musik des 17. Jahrhunderts. Wiesbaden, Laaber 1981. (= Neues Handbuch der Musikwissenschaft, Bd. 4).

Finscher, Ludwig (Hg.): Die Musik des 15. und 16. Jahrhunderts. Laaber 1990. (= Neues Handbuch der Musikwissenschaft, Bd. 3, Tl. 1 und 2).

Leuchtmann, Horst: Orlando di Lasso. 2 Bde. Wiesbaden 1976, 1977.

Meer, John Henry van der: Musikinstrumente - Von der Antike bis zur Gegenwart. München 1983.

Aschaffenburg

Czymmek, Götz: Das Aschaffenburger Schloß und Georg Ridinger. Ein Beitrag zur kurmainzischen Baukunst unter Kurfürst Johann Schweickhardt von Cronberg. Köln 1978.

Ridinger, Georg: Architektur des Schlosses Johannisburg zu Aschaffenburg. Faksimiledruck der Ausgabe Mainz 1616. Hg. v. Hans-Bernd Spies. Aschaffenburg 1991. (= Veröffentlichungen des Geschichts- und Kunstvereins Aschaffenburg e.V., Reihe Nachdrucke, Bd. 2).

Matthias Grünewald

Berg, Karen van den: Die Passion zu malen. Zur Bildauffassung bei Matthias Grünewald. Duisburg, Berlin 1997.

Augsburg

(mit Kirchheim in Schwaben, Ulm)

Baer, Claudia: Die italienischen Bau- und Ornamentformen in der Augsburger Kunst zu Beginn des 16. Jahrhunderts. Frankfurt/M. 1993.

Bergdolt, Klaus: Kunst und ihr Auftraggeber im 16. Jh. Venedig und Augsburg im Vergleich. Berlin 1997.

Bushart, Benno: Die Fuggerkapelle bei St. Anna in Augsburg. München 1994.

Elias Holl und das Augsburger Rathaus. Hg. v. Wolfram Baer u. a. Ausstellungskatalog der Stadt Augsburg. Regensburg 1985.

Friedel, Helmut: Bronze-Bildmonumente in Augsburg 1589-1606. Bild und Urbanität. Augsburg 1975. (= Abhandlungen zur Geschichte der Stadt Augsburg, Bd. 22).

Gropp, David: Das Ulmer Chorgestühl und Jörg Syrlin d. Ä. Untersuchungen zu Architektur und Bildwerk. Berlin 1999.

Kießling, Herrmann: Der goldene Saal und die Fürstenzimmer im Augsburger Rathaus. München, Berlin 1997.

Lieb, Norbert: Die Fugger und die Kunst, Bd. 1 (Im Zeitalter der Spätgotik und der frühen Renaissance). München 1952. Bd. 2 (Im Zeitalter der hohen Renaissance). München 1958.

Roeck, Bernd: Elias Holl - Architekt einer europäischen Stadt. Regensburg 1984.

Schedler, Christian: „ein schön werk und wolgestalt...": ein Fuggerschloß in Schwaben. Sonderausstellung anläßlich des 400. Todestages von Hans Fugger (1531-1598). Kirchheim 1998.

Welt im Umbruch - Augsburg zwischen Renaissance und Barock. 3 Bde. Ausstellungskatalog Augsburg 1980. Augsburg 1980.

Augsburger Künstler

Eser, Thomas: Hans Daucher. München 1996.

Jakupski, Frank: Der Maler Hans Burgkmair d. Ä. Diss. Bochum 1984.

Netzer, Susanne: Johann Matthias Kager, Stadtmaler von Augsburg, 1575-1634. München 1980.

Schindler, Herbert: Augsburger Renaissance: Hans Daucher und die Bildhauer der Fuggerkapelle bei St. Anna. München 1985.

Zimmer, Jürgen: Joseph Heintz d. Ä. Zeichnungen und Dokumente. München, Berlin 1988.

Augustusburg
(mit Annaberg-Buchholz, Marienberg)

Der silberne Boden: Kunst und Bergbau in Sachsen. Ausstellungskatalog Staatliche Kunstsammlungen Dresden 1989. Stuttgart 1990.

Kratzsch, Klaus: Bergstädte des Erzgebirges. Stadtbau und Kunst in der Reformation. München 1972.

Krause, Hans-Joachim; Heinrich Magirius; Kristin-Barbara Ostmann: Schloß Augustusburg 1572-1972. Baugeschichte und denkmalpflegerische Instandsetzung. Hg. v. Museum Augustusburg. Augustusburg 1972.

Riesche, Manfred (Hg.): Aufbruch mit Tradition. Festschrift zum 500jährigen Jubiläum der Gründung der Stadt Annaberg 1496-1996. Annaberg-Buchholz 1996.

Unbehaun, Lutz: Hieronymus Lotter. Kurfürstlich-Sächsischer Baumeister und Bürgermeister zu Leipzig. Leipzig 1989.

Bremen

Albrecht, Stephan: Das Bremer Rathaus im Zeichen städtischer Selbstdarstellung vor dem 30-jährigen Krieg. Marburg 1993. (= Materialien zur Kunst- und Kulturgeschichte in Nord- und Westdeutschland, Bd. 7).

Bückeburg

Albrecht, Thorsten: Die Bückeburger Stadtkirche. Ein bedeutendes Beispiel der deutschen Spätrenaissance. Petersberg 1999.

Borggrefe, Heiner: Die Residenz Bückeburg. Architekturgestaltung im frühneuzeitlichen Fürstenstaat. Marburg 1995. (= Materialien zur Kunstgeschichte und Kulturgeschichte in Nord- und Westdeutschland, Bd. 16).

Celle

Fischer, Gernot: Celler Baudenkmale. Celle 2000. (= Celler Beiträge zur Landes- und Kulturgeschichte. Schriftenreihe des Stadtarchivs und des Bomann-Museums, Bd. 28).

Masuch, Horst: Burg Celle. In: Der frühe Schloßbau und seine mittelalterlichen Vorstufen. München, Berlin 1997. S. 23-34. (= Forschungen zu Burgen und Schlössern, Bd. 3).

Stadt - Land - Schloss: Celle als Residenz. Begleitband zur Ausstellung Celle 2000. Bielefeld 2000. (= Celler Beiträge zur Landes- und Kunstgeschichte, Bd. 29).

Zweite, Arnim: Die Schlosskapelle Celle. München, Zürich [2]1991. (= Kleine Kunstführer, Nr. 1439).

Dresden
(mit Freiberg, Lauenstein)

Bechter, Barbara: Lauenstein - Stadtkirche und Schloß. In: Denkmalpflege in Sachsen 1894-1994. Hg. v. Landesamt für Denkmalpflege Sachsen, Bd. 2. Halle a. d. Saale 1998. S. 107-121.

Löffler, Fritz: Das alte Dresden. Dresden [14]1999.

Magirius, Heinrich: Das Moritzmonument im Freiberger Dom - ein Gemeinschaftswerk italienischer, niederländischer und deutscher Künstler zum Andenken an eine hervorragende Persönlichkeit. In: Kurfürst Moritz und die Renaissance. Dresden 1997. (= Dresdner Hefte 52). S. 87-92.

Meine-Schawe, Monika: Die Grablege der Wettiner im Dom zu Freiberg. Die Umgestaltung des Domchores durch Giovanni Maria Nosseni 1585-1594. München 1992.

Papke, Eva: Festung Dresden. Aus der Geschichte der Dresdener Stadtbefestigung. Dresden 1997.

Bergwerkswesen

Kellenbenz, Hermann (Hg.): Schwerpunkte der Kupferproduktion und des Kupferhandels in Europa 1500 bis 1650. Köln 1977.

Naumann, Friedrich (Hg.): Georgius Agricola - 500 Jahre. Basel, Boston, Berlin 1994.

Prescher, Hans; Wagenbreth, Otfried: Georgius Agricola - seine Zeit und ihre Spuren. Leipzig, Stuttgart 1994.

Erfurt

Geschichte der Stadt Erfurt. Hg. v. Willibald Gutsche. Weimar ²1989.

Hessen und Thüringen. Von den Anfängen bis zur Reformation. Eine Ausstellung des Landes Hessen. Ausstellungskatalog Marburg 1992. Marburg 1992.

Kaiser, Gerhard; Möller, Roland: Erfurter Bürgerhausfassaden der Renaissance. Zur Wiederherstellung der Einheit von Schmuckformen und Farbigkeit. In: Denkmale in Thüringen. Schriften zur Denkmalpflege in der Deutschen Demokratischen Republik. Hg. v. Institut für Denkmalpflege Berlin. Weimar ²1975.

Görlitz

Jacob, Frank-Dietrich: Die Görlitzer bürgerliche Hausanlage der Spätgotik und Frührenaissance. Görlitz 1972.

Lemper, Ernst Heinz: Görlitz. Leipzig 1960.

Güstrow
(mit Wismar)

Baier, Gerd: Stuckdekor und Stukkateure des 16. und 17. Jahrhunderts im Güstrower Schloss. Ein Vorbericht. In: Mitteilungen des Instituts für Denkmalpflege, Arbeitsstelle Schwerin, Nr. 19. Schwerin 1970. S. 105-120.

Ende, Horst: Fürstenhof Wismar. In: Der Johann-Albrecht-Stil. Terrakotta-Architektur der Renaissance und des Historismus. Schwerin 1995. S. 37-47.

Erbentraut, Regina: Schloss Güstrow - Staatliches Museum Schwerin. Führer. Schwerin 1999.

Hoppe, Stephan: Die ursprüngliche Raumorganisation des Güstrower Schlosses und ihr Verhältnis zum mitteldeutschen Schlossbau. Zugleich Beobachtungen zum „Historismus" und zur „Erinnerungskultur" im 16. Jahrhundert. In: Burgen und frühe Schlösser in Thüringen und seinen Nachbarländern. München, Berlin 2000. (= Forschungen zu Burgen und Schlössern, Bd. 5). S. 129-148.

Weingart, Ralf: Der Rotwildfries im Güstrower Schloß - Voraussetzungen und Nachfolge. In: Mecklenburger Jahrbücher, 115. Jg., 2000. S. 119-152.

Ahnengalerien

Amann-Bubenik, Johannes: Kaiserserien und Habsburgergenealogien - eine poetische Gattung. In: Tradita et inventa. Beiträge zur Rezeption der Antike. Hg. v. Manuel Baumbach. Heidelberg 2000. S. 73-85.

Graf, Klaus: Fürstliche Erinnerungskultur. Eine Skizze zum neuen Modell des Gedenkens in Deutschland im 15. und 16. Jh. In: Les princes et l'histoire du XIVe au XVIIIe siècle. Hg. v. Chantal Grell, Werner Paravicini, Jürgen Voss. Bonn 1998. (= Pariser Historische Studien 47). S. 1-11.

Heidelberg

Gensichen, Sigrid: Das Heidelberger Schloß. Fürstliche Repräsentation in Architektur und Ausstattung. In: Heidelberg - Buch einer Stadt. Hg. v. Elmar Mittler. Heidelberg 1996.

Hortus Palatinus. Die Entwürfe zum Heidelberger Schloßgarten von Salomon de Caus. Teil 1: Nachdruck der deutschen Ausgabe Frankfurt 1620. Worms 1980. Teil 2: Kommentar v. Reinhard Zimmermann. Worms 1986.

Hubach, Hanns: Das Heidelberger Schloß als Träger fürstlicher Selbstdarstellung. Gedanken zur Ikonographie der Hoffassaden des Ottheinrichs- und des Friedrichsbaus. In: Heidelberg - Das Schloß. Hg. v. Hanns Hubach, Franz Schlechter. Heidelberg 1995. S. 19-30.

Oechelhäuser, Adolf von: Das Heidelberger Schloss. Heidelberg 1986.

Gärten

Guillaume, Jean (Hg.): Architecture, jardin, paysage. L'environnement du château et de la villa aux XVe et XVIe siècles. Actes du colloque tenu à Tours 1992. Paris 1999.

Wimmer, Clemens Alexander: Geschichte der Gartentheorie. Darmstadt 1989.

Heiligenberg
(mit Meßkirch)

Heidenreich, Gabriele: Schloß Meßkirch. Repräsentation adeligen Herrschaftsbewußtseins im 16. Jahrhundert. Tübingen 1998. (= Oberschwaben - Geschichte und Kultur, Bd. 3).

Lynar, Ernst W. Graf zu: Schloss Heiligenberg. München, Zürich 1988. (= Großer Kunstführer, Nr. 87).

Merten, Klaus: Schlösser in Baden-Württemberg. Residenzen und Landsitze in Schwaben, Franken und am Oberrhein. München 1987.

Jülich
(mit Mönchengladbach-Rheydt)

Alshut, Elmar; v. Büren, Guido; Perse, Marcell (Hg.): Ein Schloß entsteht... - Von Jülich im Rheinland bis Horst in Westfalen. Jülich 1997. (= Jülicher Forschungen, Bd. 5).

Doose, Conrad; Peters, Siegfried: Renaissancefestung Jülich. Stadtanlage, Zitadelle und Residenzschloß. Ihre Entstehung und ihr heutiges Erscheinungsbild. Jülich [2]1998.

Eberhardt, Jürgen: Die Zitadelle von Jülich. Wehranlagen, Residenzschloß und Schloßkapelle. Forschungen zur Planungs- und Baugeschichte. Jülich 1993.

Neumann, Hartwig: Zitadelle Jülich. Großer Kunst- und Bauführer. Jülich 1986.

Schloß Rheydt. Sanierung und museale Neugestaltung. Köln, Bonn 1998. (= Arbeitsheft der rheinischen Denkmalpflege 51).

Festungsbau

Heuvel, Charles van den: 'Papiere Bolwercken'. De introductie van de Italiaanse stede- en vestingbouw in de Nederlanden (1540-1609) en het gebruik van tekeningen. Alphen aan den Rijn 1991.

Neumann, Hartwig: Festungsbaukunst und Festungsbautechnik. Deutsche Wehrbauarchitektur vom XV. bis XX. Jahrhundert. Koblenz 1988. (= Architectura militaris, Bd. 1).

Köln

Alshut, Elmar; v. Büren, Guido; Perse, Marcell (Hg.): Ein Schloß entsteht... - Von Jülich im Rheinland bis Horst in Westfalen. Jülich 1997. (= Jülicher Forschungen, Bd. 5).

Kiene, Michael: Zur Planungsgeschichte der Kölner Rathausvorhalle. In: Wallraf-Richartz-Jahrbuch, Bd. 52, 1991. S. 127-150.

Kirgus, Isabelle: Renaissance in Köln. Architektur und Ausstattung 1520-1620. Bonn 2000. (= Sigurd Greven-Studien, Bd. 3).

Landshut

Brunner, Herbert; Schmid, Elmar D.: Landshut. Burg Trausnitz. Amtlicher Führer. Hg. v. d. Bayer. Verwaltung d. staatl. Schlösser, Gärten u. Seen. München [8]1993.

Engl, Josef: Der Deutsche Bau der Landshuter Stadtresidenz und ausgewählte Bauten der Augsburger Architektur des 16. und frühen 17. Jahrhunderts. Diss. München 1989.

Hojer, Gerhard (Hg.): Der italienische Bau. Materialien und Untersuchungen zur Stadtresidenz Landshut. Ausstellungskatalog Landshut 1994. Landshut, Ergolding 1994.

Lauterbach, Iris; Endemann, Klaus; Frommel, Christoph Luitpold (Hg.): Die Landshuter Stadtresidenz. Architektur und Ausstattung. München 1998. (= Veröffentlichung des Zentralinstituts für Kunstgeschichte, Bd. 14).

Stierhof, Horst H.: Stadtresidenz Landshut. Amtlicher Führer. Hg. v. d. Bayer. Verwaltung d. staatl. Schlösser, Gärten u. Seen. München [5]1998.

Lemgo
(mit Detmold, Schloss Neuhaus, Hameln)

Brasse, Gabriele: Straße der Weserrenaissance. Ein Kurzführer. Hameln 1991.

Ehrenpreis, Stefan: Kunst und Politik um 1600. Simon VI. zur Lippe, die Niederlande und der Prager Kaiserhof Rudolfs II. In: Die Weser · Ein Fluß in Europa. Symposiumsband. Bamberg 2001. (= Materialien zur Kunst- und Kulturgeschichte in Nord- und Westdeutschland, Bd. 27). S. 189-244.

Gaul, Otto: Schloß Brake und der Baumeister Hermann Wulff. Lemgo 1967.

Großmann, Georg Ulrich: Schloß Brake. München, Zürich 1990. (= Kleine Kunstführer des Weserrenaissance-Museums Schloß Brake, Heft 4).

Kreft, Herbert; Soenke, Jürgen: Die Weserrenaissance. Hameln 1986.

Stadt Lemgo. Hg. v. Dietrich Elliger, Karl Eugen Mummenhoff. Münster 1983. (= Bau- und Kunstdenkmäler von Westfalen, Bd. 49, Teil 1).

Lutherstadt Wittenberg

Bellmann, Fritz; Marie-Luise Harksen; Roland Werner (Hg.): Die Denkmale der Lutherstadt Wittenberg. Weimar 1979.

Borggrefe, Heiner: Die Bildausstattung des Wittenberger Schlosses - Friedrich der Weise, Albrecht Dürer und die Entstehung einer mythologisch-höfischen Malerei nach italienischen Vorbild. In: Kunst und Repräsentation - Studien zur europäischen Hofkultur im 16. Jahrhundert. Bamberg 2001. (= Materialien zur Kunst- und Kulturgeschichte in Nord- und Westdeutschland, Bd. 29). S. 9-68.

Lucas Cranach d. Ä. und die Cranachhöfe in Wittenberg. Hg. v. der Cranach-Stiftung. Halle a. d. Saale 1998.

Meinhard, Andreas: Über die Lage, die Schönheit und den Ruhm der Stadt Wittenberg. Leipzig 1508, neu ed. Leipzig 1986.

Lucas Cranach d. Ä.

Grimm, Claus; Erichsen, Johannes; Brockhoff, Evamaria (Hg.): Lucas Cranach. Ein Maler-Unternehmer aus Franken. Ausstellungskatalog Augsburg. Augsburg, Regensburg 1994. (= Veröffentlichung zur bayerischen Geschichte und Kultur, Nr. 26).

Schade, Werner: Die Malerfamilie Cranach. Dresden 1974.

Meißen

Fuhrmann, Dietmar; Schöner, Jörg (Fotos): Albrechtsburg Meißen. Ursprung und Zeugnis sächsischer Geschichte. Halle a. d. Saale 1996.

Hoppe, Stephan: Wie wird die Burg zum Schloss? Architektonische Innovation um 1470. In: Laß, Heiko (Hg.): Von der Burg zum Schloß. Landesherrlicher und adeliger Profanbau in Thüringen im 15. und 16. Jahrhundert. Bucha bei Jena 2001. S. 95-116.

München
(mit Oberschleißheim und Dachau)

Baumstark, Reinhold (Hg.): Rom in Bayern. Kunst und Spiritualität der ersten Jesuiten. Katalog zur Ausstellung des Bayerischen Nationalmuseums München 1997. München 1997.

Diemer, Dorothea und Peter: Das Antiquarium Herzog Albrechts V. von Bayern. Schicksale einer fürstlichen Antikensammlung der Spätrenaissance. In: Zeitschrift für Kunstgeschichte, Jg. 58, 1995. S. 55-104.

Glaser, Hubert (Hg.): Um Glauben und Reich. Wittelsbach und Bayern. 3 Bde., v. a. Bd. 2. Ausstellungskatalog München 1980. München, Zürich 1980.

Schmid, Elmar D.; Beil, Toni: Das Schloß Dachau. Geschichte und Bedeutung der ehemaligen Sommerresidenz des Hauses Wittelsbach. Dachau 1981.

Walz, Tino; Meitinger, Otto; Beil, Toni: Die Residenz zu München. Entstehung, Zerstörung, Wiederaufbau. München 1987.

Friedrich Sustris, Peter Candid

Volk-Knüttel, Brigitte: Wandteppiche für den Münchener Hof nach Entwürfen von Peter Candid. München 1976.

Hubert Gerhard

Diemer, Dorothea: Bronzeplastik um 1600 in München: Neue Quellen und Forschungen. In: Jahrbuch des Zentralinstitutes für Kunstgeschichte, Bd. 2, 1986, S. 107-177; Bd. 3, 1987, S. 19-141.

Hans von Aachen

Jacoby, Joachim: Hans von Aachen. 1552-1615. Berlin 2000.

Antikenstudium

Archäologisch-antiquarische Forschung und Kulturverständnis im 16. und 17. Jahrhundert. Kolloquium des Archäologischen Instituts der Universität zu Köln im Sommersemester 1992. In: Kölner Jahrbuch Jg. 26, 1993, S. 7-131.

Busch, Renate von: Studien zu deutschen Antikensammlungen des 16. Jahrhunderts. Diss. Tübingen 1973.

Neuburg a. d. Donau
(mit Ingolstadt, Eichstätt)

Appel, Brun; Dressendörfer, Werner u. a.: Die Pflanzenwelt des Hortus Eystettensis. Ein Buch lebt. München, Paris, London 1998.

Burger, Daniel: Der Schaumberg-Bau auf der Willibaldsburg bei Eichstätt. In: Der frühe Schloßbau und seine mittelalterlichen Vorstufen. München, Berlin, 1997. S. 114-133. (= Forschungen zu Burgen und Schlössern, Bd. 3).

Ders.: Der Blick auf den Hortus Eystettensis. Die „Große Altane" auf der Willibaldsburg als Kunstkammer des Eichstätter Bischofs Johann Conrad von Gemmingen. In: Burgen und frühe Schlösser in Thüringen und seinen Nachbarländern. München, Berlin 2000. S. 187-198. (= Forschungen zu Burgen und Schlössern, Bd. 5).

Diemer, Dorothea und Peter: Die Musenquelle am Festungsbau. Eine neuentdeckte Stuckdekoration des Antonio Brocco in Bayern. Mit einem Nachtrag: eine Quellennachricht zum Stuck im Dresdner Schloss. In: Münchner Jahrbuch der bildenden Kunst, 3. Folge, Bd. LI, 2000, S. 101-136.

Hoppe, Stephan: Der Schlossbau Ottheinrichs von der Pfalz in Neuburg an der Donau. Überlegungen zu Beziehungen zur kurpfälzischen Hofarchitektur der 1520er Jahre. In: Form und Stil. Festschrift für Günther Binding zum 65. Geburtstag. Hg. v. Stefanie Lieb. Darmstadt 2001. S. 202-212.

Stierhof, Horst H.; Haller, Petra: Schloßmuseum Neuburg an der Donau. Amtlicher Führer. Hg. v. d. Bayer. Verwaltung d. staatl. Schlösser, Gärten u. Seen. München [3]1998.

Fassadenmalerei

Schweikhart, Gunter; Heckner, Ulrike: Fassadenmalerei in Deutschland zwischen 1520 und 1570. In: Beiträge zur Renaissance zwischen 1520 und 1570. Marburg 1991. (= Materialien zur Kunst- und Kulturgeschichte in Nord- und Westdeutschland, Bd. 2). S. 245-159.

Nürnberg
(mit Plassenburg ob Kulmbach, Lichtenau, Wülzburg)

Biller, Thomas: Burg - Festung - Schloß - Amtshaus? Lichtenau bei Ansbach als Stützpunkt und Symbol der Reichsstadt Nürnberg. In: Der frühe Schloßbau und seine mittelalterlichen Vorstufen. München, Berlin 1997. S. 11-23. (= Forschungen zu Burgen und Schlössern, Bd. 3).

Biller, Thomas: Die Wülzburg. Architekturgeschichte einer Renaissancefestung. München, Berlin 1996.

Burger, Daniel: Landesfestungen der Hohenzollern in Franken und Brandenburg. Kulmbach 2000.

Die Stadt Nürnberg. Bearb. v. Günther P. Fehring, Anton Ress. München 1977. (= Bayerische Kunstdenkmale, Kurzinventare, Bd. 10).

Fleischmann, Peter: Nürnberg mit Fürth und Erlangen. Von der Reichsstadt zur fränkischen Metropole. Köln 1997.

Nürnberg 1350-1550: Kunst der Gotik und Renaissance. Ausstellungskatalog Germanisches Nationalmuseum Nürnberg. München 1986.

Smith, Jeffery Chipps: Nuremberg. A Renaissance City. 1500-1618. Ausstellungskatalog University of Austin. Austin (Texas) 1983.

Stadtlexikon Nürnberg. Hg. v. Michael Diefenbacher, Rudolf Endres. Nürnberg 1999.

Sebaldusgrab

Meller, Simon: Peter Fischer der Ältere und seine Werkstatt. Leipzig 1925.

Albrecht Dürer

Albrecht Dürer. Das druckgraphische Werk. Bearb. v. Rainer Schoch, Matthias Mende, Anna Scherbaum. Bd. 1: Kupferstiche und Eisenradierungen und Kaltnadelblätter. München 2001. Bd. 2: Holzschnitte *(erscheint 2002)*. Bd. 3: Buchillustrationen *(erscheint 2003)*.

Anzelewsky, Fedja: Albrecht Dürer. Das malerische Werk. 2 Bde. Berlin [2]1991.

Rebel, Ernst: Albrecht Dürer. Maler und Humanist. München 1996.

Kleinmeister

Heinrich Aldegrever - die Kleinmeister und das Kunsthandwerk der Renaissance. Ausstellungskatalog Unna 1986. Hg. v. Kreis Unna. Unna 1986.

Löcher, Kurt: Barthel Beham. Ein Maler aus dem Dürerkreis. München, Berlin 1999.

Astronomie

North, John: Viewegs Geschichte der Astronomie und Kosmologie. Braunschweig, Wiesbaden 1997.

Zinner, Ernst: Entstehung und Ausbreitung der copernicanischen Lehre. Hg. v. Heribert M. Nobis, Felix Schmeidler. München [2]1988.

Regensburg

Borgmeyer, Anke; Hubel, Achim: Stadt Regensburg. Regensburg 1997. (= Denkmäler in Bayern, Bd. III, 37).

Büchner-Suchland, Irmgard: Hans Hieber. Ein Augsburger Baumeister der Renaissance. München 1962.

Albrecht Altdorfer

Mielke, Hans: Albrecht Altdorfer - Zeichnungen, Deckfarbenmalerei, Druckgraphik. Berlin 1988.

Winzinger, Franz: Albrecht Altdorfer - Die Gemälde. München 1975.

Wood, Christopher S.: Albrecht Altdorfer and the Origins of Landscape. London 1993.

Architekturmodelle

Architekturmodelle der Renaissance. Die Harmonie des Bauens von Alberti bis Michelangelo. Hg. v. Bernd Evers. Ausstellungskatalog Berlin 1995/96. München, New York 1995.

Lepik, Andres: Das Architekturmodell in Italien 1353-1500. Worms 1994.

Reuther, Hans; Berckenhagen, Ekhart: Deutsche Architekturmodelle. Projekthilfe zwischen 1500 und 1900. Berlin 1994.

Rinascimento - da Brunelleschi a Michelangelo. La rappresentazione dell'architettura. Hg. v. Henry A. Millon, Vittorio Magnago Lampugnani. Ausstellungskatalog Venedig 1994. Milano 1994.

Schleswig

Gottorf im Glanz des Barock, Bd. 1. Kunst und Kultur am Schleswiger Hof 1544-1713. Ausstellungskatalog Schleswig 1997. Hg. v. Heinz Spielmann. Schleswig 1997.

Landt, Matthias: Die Schloßbauten des Gottorfer Herzogs Adolf im 16. Jahrhundert. Kiel 1986.

Schulze, Heiko K. L.: Schloß Gottorf in Schleswig. In: Der frühe Schloßbau und seine mittelalterlichen Vorstufen. München, Berlin 1997. S. 11-23. (= Forschungen zu Burgen und Schlössern, Bd. 3).

Wendt, Antje: Schloss Gottorf. Regensburg 2000. (= Burgen, Schlösser und Wehrbauten in Mitteleuropa; Bd. 5).

Schmalkalden

Großmann, Georg Ulrich: Der Schloßbau in Hessen 1530 - 1630. Diss. Marburg 1979.

Schmidt, Michael: Neue Forschungen zur Architektur und Ausstattung von Schloß Wilhelmsburg. Ergänzungen zum Amtlichen Führer Schloß Wilhelmsburg in Schmalkalden. In: Jahrbuch der Stiftung Thüringer Schlösser und Gärten, Bd. 3 für das Jahr 1999. 2000. S. 60-87.

Stadthagen

Borggrefe, Heiner; von Büren, Guido: Schloss Stadthagen - italienische Renaissance in Norddeutschland. *In Vorbereitung.*

Meine-Schawe, Monika: Neue Forschungen zum Mausoleum in Stadthagen. In: „... uns und unseren Nachkommen zu Ruhm und Ehre". Kunstwerke und ihre Auftraggeber im Weserraum. Marburg 1992. (= Materialien zur Kunst- und Kulturgeschichte in Nord- und Westdeutschland, Bd. 6). S. 69-132.

Tebbe, Karin: Epitaphien in der Grafschaft Schaumburg. Die Visualisierung der politischen Ordnung im Kirchenraum. Marburg 1996. (= Materialien zur Kunst- und Kulturgeschichte in Nord- und Westdeutschland, Bd. 18).

Adriaen de Vries

Adriaen de Vries 1556-1626. Imperial sculpture [Ausstellungskatalog des Rijksmuseums Amsterdam, Nationalmuseums Stockholm, The J. Paul Getty Museum, Los Angeles]. Amsterdam, Stockholm, Los Angeles 1998.

Adriaen de Vries 1556-1626. Augsburgs Glanz - Europas Ruhm. Ausstellungskatalog der Städtischen Kunstsammlung Augsburg. Heidelberg 2000.

Stuttgart
(mit Tübingen, Heilbronn, Leonberger Pomeranzengarten)

Elfgang, Alfons; Kluckert, Ehrenfried: Schickhardts Leonberger Pomeranzengarten und die Gartenbaukunst der Renaissance. Rottenburg am Neckar 1988.

Koepf, Hans: Die Heilbronner Kilianskirche und ihre Meister. Heilbronn 1961. (= Veröffentlichungen des Archivs der Stadt Heilbronn, H. 6).

Merten, Klaus: Das alte Schloß Stuttgart. Hg. v. Württembergischen Landesmuseum. München, Berlin [2]1986.

Sauer, Paul: Geschichte der Stadt Stuttgart, Bd. 2: Von der Einführung der Reformation bis zum Ende des 17. Jahrhunderts. Stuttgart, Berlin, Köln 1993.

Schröder, Heike: Kunst im Alten Schloss - Württembergisches Landesmuseum Stuttgart. Stuttgart 1998.

Weiss, Peter: Das Tübinger Schloß. Von der Kriegsfeste zum Kulturbau. Tübingen 1996.

Heinrich Schickhardt

Kluckert, Ehrenfried: Heinrich Schickhardt. Architekt und Ingenieur. Eine Monographie. Herrenberg 1992. (= Herrenberger Historische Schriften, Bd. 4).

Lorenz, Sönke; Setzler, Wilfried: Heinrich Schickhardt: Baumeister der Renaissance. Leben und Werk des Architekten, Ingenieurs und Städteplaners. Leinfelden-Echterdingen 1999.

Lusthäuser

Weber-Karge, Ulrike: »...einem irdischen Paradeiß zu vergleichen...« Das Neue Lusthaus in Stuttgart: Untersuchungen zu einer Bauaufgabe der deutschen Renaissance. Sigmaringen 1989.

Torgau
(mit Lochau)

Die Denkmale der Stadt Torgau. Bearbeitet von Peter Findeisen, Heinrich Magirius. Leipzig 1976 (= Die Denkmale im Bezirk Leipzig).

Die Schlosskirche zu Torgau. Beiträge zum 450jährigen Jubiläum der Einweihung durch Martin Luther am 5. Oktober 1544. Torgau [1994].

Findeisen, Peter: Zur Struktur des Johann-Friedrich-Baues im Schloss Hartenfels zu Torgau. In: Sächsische Heimatblätter, Jg. 20, H. 1 (1974). S. 1-12.

Ludolphy, Ingetraut: Friedrich der Weise. Kurfürst von Sachsen 1463-1525. Göttingen 1984. (zur Lochau S. 128).

Weikersheim

Fleck, Walther-Gerd: Schloß Weikersheim und die hohenlohischen Schlösser der Renaissance. Tübingen 1954. (= Tübinger Forschungen zur Kunstgeschichte, Heft 8).

Merten, Klaus: Schloß Weikersheim. München, Berlin [3]1986.

Weyer, Jost: Graf Wolfgang II. von Hohenlohe und die Alchemie. Alchemistische Studien in Schloß Weikersheim 1587-1610. Sigmaringen 1992. (= Forschungen aus Württembergisch Franken, Bd. 39).

Alchemie

Klinkhammer, Heide: Schatzgräber, Weisheitssucher und Dämonenbeschwörer. Die motivische und thematische Rezeption des Topos der Schatzsuche in der Kunst vom 15. bis 18. Jh. Berlin 1993.

Marsilio Ficino e il Ritorno di Ermete Trismegisto. Hg. v. Sebastiano Gentile, Carlos Gilly. Ausstellungskatalog Amsterdam. Florenz 1999.

Wolfenbüttel
(mit Helmstedt)

Die Hauptkirche Beatae Mariae Virginis in Wolfenbüttel. Zur Kunstgeschichte und Restaurierung des ersten reformatorischen Kirchenbaus in Deutschland. Hg. v. Hans Herbert Möller. Hannover 1987.

Staatsklugheit und Frömmigkeit Herzogs Julius von Braunschweig-Lüneburg, ein norddeutscher Landesherr des 16. Jahrhunderts. Weinheim 1989. (= Ausstellungskataloge der Herzog-August-Bibliothek in Wolfenbüttel, Nr. 61).

Thies, Harmen: Das Juleum Novum – Paul Francke. Helmstedt 1997. (= Beiträge zur Geschichte des Landkreises und der ehemaligen Universität Helmstedt, Heft 9, 1997).

Thöne, Friedrich: Geist und Glanz einer alten Residenz. München [2]1968.

Uppenkamp, Barbara: Das Pentagon von Wolfenbüttel. Entwurf und Wirklichkeit einer Idealstadtanlage in Deutschland um 1600. Diss. Hamburg 2000.

Dies.: Idealstadt Wolfenbüttel. In: Architektur als politische Kultur - Philosophia Practica. Hg. v. Hermann Hipp, Ernst Seidl. Berlin 1996. S. 115-129.

Idealstädte

Eaton, Ruth: Die ideale Stadt. Von der Antike bis zur Gegenwart. Berlin 2001.

„Klar und lichtvoll wie eine Regel“. Planstädte der Neuzeit vom 16. bis zum 18. Jh. Ausstellungskatalog des Badischen Landesmuseums Karlsruhe. Karlsruhe 1990.

Kruft, Hanno-Walter: Städte in Utopia. Die Idealstadt vom 15. bis zum 18. Jh. zwischen Staatsutopie und Wirklichkeit. München 1989.

Vercelloni, Virgilio: Europäische Stadtutopien. Ein historischer Atlas. München 1994.

Niederlande

Amsterdam

Kuyper, W[outer]: Dutch classicist Architecture. A Survey of Dutch Architecture, Gardens and Anglo-Dutch Architectural Relations from 1625 to 1700. Delft 1980. S. 8–27.

Meischke, R[uud] u. a.: Huizen in Nederland. Amsterdam. Architectuurhistorische verkenningen aan de hand van het bezit van de Vereniging Hendrick de Keyser. Zwolle [2]2001.

Zantkuijl, H.-J.: De eeuw van de verbeelding. De renaissance in de Amsterdamse architectuur. In: De smaak van de elite. Amsterdam in de eeuw van de beeldenstorm. Hg. v. Renée Kistemaker, Michiel Jonker. Amsterdam 1986. S. 93–108.

Breda (mit Dordrecht)

Duinen, Herman A. van: De Koorbanken van de Grote- of Onze Lieve Vrouwekerk te Dordrecht. Leiden 1997.

Wezel, G[erard] W. C. van: Het palais van Hendrik III graaf van Nassau te Breda. Zwolle 1999. (= De Nederlandse Monumenten van Geschiedenis en Kunst).

Haarlem

Beek-Mulder, Irene van; Polman, Mariette: De Hallen in Haarlem. De Vis-, Vlees- en Verweyhal op de Grote Markt in Haarlem. Zwolle 1993.

Kiem, Karl: Ideal und Wirklichkeit. Die Identifizierung des Entwurfs für die Waage von Haarlem: Lieven de Key, 1598. In: Architectura. Zeitschrift für Geschichte der Baukunst, Bd. 26, 1996. S. 24–32.

Maarten van Heemskerck

Harrison Jr., Jefferson Cabell: The paintings of Maarten van Heemskerck - A catalogue raisonné. Diss. University of Virginia. 1987.

Veldman, Ilja M.: Maarten van Heemskerck and Dutch humanism in the sixteenth century. Amsterdam 1977.

Haarlemer Manieristen

Goltzius Studies, Hendrick Goltzius 1558-1617. (= Nederlands Kunsthistorisch Jaarboek 42-43, 1991-1992). Zwolle 1993.

Miedema, Hessel: Karel van Mander. The Lives of the Illustrious Netherlandish and German Painters. Doornspijk 1998.

Thiel, Pieter J. J. van: Cornelis Cornelisz van Haarlem (1562-1638). A Monograph and Catalogue Raisonné. Doornspijk 1999.

Kampen

Kolman, Chris: Naer de eisch van ‘t werck. De organisatie van het bouwen te Kampen 1450–1650. Utrecht 1993. (= Werken Vereeniging tot Beoefening van overijsselsch Regt en Geschiedenis, Werken Nr. 40).

Kolman, Chris; Stenvert, Ronald: Nieuwe vormen en traditionale bouw: Het Vleeshuis te Kampen in het midden van de 16de eeuw. In: Bulletin Koninklijke Nederlandse Oudheidkundige Bond, Jg. 93, 1994. S. 81–99.

Leiden (mit Delft, Den Haag)

Bièvre, Elisabeth O. de: Public Order in the Low Countries. In: L’emploi des ordres dans l’architecture de la Renaissance. Actes du colloque tenu à Tours du 9 au 14 juin 1986. Hg. v. Jean Guillaume. Paris 1992. S. 285–292.

Groot, A[rie] de: Het Stadthuis van Delft. Aspecten van zijn bouw- en restauratiegeschiedenis. In: Bulletin Koninklijke Nederlandse Oudheidkundige Bond, Jg. 83, 1984. S. 1-42.

Leendert, D. Couprie: Hans Vredeman de Vries (1527–1606?) en zijn belang voor de Nederlandse architectuur. In: Holland, Bd. 33, 1, 2001, S. 49-56.

Ruyven-Zeman, Zsuzsanna van: Hendrick de Keyser: draftsman and designer of stained glass. In: Simiolus, Bd. 25, 1997. S. 283-302.

Tjon Sie Fat, Leslie: Clusius' Garden: A Reconstruction. In: The authentic Garden. A Symposium on Gardens. Leiden 1993. S. 3-12.

Lucas van Leyden

Cornelis, Bart; Filedt-Kok, Jan-Piet: „The taste for Lucas van Leyden prints". In: Simiolus, Heft 26, 1998, 1/2, S. 18-86.

Filedt Kok, Jan-Piet: The New Hollstein. Dutch and Flemish Etching. Engravings and Woodcuts 1450-1700, Bd. 4: Lucas van Leyden. Rotterdam 1996.

Utrecht (mit IJsselstein)

Hermans, Taco; Noordam, Charles: IJsselstein. In: Kastelen en ridderhofsteden in Utrecht. Hg. v. B[en] Olde Meierink. Utrecht 1995. S. 505-511.

Icking, Britta: Der Turm der Nikolauskirche zu IJsselstein zwischen niederländischer Bautradition und italienischer Renaissance. In: ‚Italienische' Renaissancebaukunst an Schelde, Maas und Niederrhein. Stadtanlagen - Zivilbauten - Wehranlagen. Hg. v. Günter Bers, Conrad Doose. Jülich 1999. S. 513-530.

Ross, Alice: Het eerste stadhuis van Utrecht - een belangrijke verbouwing in 1546. In: Jaarboek Oud-Utrecht, Jg. 1989. S. 37-57.

Santen, E. C. van: De groteskendecoratie aan de gevel van het 16e eeuwse Utrechtse stadhuis. In: Jaarboek Oud-Utrecht, Jg. 1989. S. 58-73.

Jan Gossaert/Philipp von Burgund

Sterk, J[ozef]: Philips van Bourgondie (1465-1524), bisschop van Utrecht, als protagonist van de renaissance. Zijn leven en maecenaat. Zutphen 1980.

Jan van Scorel

Faries, M[olly] A[nn]: Jan van Scorel, his style and its historical context. Diss. Bryn Mawr 1972.

Meyere, J[os] A. L. de: Jan van Scorel, 1495-1562. Schilder voor prinsen en prelaten. Utrecht 1981.

Die Bauten der Familie Van Rossum

Olde Meierink, Ben: Die Rezeption der Frührenaissance durch den Adel in den nördlichen Niederlanden. In: Renaissance in Nord-Mitteleuropa I. Hg. v. Georg Ulrich Großmann. München, Berlin 1990. S. 73-91. (= Schriften des Weserrenaissance-Museums Schloß Brake, Bd. 4).

Stenvert, Ronald: Von der Adelssprache zur Bürgerform. Aspekte der Renaissance in den neuen Habsburger Provinzen 1525-1575. In: ‚Italienische' Renaissancebaukunst an Schelde, Maas und Niederrhein. Stadtanlagen - Zivilbauten - Wehranlagen. Hg. v. Günter Bers, Conrad Doose. Jülich 1999. S. 449-468.

Werd, Guido de: Die Steinreliefs des Arnt van Tricht auf Schloß Wissen. In: Epitaph für Gregor Hövelmann. Beiträge zur Geschichte des Niederrheins dem Freund gewidmet. Hg. v. Kurt Abels. Geldern 1987. S. 171-189.

Belgien

Antwerpen

Bevers, Holm: Das Rathaus von Antwerpen (1561-1565). Architektur und Figurenprogramm. Hildesheim u. a. 1985. (= Studien zur Kunstgeschichte, Bd. 28).

Ewald, Wilhelm: Das Hanse-Haus zu Antwerpen. In: Köln und der Nordwesten. Beiträge zur Geschichte, Wirtschaft und Kultur des Rhein-, Maas- und Schelderaumes. Köln 1941. S. 67-89.

Maclot, Petra: Innenraum-Bemalung in den Bürgerhäusern von Antwerpen. In: Hausbau in Belgien. Hg. v. Georg Ulrich Großmann u. a. Marburg 1998. S. 55-64. (= Jahrbuch für Hausforschung, Bd. 44).

Stad Antwerpen. 3 Bde. Hg. v. ministerie van Nederlandse Cultuur voor Monumenten- en Landschapzorg. Turnhout 1979, 1989, 1990. (= Bouwen door e eeuwen heen. Inventaris van het cultuurbezit in Belgie. Architectuur, Bd. 3na-c).

Stock, Jan van der (Hg.): Antwerpen. Verhaal van een metropool 16de-17de eeuw. Ausstellungskatalog Hessenhuis Antwerpen. Gent 1993.

Antwerpener Malerei

Mai, Ekkehard; Vlieghe, Hans (Hg.): Von Bruegel bis Rubens. Das goldene Jahrhundert der flämischen Malerei. Ausstellungskatalog Köln 1992, Antwerpen 1993, Wien 1993. Köln 1992.

Architekturtraktate

Forssman, Erik: Dorisch, ionisch, korinthisch. Studien über den Gebrauch der Säulenordnungen in der Architektur des 16.-18. Jh. Stockholm, Göteborg, Uppsala 1961. (= Acta Universitatis Stockholmiensis, Bd. 5).

Günther, Hubertus (Hg.): Deutsche Architekturtheorie zwischen Gotik und Renaissance. Darmstadt 1988.

Kruft, Hanno-Walter: Geschichte der Architekturtheorie. Von der Antike bis zur Gegenwart. München 1995.

Buchdruck

Eisenstein, Elizabeth L.: Die Druckerpresse. Kulturrevolutionen im frühen modernen Europa. Wien 1997.

Füssel, Stephan: Gutenberg und seine Wirkung. Frankfurt/M. 1999.

Triumphaler Einzug

Meadow, Mark A.: Ritual and Civic Identity in Philip II's 1549 Antwerp Blijde Incompst. In: Nederlands Kunsthistorisch Jaarboek, Bd. 49, 1998. S. 37-67.

Roobaert, E. J.: De seer wonderlijke schoone triumphelijcke incompst van den hooghmogenden prince Philips ... in de stadt van Antwerpen ... anno 1549 ... . In: Bulletin Koninklijke Musea voor Schone Kunsten, Bd. 9, 1960. S. 37-74.

Vorlagenblätter

Egger, Gerhart: Ornamentale Variationen des Manierismus. Wien 1981. (= Schriften der Bibliothek des Österreichischen Museums für Angewandte Kunst, Bd. 23).

Irmscher, Günter: Kleine Kunstgeschichte des europäischen Ornaments seit der frühen Neuzeit (1400-1900). Darmstadt 1984.

Uppenkamp, Barbara: Roll- und Beschlagwerk in der „Weserrenaissance". In: Baudekoration als Bildungsanspruch. Marburg 1993. S. 9-119. (= Materialien zur Kunst- und Kulturgeschichte in Nord- und Westdeutschland, Bd. 5).

Brügge

Beernaert, Brigitte u. a.: Huizen en hun bewoners. Een 16de-eeuwse stadswandeling door Brugge. Brügge 1998.

Devliegher, Luc: Beeld van het kunstbezit. Inleiding tot een Inventarisatie. Tielt 1965. (= Kunstpatrimonium van West-Vlaanderen, Bd. 1).

Ders.: De Keizer Karel-schouw van het Brugse Vrije. Tielt 1987. (= Kunstpatrimonium van West-Vlaanderen, Bd. 8).

Memling und seine Zeit. Brügge und die Renaissance. Ausstellungskatalog Memlingmuseum, Brügge 1998. Stuttgart 1998.

Brüssel (mit Löwen, Edingen)

Banz, Claudia: Höfisches Mäzenatentum in Brüssel. Kardinal Antoine Perrenot de Granvelle (1517-1586) und die Erzherzöge Albrecht (1559-1621) und Isabella (1566-1633). Berlin 2000. (= Berliner Schriften zur Kunst, Bd. 12).

Boogert, Bob C[ornelis] van den: Habsburgs imperialisme en de verspreiding van renaissancevormen in de Nederlanden: de vensters van Michiel Coxcie in de Sint-Goedele te Brussel. In: Oud Holland, Jg. 106, 1992. S. 57-80.

De Jonge, Krista: Der herzogliche u. kaiserliche Palast zu Brüssel u. die Entwicklung des höfischen Zeremoniells im 16. u. 17. Jh. In: Jahrbuch des Zentralinstitutes für Kunstgeschichte, Bd. V/VI, 1989/ 1990. S. 253-282.

Dies.: Schloß Heverlee bei Leuven und die Residenzbildung in den südlichen Niederlanden um 1500. In: Forschungen zu Burgen und Schlössern, Bd. 8 *(im Druck)*.

Valvekens, P.: Nieuwe gegevens over het Celestijnerklooster te Heverlee, gevolgd door een nader onderzoek van de sculptuur van Jan Mone voor de Celestijnenkerk. In: Mededelingen van de Geschied- en Oudheidkundige Kring voor Leuven en omgeving, Bd. 23, 1983. S. 3-69.

Vandenheede, Laetitia: Architecture de la Haute Renaissance Romaine. L'Aile Orientale du Palais d'Egmont. In: Revue des Archéologues et Historiens d'Art de Louvain, Bd. XXIX, 1996. S. 55-64.

Bildteppiche

Brassat, Wolfgang: Tapisserie und Politik. Berlin 1992.

Delmarcel, Guy: Los Honores. Flemish Tapestries for the Emperor Charles V. Gent 2000.

Heinz, Dora: Europäische Wandteppiche I. Braunschweig 1963.

Barent van Orley

Ainsworth, Maryan Wynn: Bernart van Orley as Designer of Tapestry. New Haven 1982.

Farmer, J[ohn] David: Bernard van Orley of Brussels. Ann Arbor 1983.

Farmer, J[ohn] David: „How one workshop worked: Bernard van Orley's Atelier in early sixteenth-century Brussels". In: A tribute to Robert A. Koch: Studies in the Northern Renaissance. Princeton, New Jersey 1994. S. 21-52.

Kartografie

Bagrow, Leo; Skelton, R. A.: Meister der Kartographie. Berlin ^{4}1973.

Scharfe, Wolfgang (Hg.): Gerhard Mercator und seine Zeit. 7. kartographiegeschichtliches Colloquium Duisburg 6.-8. Oktober 1994. (= Duisburger Forschungen 42). Duisburg 1996.

Wolff, Hans (Hg.): Philipp Apian und die Kartographie der Renaissance. Weißenhorn 1989.

Lüttich

Collon-Gevaert, Suzanne: Érard de la Marck et le Palais des Princes-Évêques à Liège. Liège 1975.

Forguer, Richard: L'Église Saint-Jacques le mineur à Liège. Liège 1997.

Janssen-Delvaux, Marguerite M.: La Renaissance à Liège XVIe siècle. Gembloux 1971.

Lejeune, Jean (Hg.): Liège et son palais. Douze siècles d'histoire. Antwerpen 1980.

Lambert Lombard

Denhaene, Godelieve: Lambert Lombard. Renaissance et humanisme à Liège. Antwerpen 1990.

Mechelen

De Habsburgers en Mechelen. Ausstellungskatalog des Stedelijk Museum Hof van Busleyden Mechelen. o. O. 1987.

Eeman, Michèle; Kennes, Hilde; Mondelaers, Lydie: Stad Mechelen. Binnenstad. Gent 1984. (= Bouwen door de eeuwen heen. Inventaris van het cultuurbezit in Belgie. Architectuur, Bd. 9).

Die zerstörten Schlösser der Maria von Ungarn

De Jonge, Krista (Hg.): Le château de Boussu. Namur 1998. (= Etudes et Documents, Bd. 8).

Dies.: Aktuelle Probleme der Renaissanceforschung in den Niederlanden. Hof und Hofarchitekten - der Casus Jacques Du Broeucq. In: Italienische Renaissancebaukunst an Schelde, Maas und Niederrhein. Stadtanlagen - Zivilbauten - Wehranlagen. Hg. v. Günter Bers, Conrad Doose. Jülich 1999. S. 51-69.

Österreich

Graz (mit Ehrenhausen, Seckau, Riegersburg)

850 Jahre Graz, 1128-1978. Festschrift. Hg. v. Wilhelm Steinböck. Graz, Köln, Wien 1978.

Die Grazer Burg. Hg. v. d. Steiermärkischen Landesdruckerei. Graz 1993.

Die Kunstdenkmäler der Stadt Graz. Die Profanbauten des 1. Bezirkes, Altstadt. Wien 1997. (= Österreichische Kunsttopographie, Bd. LIII).

Gordon, Emmerich: Die Riegersburg. Graz 1972.

Gänser, Gerhard: Das Landhaus. In: Graz, Geschichtsbilder einer Stadt. Hg. v. Erich Edegger. Graz 1987.

Winkler, Gerhard: Typologie und Ikonographie der sepulkralen Kunst des 16. Jahrhunderts in Österreich. In: Renaissance in Österreich. a. a. O.

Innsbruck

Alle Wunder dieser Welt. Die kostbarsten Kunstwerke aus der Sammlung Erzherzog Ferdinands II. (1529-95). Ausstellungskatalog des Kunsthistorischen Museums Wien Schloß Ambras 2001. Hg. v. W. Seipel. Wien 2001.

Die Kunstdenkmäler der Stadt Innsbruck. Die Hofbauten. Wien 1986. (= Österreichische Kunsttopographie, Bd. XLVII).

Die sakralen Kunstdenkmäler der Stadt Innsbruck: Teil 1: Innere Stadtteile. Wien 1995. (= Österreichische Kunsttopographie, Bd. 52).

Scheicher, Elisabeth: Kaiser Maximilian plant sein Grabmal. In: Jahrbuch des Kunsthistorischen Museums Wien, Bd. 1, 1999. S. 81-117.

Kunst- und Wunderkammer

Grote, Andreas (Hg.): Macrocosmos in microcosmos. Die Welt in der Stube. Zur Geschichte des Sammelns 1450-1800. Opladen 1994.

Minges, Klaus: Das Sammlungswesen der frühen Neuzeit. Kriterien der Ordnung und Spezialisierung. Münster 1998. (= Museen - Geschichte und Gegenwart, Bd. 3).

Scheicher; Elisabeth: Die Kunst- und Wunderkammern der Habsburger. Wien, München, Zürich 1979.

Linz (mit Parz)

Danzl, Thomas: Die protestantische Fassadenmalerei von Schloss Parz bei Grieskirchen. 3 Bde. Regensburg 1997.

Die profanen Bau- und Kunstdenkmäler der Stadt Linz. 1. Teil. Die Altstadt. Wien 1977. (= Österreichische Kunsttopographie, Bd. XLII).

Straßmayr, Eduard: Das Landhaus in Linz, seine Baugeschichte, politische und kulturelle Bedeutung. Linz 1950.

Salzburg (mit Goldegg)

Bigler, Robert R.: Schloss Hellbrunn und sein Bauherr Markus Sittikus von Hohenems - Eine Neubewertung. Zürich 1993.

Fürstbischof Wolf Dietrich von Raitenau - Gründer des barocken Salzburg. Salzburg 1987. (= 4. Salzburger Landesausstellung und zugleich 12. Sonderschau des Dommuseums).

Lippmann, Wolfgang: Der Salzburger Dom 1598-1630 - Unter besonderer Berücksichtigung der Auftraggeber und des kulturgeschichtlichen Umfeldes. Weimar 1999.

Locicnik, Raimund: Wolf-Dietrichs-Mausoleum, Sebastiansfriedhof und

Sebastianskirche in Salzburg. Salzburg 1987. (= Christliche Kunststätten Österreichs, Nr. 151).

Steinitz, Wolfgang: Zum Programm des Rittersaales von Schloß Goldegg im Salzburger Land. In: Awlte und Moderne Kunst, n° 147, Bd. XXI, (1976). S. 12-23.

Zaisberger, Friederike: Der Rittersaal im Schloß Goldegg, Salzburger Land. Salzburg 1981.

Schallaburg (mit Krems)

Renaissance-Schloss Schallaburg. Hg. v. Amt der Niederösterreichischen Landesregierung. Wien 1989.

Wagner-Rieger, Renate: Die Architektur von Krems und Stein. In: 1000 Jahre Kunst in Krems. Ausstellung im Dominikanerkloster Krems 1971. Krems 1971. S. 88-130.

Spittal a. d. Drau (mit Hochosterwitz)

Khevenhüller-Metsch, Georg: Die Burg Hochosterwitz in Kärnten und ihre Geschichte. Hochosterwitz [ca. 1950].

Kienzl, Barbara: Zur Kunstgeschichte der Stadt Spittal. In: 800 Jahre Spittal 1191-1991. Chronik. Spittal 1991.

Wagner-Rieger, Renate: Das Schloss zu Spittal an der Drau in Kärnten. Wien 1962. (= Studien zur österreichischen Kunstgeschichte, Bd. 3).

Wien

Lietzmann, Hilda: Das Neugebäude in Wien: Sultan Süleymans Zelt - Kaiser Maximilians II. Lustschloss. Ein Beitrag zur Kunst- und Kulturgeschichte der 2. Hälfte des 16. Jahrhunderts. Berlin 1987.

Kühnel, Harry: Die Hofburg. Wien, Hamburg 1971. (= Wiener Geschichtsbücher, Bd. 5).

Himmelsberger, Walter; Peball, Kurt: Die Befestigungen Wiens. Wien, Hamburg 1974. (= Wiener Geschichtsbücher, Bd. 14).

Bartholomäus Spranger

Henning, Michael: Die Tafelbilder Bartholomäus Sprangers (1546-1611). Höfische Malerei zwischen „Manierismus“ und „Barock“. Essen 1987.

Jakob Seisenegger

Löcher, Kurt: Jakob Seisenegger - Hofmaler Kaiser Ferdinands I. München, Berlin 1962.

Kunst und Kultur am Prager Hof

Rudolf II. und Prag. Kaiserlicher Hof und Residenzstadt als kulturelles und geistiges Zentrum Mitteleuropas. Hg. v. Eliška Fučíková. Gesondert publizierter Textband zum Ausstellungskatalog Prag 1997. Prag, London, Mailand 1997.

Seibt, Ferdinand (Hg.): Renaissance in Böhmen: Geschichte, Wissenschaft, Architektur, Plastik, Malerei, Kunsthandwerk. München 1985.

Reisen

Bausinger, Hermann; Beyrer, Klaus; Korff, Gottfried (Hg.): Reisekultur. Von der Pilgerfahrt zum modernen Tourismus. München 1991.

Brenner, Peter (Hg.): Der Reisebericht. Die Entwicklung einer Gattung in der deutschen Literatur. Frankfurt/M. 1989.

Gräf, Holger Thomas; Pröve, Ralf: Wege ins Ungewisse. Reisen in der frühen Neuzeit 1500-1800. Frankfurt a. M. 1997.

Nachschlagewerke

Allgemeines Künstlerlexikon. Die Bildenden Künstler aller Zeiten und Völker. Hg. v. Günther Meissner u. a. München, Leipzig 1992 ff.

Allgemeines Lexikon der Bildenden Künstler von der Antike bis zur Gegenwart. Hg. v. Ulrich Thieme, Felix Becker, Hans Vollmer. Bd. 1-37. Leipzig 1907-1950.

Baines, Anthony: Lexikon der Musikinstrumente. Stuttgart 2000.

Binding, Günther: Architektonische Formenlehre. Darmstadt 1998.

Dehio, Georg: Handbuch der deutschen Kunstdenkmäler. München, Berlin 1905 ff.

Dehio, Georg: Die Kunstdenkmäler Österreichs. Wien 1930 ff.

Die Musik in Geschichte und Gegenwart. Allgemeine Enzyklopädie der Musik. Hg. v. Ludwig Finscher. Kassel, Basel, London ²1999 ff.

Encyclopedia of the Renaissance. 6 Bde. Hg. v. Paul F. Grendler. New York 1999.

Große Weltgeschichte. Begr. v. Karl Julius Ploetz. Darmstadt 1986.

Jahn, Johannes: Wörterbuch der Kunst. Stuttgart 1995.

Koepf, Hans: Bildwörterbuch der Architektur. Stuttgart 1999.

Lexikon der Kunst. 7 Bde. Hg. v. Gerhard Strauß, Harald Olbrich. Leipzig 1987.

Münkler, Herfried; Münkler, Marina: Lexikon der Renaissance. München 2000.

GLOSSAR

Ädikula (lat. aedicula, kleines Haus, Tempelchen) In der Antike ein kleiner, einer Tempelfront ähnlicher Aufbau zur Unterbringung einer Statue; später jegliche aus Stützengliedern und einem abschließenden Giebel in Dreiecks- oder Segmentbogenform bestehende Umrahmung.

Altan, Altane (von ital. altana) Söller; ein bis zum Erdboden reichender mit Brüstung versehener Austritt der oberen Stockwerke.

Altarretabel (von lat. retabulum, Rückwand) Altaraufsatz, der als Schauwand entweder direkt auf der Mensa (Altarplatte) oder der Predella aufgesetzt ist.

Amalgamation Verfahren zur Anreicherung von Gold und Silber.

Atlant (ital. atlante) Eine meist überlebensgroße männliche Gestalt (s. auch **Karyatide**), die an Stelle einer tektonischen Stütze das Gebälk trägt.

Architrav (gr., Hauptbalken) Der Säulen oder Pilastern aufliegende waagerechte Steinbalken, der den Oberbau eines Bauwerks trägt.

Arkade (lat. arcus, Bogen) Auf Säulen oder Pfeilern aufliegender Bogen; auch der Gang, der an einer Seite von einer Bogenstellung begrenzt wird.

Attika Aufmauerung über dem Hauptgesims.

Baluster (ital. balaustro, von gr. balaustion, Granatapfel) Untersetztes Stützglied mit stark profiliertem Schaft von rundem oder polygonalem Querschnitt an einer Brüstung oder einem Geländer.

Bering Ringmauer einer Burg.

Beschlagwerk Wenig plastisches Ornament vor allem der Renaissance nördlich der Alpen. Besteht aus symmetrisch angeordneten Bändern und Leisten, die wie mit Nägeln und Nieten befestigt scheinen (s. auch **Vorlagenblätter**).

Bifore Zweibogiges Fenster.

Bindenschild Schild mit horizontalem Streifen, seit 1230 von den österreichischen Herzögen an Stelle des einköpfigen Adlers als Wappen verwendet, seit 1804 Herzschild des Wappens des Hauses Österreich, seit 1919 zusammen mit dem einköpfigen Adler das Staatswappen Österreichs.

Bosse (ital. bozza, Entwurf) Roh behauener Stein.

Cister Bezeichnung eines gezupften Saiteninstruments, das seit dem Mittelalter mit verschiedenen Namen belegt ist. In späterer Zeit sind u. a. die Bezeichnungen Gittern, Cither, Zitter, Sister, Deutsche Guitarre gebräuchlich.

Chitarrone Italienische Basslaute (Gesamtlänge bis zu zwei Metern) mit einem über den Wirbelkasten hinaus geradlinig verlängertem Hals, an dessen Ende ein zweiter Wirbelkasten sitzt.

Disegno (ital.) Zeichnung, Umrisslinie, aber auch Entwurf, Plan, Konzept, Vorstellung, Idee.

Dorische Säule Säule ohne Basis mit kanneliertem Säulenschaft und glattem schlichtem Kapitell.

Dorsale (lat. dorsum, Rücken) Rückwand des Chorgestühls.

Dulzian (ital. dulcis, süß) U. a. im 16. und 17. Jh. ein in unterschiedlichen Größen gebautes Doppelrohrblattinstrument, das aus einer Holzröhre mit U-förmig gebogener, konvexer Innenbohrung, einem Metallanblasrohr, sieben bis acht Grifflöchern und ein bis zwei Daumenlöchern besteht.

Emblem (gr. emblema, das Eingesetzte) In der gr. Antike meist sinnildliche Verzierungen an Kunstwerken aus Metall, später allg. Bezeichnung für ein zur Dekoration verwendetes Symbol gegenständlicher Art (s. auch **Trophäe**).

Enfilade (frz., Aufreihung) Zimmerflucht, bei der die Türen in einer Achse liegen.

Epitaph (lat. epitaphius, Grab-, Trauerrede, feierliche Standesrede) In Antike und Mittelalter eine in dichterischer Form abgefasste Grabinschrift; von den Humanisten auf Grabmal, Gedenkstein ausgedehnt.

Estrade (frz.) Erhöhter Teil des Fußbodens.

Exedra (gr., abgelegener Sitzplatz) Unterhaltungsraum im antiken Wohnhaus; mit Sitzen versehene halbkreisförmige Erweiterung an Säulengängen hellenistischer Tempelhöfe und öffentlicher Plätze; in christlichen Kirchen gleichbedeutend mit Apsis.

Fresko (ital.) Wandmalerei auf dem noch frischem Putz, im Gegensatz zur Seccomalerei auf den schon getrockneten Putz.

Fürstenspiegel Schrift, in der das Idealbild eines Fürsten dargestellt wird.

Funeralwaffen (lat. funus, Leichenbegängnis) Waffen, die nach einem alten Brauch über dem Grab eines Ritters, Adeligen angebracht wurden.

Gambe (Viola da Gamba) S. **Viola.**

Gesims Horizontales Bauelement, das die Außenwand in einzelne Abschnitte gliedert.

Grisaille (frz., Eintönigkeit) Eine Malerei, die in der Abtönung einer einzigen Farbe gehalten ist, vor allem grau in grau.

Groteske Aus der Antike stammende Dekorationsform

Heinzenwerk Becher-, Eimerschöpfwerk.

Herme (gr.) Bildwerk mit dem Kopf oder dem ganzen Oberkörper ursprünglich des Gottes Hermes, das sich nach unten in einen Pfeiler verjüngt.

Ionische Säule Sonderform der dorischen Säule; Säule mit Basis und kanneliertem Säulenschaft sowie Kapitell, dessen Körper an den gegenüberliegenden Seiten volutenartig eingerollt ist.

Kämpfer Oberste Steinlage, die den Bogen oder das Gewölbe trägt.

Kartusche (frz. cartouche, Rolle) Aus Rollwerk, Knorpelwerk o. ä. gebildeter Zierrahmen.

Karyatide (gr., Tänzerinnen aus Karyä) Mädchengestalt, die an Stelle eines tektonischen Elements ein Gebälk trägt.

Kavalier Erhöhte Plattform auf den Kasematten der Festungen zur Beobachtung und zum Aufstellen von Kanonen.

Kenotaph (gr.) Grabdenkmal für einen an anderer Stelle beigesetzten Toten.

Kirchspiel Ältere Bezeichnung für Pfarrbezirk.

Knorpelwerk Dekorationsform aus knorpelähnlichen Formen, vergleichbar dem Ohrmuschelwerk.

Kolbenpumpe Pumpentyp, bei dem die Flüssigkeit etc. durch einen Kolben in einem Zylinder gefördert wird.

Kompositordnung Säulenordnung mit einem Kompositkapitell, das aus verschiedenen, ursprünglich nicht zusammengehörenden Kapitellteilen zusammengesetzt ist (am häufigsten aus dem ionischen und dem korinthischen Kapitell).

Konche (gr.-lat. concha, Muschel) U. a. halbrunde Apsis.

Kontrapost (ital., Gegensatz) Das zu einem harmonischen Ausgleich gebrachte Gegeneinanderspielen der steigenden und sinkenden Kräfte, der Bewegung und der Ruhe des menschlichen Körpers, ausgedrückt durch die Unterscheidung von Spielbein und Standbein.

Korinthische Säule Säule mit Basis und kanneliertem Säulenschaft sowie Kapitell, dessen Körper aus Akanthusblättern besteht, aus denen sich Volutenpaare entwickeln.

Kranzgesims Sonderform des Dachgesimses, weit ausladend.

Kredenz Möbel, auf dem Tischgerät aufgestellt sowie Speisen und Getränke angerichtet werden, bevor sie auf die Tafel kommen.

Laterne (lat. laterna, Lampe) In der Baukunst ein lichteinlassender Aufsatz über einer

Decken- bzw. Gewölbeöffnung, meist über der Scheitelöffnung einer Kuppel.

Lettner Trennung zwischen dem Mönchschor (bzw. dem Chor) und dem Laienchor.

Lisene Gemauerter vertikaler Streifen zur Mauerverstärkung und zur Wandgliederung, im Unterschied zum Pilaster ohne Kapitell und Basis.

Loggia (ital.) Offene Laube bzw. Säulenhalle eines Bauwerks; auch selbstständige Säulenhalle an Plätzen.

Lukarne (frz.) Dacherker bzw. **Zwerchhaus**, meist mit reicher Fensterrahmung und Giebelkontur.

Madrigal Seit dem 14. Jh. bezeugtes mehrstimmiges Gesellschaftslied, vor allem in Italien, England und Deutschland beliebt.

Manual (lat. manualis, zur Hand gehörend) Mit den Händen zu bedienende Tastatur an Orgel u. ä.

Mauresken (sp. morisco, maurisch) Islamische Dekorationsform, bestehend aus rein geometrischen Formen und stark entnaturalisierten Pflanzenranken, auch Arabeske genannt (s. auch **Groteske**).

Metope (gr., Zwischenfeld) Das meist mit Bauplastik geschmückte Feld zwischen den Triglyphen der dorischen Ordnung.

Mezzanin (ital. mezzo, halb) Nicht voll ausgebildetes Geschoss.

Miserikordie (lat. misericordia, Erbarmen) Konsolartiger Unterbau am Klappsitz eines Chorgestühls, der den stehenden Mönchen als Gesäßstütze dient.

Monodie Instrumental begleiteter, vom Sinn- und Affektgehalt des Textes geprägter Sologesang im Rezitativstil.

Motette Mehrstimmige geistliche Komposition (oft auf Psalmen- und Evangelientexten), die aus unterschiedlich gestalteten Abschnitten besteht.

Nasspochwerk Methode des Erzzerkleinerns durch wasserangetriebene Stempel.

Obergaden / Gaden Die über den Seitenschiffdächern erhöhten Mauern des Mittelschiffs einer Kirche, in dem die Fenster liegen.

Ohrmuschelwerk Pflanzenähnliche Dekorationsform (s. auch **Knorpelwerk**).

Orgelprospekt S. **Prospekt**.

Palas (lat. palatium) Wohn- bzw. Saalbau für die Herrschaft einer Burg.

Palladiomotiv Bereits von Serlio entworfene und von Palladio weiterentwickelte Verbindung eines mittleren, breiteren Bogens mit zwei schmaleren Seitenöffnungen, die von einem Gebälk in der Höhe des Bogenkämpfers abgeschlossen sind.

Polyphonie Kompositionsweise mit mehreren melodisch und rhythmisch eigenständigen Stimmen (Kontrapunkt).

Pommer (lat. bombus, dumpfes Geräusch) Blasinstrument mit tiefer Tonlage, das aus einer gestreckten konischen Röhre mit sechs oder sieben Grifflöchern besteht.

Präbende Stipendium, das von einer Kirche an einen Kleriker der eigenen oder einer fremden Gemeinde gezahlt wird (in seltenen Fällen auch an Laien); oft ohne Anwesenheitspflicht.

Predella (ital.) Der auf der Mensa (Platte eines Altars) aufsitzende Sockel eines Altarretabels oder des Schreins eines Flügelaltars.

Prieche Norddt. für Empore; ein erhöht liegender mit Brüstung versehener Raumteil, der einem Hauptraum zugeordnet und zu diesem geöffnet ist.

Prospekt Künstlerisch gestaltete Schauseite eines Orgelgehäuses.

Relieftondo S. **Tondo**.

Retabel S. **Altarretabel**.

Risalit (ital.) Vor die Flucht eines Bauwerks vortretender Bauteil, der auch höher sein kann und oft ein eigenes Dach hat; Mittel-, Seitenrisalit.

Rollwerk Dekorationsform mit aufgerollten, verschlungenen Bandformen (s. auch **Beschlagwerk**).

Rustika Roh behauene, bossierte Steine.

Serliana S. **Palladiomotiv**.

Sieben Freien Künste (lat. septem artes liberales) Sie bilden die Grundlage für das Studium höherer Fakultäten wie Medizin, Jura oder Theologie und sind in zwei Gruppen aufgeteilt: Grammatik, Rhetorik, Dialektik (Trivium), Musik, Astronomie, Geometrie, Arithmetik (Quadrivium).

Spinett Trapezförmige, platzsparende Variante des Cembalos.

Sprengwerk Eine meist hölzerne Konstruktion zur Aufnahme großer Lasten bzw. zur Überbrückung großer Spannweiten, bei der ein waagerechter Balken von unten durch zwei seitliche Streben gestützt wird. Es kommt meist bei Dachkonstruktionen und Brücken zur Anwendung. Beim Hängesprengwerk unterstützen zwei Streben eine Hängesäule, an der ein Balken (Spannbalken) hängt. Beim Hängewerk wird ein Spannbalken von oben her von einer Säule (Hängesäule) gehalten, die wiederum von seitlichen Streben gestützt wird, die zum Auflager des Balkens verlaufen.

Studiolo (ital.) Schreib- und Studierzimmer in herrschaftlichen Villen.

Superposition Verschiedene in einer Fassadengliederung übereinander stehende Säulenordnungen.

Terme / Termenpilaster Stütze / Pilaster in der Form einer **Herme**, jedoch ohne figürliche Ausbildung.

Theorbe Basslaute.

Tondo (ital.) Gemälde oder Relief in kreisrunder Form.

Trophäen Siegesdenkmale, aber auch Embleme des Kriegs, wie Fahnen, Standarten, Schilde, Lanzen, Rüstungen, Helme, Rüstungen etc.

Triglyphenfries Fries der dorischen Ordnung, bei dem sich Triglyphen (Dreischlitzplatte) und Metopen (meist mit Bauplastik geschmücktes Zwischenfeld) abwechseln.

Triptychon Dreiteiliges Altarretabel.

Tumba (lat.) Rechteckiges Grabdenkmal, auf dem die Grabplatte liegt, die oft mit einem Relief oder einer vollplastischen Figur des Verstorbenen versehen ist.

Variationskunst Verändernde Bearbeitung einer Melodie.

Viola Meist sechssaitiges Streichinstrument des 16.–18. Jh., das in mehreren Größen von Diskant bis Bass gebaut wurde; zu diesem Instrumenttypus gehört auch die Viola da gamba und die Viola da braccio, die sich in der Konstruktion und in der Art der Bogenführung unterscheiden.

Virginal Tasteninstrument des 16./17. Jh. in querrechteckiger Kastenform, besonders verbreitet in den Niederlanden.

Wimperg Giebelartige Bekrönung von Portalen und Fenstern, oft mit Maßwerk.

Zellengewölbe Gewölbeform, die durch Übereckstellung der Backsteine an den Graten entstehen; die Flächen zwischen den Graten sind tief eingeschnitten und verputzt.

Zink Tonwerkzeug, das mit einem trompetenartigen Ansatz geblasen wird und dessen Schallröhre einen konischen Verlauf aufweist und mit Grifflöchern versehen ist.

Zwerchgiebel Giebel vor einem Zwerchdach; Blendgiebel.

Zwerchhaus Eine über der Fassade aufsteigender, nicht zurückgesetzter Dachaufbau, der von einem Zwerchdach abgeschlossen wird (s. auch **Lukarne**).

Zwinger Bereich zwischen Vor- und Hauptmauer einer Burg oder Festung.

PERSONENREGISTER

Das Register ist in ein Personen- und in ein Orts- und Sachregister unterteilt.
Der Pfeil (→) im Fließtext zeigt an, dass zu diesem Schlagwort weiterführende Informationen mithilfe des Registers zu finden sind.
Fett gedruckte Seitenzahlen beziehen sich jeweils auf einen thematischen Block (Haupteintrag) bzw. auf biographische oder thematische Zusatztafeln.
Kursiv gedruckte Seitenzahlen beziehen sich auf Abbildungen.
Herrscher erscheinen unter ihrem Vornamen. Bei gleichen Vornamen werden zuerst die Könige und Kaiser des Heiligen Römischen Reichs und dann alle Herrscher nach dem Alphabet ihres Herrschaftsgebiets ohne Rücksicht auf Rangunterschiede aufgeführt.

Bay.	= Bayern	Ks.	= Kaiser
B.	= Bischof	Kard.	= Kardinal
Brdbg.	= Brandenburg	Kf.	= Kurfürst
Eb.	= Erzbischof	Mgf.	= Markgraf
Ehz.	= Erzherzog	Pfgf.	= Pfalzgraf
Dän.	= Dänemark	röm.	= römisch
Gf.	= Graf	Wttbg.	= Württemberg
Hz.	= Herzog		

Personenregister

ORTS- UND SACHREGISTER

AUTOREN

Elmar Alshut M.A., geb. 1949 in Gelsenkirchen. Studium der Kunstgeschichte, Archäologie, Altgermanistik in Bochum, Rom. Seit 1999 Leiter des Kultur- und Bürgerzentrums Schloß Horst in Gelsenkirchen und des zugehörigem Museums. Forschungen zur Renaissancearchitektur in Westfalen, am Niederrhein und den Niederlanden.

Heiner Borggrefe, Dr. phil., geb. 1957. Studium der Kunstgeschichte, Philosophie. 1995 - 2001 Leiter des Forschungsprojekts „Institut für Architektur-, Kunst- und Kulturgeschichte" am Weserrenaissance-Museum Schloß Brake. Mitherausgeber wissenschaftlicher Schriftenreihen. Veröffentlichungen und Ausstellungen u. a. zu Tizian, Hans Vredeman de Vries, Moritz von Hessen, zu höfischen Bildprogrammen.

Guido von Büren, geb. 1974 in Jülich. Seit 1993 Studium der Kunstgeschichte, Geschichte, Soziologie in Aachen. Freier Mitarbeiter am Stadtgeschichtlichen Museum Jülich. Forschungen zur Architektur der Renaissance nördlich der Alpen, zum Festungsbau der Frühen Neuzeit.

Thomas Eser, Dr. phil., geb. 1962 in Augsburg. Studium der Kunstgeschichte, Archäologie, Landesgeschichte in Augsburg. Seit 1995 wissenschaftlicher Mitarbeiter des Germanischen Nationalmuseums in Nürnberg. Lehrtätigkeit an der Universität Augsburg und der Akademie der bildenden Künste Nürnberg. Forschungen u. a. zur Kleinplastik der deutschen Renaissance, zur zeitgenössischen Goldschmiedekunst.

Claudia Euskirchen, Dr. phil., geb. 1965 in Stuttgart. Studium der Kunstgeschichte, Mittleren, Neueren und Alten Geschichte in Regensburg, Köln. Seit 2000 wissenschaftliche Mitarbeiterin an der Universität Köln und Mitarbeiterin der Unteren Denkmalbehörde der Stadt Duisburg. Forschungen zur Architektur des 16. bis 20. Jahrhunderts.

Martina Friedrich, Dr. phil. des., geb. 1960 in Hamburg. Studium der Kunstgeschichte, Geschichte, Volkskunde, Archäologie in Göttingen, Amsterdam, Bonn. Übersetzung kunsthistorischer Texte aus dem Niederländischen. Forschungen zur niederländischen Porträt- und Landschaftsmalerei des 16./17. Jahrhunderts.

Ursula Gormans, Dr. phil. des., geb. 1964 in Münster. 1984-1987 Ausbildung zur Steinbildhauerin. Studium der Kunstgeschichte, Baugeschichte, Romanistik in Aachen. Freie Mitarbeiterin im Museumspädagogischen Dienst der Stadt Aachen und des dortigen Domkapitels sowie freie Lektorin.

David Gropp, Dr. phil., geb. 1958 in Bonn. Studium der Kunstgeschichte, Philosophie und Romanistik in Heidelberg, Berlin. Seit 1999 als wissenschaftlicher Referent im Westfälischen Amt für Denkmalpflege, Münster. Forschungen zur Skulptur des Mittelalters und des 19. Jahrhunderts, zur Architektur des 19. und 20. Jahrhunderts.

Eva Harker M.A., geb. 1955 in Wien. Studium der Kunstgeschichte, Alte und Mittlere Geschichte in Wien, Köln. Freiberufliche Kunsthistorikerin und wissenschaftliche Autorin. Schreibt zur Zeit an ihrer Dissertation über mittelalterliche Kleinplastik.

Stephan Hoppe, Dr. phil., geb. 1966 in Hannover. Studium der Kunstgeschichte, Geschichte, Theater-, Film- und Fernsehwissenschaft in Köln, Berlin, Bonn. Seit 2002 wissenschaftlicher Assistent an der Universität Köln. Forschungen zur Architekturgeschichte der Frühen Neuzeit, zur Architekturtheorie, höfischen Kultur, zu digitale Techniken in der Kunstgeschichte.

Isabelle Kirgus, Dr. phil. des., geb. 1971 in Schiltach. Studium der Kunstgeschichte, Germanistik und Archäologie in Köln. 2002 Dissertation über die Architektur und Antikenrezeption der Rathauslaube in Köln. Forschungen zum frühneuzeitlicher Rathausbau.

Heide Klinkhammer, Dr. phil., geb. 1952. Studium in Aachen, Rom. Seit 1990 als Kunst- und Bauhistorikerin am Lehrstuhl für Baugeschichte und Denkmalpflege in Aachen tätig. Forschungen zur Architekturikonologie, Mnemonik, hermetischen Philosophie und Kunst.

Wolfgang Lippmann, Dr. phil., geb. 1962 in Kiel. Studium der Kunst-geschichte in Bonn. 1996-2002 wissenschaftlicher Mitarbeiter und Assistent an der Universität Zürich. Forschungen u. a. zum Salzburger Dom, zu Vorstellungen von der Antike in der Renaissance, zu Aspekten der Sammlungsgeschichte, zur deutsche Schlossbaukunst der Renaissance.

Vera Lüpkes, Dr. phil., geb. 1956 in Düsseldorf. Studium der Kunstgeschichte, Sozialpsychologie, Pädagogik in Köln, Wien. Museumsleiterin in Kalkar, Bendorf, Kempen. Seit 1995 Direktorin des Weserrenaissance-Museums Schloß Brake in Lemgo.

Marianne Schmidt M.A., geb. 1965 in Amberg. Studium der Kunstgeschichte, Geschichte, Archäologie in Regensburg, Köln. Mitarbeit im Bereich der Bauforschung und Archäologie für das Bayerische Landesamt für Denkmalpflege. Wissenschaftliche Mitarbeiterin des Amts für Archiv und Denkmalpflege, Regensburg.

Christoph Schöner, Dr. phil., geb. 1962. Studium der Geschichte der Naturwissenschaften, Geschichte, Lateinische Philologie des Mittelalters, Kunstgeschichte in München, Salamanca. Wissenschaftlicher Mitarbeiter am Universitätsarchiv München. Freiberufliche Tätigkeit im Bereich der Textanalyse und Datenbankaufbereitung historischer Quellen. Forschungen u. a. zur Universitäts- und Wissenschaftsgeschichte des Spätmittelalters und der Renaissance, zur Kirchengeschichte des Spätmittelalters.

Rolf Schönlau M.A., geb. 1950 in Paderborn. 1974-1980 Studium der Literaturwissenschaften, Philosophie und Psychologie in Berlin, München. Freiberufliche Tätigkeit als Übersetzer, Schriftsteller, Hörfunkautor, Redakteur und Lektor.

Anne Schunicht-Rawe, Dr. phil., geb. 1966 in Düsseldorf. Studium der Kunstgeschichte, Germanistik und Archäologie in Trier, Köln. 1995-2002 wissenschaftliche Mitarbeiterin am Weserrenaissance-Museum, Leiterin des kulturhistorischen Projekts „Wege der Renaissance". Forschungen zur spätromanischen Sakralarchitektur, Architektur der Renaissance im Weserraum.

Dorothea Schröder, Dr. phil. habil, geb. 1957 in Cuxhaven. Studium der Musikwissenschaft, Kunstgeschichte in Hamburg. Seit 1996 Lehrauftrag an der Universität Hamburg. Forschungen zur Barockoper in Norddeutschland, Musikikonografie, zu historischen Theaterbauten, zum Orgelbau.

Edith Ulferts, Dr. phil., geb. 1965 in Norden. Restauratorenausbildung, danach Studium der Kunstgeschichte in Marburg, Wien, Köln. Seit 2001 freiberufliche Kunsthistorikerin. Forschungen zur Architekturgeschichte und Ausstattung des 16. bis 18. Jahrhunderts.

Barbara Uppenkamp, Dr. phil. des., geb. 1961, Studium der Kunstgeschichte, Philosophie, Vergleichenden Sprachwissenschaften in Hamburg. 2000-2002 wissenschaftliche Mitarbeiterin am Weserrenaissance-Museum Schloß Brake in Lemgo.

Ute Verstegen, Dr. phil., geb. 1970 in Stuttgart. Studium der Kunstgeschichte, Archäologie, Theater-, Film- und Fernsehwissenschaften, Ur- und Frühgeschichte in Köln, Bonn, Barcelona. Seit 2001 wissenschaftliche Mitarbeiterin an der Universität Köln. Forschungen zur Architekturgeschichte, Raumwahrnehmung, Neue Medien, Antikenrezeption.

ABBILDUNGSNACHWEIS

Suermondt-Ludwig-Museum, Aachen: (Anne Gold) 387
Amsterdams Historisch Museum: 327
Museum Plantijn-Moretus, Antwerpen: 385
Arnheim Archive: 370
Hofbibliothek Aschaffenburg: 44
Städtische Kunstsammlungen, Augsburg: 49; 57; 58; 59; 61
Schlossbetriebsgesellschaft Augustusburg: 67; 68; 69
Gerhard Kaifer, Bad Salzuflen: 171
Burkhard Verlag, Bad Salzungen: 107; 108
Oberfränkischer Ansichtskartenverlag, Bayreuth: 51
akg-images, Berlin: (Heiner Heine) 422; 425; 427
Staatliche Museen zu Berlin – Preußischer Kulturbesitz, Gemäldegalerie: 339; 367
Staatsbibliothek zu Berlin – Preußischer Kulturbesitz: 127
Kurt Gramer, Bietigheim-Bissingen: 133; 134; 188
Jutta Brüdern, Braunschweig: 82; 83; 87; 88; 118; 175; 274; 317; 318; 319; 321
Breda's Museum: 341
Jochen Mönch, Bremen: 73; 74; 76
Willi Winkler, Bremen: 377
Bibliothèque Royale Albert I., Brüssel: 421
Institut Royal du Patrimoine Artistique - KIK, Brüssel: 397; 403
Monumenten en Landschappen Vlaanderen, Brüssel: (O. Pauwels) 374; 386; 393; 396; 411; 412; 415; 417; 419
Fürstliche Schlossverwaltung Bückeburg: 167
Fitzwilliam Museum, Cambridge: 349
Landes- und Hochschulbibliothek, Darmstadt: 19
Hermann Müller, Dietmannsried: 63
type art satz & grafik, Dortmund: 173; 272
Sächsische Landesbibliothek / Deutsche Fotothek, Dresden: (S. Bregulla) 90; 112; (Richter) 97; (W. Möbius) 105
Staatliche Kunstsammlungen, Dresden: 96; 409
museum kunst palast, Düsseldorf: 232
Hans Peter Szyszka, Erfurt: 40; 92; 94; 109; 111; 186; 265
Stadtarchiv Esslingen: 294
Galeria degli Uffizi, Florenz: 20
Förderverein Schloss Horst e. V., Gelsenkirchen: (Irma Berndt) 153
Dorothea und Peter Diemer, Gilching: 219
Kulturverein Schloss Goldegg: (Franz Hubmann) 463
Niedersächsische Staats- und Universitätsbibliothek Göttingen: 307
Big Shot, Graz: (Christian Jungwirth) 449; 450; 452; 471; 472; 477; (Kurt Roth) 372; 431; 474
Gunda Amberg, Gröbenzell: 162; 211; 213
Frans-Hals-Museum, Haarlem: 351
Hamburger Kunsthalle: (Elke Walford) 376
Museum für Kunst und Gewerbe, Hamburg: 379
Schlossverwaltung Hellbrunn: (Foto Sulzer) 458; 459; 461; (Lukas Maximilian Hüller) 460
Innsbruck Tourismus: 433; 442; 444
Familienstiftung Schloß Tratzberg, Jenbach: 447
Förderverein Festung Zitadelle e. V. Jülich (Siegfried Peters): 138; 139; 143
Fotostudio Petersen, Jülich: 137
Stedelijk Museum, Kampen: 353
Landesbildstelle Baden, Karlsruhe: 1, 129
Staatliche Museen Kassel: 242
Claudia Euskirchen, Köln: 156
Rainer Hackenberg, Köln: 324; 330; 342; 347; 356; 369; 429; 432; 469
Stephan Hoppe, Köln: 117; 124; 126; 299
Rheinisches Bildarchiv, Köln: 147; 148; 150; 389
Ute Verstegen, Köln: 193; 204; 208
Weserrenaissance-Museum Schloß Brake, Lemgo: 42; 141; 270; 300; 325; 329; 375; 391; 423; 426; 475; 478; (Matthias Säck): 80; 84; 168; 170; 273; (Dirk Sondermann): 6; 56; 220; 225; 277
Staatsarchiv Leonberg: (Windstoßer) 291
Katholieke Universiteit Leuven, Raymond Lemaire Slide Collection: 408
Museé de l'Art wallon de la Ville de Liège: 413
Victoria & Albert Picture Library, London: 378
Foto Kirsch, Lutherstadt Wittenberg: 177; 180; 183
Museum Nacional del Prado, Madrid: 14; 297; 401; 482 li.
Stadtarchiv Marienberg: 71
Albrechtsburg, Meißen: 185
Bayerische Staatsbibliothek, München: 199
Bayerische Verwaltung der staatlichen Schlösser, Gärten und Seen, München: 43; 45; 158; 160; 163; 196; 216; 221; 222; 248
Bayerisches Landesvermessungsamt München: 155; 165
Bayerisches Nationalmuseum, München: 30
Münchener Stadtmuseum: 191; 207; 209
Oldenburg Verlag, München: 11; 17
Graphische Sammlung, München: 405
Westfälisches Landesmuseum für Kunst- und Kulturgeschichte, Münster: 407

Bischof + Broel, Nürnberg: 231
Germanisches Nationalmuseum, Nürnberg: 15; 23; 241; 244; 246
Herbert Liedel, Nürnberg: 227; 239
Museen der Stadt Nürnberg: 234; 235; 237
Foto Atkins, Paderborn-Schloß Neuhaus: 174
Musée du Louvre, Paris: (Photo RMN, Ojeda/Hubert) 278
Artothek, Peissenberg: (Joachim Blauel) 33; 334; (Blauel/Gnamm) 47; 55; 336; 420; (Hans Hinz) 182; (Photobusiness) 202; 256; 388
Presse- und Informationsstelle, Bilddokumentation, Regensburg: (Peter Ferstl) 255; 258
Museen der Stadt Regensburg – Historisches Museum: 253
Archivio Fotografico Soprintendenza Beni Artisti Storici di Roma: 25
Museum Boijmans Van Beuningen, Rotterdam: 337
BBK, Baum-Becker-Kessler, Kunst und Architekturdokumentation GbR Rottweil: 65
Robert Bigler, Rüschlikon, Zürich; Wolfgang Lippmann, Bonn: 454
Erwachsenenbildung, Bildungsmedien, Archivbildstelle, Salzburg: 456
Niederösterreichische Landesregierung St. Pölten: 465; 466; 467; 468 unten
Schleswig-Holsteinische Landesmuseen, Schleswig: 260; 261; 262
Thomas Helms Verlag, Schwerin: 119
Staatliche Museen Schwerin: (G. Bröcker) 115; (Elke Walford) 116
Burghofmuseum Soest: 468 oben
Cabinet des Estampes et des Dessins de Strasbourg: 313
Hauptstaatsarchiv Stuttgart: 292; 295
Staatsgalerie Stuttgart: 283
Württembergisches Landesmuseum, Stuttgart: 286
Erhard Hehl, Tiefenbronn: 123; 125; 128; 135; 281; 285; 288; 290; 305; 308; 310
Centraal museum, Utrecht: 373
Universiteit Utrecht: 358
Ruth Kaiser, Viersen: 145
Constantin Beyer, Weimar: 70; 99; 101; 102; 113; 298
Josef Mang, Weißenburg: 249; 251
Akademie der Bildenden Künste, Wien: 238
Kunsthistorisches Museum, Wien: 13; 29; 38; 136; 435; 436; 438; 440; 479; 482 re.; 484; 486
Museen der Stadt Wien: 481
Österreichische Nationalbibliothek, Wien: 34; 434
Staatliche Graphische Sammlung Albertina, Wien: 179; 382
Museum Schloss Wilhelmsburg: 268
Herzog August Bibliothek, Wolfenbüttel: 229; 489
Rijksdienst voor de Monumentenzorg, Zeist: 332; 340; 344; 348; 355; 360; 362; 364; 365

Reproduktionen: 46 (nach Prinz, Wolfram: Das französische Schloss der Renaissance. Form und Bedeutung der Architektur, ihre geschichtliche und gesellschaftlichen Grundlagen. Berlin [2]1994. (= Frankfurter Forschungen zur Kunst, Bd. 12). Abb. 728); 52 (nach Lieb, Norbert: Die Fugger und die Kunst, Bd. 1 (Im Zeitalter der Spätgotik und der frühen Renaissance). München 1952. Abb. 56; 381 (nach Kuypers, W.: The Triumphant Entry of Renaissance Architecture into the Netherlands. Aalpen aan de Rijn 1994. Abb. 11).

Umschlagvorderseite: Hans Burgkmair d. Ä., Bildnis des Jakob Fugger, um 1510 (Städtische Kunstsammlungen, Augsburg); Jan Massys, Flora mit der Ansicht von Antwerpen, 1559 (Hamburger Kunsthalle – Elke Walford); Aschaffenburger Schloss. Bayerische Verwaltung der Staatlichen Schlösser, Gärten und Seen, München.
Umschlagrückseite: Joseph Heintz d. Ä., Bauriss für die Fassade des Siegelhauses, 1604 (Städtische Kunstsammlungen, Augsburg); Lucas Cranach d. Ä., Bildnis Martin Luthers im 50. Lebensjahr, (Germanisches Nationalmuseum, Nürnberg); Meißen, Albrechtsburg, Großer Saal (Kurt Gramer, Bietigheim-Bissingen); Hubert Gerhard, Augustus-Statue für den Augsburger Augustbrunnen, 1593 (Städtische Kunstsammlungen, Augsburg); Monatsbild Mai aus einem Nürnberger Kalender von 1526 (Staatsbibliothek zu Berlin – Preußischer Kulturbesitz); Jacques Fouquières, Der Hortus Palatinus in Heidelberg, 1620 (Landesbildstelle Baden, Karlsruhe)

Abkürzungen:
GNM = Germanisches Nationalmuseum
SMPK = Staatliche Museen Preußischer Kulturbesitz
KHM = Kunsthistorisches Museum

Die Deutsche Bibliothek - CIP-Einheitsaufnahme
Handbuch der Renaissance: Deutschland, Niederlande, Belgien, Österreich / hrsg. von Anne Schunicht-Rawe und Vera Lüpkes. - Orig.-Ausg. - Köln: DuMont-Literatur-und-Kunst-Verl., 2002
ISBN 3-8321-5962-2

Originalausgabe

Gesamtbearbeitung: Anne Schunicht-Rawe

Redaktion: Ursula Gormans, Rolf Schönlau, Anne Schunicht-Rawe
Redaktionsassistenz: Guido von Büren, Claudia Euskirchen, Birgitta Falk, Stephan Hoppe, Katja Kwastek, Ute Lange, Wolfgang Lippmann, Bettina Marten, Ute Verstegen

Autoren: Elmar Alshut EA, Heiner Borggrefe HB, Guido von Büren GvB, Thomas Eser ThE, Claudia Euskirchen CE, Martina Friedrich MF, Ursula Gormans UG, David Gropp DG, Eva Harker EH, Stephan Hoppe StH, Isabelle Kirgus IK, Heide Klinkhammer HK, Wolfgang Lippmann WL, Marianne Schmidt MS, Rolf Schönlau RS, Christoph Schöner ChrS, Dorothea Schröder DS, Anne Schunicht-Rawe ASR, Barbara Uppenkamp BU, Edith Ulferts EU, Ute Verstegen UV

Reiseinformationen: Michael Putze

Layoutentwurf und Umschlaggestaltung: Silvia Cardinal
Grafische Umsetzung: Roman Bold & Black, Köln
Produktion: Marcus Muraro
Reproduktion: mc kommunikationsmedien gmbh, Hürth
Druck: Rasch, Bramsche
Buchbinderische Verarbeitung: Bramscher Buchbinderbetriebe

Printed in Germany

ISBN 3-8321-5962-2

ZEITTAFEL ZUM HEILIGEN RÖMISCHEN REICH VON 1440 BIS 1648

1440 Friedrich III. von Habsburg wird König; seit **1452** Kaiser (–1493) **1453** Eroberung Konstantinopels durch die Türken **1454** Gutenbergbibel **1457** Erbenloser Tod von König Ladislaus von Böhmen und Ungarn **1458** Georg von Podebrad wird König von Böhmen (–1471); Matthias Corvinus wird König von Ungarn (–1490); Aeneas Silvio Piccolomini wird Papst Pius II. (–1464) **1467** Karl der Kühne wird Herzog von Burgund **1477** Tod Karls des Kühnen vor Nancy im Krieg gegen die Eidgenossen; Heirat seiner Erbtochter Maria mit Maximilian von Österreich **1482** Tod der Herzogin Maria von Burgund; Philipp der Schöne wird Herzog von Burgund (–1506) **1486** Wahl Maximilians zum römischen König **1492** Kolumbus entdeckt Amerika **1493** König Maximilian I. (–1519); Frieden von Senlis: Frankreich erkennt das burgundische Erbe mit Ausnahme der Bourgogne und der Picardie als habsurgisch an **1494** Militärischer Einbruch des französischen Königs Karls VIII. in Italien **1495** Reichstag zu Worms: Verkündigung des »Ewigen Landfriedens« **1498** Vasco da Gama erreicht Indien **1499** Schwaben- bzw. Schweizerkrieg: faktisches Ausscheiden der Schweiz aus dem Heiligen Römischen Reich **1508** Maximilian I. ernennt sich zum Kaiser (–1519) **1513** Giovanni de' Medici wird Papst Leo X. (–1521) **1517** Beginn der Reformation: Martin Luthers 95 Thesen **1518** Beginn der Reformation in der Schweiz durch Ulrich Zwingli in Zürich **1519** Karl V. wird König (–1531) und Kaiser (–1556) **1521** Reichstag zu Worms: Reichsacht über Luther; Adriaan Florisz. Boyens (Adrian von Utrecht) wird Papst Hadrian VI. (–1523) **1522–1523** Ritterkrieg: Landständischer Adel gegen Landesfürsten und aufstrebendes Bürgertum **1523** Giulio de' Medici wird Papst Clemens VII. (–1534) **1524–1525** Höhepunkt der Bauernkriege in Süd- und Mitteldeutschland **1526** Erzherzog Ferdinand von Österreich wird König von Ungarn **1527** Erzherzog Ferdinand von Österreich wird König von Böhmen; Sacco di Roma (Plünderung Roms durch Kaiser Karl V.) **1529** Zweiter Reichstag zu Speyer: Die evangelischen Reichsstände organisieren sich gegen den Kaiser; Belagerung Wiens durch die Türken **1530** Reichstag zu Augsburg: Zuspitzung der konfessionellen Konfrontation **1531** Wahl Erzherzog Ferdinands zum Römischen König; Schmalkaldischer Bund als Verteidigungsgemeinschaft der protestantischen Reichsstände unter Führung von Hessen und Sachsen **1534** Alessandro Farnese wird Papst Paul III. (–1549) **1541** Johann Calvins Reformation in Genf; Türken erobern Buda **1545–1563** Konzil zu Trient (ohne Teilnahme der Protestanten) **1546–1547** Schmalkaldischer Krieg **1547** Zerschlagung des Schmalkaldischen Bundes nach der Niederlage von Johann Friedrich von Sachsen gegen Karl V. in der Schlacht bei Mühlberg **1555** Reichstag zu Augsburg: Augsburger Religions- und Landfrieden, Anerkennung der an Territorien gebundenen Konfessionsvielfalt; Karl V. überträgt seinem Sohn Philipp die Herrschaft über die Niederlande und Burgund **1556** Abdankung Karls V. in Brüssel zu Gunsten seines Bruders Ferdinand und seines Sohnes Philipp; Kaiser Ferdinand I. (–1564); König Philipp II. von Spanien (–1598) **1559** Margarethe II. von Parma wird Generalstatthalterin in den Niederlanden **1564** Kaiser Maximilian II. (–1576) **1567** Herzog Alba kommt mit einem spanischen Heer in die aufständischen Niederlande **1572** Provinzen Holland und Zeeland schließen sich unter Führung Willelms van Oranje zum Kampf gegen Spanien zusammen **1576** Kaiser Rudolf II. (–1612); Genter Pazifikation: Verkündung der Religionsfreiheit in allen niederländischen Provinzen **1579** Union von Utrecht: Zusammenschluss der 7 nördlichen Provinzen; Rückkehr der südlichen Provinzen unter spanische Herrschaft **1581** Lossagung der nördlichen Niederlande von Spanien **1609** König Philipp III. von Spanien erkennt die Selbstständigkeit der Niederlande an **1612** Kaiser Matthias (–1619) **1618** Zweiter Prager Fenstersturz: Beginn des Dreißigjährigen Kriegs **1619** Kaiser Ferdinand II. (–1637) **1648** Westfälischer Friede: internationale Anerkennung der niederländischen Republik; völkerrechtliche Verankerung der Souveränität der Schweizer Eidgenossenschaft.